Birgita Dusse
Krise des Kompromisses?

Birgita Dusse, geb. 1976, studierte Politologie, Geschichte und Romanistik in Frankfurt a.M. Sie promovierte mit der vorliegenden Arbeit an der Universität Kassel. Derzeit ist sie als Bildungsarbeiterin in Frankfurt a.M. tätig. Sie forscht u.a. zu Gewerkschaften in Europa, Sozialstaat und materialistischer Staatstheorie.

Birgita Dusse

Krise des Kompromisses?

Zur Kontinuität des selektiven Korporatismus am Beispiel der Arbeitsmarktpolitik Dänemarks, Deutschlands und Italiens

WESTFÄLISCHES DAMPFBOOT

Für Jonathan, Charlotte und Tobias

Gefördert durch die Hans-Böckler-Stiftung

Bibliografische Information der Deutschen Nationalbibliothek
Die Deutsche Nationalbibliothek verzeichnet diese Publikation in der Deutschen Nationalbibliografie; detaillierte bibliografische Daten sind im Internet über http://dnb.d-nb.de abrufbar.
Zugl.: Birgita Dusse, Dissertation an der Universität Kassel, Fachbereich Gesellschaftswissenschaften, Disputation am 6.12.2018, ursprünglicher Titel: „Krise des Kompromisses? Hegemoniale Kämpfe in der Europäischen Union am Beispiel der Arbeitsmarktpolitik Dänemarks, Deutschlands und Italiens. Eine multiskalare Analyse“

1. Auflage Münster 2019

Umschlag: Lütke Fahle Seifert AGD, Münster
Druck: Rosch-Buch Druckerei GmbH, Scheßlitz
Gedruckt auf säurefreiem, alterungsbeständigem Papier
ISBN 978-3-89691-265-7

Inhalt

Danksagung

Dieses Buch hatte einen längeren Entstehungsprozess und ich danke allen Menschen, die mich in der Zeit unterstützt haben. Josef Esser, der meine Promotion zu Beginn betreut hatte, kann ich leider nicht mehr persönlich danken, weil er viel zu früh verstorben ist. Sonja Buckel danke ich ganz besonders herzlich für die Übernahme der Promotionsbetreuung, ihre Bestärkung, meine Dissertation fertig zu stellen, und ihre wertvollen inhaltlichen Anregungen. Vielen Dank auch an John Kannankulam für die Übernahme des Zweitgutachtens und an alle Teilnehmer*innen der Kolloquien von Josef Esser und Sonja Buckel für die sehr hilfreichen Anmerkungen und Diskussionen. Der Hans-Böckler-Stiftung danke ich für das Promotionsstipendium. Vielen Dank an den Verlag Westfälisches Dampfboot für die Bereitschaft, das Buch zu veröffentlichen.

Tusind tak an meine Eltern Helga und Ulrich für ihre Liebe und Unterstützung, an meine Schwester Debora für ihr offenes Ohr und die tollen Tipps sowie Claudia und meinen Geschwistern Christian und Susanne, weil sie immer für mich da sind. Dem T danke ich außerdem besonders für seine Hilfe als Fahrradkurier ebenso wie den vielen Erzieher*innen in diversen Kitas, ohne die es mir nicht möglich gewesen wäre, dieses Buch zu schreiben.

I. Einleitung

Frauen, Jugendliche, Migrant*innen und ältere Beschäftigte bilden die Mehrheit der Bevölkerung im erwerbsfähigen Alter. Trotzdem werden sie als Rand- oder Problemgruppen des Arbeitsmarktes und nicht als dessen Kerngruppe definiert. Diese besteht im Umkehrschluss aus nichtmigrantischen Männern im Alter von 25-45 Jahren. Die Inklusion der Outsider des Arbeitsmarktes wurde seit den 1990er Jahren zur Begründung sozialdisziplinierender Arbeitsmarktreformen genutzt. 25 Jahre und eine Weltwirtschaftskrise später haben sich die Arbeitsmärkte weiter gespalten und die Beschäftigungsverhältnisse entstandardisiert. Und die so genannten Randgruppen arbeiten überproportional häufig in prekären Beschäftigungsverhältnissen.

Obwohl sich angesichts dieser Gemengelage die Frage stellt, ob es noch Sinn macht, von *der* Arbeiterklasse zu sprechen, erlebte der Klassenbegriff fast 100 Jahre nach der Oktoberrevolution eine Renaissance in der Debatte um die „neue Klassenpolitik". Didier Eribon eröffnete durch seine autobiographische Erzählung von den Schwierigkeiten, als benachteiligtes Arbeiterkind im linksintellektuellen Milieu Paris' anzukommen (vgl. Eribon 2016) in Deutschland eine Debatte zur Frage, ob die Linke durch eine Fokussierung auf Identitätspolitik, also etwa die Unterstützung feministischer, migrantischer und queerer Kämpfe die soziale Frage aus dem Blick genommen hätte, und deshalb Schuld sei am Aufstieg rechtspopulistischer Parteien (vgl. hierzu kritisch Rodrígez Garzón 2017; Strohschneider 2017).[1] Nach den Wahlen in Frankreich und Deutschland, dem Brexit und der Wahl Donald Trumps wurde der wütende weiße und abgehängte Arbeiter als Erklärungsmuster eines neu erstarkenden

1 Hierbei wurde Eribon – folgt man seinen eigenen Aussagen – fehlinterpretiert: „Nach den Erfolgen Trumps und der Brexit-Kampagne gab es Stimmen aus dem rechten, aber auch aus einem sich radikal gebenden linken Lager, die den kulturellen Kämpfen, den Kämpfen für Minderheitenrechte der 'Identitätspolitik' und Ähnlichem die Schuld für den Erfolg der Rechtspopulisten geben wollten. Diese wurden als das 'Feigenblatt' des Neoliberalismus dargestellt. Als ob die Rechte von Frauen, von Schwarzen, von sexuellen Minderheiten, Migranten oder ökologische Fragen nur egoistische Anliegen der Mittelschicht seien, denen man als den einzig wichtigen Kampf den sozialen und wirtschaftlichen entgegenstellen müsste. Solche Aussagen tragen in Wahrheit zu der faschistoiden Stimmung bei, die sich immer weiter ausbreitet und in der Antifeminismus, Homophobie und Migrantenfeindlichkeit unter dem Deckmantel des Kampfes gegen den Neoliberalismus immer aggressiver zum Ausdruck kommen" (Eribon 2017).

Rechtspopulismus diesseits und jenseits des Atlantiks herangezogen (vgl. Dowling/van Dyk/Graefe 2017). Soziale Benachteiligung und gesellschaftliche Spaltungen dienten auch als Erklärung der steigenden Anhängerschaft der AFD.[2]

Folgt man dieser Argumentation, wird eine künstliche Trennlinie zwischen sozialer Benachteiligung und Migration gezogen – als ob nicht gerade migrantische Arbeiter*innen besonders häufig in prekären Beschäftigungsverhältnissen arbeiten würden und als ob sich Rassismus aus der Klassenlage ableiten ließe und kein eigenes Herrschaftsverhältnis darstelle. Zudem werden hierdurch xenophobe Ressentiments kleinbürgerlicher Milieus als Rekrutierungsquelle rechtspopulistischer Parteien unterschätzt. Und obendrein wird die Propaganda rechtspopulistischer Parteien, sie seien der Anwalt des kleinen Mannes reproduziert, anstatt sie argumentativ zu entkräften. Die auch im Spektrum der Linkspartei um Sahra Wagenknecht vertretene Position sieht die Lösung arbeitsmarktpolitischer Schieflagen in einer Rückkehr zum nationalen Wohlfahrtsstaat[3] mit staatsbürgerlichen Exklusivrechten und knüpft hierbei an den Fordismus an. Indem sie versucht, Migration gegen wohlfahrtsstaatliche Politik auszuspielen, verdeckt sie die eigentlichen Spaltungslinien.[4] Andere aktuelle Debattenbeiträge beschäftigen sich mit der „neuen Klassenpolitik", die die Kämpfe zusammenführen und nicht gegeneinander ausspielen soll.[5] Josef Esser hat 1982 bezugnehmend auf Antonio Gramscis Konzept des historischen Blocks den *selektiven Korporatismus* beschrieben, mit dem Teile der Arbeiterklasse in der Fordismuskrise der BRD in die Kapitalstrategien eingebunden wurden (vgl. Esser 1982). Hieran anknüpfend nimmt die vorliegende Untersuchung ihren Ausgangspunkt in der Frage,

---

2 Vgl. beispielsweise Campact (2017): „Wenn Union, FDP und Grüne über Jamaika verhandeln, darf das eigentliche Hauptthema auf keinen Fall ignoriert werden: die soziale Spaltung. Sie treibt Millionen Wähler/innen zur AfD".

3 Vgl. zur nationalen Matrix des Wohlfahrtsstaats Balibar 2010; Christiansen 2007.

4 „Es ist die herrschende Politik, die die Ärmeren in einen Interessensgegensatz zu den Flüchtlingen bringt, am krassesten an den Tafeln, aber auch bei der Konkurrenz um Kita-Plätze, Niedriglohnjobs oder bezahlbare Wohnungen, von denen es viel zu wenige gibt. [...] Ich will nicht zuschauen, wie die AfD von Wahl zu Wahl stärker wird, weil wir keine Chance haben, die unsoziale Politik zu korrigieren" (Wagenknecht 2018 in einem Interview mit Kalbe). Auch Korte (2018) zieht eine Trennlinie zwischen ökonomischen und kulturellen Kämpfen. Die ersten seien verloren gegangen, während die letzteren gewonnen wurden.

5 Siehe z.B. Zeitschrift Luxemburg 2018 zu „New class politics". Dabei ist diese Analyse nicht neu. Schon in kritischen Beiträgen aus den 1970er Jahren wie Karl Heinz Roths „Die andere Arbeiterbewegung" (1974) wurde auf die Klassenspaltungen hingewiesen. Die feministische Theorie hat die Leerstellen der klassischen Klassenanalyse aufgezeigt und fruchtbare Ansätze zu deren Überwindung, zum Beispiel in Form der intersektionellen Analyse entwickelt. Vgl. zur praktischen Anwendung des Ansatzes der Intersektionalität z.B. Buckel 2012.

ob sich die Spaltungslinien im nationalen Wohlfahrtsstaat fordistischer Prägung im postfordistischen Arbeitsmarktregime vertieft haben und ebendiese sexistischen und rassistischen Spaltungslinien eine solidarische Klassenpolitik erschweren. Untersuchungsgegenstand sind die arbeitsmarktpolitischen „Reformen"[6], die im Zeitraum der wettbewerbsstaatlichen Integrationsweise der EU (Ziltener 1999) seit Anfang der 1990er Jahre durchgeführt wurden.

Seit den 1990er Jahren sind in der EU Arbeitsmärkte restrukturiert und die Arbeitsmarktpolitik neujustiert worden – so auch je modifiziert in Italien (vgl. u.a. Ferrera/Gualmini 2004; Graziano 2004; Gualmini/Rizza 2013; Gualmini/Rizza 2014; Pini 2015), Deutschland (vgl. u.a. Butterwegge 2006; Seifert/Struck 2009; Hassel/Schiller 2010) und Dänemark (vgl. u.a. Torfing 1997, 1999, 2003, 2004; Kongshøj Madsen/Pedersen 2003; Kongshøj Madsen 2005; Bredgaard u.a. 2011; Linke 2009; Dingeldey 2011). Die „Reformen" betrafen neben strukturellen Änderungen, die zu einer Flexibilisierung des Arbeitsmarktes[7] führten, wie z.B. Lockerungen des Kündigungsschutzes, die Liberalisierung der Arbeitsvermittlung, die Förderung von Niedriglohn und Leiharbeit, auch „aktivierende", die Kommodifizierung verstärkende Maßnahmen, z.B. die Senkung von Lohnersatzleistungen, Verschärfungen der Sanktionsmöglichkeiten sowie die Koppelung des Leistungsbezugs an die „Arbeitsfähigkeit und -willigkeit". Neben Dezentralisierungsprozessen wurden die Arbeitsmarktverwaltungen umgebaut: die Bundesanstalt für Arbeit ebenso wie die Vermittlungsbüros (uffici di collocamento) in Italien (vgl. Casabona 2003) oder die Arbeitsvermittlung (AF) in Dänemark.

Diese Prozesse waren verwoben mit der aus der Krise des Fordismus heraus durchgesetzten wettbewerbsstaatlichen Integrationsweise der Europäischen Union (Ziltener 1999) und ihrer Krise. Seit Mitte der 1990er Jahre wird die Arbeitsmarktpolitik auf europäischer Ebene koordiniert, insbesondere mit der als Luxemburg-Prozess benannten Europäischen Beschäftigungsstrategie (EBS), der Lissabon-Strategie und der Europa 2020-Strategie. Hierbei zeigen sich Diskrepanzen zwischen einem Qualifizierungsansatz, der die „Förderung der Humanressourcen" und „eine neue Arbeitsorganisation im Geiste der Partnerschaft"[8] anstrebt und Forderungen nach stärkeren Arbeitsanreizen, einer Absenkung von Lohnersatzleistungen, Aktivierungsprogrammen sowie einer Flexibilisierung der Tarifsysteme (vgl. ABlEU 2003:

---

6 Der Begriff Arbeitsmarktreform soll im Folgenden der besseren Lesbarkeit wegen trotz seiner euphemistischen Semantik verwendet werden.

7 Der Arbeitsmarkt in Dänemark gilt als einer der flexibelsten in Europa. Das flexible Arbeitsmarktmodell war aber nicht Inhalt neuerer „Reformen", sondern basiert auf einem Abkommen zwischen Gewerkschaften und Arbeitgebern von 1899 (vgl. Kongshøj Madsen 2006).

8 So der Titel eines 1997 erschienenen Grünbuchs der EU-Kommission.

L197/13ff.; ABlEU 2010: L308/46ff.). Ein janusköpfiger Ansatz, der sich in den Politiken der Einzelstaaten niederschlägt oder sich aus ihnen ergibt? Die Beispiele auf nationalstaatlicher wie auf EU-Ebene zeigen, wie stark das Feld der Arbeitsmarktpolitik in Europa umkämpft ist. Und sie zeigen, dass der in den 1990er und 2000er Jahren modern gewordene Begriff „Aktivierung" die arbeitsmarktpolitische Realität nicht adäquat beschreibt.

Denn in der Krise des postfordistischen finanzmarktdominierten Akkumulationsregimes (vgl. hierzu Atzmüller u.a. 2013; Demirović/Sablowski 2013; Hirsch 2013) zeigen sich die Risse im Putz immer deutlicher. Wie die Forschungsgruppe „Staatsprojekt Europa" (2014: 248) schlussfolgert, ist das neoliberale Hegemonieprojekt im Sinne Gramscis nicht mehr führend, sondern nur noch herrschend. Derzeit sei offen, ob es sich dabei um eine Durchsetzungskrise und Erholung des Neoliberalismus handele (249). Doch in welche Richtung entwickelt sich die postfordistische Gesellschaftsformation in der Krise neoliberaler Hegemonie in der EU? Auf dem Feld des rechtlichen Diskurses zeigt sich laut Buckel (2011) ein Aufbrechen neoliberaler Hegemonie. „[...] in ihren Ruinen hat sich eine neue hegemoniale Position entwickelt, die verlangt, dass die EU politisch-sozial und nicht bloß ökonomisch programmiert sein soll" (ebd. 657). Vor dem Hintergrund dieses historisch offenen Moments wurden die Auseinandersetzungen um die Arbeitsmarktpolitik in der EU in der Dissertation untersucht.

Problemstellung und Ziele der Arbeit

Entsteht in der EU ein gemeinsames Arbeitsmarktregime, und welche Akteure kämpfen in diesem Prozess um welche Strategien? Um diese übergeordneten Fragen zu untersuchen, führe ich eine multiskalare Analyse der Arbeitsmarktpolitik und der Flexibilisierung der Arbeitsmärkte am Beispiel Deutschlands, Dänemarks und Italiens durch. Den theoretischen Hintergrund der empirischen Untersuchung bilden staatstheoretische Überlegungen zum Wettbewerbsstaat (Hirsch 1995, 2005) bzw. schumpeterianischen postnationalen Workfareregime (Jessop 1994, 1997, 2002, 2003), regulationstheoretisch inspirierte Analysen zum Postfordismus und seiner Krise sowie hegemonietheoretische Überlegungen im Anschluss an Gramsci.

So wurde in drei Länderfallstudien zu Dänemark, Deutschland und Italien die Entwicklung der Arbeitsmarktpolitik und -strukturen empirisch rekonstruiert und in den historischen und politischen Kontext der Krise des fordistischen Akkumulationsregimes und der Durchsetzung einer postfordistischen Regulationsweise im finanzmarktgetriebenen Akkumulationsregime und dessen Krise (vgl. Hirsch 2013; Atzmüller u.a. 2013) gestellt. Ausgehend von der nationalstaatlichen Ebene soll die multiskalare Analyse die lokale, regionale und die europäische Ebene umfassen. Der Nationalstaat dient deshalb als Ausgangspunkt, weil die strategischen Kämpfe um die Arbeitsmarktpolitik bislang primär auf dieser Ebene geführt wurden. Bei der Analyse der Akteursstrategien betrachte ich insbesondere die Gewerkschaften und Arbeitgeberverbände. Die Strategien sollen entlang der heuristischen Kategorien *Rescaling* und *Kommodifizierung* analysiert werden. In diesen zwei Kategorien sind die m.E. zentralen Aspekte des Prozesses um die Entwicklung eines europäischen Arbeitsmarktregimes enthalten, nämlich die Veränderung der Maßstabsebenen und der Funktionen von Arbeitsmarktpolitik. Die übergeordneten Fragen nach den hegemonialen Auseinandersetzungen um die Arbeitsmarktpolitik in der EU eröffnen vier Fragekomplexe:

1. Hat sich die Arbeitsmarktpolitik der Nationalstaaten in der EU im Zuge der Durchsetzung einer wettbewerbsorientierten Integrationsweise (Ziltener 1999) angeglichen?
2. Wie gestaltet sich die Arbeitsmarktpolitik auf konzeptioneller Ebene und in der Praxis aus? Kann sie als aktivierend bezeichnet werden und hat sie sich entsprechend den Erfordernissen eines flexibilisierten, postfordistischen Kapitalismus gewandelt?
3. Werden die Gewerkschaften in die Neuausrichtung des Arbeitsmarktregimes integriert oder entwickeln sie eigene Strategien?
4. Führt die Krise des Postfordismus zu einem erneuten Wandel in der Arbeitsmarktpolitik z.B. weg von disziplinierenden Ansätzen oder verstärken sich diese?

Diese Fragen werden im Methodologiekapitel unter Punkt III.6.1 spezifiziert, operationalisiert und erörtert. Nun wird zunächst der Stand der Forschung zum Workfare-/Wettbewerbsstaat und zur Arbeitsmarktpolitik und -flexibilisierung sowie zu vergleichenden Arbeiten rekapituliert.

Forschungsstand

In der sozialwissenschaftlichen Debatte herrscht weitgehende Einigkeit darüber, dass sich seit den 1990er Jahren ein Paradigmenwechsel hin zu einer aktivierenden Arbeitsmarktpolitik in der EU vollzogen hat und ein Wandel des Wohlfahrtsstaates, der als aktivierender Wohlfahrtsstaat, Workfarestaat oder Sozialinvestitionsstaat beschrieben wird (vgl. u.a. Jessop 2002, 2003; Peck 2001, 2003; Serrano Pascual 2007; Mohr 2007, 2012; Dingeldey 2011; Atzmüller 2014). Umstritten ist hierbei jedoch, welchen Charakter dieser Umbau hat. Während der eine Teil positive Aspekte der Aktivierung im Sinne der politischen Vertreter des Ansatzes sieht[9], und eine gelungene Verbindung von Sozial- und Bildungspolitik im Sozialinvestitionsstaat formuliert (vgl. z.B. Almendinger 2009: 3ff.), betonen andere deren negative Folgen

9 So stellt etwa Irene Dingeldey ihrer Habilitationsschrift zum aktivierenden Wohlfahrtsstaat positiv bezugnehmend ein Zitat von Bodo Hombach voran.

insbesondere in Form von Prekarisierung (vgl. z.B. Dörre u.a. 2013) und Sozialabbau (vgl. Butterwegge 2006). Lessenich (2008) analysiert das veränderte Verhältnis von Individuum und Gesellschaft im Sozialstaat des Flexiblen Kapitalismus: „Wo öffentlicher Schutz des Individuums gegen soziale Risiken war [...] soll nun individuelle Risikovorsorge im gesellschaftlichen Interesse werden" (ebd. 95).

Aus der Perspektive materialistischer Staatstheorie wird von einem Wandel des keynesianischen Wohlfahrtsstaates zum Wettbewerbsstaat (Hirsch 1995) oder postnationalen schumpeterianischen Workfareregime (Jessop 2002; 2003) gesprochen. Hiernach ordnen sich staatliche Arbeitsmarkt- und Sozialpolitiken dem Primat der Wirtschaftspolitik unter und zielten vermehrt darauf ab, die Arbeitskraft dem Markt wieder zuzuführen. Transferleistungen für Arbeitslose würden zunehmend verpflichtend an die Teilnahme an Weiterbildungsprogrammen oder ähnliche, die Beschäftigungsfähigkeit erhöhende Kurse geknüpft. Der Übergang von einem eher passiven auf Transferleistungen basierenden arbeitsmarktpolitischen Ansatz hin zu einer „aktivierenden" Arbeitsmarktpolitik sei auf allen Regulierungsebenen im transatlantischen Raum zu beobachten (Jessop 2002: 154ff.).

Im regulationstheoretischen Kontext weist Atzmüller (2013, 2014) auf die Widersprüche und Ambivalenzen des Wohlfahrtsstaates hin, der sowohl die kapitalistische Reproduktion ermöglicht als auch eine Arena sozialer Kämpfe um Emanzipation darstellt (Atzmüller 2013: 153). Zwar hebt er die Stärke der Analyse Jessops (2002) hervor, in dem die wohlfahrtsstaatliche Transformation in den theoretischen Analyserahmen des schumpeterianischen postnationalen Workfareregime eingebettet sei, doch führe dies zu einem relativ hohen Abstraktionsniveau. Für ein adäquates Verständnis der Transformation des Wohlfahrtsstaates im Postfordismus seien komplexe Analysen der Entwicklungen in verschiedenen sozialpolitischen Feldern vonnöten. Die Analyse, dass wirtschaftspolitische Ansätze über die Sozialpolitik dominieren, sei problematisch, weil sie auf eine Gegenüberstellung von Staat und Markt verwiesen. Workfaristische Entwicklungen seien aber eher als Erneuerung der relativen Autonomie des Staates zu deuten, die auf aktive Rekommodifizierung der Ware Arbeitskraft gerichtet seien (vgl. Atzmüller 2013: 160ff.).

Arbeitsmarktpolitik und Flexibilisierung der Arbeitsmärkte

Kaum ein Thema wurde in Deutschland kontroverser debattiert als die Arbeitsmarktreformen der rot-grünen Bundesregierung unter Gerhard Schröder, die vom Job-AQTIV-Gesetz 2002 über die als Hartz-Gesetze bezeichneten Gesetze für moderne Dienstleistungen am Arbeitsmarkt und weitere Gesetzesänderungen in Folge der 2003 aufgestellten Agenda 2010 reichen. An dieser Stelle kann nur ein kleiner Ausschnitt der Forschungsliteratur behandelt werden. Ein Teil der Literatur ist praxisorientiert und normativ (vgl. z.B. Schmid, G. 2002; Seifert/Struck

2009; Bothfeld/Sesselmeier/Bogedan 2012). Im Sinne der *best practice*-Logik steht teilweise die Frage, wie Arbeitslosigkeit effektiv reduziert werden kann, im Mittelpunkt des Erkenntnisinteresses. Andere möchten die normativen Grundlagen der Arbeitsmarktpolitik umgestalten. Interessant ist, wie die Wissenschaft teilweise mit dem Gesetzgebungsprozess verwoben war. So plädierte Günther Schmid (2002), Arbeitsmarktforscher und Mitglied der Hartz-Kommission, in seinen wissenschaftlichen Publikationen für eine aktivierende Arbeitsmarktpolitik. Während und kurz nach der Arbeit der Kommission bis hin zur Zusammenlegung der Arbeitslosenhilfe und Sozialhilfe 2005 betonten einige Autoren den Workfare-Aspekt der Hartz-Reformen im Rahmen einer sozialstaatlichen Umbaustrategie (vgl. u.a. Grell/Sambale/Eick 2002; Trube/Wohlfahrt 2003). Wölfle/Schöller (2004: 339ff.) wiesen demgegenüber darauf hin, dass sozialdisziplinierende Elemente sich durch die kapitalistische Entwicklungsgeschichte ziehen und dass die rot-grüne Regierung bestehende Ansätze nur ausweitete. Butterwegge (2006) beschreibt die Reformen detailliert unter dem Aspekt des Sozialabbaus. Einen Vergleich zwischen der rot-grünen Arbeitsmarktpolitik und dem Konzept des Dritten Weges von Giddens, Blair und New Labour ziehen u.a. Mohr (2007) und Kannankulam (2008). Hendrik Meyer (2013) fragt nach der Handlungsfähigkeit des Staates und wie „Reformblockaden" zu überwinden seien. Hassel/Schiller (2010) schlussfolgern, dass Bund, Länder und Kommunen wegen des Finanzierungsdrucks auf eine Zusammenlegung von Arbeitslosen- und Sozialhilfe hingearbeitet hätten. Bothfeld/Sesselmeier/Bogedan (2009) beleuchten die aktive Arbeitsmarktpolitik seit dem Arbeitsförderungsgesetz. Sie beobachten neben einem Paradigmenwechsel auch zahlreiche Kontinuitäten und Inkonsistenzen und plädieren für eine Arbeitsmarktpolitik als „emanzipatorisches Projekt in der sozialen Marktwirtschaft" (Bothfeld/Sesselmeier/Bogedan 2009: 269ff.). Andere Beiträge untersuchen die Folgen der Arbeitsmarktreformen (vgl. u.a. Baumeister/Gransee/Zimmermann 2005; Kantel 2008). Ein Sammelband von Jaehrling und Rudolph (2010) arbeitet ambivalente Wirkungen aus einem gleichstellungspolitischen Blickwinkel auf. Dörre u.a. (2013) entwerfen in einer empirischen Studie Typologien von Arbeitslosen in Bezug auf deren Umgang mit der Arbeitsmarktverwaltung. Eversberg (2014) untersucht, wie durch Aktivierung ein neuer Modus von Subjektivierung entsteht, nämlich die *Dividualisierung* der Arbeitskraft verstanden als das ständige Messen, Vergleichen und Optimieren der eigenen Kompetenzen. Alber und Heisig (2011: 4) weisen darauf hin, dass die Hartz-Reformen zwar zu einer Erhöhung der Beschäftigung geführt, diese aber vor allem auf einem Anstieg von Arbeitsplätzen im Niedriglohnbereich beruhe. Demirović/Sablowski (2013: 223) sehen die Disziplinierung der Lohnabhängigen in Deutschland durch die Agenda 2010, die Hartz-Gesetze und die Ausweitung des Niedriglohnsektors als Voraussetzung für die Durchsetzung der Austeritätspolitik in Europa.

Das dänische Arbeitsmarktmodell wurde angesichts seiner Erfolge bei der Senkung der Arbeitslosigkeit in den 1990er Jahren in der deutschen Literatur breit rezipiert (vgl. u.a. Andresen 1998; Kongshøj Madsen 1998; Braun 2003; Klammer/Leiber 2004). Seit 1993 fand unter dem Schlagwort *aktivlinjen* eine Aktivierungswende in der Arbeitsmarktpolitik statt, durch die individuelle Wiedereingliederungspläne eingeführt und die Rechte von Arbeitslosen durch die Pflicht und das Recht auf Aktivierung neu definiert wurden. Die Bezugsdauer des Arbeitslosengeldes (*dagpenge*) wurde von neun auf vier Jahre gekürzt (vgl. Braun 2003; Braun 2006). Bogedan (2009) fragt, ob die dänische Arbeitsmarktpolitik nach Deutschland übertragen werden könne und schlussfolgert, dass die Rahmenbedingungen anders seien. Linke (2009)[10] untersucht den Wandel der dänischen Arbeitsmarktpolitik in Bezug auf die „Aktivierung" von Geringqualifizierten. Im Vergleich zu Großbritannien bewerteten viele Autoren den dänischen Aktivierungsweg jedoch als weichere Variante (vgl. u.a. Dingeldey 2011). Torfing (1997; 1999; 2003) beschreibt den Übergang vom Wohlfahrts- zum Workfarestaat in Dänemark als leise Revolution. Etherington/Jones (2004) bilanzieren, dass sich die Reformen im Unterschied zu britischen Workfare-Strategien an den Bedürfnissen der Arbeitslosen orientieren, die Tarifparteien mit eingebunden hätten und weiterhin relativ hohe Leistungsbezüge möglich seien (2004: 36). Einige Autoren analysieren, dass sich seit 2001 die Arbeitsmarktpolitik von einer eher weiterqualifizierenden Aktivierung in Richtung eines *work first*-Ansatzes entwickelte (vgl. Bogedan 2009; Linke 2009; Dingeldey 2011; Schulze 2012). Allerdings ist es fraglich, ob sich diese Trennlinie so wirklich nachzeichnen lässt, die oft mit dem Regierungswechsel von der sozialdemokratischen Regierung Nyrup Rasmussen zur liberal-konservativen unter Fogh Rasmussen in Verbindung gebracht wird. Seit der Krise scheinen sich disziplinierende und monetär rekommodifizierende Ansätze weiter zu verstärken. Die Arbeitslosigkeit stieg um ein Drittel und die Regierung begann 2010 mit Austeritätsmaßnahmen, die eine Reform des Arbeitslosengeldes mit einer Kürzung der Höchstbezugsdauer des Arbeitslosengeldes von vier auf zwei Jahre beinhalteten (vgl. Mailand 2014: 418ff.). Die Betroffenen fanden bislang seltener nach Ende der Arbeitslosigkeit eine Stelle als die noch unter die vierjährige Regelung fallenden (Jonasson 2014). Gleichzeitig kam es zu weiteren Einschränkungen der Rechte der gewerkschaftsnahen Arbeitslosigkeitskassen (vgl. Rasmussen 2012). Die Gewerkschaften fordern vor diesem Hintergrund einen stärkeren Schutz vor den liberalen Kündigungsregelungen. So wurden in den Tarifverhandlungen 2010 erste Abfindungsregelungen vereinbart (vgl. Bredgaard u.a. 2011). Das als Vorbild in der EU geltende „Flexicurity-Modell" (vgl. u.a. Kongshøj Madsen 2004) ist umkämpft.

10 Die Arbeiten von Linke, Dingeldey und Bogedan sind im Rahmen des Sonderforschungsbereichs Staatlichkeit im Wandel der DFG am Bremer Zentrum für Sozialpolitik entstanden.

Die dänische Arbeitsmarktforschung ist politiknah und versteht sich als Ratgeber für Regierungspolitik. Die empirische Forschung erfasst die Arbeitsmarktpolitik sehr genau, jedoch stammen die zentralen Publikationen aus der Hand einiger Forscher, die sich gegenseitig als Referenz benutzen. Im Arbeitsmarktforschungsinstitut der Universität Aalborg CARMA und im nationalen Forschungsinstitut für Wohlfahrt, VIVE, in Kopenhagen arbeiten Arbeitsmarktexpert*innen wie Henning Jørgensen, Per Kongshøj Madsen, Thomas Bredgaard und Stine Rasmussen. Sehr positiv wird das sogenannte dänische Flexicurity-Modell betrachtet. Standardwerke zum Arbeitsmarkt wurden beim Verlag des Juristen- und Ökonomenverbandes DJØF (Dansk Jurist og Økonomforbund) veröffentlicht, der die größte Gewerkschaft im Dachverband der Akademiker AC stellt.

Im Vergleich zu Dänemark ist die italienische Arbeitsmarktpolitik in Deutschland bislang wenig untersucht worden. Schlemmer (2010) sieht eine arbeitsmarktpolitische Kontinuität zwischen der zweiten Berlusconi-Regierung (2001–2006) und ihren Vorgängern. So habe sowohl die Prodi- als auch die Berlusconi-Regierung die Flexibilisierung und Deregulierung des Arbeitsmarktes verstärkt. Talani und Cerviño (2003: 204f.) interpretieren die arbeitsmarktpolitischen Änderungen in Italien seit den 1990er Jahren als neoliberale Strukturreform. 1997 wurde die Zeitarbeit legalisiert und das staatliche Monopol der Arbeitsvermittlung gelockert (Casabona 2003: 171f.). Die Biagi-Reform (2003) führte neben der Umsetzung der Liberalisierung der Arbeitsvermittlung, die schon 1997 ihren Anfang genommen hatte, zur Einführung und Ausweitung atypischer Beschäftigungsformen wie Leih- und Projektarbeit (vgl. Gualmini/Rizza 2013: 154f.). Die arbeitsmarktpolitischen Kompetenzen verschoben sich radikal zu Gunsten der Regionen seit der Verfassungsreform von 2001. Außer den Versicherungsleistungen liegt die Verantwortung auf der subnationalen Ebene, so dass Ferrera (2005: 199) von der Herausbildung regionaler Arbeitsmarktregime spricht. Die Arbeitslosenversicherung war hinsichtlich Betriebsgröße und Berufsgruppen lange Zeit fragmentiert und die passive hatte Vorrang vor aktiver Arbeitsmarktpolitik (vgl. u.a. Provincia di Milano/INPS 2007a; Sacchi/Pancaldi/Arisi 2011). 2008 wurde die Bezugsdauer des normalen Arbeitslosengeldes (*indennità ordinaria di disoccupazione*) in Folge eines 2007 zwischen der Regierung und den Gewerkschaften CGIL, CISL und UIL getroffenen Abkommens bei einem sehr niedrigen Ausgangsniveau geringfügig erweitert und erhöht (vgl. Gualmini/Rizza 2013). Unter der Regierung Monti wurden 2012 neben diversen Maßnahmen im Sinne der Austeritätspolitik von EZB, EU-Kommission und IWF das normale Arbeitslosengeld abgelöst durch die so genannte Sozialversicherung für Beschäftigung (*assicurazione sociale per l'impiego, ASpI*), die 2016 in Kraft getreten ist und 75% des vorherigen Lohnes für ein Jahr für alle Arbeitslosen nach einer Anwartschaftszeit von zwei Jahren abdeckt (vgl. Mammarella 2012: 196ff.; Gualmini/Rizza 2013: 159ff.; Caterina 2017). Gleichzeitig wurde der Artikel 18 des Arbeiterstatuts zum Kündigungsschutz dahingehend modifiziert, dass er auch ökonomische Kündigungsgründe umfassen sollte, für die eine Abfindung statt einer Wiedereingliederung möglich sein kann (Mammarella 2012: 197f.). Der Kündigungsschutz wurde mit den Jobs Act-Gesetzen unter Matteo Ranzi 2014/2015 weiter abgebaut (vgl. Pini 2015).

Vergleichende Forschung

In der vergleichenden Kapitalismusforschung dominierten institutionalistische Ansätze, deren Erkenntnisinteresse darin liegt, nach dem Gelingen einer *best practice* oder der Übertragbarkeit von Modellen zu fragen. Sie sind durch die Einführung der offenen Methode der Koordinierung und dem Erfolg des Varieties-of-Capitalism-Ansatzes von Hall und Soskice (2001)[11] verstärkt worden, der sich innerhalb des herrschenden Paradigmas der Wettbewerbsfähigkeit bewegt. Wie Pedersen (2011) feststellt, sind die Einführung von Benchmarks und Indizes sowie vergleichender Studien auch Teil der Durchsetzung eben dieses Paradigmas gewesen. Weishaupt (2011) kann als Beispiel für die positivistische Übernahme des *best practice*-Paradigmas in institutionalistischen Forschungsansätzen dienen. In seiner Dissertation zur Herausbildung des Aktivierungsparadigmas, die er in den theoretischen Kontext des historischen Institutionalismus stellt, beschreibt er dieses als europäische Problemlösung des Problemdrucks Arbeitslosigkeit. Er stellt die Durchsetzung des Aktivierungsparadigmas als macht- und herrschaftsfreien Diskurs dar, der auf der Suche nach der besten Lösung des Problems Arbeitslosigkeit in einem Lernsystem nach den erfolgreichsten Wegen sucht. In diesem Sinne reproduziert er jedoch die Selbstbeschreibung der EBS-Lernsystems ohne zu hinterfragen, welche Machtasymmetrien zwischen den einzelnen Staaten, staatlichen Ebenen, Staatsapparaten und Akteuren stehen. Publikationen kritischer Europaforschung wie etwa Deppe/Felder (1993), Tidow (2000), Jessop (2002, 2003, 2006), Bieling (2003) oder Koch (2003) bleiben unberücksichtigt.

Nachdem sich ein ganzer Forschungsstrang auf den Varieties-of-Capitalism-Ansatz gestützt hat, fokussieren selbst dessen Vertreter seit der Krise wieder auf die Analyse struktureller Gemeinsamkeiten kapitalistischer Staaten (vgl. Regini 2014).[12] Die meisten vergleichenden Studien zur Arbeitsmarktpolitik befassen sich entweder mit einem kontrastierenden Land und/oder beziehen sich auf die Wohlfahrtsregime-Typologie Esping-Andersens (1990, 1998[13]). So vergleicht etwa Dingeldey (2011) die

11 Zu einer neueren Diskussion und Kritik der Ansätze vgl. auch Borchert/Lessenich (2012: 285-304).

12 Vgl. zur kritischen Rezeption des Varieties-of-Capitalism-Ansatzes auch Bruff u.a. 2013.

13 Zur Weiterentwicklung des Ansatzes im Sinne eines „Ökonomismus zum Wohlfühlen“ (so Lessenichs Kritik 2004, 2008) siehe Esping-Andersen (2002).

Arbeitsmarktpolitik in Deutschland, Dänemark und Großbritannien im Anschluss an die Wohlfahrtsstaats- und Governanceforschung. Esping-Andersens Ansatz diskutierend schlussfolgert sie, dass Re- und Dekommodifizierung im Wohlfahrts- und Aktivierungsstaat stattgefunden habe, wobei soziale Rechte heute stärker an Arbeitsmarktteilnahme geknüpft seien. Trotz der länderübergreifenden Durchsetzung des Aktivierungsparadigmas sei Esping-Andersens Regime-Typologie weiter schlüssig, da sich die Länder pfadabhängig anglichen (vgl. ebd.: 458f.). Schulze (2012) analysiert „Welfare-to-work-Reformen" in den USA, Deutschland und Dänemark aus der Perspektive des Machtressourcen-Ansatzes.[14] Mohr (2007) kommt in einem Vergleich der Arbeitslosenversicherung in Deutschland und Großbritannien zu dem Schluss, dass man von einem Übergang zu einem Workfareparadigma sprechen kann. Einen anderen Blickwinkel nimmt aus staatstheoretischer Sicht Kannankulam (2008: 324) ein, der den sozialstaatlichen Umbau unter Rot-Grün im Sinne des schon Ende der 1970er Jahre von Poulantzas beschriebenen *autoritären Etatismus* interpretiert, der sich in einer Stärkung der Exekutive und einem Anstieg repressiver Elemente zeigt. Koch (2003) untersucht aus regulationstheoretischer Sicht den Wandel der Arbeitsmärkte und Sozialstrukturen in vergleichender Perspektive.

Im Gegensatz zu den an Esping-Andersen orientierten Arbeiten knüpft meine Dissertation an neuere aus dem Spektrum kritischer Europaforschung entwickelte Ansätze an, die sich aus der Perspektive hegemonietheoretischer Überlegungen und materialistischer Staatstheorie mit der Annäherung von Politiken in der EU beschäftigen und auf regulationstheoretische Überlegungen zum Postfordismus und dessen Krise rekurrieren. Der Fokus liegt auf der Analyse von Macht- und Herrschaftsstrukturen.

14 Sie verweist in ihrer Studie nicht auf Bob Jessops Analyse des postnationalen Workfareregimes.

II. Theoretischer Hintergrund. Regulationstheorie und materialistische Staatstheorie

1. Dimensionen postfordistischer Transformation

Die in den 1970er Jahren in Frankreich entstandene Regulationstheorie befasst sich mit den spezifischen raum-zeitlichen Unterschieden kapitalistischer Staaten und untersucht historische Formationen des Kapitalismus ausgehend von dem seit den 1970er Jahren in die Krise geratenen Fordismus. Sie analysiert die Krise des Fordismus als historische Formation des Kapitalismus im 20. Jahrhundert, die Suche nach einer postfordistischen Gesellschaftsformation im Neoliberalismus und ihre multiple Krise seit 2007/2008. In Deutschland und Großbritannien hat sich eine staatstheoretisch erweiterte Interpretation etabliert (vgl. Esser/Hirsch/Görg 1994; Hirsch 1995, 2005, 2013; Jessop 1990, 2002; Atzmüller u.a. 2013). Die Regulationstheorie ist kein homogener Ansatz. Während bekannte französische Vertreter (Amable 2003; Boyer 2005) sich an institutionalistische Ansätze annäherten, versteht sich die Forschung in Deutschland und Österreich in der Tradition kritischer Gesellschaftstheorie (vgl. Atzmüller u.a. 2013). Die Regulationstheorie geht von der Prämisse einer grundsätzlichen Krisenhaftigkeit des Kapitalismus aus und fragt, was dazu führt, dass der Kapitalismus sich trotz und durch diese Krisen permanent reproduziert. Hierzu benutzt sie als zentrale Analysekategorien das Akkumulationsregime und die Regulationsweise (vgl. u.a. Lipietz 1985; Boyer 1991; Hirsch 1995 47f.).

Boyer (1991: 107) definiert das Akkumulationsregime als „the whole set of regularities which allow a general and more or less consistent evolution for capital formation, i.e. which dampen and spread over time the imbalances which permanently arise from the process itself." Es beinhaltet hiernach fünf charakteristische Elemente, nämlich ein Muster betrieblicher Produktionsorganisation; einen Zeithorizont für Entscheidungen zur Kapitalbildung; eine Einkommensverteilung (zwischen Löhnen, Profiten und Steuern), die die sozialen Klassen und Schichten reproduziert; eine Beziehung zwischen kapitalistischen und nichtkapitalistischen Produktionsweisen und letztlich eine tendenzielle Übereinstimmung zwischen Produktionskapazitäten und Zusammensetzung und Größe der Nachfrage (vgl. Boyer 1991: 107).

Lipietz fasst das Akkumulationsregime als

> „Modus der systematischen Verteilung und Reallokation des gesellschaftlichen Produktes, der über längere Perioden hinweg ein bestimmtes Entsprechungsverhältnis zwischen den Veränderungen der Produktionsbedingungen (dem Volumen des eingesetzten Kapitals, der Distribution zwischen den Branchen und den Produktionsnormen) und den Veränderungen in den Bedingungen des Endverbrauchs (Konsumnormen der Lohnabhängigen und anderer sozialer Klassen, Kollektivausgaben usw.) herstellt." (Lipietz 1985: 120)

Hirsch (1994: 197) ergänzt, ein gelingender Akkumulationsprozess setze voraus, dass durch „eine ausreichende Profitrate ausreichend Mehrwert hergestellt wird." Das Akkumulationsregime bestimmt nicht die Regulationsweise, sondern es handelt sich um ein wechselseitiges Artikulationsverhältnis (ebd.: 189). Die nicht trennscharfe Unterscheidung zwischen dem Akkumulationsregime und der Regulationsweise, die sich in diesem Artikulationsverhältnis ausdrückt, ist zwar plausibel, erschwert aber eine operationalisierte Analyse entlang dieser Kategorien.

Beschreibt das Akkumulationsregime die Art und Weise wie der Kapitalkreislauf aufrechterhalten wird als Zusammenspiel der Produktionsbedingungen und des Konsumtionskreislaufes, so erklärt die Regulationsweise wie die Menschen dazu gebracht werden, sich konform zu diesem Zusammenspiel zu verhalten, ohne dass dies bewusst geschehen muss. So definiert Lipietz die Regulationsweise als: „... Gesamtheit institutioneller Formen, Netze, expliziter oder implizierter Normen, die die Vereinbarkeit von Verhaltensweisen im Rahmen eines Akkumulationsregimes sichern und zwar sowohl entsprechend dem Zustand der gesellschaftlichen Verhältnisse als auch über deren konfliktuelle Eigenschaften hinaus" (Lipietz 1985: 121). Die Regulationsformen betreffen vier Bereiche, nämlich das Lohnverhältnis, die Reallokation von Geld-Kapital, die Reproduktion und Steuerung des Geldes und die Formen juristischer und ökonomischer Staatsintervention (ebd.: 121). Die Analyse der vorliegenden Arbeit konzentriert sich auf den Bereich der Regulation des Lohnverhältnisses.

Die Regulationsweise als historisch konkrete institutionelle Konfiguration des Systems der Regulation besteht Hirsch (1994: 189) zufolge aus „einer Vielzahl von Institutionen, Organisationen und sozialen Zusammenhängen." Hierzu zählen Unternehmen, Unternehmerverbände, Gewerkschaften und andere Interessenorganisationen aber auch Bildungseinrichtungen, Medien und politisch-administrative Apparate sowie die Familie (ebd.: 189). „Es umfasst ein komplexes Netz sozialer Milieus, kultureller Orientierungen und 'Lebenswelten' und wird zugleich von den widersprüchlichen Formbestimmungen des kapitalistischen Vergesellschaftungszusammenhangs dominiert" (ebd.).

> „Regulation bedeutet daher die Artikulation sozialer Antagonismen in einer Weise, die diese nicht unmittelbar als solche und nicht in ihrem Zusammenhang erscheinen läßt. Dies erst macht sie vereinbar mit der Reproduktion der Gesellschaft überhaupt. Dabei ist vorausgesetzt, daß die sozialen Formen erhalten bleiben." (Hirsch 1994: 191)

So stellt sich die Regulationsweise als „Institutionalisierung sozialer Kräfteverhältnisse und ihre Zusammenbindung durch 'Hegemonie und Zwang'" dar (Hirsch 1994: 198). Hirsch weist auf die grundsätzliche Kontingenz, also offene Entwicklung, kapitalistischer Entwicklung hin. Individuelle Akteure und soziale Gruppen seien

> „gezwungen, ihre materiellen Lebensverhältnisse zunächst einmal unter den gegebenen Vergesellschaftungsverhältnissen zu sichern. Dieser materielle Zwang erklärt allein noch nicht ihre konkreten Verhaltensweisen. Was diese bestimmt, erschließt sich erst mittels der angedeuteten, recht komplizierten Vermittlungsschritte, die zugleich beinhalten, daß sie – individuell und kollektiv – durchaus auch anders handeln können (und manchmal sogar müssen)." (Hirsch 1994: 187; Hervorheb.i.O.)

Hirsch (1994: 199) weist auf die nationalstaatliche Einbettung der Entstehung von Akkumulationsregimen und Regulationsweisen hin, die in diesem Rahmen von den vorherrschenden sozialen Kräfteverhältnissen und wirtschaftlichen Verwertungsbedingungen bestimmt werden. Allerdings hat sich diese räumliche Matrix im Postfordismus verändert (vgl. Jessop 2002, 2003; Hirsch 2005).

Die beschriebenen Kategorien wurden zur Analyse der Gesellschaftsformation des fordistischen Kapitalismus der Nachkriegszeit und deren Krise entwickelt. Jessop zufolge zeichnet sich die „idealtypische" Form des Fordismus[1] folgendermaßen aus: Das Akkumulationsregime basierte auf Massenproduktion und Produktivitätssteigerungen in einer ertragsorientierten Wirtschaft (*economies of scale*). Steigende Profite wurden durch die volle Ausschöpfung der Produktionskapazitäten realisiert. Einkommenszuwächse waren an die Produktivität gekoppelt und stimulierten die Massennachfrage in einer binnenmarktorientierten Volkswirtschaft. Die Regulationsweise beinhaltet die Teilung von Eigentum und Kontrolle in Großunternehmen, Preismonopole, die allgemeine Anerkennung von Gewerkschaften und Tarifverhandlungen, eine an Produktivitätszuwächse und Preisinflation gekoppelte Lohnentwicklung und eine nachfrageorientierte Geldausschüttung und Kreditpolitik. Der Arbeitsprozess der tayloristischen Massenproduktion prägte den Fordismus, auch wenn diese nicht alle Branchen und Arbeiter*innen direkt betraf. Das zentrale Subjekt der Massenproduktion wiederum war der/die angelernte Massenarbeiter*in. Zum Vergesellschaftungsmodus gehörten der Konsum standardisierter Massengüter, die Kleinfamilie und die Darbietung von standardisierten, kollektiven Dienstleistungen des bürokratischen Staates (vgl. Jessop 1991: 136f.). Die tayloristische Arbeitsorganisation im Rahmen fordistischer Massenproduktion nahm im Fordismus einen zentralen Platz ein. Die Einkommen verteilten sich in einer binnenmarktorientierten Volkswirtschaft durch Löhne und Transferzahlungen so, dass ein der

1 Die konkrete historische Ausformung dieses Idealtypus war der US-amerikanische Kapitalismus der 1950er Jahre.

fordistischen Massenproduktion entsprechender Massenkonsum stimuliert wurde (vgl. Demirović/Sablowski 2011).

Der Fordismus breitete sich in der Nachkriegszeit über Initiativen wie den Marshallplan von den USA in die europäischen Länder aus. Auch Länder des globalen Südens wurden über Zentrum-Peripherie-Beziehungen eingebunden. Die Massenproduktion führte zu *economies of scale*, durch die die Produktionskapazitäten zwar ausgelastet wurden, dafür aber auch zu Überproduktion führten. Der Zeithorizont für Managerentscheidungen war langfristig. Demgegenüber ist ein zentrales Moment des Übergangs zum Postfordismus die Beschleunigung der Zeit für Investitionsentscheidungen und die Deregulierung und Liberalisierung des Finanzsystems sowie eine Orientierung am Shareholder-Value (vgl. Hirsch 2005; Sablowski/Demirović 2011, 2013). Demirović und Sablowski (2013: 190) unterscheiden zwischen einer marktliberalen Regulationsweise im 19. und im frühem 20. Jahrhundert, einer interventionistischen und wohlfahrtsstaatlichen Regulationsweise von den 1950er bis in die 1970er Jahre und einer durch Unsicherheit und Finanzmarktkapitalismus geprägten Regulationsweise seit den 1980er Jahren. Die Regulationstheorie analysiert verschiedene nationale Entwicklungspfade als historische Gesellschaftsformationen und länderspezifische Abweichungen von dem oben skizzierten Idealtypus, die im Hauptteil der Arbeit entlang der untersuchten Länder präzisiert und konkretisiert werden.

1.1 Von der Fordismuskrise zur Krise des Postfordismus

Das fordistische Akkumulationsregime kam seit Anfang der 1970er Jahre in die Krise. Soziale und technische Grenzen des fordistischen Modells führten zu rückläufigen Produktivitätszuwächsen. Die Sozialausgaben stiegen, während sich die Konsumnorm diversifizierte. Gleichzeitig erschwerten sich die Bedingungen einer Wirtschaftssteuerung im nationalstaatlichen Rahmen durch die zunehmende Globalisierung von Handels- und Finanzströmen (vgl. Amin 1994: 16). Seit den 1970er Jahren stockten die Profite. Dies hatte seine Ursache in einer Überproduktionskrise. Produktivitätssteigerungen durch Mechanisierung führten zu einer steigenden Wertzusammensetzung des Kapitals (vgl. Sablowski 2003: 447). Gleichzeitig veränderten sich durch die sozialen Bewegungen, insbesondere die Frauenbewegung, die Geschlechter- und Familienverhältnisse. Die fordistische Konsumnorm wurde ebenso in Frage gestellt wie das tayloristische Fabriksystem. So führten seit dem Ende der 1960er Jahre auch Streiks, Absentismus und Sabotage zu sinkenden Produktivitätszuwächsen. Das Gleichgewicht zwischen Produktion und Konsumtion geriet aus den Fugen (vgl. Negri 1998; Hirsch 2005). Zur Wiederherstellung der Profitabilität ergriff das Kapital neue Strategien, die in den folgenden Abschnitten näher dargestellt werden. Zum einen lagerten die Betriebe Produktionsschritte ins Ausland oder in andere Regionen aus und organisierten die Unternehmen in Unternehmensnetzwerken und -ketten mit komplizierten Zuliefererbeziehungen. Zum anderen starteten sie eine lange Reihe von Maßnahmen zur Erschließung neuer Märkte und Gewinnmöglichkeiten. Das internationale Währungssystem der Nachkriegszeit, das Bretton-Woods-System fester Wechselkurse, brach zusammen. Tatsächlich erholten sich seit Mitte der 1980er Jahre die Profite, weil die Arbeitsproduktivität gestiegen war, sich die Maschinenlaufzeiten verlängert hatten und die Löhne stagnierten. Außerdem erhöhte sich die Umschlaggeschwindigkeit des Kapitals (vgl. Sablowski 2003: 448).

Der Postfordismus basiert auf einem finanzdominierten Akkumulationsregime (Aglietta 2000; Demirović/Sablowski 2011) bzw. einem marktradikal deregulierten Kapitalismus (Hirsch 2013). Nach dem Zusammenbruch des Bretton-Woods-Systems etablierte sich ein System freier Wechselkuse. Die fordistische Konsumnorm wurde hinterfragt ebenso wie die Grenzen des Wachstums thematisiert wurden.[2] Im finanzdominierten Akkumulationsregime wurde die Produktion nach dem *just-in-time*-Prinzip flexibilisiert, eine neue internationale Arbeitsteilung bei der arbeitsintensive Produktionsschritte in den globalen Süden verlagert wurden, eine beschleunigte Globalisierung von Handels- und Finanzströmen, eine Flexibilisierung und Prekarisierung der Arbeitsverhältnisse und die Aushöhlung der Institutionen des fordistischen Klassenkompromisses (vgl. Demirović/Sablowski 2011).

Hirsch (2005: 133ff.) beschreibt, wie umfassend sich die sozialen Verhältnisse im postfordistischen Akkumulationsregime transformiert haben. Die Lohn- und Arbeitsverhältnisse werden im Postfordismus ausdifferenziert und prekarisiert. Hierzu gehören die geschwächte Position der Gewerkschaften, Sozialabbau und die Teilprivatisierung der sozialen Sicherungssysteme sowie die Entkoppelung von Massenproduktion und -konsum. Die sozialen Kräfteverhältnisse verschoben sich zugunsten des Kapitals, indem die realen Masseneinkommen stagnierten bzw. schrumpften und der fordistische Nexus zwischen Wachstum und Konsumsteigerung zerbrach. Die ökonomischen Verhältnisse werden finanzialisiert, d.h. finanzielle auf kurze Profitziele und Wirtschaftlichkeit ausgelegte Ziele dominieren gegenüber längerfristigen Strukturinvestitionen. Das bezieht sich sowohl auf die politische Ebene als auf Unternehmensentscheidungen (vgl. Hirsch 2005: 134).[3] Das Geldverhältnis (der Geld- und Kapitalverkehr) wird von nationalstaatlichen Kontrollmechanismen entkoppelt. In

2 Die Postwachstumsbewegung zeigt, dass auch über 40 Jahre nach dem Entstehen der Ökobewegung in puncto Wachstum noch keine radikale Änderung stattgefunden hat. Grüne Wachstumskritik mutiert zu grünen Wachstumskonzepten à la Green Economy (vgl. kritisch hierzu Brand 2013).

3 Nölke/Perry (2007) sprechen von Finanzialisierung in Bezug auf den Bedeutungsgewinn des Finanzsektors gegenüber dem „produktiven" Sektor.

Bezug auf die Konkurrenzverhältnisse spricht Hirsch von einer Heterogenisierung und Zersplitterung der Lohnabhängigen, steigender Bedeutung der Arbeitsmigration, struktureller Massenarbeitslosigkeit, Schwächung der Verbände, Dezentralisierung korporativer Strukturen und verschärfter Unternehmenskonkurrenz. Hinzu kommt die Kommodifizierung der gesellschaftlichen Bereiche Natur und Wissen (vgl. ebd.: 136f.) sowie ein neuer Schub der Durchkapitalisierung der Gesellschaft und der „inneren Landnahme" und eine Änderung des Raum-Zeit-Verhältnisses im Sinne eines komplexen Prozesses der Komprimierung und Dehnung der Raum-Zeit-Dimension (vgl. hierzu auch Demirović/Sablowski 2011). Die postfordistische Regulationsweise zeichnet sich durch eine neue internationale Machtstruktur, neue Formen der Konkurrenzregulation, die räumliche Differenzierung und Internationalisierung der Regulierungssysteme und die Transformation und Internationalisierung des „erweiterten Staates" aus (private Netzwerke, public-private-partnerships) (vgl. Hirsch 2005: 140). „Konkurrenz, verbunden mit rassistischen und sexistischen Diskriminierungen, wird damit zu einem zentralen Element der Regulierung des Lohnverhältnisses" (ebd.: 154f.).

Seit der globalen Wirtschafts- und Finanzkrise von 2007/2008 ist jedoch die Hegemonie der postfordistischen, neoliberalen Regulationsweise herausgefordert. Die Forschung hat nie eine in ihrer Kohärenz dem Fordismus ähnelnde Gesellschaftsformation analysieren können und deshalb vom *Postfordismus* gesprochen[4], gleichwohl sich die Analyse der Herausbildung eines finanzmarktdominierten Akkumulationsregimes (Aglietta 2000) etabliert hat. Eben dieses sei seit der Wirtschafts- und Finanzkrise 2007/2008 in die Krise geraten (Demirović/Sablowski 2011, 2013). Allerdings würde das Regime selbst nicht in Frage gestellt, sondern die Widersprüche reproduzierten sich auf immer höherem Niveau (Demirović/Sablowski 2013: 188). Strittig ist, ob es sich um eine Restrukturierungskrise innerhalb des Akkumulationsregimes handelt oder um eine Krise des Akkumulationsregimes selbst. Obwohl Atzmüller u.a. (2013) fragen, ob der Neoliberalismus an sein Ende gelangt sei, konstatieren sie eine Radikalisierung neoliberaler Politikmuster und restaurative Tendenzen in der EU. Hirsch (2013: 381) plädiert dafür, den Postfordismus als marktradikal deregulierten Kapitalismus zu bezeichnen, da Neoliberalismus oder finanzialisierter Kapitalismus nicht aussagekräftig genug sei. Aglietta (2012) kritisiert die weitere monetaristische Ausrichtung der EZB und das Merkelsche Krisenmanagement, das die sozialräumliche Spaltung der EU-Länder fördere.

Buckel u.a. (2012) sehen in der Krise der EU Poulantzas' These vom Autoritären Etatismus bestätigt und verstärkt (vgl. zum Autoritären Etatismus im Neoliberalis-

---

4 Die sich herausbildende postfordistische Regulationsweise stelle, so schreibt Hirsch noch 2005 (140), „kein konsistentes 'Projekt' dar, sondern entsteht in einem widersprüchlichen und konfliktorischen Prozess, der unabgeschlossen und umkämpft ist."

mus Kannankulam 2008). Auch Hirsch (2013: 383) teilt die These, dass die Krise seit 2007/2008 zu einer Ablösung der postfordistischen durch eine als Autoritären Etatismus charakterisierte kapitalistische Gesellschaftsformation führen wird, die durch stärkere direkte Staatsinterventionen als der neoliberale Autoritarismus charakterisiert würde. Die multiple Krise umfasst nicht nur die Finanz- und Wirtschaftskrise, sondern auch den Klimawandel, der bald unumkehrbare Folgen zeigen wird, und eine Krise von Politik und Demokratie (vgl. hierzu u.a. Brand 2009; Demirović u.a. 2011).

Zwei Annahmen zur postfordistischen Transformation müssen meines Erachtens differenzierter analysiert werden, nämlich die oft konstatierte Abkehr von tayloristischen Arbeitsorganisationsmodellen in der standardisierten Massenproduktion und die einseitige Aufkündigung des fordistischen Klassenkompromisses durch die Kapitalfraktionen. In regulationstheoretischen Arbeiten wird die neoliberale Regulationsweise als Defensive der Arbeiter*innenbewegung mit einem Abbau von Schutzrechten und Sozialstandards und einer Umverteilung des Einkommens zuungunsten der lohnabhängig Beschäftigten beschrieben (vgl. beispielsweise Demirović/Sablowski 2011).[5] „Angriffe auf die Gewerkschaften drängten diese in die Defensive", schreiben Demirović und Sablowski (2011: 97) etwa in Bezug auf Deutschland seit Mitte der 1990er Jahre. So richtig dies ist, sollte berücksichtigt werden, dass auch der fordistische Kapitalismus auf Klassenspaltungen basierte, an denen die fordistische Arbeiterbewegung nicht unbeteiligt war. Ermöglichten nicht gerade diese Spaltungen die kapitalistische Gegenoffensive seit den 1970er Jahren?

Das fordistische Akkumulationsregime basierte auf der systematischen Ausgrenzung weiblicher Beschäftigter durch die Institution der Kleinfamilie und förderte eine Arbeitsmarktsegmentierung entlang von Klasse, Geschlecht und Nation (vgl. Buci-Glucksmann 1981; Kohlmorgen 2004; Balibar 2010). Nicht nur die Profitabilitätskrise, sondern auch die sozialen Bewegungen, die aus diesen Widersprüchen der fordistischen Gesellschaftsformation herrührten, führten zu ihrer Krise in den 1970er Jahren.

Die Massenproduktion und die tayloristische Arbeitsorganisation, die Trennung von ausführenden und kontrollierenden Tätigkeiten hat sich zwar in Europa in vielen Branchen durch Arbeitsorganisationsmodelle wie Gruppenarbeit und Qualitätszirkel verschoben, doch sie reproduziert sich in der neuen internationalen Arbeitsteilung der internationalisierten Massenproduktion umso stärker. Angesichts eines globalen Wiederauflebens des Taylorismus in der netzwerkbasierten Massenproduktion fragte Lüthje schon 2004, ob der Fordismus zurückkehrt. Zahlreiche Autoren weisen darauf hin, dass auch im Neoliberalismus in Europa korporatistische Politikgestal-

---

5 Auch Streeck (2015/2013: 86) benutzt das Narrativ der Offensive der kapitalistischen Eliten nach dem Golden Age.

tung z.B. in Form von Sozialpakten und Bündnissen weiterbestanden hat (vgl. z.B. Regalia 1989; Regini 1997; Hassel/Hoffmann 1999). Esser sprach schon 1982 von korporatistischer Blockbildung im Zusammenhang mit der Wiederherstellung der Weltmarktbedingungen der exportorientierten Kapitalfraktionen in Deutschland.

Im Folgenden sollen vier Dimensionen des Übergangs näher beschrieben werden, die für die Entwicklung eines postfordistischen Arbeitsmarktregimes von Bedeutung waren. Diese in sich nicht widerspruchsfreien Entwicklungen spiegeln einen Suchprozess wider: die Krise des Taylorismus und die Subjektivierung der Lohnarbeit, die Flexibilisierung und raum-zeitliche Zergliederung der Produktion, die Erosion des Normalarbeitsverhältnisses/Prekarisierung und die Krise des fordistischen Klassenkompromisses. Die drei Dimensionen sind ausgehend von neuen Managementstrategien stark umkämpfte Felder, und sollen in ihren historisch-konkreten Ausformungen in den Länderfallstudien unter dem Punkt sozioökonomische Transformationen im Postfordismus sowie unter dem Punkt Gesetzesänderungen und Positionen und Strategien nachgezeichnet werden. Die Dimension Krise des fordistischen Klassenkompromisses wird unter dem Punkt Positionen und Strategien sowie Multiskalierung der Kräfteverhältnisse empirisch rekonstruiert und kritisch diskutiert.

1.2 Krise der tayloristischen Arbeitsorganisation und „Subjektivierung der Lohnarbeit"

> „Die tayloristische Arbeitsorganisation und ebenso das Lohnverhältnis des Fordismus brechen zusammen, als sie mit Widerstand, mit richtungsweisenden Gegenentwürfen, historischen Projekten von politischem Gewicht konfrontiert waren. Die lebendige Arbeit ist nicht nur Objekt dieses Übergangs, sondern ebenso sehr sein Subjekt." (Antonio Negri 1998: 28)

Die dominierende Form der Arbeitsorganisation im Fordismus, die tayloristische Organisation der Arbeit, begründete Frederick W. Taylor 1911 mit seinem Hauptwerk *The principles of scientific management*. Die tayloristische Arbeitsorganisation basiert auf der Trennung von planenden und ausführenden Arbeitsschritten. Arbeitsverrichtungen werden radikal zerlegt und standardisiert und einer „rigide[n] Form der Kontrolle und Steuerung betrieblicher Prozesse durch das Management" untergeordnet (Kocyba/Vormbusch 2000: 223). Mit den Time and Motion Studies, die Taylor durchführte, wurde der Arbeitsprozess in kleinstmögliche Einheiten zerlegt und die gefundenen elementaren Bewegungsabläufe rigoros normiert und standardisiert (vgl. Coriat 1995: 16f.). Das arbeitsorganisatorische Paradigma des Taylorismus erstreckte sich nicht nur auf die Industrienationen des westlichen Kapitalismus, sondern auch auf die Länder des Ostblocks. Taylors Konzept des „Wissenschaftlichen Managements" wurde zur Zeit der Dritten Internationalen neben Lenin auch von Gramsci als rationale, wissenschaftliche Form der Produktionsorganisation angesehen und als nachahmungswürdig erachtet. Gramsci sah in der Monotonie der Fabrikarbeit eine Möglichkeit, durch die Automatisierung der Arbeitsabläufe, den Kopf für eigene Gedanken freizuhalten (vgl. Trentin 1999: 169ff.)[6]. Demgegenüber argumentierte Marx, die Zerteilung der Arbeitsschritte und die Mechanisierung der Produktion entfremde den Arbeiter von seiner Arbeit und deren Produkt. „Selbst die Erleichterung der Arbeit wird zum Mittel der Tortur, indem die Maschine nicht den Arbeiter von der Arbeit befreit, sondern seine Arbeit vom Inhalt" (Marx 1965: 445f.).

Neue Formen der Arbeitsorganisation verbreiteten sich seit der Krise des Fordismus, besonders seit den 1980er Jahren verstärkt, z.B. in Form von Gruppenarbeit, Qualitätszirkeln etc. So kamen viele Autoren zu dem Schluss, dass das tayloristische Modell herausgefordert sei.[7] Manche Industriesoziologen konstatierten einen Bruch mit dem tayloristischen Paradigma (vgl. Kocyba/Vormbusch 2000: 223ff.), während andere auch auf die Zunahme neotayloristischer Praktiken hinwiesen (vgl. Leborgne/Lipietz 1992: 337ff.). Während sich Ende der 1960er Jahre Arbeiter*innen gegen die tayloristische Arbeitsorganisation erhoben (vgl. z.B. Silver 2005) und in den 1970ern Gewerkschaften eine „Humanisierung der Arbeitswelt" forderten, griff das Management Subjektivierungsforderungen auf und integrierte sie in neue Managementstrategien, die sich an den „Faktor Mensch", „Humanressourcen" oder „Humankapital" wendeten und die Ware Arbeitskraft, die mitdenkt, zu einem zentralen Wettbewerbsfaktor im Lauf um mehr Innovationsfähigkeit erkor. In diesem Zusammenhang wird von einer Verschiebung der Wettbewerbsfaktoren von Menge und Preis auf eine durch Innovationen erreichte Qualität gesprochen (vgl. z.B. Cooke/Morgan 1998: 8; Cooke u.a. 1996: 1; Brusco/Solinas 1997: 11). Brusco und Solinas zufolge führt ein unzureichendes Engagement der Arbeitskräfte zu einem Wettbewerbsnachteil weshalb sich Unternehmen verstärkt für die Partizipation der Beschäftigten interessieren (vgl. Brusco/Solinas 1997: 9). Die menschliche Arbeitskraft sollte im Produktionsprozess einen aktiveren Part einnehmen. „Gefordert ist nicht nur eine 'Ware, die denkt', sondern eine Ware, die denken muss", konstatierte der langjährige Vorsitzende der italienischen Gewerkschaft CGIL Bruno Trentin (1999: 19).

Der Ohnismus, eine auf Taichi Ohno zurückgehende Schule des Produktionsmanagements, wurde zunächst beim japanischen Autohersteller Toyota umgesetzt.

6 Vgl. zur Rezeption des Fordismus und Taylorismus in Italien und der Sowjetunion ausführlich Settis (2016).

7 Vgl. u.a. Hirsch/Roth (1986: 106-115), Boyer (1992: 55f.) und Hirsch (1995: 66f.); Voß und Pongratz (1998: 131-158) haben das Konzept des Arbeitskraftunternehmers entwickelt, weil Managementstrategien vermehrt auf eine Selbstorganisation und Selbstkontrolle der Arbeitskraft abzielten. Vgl. auch Lazzarato (1998: 42ff.), der als neue Direktive des Managements den Slogan „Seid Subjekte" ausmacht und dessen zwanghaften Charakter analysiert.

Während das *just-in-time*-Prinzip die Linearisierung der Fertigung, Kanban-Systeme[8] und eine drastische Reduzierung der Zwischenlager beinhaltet, führt die Technik der Autonomation Qualitätskontrollen durch die Ausführenden ein und verbindet damit Aufgaben und Funktionen, die der Taylorismus getrennt hatte. Coriat zufolge sei der Ohnismus in seiner Relevanz mit dem Taylorismus zu vergleichen. Während jener eine „angemessene Form der Massenproduktion standardisierter Produkte" darstelle, „die nicht oder kaum differenziert" seien, entspreche der Ohnismus einem „Produktionsprozeß einer Epoche der Serienproduktion verschiedenartiger Güter" (Coriat 1995: 9ff.). Verglich Taylor die Arbeitskraft mit einem dressierten Gorilla (vgl. Taylor 1919: 41)[9], so baut der Ohnismus auf die aktive Beteiligung der Arbeitskräfte, die zur ständigen Verbesserung des Produktes und zur Eindämmung von Fehlern beitragen sollen. Die Identifikation mit der Firma spielt hierbei eine wichtige Rolle.

Eine weitere Managementstrategie, die sich im Postfordismus in den kapitalistischen Metropolen durchgesetzt hat, ist das aus den USA stammende Human Resource Management (HRM), das von der Prämisse ausgeht, Unternehmen und Beschäftigte verfolgten die gleichen Interessen. Die betrieblichen Arbeitsbeziehungen sollen sich weg von den über die Gewerkschaften vermittelten kollektiven hin zu direkten, individuelleren Beziehungen zwischen Beschäftigten und Management entwickeln (vgl. Baglioni 2001: 105; 110). Typische HRM-Maßnahmen sind die Entwicklung interner Arbeitsmärkte, flexible Arbeitsorganisation, variable Lohnpraktiken, und individuelle und Gruppenpartizipation bei Entscheidungen innerhalb des eigenen Aufgabenbereichs (vgl. ebd.: 118). Gewerkschaftlich ausgehandelte oder direkt von den Beschäftigten erkämpfte Partizipationsrechte werden im HRM in freiwillige Partizipationsmaßnahmen des Managements im Zeichen der Wettbewerbsfähigkeit umgedeutet (vgl. ebd.: 101ff.).

1.3 Räumliche Reorganisierung und Flexibilisierung der Produktion

Das Kapital begann in den 1970er Jahren Produktionsschritte verstärkt in andere Länder zu verlagern. Anfang dieser Entwicklung nahmen die USA, weil die wirtschaftliche Dominanz des US-amerikanischen Fordismus in Frage gestellt wurde

8 Mit den nach Karten genannten Kanban-Systemen sollen Lagerbestände dadurch reduziert werden, dass bei einem Mindestbestand eine Bestellung der fehlenden Teile mittels der Karten erfolgt.

9 „Einen intelligenten Gorilla könnte man so abrichten, daß er ein mindestens so tüchtiger und praktischer Verlader würde als irgendein Mensch. Und doch liegt in dem 'richtigen' Aufheben und Wegschaffen von Roheisen eine solche Summe von weiser Gesetzmäßigkeit, eine derartige Wissenschaft, dass es auch für den fähigsten Arbeiter unmöglich ist, ohne die Hilfe eines Gebildeteren die Grundbegriffe dieser Wissenschaft zu verstehen oder auch nur nach ihnen zu arbeiten" (Taylor 1919: 41).

(vgl. Fröbel/Heinrichs/Kreye 1977; Esser 1982; Hirsch 1995: 89f.; Silver 2005; Demirović/Sablowski 2011). Vormals auf den Binnenmarkt konzentrierte Ökonomien und das fordistische korporatistische Arrangement wurden herausgefordert (vgl. Hirsch 1995). Die räumliche Reorganisation bestand in einer doppelten Bewegung aus Internationalisierung und Dezentralisierung von Produktion und Dienstleistungen. Die Unternehmen begannen auf Grund sinkender Profitraten und sozialer Konflikte Ende der 1960er Jahre gezielt die Produktion durch Outsourcing und die Bildung von Zulieferketten in Unternehmensnetzwerken zu streuen, zum Beispiel in Italien (vgl. Regini/Sabel 1989).

Konstituierend für die nachfordistische Produktionsordnung ist die neue internationale Arbeitsteilung (Fröbel/Heinrich/Kreye 1977) zwischen dem globalen Norden und Süden innerhalb derer neue Exportindustrien in den „Schwellen"- und „Entwicklungs"ländern aufgebaut wurden und intensivierte Arbeitsprozesse im globalen Süden[10], die den Konsumstandard der Arbeiter*innenklasse im globalen Norden zum einen erhalten, zum anderen aber auch herausfordern. Der zerbrochene fordistische Nexus aus Massenproduktion und Massenkonsum hat sich in eine globale Verbindung aus tayloristischer Massenproduktion auf Niedriglohnbasis, die nicht zum Konsum befähigt und Massenkonsum, der oft losgelöst (sowohl personell als auch räumlich) von der Massenproduktion stattfindet, gewandelt. Ulrich Brand und Markus Wissen beschrieben mit dem Begriff „Imperiale Lebensweise", dass soziale und ökologische Ressourcen an anderen Orten ausgebeutet werden, um den eigenen Konsumstandard zu erhalten (vgl. Brand/Wissen 2017: 43ff.).

Die Globalen Wertschöpfungsketten (GVC) multinationaler oder transnationaler Konzerne, die ausgehend von den USA seit den 1960er Jahren gebildet wurden, betrugen 2013 80% des Umschlags des Welthandels mit Gütern und Dienstleistungen. Intermediäre Güter betragen über 54% der Weltimporte. Die führenden Unternehmen einer GVC konzentrieren sich auf die profitablesten Schritte, nämlich Erfinden, Entwerfen und Planen am Anfang sowie Marketing, Absatz und Kundenbetreuung am Ende der Wertschöpfungskette (vgl. Krätke 2013: 16ff.). Eine weitere Strategie, mit der das Management auf die Profitklemmenkrise der 1970er Jahre reagierte, war

10 Fröbel/Heinrichs/Kreye wiesen schon 1977 (597f.) auf die Interdependenzen zwischen der Arbeiterklasse des Nordens und Südens hin: „Gerade die Auswirkungen der neuen internationalen Arbeitsteilung in den traditionellen Industrieländern sollten es den Arbeitern in diesen Ländern erleichtern, aus ihrer wirklichen oder vermeintlichen Rolle einer Arbeiteraristokratie herauszutreten und zu erkennen, daß ihr Schicksal auf dem weltweiten Markt für Arbeitskraft unlösbar mit dem ihrer Kolleginnen und Kollegen in unterentwickelten Ländern verknüpft ist. […] Ob diese Möglichkeit zu einer selbstbewußten Rekonstitution der menschlichen Gesellschaft zur Wirklichkeit wird, hängt wesentlich davon ab, ob sich die Arbeiter nicht durch vermeintliche oder wirkliche Gratifikationen für einen Teil von ihnen fraktionieren lassen."

das Konzept der Flexibilisierung. Zum einen entstand die Produktionsstrategie der Flexiblen Spezialisierung mit der auf diversifiziertere Kundenwünsche eingegangen werden sollte. Diese auf handwerklich-kleingewerblicher Fertigung basierende Produktion habe, so Piore und Sabel (1989: 24), seit den 1970er Jahren eine neue Blütezeit erfahren. Während die Massenproduktion durch den Gebrauch spezialisierter Maschinen und angelernte Arbeiter*innen charakterisiert war, unterscheidet sich die Flexible Spezialisierung dadurch, dass in ihr qualifizierte Fachkräfte eine große Spannbreite an kundenspezifischen Gütern produzieren. Allerdings konnten auch die Großunternehmen durch eine Umstrukturierung der Produktion auf ein System flexibler Spezialisierung innerhalb der Massenproduktion umstellen. Immer kürzere Produktions- und Innovationszyklen setzen die Flexibilität der Beschäftigten in Bezug auf Weiterqualifizierung und Lernen voraus. Schumpeter zufolge hängt Wettbewerbsfähigkeit von der permaneten Bereitschaft zu Innovationen ab (vgl. Jessop 2002: 121f.).

1.4 „Erosion des fordistischen Normalarbeitsverhältnisses" oder „umkämpfte Normalität"?

Die „Erosion des Normalarbeitsverhältnisses" stellt einer gängigen Narration gemäß ein zentrales Merkmal postfordistischer Transformation dar (vgl. hierzu Kress 1998; Aulenbacher/Riegraf 2009: 237ff.). Hierbei handelt es sich jedoch nicht um eine schleichende Erosion, sondern um einen strategisch geforderten und bewusst umkämpften Prozess. In diesem Zusammenhang erscheint Hauers Begriff der „umkämpften Normalität" sinnvoll, mit der er die Prekarisierung der Beschäftigungsverhältnisse analytisch fasst. Er weist darauf hin, dass das Thema Prekarisierung erst problematisiert wird, als es die Kerngruppen der weißen männlichen Arbeiter erfasst. Für Frauen und Migrant*innen waren Beschäftigungsverhältnisse auch im Fordismus schon prekär (vgl. Hauer 2007). Auch Dörre (2009: 40f.) weist darauf hin, dass Frauen im Fordismus großteils in weniger geschützten Bereichen arbeiteten. „Insofern leistete der soziale Kapitalismus De-Kommodifizierung und Entprekarisierung nur annäherungsweise; vor allem Frauen, Migranten und formal weniger Qualifizierte verblieben häufig in minder geschützten Verhältnissen" (Dörre 2009: 41). Manche sehen im Normalarbeitsverhältnis ein typisch deutsches Konstrukt, welches es in der angelsächsischen Welt nicht gegeben habe (vgl. etwa Pierenkemper 2009). Während in jenem die Beruflichkeit und der lebenslange Arbeitsvertrag im Vordergrund stünden, gründeten sich Arbeitsverhältnisse in diesem typischerweise auf allgemeinere Fähigkeiten, wechselnde Jobs, flexiblere Karrieren, höhere Mobilität und einem *training-on-the-job* (vgl. ebd). In den angelsächsischen Ländern stand das Konzept der *employability* schon seit langer Zeit im Zentrum der Berufsqualifikation (Kraus 2006). Die spezifischen Wege der Arbeitsmarktflexibilisierung werden in den Länderkapiteln empirisch nachgezeichnet. Dabei werden vor allem zwei Ebenen beleuchtet, nämlich die Ausweitung atypischer Beschäftigungsformen und der Abbau von Kündigungsschutzregelungen.

1.5 Abschied vom „fordistischen Klassenkompromiss"?

An den Wurzeln des Fordismus, dies gilt es zu bedenken, stand ein liberalistisches und antigewerkschaftliches Konzept mit dem Ford jenseits der Gewerkschaften den Konsens der Beschäftigten erzeugen wollte. Die ursprüngliche Bedeutung des Wortes Fordismus bestand dementsprechend aus einer Mischung aus Konsens, strenger Kontrolle und Repression (vgl. Settis 2016: 301). Nach der gängigen Erzählung vom „fordistischen Klassenkompromiss" akzeptierte die Arbeiterbewegung das tayloristisch-fordistische Fabrikssystem und stellte die kapitalistische Wirtschaftsordnung nicht mehr grundsätzlich in Frage. Im Gegenzug wurden die Arbeiter über eine Koppelung der Arbeitslöhne an die Produktivitätssteigerungen und eine Ausweitung der Systeme sozialer Sicherung in die Massenkonsumgesellschaft integriert. Die fordistische Konsumnorm des Massenkonsums diente als ideologischer, klassenübergreifender Kitt, wobei Klassenfraktionierungen fortbestanden (vgl. Kohlmorgen 2004).

Der fordistische Klassenkompromiss präferierte die Kernbeschäftigtengruppen fordistischer Industrie. Frauen wurden z.B. in den konservativen Wohlfahrtsregimen bei geringfügiger Beschäftigung ohne Sozialversicherungspflicht oder bei Arbeit außerhalb der Lohnarbeitsform über den Ehemann sozial abgesichert statt mit eigenen universellen Rechten ausgestattet zu sein. Die Lohnarbeitszentrierung, die statuserhaltend wirken sollte, reproduzierte sowohl das Lohngefälle als auch die Arbeitsmarktsegmentierung (vgl. Esping-Andersen 1990). Während im Fordismus die Frauenerwerbstätigkeit anstieg, mussten die Frauen häufig die *dirty jobs* übernehmen. Frauenerwerbstätigkeit war meist eher niedrig entlohnt und psychisch belastend, umfasste monotone Tätigkeiten und verfügte über geringe Selbstbestimmungs- sowie Entscheidungsbefugnisse. Der fordistische Klassenkompromiss war ein maskulinistischer (vgl. Kohlmorgen 2004: 155ff.). Esser wies auf die Selektionsmechanismen kapitalistischer Blockbildung in der BRD unter Einschluss der offiziellen Gewerkschaften hin, wofür er den Begriff des *selektiven Korporatismus* prägte. Dieser schloss in der Krise des Fordismus Frauen und Migrant*innen in besonderem Maße aus (vgl. Esser 1982). Arbeitsmarktpolitische „Minderheiten" wie Migrant*innen, Frauen, ältere Beschäftigte und Jugendliche wurden gegenüber weißen Männern mittleren Alters diskriminiert. Diese Argumentation wird im Hauptteil der Arbeit ausführlicher entfaltet werden.

Mit der Krise des Fordismus wird ein Aufbrechen des fordistischen Klassenkompromisses verbunden, der nicht nur durch eine Strategieänderung der Kapitalseite, sondern auch durch soziale Kämpfe Ende der 1960er Jahre hervorgerufen wurde (vgl. u.a. Hirsch 1995: 87f.; Negri 1998). Korporatistische Arrangements im Fordismus unterscheiden sich laut Bispinck/Schulten von wettbewerbskorporatistischen seit den 1980er Jahren. Dieser Analyse zufolge wurde der Klassenkompromiss nicht aufgekündigt, sondern hat sich gewandelt und einer neuen, wettbewerbsstaatlichen, Logik untergeordnet. Während erstere sozialistische Ziele wohlfahrtsstaatlichen und tarifpolitischen Errungenschaften unterordneten, verzichten neuere auf bestimmte Sozialleistungen und arbeitspolitische Regelungen zugunsten von befristeten Beschäftigungs- und Investitionsgarantien (vgl. Bispinck/Schulten 1999: 180; Deppe/Bieling 1999: 285).

In den 1990er Jahren erlebte der Korporatismus in Form von Sozialpakten und regionalen wie lokalen Bündnissen eine Konjunktur (vgl. Regini 1997). In fast allen europäischen Ländern mit Ausnahme von Großbritannien und Frankreich wurden seit den 1990er Jahren Abkommen und Pakte im Bereich sozial- und arbeitsmarktpolitischer Gesetzgebung getroffen (vgl. Hassel/Hoffmann 1999: 213f.). Die Durchsetzung der schrittweisen Verkürzung der Arbeitszeit bis auf 35 Stunden im Metall- und Elektrobereich im Jahr 1984 wurde z.B. mit Flexibilisierungsvereinbarungen verbunden. Seit 2004 öffnete das so genannte Pforzheimer Abkommen zwischen der IG Metall und dem Arbeitgeberverband Südwestmetall Abweichungen von den tariflichen Mindeststandards auf betrieblicher Ebene (vgl. Müller-Jentsch 2007: 117f.).

Schulten (2000: 232) bilanzierte: „Während die offene Konfrontation mit den Gewerkschaften den neoliberalen Umbau in vielen Ländern eher blockiert hat, so erwies sich der Wettbewerbskorporatismus als geeignetes Medium, die Gewerkschaften in die neoliberalen Restrukturierungsprojekte einzubinden."

Im Postfordismus bildete sich also ein neuer Kompromiss – der wettbewerbskorporatistische heraus. Er bestand in der Akzeptanz von schlechteren arbeitsrechtlichen Absicherungen, Flexibilisierung und tarifpolitischen Zugeständnissen zugunsten von befristeten Beschäftigungszusagen (vgl. z.B. Deppe 2001: 38ff.; Deppe 2003). Auf europäischer Ebene entwickelte sich ein symbolischer Euro-Korporatismus. Neue Verhandlungsstrukturen zwischen den Tarifparteien auf EU-Ebene wie der Sozialdialog seien stärker etabliert worden als konkrete soziale Mindeststandards. Der Sozialdialog wird sowohl auf Dachverbandsebene als auch auf Branchenebene geführt und hat zahlreiche gemeinsame Stellungnahmen hervorgebracht (vgl. Bieling/Schulten 2003; Schulten 2004: 262-268). Nach Urban (2012: 230) entstand seit dem Ende der 2000er Jahre ein Krisenkorporatismus, der sich deutlich sowohl vom Wettbewerbskorporatismus der 1980er und 1990er Jahre wie vom Sozialkorporatismus der 1960er und 1970er Jahre unterscheide. Durch ein akutes Notstandsbewusstsein auf betrieblicher Ebene werden Verschlechterungen vor dem Hintergrund der Krise hingenommen (vgl. hierzu auch Deppe 2012: 87ff.). Der Begriff des Krisenkorporatismus ändert m.E. nicht die wettbewerbsstaatliche Logik, sondern vertieft diese weiter in einer akuten Krisensituation, die dazu genutzt wurde, weitere Restrukturierungen durchzusetzen, was im Hauptteil weiter ausgeführt wird.

2. Vom Wohlfahrtsstaat zum Workfare-/Wettbewerbsstaat: Theoretische Annäherungen

2.1 Materialistische Staatstheorie: Vorbemerkungen

Während der vorige Abschnitt zu postfordistischen Transformationen die sozioökonomischen Grundlagen behandelte, fokussiert dieses Kapitel stärker auf die Analyse des Staates und soll in grundlegende theoretische Überlegungen und Begriffe des Hauptteils einführen.

Im Gegensatz zu einflusstheoretischen Ansätzen, die im Staat das organisierte Willens- und Steuerungszentrum für Wirtschaft und Gesellschaft sehen und interdependenztheoretischen Ansätzen, die den Staat als politisches Subsystem analysieren, gehen materialistische Ansätze des Staates von der Prämisse aus, dass der Staat integraler Bestandteil der gesamtgesellschaftlichen Reproduktion ist. Gegenüber den genannten Ansätzen kritisiert materialistische Staatstheorie eine ahistorische Herangehensweise und untersucht den Staat gesamtgesellschaftlich als historisch umkämpftes Ergebnis bürgerlich-kapitalistischer Gesellschaftsformation (vgl. Esser 1985). Dass die Gesellschaft, die Wirtschaft und der Staat keine voneinander unabhängigen Subsysteme sind, ist also eine Prämisse und zugleich Forschungsgegenstand materialistischer Staatstheorie, die davon ausgeht, dass der Staat konstitutiv dazu beiträgt, die kapitalistischen Produktionsverhältnisse zu reproduzieren.

> „Es gibt keinen Klassenkampf oder keine Klassenmacht vor dem Staat oder ohne den Staat, keinen 'Naturzustand' oder 'gesellschaftlichen Zustand', der dem Staat vorausgeht; [...] Der Staat steckt von Anfang an das Kampffeld ab, das Feld der Produktionsverhältnisse mit inbegriffen, er organisiert den Markt und die Eigentumsverhältnisse, etabliert die politische Herrschaft und die politisch herrschende Klasse, er markiert und codifiziert alle Formen der gesellschaftlichen Arbeitsteilung, die gesamte gesellschaftliche Realität im Bezugsrahmen einer Klassengesellschaft." (Poulantzas 2002/1978: 68f.)

Obwohl sich im kapitalistischen Staat die Herrschaft der bürgerlichen Klasse konstituiert, ist der Staat aber Poulantzas (2002/1978: 154ff.) zufolge weder ein Instrument der herrschenden Klasse noch ein autonomes Subjekt staatlicher Eliten, sondern ein soziales Verhältnis (vgl. Demirović/Hirsch/Jessop 2002: 14).

> „Ich präzisiere einige meiner vorhergehenden Analysen, indem ich sage, dass der Staat, in diesem Fall der kapitalistische Staat, nicht als ein in sich abgeschlossenes Wesen begriffen werden darf, sondern, wie auch das 'Kapital', als ein Verhältnis, genauer als die materielle Verdichtung eines Kräfteverhältnisses zwischen Klassen und Klassenfraktionen, das sich im Staat immer in spezifischer Form ausdrückt." (Poulantzas 2002/1978: 159; Hervorheb.i.O.)

Der Staat als politische Form, die getrennt von der Gesellschaft existiert, hat sich mit der kapitalistischen Gesellschaftsformation herausgebildet. Herrschaft wird nicht direkt ausgeübt, sondern der Staat steht der Gesellschaft als autonom gegenüber und ist formal von ihr getrennt. Diese Trennung zwischen Staat und Gesellschaft wurde und wird durch soziale und politische Kämpfe hindurch produziert und hinterfragt (vgl Hirsch 2005: 25ff.). Die Bourgeoisie besitzt den Staat also nicht, sie sendet auch nicht direkt Abgeordnete ins Parlament. Vermittelt über die Prozesse parlamentarischer Demokratie werden die Partikularinteressen der Klassen zum „Allgemeinwohl" der Bevölkerung erklärt.

Hierzu allerdings müssen auch die Einzelinteressen der Kapitalfraktionen geeint werden. „Imperative staatlicher Politik", so Poulantzas, „sind die Organisation der Hegemonie des Machtblocks bei gleichzeitiger Desorganisation der Autonomie des 'Volkes'" (Poulantzas 2002/1978: 171f.).

> „Institutionell garantiert wird dieser Modus des Filterns, Umformens und Kleinarbeitens von Interessen und Ansprüchen über die 'Materialität' des staatlichen Verdichtungsraums: Er ist eine 'Arena' mit eigenen Gesetzmäßigkeiten, und das differenzierte 'schwerfällige' System staatlicher Ordnungen, Verfahren, Vorschriften, Kompetenzen, Kontrollen, Hierarchien, Traditionen schafft Distanz zur Gesellschaft. Außerdem existieren 'innere' Entscheidungskriterien, nach denen die 'äußeren' Einflüsse selektiert, modifiziert und kombiniert werden." (Esser 1985: 229)

Kannankulam (2008: 327f.) zufolge werde die relative Autonomie des Staates bei Poulantzas zwar nicht adäquat begründet, aber anhand auf die Marx'sche Formanalyse rekurrierender Argumente könnte dies ausgeglichen werden. In Poulantzas' These des Autoritären Etatismus, die Kannankulam für den Neoliberalismus überprüft und weiterführt, zeige sich die widersprüchliche Entwicklung, dass zwar die Exekutive gestärkt wird, aber dadurch die staatliche Politik nicht autonomer würde (vgl. ebd.).

Brand, Görg und Wissen (2007: 225f.) kritisieren Poulantzas einseitige Fokussierung auf den Widerspruch zwischen Kapital und Arbeit und dass dies zu einem „tendenziell funktionalistischen" Staatsverständnis führe, dass die kapitalistische Produktionsweise als letzlich determinierend ansehe. Die relative Autonomie des Staates beschränke sich bei Poulantzas auf die Funktionen der Organisierung der herrschenden und die Desorganisierung der beherrschten Klassen (vgl. ebd.). Auch Buckel (2007: 158f.) kritisiert, dass Poulantzas sich bei der Staatsanalyse einseitig auf die Analyse der Klassenverhältnisse, die er aus der gesellschaftlichen Arbeitsteilung ableitet, bezieht. Hierbei greife er auf den auf Klassenverhältnisse fokussierten Hegemoniebegriff Antonio Gramscis zurück. Dagegen müsse man auch andere Herrschaftsverhältnisse berücksichtigen, zum Beispiel die Geschlechterverhältnisse und die auf die Konstruktion von Nation und Rassismus basierenden Herrschaftsverhältnisse ohne sich jedoch „im Zuge eines postmodernen Overkills von Klassen zu verabschieden" (Buckel 2007: 160). Hierzu bietet das aus der feministischen Theorie stammende Konzept der Intersektionalität Anknüpfungspunkte (vgl. Buckel 2012).

Balibar betrachtet den Klassenkampf als „*eine* determinierende Struktur, die *alle* sozialen Praxisformen umfasst, ohne die *Einzige* zu sein. Besser gesagt: gerade *sofern* sie alle Praxen umfasst, überschneidet sie sich zwangsläufig mit der Universalität anderer Strukturen" (Balibar 2014/1998: 221; Hervorheb.i.O.). Türkmen (2010: 206) weist auf die Uneindeutigkeit des Klassenbegriffes hin, der in seiner Interpretation des Proletariats als homogenes Subjekt ein intellektuelles Artefakt sei. „Die soziale Konjunktur des Rassismus hat sich entgegen der Behauptung einer Einheit der arbeitenden Klassen mit großen Teilen der deutschen Arbeiterschaft verbinden können" (Türkmen 2010: 217).

Mit dieser berechtigten Kritik an der klassistischen Engführung Gramscis und Poulantzas vor Augen nimmt die vorliegende Arbeit methodisch gleichwohl ihren Ausgangspunkt in der Analyse des Kapitalverhältnisses und der Klassenkämpfe. Da sie aber nicht von den anderen Kämpfen zu trennen sind und sich mit feministischen und migrantischen Kämpfen verschränken, bilden auch diese einen zentralen Punkt der Analyse. Die Herrschaft des Kapitals ist nicht geschlechtsneutral und bildet sich historisch mit dem Nationalstaat heraus.

Die vorliegende Arbeit untersucht unter Rückgriff auf Ansätze materialistischer Staatstheorie die Transformationen der staatlichen Funktionen in Bezug auf die Kommodifizierung der Arbeitskraft seit der Fordismuskrise mit einem raum-zeitlichen Fokus auf die wettbewerbsorientierten Integrationsweise der EU. Dies kann eben nicht funktionalistisch aus dem Kapitalverhältnis abgeleitet werden, sondern muss als kontingenter Prozess mit grundsätzlich offenem Ausgang gedacht werden (vgl. Buckel u.a. 2012; Buckel u.a. 2014). Gerade die oben angesprochenen Spaltungsmechanismen entlang von produzierten Kategorien wie Geschlecht und Nation trugen dazu bei, das Kapitalverhältnis zu stabilisieren. Dies empirisch zu rekonstruieren wird ein zentraler Teil der Länderfallstudien sein. Hegemonietheoretischen Überlegungen im Anschluss an Gramsci folgend soll im Hauptteil unter besonderer Berücksichtigung der Gewerkschaften und der Kapitalstrategien untersucht werden, ob und wie die Flexibilisierungsstrategie und eine angebotsorientierte arbeitsmarktpolitische Strategie, die die Schuld an der Arbeitslosigkeit dem Individuum zuschreibt, im Zuge der wettbewerbsstaatlichen Integrationsweise der EU hegemonial geworden ist. Im Fokus steht hier die Frage, ob und wenn ja wie die Gewerkschaften im Zuge der wettbewerbsstaatlichen Transformation in den Staat integriert werden. Die Analyse setzt hierbei auf zwei Ebenen an: zum einen auf dem Terrain der Zivilgesellschaft des integralen Staats und zum anderen bei der Frage, ob und wie die Gewerkschaften in die Staatsapparate im engeren Sinne integriert werden.

2.2 Hegemonietheoretische Überlegungen im Anschluss an Gramsci

Bevor der nächste Abschnitt die Analysen zur staatlichen Transformation im Postfordismus von Hirsch und Jessop ausführt, erläutert dieser zentrale Punkte der Staatstheorie Gramscis und verortet die Gewerkschaften in dessen Theorie.

Der Staat ist „Hegemonie gepanzert mit Zwang" lautet die zentrale Aussage von Gramscis Staatstheorie, die Christine Buci-Glucksmann 1981 in ihrer Arbeit *Gramsci und der Staat* aus den Notizen der Gefängnishefte rekonstruiert hat. Durch seine methodologische Erweiterung des Staates analysierte Gramsci neben dem Zwangs- und Regierungsapparat, dem Staat im engeren Sinne, den er als politische Gesellschaft (*società politica*) bezeichnet, den Hegemonieapparat der Zivilgesellschaft (*società civile*), die zusammen den Staat im integralen Sinne bilden. Gramsci definiert hierbei die Zivilgesellschaft[11] als die Gesamtheit aller gemeinhin „privat" genannter Organismen (vgl. Schreiber 1982: 26). Sie umfasst Gewerkschaften, Parteien, Schule, Universitäten, Presse, Literatur und Kirche (vgl. Kramer 1975: 82). Unter dem Staat als Zwangsapparat im engeren Sinne fasst Gramsci das Militär, die Polizei, die Gesetzgebung, die Verwaltung, Gerichte und die Regierung (vgl. Buci-Glucksmann 1981: 86).[12] Diese Funktionen des Staates als Macht- und Zwangsapparat lässt sich auf Marx und Engels zurückführen (Buci-Glucksmann 1981: 87f.). Die Bereiche der Zivilgesellschaft sind in Gramscis Augen nur scheinbar privat, letztlich aber Teile des Staates. In einer Notiz aus den Gefängnisheften erläutert Gramsci in einer Kritik an Daniel Halévy, dass dieser in seiner Analyse den Staat nur als repräsentativen Apparat versteht und nicht beachtet, dass die entscheidenden Ereignisse der französischen Geschichte nicht Initiativen politischer, sondern privater Organismen wie Kapitalgesellschaften und unbekannter hoher Beamte gewesen seien: „Aber was heißt das anderes, als daß man unter Staat außer dem Regierungsapparat auch den „privaten" Hegemonieapparat oder Zivilgesellschaft verstehen muß" (Gramsci 1992, Bd. 4, H.6, §137: 816).

Im Gegensatz zur russischen Oktoberrevolution ging Gramsci von einem langwierigen Transformationsprozess im Westen aus, der sich daraus ergab, dass der Bereich der Zivilgesellschaft hier stärker entwickelt war und der bürgerliche Staat nicht nur über Zwangsmechanismen, sondern über den Modus der Hegemonie abgesichert würde, den Gramsci mit der Metapher der Kassematten und Schützengräben beschrieb. Über die Hegemonie, um die in der Zivilgesellschaft gefochten wird, gelingt es der herrschenden Klasse ihre Partikularinteressen zu verallgemeinern und sie als universal erscheinen zu lassen. Ihre Ideen werden zum Allgemeingut und Alltagsverstand (vgl. hierzu Gramsci 1991ff.; Buci-Glucksmann 1981; Schreiber 1982; Kebir 1991; Demirović 2007). Gramsci dechiffrierte so die Hegemonieproduktion als wichtigen Bestandteil bürgerlicher Herrschaft im Staat, die die offensichtlichen

---

11 Kebir (1991: 52) weist auf die Bedeutungsreduktion hin, die Gramscis Zivilgesellschaft im Vergleich zu dem umfassenden Begriff von Marx bekommen hat.

12 Buckel und Fischer-Lescano (2007: 91) weisen darauf hin, dass das Personal der politischen und juridischen Apparate hierbei nicht nur repressive, sondern auch hegemoniale Funktionen ausüben.

staatlichen Zwangsmechanismen ergänzen, während diese aber weiterhin gegenüber denjenigen Gruppen angewendet werden, die sich nicht konsensual einbinden lassen. So bleibt Staat eben beides: Hegemonie und Zwang, die Hand in Hand gehen, wenn Gramsci schreibt:

> „Der Stellungskrieg fordert enorme Opfer unermeßlicher Bevölkerungsmassen; deshalb bedarf es einer unerhörten Konzentration der Hegemonie und folglich einer 'interventionistischeren' Regierungsform, die offener zum Angriff gegen die Opponenten übergeht und fortwährend die 'Unmöglichkeit' inneren Zerfalls organisiert: Kontrollen aller Art, politische, administrative usw., Stärkung der hegemonialen 'Stellungen' der herrschenden Gruppe usw." (Gramsci 1992, Bd. 4, H.6 , §138: 816)

In seiner überarbeiteten Notiz zu den Intellektuellen beschreibt er im zwölften Heft die fließenden Übergänge zwischen Hegemonie und Zwang, wenn er schreibt, dass der staatliche Zwangsapparat „'legal' die Disziplin derjenigen Gruppen gewährleistet, die weder aktiv noch passiv 'zustimmen', der [staatliche Zwangsapparat] aber für die gesamte Gesellschaft in der Voraussicht von Krisenmomenten im Kommando und in der Führung, in denen der spontane Konsens schwindet, eingerichtet ist" (Gramsci 1996: Bd. 7, H.12, §1: 1502).

Das Ringen um die Hegemonie findet in der Analyse Gramscis im zivilgesellschaftlichen Bereich statt, den er dem integralen Staat zuschreibt. Zu politischen Prozessen im engeren Sinne gab er wenig Anhaltspunkte (vgl. hierzu Demirović 2007: 38). Eine zentrale Rolle in der Hegemonieproduktion spielen die organischen Intellektuellen. Gramscis Intellektuellenbegriff ist wesentlich breiter als der klassische Intellektuellenbegriff. Ihmzufolge sind theoretisch alle Menschen Intellektuelle, praktisch hängt dies von der Funktion ab. Die organischen Intellektuellen haben zivilgesellschaftliche Positionen inne bzw. sind in den politischen Apparaten tätig, also zum Beispiel als Partei- oder Gewerkschaftsfunktionäre, aber auch einfache Parteimitglieder und Behördenmitarbeiter*innen (vgl. ebd.: 34f.).

Die Hegemonie ensteht Gramsci zufolge nicht losgelöst von den Machtpositionen in den Produktionsverhältnissen. Gramsci differenziert in den Gefängnisheften zwischen drei Momenten der Kräfteverhältnisse, den gesellschaftlichen, den politischen und den militärischen Kräfteverhältnissen. Die gesellschaftlichen Kräfteverhältnisse ergeben sich für Gramsci aus dem „objektiven Verhältnis" der ökonomischen Basis: „Auf der Basis des Entwicklungsgrades der materiellen Produktivkräfte treten die verschiedenen gesellschaftlichen Gruppierungen auf, wobei jede derselben eine Funktion und eine Stellung in der Produktion selbst repräsentiert" (Gramsci 1992, Bd. 3; H. 4, §38: 495). Das politische Kräfteverhältnis ergibt sich nach Gramsci aus dem „Grad an Homogenität und Selbstbewußtsein, den die verschiedenen gesellschaftlichen Gruppierungen erreicht haben" (ebd..: 495f.). Hierbei ist das Moment wieder in einzelne Momente unterteilt, die der Solidarität zwischen Berufsgruppen und später dem Klassenbewusstsein entspricht (vgl. ebd.). Der Konsens der beherrschten

Klasse wird nicht nur über scheinbare Vorteile erreicht, sondern tatsächlich auch über materielle Zugeständnisse der herrschenden Klasse, die allerdings ihre Grenzen hat:

> „Offensichtlich setzt die Tatsache der Hegemonie voraus, daß den Interessen und Tendenzen der Gruppierungen, über welche die Hegemonie ausgeübt werden soll, Rechnung getragen wird, daß sich ein gewisses Gleichgewicht herausbildet, daß also die hegemoniale Gruppierung Opfer ökonomisch-korporativer Art bringt, aber diese Opfer können nicht das Wesentliche betreffen, denn die Hegemonie ist eine politische, aber auch und besonders eine ökonomische, sie hat ihre materielle Basis in der entscheidenden Funktion, welche die hegemoniale Gruppierung im entscheidenden Kern der ökonomischen Aktivität ausübt." (Gramsci 1992, Bd. 3; H. 4, §38: 499)

Wenn also den hegemonial eingebundenen Klassen oder Klassenfraktionen materielle Zugeständnisse gemacht werden, so reichen diese doch nicht an den Kern der Eigentumsverhältnisse heran. Auch Poulantzas ging auf diese Hegemonieproduktion ein. Hegemonie wird hiernach dadurch erzeugt und erhalten, dass die einzelnen Staatsapparate vorläufige Kompromisse zwischen dem Block an der Macht und Teilen der beherrschten Klassen schließen. Dies geschieht in einem Prozess aus Vereinheitlichung und Spaltung. So spricht Poulantzas nicht nur von Kräfteverhältnissen in Bezug auf den Block an der Macht, sondern auch von einem Kräfteverhältnis zwischem dem Block an der Macht und den beherrschten Klassen (vgl. Poulantzas 2002/1978: 171f.).

> „Der Staat organisiert und reproduziert die Klassenhegemonie, indem er einen variablen Kompromissbereich zwischen herrschenden und beherrschten Klassen absteckt, und dabei den herrschenden Klassen häufig sogar gewisse kurzfristige materielle Opfer aufzwingt, um langfristig die Reproduktion ihrer Herrschaft zu sichern." (Poulantzas 2002/1978: 214)

So nutzt beispielsweise die Einführung einer Sozialversicherung oder Arbeitslosenunterstützung der langfristigen Stabilisierung der Klassenhegemonie, wobei sich hier die Form schleichend wandeln kann (vgl. Poulantzas 2002/1978: 216).

> „Diese 'Errungenschaften des Volkes' können bei einer Veränderung des Kräfteverhältnisses allmählich ihrer ursprünglichen Inhalte und Bedeutungen auf verdeckte und arglistige Weise beraubt werden. Würde das Kapital selbst diese sozio-ökonomischen Funktionen unmittelbar erfüllen, liefen diese Rückzüge und Rückschritte Gefahr, weitaus heftigere soziale Erschütterungen hervorzurufen." (Poulantzas 2002/1978: 216)

Allerdings zeichnet sich der kapitalistische Staat gerade dadurch aus, dass Kernbereiche nicht zur Disposition von Verhandlungen oder Kompromissen stehen: „Der kapitalistische Staat wird durch eine *allgemeine negative Begrenzung* seiner Interventionen konstituiert, d.h. durch eine *spezifische Nicht-Intervention* in den 'harten Kern' der kapitalistischen Produktionsverhältnisse" (Poulantzas 2002/1978: 222; Hervorheb.i.O.). Poulantzas betont, dass die wohlfahrtsstaatlichen Interventionen zur Reproduktion der Arbeitskraft gleichzeitig der politisch-polizeilichen Kontrolle und Verwaltung der Arbeitskraft dienen (ebd.: 218ff.). Ähnlich argumentiert Hirsch (1980) in seiner Analyse des Sicherheitsstaates.

Jessop (2007: 57ff.) weist darauf hin, dass Buci-Glucksmann in ihrer Interpretation Gramscis Staatsanalyse eine Bedeutungserweiterung hinzufügte. Während Gramsci vom *stato integrale,* also dem inklusiven Staat sprach, wird dieser bei Buci-Glucksmann zu einem erweiterten Staat, dem *stato allargato*. Letzterer sei aber eine spezifische historische Ausformung des integralen Staates, die mit der historischen Phase des Fordismus korrespondiere, deren Anfang Gramsci als Zeitgenosse beobachtete. Der Neoliberalismus habe den Staat dahingehend transformiert, dass der Konnex von politischer Gesellschaft und Zivilgesellschaft wieder eine neue Form bekommen hat. Hierauf weist auch Demirović hin, wenn er davon spricht, dass die Zugeständnisse gegenüber den lohnabhängigen Klassen sich mit dem Neoliberalismus verringert haben, der Klassenkompromiss sich auflöst und man deshalb eigentlich nicht von neoliberaler Hegemonie sprechen könne. Hegemonie sei auch als historische Kategorie zu begreifen, die sich auf eine spezifische historische Situation bezieht (vgl. Demirović 2007: 37f.). In der Analyse der Forschungsgruppe „Staatsprojekt Europa" stellt die Wirtschafts- und Finanzkrise ab 2007/2008 einen Wendepunkt dar, in dem Sinne, dass der Neoliberalismus nicht mehr führend, sondern nur noch herrschend sei (vgl. Forschungsgruppe „Staatsprojekt Europa" 2014: 249). Jessop weist darauf hin, dass in Buci-Glucksmanns und Therbons Analyse des keynesianischen Staates (1982) der Wohlfahrtsstaat zum Umdrehungspunkt der Erweiterung des Staates wird. Er habe sich durch den Fordismus-Taylorismus mit den Normen des Massenkonsums, des allgemeinen Wohlstands, der Gewerkschaftsbewegung verallgemeinert. Die beherrschten Klassen seien erst in dieser Phase in den Staat integriert worden (vgl. Jessop 2007: 61f.).[13]

In der folgenden Analyse soll die Unterscheidung zwischen den gesellschaftlichen und den politischen Kräfteverhältnissen übernommen werden. Insofern entsteht Hegemonie nicht nur in den ideologischen Apparaten (Althusser 1977), sondern enthält in sich auch ein ökonomisches an strukturelle Eigentumsverhältnisse gebundenes Element, die ich allerdings wiederum nicht losgelöst von hegemonialen Kämpfen interpretieren möchte, sondern gerade als Teil der Kämpfe. Gerade die oben besprochenen Analysekategorien der Regulationstheorie, das Akkumulationsregime und die Regulationsweise verdeutlichen, dass von einem simplen Basis-Überbau-Schema mit daraus resultierenden Determinanten abgesehen werden und man diese Kategorien eben gerade als ein Artikulationsverhältnis begreifen muss. Hierbei stellt sich die Frage, ob die Lohnabhängigen überhaupt jemals die Hegemonie erreichen können, ohne die

13 Das Diktum Margaret Thatchers vom *enemy within* während des Miners Strike 1984 ist ein Beispiel dafür, wie im Neoliberalismus die Trennlinie zur „gefährlichen Klasse" neu gezogen wurde. Die Unterschichtendebatte in der BRD zeugt hiervon ebenfalls.

Eigentumsverhältnisse umzuwerfen, sprich die Warenförmigkeit von Arbeit, Geld und Boden und das Privateigentum an den Produktionsmitteln sowie die politische Form – den Staat selbst in Frage zu stellen (vgl. hierzu Hirsch 2005).

Während Gramscis Analyse des Staates wie oben erläutert, die Hegemonie gepanzert mit Zwang, eine Vereinheitlichung und Verallgemeinerung von Partikularinteressen zum Alltagsverstand mit einem realen Kern, sprich Zugeständnissen an die subalternen Klassen verbindet, beschreibt sein Konzept des historischen Blocks nicht nur eine erfolgreiche Bündnispolitik, sondern auch die Spaltungstendenzen, mit denen andere gesellschaftliche Gruppen oder Klassen aus diesem Bündnis herausgehalten werden. Den Begriff hat Gramsci zunächst in seiner unvollendeten Schrift *La questione meridionale (Die süditalienische Frage)*, die erstmals 1930 in der Zeitschrift *Lo stato operaio* veröffentlicht wurde, verwendet. Esser (1982) greift das Blockkonzept Gramscis in einer Untersuchung auf. Der historische Block habe in einem Bündnis aus den Industriellen und der Arbeiterklasse des Nordens und dem Agrarblock des Südens, nämlich den feudalen Großgrundbesitzern und dem ländlichen Bildungsbürgertum bestanden. Repressionen gegen die Bauern und das Nichtstattfinden einer Bodenreform seien Teil des Kompromisses gewesen. In diesem Sinne hätte sich die Arbeiterklasse des Nordens u.a. durch Lohnzugeständnisse über die Gewerkschaften in den Block eingefügt und hierbei ökonomisch-korporative Interessen vertreten und keine gesamtgesellschaftlich-politischen, die die Bauern des Südens miteinbezogen hätten. Materieller Inhalt des Blocks sei also ein ökonomisch-korporatistisches Bündnis von Klassen oder Klassenfraktionen auf Basis gemeinsamer ökonomischer Interessendefinition gewesen (vgl. Esser 1982: 254f.; Gramsci 1971). Zusätzlich erfordere der historische Block eine ethische Formierung. Die subalternen Klassen, die sich dem Block unterordnen, werden über einheitsstiftende Ideologien einbezogen, wobei gleichzeitig andere Klassen und Klassenfraktionen ausgeschlossen werden:

> „Im Blockkonzept sind Selektions-/Ausgrenzungsprozesse strukturell angelegt: Privilegierung derjenigen, deren ökonomisch-korporative Interessen durch politische Organisierung und ideologische Zementierung auf Dauer erfüllt werden; Ausgrenzung derjenigen, deren ökonomisch-korporative Interessen politisch unterdrückt und ideologisch diskriminiert werden." (Esser 1982: 255f.)

Die Ausgrenzung könne quer zu den Klassengrenzen verlaufen (Esser 1982: 254).

> „Infolge spezifischer sozioökonomischer Entwicklungen in kapitalistischen Gesellschaftsformationen und damit verbundener ökonomischer Funktionsprobleme schließen bestimmte Kapitalfraktionen und Teile der Klasse der Lohnabhänigen über ihre Gewerkschaften (oder Parteien) ein Bündnis auf Grundlage gemeinsamer ökonomischer Interessendefinition, aber im Rahmen kapitalistischer Verwertungslogik – was für die beteiligten Lohnabhängigen sowohl freiwillige Unterordnung unter diese Logik als auch Nutzen-/Kostenverteilung zu ihren Ungunsten bedeutet. Die gleichwohl darin

enthaltenen materiellen Zugeständnisse werden positiver interpretiert als jeder andere Zustand, oder ein solcher anderer Zustand ist wegen eigener Schwäche, mangelender Alternativvorstellungen bzw. politisch-programmatischer Perspektivlosigkeit nicht vorstell-(durchsetzbar). Dieses Bündnis bedarf um seiner Stabilität willen der politischen Organisierung/Institutionalisierung über einen spezifischen Modus politischer Interessenvermittlung einerseits; der ideologischen Hegemonie über die Lohnabhängigen in Form kapitalfunktionaler ideologischer Vergesellschaftung und deren Institutionalisierung in Form ideologischer Apparate (Schule, Kirche, Massenmedien usw.) andererseits. Mit dem Bündnis ist zugleich eine strukturell angelegte Ausgrenzung der mit der gemeinsamen Interessenkonstellation nicht-kompatiblen sozialen Gruppen/ Individuen verbunden. Und diese Ausgegrenzten müssen politisch vom Modus der Interessenvermittlung ferngehalten und kontrolliert, ideologisch müssen ihre Interessen diskriminiert werden." (Esser 1982: 256)

Verortung der Gewerkschaften im Konzept der Zivilgesellschaft

Sind Gewerkschaften also Klassenorganisationen? Wie überlagern sexistische und rassistische Spaltungen die Klassenpositionen? Wie verändern sich Klassenfraktionierungen und wie lassen sich Gewerkschaften in den kapitalistischen Staat inkorporieren? Wie sind sie im Feld der Zivilgesellschaft zu verorten?

Um diese Fragen zu beantworten sollen zunächst einige Positionen Gramscis zu den Gewerkschaften in seiner publizistischen Tätigkeit vor seiner Inhaftierung im Jahr 1926 und in den Gefängnisheften rekapituliert werden. In einem Artikel aus der Zeit der Rätebewegung vergleicht Gramsci Gewerkschaften und Räte (vgl. Gramsci 1967: 68f.). Die Gewerkschaft diszipliniert hiernach die unorganisierten Massen und sorgt für die „industrielle Legalität", indem sie die Arbeiter*innen auf die Einhaltung von Verträgen drängt. Sie ist also insofern ein Ordnungsfaktor. „Eine industrielle Legalität durchgesetzt zu haben, ist ein großer Erfolg der Arbeiterklasse; aber es ist nicht die letzte und entscheidende Eroberung: die industrielle Legalität hat die materiellen Lebensbedingungen der Arbeiterklasse verbessert, doch sie ist nicht mehr als ein Kompromiß, der notwendig zu ertragen sein wird, solange die Kräfteverhältnisse für die Arbeiterklasse ungünstig sind" (Gramsci 1967: 69). Die industrielle Legalität als vorläufige Errungenschaft zu begreifen, um bei günstigen Kräfteverhältnissen eine Offensive gegen das Kapital anzutreten sei notwendig: „dann ist die gewerkschaftliche Disziplin eine revolutionäre Disziplin" (ebd.: 69). Er unterscheidet die Gewerkschaften von den Fabrikräten: „Der Fabrikrat tendiert aufgrund seiner revolutionären Spontaneität dahin, jeden Augenblick den Klassenkrieg zu entfesseln; die Gewerkschaft tendiert wegen ihrer bürokratischen Form dahin, die Entfesselung des Klassenkriegs nicht zuzulassen" (ebd.).

Demirović (2007: 36f.) zitiert Gramscis Zielsetzung, die Trennung in Regierte und Regierende aufzuheben. Wenn Gramsci aber in dem Zitat schreibt: „Will man, dass es immer Regierte und Regierende gibt, oder will man die Bedingungen schaffen, unter denen die Notwendigkeit der Existenz dieser Teilung verschwindet" (Gramsci 1996, H.15, §4: 1714), so weist er daraufhin, dass er von der Notwendigkeit dieser Teilung unter den gegebenen Bedingungen ausgeht, die er erst längerfristig aufheben möchte. Diese Einschränkung ist nicht zufällig, sondern in seiner Hegemonietheorie angelegt, die er nicht nur als Herrschaftsanalyse der bürgerlichen Gesellschaft formuliert hat, sondern wie Lenin auch als strategischen Anknüpfungspunkt für die Arbeiterbewegung.

Das Hegemoniekonzept, das vor Lenin schon russische Sozialdemokraten wie Plechanov, Axelrod und Martow entwickelt hatten, spielte in der strategischen Diskussion der Dritten Internationalen eine wichtige Rolle. Hierdurch lernte Gramsci zunächst in den 1920er Jahren den Hegemoniebegriff kennen, den er dann zur Bestimmung von Klassenherrschaft und in seiner Staatstheorie ausweitete (vgl. Schreiber 1982: 48f.). Gramsci war überzeugter Leninist und schrieb in einem Nachruf mit dem Titel „Capo" (Anführer) im *Ordine Nuovo*, dass das internationale Proletariat, „verhängnisvollerweise das charakteristischste und ausdruckstärkste Beispiel dessen verloren hat, was ein revolutionärer Anführer zu sein hat, den Genossen Lenin" (Gramsci 1971: 540; Übers. B.D.). Seine staatstheoretischen Überlegungen zeigen eine Bruchlinie zwischen dem *biennio rosso* der Rätebewegung in Turin und späteren Schriften. Während er 1919 die spontan entstandenen Fabrikräte als Modell für den zukünftigen proletarischen Staat sah, konzentrierte er sich nach zeitgenössischen Niederlagen von Rätebewegungen, nach der Bildung des PCI und der Machtübernahme der Faschisten strategisch auf die politische Partei (vgl. Schreiber 1982: 65). Gramscis Parteikonzeption gründet auf den organischen Zentralismus, den er als demokratische Beziehung zwischen Führern und Geführten sieht. Er differenziert zwischen den durchschnittlichen Menschen der Basis „deren Beteiligung in Disziplin und Treue und nicht in Schöpfertum und organisatorischen Fähigkeiten besteht" (Gramsci 1967: 305), einer mittleren Position und dem zusammenhaltenden Element der Führung, die die Basis diszipliniert (vgl. Schreiber 1982: 67ff.). Ebenso wie Gramsci die Herrschaftsform des Taylorismus neutral betrachtet, nimmt er auch Organisationshierarchien in Kauf, ja befürwortet sie sogar. Auf den unkritischen Umgang Gramscis mit der bürgerlichen Herrschaftsform der Organisation hat Peter Scheiffele (2011: 66) hingewiesen. Er arbeitet heraus, wie Organisationen als Modus bürgerlicher Klassenherrschaft genutzt werden, um gesellschaftliche Kämpfe von der Basis abzukoppeln und sie zu befrieden (vgl. ebd.: 55ff.). Hieran anschließend möchte ich in der vorliegenden Arbeit Parteien und Gewerkschaften nicht als neutrales Kampfterrain verstehen, in denen alle gleichberechtigt um Hegemonie ringen, sondern als bürgerliche Organisationsform mit entsprechenden Konventionen und einer hierarchischen Trennung in Führung und Basis mit disziplinierenden Effekten.

Gewerkschaften stellen sich Hirsch und Poulantzas folgend als etatisierte, verapparatisierte Organisationen dar (vgl. Esser 1982: 237ff.). Demgegenüber weist

Esser (1982: 241) darauf hin, dass Poulantzas hier eine eindeutige Verortung gesellschaftlicher Organisationen als Teil des Staatsapparates vornimmt, während er selbst von einem „auf Basis jeweiliger historischer Bedingungen unterschiedlichen Hin- und Herpendeln zwischen gesellschaftlicher Autonomie und Etatisierung“ (Esser 1982: 244) spricht. Sind Gewerkschaften und die Arbeiterklasse durch die Integration in den keynesianischen Staat und seine Erweiterung (Buci-Glucksmann) keine *subalternen* Akteure mehr? Sind sie Teil des Blocks an der Macht? Oder stehen sie aufgrund ihrer Stellung im Produktionsprozess in einer untergeordneten Position? Sind Gewerkschaften also Klassenorganisationen, auch wenn sich durch sie hindurch die Klassenherrschaft der Bourgeoisie reproduziert indem sie die lohnabhängig Beschäftigten als massenintegrative Apparate (Hirsch) in den Staat eingliedern? Welches sind die Kanäle und Verfahren, durch die hindurch die Gewerkschaften Teil des Staates werden? Aller korporatistischer Einbindung zum Trotz bleiben Gewerkschaften auch Klassenorganisationen auf Grund des strukturellen Moments der Warenförmigkeit der Lohnarbeit.

> „Auch im Wohlfahrtsstaat des 20. Jahrhunderts sind Lohnabhängige zunächst einmal ‘nackte Arbeiter’ (Marx), die nur über den Verkauf ihrer eigenen Arbeitskraft an private Arbeitgeber ihre und die Existenz ihrer Familien aufrechterhalten können. Darüber hinaus ist die Asymmetrie von Kapital und Arbeit im Produktionsprozess auch daran erkennbar, daß die Einzelunternehmer oder Managements, indem sie allein über die Produktionsmittel verfügen, auch die alleinige Macht haben, diese und die darin arbeitsorganisatorisch integrierten Arbeiter gegebenen Verwendungszwecken zuzuweisen und über die dabei entstehenden Produkte ebenfalls nach eigenen Verwertungskalkülen zu verfügen.“ (Esser 1982: 226)

Allerdings wird gerade durch das Feld der Arbeitsmarktpolitik hindurch die Spaltung der Lohnabhangigen forciert, indem sie als Konkurent*innen um den Arbeitsplatz in Erscheinung treten müssen. Zwei offene Punkte in der Analyse neoliberaler Hegemonie im Postfordismus werden im Hauptteil dieser Arbeit einer genaueren Betrachtung unterzogen: Erstens basierte auch die Klassenherrschaft im Fordismus auf einer spezifischen Mischung aus Spaltung und Hegemonie. Hierauf haben Buci-Glucksmann/Therborn hingewiesen:

> „Der mit einem Teil der gewerkschaftlichen abgesicherten und organisierten Arbeiterschichten abgeschlossene deal wird vom Modell des produktivistischen Industrialismus begleitet: vom Taylorismus-Fordismus, der auf einem entqualifizierten, überausgebeuteten und multinationalen Massenarbeiter beruht.“ (Buci-Glucksmann/Therborn 1982: 126)

Zweitens bleibt unklar, inwieweit auch Gewerkschaften in den neoliberalen Umbau eingebunden wurden, wenn von einer einseitigen Aufkündigung des Klassenkompromisses ausgegangen wird. Insofern gilt es zu untersuchen, ob sich der Klassenkompromiss gewandelt hat und welche neuen Formen er annimmt. Josef Esser hat

1982 mit seiner Analyse des *selektiven Korporatismus* auf eine neue korporatistische Blockbildung in der Krise des Fordismus hingewiesen und Anhaltspunkte für eine Analyse der Gewerkschaftsstrategien gegeben, denen im Hauptteil nachgegangen wird. Doch wie lassen sich die Gewerkschaften hegemonietheoretischen Überlegungen folgend im Staat verorten? Dies soll am Beispiel der Arbeitsmarktpolitik untersucht werden. Eine Trennung in staatliche, intermediäre und private Organisationsformen arbeitsmarktpolitischer Institutionen wie sie Klenk (2012) in Bezug auf die Arbeitslosenversicherung und Arbeitsvermittlung vornimmt, ist grundsätzlich sinnvoll, lässt sich aber schwer in eine Analyse integrieren, die Staat und Zivilgesellschaft als Einheit begreift. Im Folgenden versuche ich, die staatliche Integration von Verbänden wie den Gewerkschaften genauer abzustecken. Hierbei wird keine Trennlinie zwischen staatlichen und intermediär/zivilgesellschaftlichen Bereichen gezogen, sondern letzterer im Sinne Gramscis als integraler Staat interpretiert. Die Felder gewerkschaftlicher Integration in den Staat beziehen sich hierbei auf vier Bereiche: Erstens den Kampf um Hegemonie in der Zivilgesellschaft; zweitens tarifliche Regelungen „an Staates statt"; drittens die Mitarbeit an Kommissionen, Konzertierter Aktion (z.B. das Bündnis für Arbeit, Sozialpakte) sowie Gesetzgebungsverfahren und viertens die Mitarbeit in staatlichen Apparaten, wie arbeitsmarktpolitischen Institutionen z.B. die Selbstverwaltung der BA.

2.3 Der Wettbewerbsstaat

Hirsch diagnostiziert in Weiterentwicklung seiner Analyse des fordistischen Sicherheitsstaats (Hirsch 1980) einen Wechsel zum nationalen Wettbewerbsstaat in der postfordistischen Globalisierung. Der Staat im Fordismus war im doppelten Sinne ein Sicherheitsstaat: ein die soziale Sicherheit fördernder Wohlfahrtsstaat und ein Staat mit Überwachungsmechanismen, die sich im Zuge der Bürokratisierung ausweiten. Der fordistische Sicherheitsstaat beruhte auf dem politischen Konsens der „Volksparteien", mit Hilfe einer keynesianischen Globalsteuerung Vollbeschäftigung und Massenkonsum zu erreichen und zu erhalten, den die wiederum auf den Binnenmarkt orientierte Massenproduktion erforderte und ermöglichte. Der nationale Wettbewerbsstaat hingegen sei primär darauf ausgerichtet, die Wettbewerbsfähigkeit des Standortes für globale Unternehmungen attraktiv zu machen und zu halten (Hirsch 1995: 110ff.).

> „Grob gesprochen, konzentriert sich staatliche Politik zunehmend darauf, einem global immer flexibler agierenden Kapital in Konkurrenz mit anderen Staaten günstige Verwertungsvoraussetzungen zu verschaffen. Genau dies kollidiert aber zunehmend mit den Bedingungen einer sozialökonomisch ausgewogenen und demokratischen innergesellschaftlichen Entwicklung. In diesem Sinne kann von der Herausbildung eines neuen Typs des kapitalistischen Staates: dem 'nationalen Wettbewerbsstaat' gesprochen werden." (Hirsch 1995: 103)

Auch Cerny (2000) beschreibt den Übergang vom Wohlfahrts- zum Wettbewerbsstaat. Die Transformation sei das Ergebnis des wechselseitigen Anpassungsprozesses individueller und kollektiver Akteure an veränderte strukturelle Rahmenbedingungen (Cerny 2000: 117). "The institutions and practices of the state itself are increasingly marketized or 'commodified', and the state becomes the spearhead of structural transformation to market norms both at home and abroad" (Cerny 2000: 128). Dieser komplexe Prozess sei paradox. Der Wettbewerbsstaat führe nicht zu einer Verminderung der Staatstätigkeit, sondern zu einer erhöhten Staatsintervention und -regulation um Wettbewerbsfähigkeit und Kommodifizierung voranzutreiben. "Nevertheless, liberalization, deregulation and privatization have not reduced the overall role of state intervention; rather they have simply shifted the means of intervention from decommodifying bureaucracies to marketizing ones" (ebd.: 129). Der Wohlfahrtsstaat habe bestimmte Wirtschaftsbereiche aus den Marktkräften isoliert und andere gefördert, z.B. durch die Steuerung von Wirtschaftszyklen, Industrieförderung und die Integration der Arbeiterbewegung in korporatistischen Arrangements (Cerny 2000: 122). Aber "the world since then has seen the emergence of a quite different beast, the competition state", so Cerny (ebd.). Der Wettbewerbsstaat konzentriert sich vor allem darauf, die Wettbewerbsfähigkeit innerhalb der Staatsgrenzen gegenüber internationalen Märkten zu fördern. Darüber hinaus fördert er Kommodifizierung sowohl im Hinblick auf die eigene Staatstätigkeit als auch in wirtschaftlicher sowie ideologischer Hinsicht (ebd.).

2.4 Jessops Analyse des schumpeterianischen postnationalen Workfareregimes

Jessop (2003) betont in der Analyse des Übergangs vom keynesianischen Wohlfahrtsstaat zum postnationalen schumpeterianischen Workfareregime in den Ländern der OECD den prozesshaften Charakter und die unterschiedlichen Ausformungen der Transformation, die auf ähnliche sozioökonomische Problemlagen reagierten. Die Veränderungen führten aber politisch vermittelt ausgehend von unterschiedlichen Akkumulationsregimen, der Stellung in der Weltwirtschaft, institutionellen Besonderheiten und Kräfteverhältnissen zu spezifischen Ergebnissen, die genaue empirische Forschung erforderten. Es gebe keinen "'one-size-fits-all' account of welfare restructuring" (Jessop 2003: 30).

Im Zentrum von Jessops Untersuchung steht die Rolle des Staates bei der Sicherung der kapitalistischen Reproduktionsbedingungen. Hierbei entwirft er einen vierdimensionalen Analyserahmen: den wirtschaftspolitischen Beitrag des Staates zur Sicherung einer profitablen Kapitalakkumulation, den sozialpolitischen Beitrag des Staates zur Reproduktion der Arbeitskraft als „fiktiver Ware", die zentrale Ebene, die die Inhalte der Wirtschafts- und Sozialpolitik bestimmt und die Hauptmittel, mit denen die Kapitalakkumulation und die soziale Reproduktion unterstützt werden, weil der Markt dies nur unzureichend leisten kann (vgl. Jessop 2003: 29f.). Das idealtypische Wohlfahrtsregime der Nachkriegsära bezeichnet Jessop nach diesen Dimensionen als keynesianischen nationalen Wohlfahrtsstaat. Keynesianisch, weil der Staat mit dem Ziel der Vollbeschäftigung eine überwiegend nachfrageorientierte Wirtschaftspolitik verfolgte und dies in einer auf den Binnenmarkt orientierten, relativ geschlossenen Volkswirtschaft. Wohlfahrtsorientiert war der Staat im Sinne einer Verallgemeinerung der Konsumnorm unter männlichen Arbeitern in fordistischen Industriezweigen. Dies hatte zum Ziel, die Bürger am Wirtschaftswachstum teilhaben zu lassen. Es bestand für eine gewisse Zeit eine gelungene Verbindung aus Massenkonsum und Massenproduktion, die das fordistische Wachstum förderte. National war der Wohlfahrtsstaat in dem Sinne, dass die Wirtschafts- und Sozialpolitik historisch spezifisch im volkswirtschaftlichen Rahmen gestaltet wurde und als etatistisch lässt er sich beschreiben, weil hauptsächlich staatliche Institutionen die Marktkräfte mit dem Ziel ergänzten, Wirtschaftswachstum und sozialen Zusammenhalt zu fördern (vgl. Jessop 2003: 31). Jessop greift in seiner Analyse des schumpeterianischen Workefareregimes Poulantzas' Staatstheorie (2002/1978) auf und kombiniert den Regulationsansatz mit staatstheoretischen Überlegungen, nachdem er dessen Vernachlässigung des Staates kritisiert hat (vgl. Jessop 2006; siehe auch Esser u.a. 1994). Die Dimension schumpeterianische Wirtschaftspolitik, die auf die Herstellung der Wettbewerbsfähigkeit und die Bereitstellung von Innovationen im Sinne Schumpeters als Wettbewerbsvorteil hinweist, wurde in der vorliegenden Arbeit am Rande behandelt, da sich ihr Untersuchungsgegenstand auf Workfare, also die sozialpolitische Dimension in Jessops Analyse, konzentriert und keine umfassende empirische Überprüfung der Jessopschen Kategorien anstrebt. Das Übergreifen der wettbewerbsstaatlichen Logik auf den sozialpolitischen Bereich wurde jedoch empirisch untersucht. Staatliche Arbeitsmarkt- und Sozialpolitiken ordneten sich, so Jessop, dem Primat der Wirtschaftspolitik unter und zielten vermehrt darauf ab, die Arbeitskraft dem Markt wieder zu zuführen. Der Weg von der Wohlfahrt zur Arbeitsaufnahme werde durch eine aktivierende Arbeitsmarkt- und Sozialpolitik forciert. Transferleistungen für Arbeitslose würden zunehmend verpflichtend an Weiterbildungsprogramme und Kurse geknüpft. Der Übergang von einem eher passiven, auf Transferleistungen basierenden arbeitsmarktpolitischen Ansatz hin zu einer „aktivierenden" Arbeitsmarktpolitik ist nach Jessop auf allen Regulierungsebenen im transatlantischen Raum zu beobachten (Jessop 2002: 154ff.).

Jessop unterteilt die Zeit seit den 1970er Jahren in drei Phasen. Während in der Krise der 1970er Jahre anfangs die Ausgaben und Aktivitäten im Wohlfahrtsbereich noch anstiegen, verbreitete sich unter Konservativen bald die Ansicht, der Wohlfahrtsstaat trage zu rigiden Arbeitsmärkten bei und erhöhe die Produktionskosten. So wurden Forderungen laut, den Wohlfahrtsstaat zu verändern, um die Arbeitsmarktflexibilität zu erhöhen und Kosten zu reduzieren. Deshalb wurde in den 1980er Jahren diskutiert, die Anspruchsvoraussetzungen für das Arbeitslosengeld und die Sozialhilfe zu straffen und die Ansprüche zu kürzen. In den 1990er Jahren sei ein größeres Gewicht auf aktive Arbeitsmarktpolitik gelegt worden und eine erhöhte Koordination von Arbeitslosengeld und Arbeitsanreizen (vgl. Jessop 2002: 153f.).

Jessop unterscheidet die Übergänge von einer passiven zu einer aktiven Arbeitsmarktpolitik nach wohlfahrtsstaatlichen Typen. Im idealtypischen keynesianischen Wohlfahrtsstaat habe der Staat einen passiveren Ansatz gehabt. Während das zentrale Ziel der Vollbeschäftigung durch makroökonomische Maßnahmen erreicht werden sollte, erhielten Arbeitslose passive Unterstützung bis Arbeitsplätze wieder zur Verfügung standen. Im postnationalen schumpeterianischen Workfareregime zeichne sich ein anderes Bild ab: "In contrast, the SWPR adopts a more active approach to employment through a combination of measures to create conditions for full employability in the labour market and of active preparation of some or all of the unemployed to help them back into work" (Jessop 2002: 154).

In seiner Analyse bezieht sich Jessop auf Sekundärliteratur zum Thema, nämlich einen vergleichenden Bericht der OECD von 1998, eine Analyse zu Workfare in Kanada, den Vereinigten Staaten und Großbritannien von Jamie Peck (2001) und einen Wohlfahrtsstaatsvergleich von Josef Schmid (1996). Hiernach schlussfolgert Jessop: "The activation approach is more or less universal in the economic space of Atlantic Fordism, but it can take different forms" (ebd.). In liberalen Wohlfahrtsregimen würde das Hauptgewicht auf Lohnflexibilität und eine Absenkung des versicherungsbasierten Arbeitslosengeldes und bedürftigkeitsgeprüften Sozialhilfeleistungen gelegt und eine Abschaffung oder Absenkung der Mindestlöhne. In sozialdemokratischen Wohlfahrtsregimen intensivierten sich die Bemühungen um ein Nachfragemanagement und eine aktive Arbeitsmarktpolitik, allerdings mit einer workfaristischen Note, während ein relativ hohes Sozialausgabenniveau beibehalten würde. In konservativ-korporatischen Regimen öffne sich die Schere zwischen zunehmenden Inaktivitätsraten, steigender Arbeitslosigkeit und (Früh)pensionierungen und den damit verbundenen steigenden öffentlichen Ausgaben. Verhandlungen zur Senkung von Lohnnebenkosten fänden statt (Jessop 2002: 155).

Auch wenn aktive Arbeitsmarktpolitik schon eine wichtige Rolle im keynesianischen Wohlfahrtsstaat gespielt habe, besonders in den nordeuropäischen Ländern, seien Verpflichtungen zur Arbeitsaufnahme in den 1990er Jahren expliziter formuliert und strenger geworden. Hierbei weist er auf Schlüsselaspekte der Aktivierungspolitik hin: die Arbeitsmärkte zu flexibilisieren und die Beschäftigungsfähigkeit der Arbeitnehmer zu erhöhen. Nationale Standards würden weniger wichtig und Maßnahmen lokaler eingebettet, die Politik sei zunehmend auf die wissensbasierte

Wirtschaft, Umschulung und lebenslanges Lernen ausgerichtet (vgl. Jessop 2002: 155f.). Jessop weist aber darauf hin, dass für länderspezifische Unterschiede in den Ausrichtungen des schumpeterianischen postnationalen Workfareregimes noch Forschungsbedarf bestehe (ebd.: 249).

Die in den Länderstudien der vorliegenden Arbeit angewendete Analysekategorie der Kommodifizierung bezieht sich auf die sozialpolitische Dimension in Jessops Analyse. Die zweite Kategorie des Rescaling bezieht sich auf die Neuverortung der nationalstaatlichen Ebene zwischen der supra- und der subnationalen Ebene sowie die Neujustierung zwischen öffentlich und privat. Im Gegensatz zu Jessop soll hier an dem Begriff Nationalstaat festgehalten werden und nicht von einem postnationalen Regime gesprochen werden, allerdings impliziert die Vergleichskategorie des *Rescaling*, dass sich hier das Ebenengefüge auf Grund der von den Akteuren angestoßenen Reskalierungsprozesse verändert.

III. Methodologie. Von vergleichenden Ansätzen zur multiskalaren Analyse von Kräfteverhältnissen

Die vorliegende Arbeit untersucht die hegemonialen Kämpfe um Arbeitsmarktpolitik anhand einer multiskalaren Analyse des europäischen Staatsapparate-Ensembles (Forschungsgruppe „Staatsprojekt Europa" 2014) am Beispiel dreier Staaten mit der Methode der Länderfallstudie. Da die Arbeitsmarktpolitik noch nicht vergemeinschaftet ist, wird die europäische Ebene durch die Untersuchung der nationalstaatlichen ergänzt, die zusammen das Staatsapparate-Ensemble bilden. So werden nach einem Kapitel zur Entwicklung der Beschäftigungspolitik auf EU-Ebene in den Länderfallstudien sowohl die nationalstaatliche, die subnationale als auch die internationale und transnationale Ebene berücksichtigt. Im Laufe des Forschungsprozesses hat sich gezeigt, wie es zunehmend unmöglich wird, diese Multiskalarität zu ignorieren. Die multiskalare Analyse soll methodisch folgendermaßen umgesetzt werden: Um eine nationalstaatliche Engführung zu vermeiden, werden zum einen die arbeitsmarktpolitischen Strategien und Kämpfe der Akteure auf den einzelnen Maßstabsebenen nachgezeichnet. Gleichzeitig bildete innerhalb der einzelnen Maßstabsebenen also z.B. bei den Akteuren der nationalstaatlichen Ebene die Frage nach den skalaren Praxen ein eigenes Untersuchungsfeld, das in von mir geführten Expert*innengesprächen thematisiert und mittels einer Dokumentenanalyse behandelt wurde. In Bezug auf den arbeitsmarktpolitischen Diskurs soll untersucht werden, ob sich innerhalb transnationaler Netzwerke, beispielsweise der Arbeitsmarktverwaltung über die organischen Intellektuellen ein hegemonialer Diskurs etabliert, der nicht mehr national, sondern transnational ist.

Bei der Analyse der Transformation des Wohlfahrtsstaates zum Wettbewerbsstaat am Beispiel der Arbeitsmarktpolitik sind zwei Untersuchungsebenen zu berücksichtigen: die zeitliche, d.h. historische Phasen des Kapitalismus und die räumliche, d.h. unterschiedliche Staaten, innerhalb derer sich Rescalingsprozesse im Sinne einer Dezentralisierung und Europäisierung untersuchen lassen. Der historische wie räumliche Vergleich ermöglicht es, anhand kontrastierender Beispiele Kontinuitäten herauszuarbeiten und der Frage nachzugehen, was gemeinsame Strukturmerkmale der Staaten und Staatsfunktionen sind und wie Akteursstrategien und soziale Kämpfe zu unterschiedlichen Institutionalisierungsprozessen führen. Ziel ist jedoch nicht, institutionalistisch durch die Herausbildung der arbeitsmarktpolitischen Institutionen für oder gegen die Pfadabhängigkeit bestehender Modelle zu argumentieren, sondern eine konflikt- und hegemonietheoretische Rekonstruktion der Entwicklung ausgehend von einer gesellschaftstheoretischen Kapitalismusanalyse vorzunehmen. Die Strategien werden anhand der unterschiedlichen Diskurse analysiert, die als Voraussetzung dafür erachtet werden, inwieweit sich strategische Positionen durchsetzen und Hegemonie organisiert wird.

Exemplarisch wurde dies in den untersuchten Ländern am Beispiel der Gewerkschaften, Arbeitgeberverbände und Arbeitsmarktverwaltungen sowie den zuständigen Fachministerien untersucht. Ausgangspunkt der Erstellung der Länderstudien bildete die Frage, inwieweit sich ökonomische Strukturveränderungen der europäischen Staaten seit den 1970er Jahren in unterschiedlicher Weise in der Politik der Mitgliedsstaaten widerspiegeln und ob sich diese vor dem Hintergrund der wettbewerbsstaatlichen Integrationsweise annähern. In den Länderstudien sollen deshalb diese ökonomischen Strukturveränderungen, die in der sozialwissenschaftlichen Debatte unter dem Oberbegriff Postfordismus diskutiert worden sind und dessen Krise, länderspezifisch rekonstruiert werden, um auf dieser Grundlage die Arbeitsmarktreformen und den angenommenen Übergang zu einer aktivierenden Arbeitsmarktpolitik zu analysieren. Hierbei konzentriert sich die Analyse auf diejenigen Bereiche, die für den Untersuchungsgegenstand Arbeitsmarktpolitik besonders relevant sind, die Flexibilisierung und räumliche Restrukturierung der Produktion, arbeitsorganisatorische Veränderungen und die Erosion des Normalarbeitsverhältnisses (s.o). Neben diesen findet die länderspezifische Analyse der Krise des Fordismus und des Postfordismus diverser Autoren Berücksichtigung.

Um die hegemonialen Auseinandersetzungen um ein europäisches Arbeitsmarktregime zu analysieren, ist es sinnvoll, mehrere divergierende EU-Länder zu untersuchen und zu vergleichen.[1] Italien, Dänemark und Deutschland unterscheiden sich sowohl hinsichtlich ihrer Arbeitsbeziehungen als auch in Bezug auf die sozialstaatlichen Muster und Kennziffern. Italien kennzeichnet sich durch eine niedrige Beschäftigungs- und Sozialleistungsquote. Deutschland nimmt bezüglich dieser Indikatoren eine mittlere Position ein, während sich Dänemark am anderen Ende der Skala befindet (vgl. Vogel 2002: 229ff.). In der Regimetypologie Esping-Andersens (1990, 1998) zählt Deutschland als Prototyp des konservativen Wohlfahrtsregimes, während Dänemark zu den sozialdemokratischen Typen gezählt wird. Italien steht zwar dem konservativen Modell auf Grund seiner Familien- und Lohnarbeitszentrierung und statuserhaltenden Ausrichtung nahe, wird aber auch in Teilen dem in kritischer Rezeption Esping-Andersens entworfenen post-autoritären (Lessenich

1 Die Beschränkung auf drei Fälle hatte forschungspraktische Gründe. Wünschenswert wäre auch die Untersuchung eines osteuropäischen oder angelsächsischen Landes gewesen. Dies wäre aber zu Lasten der qualitativen empirischen Analyse gegangen.

1994) bzw. rudimentären Typen (Leibfried 1993) zugeordnet. Es bleibt wegen der unterschiedlichen Sozial- und Wirtschaftsstruktur Nord- und Süditaliens ein schwer zu kategorisierendes Beispiel. Neben den gängigen Unterscheidungsmerkmalen vergleichender Forschung halte ich eine Untersuchung der genannten Länder deswegen für angemessen, weil sie unterschiedliche Rollen im Luxemburg-Prozess sowie innerhalb des europäischen Krisenmanagements gespielt haben. Italien repräsentiert eines der europäischen Krisenländer, während Deutschland als Hauptmotor europäischer Austeritätspolitik in der Krise diente. Dänemark wiederum ist ein euroskeptisches Land, das aber im Feld der Arbeitsmarktpolitik und der Europäischen Beschäftigungsstrategie großen Einfluss ausgeübt hat.

Offe (2005) bemerkt, dass seit dem Zusammenbruch des Ostblocks ein Wechsel von dem Vergleich zwischen kapitalistischen und staatssozialistischen Staaten hin zu einem Vergleich unterschiedlicher kapitalistischer Staaten auszumachen sei. Auch wenn die vorliegende Arbeit keinen Wohlfahrtsstaatsvergleich, sondern eine multiskalare Analyse der Strategien und Kräfteverhältnisse versucht, sollen im Folgenden vergleichende Ansätze kritisch diskutiert werden, um hier Anknüpfungspunkte zur methodischen Umsetzung herauszuarbeiten und die eigene Vorgehensweise zu begründen. Hierbei soll die Wohlfahrtsregime-Typologie Esping-Andersens und der Varieties-of-Capitalism-Ansatz (Hall/Soskice) kritisch diskutiert werden. Der strategisch-relationale Ansatz Jessops (2002, 2003) soll ebenfalls hinsichtlich der Methodologie diskutiert werden, weil er die Analyse des Workfareregimes mit unterschiedlichen Ausprägungen dieser Transformation in Anlehnung an Esping-Andersen verbindet.

1. Esping-Andersens Wohlfahrtsregime-Typologie

Esping-Andersen hat in seiner Studie *The Three Worlds of Welfare Capitalism* (1990) unterschiedliche Wohlfahrts- und Arbeitsmarktregime analysiert. Diese auf drei Idealtypen basierende Typologie der drei Wohlfahrtsregime (liberales, sozialdemokratisches, konservatives) ist seit Anfang der 1990er Jahre maßgebend für die vergleichende Wohlfahrtsstaatsforschung geworden, wenngleich im Laufe der Zeit auch zahlreiche Kritikpunkte, Modifizierungs- und Ergänzungsvorschläge angebracht wurden. Esping-Andersen bezieht sich in seiner Analyse auf drei zentrale Kategorien zur Typologisierung, nämlich den Grad der Dekommodifizierung, die Stratifizierung und die zentrale Regulierungsinstanz (Staat, Markt, Familie). Die Entstehung unterschiedlicher Wohlfahrtsregime erklärt Esping-Andersen anhand dreier Faktoren: der Art der Klassenmobilisierung (insbesondere der Arbeiterklasse), der klassenpolitischen Koalitionsstrukturen und des historischen Erbes der Regimeinstitutionalisierung (Esping-Andersen 1998: 47). Den Grad der Dekommodifizierung macht er an der Großzügigkeit der wohlfahrtsstaatlichen Leistungen im Bereich Arbeitslosenversicherung, Rente und Gesundheit fest und entwickelt hierfür einen Dekommodifizierungsindex (vgl. Esping-Andersen 1990).

Das konservative/kontinentaleuropäische Wohlfahrtsregime charakterisiert Esping-Andersen (1990/1998) als korporatistisch, also berufsgruppenorientiert und durch eine tripartistische Konstellation von Staat, Gewerkschaften und Arbeitgeberverbänden gesteuert. Sozialleistungen sind im konservativen Modell überwiegend beitragsfinanziert und die Sozialversicherung richtet sich vornehmlich an der erwerbstätigen Bevölkerung aus, ist also lohnarbeitszentriert. Statuserhaltend wirkt das konservative Modell in dem Sinne, dass sich die Versicherungsansprüche am bisherigen Einkommen orientieren (Äquivalenzprinzip und Leistungsgerechtigkeit) und sie deshalb den bisherigen Status auf relativ hohem Niveau erhalten. Dieses statusdifferenzierende System befördert den Statuserhalt, nicht die -gleichheit.

Im Vergleich zum konservativen Wohlfahrtsregime ist der liberale/angelsächsische, residuale Sozialstaatstyp, der am ehesten dem US-amerikanischen Modell ähnelt, marktzentriert. Der Staat greift nur ein, wenn die Regulierung über den Markt scheitert (Residualfunktion). Der Empfang staatlicher Leistungen ist an eine Bedürftigkeitsprüfung gebunden und oft mit Stigmatisierung verbunden. Bescheidene Sozialversicherungsprogramme und niedrige universelle Transferleistungen sind vorherrschend. Im sozialdemokratischen/skandinavischen Wohlfahrtsregime hingegen bildet der Staat die zentrale Regulierungsinstanz, Adressatenkreis ist die gesamte Bevölkerung (universalistischer Ansatz) und die Sozialleistungen sind steuerfinanziert und pauschalisiert. Soziale Sicherung wird als ein Bürgerrecht verstanden. Im sozialdemokratischen Modell ist hiernach am ehesten ein egalitaristischer Ansatz verwirklicht, d.h. das universalistische System befördert Statusgleichheit (zur Wohlfahrtsstaatstypologie vgl. u.a. Esping-Andersen 1990, 1998: 19ff.; Lessenich 1994; Schmid, J. 2002: 82ff.; Opielka 2004: 33ff.).

In der Cluster-Analyse Esping-Andersens fiel Italien unter das konservative Wohlfahrtsregime, was angesichts der Lohnarbeitszentriertheit des südeuropäischen Staates und seiner Familienzentriertheit plausibel wirkt. Andererseits wurden nicht nur im Rahmen der Entwicklung einer vierten, mediterranen Wohlfahrtswelt (vgl. Leibfried 1993, Lessenich 1994, Ferrera 1996, Rhodes 1997) Zweifel an dieser Einteilung erhoben und vielfältige Vorschläge zur Ergänzung der Wohlfahrtsregime erarbeitet.

Leibfried (1993) unterscheidet zwischen vier sozialpolitischen Regimen: den skandinavischen Wohlfahrtsstaaten, die sich durch Modernität und ein Arbeitsgesellschaftsregime charakterisieren, den institutionellen Wohlfahrtsstaaten der Bismarck Länder mit einem Kompensationsregime, den angelsächsischen residualen und den romanischsprachigen Ländern mit einem rudimentären Wohlfahrtsstaat, wobei er insbesondere Süditalien in diese Gruppe einordnet.[2] Die vierte Wohlfahrtswelt definiert sich vor allem über ihre defizitär entwickelten sozialen Sicherungsnetze: „In Portugal, Spain, Italy and Greece, not even a right to welfare is given" (Leibfried 1993: 141). Im Gegensatz zu den angelsächsischen Ländern besteht in diesen Ländern aber eine subsidiäre Tradition sozialer Sicherung v.a. über die katholische Kirche. Das noch nicht eingelöste Staatsziel der Wohlfahrtsstaatlichkeit der romanischen Länder stellt sich als institutionalisiertes Versprechen dar (vgl. ebd.).

Einen ähnlichen Ansatz verfolgt Lessenich (1994) beim Entwurf eines vierten, postautoritären Wohlfahrtsregimes. Anhand Spaniens als später Diktatur entwickelt er seine Kategorien. Die postautoritäten Wohlfahrtsregime zeichnen sich in Anlehnung an Leibfried durch ein rudimentäres sozialpolitisches (kompensatorisches) Regime aus, wobei Modernität die zentrale regulative Idee darstellt. Als primäres Muster konstitutiver sozialpolitischer (De-)Regulierung definiert Lessenich die Deregulierung der Beschäftigungsformen. Der arbeitsmarktpolitische Hauptdualismus besteht in der Gegenüberstellung von stabil und prekär Beschäftigten und der zentrale Aspekt arbeitsmarktinterner Ungleichheit ist die selektive Prekarisierung (Lessenich 1994: 240). Diese Besonderheiten des postautoritären Arbeitsmarktregimes stellen auch für Italien plausible Analysekategorien dar.

Auch andere Autoren, die sich nicht direkt auf Esping-Andersen beziehen, haben versucht, ein südeuropäisches Wohlfahrtsregime zu entwerfen. Rhodes (1997) definiert ein *southern cluster* in Bezug auf das Verhältnis von Flexibilität und Rigidität der europäischen Arbeitsmärkte. Dieses Cluster zeichnet sich durch einen hohen Grad an Flexibilisierung, irregulärer Beschäftigung und eine relativ junge Arbeitsimmigrationsgeschichte aus (Rhodes 1997; Talani/Cerviño 2003: 204f.). Zentrales Merkmal des mediterranen Modells ist sein familialer Charakter. Die Familie steht als Ort sozialer Sicherung im Mittelpunkt und Kinder bleiben lange von ihr abhängig (vgl. Talani/Cerviño 2003: 205).

Die feministische Forschung hat kritisiert, dass Esping-Andersen Geschlechterverhältnisse nicht berücksichtigt und seine Kategorien geschlechtsblind bleiben. Seine Analysekategorien gründen auf dem männlichen Standard als ob dieser für alle gültig sei. Die sozialen Bürgerrechte gingen von einer genderneutralen Staatsbürgerschaft aus und blendeten dabei die Differenzen zwischen Produktions- und Reproduktionsarbeit sowie den ungleichen Zugang zu Bürgerrechten und politischen Rechten aus (vgl. Orloff 2012/1993: 377ff.). Die unbezahlte Arbeit, die Frauen in allen Wohlfahrtsregimen im Haushalt und Care-Bereich unabhängig von einer gleichzeitigen Erwerbsarbeit leisten, werde ignoriert (ebd.: 383ff).

---

2 Angesichts steigender Prekarisierung in Norditalien muss diese Binnendifferenzierung hinterfragt werden.

Die für die vergleichende Sozialstaatsanalyse über Jahrzehnte als Referenzpunkt dienende Regimeanalyse Esping-Andersens (1990) legte ursprünglich ein großes Augenmerk auf eine klassentheoretische Fundierung. Sowohl die Bedeutung sozialer Kämpfe und Klassenmacht bei der Herausbildung des Wohlfahrtsstaates als auch die Stratifizierung durch den Wohlfahrtsstaat selbst bildeten einen Kernpunkt in der Analyse der drei Welten des Wohlfahrtskapitalismus. Arts/Gelissen (2002: 139) weisen auf den langwierigen, prozesshaften Charakter der Entstehung von Wohlfahrtsstaaten hin.

Lessenich (2004: 470ff.) kritisiert Esping-Andersens „sozialinvestive Wende", die einen „Ökonomismus zum Wohlfühlen" vermittele. In den 1990er Jahren sei die Kategorie der Dekommodifizierung aus seinen Publikationen quasi verschwunden. Statt der Frage, wie ein Rückzug aus der Erwerbsarbeit ermöglicht werden könne, drehe es sich nun um den Zugang der Individuen zum Arbeitsmarkt. Lessenich (2004) reflektiert kritisch die Politikberatungsaktivitäten Esping-Andersens gegenüber EU-Institutionen und Parteien wie der SPD.[3]

Die Regimetypologie wird in mehrfacher Hinsicht aufgegriffen. Erstens orientiert sich die vorliegende Arbeit an den Regimen Esping-Andersens und deren Weiterentwicklung um das mediterrane Regime, wenngleich die Analyse eines liberalen Wohlfahrtsregimes aus forschungspraktischen Gründen nicht durchgeführt wurde. Die Länder werden in den Fallstudien in der Regimetypologie verortet. Zweitens greift die Analysekategorie *Kommodifizierung*, die Dekommodifizierung auf, die ursprünglich bei Esping-Andersen eine große Rolle eingenommen hat. Drittens bietet die Stratifizierungskategorie Anschlussmöglichkeiten für die Frage, wie der Staat Klasse macht sowie seine späteren Analysen zu Geschlechterfragen wie der Staat das Geschlecht strukturiert. Viertens können seine Bezüge zur Fundierung von Wohlfahrtsstaaten durch Klassenkämpfe bzw. soziale Kämpfe fruchtbar für die Analyse des Hauptteils gemacht werden. Schließlich sollen Esping-Andersens eigene sozialinvestive Wende und die Rolle in der europäischen und sozialdemokratischen Politikberatung in Hinblick auf den Aktivierungsdiskurs kritisch analysiert werden.

2. Der Varieties-of-Capitalism-Ansatz und seine Kritik

Dem Varieties-of-Capitalism-Ansatz (Hall/Soskice 2001: 1-68) zufolge existieren institutionelle komparative Vorteile zwischen kapitalistischen Marktwirtschaften, die Unternehmen – von den Autoren als zentrale Akteure betrachtet – zu nutzen

3 Auch Jonathan Zeitlin, der sich mit der EBS auseinandersetzt (Zeitlin 2003; 2005), war in der Politikberatung tätig. Inwieweit die Wissenschaftler als organische Intellektuelle Einfluss auf die sozialinvestive Wende hatten, über die sie selbst schreiben, und damit zu ihrer Hegemonie beigetragen haben, soll im Hauptteil ergründet werden.

wissen. Der Ansatz unterscheidet zwischen liberalen Marktwirtschaften (LMEs), in denen die Beziehungen der Firmen überwiegend in und durch Konkurrenzmärkte koordiniert werden (marktförmige Koordination), und koordinierten Marktwirtschaften (CMEs), in denen strategische Interaktionen mit Gewerkschaften, Kapitalgebern und anderen Akteuren dominieren (strategische Koordination) (Hall/Soskice 2001: 8f.; Hall/Gingerich 2004: 7). Zu den liberalen Marktökonomien zählen u.a. die USA und Kanada, während Deutschland und Dänemark zu den koordinierten Marktökonomien gerechnet werden. Italien bildet mit den europäischen Mittelmeeranrainern einen zwiespältigen Sonderfall. Einzelne Bereiche der politischen Ökonomie (Corporate Governance, Arbeitsbeziehungen, Wettbewerb auf Produktmärkten, soziale Sicherung, berufliche Aus- und Weiterbildung und zwischenbetriebliche Beziehungen) unterscheiden sich in den unterschiedlichen „Spielarten des Kapitalismus" systematisch, während eine hohe Komplementarität zwischen den einzelnen institutionellen Sphären innerhalb eines Modells erwartet wird (Hall/Gingerich 2004: 12f.). Der Ansatz konzentriert sich auf Unterschiede zwischen Nationalstaaten (Hall/Soskice 2001: 4). Liberale und koordinierte Marktwirtschaften unterscheiden sich weiterhin bedeutend bezüglich der sozialen Sicherung (Hall/Gingerich 2004: 22ff.). In ersteren seien die Marktmechanismen seit den 1980er Jahren noch weiter verschärft worden, während in letzteren die Sozialsysteme langsamer umgebaut würden. Trotz eines starken Konvergenzdrucks und „gewisser Liberalisierungstendenzen" in den koordinierten Marktwirtschaften bestünden divergierende institutionelle Praktiken fort (ebd.). Ganßmann (2004: 398) stellt demgegenüber für Deutschland als eines der Kernländer des „rheinischen Kapitalismus" eine „starke Tendenz zur Annäherung" an das atlantische Muster des residualen Wohlfahrtsstaats fest.

Bieling (2011) kritisiert den Varieties-of-Capitalism-Ansatz wegen seines funktionalistischen Bias. Die Komplementarität unterschiedlicher institutioneller Ordnungselemente ergibt sich in Folge des Ansatzes durch das bewusste Handeln der Akteure. Gesellschaftliche Entwicklung wird nicht als kontingent angesehen, weshalb der Ansatz nach Bieling auch nicht in der Lage ist, gesellschaftlichen Wandel zu erklären. Des Weiteren grenzt er sich nur unscharf von der neoklassischen Ökonomie ab und deutet das Handeln der Akteure rationalistisch. Dies führt zu einem verkürzten Verständnis kapitalistischer Wirtschaft. Außerdem bewege sich der Ansatz in einem methodologischen Nationalismus (vgl. Bieling 2011: 9ff.). Auch Regini (2014: 27) kritisiert den VoC-Ansatz für seine Machtblindheit, indem er institutionelle Arrangements für gegeben und nicht durch Konflikte enstanden voraussetzt. Kannankulam und Georgi (2014: 62) weisen gegenüber institutionalistischen Ansätzen aus dem Spektrum der vergleichenden Kapitalismus-Literatur darauf hin, dass zur Erklärung institutionellen Wandels eine Analyse der Kräfteverhältnisse und ihrer materiellen Verdichtung innerhalb staatlicher Institutionen vonnöten sind und schlagen hierzu die Methode der HMPA (Buckel u.a. 2012; 2014) vor.[4]

Anschlüsse für die vorliegende Arbeit kann der Varieties-of-Capitalism-Ansatz nur insofern bieten, als dass er für die Mikroanalyse eine akteurszentrierte Analyse für divergierende institutionelle Kontexte bietet, etwa in Bezug auf die Arbeitsbeziehungen. Der hierzu inzwischen reiche Korpus an empirischen Studien aus diesem Forschungszusammenhang kann berücksichtigt werden ohne jedoch sein grundlegendes Erkenntnisinteresse sowie seine zentralen Forschungsfragen zu teilen. Die vorliegende Arbeit sieht ihre Aufgabe nicht darin, zu erforschen, ob sich koordinierte Marktwirtschaften an liberale Marktwirtschaften angleichen oder ob eine Pfadabhängigkeit besteht. Durch sein Erkenntnisinteresse, welche institutionellen Settings ein Land am wettbewerbsfähigsten machen, reproduziert der Ansatz affirmativ das Leitbild des Wettbewerbsstaats (vgl. Pedersen 2011). In der Praxis hat der Ansatz dazu geführt, euphemistisch das rheinische Modell des Kapitalismus gegenüber dem angelsächsischen in Szene zu setzen. Die erkenntnisleitende Frage dieser Arbeit lautet aber nicht, welcher Kapitalismus der bessere ist, sondern welche Macht- und Herrschaftsverhältnisse hinter dem wettbewerbsstaatlichen Umbau stehen und welche Kämpfe zur Herausbildung des europäischen Arbeitsmarktregimes geführt haben. Insofern der Varieties-of-Capitalism-Ansatz den wettbewerbsstaatlichen Umbau affirmativ begleitet und in eurozentristischer Manier europäische koordinierte Marktwirtschaften gegenüber den liberal koordinierten Marktwirtschaften favorisiert, soll er als Teil des hegemonialen Diskurses thematisiert werden. Interessant ist in diesem Zusammenhang besonders die Frage, ob die Kritik dieses Paradigmas im Zuge der Krise (vgl. u.a. Pedersen 2011; Regini 2014; Jessop 2014) ein Zeichen für das Abbröckeln, wenn nicht neoliberaler, dann doch zumindest wettbewerbsstaatlicher Hegemonie ist. Regini (2014) plädiert zum Beispiel dafür, anstelle der Unterschiede verschiedener Kapitalismen, in langzeithistorischen Studien deren Gemeinsamkeiten herauszuarbeiten.

---

4 Die HMPA, die weiter unten näher erläutert wird, stellt einen methodischen Ansatz zur Analyse von spezifischen empirischen Konflikten dar (vgl. u.a. Kannankulam/Georgi 2014: 63). Da sich meine Arbeit auf die Analyse eines längeren Zeithorizonts und die schleichende Transformation hin zum Wettbewerbsstaat bezieht, habe ich eine andere methodische Herangehensweise gewählt. Genau genommen stellt sich in der vorliegenden Arbeit die Frage umgekehrt, nämlich wieso der Konflikt ausbleibt und wieso sich bestimmte gesellschaftliche Kräfte dem Workfareparadigma untergeordnet haben.

3. Regimevergleiche im Regulationsansatz: Robert Boyer und Bob Jessop

Sowohl Boyer als auch Jessop befassen sich innerhalb des regulationstheoretischen Spektrums mit dem Vergleich von Regimen bzw. Kapitalismen. Der Vergleich ergibt sich laut Boyer alleine schon daraus, dass einem *relativ* homogenen fordistischen Akkumulationsregime unterschiedliche Regime im Postfordismus gegenüberstehen, so dass er sich die Frage stellt, ob der Fordismus die Ausnahme war. Die Regulationsweisen hätten sich selbst im Fordismus unterschieden und auch die Akkumulationsregime hätten nur in wenigen Beispielen dem Idealtypus entsprochen. In der BRD habe es z.B. auf einer exportorientierten Wirtschaft basiert (vgl. Boyer 2005: 514f.). In Bezug auf die Arbeitsbeziehungen habe es eine große Bandbreite gegeben. Dies erklärt er aus den sozialen Kämpfen, die zu unterschiedlichen Kompromissen zwischen Kapital und Arbeit in den Ländern geführt hätten (vgl. ebd.: 516).

Jessop macht vier idealtypische Formen von schumpeterianischen postnationalen Workfareregimen aus, da sich die Transformation vom KNWS zum SPWR noch in einem Suchprozess befindet. Er unterscheidet zwischen Neoliberalismus, Neokorporatismus, Neoetatismus und Neokommunitarimus. Das neoliberale Regime sei hegemonial und selbst in anderen Regimen werden neoliberale Praktiken vollzogen. Als Hauptländer dieses Typus bezeichnet Jessop die USA, Australien, England, Neuseeland und Kanada. Unterstützt von der OECD, der Weltbank und dem IWF sowie den auf Globalisierung setztenden dominanten Kapitalfraktionen setzt dieser Typus auf einen marktgetriebenen Umbau, der im öffentlichen Sektor Privatisierung, Liberalisierung und Kommodifizierung und im privaten Sektor Deregulierungen umfasst (vgl. Jessop 2002: 259f.). Der neokorporatistische Typus unterscheidet sich von ersterem durch seine Haltung zu einer Mischung aus Wettbewerb und Zusammenarbeit, viele private und öffentliche „Stakeholder", hohe Steuern, um einen sozialinvestiven Ansatz zu finanzieren, und den Schutz von Kernsektoren einer offenen Wirtschaft. Der neoetatistische Typus stärkt das Marktprinzip mittels Staatsinterventionen. Diese sind weniger hierarchisch als im keynesianischen Wohlfahrtsstaat und beinhalten z.B. auch public-private-partnerships. Außerdem werden die Kernsektoren geschützt, eine aktive Infrastruktur- und Industriepolitik betrieben und eine Arbeitsmarktpolitik, die auf die Qualifizierung der Arbeitskräfte in einer flexiblen Wirtschaft setzt. Der neokommunitaristische Typus begrenzt den freien Wettbewerb, setzt auf „Empowerment" und den Ausbau der Sozialökonomie, sozialen Zusammenhalt, Fairtrade und Bürgergeld (vgl. Jessop 2002: 262ff.). Jessop beschreibt idealtypische Strategien, die in Reinform nicht existieren (vgl. ebd.: 264). Innerhalb des neoliberal dominierten Rahmens der EU seien Strategien anzutreffen, die auch über den Neoliberalismus hinausweisen:

> "Also within the neoliberal framework there is an emergent neocorporatist strategy oriented to a Social Charter which will prevent 'social dumping' and thereby underpin attempts to reskill and retrain workers in the interestst of more flexible, responsible work (Falkner 1998; Grahl and Teague 1991; Perrin 1988). This is an important flanking measure for the neoliberal market-building strategy and, although not yet strongly institutionalized, may provide a basis for resisting further moves down the neoliberal road." (Jessop 2003: 264f.)

In kritischer Auseinandersetzung mit der institutionalistischen Schule schlägt Jessop den Ansatz des *Variegated Capitalism* vor. Er kritisiert sowohl die institutionalistische Varieties-of-Capitalism-Literatur als auch den aus dem Spektrum der französischen Regulationstheorie stammenden Ansatz vergleichender Kapitalismen, der von Boyer und Amable vertreten wird. Jessop (2014: 48) nimmt eine materialistische Perspektive ein:

> "Even when an economic space dominated by capitalist social relations seems to perform well according to prevailing capitalist criteria [...] this outcome is necessarily provisional and depends on specific institutional and spatiotemporal fixes that succeed, for a time, in displacing and/or deferring crisis-tendencies. The latter will sooner or later intensify, change their forms of appearance, produce 'blowback' effects, or generate resistance that undermine these fixes, overwhelm crisismanagement routines, or, in the case of resistance, weaken, neutralise, or overthrow prevailing forms of exploitation and domination." (Jessop 2014: 48)

Eine Einteilung in verschiedene Ländergruppen entlang von Idealtypen oder Clusteranalysen lässt die Beziehungen zwischen den Ländern außer Acht (vgl. Jessop 2014: 49). Deshalb sollten Jessop zufolge statt der Kapitalismusvarianten die hierarchischen und vermachteten Zentrum-Peripherie-Beziehungen zwischen den Staaten im Fokus der Analyse stehen, in der EU z.B. die Dominanz des „Modell Deutschlands" (vgl. ebd.: 54).

Jessop verbindet die Formanalyse mit einer institionalistischen Analyse zu einem "logical-historical approach" (2014: 49f.), indem er Poulantzas folgend bestimmte soziale Formen als Kräfteverhältnisse untersucht und nach Polanyi Akkumulation als institutionellen Prozess analysiert. Hierbei untersucht er "how the changing institutional matrix through which social forms are instantiated is a product of past social conflicts and past institutional developments and, as such, entails a selective terrain with specific structural and strategic biases favourable to some social forces rather than others (Poulantzas 1978)" (ebd.). Aber auch stabile institutionelle Arrangements können durch soziale Konflikte verändert werden (vgl. ebd.: 50).

In diesem Sinne möchte ich in der vorliegenden Arbeit die Länder als Realtypen, deren Beziehungen untereinander und zwischen den Ebenen sowie eine historisch konkrete Rekonstruktion ausgehend von sozialen Kämpfen und einer herrschaftskritischen, hegemonietheoretischen Position untersuchen.

4. Forschungsgruppe „Staatsprojekt Europa"

Die Forschungsgruppe „Staatsprojekt Europa" geht in ihrem sich auf die materialistische Staatstheorie beziehenden Forschungsansatz von der Prämisse aus, dass der Staat und seine Apparate aus den gesellschaftlichen Kämpfen heraus zu erklären sind (vgl. Buckel u.a. 2014: 15). Hierbei ist Poulantzas Analyse des Staates als *materielle Verdichtung von Kräfteverhältnissen* zentral (Poulantzas 2002/1978; vgl. Buckel 2011; Kannankulam/Georgi 2012; Buckel u.a. 2014). Sich auf die Analyse Poulantzas und Jessops Konzeption von Staatsprojekten (1990) beziehend geht sie davon aus, dass Staaten „Ensembles heterogener und zum Teil konkurrierender Staatsapparate sind" (Buckel u.a. 2014: 37). Deren Kohärenz müsse erst durch Staatsprojekte organisiert werden. Die EU wird in diesem Sinne als europäisches Staatsapparate-Ensemble interpretiert (vgl. ebd.). Das zentrale Konzept des Hegemonieprojekts wird gefasst als „Aggregationen von Strategien, mit denen bestimmte Kräfte auf spezifische historische Situationen rekursiv [...] reagieren" (ebd. 48). Hegemoniale Projekte bezeichnen einzelne konkrete politische Projekte wie z.B. die Währungsunion. Hierbei sind sowohl die gesellschaftlichen Kräfteverhältnisse als auch die Hegemonie multidimensional nicht nur auf Klassenverhältnisse zurückzuführen, sondern auch auf andere Herrschaftsverhältnisse (vgl. ebd. 49).

Die Forschungsgruppe „Staatsprojekt Europa" hat in ihrer Analyse fünf Hegemonieprojekte ausgemacht, die um die Europäische Integration ringen: das neoliberale, das konservative, das proeuropäisch-soziale, das national-soziale und das linksliberal-alternative (vgl. Kannankulam/Georgi 2012: 41-54; Buckel u.a. 2012: 24-30; Buckel 2013: 22-29; Buckel u.a. 2014: 64-78). Diese unterscheiden sich je nach Strategie, sozialer Basis und Ressourcen. Das nach 1945 entstandene neoliberale Hegemonieprojekt hat sich seit den 1970er Jahren aktiv gegen das national-soziale keynesianische Hegemonieprojekt aufgestellt. Die Internationalisierung der Produktion und Finanzialisierung untergraben den „national-sozialen Konsens" und ebnen den Weg für den steigenden Wettbewerb zwischen Wirtschaftsstandorten. Hinter dem neoliberalen Hegemonieprojekt steht die Strategie des wettbewerbsstaatlichen Umbaus, der über die EU und das Binnenmarktprojekt forciert wird. Die Forderungen nach der Flexibilisierung von Produktions- und Arbeitsverhältnissen, der Finanzialisierung der Ökonomie, der Privatisierung der sozialen Infrastruktur, der Internationalisierung von Kapital, Handel, Produktions- und Versorgungsketten, sowie der Mobilität der Arbeiter*innen in der neuen internationalen Arbeitsteilung lassen sich diesem Hegemonieprojekt zuordnen. Als soziale Basis macht die Forschungsgruppe „Staatsprojekt Europa" die Schlüsselsektoren des globalisierten postfordistischen Akkumulationsregimes aus, d.h. der Finanzwirtschaft und der transnationalen Unternehmen sowie Vermögende, hochqualifizierte Beschäftigte, Selbstständige und Teile der Staatsbürokratie. Die finanziellen Ressourcen sind sehr hoch. Darüberhinaus nehmen die Akteure des neoliberalen Hegemonieprojekts über Thinktanks, die hegemoniale Stellung der Neoklassik in den Wirtschaftswissenschaften etc. eine führende Rolle im Diskurs ein (vgl. Kannankulam/Georgi 2012: 51-54; Buckel 2013: 23ff.; Buckel u.a. 2014: 65-68). Allerdings herrscht innerhalb des neoliberalen Hegemonieprojekts seit der Wirtschafts- und Finanzkrise Uneinigkeit (vgl. Buckel u.a. 2012).

Das national-soziale und proeuropäisch-soziale Hegemonieprojekt unterscheidet sich entlang der strategischen Ausrichtung auf die Scale, also die Orientierung am nationalstaatlichen Rahmen gegenüber einer europäischen Internationalisierung des politischen Handlungsrahmens und von Forderungen. Gemein ist beiden Projekten eine Strategie, die auf sozialen Ausgleich und Umverteilung fokussiert. Teile der Arbeiter*innenklasse und des Prekariats, Beschäftigte des öffentlichen Dienstes und Kernbelegschaften mittelständischer und großer Unternehmen bilden die soziale Basis dieser Hegemonieprojekte. Die Durchsetzung neoliberaler Politiken, die sich in einer Verbreitung des Niedriglohnsektors, einer Dezentralisierung von Tarifverhandlungen und sinkenden Reallöhnen widerspiegeln, hat auch zu einer Schwächung der Ressourcen des national-sozialen und proeuropäisch-sozialen Hegemonieprojekts geführt. Zwar sind neue Akteure wie attac oder die Sozialforenbewegung entstanden. Dafür sind traditionelle Akteure wie die Gewerkschaften geschwächt worden und viele sozialistische und sozialdemokratische Parteiapparate, die traditionell die Akteure dieser Hegemonieprojekte vertreten haben, haben sich dem neoliberalen Diskurs untergeordnet. Die Gewerkschaften hätten durch den Erfolg des neoliberalen Hegemonieprojekts an Einfluss verloren und versuchen sich vor allem in der Rettung fordistischer Errungenschaften, gleichwohl sie offiziell eine proeuropäische Position vertreten. Die Akteure des proeuropäisch-sozialen Projekts möchten das „europäische Sozialmodell" mittels einer Sozialpolitik auf der europäischen Scale erhalten, z.B. durch die Europäisierung der Wirtschafts- und Sozialpolitik sowie der Tarifpolitik. Das Leitbild Soziales Europa wird hier als Gegenbild zum neoliberalen Integrationsprozess ins Feld geführt (vgl. Kannankulam/Georgi 2012: 43ff. u. 49ff.; Buckel 2013: 24ff.; Buckel u.a. 2014: 71-76).

Das konservative Hegemonieprojekt verfolgt als Strategie das Europa souveräner Nationen, die über die Ethnizität, gemeinsame Sprache, Geschichte, Kultur und Werte, ein konventionelles Geschlechterrollenbild, Heimat und Sicherheit sowie das Christentum definiert wird (vgl. Buckel 2013: 27). Die soziale Basis, die dieses Hegemonieprojekt trägt, sind Beschäftigte des primären Sektors, KMU, Teile der „weißen und authochtonen Arbeiter*innenklasse" (ebd.), die untere Mittelschicht und prekär Beschäftigte. Politische Ressourcen erhält das konservative Hegemonieprojekt über die Repräsentation in repressiven Staatsapparaten und konservative Parteien. Strukturelle Ressourcen stehen dadurch zur Verfügung, dass Nation und Grenze in den Alltagsdiskurs eingeschrieben sind. Das Hegemonieprojekt kann auf finanzielle Ressourcen von Teilen des regional und national orientierten Kapitals und mediale

Ressourcen der Regenbogenpresse zurückgreifen. Die Strategien gesellschaftlicher Eliten kristallisieren sich im konservativen Hegemonieprojekt, wobei Bündnisse mit dem neoliberalen Hegemonieprojekt eingegangen werden (vgl. Kannankulam/Georgi 2012: 47ff.; Buckel 2013: 27f.; Buckel u.a. 68-71).

Schließlich macht die Forschungsgruppe „Staatsprojekt Europa" noch ein fünftes, nämlich das linksliberal-alternative Hegemonieprojekt aus, dessen Vorstellungen im politischen Spektrum zwischen liberalen politischen Positionen und der „Neuen Linken" situiert sind (vgl. Buckel u.a. 2012: 29f.). Hierbei verfolgt es eine „Strategie der Lebensweise" und basiert auf einem „liberalen, normativen und politischen Citizenship-Ansatz" (Buckel 2013: 28). Als Akteure und soziale Basis des Projekts machen Buckel u.a. (2012: 29f.) zivilgesellschaftliche Kräfte aus, deren primäres Augenmerk nicht die wirtschaftlichen Auseinandersetzungen sind, sondern Bürger*innenrechte, z.B. feministische, ökologische und antirassistische Bewegungen. Die soziale Basis seien „postnationale urbane Hochgebildete und Personen aus etablierten bildungs- und linksbürgerlichen Schichten sowie immaterielle Arbeiter*innen (Hardt/Negri 2000)" (Buckel 2013: 28). Das linksliberal-alternative Hegemonieprojekt speist sich also aus den nach 1968 entstandenen Milieus und neuen Bürgerrechtsbewegungen, die postmaterielle Werte vertreten. Es verfolgt eine eindeutig proeuropäische Strategie und macht sich z.B. stark für Antidiskriminierungsrichtlinien. Finanziell kann es sich auf Ressourcen aus den Alternativ-, Technologie- und Kreativbranchen stützen sowie auf das hohe Einkommen und Vermögen eines Teils seiner gutsituierten Unterstützer*innen. Zwar verfolgt das Hegemonieprojekt insgesamt postmaterielle Interessen, allerdings bestehen ökonomisch gesehen auch Anknüpfungspunkte gegenüber dem neoliberalen Hegemonieprojekt und „grünen Kapitalfraktionen". Das Hegemonieprojekt verfügt über ein hohes soziales und kulturelles Kapital und wird durch viele organische Intellektuelle aus Wissenschaft, Bildung, Medien und dem Kunstbereich unterstützt (vgl. Buckel 2013: 28f.). „Darüber hinaus ist auch die Ausweitung des linksalternativen Milieus bis in bürgerliche Schichten hinein ein nicht zu ignorierender Faktor", so Buckel (2013: 29).

Ich möchte analysieren, ob und wenn ja wie die arbeitsmarktpolitischen Strategien der Akteure sich diesen Hegemonieprojekten zuordnen lassen. Anschließend an die Interpretation, dass die Gewerkschaften durch den Erfolg des neoliberalen Hegemonieprojekts an Einfluss verloren haben, soll im Hauptteil deshalb untersucht werden, ob die Gewerkschaften nicht nur defensive Abwehrkämpfe führten, sondern auch aktiv in den neoliberalen Umbauprozess einbezogen wurden. Das von der Forschungsgruppe „Staatsprojekt Europa" (2014) analysierte „europäische Staatsapparate-Ensemble" bildet die Grundlage für die multiskalare Analyse des Hauptteils (Kapitel III und IV). Hier wird zunächst die europäische Ebene unter die Lupe genommen, um anschließend die einzelnen nationalen Staatsapparate zu betrachten. Hierbei erwies sich die These des Staatsapparate-Ensembles auch für die Arbeitsmarktpolitik als fruchtbar und empirisch plausibel. Denn die unterschiedlichen Ebenen greifen in einem solchen Grad ineinander, dass – auch wenn bislang nicht vergemeinschaftet – die Erzählung ohne einen Blick auf andere Teile des europäischen Staatsapparate-Ensembles nicht adäquat wiedergegeben werden kann.

5. Kommodifizierung und Rescaling als zentrale Analysekategorien

Der Begriff Kommodifizierung ist für die Untersuchung der Arbeitsmarktpolitik und der Arbeitsmärkte zentral. Er umschreibt den Prozess des Zur-Ware-Werdens der Arbeitskraft im kapitalistischen Arbeitsmarkt und ist analytisch präziser als der Begriff Aktivierung, der zum politischen Schlagwort geworden ist. Den Prozess der Kommodifizierung der Arbeitskraft und der Herausbildung von Arbeitsmärkten im England des 19. Jahrhunderts beschreibt Karl Polanyi in *The Great Transformation*, wobei er Arbeitskraft neben Boden und Geld als fiktive Ware auffasst. Der Wegfall der Speenhamland-Gesetze habe die Arbeitskraft freigesetzt und die Voraussetzung für die Entstehung der Arbeitsmärkte geschaffen, auf denen die fiktive Ware Arbeitskraft verkauft wird. Jedoch seien wiederum Schutzmechanismen entstanden, die zu einer Doppelbewegung geführt hätten, die die echten Waren marktförmig verkauften und den Marktmechanismus der fiktiven Waren einschränkte (vgl. Polanyi 1978: 112). Die Phase des Marktradikalismus, in dem die gesellschaftlichen Schutzmechanismen zerstört wurden, mündete nach Polanyi in der Katastrophe des Zweiten Weltkrieges. Dekommodifizierende Sicherungsnetze seien notwendig, um den Kapitalismus selbst aufrechtzuerhalten (vgl. Polanyi 1978).

Kommodifizierung der Arbeitskraft kann als Prozess betrachtet werden, der sich in der Industrialisierung beschleunigt und sich mit der Aufhebung der ständischen Ordnung und des Zunftwesens entfesselt. Karl Marx analysierte die Lohnarbeit als eine die kapitalistische Gesellschaftsordnung charakterisierende Institution. Ihmzufolge „kann die Arbeitskraft als Ware nur auf dem Markt erscheinen, sofern und weil sie von ihrem eignen Besitzer, der Person, deren Arbeitskraft sie ist, als Ware feilgeboten oder verkauft wird. Damit ihr Besitzer sie als Ware verkaufe, muß er über sie verfügen können, also freier Eigentümer seines Arbeitsvermögens, seiner Person sein“ (Marx MEW Bd. 23: 182).

Eine Popularität erlangte der Begriff Dekommodifizierung durch seine Verwendung in Esping-Andersens breit rezipierter Studie *The Three Worlds of Welfare Capitalism* (1990).

> "The mainsprings of modern social policy lie in the process by which both human needs and labor power became commodities and, hence, our well-being came to depend on our relation to the cash nexus." (Esping-Andersen 1990: 35)

Dekommodifizierung bezieht sich bei Esping-Andersen auf den Grad zu welchem Individuen oder Familien einen sozial akzeptierten Lebensstandard unabhängig von ihrer Marktteilnahme aufrechterhalten können (Esping-Andersen 1990: 37).

> "Stripping society of the institutional layers that guaranteed social reproduction outside the labour contract meant that people were commodified. In turn, the introduction of modern social rights implies a loosening of the pure commodity status. De-commodification occurs when a service is rendered as a matter of right, and when a person can maintain a livelihood without reliance on the market." (Esping-Andersen 1990: 21f.)

Nach dieser Definition müssten nur universalistische auf sozialen Bürgerrechten basierende Sozialversicherungssysteme zu den de-kommodifizierenden Sicherheitsnetzen zählen. Weiter unten bilanziert er: "De-commodifying welfare states are, in practice, of very recent date. A minimal definition must entail that citizens can freely, and without potential loss of job, income, or general welfare, opt out of work when they themselves consider it necessary" (ebd. 23). Trotz der frühen Einführung der Sozialversicherung in Deutschland seien hier kaum dekommodifizierende Effekte eingetreten (vgl. ebd. 22). Esping-Andersen nimmt aber mit dem Dekommodifizierungsindex eine graduelle Abstufung vor, mittels derer sich Länder seinem Ideal des auf sozialen Bürgerrechten basierenden skandinavischen Modells nähern.

Cerny (2000: 128) beschreibt mit Kommodifizierung den Wandel zum Wettbewerbsstaat, in dem staatliche Institutionen selbst der Marktlogik unterworfen werden und der Staat die Einführung von Marktmechanismen forciert. Kommodifizierung soll in der vorliegenden Arbeit in Anlehnung an Atzmüller (2014) nicht nur in Bezug auf den Zwang zur Aufnahme einer Arbeit verstanden werden, sondern auch im Sinne des Zur-Ware-Werdens der Arbeitskraft z.B. über Bildungsmaßnahmen (vgl. hierzu auch Candeias 2004). Darüber hinaus kann Kommodifizierung auch als Ziel staatlicher Politik verstanden werden, die Zahl der kommodifizierten Arbeitskräfte durch die Steigerung der Frauenerwerbsquote, die Erhöhung des Renteneintrittalters und eine Verringerung irregulärer Beschäftigung zu erhöhen. Hierbei kommt dem Staat zum einen die Rolle zu, aktiv zu einer Steigerung der Beschäftigungsquote beizutragen und zum anderen, nicht nur für die primäre Ausbildung, sondern für die permanente Weiterbildung der flexibel einsetzbaren Arbeitskraft zu sorgen. Vorausgesetzt Kommodifizierung bezeichnet den Prozess des Zur-Ware-Werdens der Arbeitskraft, muss die Verwendung des Begriffes Dekommodifizierung bei Esping-Andersen kritisch hinterfragt werden. Denn dieser suggeriert, dass der stumme Zwang der Verhältnisse ausgesetzt wurde, was selbst im universalistischen Wohlfahrtsstaat nicht der Fall war. Zwar kann der Zwang zum Verkauf der Arbeitskraft abgemildert werden, nicht aber der Warencharakter der Arbeitskraft selbst.

Den Prozess der Verschiebung von Entscheidungskompetenzen auf eine andere Maßstabsebene erfasst Swyngedouw (1997) mit dem Begriff Rescaling. Rescalingprozesse spiegeln demnach Machtkämpfe und -verschiebungen wider. Die Maßstabsebene wird als umkämpfte und nicht neutrale Kategorie konzipiert: "Spatial scales are never fixed, but are perpetually redefined, contested and re-structured in terms of their extent, content, relative importance, and interrelations" (Swyngedouw 1997: 141). Rescalingprozesse spiegeln Machtkämpfe und Machtverschiebungen wider, die sich an ideologischen, konzeptionellen Streitigkeiten festmachen können. Z.B. könnten Kompetenzen von der nationalen Ebene verlagert werden, wenn dort ungeliebte Akteure einen besonderen Einfluss ausüben. Der Kampf um gleiche Rechte auf dem Arbeitsmarkt in der EU sei so ein "deeply scaled process" (ebd.: 141).

Brand (2008) verknüpft Ergebnisse der Scale-Debatte mit hegemonietheoretischen Überlegungen im Anschluss an Gramsci. Hegemonie müsse multiskalar verstanden werden – also auf mehreren räumlichen Ebenen entstehend, zum Beispiel im Zuge der Kämpfe um eine Multiskalierung von Staatsfunktionen. Auch die Herstellung der Führung einer Klasse im Sinne Gramscis sei multiskalar: „Gleichwohl bleiben aufgrund der Tatsache, dass Kämpfe bis heute ihrer Form nach weitgehend national und die Subalternen weitgehend auf nationalstaatlicher Ebene organisiert sind, die formalen Kompromisse stark auf diese Maßstabsebene konzentriert. Ihrer Substanz nach sind sie jedoch multiskalar" (Brand 2008: 178f.). Auch Jessop benutzt den Begriff der Multiskalarität, die die nationalstaatliche Ebene als dominante Scale ablöst (vgl. Jessop 2002, 2008). Brand/Görg/Wissen weisen darauf hin, dass die politischen und sozialen Kräfteverhältnisse in einem Wechselverhältnis der Ebenen entstehen und „in eine komplex konfigurierte multiskalare Staatlichkeit eingeschrieben werden" (Brand/Görg/Wissen 2007: 232). Emanzipative Politik müsse die Multiskalarität der Konfliktebenen mitdenken.

> „Denn es bedarf entsprechender skalarer Politiken, um die herrschaftsförmigen politisch-institutionellen, aber auch ökonomischen und kulturell-diskursiven Verdichtungen zu unterlaufen und selbst auf unterschiedlichen Ebenen und ihrem Zusammenspiel handlungsfähig zu machen." (Brand/Görg/Wissen 2007: 232)

Hürtgen (2014: 216-219) sieht nicht nur das Kapital, sondern auch die Gewerkschaften als aktiven scaleproduzierenden Akteur, der Transnationalität mit herstellt auch im Sinne des transnationalen Wettbewerbs. Ich verwende den Begriff Rescaling in Bezug auf die skalaren Strategien der Akteur*innen und die Maßstabsebenen. Den ebenfalls aus der *radical geography* stammenden Begriff der Raumproduktion bzw. *spatial strategies* (vgl. z.B. Brenner 2004) werde ich im Rahmen dieser Arbeit nicht empirisch anwenden können. So wird zwar die lokale Maßstabsebene untersucht, aber die Entwicklung neuer Räume konnte im Rahmen der Fragestellung dieser Arbeit nicht berücksichtigt werden.

6. Methodik

6.1 Fragestellungen, Hypothesen und Vorgehensweise

Um die Erkenntnis leitende Frage, ob in der EU im Zuge der wettbewerbsstaatlichen Integrationsweise ein *gemeinsames Arbeitsmarktregime entsteht, wie sich dieses in der Krise des Postfordismus verändert und wer in diesem Prozess um welche Strategien kämpft,* zu konkretisieren, wurden drei Fragestellungen formuliert und durch Teilfragestellungen operationalisiert. In den Länderkapiteln wird hierzu der Zusammenhang mit der wettbewerbsstaatlichen und postfordistischen Transformation, deren Krise und den Strategien, die dahinterstehen, untersucht:

1. Kommt es zu *Rescalingprozessen* in der Arbeitsmarktpolitik?
   Haben sich die arbeitsmarktpolitischen Diskurse, Institutionen und Praktiken in der EU angeglichen?
   Wie beeinflussen sich die unterschiedlichen Maßstabsebenen?
2. Kommt es zu einem Funktionswandel der Arbeitsmarktpolitik im Sinne einer *Rekommodifizierung*?
   Lässt sich der Paradigmenwechsel zu einem aktivierenden/Workfare-Ansatz bestätigen?
   Führt dieser zu einem Funktionswandel des Staates in der Arbeitsmarktpolitik?
   Lässt sich „Aktivierung“ als Strategie einem Hegemonieprojekt zuordnen?
3. Wie prägen die gesellschaftlichen Kräfteverhältnisse die Neuausrichtung des Arbeitsmarktregimes?
   Welche Strategien verfolgen Gewerkschaften und Arbeitgeber in der Arbeitsmarktpolitik?
   Wie sind die Gewerkschaften auf dem Feld der Arbeitsmarktpolitik im Sinne eines erweiterten Staatsverständnisses zu verorten? D.h. in welche staatlichen Apparate werden sie inkorporiert, wie intervenieren sie in zivilgesellschaftliche Diskurse?
   Inwieweit wird der Konsens/Konflikt zwischen Kapital und Arbeit überlagert durch geschlechterbezogene und rassistische/nationalistische Segmentierungen?

Zu den drei Fragestellungen stelle ich jeweils eine Arbeitshypothese auf, die im Hauptteil der Arbeit überprüft und im Schlussteil diskutiert werden:

1. *Reskalierungshypothese*: Kämpfe um arbeitsmarktpolitische Strategien werden zwar noch primär auf nationalstaatlicher Ebene geführt, aber die Rolle der EU ist gewachsen und die nationalstaatlichen Akteure versuchen strategisch auf andere Ebenen zurückzugreifen.
2. *Kommodifizierungshypothese:* Kommodifizierung war schon immer in die Arbeitsmarktpolitik eingeschrieben. Es handelt sich um ein von den Akteur*innen umkämpftes Feld, das sich zwischen sozialdisziplinierenden und qualifizierenden Ansätzen bewegt. Eine dichotome Gegenüberstellung zwischen Dekommodifizie-

rung im Fordismus und Rekommodifizierung im Postfordismus lässt sich nicht bestätigen.

3. *Pendelhypothese:* Die Gewerkschaften pendeln zwischen einem Arbeitsmarktkorporatismus und zivilgesellschaftlichem Protest hin und her. Ihre Positionen sind nicht immer eindeutig zuzuordnen.

Die Fragestellungen und Arbeitshypothesen wurden in einer theoriegeleiteten qualitativen empirischen Studie untersucht. Zunächst wurden relevante Aspekte materialistischer Staatstheorie und der Regulationstheorie zur postfordistischen Transformation im Theoriekapitel diskutiert, die in den Länderfallstudien empirisch rekonstruiert werden. Neben staatstheoretischen Ansätzen zum Wettbewerbsstaat/Workfareregime wurde auf hegemonietheoretische Überlegungen im Anschluss an Gramsci besonders eingegangen. Im Methodologie-Kapitel wurden Ansätze zu Regime- und Ländervergleichen und multiskalaren Analysen diskutiert, um die eigene Vorgehensweise zu begründen.

Als zweiter Schritt folgte die empirische Rekonstruktion und Analyse der Akteursstrategien, der Reformulierung der Arbeitsmarktpolitik durch Aktivierung und Workfare, der Reskalierungsprozesse und der Flexibilisierung der Arbeitsmärkte. Hierzu wurden folgende Quellen und Methoden benutzt: erstens die Auswertung und Analyse publizierter Sekundärliteratur, empirischer Studien, struktureller Arbeitsmarktdaten und Printmedien, zweitens die Dokumentenanalyse arbeitsmarktpolitischer Quellen und drittens die Durchführung und qualitative inhaltsanalytische Auswertung leitfadengestützter Expert*inneninterviews. Die Dokumentenanalyse ermöglicht die Bearbeitung unterschiedlich strukturierter Quellen. Sie ergänzt als nichtreaktive Erhebungsmethode die reaktiven Befragungsmethoden (vgl. Mayring 2002: 46ff.). Um die Frage nach hegemonialen Strategien empirisch operationalisierbar zu machen, wurden Akteure aus Gewerkschaften, Arbeitgeberverbände, Arbeitsmarktverwaltungen und Ministerien befragt. Zur besseren Vergleichbarkeit wurden die Quellen systematisch anhand eines Kategorienschemas (vgl. Mayring 2002: 114ff.) ausgewertet. Nach der Analyse des so gesammelten Materials und der Sekundäranalyse wurden drei Länderfallstudien erstellt. Durch die heuristischen Kategorien (Re-)kommodifizierung und Rescaling wurde die Befragung der Akteure, die Dokumentenanalyse und die Länderstudien strukturiert. In den Länderstudien wurde der sozioökonomische und historische Kontext, vor dem die sich verändernden Kräfteverhältnisse und Strategien analysiert wurden, nachgezeichnet. Auf dieser Grundlage werden im Schlussteil die oben skizzierten Fragestellungen und Arbeitshypothesen zusammenfassend diskutiert.

Ich habe mich bei der Analyse gesellschaftlicher Kräfteverhältnisse an den Vorschlägen der Forschungsgruppe „Staatsprojekt Europa“ zur historisch-materialistischen Politikanalyse (HMPA) orientiert. Die HMPA (vgl. Buckel u.a. 2014: 43ff.)

Tabelle 1: Heuristische Vergleichskategorien und deren Operationalisierung

Vergleichskategorie	*Operationalisierung*
Rekommodifizierung	
a. Flexibilisierung	Lockerung des Kündigungsschutzes Entstandardisierung von Beschäftigungsverhältnissen Dezentralisierung der Tarifvertragssysteme
b. Aktivierung	*direkte Aktivierung* Aktivierungsplan, Aktivierungsphase, Eingliederungsvereinbarungen, Qualifizierungsmaßnahmen, Arbeitsgelegenheiten
	indirekte Aktivierung Verkürzung der Bezugsdauer, Kürzung von Lohnersatzleistungen, Verschärfung der Zumutbarkeitskriterien und Sanktionen (erhöhter Druck zur Arbeitsaufnahme)
	übergeordnetes Aktivierungsziel? Ziel der Erhöhung der Beschäftigungsquote
	Leitbild Aktivierung? Fördern und Fordern, Eigenverantwortung, Beschäftigungsfähigkeit, Lebenslanges Lernen, Vorrang der Wirtschafts- vor der Arbeitsmarkt- und Sozialpolitik, Humankapitaltheorien, HRM
a. Liberalisierung	Vermittlungsmonopol, private Arbeitsvermittlung
Rescaling	
a. Dezentralisierung	Regionalisierung/Kommunalisierung der Arbeitsmarktpolitik, Werden Entscheidungskompetenzen verlagert?
b. Europäisierung	EBS/OMK; werden Entscheidungskompetenzen verlagert? Entsteht ein gemeinsamer Diskurs?

schlägt zur Operationalisierung der Analyse politischer Konflikte die Kontext-, Akteurs- und Prozessanalyse (vgl. ebd. 53ff.) vor. Mit der Akteursanalyse soll untersucht werden, warum gesellschaftliche Kräfte und politische Akteure unterschiedlich und gegensätzlich auf Situationen reagieren und deren Strategien auch innerhalb eines Akteurs (z.B. Gewerkschaften) heterogen sein können. Sie soll außerdem Aussagen darüber treffen, wie die Akteure oder Teile der Akteure in die verschiedenen Hegemonieprojekte einzuordnen sind (vgl. hierzu ausführlich Buckel u.a. 2014: 53ff.). Aus forschungspraktischen Gründen konnte ich die sehr detailliert und elaboriert vorgeschlagenen Untersuchungsschritte nicht in ihrer gesamten Komplexität umsetzen. Die Analyse der Akteursstrategien konzentriert sich deshalb auf Arbeitgeberverbände und Gewerkschaften, auch wenn diese nur einen Teil der gesellschaftlichen Kräfteverhältnisse widerspiegeln. Abschließend sollen die Akteursstrategien der Gewerkschaften in Bezug auf die von der Forschungsgruppe „Staatsprojekt Europa“

analysierten Hegemonieprojekte um die Europäische Integration verortet werden (vgl. Buckel u.a. 2014; Kannankulam/Georgi 2012; Buckel 2011).

Nicht das Parlament, die Regierung und die Verwaltung, sondern die Tarifparteien als Teile des integralen Staates im Sinne Gramscis sind Schwerpunkt der Analyse. Hierbei wurde untersucht, wie sie in die arbeitsmarktpolitischen Staatsapparate integriert werden, wie sie auf die Gesetzgebung eingewirkt haben und wie sie an der Herausbildung der Arbeitsmarktregime beteiligt waren.

6.2 Expert*inneninterviews und inhaltsanalytische Auswertung

Zwischen 2007 und 2009 habe ich 32 leitfadengestützte Expert*inneninterviews[5] in Dänemark, Italien und Deutschland durchgeführt. Zu den Interviewten gehörten Mitarbeiter*innen der Arbeitsministerien, Arbeitsmarktbehörden und Jobcenter sowie der Arbeitsmarktabteilungen der Zentralen der Gewerkschaften LO und FTF in Dänemark, DGB, IG BCE, IG Metall und ver.di in Deutschland sowie der CGIL, CISL und UIL in Italien. Daneben interviewte ich die Arbeitgeberverbände BDA, Gesamtmetall und BAVC, die DA und FA in Dänemark sowie die Confindustria, CONFAPI und Confartigianato in Italien. In der Lombardei befragte ich die Arbeitsmarktagentur der Region, die CGIL Lombardei und NIdiL-CGIL Mailand, die arbeitsmarktpolitischen Dezernenten der Stadt und der Provinz Mailand und die staatliche Agentur Italia Lavoro. Ein ausführliches Interviewverzeichnis findet sich vor dem Literaturverzeichnis. Die Namen der Interviewpartner*innen wurden anonymisiert. Auf die geführten Interviews wird im Text nach dem Schema (Interview Organisation/Institution Jahr), also z.B. (Interview CGIL 2007) verwiesen. Die Interviews wurden auf Deutsch, Dänisch und Italienisch geführt. Die zitierten Stellen habe ich ins Deutsche übersetzt.

Die qualitative inhaltsanalytische Auswertung der transkribierten Interviews erfolgte anhand eines Kategorienschemas (Mayring 2002: 114ff.), das sich aus den Interviewleitfäden ableitete. Hierbei orientierte sich die Analyse an der von Mayring entwickelten Technik der strukturierenden qualitativen Inhaltsanalyse, die bestimmte inhaltliche Aspekte aus dem Material herausfiltern soll. Die Analyseverfahren Zusammenfassung, Explikation und Strukturierung wurden kombiniert angewandt (vgl. Titscher u.a. 1998: 83f.).

5 In Anlehnung an Meuser/Nagel (2005) verwende ich in den Begriff Expert*inneninterview.

6.3 Workfare, Aktivierung, Beschäftigungsfähigkeit: Begriffsdefinitionen

Manche sozialwissenschaftlichen Veröffentlichungen verwenden arbeitsmarktpolitische Begriffe unscharf.[6] Da die für die Analyse zentralen arbeitsmarktpolitischen Begriffe vielfältige Semantiken haben und umkämpft sind, werden im Folgenden die Begriffe Aktivierende Arbeitsmarktpolitik, Beschäftigungsfähigkeit und Workfare definiert, zumal es sich um unterschiedliche Konzepte handelt.

Der Begriff Workfare verweist zum einen auf konkrete insbesondere aus den angelsächsischen Ländern stammende arbeitsmarktpolitische Programme. Neben dieser Bedeutung aus der arbeitsmarktpolitischen Praxis wird der Begriff in der Fachliteratur auch in einem weiteren Sinne verwendet, indem er dem Terminus Welfare gegenübergestellt wird. Jessop (2002) verwendet Workfare, um in seiner Analyse des Schumpeterianischen Leistungsstaates die Dimension der Sozialpolitik zu beschreiben:

> "In adopting 'workfare' to identify the social policy dimension of the SWPR, I am not claiming that a precondition of welfare support for the able-bodied is to work, retrain or prove a willingness to do so. Instead I want to highlight a major reorientation of social policy: away from redistributive concerns based on expanding welfare rights in a national state towards more productivist and cost-saving concerns in an open economy. The more usual meaning of 'workfare' is merely a special, neoliberal example of the more general trend in the reorganization of the state's role in promoting social reproduction." (Jessop 2002: 258)

Grell, Sambale und Eick (2002) definieren Workfare als „Bündel von unterschiedlichen Regelungen und Praxen, die die Inanspruchnahme von Sozialhilfe und Arbeitslosenunterstützung mit rigiden Auflagen verknüpfen."

Der arbeitsmarktpolitische Begriffsapparat von Aktivierung, Beschäftigungsfähigkeit, Lebenslangem Lernen und Workfare zeichnet sich durch eine große Offenheit aus. Einige Beispiele sollen dies illustrieren. Der Begriff *Aktivierende Arbeitsmarktpolitik* ist in Deutschland eher ein konzeptioneller, strategischer und analytischer Begriff als ein juristischer oder administrativer.[7] In Dänemark spricht man in Bezug auf die strategische Ebene von *aktivlinjen (Aktiver Ansatz)* oder auch einfach *aktivering*, aber in Bezug auf analoge Prozessneuerungen wie in Deutschland, also z.B. die Kontaktdichte, Eingliederungsvereinbarungen etc. spricht man in administrativen wie wissenschaftlichen Texten von *aktiv arbejdsmarkedspolitik*, also einer aktiven, nicht von einer aktivierenden Arbeitsmarktpolitik. In Italien heißt der administrative und diskursive Begriff *politica attiva del lavoro* also direkt

6 Grabow (2005: 97f.) gebraucht z.B. die Begriffe aktive/aktivierende Arbeitsmarktpolitik sowie Workfare in einem Atemzug, ohne sie zu differenzieren.

7 So spricht das SGB III z.B. unter § 5 vom Vorrang der aktiven Arbeitsförderung, verwendet jedoch nicht den Begriff Aktivierung.

übersetzt aktive Arbeitspolitik.[8] Hier wird aber auch in offiziellen Verlautbarungen der Begriff *welfare-to-work* verwendet (vgl. Governo e parti sociali 2007), wohingegen in Deutschland der Begriff *Workfare* eher in der kritischen Analyse verwendet wird.

Kocyba (2004: 19) weist darauf hin, dass die Beschäftigten als „interne Unternehmer" einem „zwanglosen Zwang zur Selbstoptimierung" ausgesetzt sind: „Während im Rahmen neuer Arbeits- und Unternehmenskonzepte das Thema Aktivierung zwar der Sache nach, aber häufig eher implizit unter Begriffen wie Mobilisierung oder Empowerment verhandelt wird, dient es in der politischen Arena als explizite Programmformel" (Kocyba 2004: 20f.). Hierbei problematisiert er, dass auch die in die Verantwortung genommen werden, denen es gar nicht möglich ist, Verantwortung zu übernehmen: „Aktiviert ist nicht nur der, der tatsächlich 'aktiv' und erfolgreich zu agieren versteht, sondern auch derjenige, der dabei scheitert, resigniert und sich dies nun zurechnen lassen muss" (Kocyba 2004: 19). Aktivierung erweist sich als paradoxes Projekt: „Sie muss ihren Adressaten zunächst die Passivität unterstellen, die sie dann zu überwinden verspricht" (ebd.: 19). Dabei war die von Amitai Etzioni in den 1970er Jahren propagierte Aktivierung der Gesellschaft zunächst ein Projekt sozialer Bewegungen (vgl. ebd.).

Der Begriff *Beschäftigungsfähigkeit* (Englisch *employability*) wurde zuerst 1926 von Alexander Morris Carr-Saunders in seiner Schrift „Eugenics" benutzt. Der Biologe und Ökonom war Vorsitzender der britischen Eugenik-Gesellschaft und lehrte an der London School of Economics (vgl. Kraus 2006: 115). Die Managementliteratur, z.B. im Personalwesen, bezieht sich auf den Begriff. Speck erläuterte jedoch noch 2008, dass die Umsetzung des Konzepts in der Unternehmensrealität nicht denselben Stellenwert habe, wie auf der diskursiven Ebene, wo es sich sowohl in wissenschaftlichen Veröffentlichungen, bei Arbeitsmarktexperten und Unternehmensvertretern bereits durchgesetzt habe (vgl. Speck 2008). Auch Kraus (2006) weist darauf hin, dass Beschäftigungsfähigkeit vor allem ein politischer und ökonomischer Diskurs ist und in der betrieblichen Realität bis auf einzelne Beispiele noch nicht stark verankert ist (vgl. Kraus 2006). Beschäftigungsfähigkeit umfasst nach Fabig (2006: 38) Kompetenzen und Lebensziele zu erkennen, eine Beschäftigung zu finden, eine Beschäftigung zu halten und berufliche Veränderungen eigenständig zu organisieren. Er weist auch auf die negativen Seiten des Konzepts hin:

8 Ein Interviewpartner definiert: „Die Verbindung der Tatsache, dass man Unterstützungsleistungen wie jegliche Form des Arbeitslosengeldes von seitens des Staates bekommt [...] eben mit solchen Aktivitäten, die die öffentliche Hand, die Zivilgesellschaft oder die Privaten ausführen, so dass die Verweildauer des Arbeitslosen, oder der Person die arbeitslos ist, so kurz wie irgendwie möglich ist. Das ist so in etwa das Konzept einer Aktiven Arbeitsmarktpolitik" (Interview CGIL 2007; Übersetzung B.D.).

„Gleichzeitig liegt die Vermutung nahe, dass Oberflächlichkeit und Halbbildung auf bestimmten Ebenen der Arbeitswelt zunehmen. So lassen z.B. standardisierte, messbare Handlungsvorgaben zur Aufgabenerfüllung, individuelle Handlungskompetenz obsolet erscheinen bzw. wird das notwendige Maß beruflicher Handlungskompetenz auf Arbeitsprozess begleitendes Lernen reduziert. Ergänzt durch die vielfach postulierte Abnahme der Halbwertzeit von berufsrelevanten Bildungsinhalten signalisiert diese Entwicklung dem einzelnen den (drohenden) Verlust der Sicherheit seiner Qualifikation. Die eigene Person wird zunehmend als ersetzbar, entmündigt und gleichzeitig physisch und/oder psychisch überfordert wahrgenommen." (Fabig 2006: 45)

Frigga Haug kritisiert in ihrem Aufsatz *Schaffen wir einen neuen Menschentyp* die Beschäftigungsfähigkeit, die sie als radikal neues Konzept interpretiert:

„Im Zentrum steht wie eine Art Rettungsanker ein neues Wort: Beschäftigungsfähigkeit. Als innere Tugend und verantwortliche Potenz taucht auf, dass man am Markt verkäuflich ist, dass Unternehmen einen einstellen, dass man also einen Arbeitsplatz findet. Das ist, in dieser Radikalität gesprochen, neu. Es ist das Diktat, sein Leben selbstbestimmt so auszurichten, dass man jeder Zeit und an jedem Ort, auf jede Dauer einsetzbar wird wie eine Maschine, die zudem über zusätzliche 'menschliche' Emotionen verfügt." (Haug 2003: 610f.)

IV. Europäische Beschäftigungspolitik in der wettbewerbsstaatlichen Integrationsweise

„Um die Beschäftigung in der Gemeinschaft erhöhen zu können, müssen die Unternehmen auf offenen Märkten im freien Wettbewerb weltweit wettbewerbsfähig werden." (Europäische Kommission 1993: 63)

1. Teil des hegemonialen neoliberalen Integrationsprojekts oder gegenhegemoniale Strategie?

Im Folgenden wird die Entwicklung der Beschäftigungspolitik auf europäischer Ebene im Übergang von der Monnetschen zur wettbewerbsstaatlichen Integrationsweise (Ziltener 1999) sowie die Entwicklung nach der Krise von 2008 nachgezeichnet. Hierbei werden wie in den Länderfallstudien drei Phasen unterschieden: Anfang der 1990er bis zum Beginn der Europäischen Beschäftigungsstrategie 1997, 1997 bis zur Wirtschafts- und Finanzkrise und die Phase seit 2007/2008. Vorangestellt wird ein Abschnitt zur Entwicklung des arbeitsmarktpolitischen Feldes auf europäischer Ebene.

Die Römischen Verträge von 1957 überließen der Sozialpolitik eine untergeordnete Rolle, da sie wie die Arbeitsmärkte weiterhin nationalstaatlich reguliert werden sollte. Sozialrichtlinien befassten sich mit Themen, die der Errichtung eines einheitlichen Marktes dienten, z.B. mit der Freizügigkeit, der Gleichbehandlung und gleicher Entlohnung. Allerdings erfuhr der sozialpolitische Bereich seit den 1970er Jahren eine Aufwertung und Stärkung der Initiativen, u.a. aufgrund der Rechtsprechung des EuGHs. Hierdurch wurden die Bereiche Gesundheitsschutz und Arbeitssicherheit zu wichtigen gemeinschaftlichen Politikbereichen und zwischen 1978 und 2006 wurden hierzu 38 Richtlinien erlassen (vgl. Keune 2008: 284).[1]

Laut Ziltener (1999; 2000: 84ff.) transformierte sich seit der Fordismuskrise die Monnetsche zur wettbewerbsstaatlichen Integrationweise. Dies korrespondiert mit der Phase der Herausbildung des Wettbewerbsstaates. Die europäische Ebene wurde von der veränderten Nationalstaatlichkeit beeinflusst und auch umgekehrt waren die

1 Zu den wichtigsten gehören die Lohngleichheitsrichtlinie, die Gleichbehandlungsrichtlinie und die Richtlinie über Massenentlassungen.

europäischen Instanzen ein Motor der wettbewerbsstaatlichen Transformation. Idealtypisch lassen sich die Monnetsche und die wettbewerbsstaatliche Integrationsweise hinsichtlich folgender Elemente unterscheiden: Die Monnetsche Integrationsweise (ca. 1959 bis 1973) diente als Stütze der nationalen fordistischen Gesellschaftsformationen und sorgte u.a. dafür, dass durch die steigende Produktivität im Agrarbereich Arbeitskräfte für die fordistische Industrie freigesetzt wurden. Die EG-Agrarpolitik sei ein „sektoraler Prototyp" der Monnetschen Integrationsweise gewesen. Zudem hatte die EG aber von Anfang an den Binnenmarkt im Sinne eines gemeinsamen Absatzmarktes vor Augen. Die für die fordistische Massenproduktion nötige Steigerung der Ressourcennutzung wurde durch die Förderung der Kohle und Atomenergie unterstützt. Eingebettet war diese Konstellation in eine „eingeschränkte Standortkonkurrenz" in einem Finanzsystem, in der die Wirtschafts- und Währungspolitik auf nationaler Ebene das Primat über die internationalen Kapitalbewegungen hatte. Die europäische Ebene ergänzte die nationale, doch Kompetenzen wurden kaum an die supranationale Ebene abgegeben (vgl. Ziltener 2000: 85ff.). Seit der Fordismuskrise begann auch die Transformation der Monnetschen Integrationsweise. Während diese sich strategisch auf ein realwirtschaftliches Wachstum ausrichtete, baute die wettbewerbsstaatliche auf eine Liberalisierungs- und Deregulierungsstrategie und das wirtschaftspolitische Dogma der Währungsstabilität, das seit den 1990er Jahren in eine zunehmende Austeritätspolitik mündete und die Spielräume nationalstaatlicher Haushaltspolitik einschränkte. Die Aufwertung der Regional- und Strukturpolitik diente ebenfalls einer Erhöhung der Standortkonkurrenz (vgl. ebd.: 88ff.).

Nach der neogramscianischen Analyse europäischer Integration hat sich seit 1985 ein intensivierter Integrationsschub abgezeichnet, der durch das postfordistische finanzmarktgetriebene Akkumulationsmodell angetrieben wurde und in der wettbewerbsstaatlichen Integrationsweise (Ziltener 1999) mündete (vgl. Bohle 2012). Diese wurde durch verschiedene Integrationsprojekte forciert, vor allem durch das Binnenmarktprojekt und die Wirtschafts- und Währungsunion. Der European Roundtable of Industrialists (ERT), eine Eliten-Plattform, übte hierbei einen großen Einfluss, z.B. durch Verankerung der eigenen Positionen im Weißbuch Binnenmarkt, das maßgeblich für die Umsetzung des Binnenmarktes wurde. Allerdings hatten einige Fraktionen der europäischen Industriellen ursprünglich eine merkantilistische, protektionistischere Ausrichtung des europäischen Binnenmarktes vertreten. Die neoliberalen, global ausgerichteten Positionen setzten sich auch innerhalb des ERT erst nach Auseinandersetzungen durch (vgl. van Apeldoorn 2000: 201ff.). Hierbei spielten global operierende transnationale Konzerne wie Unilever, Shell, La Roche und BP eine wichtige Rolle. Erst in den 1990er Jahren wurde die Ausrichtung des ERT „neoliberal redefiniert, um dann das europäische Regieren in diesem Sinne zu formen" (van Apeldoorn 2000: 204). Bieling/Schulten 2003, Bieler 2011 und Bieling 2013a, 2013b haben die Rolle der Gewerkschaften in diesem Prozess behandelt (s.u.).

Allerdings sei die wettbewerbsstaatliche Integrationsweise seit 2008 selbst in der Krise. Oberndorfer (2012) beschreibt den Wandel von der auf Konsens beruhenden wettbewerbsstaatlichen hin zur autoritären wettbewerbsetatistischen Integrationsweise, die sich in der 2011 beschlossenen Economic Governance verdichtet. Diese verschiebt die Macht hin zur Exekutive der EU-Kommission, die nun erstmals Maßnahmen gegenüber Mitgliedsstaaten beschließen kann, die über das Naming und Shaming hinausgehen. Zudem wurden neue Mechanismen jenseits des europäischen Primärrechts eingeführt und die Position des Rates geschwächt, dem zehn Tage bleiben, um gegen die Beschlüsse der Kommission mit qualifizierter Mehrheit Veto einzulegen (vgl. Oberndorfer 2012). Vor dem Hintergrund der Wirtschafts- und Finanzkrise drifte auch das neoliberale Hegemonieprojekt auseinander, so Buckel u.a. (2012: 30ff.). Allerdings führe dies auch zu einer Radikalisierung neoliberaler Praktiken und stärkeren autoritären Maßnahmen zur Durchsetzung der Politik.

Bildete sich vor dem Hintergrund der wettbewerbsorientierten Integrationsweise eine koordinierte Beschäftigungspolitik als Gegenentwurf bzw. soziale Ergänzung zur neoliberalen Wettbewerbslogik heraus oder hat sich durch sie hindurch die neoliberale Logik auf die Sozial- und Arbeitsmarktpolitik ausgeweitet? Jessop (2003) untersucht, ob sich die Analyse des Übergangs zum schumpeterianischen postnationalen Workfareregime auf der Ebene der EU widerspiegelt:

> "It is also a key part of my argument that shifts in labour market policy are related to the more general restructuring, reorientation, and rescaling of state involvement in securing the reproduction-regulation of contemporary capitalism. Thus it is important to show how shifts in the EU's involvement in employment policy are connected to other changes in the European Union." (Jessop 2003: 41f.)

Jessop weist auf die Kontinuität wirtschaftsliberaler Ausrichtung der EU seit dem Vertrag von Rom hin, wobei sich die EU seit der Fordismuskrise wirtschaftspolitisch stärker schumpeterianisch ausrichte. So ordnet er auch Delors' Versuche ein, ein Soziales Europa zu begründen (vgl. Jessop 2003: 42).

> "Thus even when the EU, under Delors' presidency (1985-95), began to develop a more active employment policy and to plan for a Social Europe, and then attempted to institutionalize these twin responsibilities for the first time in the Maastricht Treaty (1991), this occurred in an institutional context that was already biased in favour of liberalism and in an ideological climate that was dominated by neo-liberalism." (Jessop 2003: 42)

Ein neoliberaler Integrationsschub wurde dadurch forciert, dass Mitglieder aufgenommen wurden, die nicht zu einem konservativ-korporatistischen Wohlfahrtsregime gehörten (vgl. Jessop 2003: 42). Im Sinne des schumpeterianischen Ansatzes wird staatlicherseits aktiv die Wettbewerbsfähigkeit, Innovation und das Unternehmertum gefördert, eingebettet in einen neuen wettbewerbsstaatlichen Korporatismus (vgl. ebd.: 43). Jessop beobachtet zwei gegenläufige Tendenzen. Während einige

Verordnungen arbeits- und sozialpolitische Regelungen auf der europäischen Ebene reskalierten und ausweiteten, beispielsweise bezüglich der Arbeitszeit und Equal Pay, seien die sozialpolitischen Initiativen auf europäischer Ebene eher an einem Workfareparadigma orientiert gewesen (vgl. ebd.).

Bieling (2003: 53f.) weist auf den Unterschied zwischen rein neoliberalen Ideen innerhalb des monetaristischen Paradigmas und einem kommunitaristisch geprägten Neoliberalismus hin. Letzterer zeichne die Phase der post-Maastricht Krise aus. Die Phase nach 1979, als das Europäische Währungssystem gegründet wurde, begründete den neoliberalen Umbau der EG/EU. Bieling beschreibt dies anhand verschiedener Projekte. Der neoliberale Diskurs und die ihm folgenden Strategien basierten im Kern auf Haushaltsdisziplin, eine Politik der Geldverknappung, Effizienz und Wettbewerbsfähigkeit (vgl. ebd.: 56). Mitte der 1980er Jahre wurde unter Jacques Delors das Binnenmarktprojekt in die Wege geleitet. Dieses sah den freien Verkehr von Waren, Dienstleistungen, Investitionen und Arbeitskräften vor – ein entscheidender Schritt hin zu einer neoliberal geprägten Integration. Erst in Folge wirtschaftlicher Krise und einem Anstieg der Arbeitslosigkeit in Westeuropa mehrten sich kritische Stimmen in Bezug auf die neoliberalen Umbaustrategien, wobei sie sich eher gegen das Projekt der Währungsunion richteten (vgl. ebd.: 56f.). "These two aspects, the fear of even stronger leadership by Germany and the uncertain, but probably devastating social impact of austerity measures, generated the 'post-Maastricht crisis'" (Deppe/Felder 1993, zit.n. Bieling 2003a: 57).

Tidow (2003) interpretiert die Entstehung der europäischen Beschäftigungspolitik in den 1990er Jahren als Versuch, das Integrationsprojekt vor dem Hintergrund der Beschäftigungskrise umzuformen. Allerdings änderte dies nicht dessen neoliberale Ausrichtung:

> "On the contrary, it can be argued that the restrictive framework of the Single Market cum-monetary union has been written into the formulation and institutionalization of the new policy. European employment policy was made to fit the existing integration project and thus became one of the pillars of supply-side-oriented neo-liberal restructuring." (Tidow 2003: 78)

Dänemark, Deutschland und Italien haben hierbei in den 1990er Jahren unterschiedliche Rollen eingenommen: Während Deutschland seine monetaristische Ausrichtung durch die Etablierung der EWWU externalisierte (vgl. Stützle 2013) und Italien sowohl unter technokratischen, Mitte-rechts- und Mitte-links-Regierungen in den 1990er Jahren durch einen Kompromiss zwischen Kapital und Arbeit Austeritätsmaßnahmen in Kauf nahm, um am Euro teilzunehmen (vgl. Regini 1997; Telljohann 1999), wählte Dänemark den Weg der Ausnahme von der EWWU, der durch das Nein beim Referendum 1992 entschieden wurde.

2. Entwicklung und Inhalte der Europäischen Beschäftigungsstrategie

Vor dem Vertrag von Amsterdam (1997) lag die Beschäftigungspolitik ausschließlich im Kompetenzbereich der Mitgliedsstaaten, und der Europäische Rat musste einstimmige Entscheidungen treffen. Anfang der 1990er Jahre bestanden die beschäftigungspolitischen Bestrebungen der europäischen Ebene zunächst in einer Koordinierung der Mitgliedsstaaten.

Autoren verschiedenster Richtungen beschreiben die Delors-Kommission als Befürworterin eines regulativen Kapitalismus und Sozialen Europas, wenngleich sie sich mit diesem Konzept nicht durchsetzen konnte (vgl. van Apeldoorn 2000: 201; Hooghe/Marks 2008: 177ff.; Keune 2008: 284f.). Jedoch nahm gerade unter der Delors-Kommission die wettbewerbsstaatliche Ausrichtung der Beschäftigungspolitik ihren Anfang. Ein wichtiges Dokument war in diesem Zusammenhang das 1993 von der EU-Kommission herausgegebene Weißbuch *Wachstum, Wettbewerbsfähigkeit und Beschäftigung*, das als Grundlage für eine europäische Beschäftigungspolitik diente. Einige seiner Aussagen sollen hier genauer unter die Lupe genommen werden. Hierbei wird die These verfolgt, dass durch die Entwicklung der Europäischen Beschäftigungsstrategie (EBS), die als sozialdemokratisches Projekt gilt, das Feld der Arbeitsmarktpolitik wettbewerbsstaatlichen Imperativen untergeordnet wurde und sie als Brücke zwischen dem neoliberalen und dem sozialen Hegemonieprojekt dienen konnte. Die Ausrufung von Bildung als arbeitsmarktpolitischer Strategie kann als Voraussetzung für die Zustimmung sozialdemokratischer Parteien und Gewerkschaften zu einem angebotsorientierten Konzept dienen, welches die Arbeitslosigkeit zu einem individuellen Problem umdefinierte.

Aus dem Weißbuch werden zwei Argumentationsstränge extrahiert: zum einen die Forderung nach einer Flexibilisierung der Arbeitskraft als wettbewerbsstaatlicher Imperativ, z.B. durch Bildung, und zum anderen die Umdeutung sozialer Teilhabe als Arbeitsmarktintegration. Ein Hauptnarrativ der EBS und der wettbewerbsstaatlichen Ausrichtung ist die Triadenkonkurrenz auf globaler Ebene, innerhalb derer sich die Wirtschaft der EU behaupten muss unter Rückgriff auf flexible und anpassungsfähige, gut ausgebildete Arbeitskräfte. Zu starre Arbeitsmarktstrukturen und hohe Arbeitskosten aber wirkten sich ungünstig auf die Wettbewerbsposition aus: „Diese starren Strukturen sind der Grund für die relativ hohen Arbeitskosten, die bei uns in stärkerem Maße zugenommen haben, als dies in den Volkswirtschaften unserer wichtigsten Mitbewerber der Fall ist“ (Europäische Kommission 1993: 137). Deregulierung wird als Teil der Strategie unterstützt, zu der auch ein neues „vernünftiges und vereinfachtes Regulierungs- und Anreizsystem“ gezählt wird, um Arbeitsplätze zu schaffen. Hierbei sollten zwar nicht die schon schwächeren Arbeitsmarktgruppen belastet werden (vgl. Europäische Kommission 1993: 136), die Arbeitsmärkte aber sollten radikal umgebaut werden:

> „Es bedarf jedoch einer tiefgreifenden Reform des Arbeitsmarktes: einer größeren Flexibilität der Arbeitsorganisation und der Arbeitszeitgestaltung, einer Senkung der Arbeitskosten, einer besseren Qualifizierung der Arbeitskräfte, einer aktiven Beschäftigungspolitik. Weitgehende Übereinstimmung herrscht auch hinsichtlich der Notwendigkeit der Erhaltung der Systeme der sozialen Sicherheit, und es wird unterstrichen, daß der Bekämpfung der Jugend- und Langzeitarbeitslosigkeit und der sozialen Ausgrenzung Priorität einzuräumen ist." (Europäische Kommission 1993: 137)

Unter aktiver Beschäftigungspolitik fasste die Kommission einige Konzepte der Mitgliedsstaaten: Stärkung der Arbeitsämter, aber auch privater Arbeitsvermittlungen, Schaffung von Arbeitsplätzen im arbeitsintensiven Dienstleistungsbereich und in neuen Tätigkeiten im sozialen, kulturellen und Umweltbereich. Mehrere Mitgliedsstaaten forderten Deregulierungsmaßnahmen, den Abbau von Kündigungsschutzregelungen, eine Lohnmäßigung und eine stärkere Arbeitsmarktflexibilität und Arbeitsanreize. Diese Tendenzen sähe man in den meisten Mitgliedsstaaten. Die Sozialausgaben seien gedrosselt worden (vgl. Europäische Kommission 1993: 138; 142). Der Schutz der abhängig Beschäftigten wird auch von der Kommission als strukturelles Hemmnis für die Einstellung benachteiligter Gruppen interpretiert:

> „Sozial- und Arbeitsschutzsysteme mit den entsprechenden Vorschriften hatten zumindest teilweise negative Auswirkungen auf die Beschäftigung, da sie vor allem diejenigen schützten, die bereits Arbeit hatten: Indem sie diesen Personenkreis in stärkerem Maße absicherten und bestimmte Sozialleistungen konsolidierten, wurden solche Systeme zu einem Hindernis, das der Einstellung von neu in den Arbeitsmarkt eintretenden Personen oder Arbeitslosen entgegensteht. Mehrere Mitgliedstaaten sprechen davon, daß hier zwei unterschiedliche Maßstäbe angelegt werden, wobei diejenigen, die keine Arbeit haben, benachteiligt sind." (Europäische Kommission 1993: 137)

Vom Wachstum hätten die schon Beschäftigten profitiert, nicht aber die Arbeitslosen (vgl. ebd.: 139). Andererseits kritisiert das Weißbuch, dass die Rückfuhr von Sicherungsmaßnahmen und Arbeitsmarktflexibilisierung zu einer höheren Spaltung in „sichere Dauerarbeitsplätze" und „zeitlich begrenzte Arbeitsverhältnisse" geführt habe. Sie vertritt also eine ambivalente Position (vgl. Europäische Kommission 1993: 143).

Nach der grundsätzlichen Analyse schlug die Kommission konkrete Maßnahmen vor. Die Beschäftigungsquote sollte neben einer Senkung der Arbeitslosenquote erhöht werden und sie plädierte für Investitionen in „Humankapital, von dem die langfristige Wettbewerbsfähigkeit letzten Endes abhängt" (Europäische Kommission 1993: 144). Im Zentrum der Strategie sollte die beschäftigungsorientierte Arbeitsmarktpolitik stehen, zu der die Aufhebung administrativer Hemmnisse, Managementtechniken sowie steuerliche und sozialversicherungsrechtliche Anreize gezählt wurde (vgl. ebd.: 150). Auch Bildung wurde dem übergeordneten Wettbewerbsziel mit der Forderung, den

Unterricht zu „rationalisieren", untergeordnet, „indem eine kürzere und stärker an den Erfordernissen des Marktes orientierte allgemeine Ausbildung vorgesehen und dabei die Berufsausbildung als Alternative zur Hochschule gefördert würde" (ebd.: 130).

1994 wurde die „Strategie von Essen" mit fünf Hauptzielen zur Beschäftigungspolitik beschlossen: Entwicklung von Humanressourcen durch Berufsausbildung, Förderung produktiver Investitionen durch gemäßigte Lohnpolitiken, effizientere Arbeitsmarktinstitutionen, neue Beschäftigung auf lokaler Ebene und die Förderung des Zugangs zur Arbeitswelt für benachteiligte Gruppen. Die Strategie basierte allerdings auf einer freiwilligen statt einer verpflichtenden Koordinierung (vgl. Stephan 2008). Die Ziele von Essen führten die im Weißbuch angerissene Strategie fort.

Seit 1997 wurde der Arbeitsmarktpolitik sukzessive mehr Bedeutung beigemessen. So wurden der Beschäftigungsartikel als Titel in den Amsterdamer Vertrag aufgenommen, die Rolle der EU-Institutionen gestärkt und neue Aufgabenfelder und Instrumente eingeführt (vgl. Scharpf 1999: 142). Im zweiten Artikel wurde eine hohe Beschäftigungsquote als Ziel der EU festgehalten (vgl. Tidow 2003: 86). Die Regierungskonferenzen zur Verabschiedung des Amsterdamer Vertrags hatten das Thema Beschäftigung behandelt. Hierbei spielten Schweden und die irische Ratspräsidentschaft eine entscheidende Rolle. Die Befürworter eines Beschäftigungskapitels (u.a. Österreich, Schweden, Dänemark, Belgien, Portugal, Griechenland, Spanien) setzten sich gegenüber den Gegnern Frankreich, Großbritannien und Deutschland durch, wobei Frankreich und Großbritannien nach Regierungswechseln 1997 ihre Position änderten. Allerdings zeugt das Beschäftigungskapitel, das als Grundlage der EBS gelten kann, von einem Kompromiss, der sich inhaltlich weiter in das neoliberale Grundleitbild der EU-Integration einfügte. So wurde beispielsweise die Beschäftigungspolitik der Wirtschaftspolitik und insbesondere der EWWU untergeordnet. Die Forderung, die Beschäftigungspolitik mit der Wirtschaftspolitik zu verzahnen, stellten u.a. Schweden und Dänemark (vgl. Tidow 2003; Stephan 2008).

Gegenüber der oben geschilderten Sichtweise sah Scharpf die Einführung des Beschäftigungskapitels als Gegenpol zu neoliberalen Maßnahmen: „Schließlich kann die explizite Verankerung des Beschäftigungsziels, das denselben Rang wie die Verpflichtung der Gemeinschaft auf Verwirklichung der vier Grundfreiheiten des Binnenmarkts einnimmt, eine heilsame Wirkung gegen die Dominanz neoliberaler Interpretationen der Rolle der europäischen Integration haben, wie sie sich in der Praxis der Kommission und in den Entscheidungen des Europäischen Gerichtshofs wiederfinden" (Scharpf 1999: 143). Auch Weishaupt (2011: 186) analysiert das Konzept neoliberaler Strukturreformen der OECD als gegensätzlich zum angebotsseitigen Ansatz der EBS.

> "While the OECD Jobs Study prioritised reducing unemployment through deregulatory structural reforms, with a focus on labour market 'rigidities' such as organised wagesettlements, strict employment protection, and generous unemployment benefit

regimes, the European Employment Strategy focused mainly on 'positive' supply-side measures, such as individual case management and vocational training, while stressing the improvement of employment rates as the main focal point." (Weishaupt 2011: 186)

Seit Mitte der 1990er Jahre habe sich ein kongruentes Rahmenkonzept entwickelt. Das neue Paradigma bestehe aus drei Hauptteilen, nämlich der Aktivierung verstanden als frühe Intervention, Fallmanagement und Konditionierung des Leistungsempfangs, dem New Public Management in der Arbeitsmarktverwaltung und Empowerment-Ansätzen für einen inklusiven Arbeitsmarkt, der auch Ältere und Frauen umfasst (vgl. Weishaupt 2011: 186f.). Diese Deutung lässt jedoch außer Acht, dass auch die EBS Strukturreformen des Arbeitsmarktes fordert und dass die angebotsseitige Intervention der EBS die zentrale Idee der Verschiebung der Bringschuld von der gesellschaftlichen Verantwortung zur individuellen Schuldzuschreibung untermauert.

Auf dem Beschäftigungsgipfel in Luxemburg 1997, der nach der Verabschiedung des Amsterdamer Vertrags stattfand, wurden die beschäftigungspolitischen Ziele konkretisiert und die EBS (Luxemburg-Prozess) mit dem Ziel des Austauschs, der Abstimmung und des gegenseitigen Lernens verabschiedet. Ein hohes Beschäftigungsniveau wurde als ein Schlüsselziel der EU definiert und Beschäftigung als Angelegenheit des gemeinsamen Interesses. Die Entwicklung einer koordinierten Beschäftigungsstrategie mit dem Prinzip der qualitativen Mehrheit wurde verpflichtend. Die EBS beruhte auf vier Säulen: der Herstellung der Beschäftigungsfähigkeit (*employability*), der Förderung des Unternehmergeistes sowie der Anpassungsfähigkeit und der Chancengleichheit. Sie sollte einen lokalen Ansatz fördern und die Konzertierung der „Sozialpartner" verankern. Als Arbeitsmethode wurde die Offene Methode der Koordinierung (OMK) als weiche Steuerungsform eingeführt. Diese gründete auf den Prinzipien Subsidiarität, Konvergenz, Führen nach Zielen, Länderüberwachungsverfahren und ein Ineinandergreifen von Wirtschafts- und Beschäftigungspolitik (vgl. Europäische Kommission 2002). Die Maßnahmen zielten auf eine schnelle Vermittlung von Jugendlichen in Bildungsmaßnahmen oder Arbeit innerhalb der ersten sechs Monate der Arbeitslosigkeit. Allen Erwachsenen sollten innerhalb der ersten zwölf Monate der Arbeitslosigkeit ein Weiterbildungsangebot oder eine Berufsberatung angeboten werden und mindestens jeder fünfte Arbeitslose sollte an einer Umschulungs- oder Weiterbildungsmaßnahme teilnehmen können (vgl. ebd.).

Eine Weiterentwicklung der beschäftigungspolitischen Initiativen folgte auf dem Ratsgipfel in Lissabon 2000 mit der so genannten Lissabon-Strategie. Nach dieser sollte die EU bis 2010 zum „wettbewerbsfähigsten und dynamischsten wissensbasierten Wirtschaftsraum der Welt werden, der fähig ist, ein dauerhaftes Wirtschaftswachstum mit mehr und besseren Arbeitsplätzen und einen größeren sozialen Zusammenhalt zu erzielen" (2003/578/EG, ABlEU, 2003, L197/13). Das Ziel der hohen Beschäftigungsquote wurde durch das Ziel der Vollbeschäftigung ersetzt, die über eine Erhöhung der Gesamtbeschäftigungsquote auf 70% definiert wurde sowie der Frauenbeschäftigungsquote auf 60% bis 2010 (ebd.).

Die Grundrechtecharta von Nizza (2000) deklarierte arbeitsrechtliche Grundsätze, den Anspruch des Schutzes vor ungerechtfertigter Entlassung und einer unentgeldlichen Arbeitsvermittlung, gesunde, sichere und würdige Arbeitsbedingungen und Tarifautonomie sowie die unternehmerische Freiheit. Zudem Zugang zu Leistungen der sozialen Sicherheit, das Recht auf Unterstützung für die Wohnung und die Gewährleistung ärztlicher Versorgung. Die Mitteilung der EU-Kommission zur Fünf-Jahresbilanz der EBS von 2002 befand, dass sich die Mitgliedsstaaten in puncto Aktivierung und Prävention annäherten (vgl. Europäische Kommission 2002: 10).

2003 wurde die Säulenstruktur der EBS aufgegeben. Die Beschäftigungsstrategie verfolgte die drei übergeordneten Ziele Vollbeschäftigung, Steigerung der Arbeitsplatzqualität und -produktivität und Stärkung des sozialen Zusammenhalts und Eingliederung. Die nun zehn Prioritäten fanden sich in den Beschäftigungspolitischen Leitlinien wieder: Aktive und präventive Maßnahmen für Arbeitslose und Nichterwerbspersonen, Arbeitsplatzbeschaffung und Unternehmergeist, Bewältigung des Wandels und Förderung der Anpassungsfähigkeit in der Arbeitswelt, Förderung des Aufbaus von Humankapital und lebenslangen Lernens, Erhöhung des Arbeitskräfteangebots und Förderung aktiven Alterns, Gleichstellung der Geschlechter, Förderung der Integration und Bekämpfung der Diskriminierung benachteiligter Gruppen auf dem Arbeitsmarkt, Arbeit lohnend machen und entsprechende Anreize schaffen, Überführung von nicht angemeldeter Erwerbstätigkeit in reguläre Beschäftigung und Überwindung regionaler Disparitäten (2003/578/EG, ABlEU, 2003, L197/17ff.). Die Säulen der EBS fanden sich also weiterhin in den Prioritäten wieder. Obwohl hier ein qualifikationszentrierter Ansatz beschrieben wird, sind die Ziele auch *work first*-Ansätzen gegenüber offen und spiegeln so den aktivierenden Ansatz wider. Lohnersatzleistungen sollen die Arbeitsaufnahme nicht hemmen. Zwar wird nicht explizit formuliert, dass sich das Einkommensgefälle aus einer Absenkung von Lohnersatzleistungen ergeben soll, sehr wohl aber dass die Menschen durch die Arbeitslosigkeit schlechter gestellt werden sollen als durch die Aufnahme einer Arbeit:

> „Um die Aussichten auf Vollbeschäftigung und sozialen Zusammenhalt zu verbessern, sollten die Erwerbseinkommen auf der einen Seite und die Einkommen bei Arbeitslosigkeit und Nichterwerbstätigkeit auf der anderen Seite in einem Verhältnis zueinander stehen, das den Menschen Anreize zum Eintritt, zum Wiedereintritt und zum Verbleib im Arbeitsmarkt bietet und die Schaffung von Arbeitsplätzen fördert." (2003/578/EG, ABlEU, 2003, L197/15)

Die Situation der arbeitenden Armen soll verbessert, gleichzeitig aber Lohnersatzleistungen überprüft werden:

> „Sie werden insbesondere – bei Aufrechterhaltung eines angemessenen Sozialschutzniveaus – die Lohnersatzquoten und die Dauer des Leistungsbezugs überprüfen, sie werden unter Berücksichtigung der individuellen Situation eine effektive Leistungsverwaltung sicherstellen, insbesondere bezüglich der Koppelung mit einer effektiven Arbeitssuche, einschließlich des Zugangs zu Aktivierungsmaßnahmen zur Verbesserung der individuellen Vermittelbarkeit." (2003/578/EG, ABlEU, 2003, L197/20)

Auch die revidierte EBS formuliert einen angebotsorientierten Ansatz, der sich in das neoliberale Leitbild einer aktivierten Gesellschaft einfügt. Vom Aufbau des Humankapitals bis zum lebensbegleitenden Lernen und aktiven Altern ist die Anrufung der Aktivierung ein durchgängiges Leitmotiv der beschäftigungspolitischen Leitlinien.

Ähnlich klangen die Forderungen der „Taskforce Beschäftigung" unter dem ehemaligen Premierminister der Niederlande, Wim Kok, die 2003 eingesetzt wurde. Diese forderte in ihrem Bericht mehr Anpassungsfähigkeit der Beschäftigten und Unternehmen, „größere Attraktivität des Arbeitsmarktes", Arbeit als „echte Alternative für alle" und mehr und effektivere Investitionen in Humankapital (vgl. Taskforce Beschäftigung 2003).

> „Lebenslanges Lernen bedeutet, dass der Einzelne seine ursprünglich erworbenen Kenntnisse ständig aktualisieren muss, um seine Beschäftigungsfähigkeit zu erhalten und seine beruflichen Aussichten im Verlauf eines vielseitigeren Arbeitslebens zu verbessern." (Taskforce Beschäftigung 2003: 51)

Auch die Halbzeitbilanz der Lissabonstrategie 2005 bewegt sich innerhalb der wettbewerbsstaatlichen Logik. Zwar wurden nun neben einer rein quantitativen Steigerung der Erwerbsquote auch qualitative Aspekte betont. Die Arbeitsmarktpolitik orientierte sich aber weiterhin an einem angebotsseitigen Ansatz, der neben der permanenten Weiterqualifikation der Beschäftigten im Sinne der Humankapitaltheorie auch für eine beschäftigungswirksame Reform von Sozialleistungen sowie eine kapitalfreundliche Lohnentwicklung plädiert. So heißt es in der Mitteilung der Barroso Kommission zur Frühjahrstagung des Europäischen Rates, welche die Lissabon-Strategie bilanziert:

> „Die in den letzten Jahren zu beobachtende Steigerung der Leistung im Beschäftigungsbereich ist in jenen Ländern signifikanter, die Reformen durchgeführt haben mit dem Ziel, die Beteiligungsquote zu erhöhen und eine bessere und aktive Arbeitsmarktpolitik sowie Steuer- und Sozialleistungssysteme auszuarbeiten. Studien zeigen, dass solche Reformen die Beteiligungsquote um 1,5 Prozentpunkte erhöhen und, kombiniert mit moderaten Lohnforderungen, eine Reduktion der Arbeitslosenrate um 1% bewirken können." (Europäische Kommission 2005: 34)

Dräger (2005: 50) weist darauf hin, dass durch die Koordinierung der EU Arbeitsmarktinklusion für sozial Schwache primär über niedrig qualifizierte Jobs erreicht werden sollte. Die historische Entwicklung spricht für Drägers Interpretation. Auch die Revidierung der Lissabon-Strategie 2005 habe an der grundlegenden Strategie nichts geändert: „Im Zentrum steht nach wie vor ein Kostensenkungsprogramm zugunsten der Unternehmer, um angeblich 'Wettbewerbsfähigkeit' zu gewinnen" (Dräger 2005: 55).

Eine weitere Etappe bildete die Flexicurity-Mitteilung von 2007, die von einer Expert*innengruppe vorbereitet wurde, an der auch je zwei Vertreter*innen der Tarifparteien teilnahmen. Die Mitteilung verfolgt den Ansatz, dass die Beschäftigungs- die Arbeitsplatzsicherheit ablösen solle. Hierzu sollen vier Kernpunkte je angepasst an die Einzelstaaten umgesetzt werden, nämlich flexible arbeitsrechtliche bzw. kollektivvertragliche Rahmenbedingungen, umfassende Strategien zum Lebenslangen Lernen, Aktive Arbeitsmarktpolitik und Sozialsysteme mit einer „angemessenen Einkommenssicherung" (Hornung-Draus 2009: 186f.). "Flexicurity can also help provide an answer to the EU's dilemma on how to maintain and improve competitiveness whilst reinforcing the European social model" (Europäische Kommission 2007: 7). Als Vorbilder für Flexicurity-Maßnahmen werden Beispiele aus Österreich, Dänemark, Niederlande und Spanien gebracht. Den Mitgliedsstaaten werden vier Flexicurity-Optionen je nach arbeitsmarktpolitischer Problemlage nahelegt (vgl. Europäische Kommission 2007: 16ff). Die Flexicurity-Strategie folgt einem angebotsorientierten Ansatz, auch wenn für die so kurz wie möglich zu haltenden Übergänge zwischen den Beschäftigungen eine „angemessene" Arbeitslosenunterstützung gezahlt werden soll. Dies würde in einigen Staaten zu einer Erhöhung des sozialen Schutzes führen. Allerdings impliziert der Ansatz, dass der Kündigungsschutz verringert wird und zementiert das Konzept der Beschäftigungsübergänge auch in Bezug auf Zeit- und Leiharbeit, deren Rechte in Bezug auf die regulär Beschäftigten ausgebaut werden sollen. Auch der Flexicurity-Ansatz geht von einer Insider-Outsider-Problematik aus und möchte die Beschäftigungssituation für benachteiligte „Randgruppen" wie Frauen, Jugendliche, Migrant*innen und ältere Beschäftigte verbessern. Insgesamt wird die flexible Anpassung der Beschäftigten an neue Produktions- und Arbeitsbedingungen gefordert und die Verantwortung hierfür von den Betrieben teilweise auf die Beschäftigten verlagert. Nicht nur Arbeitgeber sollen für Fortbildungen aufkommen, sondern auch Beschäftigte sollen in das „lebenslange Lernen" „investieren" (vgl. Europäische Kommission 2007: 13). Strenge Beschäftigungsschutzregelungen wirkten sich negativ auf benachteiligte Gruppen wie „junge Menschen, Frauen, ältere Arbeitnehmer und Langzeitarbeitslose" aus: „Frauen zum Beispiel neigen eher als Männer dazu, zwischen einem Arbeitsverhältnis und Erwerbslosigkeit zu pendeln, insbesondere dann, wenn sie Berufs- und Familienleben miteinander vereinbaren wollen, und sind daher von durch strenge Beschäftigungsschutzvorschriften verursachten Einstellungsrückgängen stärker betroffen" (Europäische Kommission 2007: 7). Diese Anmerkungen wirken zynisch angesichts der Tatsache, dass gerade befristete Arbeitsverträge Frauen aus dem Arbeitsmarkt drängen, weil sie z.B. nach der Geburt eines Kindes nicht wiedereingestellt werden. Nicht starke Schutzmechanismen für Beschäftigte sind das Problem, sondern Einstellungsverfahren, in denen Migrant*innen, Frauen, Ältere und Jugendliche – also alle, die aus der der weißen, männlichen und mittleren Altersgruppe entsprechenden Norm fallen – systematisch benachteiligt werden.

Dass selbst bei einem flexibleren Arbeitsmarkt mit lockeren Kündigungsschutzvorschriften ein Problem für diese so genannten Randgruppen, die die Mehrheit der Bevölkerung repräsentieren, besteht, zeigt die Arbeitsmarktproblematik Dänemarks, das der EU-Kommission als Vorbild dient. Trotz der hohen Frauenbeschäftigtenquote fordert die Flexicurity-Mitteilung hier gerade für „Randgruppen" bessere Maßnahmen, um ihren Eintritt in Beschäftigung zu fördern: „Es besteht die Gefahr, dass spezifische Gruppen (Frauen, alleinerziehende Mütter, Migranten, Behinderte, junge und ältere Arbeitskräfte) vom Arbeitsmarkt verdrängt werden" (Europäische Kommission 2007: 19). Ausgenommen von dieser Gruppe sind also nichtmigrantische, männliche Beschäftigte mittleren Alters ohne Behinderung.

Ein Sammelband von Keune und Serrano Pascual (2014) beschäftigt sich kritisch mit dem Flexicurity-Konzept der EU-Kommission, das einen eingeschränkten *work first*-Ansatz vertrete, der sich im Kern auf Markteffizienz stütze und die Verantwortung für Arbeitslosigkeit auf die Beschäftigten verlagere. Die Umsetzung des Paradigmas hätte sich negativ auf die europäischen Arbeitsmärkte und Sozialstaaten ausgewirkt und zu steigenden Einkommensunterschieden, Prekarisierung, weniger sozialen Rechten und schlechteren Bedingungen für die Beschäftigten geführt (vgl. Keune/Serrano Pascual 2014: 2f.).

2010 löste die Europa 2020- die Lissabon-Strategie ab. Die neue Strategie stellte sich drei Hauptziele: intelligentes, nachhaltiges und integratives Wachstum. Mit ihr wurde die Berichterstattung der integrierten Wirtschafts- und Beschäftigungspolitischen Leitlinien an den Stabilitäts- und Wachstumspakt gekoppelt, ohne jedoch als Instrumente zu verschmelzen und das Europäische Semester eingeführt (vgl. Hacker/van Treeck 2010; Europäische Kommission 2010).

Mit der Krise ab 2008 zeichnet sich eine neoliberal-autoritäre Wende ab, die EU-Kompetenzen auch auf die nicht vergemeinschaftete Arbeitsmarktpolitik ausdehnte und damit direkteren Einfluss auf Arbeitsmarktreformen ausübte – eine vertiefte Integration über Haushaltsdisziplin und die Regulation des Lohnverhältnisses. Das Europäische Semester mit seiner Koordinierung nationaler Wirtschafts-, Fiskal- Arbeitsmarkt- und Sozialpolitik ermöglichte, Sanktionsmaßnahmen bei Nichtannahme von Empfehlungen durchzusetzen. Mit der haushaltspolitischen und makroökonomischen Überwachung wurde z.B. ein Referenzwert von maximalen 9% Lohnzuwächsen in drei Jahren festgeschrieben. Als Strafmechanismus wurden ein Korrekturmaßnahmenplan und finanzielle Sanktionen durch die EU-Kommission festgelegt. So lösten finanzielle Straf- und Sanktionsmechanismen die vorher freiwilligen Verpflichtungen der europäischen Koordinierung ab. Die EU-Kommission kann durch verbindliche länderspezifische Empfehlungen in arbeitspolitische Bereiche eingreifen. Neben dem Europäischen Semester sorgte auch die Troika und der Europäische Stabilitätsmechanismus ESM für eine stärkere Einflussnahme, da die Programmländer des „Rettungsschirms" auch arbeitsmarktpolitische Maßnahmen abstimmen mussten. Als dritte Verschärfung muss die Einmischung der EZB gewertet werden, die strukturelle Reformen in Arbeitsmarkt- und Tarifpolitik im Rahmen von Drohbriefen anmahnte, z.B. im August 2011 an Italien. Dies führte zur Verbetrieblichung der Tarifvertragsebene (vgl. Sablowski/Schneider/Syrovatka 2018: 359ff.).

Aber auch an der wettbewerbsstaatlichen Ausrichtung der Leitstrategie selbst hat sich im Vergleich zur Lissabon-Strategie nichts geändert. Dies kritisieren etwa Hacker/van Treeck (2010: 8). Die Strategie fordert strukturelle Reformen in der Beschäftigungs- und Sozialpolitik.

> „Mit dem fragwürdigen und letztlich wenig aussagekräftigen Konzept der 'Wettbewerbsfähigkeit' knüpft die neue Zehnjahresstrategie inhaltlich an die Lissabon-Strategie an. Diese verfolgte spätestens seit ihrer Überarbeitung nach einer ernüchternden Halbzeitbilanz im Jahr 2005 prioritär die Ziele verstärkter Deregulierung und Dynamisierung der Wirtschaft durch Abbau von regulativen Eingriffen in das Marktgeschehen." (Hacker/van Treeck 2010: 8)

Die Strategie Europa 2020 führt die angebotsseitige Arbeitsmarktpolitik und die schumpeterianische Wirtschaftspolitik der Lissabon-Strategie und der EBS weiter. Bessere Bildung führe zu mehr Beschäftigungsfähigkeit und eine höhere Beschäftigungsquote verringere Armut. Innovation und Ressourceneffizienz förderten die Wettbewerbsfähigkeit und die Schaffung von Arbeitsplätzen (vgl. Europäische Kommission 2010: 13). Der Flexicurity-Ansatz wird weiterverfolgt, dem ebenso eine zentrale Rolle beigemessen wird wie der „Befähigung der Menschen", „sich mittels der Aneignung neuer Qualifikationen an neue Gegebenheiten anzupassen und sich beruflich neu zu orientieren" (Europäische Kommission 2010: 21f.).

Die Kontinuität der Europäischen Beschäftigungspolitik zieht sich von ihren Präliminarien Anfang der 1990er Jahre durch die Krise hindurch bis zu den neueren Integrierten Leitlinien von 2015. Auch diese verfolgen die Strategie, die Arbeitskraftnachfrage durch Abbau von unternehmerischen „Einstellungshindernissen" abzubauen, den Faktor Arbeit zu entlasten, eine produktivitätsorientierte Lohnpolitik und eine Lohndifferenzierung. Mindestlöhne sollen die Wettbewerbsfähigkeit nicht beeinträchtigen. Gleichzeitig setzt die Strategie auf eine starke angebotsorientierte Note. Hierbei sollen die Beschäftigten und Arbeitssuchenden ihre Qualifikationen permanent verbessern, um anpassungsfähig zu bleiben (vgl. 2015/1848/EU, ABlEU, 2015, L 268/28ff.). Der Grundsatz der aktiven Inklusion wird ebenso weiter verfolgt wie das Instrument der arbeitsmarktpolitischen Aktivierung (vgl. 2015/1848/EU; ABlEU, 2015, L 268/32).

3. Verfahren der EBS als Kanäle des hegemonialen Diskurses und apparative Verdichtungen

Zunächst sollen die Verfahren der Offenen Methode der Koordinierung und der Europäischen Beschäftigungsstrategie beschrieben werden, um sie bezüglich der im Theorieteil dargelegten hegemonietheoretischen Annahmen zu interpretieren. Sind die Verfahren der EBS und der OMK Kanäle, mit denen sich der hegemoniale Diskurs anhand der arbeitsmarktpolitischen Techniker – sprich der organischen Intellektuellen in Europa verbreitet hat? Welche Rolle spielten hier die Tarifparteien?

Wissel weist darauf hin, dass in Brüssel ein „Netzwerk von Europa-Intellektuellen wahrnehmbar" sei. Aber „selbst dort ist eine europäische Zivilgesellschaft, die über diese elitären Netzwerke europäischer Staats-Intellektueller hinausgehen würde, wenn überhaupt nur in Ansätzen vorhanden" (Wissel 2015: 250). Die politischen Parteien in Europa seien primär nationalstaatlich orientiert und europäische Orientierungen nicht sehr einflussreich (vgl. ebd. 251). Die Sekundärliteratur zur EBS und zur OMK betont die Rolle der Regierungsbürokratien. Nationale Parlamente oder auch die Tarifparteien hätten keinen besonderen Einfluss gehabt (vgl. Stephan 2008; de la Porte/Pochet 2005).

War die EBS/OMK also eher ein Papiertiger oder inwieweit haben ihre Kommunikationskanäle dazu beigetragen, einen hegemonialen Aktivierungsdiskurs in Europa zu etablieren? Die Einschätzungen zur Wirkung und Relevanz der EBS/OMK sind geteilt (vgl. u.a. Borrás/Jacobsson 2004; Borrás/Greve 2004; Schmid/Kull 2004; Watt 2004; Klammer/Leiber 2004; Natali 2010).

Thomas (1999: 125) etwa bilanzierte zunächst, dass „auf europäischer Ebene die Voraussetzungen für eine vergleichsweise wirksame Koordinierung der nationalen Beschäftigungspolitiken der Mitgliedsstaaten geschaffen worden sind." Beschäftigungspolitik habe sich als europäisches Politikfeld qualifiziert (vgl. ebd.). Alpermann (2000: 388) stellte fest, dass durch die Nationalen Aktionspläne und die Beschäftigungspolitischen Leitlinien und deren Bewertung durch die europäischen Institutionen ein „enormer Erfolgsdruck" auf die Mitgliedsstaaten ausgeübt werde. Die OMK sei ein „zukunftsfähiges Modell transnationaler Beschäftigungspolitik" bilanzierten Schmid/Kull (2004: 17). In allen Mitgliedsstaaten sei ein stärkerer Fokus auf aktivierende und präventive Arbeitsmarktpolitik gelegt worden (ebd. 8). Serrano Pascual (2007: 25-31) zufolge hat die EBS vor allem dadurch interveniert, dass ein gemeinsamer Diskurs und Analyserahmen in der Arbeitsmarktpolitik entwickelt wurde. Zielvereinbarungen, Anreize zur Arbeitsmarktintegration, eine individuellere Ausrichtung der Maßnahmen sowie stärkere Zwangsmechanismen haben sich ausgebreitet. Der Einfluss unterscheide sich aber in den Mitgliedsstaaten.

Dass gemeinsame Entwicklungen, z.B. die seit 2000 zu beobachtende stärkere Konvergenz zur aktivierenden Arbeitsmarktpolitik tatsächlich mit einer gemeinsamen Koordinierung zusammenhängen, stellten Klammer/Leiber (2004: 518ff.) in Frage. Nach Mailand (2008: 361ff.) ist der Einfluss der EBS in den Mitgliedsstaaten unterschiedlich. In Ländern wie Dänemark, in denen schon vorher ein breiter arbeitsmarktpolitischer Konsens bestand, hätte die EBS eine geringere Rolle gespielt. Natali (2010) sieht zwar einen erhöhten Informationsaustausch, Benchmarking und Lernen durch die Lissabonstrategie, aber "they seem far from having had a decisive impact on national policies" (ebd. 109). Copeland/Ter Haar (2013) sehen die EBS nach einer quantitativen Analyse der Empfehlungen und getroffenen Maßnahmen in ausgewählten Mitgliedsstaaten eher als schwachen Steuerungsmechanismus.

Der Einfluss der EBS bis zur Krise lag vor allem darin begründet, einen hegemonialen arbeitsmarktpolitischen Diskurs zu etablieren und Aktivierung und Flexibilisierung zum *common sense* zu entwickeln. Seit der Krise zeigen sich immer mehr die Zwangselemente. Die in den Fallstudien untersuchten Länder haben unterschiedliche Rollen im Luxemburg-Prozess gespielt. Diese werden hier kursorisch analysiert, um in den Einzelkapiteln genauer beleuchtet zu werden.

Dänemark hat zur Entstehung der EBS beigetragen und mit Schweden die Thematisierung von Beschäftigungsfragen auf europäischer Ebene forciert. Trotzdem sei die EBS hier nicht gut in die nationalen Politikgestaltungsprozesse integriert und auf eine begrenzte Anzahl Ministerialbeamter beschränkt (vgl. Jacobsson 2005: 107ff.). In dänischen Verlautbarungen wurde auf die „Vorreiterrolle“ Dänemarks Bezug genommen.[2] So beschrieb der Beschäftigungsminister einen Besuch seines französischen Kollegen Larcher: „Er kam um sich unsere einzigartige dänische Flexicurity genauer anzuschauen. Also diese Sache, dass ein flexibler Arbeitsmarkt nicht gleichbedeutend mit Unsicherheit sein muss. Eigentlich ist es genau umgekehrt. Das hat ihm sehr imponiert“ (Frederiksen 2005; Übers. B.D.). Während das so genannte Flexicurity-Modell[3] die arbeitsmarktpolitischen Debatten der EU beeinflusst hat und in EU-Verlautbarungen präsentiert wurde (vgl. z.B. Generaldirektion Beschäftigung 2006: 18; Europäische Kommission 2006: 78f.), wurde von der Umsetzung der EBS in Dänemark Abstand genommen (vgl. Bredgaard u.a. 2011).

Büchs/Friedrich (2005: 278f.) bilanzierten, dass die Akteure in Deutschland die OMK nur begrenzt nutzten und die Nationalen Aktionspläne (NAP) eher als Berichtwesen betrachteten als sie in die Planung einzubeziehen, weil sie keine Anreize hätten, den NAP-Prozess als strategisches Instrument zu nutzen. Weder gäbe es eine öffentliche Debatte noch sei er in den parlamentarischen Prozess integriert.

2 Vgl. auch Charlotte Antonsen (dänische Parlamentsabgeordnete der Partei Venstre) 2004: 127f.

3 Das dänische Flexicurity-Modell basiert auf einem flexiblen Arbeitsmarkt, einer ausgebauten sozialen Absicherung und einer aktiven Arbeitsmarktpolitik (vgl. Bredgaard/Larsen/Madsen 2005: 19).

Gleichwohl hat die OMK den arbeitsmarktpolitischen Diskurs verändert, der sich im europäischen Kontext bewegt (ebd.).

Ferrera und Sacchi weisen daraufhin, dass die Bezugnahme auf die EBS in Italien strategisch und selektiv sei und der Untermauerung von Regierungsvorhaben diene. Aktive Arbeitsmarktpolitik hätte aber erst mit der EBS Einzug in die italienische Arbeitsmarktpolitik gehalten (vgl. Ferrera/Sacchi 2005: 148f.). Graziano (2004: 131f.) zufolge stieg seit den 1990er Jahren die Bedeutung der EU: sowohl direkt, indem nationales Recht auf Grund von EU-Verordnungen angepasst und die nationale Arbeitsmarktpolitik an die EBS angeglichen worden sei, als auch indirekt über eine an den Konvergenzkriterien ausgerichtete Tarifpolitik.

Die Umsetzung der EBS erfolgt in einem festgelegten Verfahren. Auf Vorschlag der EU-Kommission verabschiedet der Ministerrat integrierte beschäftigungspolitische Leitlinien, woraufhin die Mitgliedsstaaten „Nationale Reformprogramme" zu ihrer Ausgestaltung und Umsetzung formulieren. Der Rat nimmt einen gemeinsamen Beschäftigungsbericht auf Grundlage des Beschäftigungskapitels des EU-Fortschrittsberichts an und kann sich auf Vorschlag der Kommission mit qualifizierter Mehrheit für die Veröffentlichung länderspezifischer Empfehlungen aussprechen. Die Kommission verfasst jährlich einen EU-Fortschrittsbericht, in dem die Maßnahmen zur Umsetzung des Lissabon-Programms überprüft werden. Bis 2005 erließen der Europäische Rat und das Europäische Parlament jährlich Beschäftigungspolitische Leitlinien für die EU-Mitgliedsstaaten. Diese verabschiedeten Nationale Aktionspläne, mit denen die Leitlinien umgesetzt werden sollten. Die europäischen Institutionen evaluierten jährlich die Beschäftigungspolitiken der Mitgliedsstaaten. Der Beschäftigungsbericht floss wiederum in die neuen Beschäftigungspolitischen Leitlinien der Kommission ein und in Beschäftigungspolitische Empfehlungen an die einzelnen Mitgliedsstaaten (vgl. 2003/578/EG, ABlEU, 2003, L197; 2005/600/EG, ABlEU, 2005, L 205/21ff.).

Eine Rolle bei der Umsetzung der EBS spielt neben diesem Kreislauf an Empfehlungen und Berichterstattung der Europäische Strukturfonds, insbesondere der ESF (Europäischer Sozialfonds) und der EFRE (Regionalfonds). Als apparative Verdichtungen der EU-Ebene haben sich die Generaldirektion Beschäftigung, der 1996 eingerichtete Beschäftigungsausschuss, das Koordinierungsgremium der Arbeitsmarktverwaltungen und die Regelungen und Verfahren des Sozialen Dialogs herausgebildet. Im Rahmen dieser Arbeit, die einen Schwerpunkt auf die nationalen Apparate des europäischen Staatsapparate-Ensembles setzt, wurden aus forschungspraktischen Gründen die Beschlusslagen des Beschäftigungsausschusses und die Arbeit der Generaldirektion Beschäftigung nicht empirisch rekonstruiert. Das Koordinierungsgremium der Arbeitsmarktverwaltungen wird in den Länderkapiteln behandelt, der Sozialdialog im folgenden Abschnitt. Die EBS und die oben genannten apparativen Verdichtungen können als Kanäle eines hegemonialen arbeitsmarktpolitischen Diskurses interpretiert werden. Da mit Gramsci aber „die Hegemonie der Fabrik entspringt“ sind sie nicht als neutrale Arenen zu sehen, in denen alle gesellschaftliche Akteure um die technisch beste Lösung ringen können. Wie van Apeldoorn (2000) rekonstruiert hat, stehen den Kapitalfraktionen erhebliche Möglichkeiten der Einflussnahme gegenüber den Apparaten der EU offen, zum Beispiel in Bezug auf die EU-Kommission und dies unabhängig von ihrer Teilnahme an offiziellen Arbeitgeberverbänden oder Gremien des Sozialdialogs. Auf diese Asymmetrie haben auch Schäfer und Streeck (2008) hingewiesen. Allerdings stellen sie sie als spezifische Entwicklung des Korporatismus seit den 1970er Jahren dar und unterscheiden die Situation damit von den korporatistischen Arrangements in der Nachkriegszeit. Mit Bob Jessop möchte ich demgegenüber davon ausgehen, dass die *strategische Selektivität* keine neue Entwicklung des Postfordismus ist, sondern sich historisch mit den Beziehungen zwischen den staatlichen Strukturen und den Strategien verändert (vgl. Jessop 1990: 9f.).

4. Strategien der Tarifparteien auf europäischer Ebene

Die strategische Selektivität des kapitalistischen Staates (Jessop 1990) wird durch die Fähigkeit der nationalen und transnationalen Kapitalfraktionen, das europäische Staatsapparate-Ensemble zum Scalejumping zu nutzen, ausgebaut. Während die Gewerkschaften auf die offiziellen Kanäle wie den Sozialdialog oder den Beschäftigungsausschuss verwiesen sind, können die Unternehmen, Zusammenschlüsse von Kapitaleignern oder unternehmerische Lobbygruppen informelle Kanäle nutzen, um ihre Positionen in der Kommission und anderen Apparaten zu verbreiten. Die Machtasymmetrie zwischen Kapital und Arbeit, die auch schon im fordistischen Nationalstaat bestanden hat, verstärkt sich in der postfordistischen Gesellschaftsformation.

Die Strategien der Gewerkschaften und Arbeitgeberverbände werden analog der Länderfallstudien entlang dreier Phasen analysiert: Der Zeit bis 1997, von 1997 bis zur Krise 2007/2008 und der Zeit bis heute. Obwohl der Sozialdialog in der Umsetzungsstrategie der EBS besonders hervorgehoben wurde, haben die Tarifparteien bei der Umsetzung der Europäischen Beschäftigungsstrategie bisher keine besondere oder gar tragende Rolle eingenommen, wobei ihr Einfluss in den einzelnen Ländern variiert. Die Nationalen Aktionspläne bzw. Reformprogramme sind bislang eher als Regierungsdokumente zu verstehen. Weder das Europäische Parlament noch die nationalen Parlamente üben einen besonderen Einfluss darauf aus (vgl. Stephan 2008; de la Porte/Pochet 2005; EIRO 2005).

Die europäischen Gewerkschaftsverbände haben sich zwar im Vergleich zu den 1970er Jahren angenähert, gemeinsame Initiativen konzentrierten sich Anfang der 2000er Jahre aber auf Aufrufe zu Demonstrationen (vgl. Deppe 2003: 174). Die Gewerkschaften auf europäischer Ebene waren an Bündnissen und Initiativen beteiligt, die sich gegen neoliberale Restrukturierungsversuche richteten. Diese waren aber wie im Falle des Bündnisses gegen die New Public Procurement-Initiative (2000–2003) nicht erfolgreich und ließen sich nicht direkt im Bereich der Beschäftigungspolitik verorten, wie das Bündnis gegen die Bolkenstein-Richtlinie oder die Kampagne und Streiks gegen Port Package, die stark auf die Branchengewerkschaften baute und getragen wurde von der strukturell starken und strategisch empfindlichen Beschäftigtengruppe der Hafenarbeiter (vgl. Bieler 2011: 16f.; Achten/Kamin-Seggewies 2008). Die Kontakte zu sozialen Bewegungen wurden im Rahmen des Europäischen Sozialforums ausgebaut (vgl. Bieling 2013a: 430f.).

Hyman (2005) zeichnet ein skeptisches Bild in Bezug auf eine alternative Positionierung des Europäischen Gewerkschaftsbundes (EGB)[4] bezüglich eines Sozialen Europas. Demzufolge ordnen sich die Gewerkschaften auf europäischer Ebene dem *eurospeak* unter und die Einbindung in das Ausschusswesen der EU-Kommission sowie der europäische Sozialdialog hätten zu einer Zähmung der Auseinandersetzungen geführt. "[...] Eurospeak has become the working language of the ETUC (and national union representatives active within its structures), their logic of membership is undermined by the fact that they speak a different language from those they seek to represent" (Hyman 2005: 27). Er bezieht sich hier auf Gobin (1997: 116), die den Sozialdialog als Mechanismus analysiert, der die Gewerkschaftsführung an die Übernahme von neoliberalen Forderungen der Arbeitgeber heranführen soll. Die Gewerkschaften hätten immer mehr das Vokabular der Arbeitgeberseite übernommen (vgl. ebd.). Hyman (2005: 25) analysiert die EBS als einen scheinbaren Kompromiss zwischen den unvereinbaren Konzepten des Keynesianismus und Monetarismus sowie sozialer Regulation und Deregulierung. Diese könnten "somehow be harmonized through a technocratic fix which transcends hard political choices" (ebd.). Er kritisiert unter anderem, dass die Beschäftigungspolitik einer restriktiven Geldpolitik und neoliberalen Marktstrategien untergeordnet ist (ebd.: 15).

In Rahmenvereinbarungen haben die europäischen Arbeitgeberverbände und der EGB versucht, die Flexibilisierung zu regulieren. Hierunter fielen die Rahmenvereinbarungen zu Teilzeitarbeit 1997, zu befristeter Beschäftigung 1999 und zu Telearbeit 2002. Die beiden ersten mündeten in Richtlinien. Regulierte Flexibilisierung versteht sich als Absicherung gegen Diskriminierung bei gleichzeitiger Akzeptanz der flexiblen Arbeitsformen durch die Gewerkschaften (vgl. BusinessEurope, CEEP, ETUC, UEAPME 2007). Die Verbände EGB, BusinessEurope, CEEP und UEAPME unterzeichneten kurz vor der einsetzenden Krise in Europa eine gemeinsame Analyse der Arbeitsmarktpolitik, in der sie sowohl die Lissabon-Strategie unterstützten, als auch das der EBS zugrundeliegende Konzept der Beschäftigungsfähigkeit und des

4 Im Englischen European Trade Union Confederation (ETUC).

Lebenslangen Lernens, das die Verantwortlichkeit der Arbeitslosigkeit bei den Arbeitslosen sucht und die Anpassungsfähigkeit an flexible Arbeitsverhältnisse fördert.

> "In today's labour market, it is more than ever necessary to make sure people possess the necessary skills and capacities to adapt to changes, to enter and remain on the labour market and grasp new employment opportunities. One aspect of assuring higher employability is putting into place effective active labour market policies. [...] In order to achieve a well functioning labour market, the interaction of ALMP with well designed unemployment benefits systems, with rights and obligations for the unemployed is particularly important in order to facilitate reintegration into work. Another element to improve employability is the promotion of lifelong learning in order to improve competences and qualifications." (BusinessEurope, CEEP, ETUC, UEAPME 2007)

Keune und Serrano Pascual (2014:11ff.) weisen daraufhin, dass die Verbände sich auf europäischer Ebene zwar grundsätzlich positiv gegenüber dem Flexicurity-Konzept positioniert haben, aber durch die Offenheit des Konzeptes zu den konkreten Punkten teils gegensätzliche Positionen vertreten. Während BusinessEurope die Flexibilität durch Strukturreformen erhöhen möchte, damit die Wettbewerbsfähigkeit der Unternehmen steige und sich für Beschäftigungssicherheit statt Arbeitsplatzsicherheit einsetzt, vertritt der EGB die Auffassung, dass die Flexibilisierung prekäre Beschäftigungsverhältnisse erhöht habe, und dass ein flexibler Arbeitsmarkt nicht mehr Arbeitsplätze schaffe (vgl. Keune und Serrano Pascual 2014: 13). Während der europäische Arbeitgeberverband BusinessEurope eine wettbewerbsorientierte Position vertritt, wendet sich der EGB zumindest in den von Keune und Serrano Pascual untersuchten Quellen gegen die hegemoniale arbeitsmarktpolitische Strategie der Flexibilisierung (vgl. z.B. ETUC 2007). Die Autoren legen hierbei ihrer Analyse drei Quellen aus dem Jahr 2007 zugrunde, nämlich eine Stellungnahme zur Flexicurity-Mitteilung von BusinessEurope und einen Flyer des EGB sowie eine Stellungnahme im Rahmen der Tarifverhandlungen, die sich mit dem OECD Indikator zu arbeitsschutzrechtlichen Bestimmungen beschäftigt. Dies hindert den Dachverband allerdings nicht daran, im gleichen Jahr die oben genannte gemeinsame positive Stellungnahme zu Flexicurity mit BusinessEurope zu unterzeichnen. Eine klare gegenhegemoniale Strategie zur EBS ist damit noch nicht beschrieben. Ein EGB-Bericht aus dem Jahr 2005 kommt zu dem Schluss, dass die EBS verteidigt und effektiver genutzt werden müsse. Die EBS und die Lissabonstrategie seien Pfeiler des europäischen Sozialmodells (vgl. ETUC 2005: 49ff.).

Horn (2012) zufolge zeigten sich die Gewerkschaften auf EU-Ebene seit der Krise kritischer dem marktzentrierten Projekt gegenüber: "The market-oriented common sense articulated through expert groups and corporate governance conferences is being challanged by organized labour and members of the European Parliament" (Horn 2012: 59). Es zeigen sich Widersprüche. Zum einen richten die Gewerkschaften ihre Mobilisierung auch zunehmend auf die europäische Ebene aus, auf der anderen Seite zeigte die Krise aber auch neue Spaltungslinien zwischen den Mitgliedsstaaten und eine klare gegenhegemoniale Strategie zeige sich nicht (vgl. ebd.: 65f.). Auch Bieling (2013b: 432f.) weist darauf hin, dass unterschiedliche Krisenentwicklungen in den Mitgliedsländern zu divergierenden Möglichkeiten und Strategien der Gewerkschaften geführt haben. Vor allem die Zentrum-Länder hätten weiter krisenkorporatistische Strategien verfolgt, während in den peripheren Ländern Süd- und Osteuropas die Konflikte offener zum Ausbruch kamen. Ein gemeinsames Vorgehen der europäischen Gewerkschaften gab es nicht (vgl. ebd. 434-436; Bieling 2013a: 428). Der EGB habe sich aber tendenziell strategisch umorientiert und vermehrt zu europäischen Aktionstagen, zum Beispiel im November 2012, aufgerufen (vgl. ebd. 437f.). Allerdings ließ eine europaweite Solidarität zu diesen Streikaktivitäten auf sich warten und zeichnete damit ein typisches Bild. Der Schwerpunkt des Aktionstages 2012 lag auf den südeuropäischen Krisenländern und Belgien – Länder, in denen der politische Streik legal ist (vgl. Reichstein 2012). Die nationalen Gewerkschaften haben Weinert (2009) zufolge nur ein geringes Interesse an der EBS entwickelt, wobei die Positionen je nach Land erheblich variieren können. Der Europäische Gewerkschaftsbund beklagt eine geringe Teilnahme der Mitgliedsverbände an entsprechenden Bildungsangeboten zur EBS, die jedoch in der Arbeitsrealität des EGB selbst eine relativ große Rolle spielt (vgl. Weinert 2009: 75).

Die EBS ist zwar ein Projekt, das unter der Ägide neu gewählter sozialdemokratischer Regierungen in den 1990er Jahren durchgesetzt wurde, aber es reproduziert in sich den neoliberalen Diskurs angebotsorientierter Arbeitsmarktpolitik und ordnet sich dadurch in das hegemoniale neoliberale Projekt ein, anstatt eine gegenhegemoniale Position zu entwickeln. Auch die Gewerkschaften auf europäischer Ebene ordnen sich in verschiedenen gemeinsamen Positionspapieren und Stellungsnahmen mit den europäischen Arbeitgeberverbänden der angebotsorientierten Beschäftigungspolitik unter. Die unter dem Dach eines „Social Europe" versammelte Koalition von proregulativen Akteuren setzt dem führenden Diskurs nichts entgegen solange nicht die grundlegenden Prämissen neoliberaler Strukturreformen angegangen werden. Autoren, die sich in dieses Spektrum einordnen, wie beispielsweise Hacker/van Treeck 2010 oder Mailand/Arnholtz 2015 blenden aus, dass die Akteure eines „Social Europe" in den Mitgliedsstaaten selbst dazu beigetragen haben, neoliberale Strukturreformen des Arbeitsmarktes umzusetzen. Welche Trennlinien zwischen den verschiedenen Ebenen, Ländern und innerhalb der Untersuchungsländer entlang der Achsen Nation/Klasse/Geschlecht verlaufen und wie diese Trennlinien ein soziales Europa behindern, soll in den Länderstudien untersucht werden. Hiermit soll der Frage nachgegangen werden, ob sozialdemokratische und gewerkschaftliche Arbeitsmarktpolitik ein genuines Interesse an der Kommodifizierung der Arbeitskraft haben und wie ein methodologischer Nationalismus im Sinne eines solidarischen Europas jenseits allgemeiner Proklamationen überwunden werden könnte. Zum Beispiel kritisiert der frühere Leiter der Grundsatzabteilung der IG Metall, Hans-Jürgen Urban, die Rolle Deutschlands in der EU. Eine Fortsetzung des Krisenkorporatismus und ein methodologischer Nationalismus würden die Bemühungen um eine Europäisierung der Gewerkschaftspolitik behindern (vgl. Urban 2012: 233f.).

> "Trade unions in EU member states seem poorly prepared to face these risks. So far, their policy has been aimed primarily at fending off threats to the interests of their core memberships, and has remained stuck in the domain of national economic and social policy. Attempts to influence government policy in Europe, and hence crisis policy at European level, have remained just as underdeveloped as efforts to coordinate, or indeed network, redistribution campaigns across national borders." (Urban 2012: 233)

V. Hegemoniale Kämpfe um Arbeitsmarktpolitik in Europa Länderfallstudien

1. Dänemark

„Der große Kompromiss des 20. Jahrhunderts war ja gerade, dass die Sozialisten den Sozialismus aufgegeben haben, während die Bürgerlichen den Wohlfahrtsstaat schluckten.“ (Jørgen Paldam, Weekendavisen, 2. juni 2006, zit.n. Knudsen 2007; Übers. B.D.)

1.1 Dänemark in der vergleichenden Wohlfahrts- und Kapitalismusforschung

“Perhaps the most salient characteristic of the social democratic regime is its fusion of welfare and work. It is at once genuinely committed to a full-employment guarantee, and entirely dependent on its attainment. [...] it must minimize social problems and maximize revenue income. This is obviously best done with most people working, and the fewest possible living off of social transfers.” (Esping-Andersen 1990: 28)

Esping-Andersen und sich darauf beziehende Studien ordnen Dänemark dem sozialdemokratischen Wohlfahrtsregime zu. Der Regimetypologie folgend zeichnet es sich durch die zentrale Regulierungsinstanz des Staates aus, der sich universalistisch mit steuerfinanzierten und pauschalisierten Sozialleistungen an die gesamte Bevölkerung richtet. Soziale Sicherung gilt als Bürgerrecht. Im sozialdemokratischen Modell ist laut Esping-Andersen am ehesten ein egalitaristischer Ansatz verwirklicht, das universalistische System befördert Statusgleichheit (vgl. Esping-Andersen 1990, 1998: 19ff.; Lessenich 1994; Schmid, J. 2002: 82ff.; Opielka 2004: 33ff.; Dingeldey 2011).

Das sozialdemokratische/skandinavische Regime arbeitsmarktpolitischer Regulierung zeichnet sich durch das Prinzip der Vollbeschäftigung und eine daraus folgende unmittelbar-universalistische Lohnarbeitszentrierung aus. Zwei weitere Eckpfeiler sind die aktive Arbeitsmarktpolitik und die Rolle des Staates als Arbeitgeber. Die staatlichen sozialen Dienstleistungen tragen zu einem hohen Beschäftigungsanteil von Frauen bei (Lessenich 1994: 229f.). Diese umfassen Gesundheitsversorgung, Kinderbetreuung, Schulen und Altenpflege, aber auch Bildungsbereiche wie öffentliche Bibliotheken und Erwachsenenbildung. Zwar bezieht sich die universalistische Ausrichtung der Wohlfahrtsleistungen in der gängigen Analyse auf die Zeit nach dem Zweiten Weltkrieg. In Dänemark fand in den 1950er und 1960er Jahren ein universalistischer Ausbau des Wohlfahrtsstaates statt, als dessen Symbol die 1956 eingeführte Volkspension dienen kann. Die öffentliche Darbietung sozialer Dienstleistungen und ein hierbei universalistisch verfolgter Ansatz begann jedoch schon Anfang des 20. Jahrhunderts. Mit diesen für alle Bürger*innen zugänglichen Dienstleistungen, etwa obligatorischen Zahnuntersuchungen an Schulen, wollte man die Stigmatisierung von Bedürftigen abschaffen. Viele soziale Dienstleistungen wurden zuerst auf kommunaler Ebene organisiert und werden bis heute dort erbracht. So spricht Jonasen (2004) vom kommunalen Sozialismus Anfang des 20. Jahrhunderts.

Eine hohe Erwerbsbeteiligung von Frauen charakterisiert das Arbeitsmarktregime (Esping-Andersen 1990). Während das dänische Wachstumsmodell zwischen den 1970er und 1990er Jahren in die Krise geraten war, kam es seit 1993 zur so genannten Aktivierungswende (*aktivlinjen*). Wegen der Verringerung der Arbeitslosigkeit seit den 1990er Jahren wurde die dänische wie die niederländische Arbeitsmarktpolitik zu einem breit erforschten Gegenstand der normativ und politiknah ausgerichteten Forschung (vgl. z.B. Generaldirektion Beschäftigung 2006: 18). Dabei wird bezweifelt, dass der Rückgang der Arbeitslosigkeit tatsächlich auf die Arbeitsmarktpolitik zurückzuführen ist, vielmehr habe er an der positiven konjunkturellen Entwicklung gelegen (vgl. Plougmann 2003). Die in Aktivierungsmaßnahmen stehenden Arbeitslosen wurden aus der Statistik genommen, ohne in einem regulären Arbeitsverhältnis zu stehen (vgl. Jørgensen 2000: 122).

Im Folgenden wird die Entwicklung des dänischen Wohlfahrtsstaats entlang der historischen Kämpfe und Kompromisse zwischen Lohnarbeit und Kapital erzählt. Hierbei werden die Kräfteverhältnisse und Strategien sowie der institutionelle Rahmen, der durch diese geformt wurde, analysiert. Vor diesem Hintergrund werden die Arbeitsmarktreformen seit den 1990er Jahren rekonstruiert. Folgende Fragen interessieren besonders: Wie sind die Tarifparteien in das Arbeitsmarktsystem integriert und wie intervenieren staatliche und private Akteure in den Aktivierungs- und Vermittlungsprozess? Welche Positionen vertraten die Tarifparteien bezüglich der Arbeitsmarktreformen seit den 1990er Jahren, welche Abkommen wurden getroffen und wie wurden sie in den Gesetzgebungsprozess einbezogen?

1.2 Institutioneller Rahmen

Das dänische Arbeitsmarktregime basiert gemäß dem Kanon der Arbeitsmarktforschung auf dem Zusammenspiel zwischen einem flexiblen Arbeitsmarkt, einem ausgebauten und umfassenden System sozialer Sicherung und einer aktiven Arbeitsmarktpolitik. Während der Kündigungsschutz in der von Kleinunternehmen geprägten Privatwirtschaft tarifvertraglich reguliert wird und vergleichsweise lax ist, war das Arbeitslosengeld vergleichsweise hoch. Phasen der Arbeitslosigkeit sind normal, dementsprechend nicht stigmatisierend und neue Arbeitsstellen relativ schnell zu finden, da die Kleinunternehmen selten über interne Arbeitsmärkte verfügen und die meisten Stellen öffentlich ausgeschrieben werden. Mit der aktiven Arbeitsmarktpolitik sollen die Beschäftigten für neue Stellen qualifiziert werden (vgl. Kongshøj Madsen 2006a: 330f.). Der dänische Kompromiss zwischen Lohnarbeit und Kapital in Bezug auf den Arbeitsmarkt lautete Einkommens- und Beschäftigungssicherheit für die Beschäftigten gegen einen laxen Kündigungsschutz für die Unternehmen. Die Tarifparteien regulieren den Arbeitsmarkt durch Abkommen und Tarifverträge überwiegend autonom. Dieses Arbeitsmarktregime wird seit Mitte der 2000er Jahre mit dem Begriff Flexicurity[1] beschrieben, der durch den Beschäftigungsausblick der OECD 2004 in den arbeitsmarktpolitischen Diskurs in Dänemark eingeführt wurde. In dieser Publikation war die Kombination aus einer umfassenden sozialen Absicherung und der traditionell sehr hohen Arbeitsmarktflexibilität positiv hervorgehoben worden (vgl. Plougmann/Kongshøj Madsen 2005). Jørgensen (2006: 53) sieht das dänische Arbeitsmarktregime durch die abnehmende Bedeutung von Weiterbildungsmaßnahmen und den abnehmenden Einfluss der Tarifparteien durch neuere Reformen herausgefordert (ebd.). Die Rolle von Lohnarbeit und Kapital in der Regulierung des Arbeitsmarktes soll im Anschluss an kurze Anmerkungen zur staatlichen Struktur und zum Parteiensystem ebenso behandelt werden wie die Regulierung des Lohnverhältnisses.

1.2.1 Staatliche Struktur und Parteiensystem

Der dänische Wohlfahrtsstaat gründet weniger auf der historischen Dominanz der Sozialdemokratie als der schwedische, den Buci-Glucksmann und Therborn (1982) als sozialdemokratischen Staat analysierten. Zwar ordnen ihn Vergleichsstudien (Esping-Andersen 1990; darauf bezugnehmend z.B. Dingeldey 2011; Schulze 2012) dem sozialdemokratischen Wohlfahrtsregime zu, doch schon Esping-Andersen wies auf seine liberalen Züge hin (vgl. Esping-Andersen 1998). Sonne Nørgaard (2000) hebt die bürgerlich-liberalen Wurzeln verschiedener wohlfahrtsstaatlicher Teilbereiche hervor und auch Meyer (2005) betont dessen liberale Aspekte. Ploug u.a. (2004: 15) zufolge wird der Wohlfahrtsstaat nicht primär als sozialdemokratisches Projekt wahrgenommen, sondern als parteiübergreifendes „dänisches Projekt“. In einer Untersuchung zu Einstellungen zum Wohlfahrtsstaat zeigten sich viele Befragte überrascht, dass andere europäische Länder auch sozialstaatlich verfasst sind, weil sie dachten, dies sei eine dänische Besonderheit (vgl. ebd.). „Der Wohlfahrtsstaat ist ein

1 Da *Flexicurity* ein politisches Trendwort ist, soll es nur dann benutzt werden, wenn die Diskursebene behandelt wird oder ich mich auf Autoren beziehe, die diesen direkt verwenden. Ansonsten wird der Begriff dänisches Arbeitsmarktregime verwendet.

Teil des Alltags und der Identität der Dänen geworden. Die wohlfahrtsstaatlichen Prinzipien der Solidarität und Hilfe für die Schwachen ist im Selbstverständnis der Dänen ein Teil dessen, was sie von anderen Völkern unterscheidet" (Ploug u.a. 2004: 15; Übers. B.D.).

In der Zeit nach dem Zweiten Weltkrieg bis in die 1970er Jahre prägte ein Vier-Parteiensystem die seit 1849 bestehende konstitutionelle Monarchie. Es bestand aus der liberalen Bauernpartei Venstre[2], der linksliberalen Partei Radikale Venstre[3], der Konservativen Volkspartei (KF) und der Sozialdemokratie, die seltener die Regierung als in Schweden stellte. Sie prägte aber trotzdem den Wohlfahrtsstaat während ihrer Regierungsphasen entscheidend. Die bürgerlichen Regierungen wurden jeweils nach einer Legislaturperiode von sozialdemokratischen abgelöst (vgl. Nielsen 1991: 283).

In den 1970er Jahren fragmentierte das Parteiensystem. Die Sozialistische Volkspartei (SF), eine ursprünglich titoistische Gründung, wurde zur stützenden Partei der Sozialdemokratie und die rechtspopulistische „Fortschrittspartei" (*Fremskridtspartiet*)[4] des Bornholmer Rechtsanwalts Mogens Glistrup, die mit der Forderung nach drastischen Steuersenkungen ins Parlament eingezogen war, erhielt bei der „Erdrutschwahl" von 1973 15,9% der Stimmen. Damit wurde sie zweitstärkste Partei, während die Sozialdemokratie 27% ihrer bisherigen Stimmen verlor (vgl. Petersen 1998). Die Sozialdemokratie regierte aber unter dem Ministerpräsident Anker Jørgensen noch von 1975 bis 1982 weiter als sich eine Vierparteien-Regierung des bürgerlichen Lagers unter dem konservativen Staatsminister Poul Schlüter bildete, die in verschiedenen Konstellationen bis 1993 andauerte.

Venstre war nicht nur eine liberale Partei, sondern hat ihre Wurzeln in der Bauernbewegung, die sie im 19. Jahrhundert gegenüber der historischen Rechten des Großbürgertums im Parlament vertrat. Die Auseinandersetzung zwischen der historischen Rechten und der historischen Linken und zwischen Venstre und der

---

2 Venstre bedeutet links. Die Bezeichnung stammt aus der Sitzordnung im dänischen Parlament im 19. Jahrhundert. Hier dominierten die Parteien Venstre, die die Bauern vertrat und Højre (rechts), die die Hofherren vertrat. Die Industrialisierung und die Entstehung der Arbeiterbewegung in Dänemark war auf die Region um Kopenhagen und die Insel Seeland konzentriert. 1848 gab es erst 8.500 Industriearbeiter gegenüber 40.000 1870 (vgl. Jensen 2007).

3 Die 1905 gegründete Partei spaltete sich von Venstre ab, da diese aus der Sicht des radikalen Flügels zu rechts geworden sei. Die Partei nahm an Regierungen der Sozialdemokratie wie der Liberalen und Konservativen teil. Sie macht sich für Bürgerrechte und Pazifismus stark und ihr Mitbegründer Peter Munch war ursprünglich von den französischen Radikalen um die Jahrhundertwende inspiriert.

4 Aus dieser Partei ging Mitte der 1990er Jahre die Dänische Volkspartei (DF) hervor, die seit den 2000er Jahren die liberal-konservativen Regierungen Fogh Rasmusssen und Løkke Rasmussen toleriert hat.

Sozialdemokratie fußen nicht nur auf den ideologischen Gegensätzen zwischen Konservativismus, Liberalismus und Sozialismus, sondern manifestierten sich auch in dem sozialräumlichen Gegensatz zwischen Stadt (Kopenhagen) und Land (Jütland) (vgl. Sonne Nørgaard 2000). Bis 1970 überschnitten sich die Grenzen der ländlichen Kommunen (*sognekommuner*) meistens mit denen der kirchlichen Gemeinden *(sogn)*, die im 19. Jahrhundert eine wichtige Rolle im Armenwesen gespielt hatten. Die dänische Verfassung von 1849 sprach den lokalen Obrigkeiten das Recht zu, ihre eigenen Angelegenheiten zu organisieren, allerdings staatlich kontrolliert (vgl. Rose 2004: 164ff.). Die Kommunen haben im dänischen Wohlfahrtsstaat eine zentrale Rolle eingenommen. 1999 gaben sie 31% des BIPs aus, ihr Anteil an der Gesamtbeschäftigung betrug 24%. Sie standen für 75% der öffentlichen Konsumption und Investitionen und beschäftigten 79% der öffentlich Beschäftigten. Die finanzielle Basis der Kommunen beruht überwiegend auf Steuereinnahmen (vgl. Rose 2004: 170f.). Mit den zwei großen Kommunalreformen 1970 und 2007 wurde die Anzahl der Kommunen jeweils stark reduziert. 1970 von 1366 auf 275 und 2007 von 275 auf 98 (vgl. Indenrigs- og Sundhedsministeriet 2005).

1.2.2 Arbeitsbeziehungen und die Regulierung des Lohnarbeitsverhältnisses

Wie schreiben sich die Gewerkschaften und Arbeitgeberverbände in die staatlichen Apparate ein? Sind sie im Sinne der Gramscianischen Konzeption des integralen Staates Teile zivilgesellschaftlicher Hegemonieproduktion oder bewegen sie sich auch im staatlichen Zwangsapparat, im Staat im engeren Sinne – in der Verwaltung, im parlamentarischen System und in der Regierung? Diese Fragen sollen im folgenden Abschnitt anhand einer Analyse der Aufgaben und Funktionen der Tarifparteien im Arbeitsmarktsystem analysiert werden. Hierbei werden drei Ebenen unterschieden: erstens die Aufgaben, die die Tarifparteien „an Staates statt" bei der Regulierung des Arbeitsmarktes bezüglich Arbeitsbedingungen, Lohnfindung und Kündigungsschutz übernehmen, zweitens die Rolle der Gewerkschaften im Arbeitsmarktsystem und drittens die Rolle der Tarifparteien im Gesetzgebungsprozess. Die in den 1970er Jahren entstandene Korporatismusliteratur[5] hat empirisch herausgearbeitet, dass Dänemark in hohem Maße korporatistisch – also durch die Teilnahme von Gewerkschaften und Arbeitgeberverbänden in den parlamentarischen Entscheidungsprozess geprägt ist. Bereits während des Ersten Weltkriegs bekamen die Gewerkschaften und Arbeitgeberverbände Mitspracherechte in parlamentarischen Kommissionen.

Der dänische Arbeitsmarkt wird überwiegend durch Tarifverträge und Abkommen zwischen Gewerkschaften und Arbeitgeberverbänden geregelt, z.B. bezüglich

5 Vgl. Einen Überblick über die Korporatismusliteratur bieten u.a. Esser (1982) und Regini (1997).

der Arbeitsbedingungen und Kündigungsregelungen. Die Tarifparteien haben eine eigene Schlichtungsinstitution, das Arbeitsgericht, und sind in zentralen arbeitsmarktpolitischen Gremien vertreten.

Die zentrale Rolle der Tarifparteien für die Regulierung des Arbeitsmarktes hat ihren Ursprung in Kämpfen Ende des 19. Jahrhunderts. Der Septembervergleich *(Septemberforliget)* von 1899 zwischen den Vorläufern des zentralen Arbeitgeberverbandes DA[6] und des größten Gewerkschaftsdachverbandes LO[7] legte hierfür den Grundstein. Der Einigung waren ein langer Streik zahlreicher Berufsgewerkschaften und darauffolgende Aussperrungen der Arbeitgeber vorausgegangen, der die Arbeitgeberseite dazu veranlasste, sich mit dem Gewerkschaftsdachverband zu einigen, um die wilden Streiks einzudämmen. Due (2000) weist darauf hin, dass der kooperative Ansatz sich vor dem Hintergrund einer langen konfliktorischen Phase entwickelte, die die Stärke der dänischen Gewerkschaften demonstrierte. Historisch hat die Arbeitgeberseite darauf bestanden, das Verhandlungssystem zu regulieren und zu zentralisieren und hier ein Rescaling zugunsten der nationalen Ebene betrieben. Die dänischen Berufsgewerkschaften hatten lange eine dezentrale Strategie mit rotierenden lokalen und auf einzelne Betriebe gerichteten Streiks verfolgt – *omgangsskruen*, wörtlich Wechselstreik, genannt. Die Arbeitgeber in der überwiegend von kleineren Unternehmen geprägten Wirtschaft der Jahrhundertwende wollten durch das Abkommen neben einer zentralisierten Verhandlungsstruktur ihr Leitungsrecht im Betrieb sicherstellen. Die Gewerkschaften befürworteten weiter die dezentrale Strategie und plädierten für ein Schlichtungssystem zur Überwachung der zahlreichen Einzelabkommen, für das Organisationsrecht und für das Recht, Abkommen abzuschließen (vgl. ebd.).

Der hunderttägige Großkonflikt, der dem Septembervergleich voranging, begann im Schreiner- und Tischlerhandwerk in Jütland. Der Arbeitgeberverband sperrte im Laufe des Konfliktes sämtliche Beschäftigte des Berufszweiges landesweit aus und dehnte die Aussperrungen auf 11 Berufszweige in der Eisenindustrie und im Baugewerbe aus. Die Bauern solidarisierten sich durch Essensspenden ebenso mit den Arbeitern wie internationale Solidaritätsaktionen. Die nach langen Auseinandersetzungen und Verhandlungen am 1. September 1899 unterzeichnete Einigung sprach den Arbeitgebern das Leitungsrecht und den Gewerkschaften das Organisationsrecht zu. Die von den Arbeitgebern geforderte Zentralisierung der Verhandlungen wurde erst in den 1930er Jahren verwirklicht, aber bestimmte neu eingeführte Regeln für Streikfälle beendeten die dezentrale Streikstrategie. Zentral für die Entwicklung

---

6 Damals: Dansk Arbejdsgiver- og Mesterforening (Dänischer Arbeitgeber- und Meisterverband).

7 Damals: De samvirkende Fagforbund (Die zusammenarbeitenden Berufsverbände).

Tabelle 2: Gewerkschaftsmitgliedschaft in Dänemark in Tsd. (Danmarks Statistik 2016)

Dachverband	*1985*	*1995*	*2005*	*2014*
LO	1119	1208	1142	867
FTF	309	332	361	346
AC/Akademikerne	74	132	163	203
Lederne	24	75	76	97
Weitere	174	115	151	290
insg.	*1700*	*1862*	*1893*	*1803*
Beschäftigte u. Erwerbslose	2434	2547	2640	2605
Organisationsgrad in %	70	73	72	69

des dänischen Modells war, dass Abkommen zur Norm für die Regulierung der Lohn- und Arbeitsbedingungen wurden (vgl. Due 2000: 84f.).

Mailand und Due (2003) definieren Dänemark als dynamischen Neokorporatismus, weil der Einfluss der Tarifparteien auf den Gesetzgebungsprozess erheblich variiert hat und immer wieder umkämpft war (vgl. Mailand/Due 2003: 215f.). In den 1960er Jahren konnten die Gewerkschaften und Arbeitgeberverbände sogar Gesetzesvorschläge selbst ausformulieren. In den 1990er Jahren schwankte der Einfluss in den verschiedenen Reformphasen (vgl. ebd.: 213).

Der Dachverband LO organisiert Facharbeiter*innen sowie un- und angelernte Arbeiter*innen. Seit den 1980er Jahren hat sich die Mitgliedschaft der LO zugunsten der Verbände FTF, die Angestellte und Beamte organisiert und AC, die Beschäftigte in akademischen Berufen organisiert, verschoben. Die FTF (*Funktionærernes og Tjenestemændenes Fællesforbund*) hatte sich 1952 von der LO abgespalten, weil sie sich von der „roten" Arbeiterbewegung und der Sozialdemokratie distanzieren wollte und die Interessen der Angestellten und Beamten innerhalb der LO nicht ausreichend repräsentiert sah (vgl. Gielfeldt 2014: 58ff.).[8]

Seit den 1970er Jahren hat sich die Sorgearbeit verstärkt von der Familie in den öffentlichen Dienst verlagert, der seit den 2000er Jahren besonders hart umkämpft ist. Dies spiegelt sich in einem steigenden Organisationsgrad der Gewerkschaften wider sowie in einer geschlechtsspezifischen Organisierung der Gewerkschaften. Während die Gewerkschaft des öffentlichen Dienstes FTF 238.242 Frauen und 105.897 Männer organisiert, liegt das Verhältnis bei den Gewerkschaften LO und AC ungefähr gleich. Der Dachverband der Gewerkschaften der Leitenden Angestellten

8 2019 fusionierten die LO und die FTF zur Fagbevægelsens Hovedorganisation (FHO). Diese Entwicklung konnte in der vorliegenden Arbeit leider nicht mehr berücksichtigt werden.

(Ledernes Hovedorganisation) organisiert überwiegend Männer: 71.098 Männer und 30.518 Frauen (vgl. Danmarks Statistik 2016: 45).

Gielfeldt unterscheidet die gewerkschaftlichen Dachverbände entlang unterschiedlicher Qualifikationsniveaus und Klassenzugehörigkeiten: Die LO organisiere typischerweise Mitglieder der Arbeiterklasse, die FTF Mitglieder der Mittelklasse und AC der höheren Mittel- und Oberklasse. Da letztere von einer neueren Reform des öffentlichen Dienstes und Sparmaßnahmen und Straffungen der Arbeitsprozesse weniger betroffen wurden als die Mitglieder der LO-Gewerkschaften, standen AC aber auch die FTF der Reform weniger negativ gegenüber als die LO. In diesem Zusammenhang kritisiert Gielfeldt, dass die FTF sich mit der gesellschaftlichen Elite solidarisiere und an ihr orientiere. So könne sie bei einer Zusammenarbeit mit der LO zu einem trojanischen Pferd mutieren, die die kapitalfreundliche Strategie in die LO trüge (vgl. Gielfeldt 2014: 59ff.).

Das Lohnarbeitsverhältnis wird im Gegensatz zu arbeitsrechtlich dominierten Ländern überwiegend durch Abkommen zwischen Arbeitgeberverbänden und Gewerkschaften reguliert. Im Folgenden soll dies in Bezug auf die allgemeine Stellung der Lohnarbeit in der Gesellschaft, den Kündigungsschutz und die Arbeitsvertragsformen beschrieben werden. Hierzu ergänzend wird die Lohn- und Arbeitszeitentwicklung sowie das Streikrecht erläutert.

Das dänische Grundgesetz (*Grundlov*) behandelt im Kapitel VIII, Paragraph 75, Absatz 1 und 2 die Arbeitsmöglichkeiten und -pflichten:

> „Zur Förderung des Allgemeinwohles sollte angestrebt werden, dass jeder arbeitsfähige Bürger die Möglichkeit hat, nach den Bedingungen zu arbeiten, die ihm eine sichere Existenz ermöglichen. [...] Der, der sich oder die seinen selbst ernähren kann und zu dessen Versorgung nicht jemand anderes verpflichtet ist, hat ein Recht auf Hilfe der öffentlichen Hand. Hierzu muss er sich jedoch den Verpflichtungen unterwerfen, die das Gesetz vorsieht." (Danmarks Riges Grundlov, Gesetz Nr. 169 vom 5. Juni 1953; Übers. B.D.)

Der niedrige Kündigungsschutz ist nicht auf eine neuere Deregulierung zurückzuführen, sondern auf das historische Abkommen von 1899. Da der Kündigungsschutz tarifvertraglich geregelt ist, bestehen hier unterschiedliche Absprachen und Verfahrensweisen. Deshalb wäre es missverständlich von einem willkürlichen *hire and fire*-Prinzip zu sprechen. Die Regelungen sind komplex und ausdifferenziert. Grundsätzliche Prinzipien zur Kündigung von Mitarbeiter*innen finden sich in dem Hauptabkommen zwischen DA und LO von 1973 (zuletzt geändert 1993). Kündigungen dürfen demzufolge (§ 4, Absatz 3) nicht willkürlich sein. Nach einer Betriebszugehörigkeit von mehr als neun Monaten können Entlassene eine schriftliche Begründung einfordern. Bei einer nichtgerechtfertigten Kündigung, die nicht betriebsbedingt oder arbeitnehmerverschuldet ist, kann die Kündigung innerhalb einer Frist von 14 Tagen verhandelt werden. Wird hierbei keine Einigkeit erzielt, kann die Gewerkschaftsseite fordern, den Fall vor einer Schlichtungsinstanz (*afskedigelsesnævnet*) zu verhandeln. Bei einer Entscheidung zugunsten der Gekündigten können sie eine Abfindung erhalten, die sich nach der Dauer der Betriebszugehörigkeit richtet. Falls das Arbeitsverhältnis unter der Kündigung und Klage nicht zu sehr gelitten hat, kann eventuell eine Wiedereingliederung erfolgen (vgl. DA/LO 1993).

Der Kündigungsschutz für den öffentlichen Dienst wird im Gegensatz zur Privatwirtschaft gesetzlich geregelt, allerdings sind die Regelungen nach dem Angestelltengesetz (*funktionærlov*) vergleichsweise locker. Aufgrund der Bedeutung des öffentlichen Dienstes fallen zwei Drittel der Beschäftigten hierunter, während für ein Drittel der Kündigungsschutz durch Abkommen reguliert wird (vgl. Bredgaard 2017: 121). Eine Kündigung im öffentlichen Dienst muss bestimmte Regeln einhalten, sachlich begründet sein und die Gewerkschaften müssen angehört werden. Für bestimmte Personengruppen ist die Kündigung erschwert, z.B. für Schwangere, während des Elternurlaubs, sowie bei gewerkschaftlichen Vertrauensleuten (vgl. Bibliotekarforbundet: 2004). Im Vergleich zum deutschen Kündigungsschutzgesetz sind die Kündigungsfristen für öffentlich Beschäftigte länger. Auch in Deutschland sind Abweichungen von den gesetzlichen Kündigungsfristen nach oben und unten durch Tarifverträge möglich (vgl. Kittner 2014; Bibliotekarforbundet 2004).

In Dänemark hat das Standardarbeitsverhältnis, verstanden als unbefristete Vollzeitstelle, weiterhin eine dominierende Position. Dies liegt u.a. an den flexiblen tariflichen Regelungen der Privatwirtschaft, die aus Unternehmenssicht abweichende Arbeitsvertragsformen nicht erforderlich machen. Gleichwohl haben hier seit den 1990er Jahren atypische Beschäftigungsverhältnisse zugenommen wie Zeitarbeit, Teilzeit und Befristungen. Diese Entwicklung wird unter Punkt 1.5.6 näher ausgeführt.

Seit den 1990er Jahren waren die Lohnsteigerungen wie die Preisentwicklung moderat, wobei erstere die Inflationsrate überstieg, so dass es zu Reallohnsteigerungen kam (vgl. Danmarks Statistik 2008: 16). Die Reallöhne sind im Zeitraum von 1995–2002 jährlich um durchschnittlich 1,8% gestiegen, wobei die betrieblichen Vereinbarungen zu einer Steigerung der Reallöhne beigetragen haben (vgl. Lind 2004: 371). Lind (2004: 372) zufolge ist die Datenlage zur Lohndifferenzierung in Dänemark schlecht, weshalb man keinen Zusammenhang zwischen der Dezentralisierung der Lohnpolitik und einer höheren Lohnspreizung seit den 1990er Jahren nachweisen kann. Auch vor den 1990er Jahren seien Lohndifferenzen in gleichen Branchen üblich gewesen. Der Gini-Koeffizient, der die Einkommensungleichheit misst, ist zwischen 2004 und 2012 von 24,7 auf 27,4% angestiegen (vgl. Danmarks Statistik 2016: 60). 2014 lag das Armutsrisiko für die Gruppe „außerhalb des Arbeitsmarktes", die auch Sozialhilfebezieher*innen umfasst, bei 43,8% gegenüber 33,2% im Jahr 2004, bei den Arbeitslosen bei 13,6% 2014 gegenüber 7,2% 2004 und bei lohnabhängig Beschäftigten bei 1,6% im Jahr 2014 gegenüber 2,4% im Jahr 2004 (vgl. Danmarks Statistik 2016: 60). Die bereinigte Lohnquote lag 2015 bei 62,4% gegenüber 59,5% 2005 (vgl. ebd.: 103). Zwischen 1994 und 2014 sind die verfügbaren Einkommen um 34% gestiegen. Hinter dieser Zahl verbirgt sich aber eine extrem ungleiche Verteilung. Während die Einkommen der 10% reichsten Personen um 60% in diesem Zeitraum stiegen, lagen die der untersten 10% nur um 10% höher (vgl. Arbejderbevægelsens Erhversråd 2016: 9).

Die tarifliche Wochenarbeitszeit beträgt seit den 1990er Jahren 37 Wochenstunden. Seitdem kam es zudem zu einer Arbeitszeitflexibilisierung, mit der für einen bestimmten Zeitraum von den tarifvertraglichen Zeiten abgewichen werden darf (vgl. Lind 2004: 369). Die durchschnittliche jährliche Arbeitszeit in der Industrie ist von 1995 bis 2007 von 1582 auf 1626 Stunden angestiegen (vgl. Danmarks Statistik 2008: 11).

Streiks in der Privatwirtschaft werden nicht gesetzlich, sondern durch Abkommen geregelt. Die Friedenspflicht ist im zentralen Abkommen zwischen der LO und DA festgeschrieben. Daneben gibt es Vereinbarungen zur Austragung von Konflikten, die zwischen offenen Interessens- und Tarifkonflikten unterscheiden. Offene Interessenskonflikte zu bestimmten Tarifregelungen sind legal und können Streiks oder Aussperrungen zur Folge haben, während Konflikte über die Interpretation bestehender Tarifverträge der Friedenspflicht unterliegen (vgl. Lind 2004: 369).

1.3 Historische Entwicklung der Arbeitsmarktpolitik

Im Folgenden sollen die drei Hauptpfeiler der dänischen Arbeitsmarktpolitik in ihrem Entstehungskontext dargestellt werden: das System der passiven Leistungen, die Arbeitsvermittlung und die Arbeitsförderung.

1.3.1 Arbeitslosenversicherung und Sozialhilfe

Die Arbeitslosenversicherung nahm in Dänemark ihren Anfang bei gewerkschaftlich organisierten Arbeitslosigkeitskassen. Das Arbeitslosigkeitsversicherungsgesetz von 1907, das als Beginn staatlicher Arbeitslosenversicherung gerechnet wird, führte einen staatlichen Zuschuss für diese bereits bestehenden Kassen ein. Damit etablierte sich das in seinen Grundzügen bis heute fortbestehende dänische Arbeitslosenversicherungssystem, das auf einer gewerkschaftlich verwalteten öffentlich subventionierten freiwilligen Versicherung der Lohnabhängigen mit einem Staatszuschuss basiert. Dieses nach der belgischen Industriestadt benannte Genter Modell wurde im Laufe der Zeit mehrfach modifiziert (vgl. hierzu u.a. Hartvig Petersen 2007: 67-103; Due und Madsen 2007: 201-247). Die gewerkschaftliche Organisation der Arbeitslosenversicherung wurde in einem von konservativen und liberalen Kräften dominierten Parlament beschlossen und war nicht Ausdruck einer gewerkschaftsfreundlichen

Haltung der konservativ-liberalen Regierung. Es basierte auf dem Prinzip „wer zahlt, verwaltet", welches die liberale Bauernpartei Venstre vertrat. Da die Arbeitslosenversicherung ausschließlich durch die Beschäftigten finanziert werden sollte, sollte sie nicht paritätisch verwaltet werden. Der Kompromiss, auf dessen Grundlage die Gewerkschaften mit der Verwaltung der Arbeitslosenversicherung betraut wurden, beruhte also darauf, dass die Arbeitgeber nicht an der Finanzierung der Arbeitslosenversicherung beteiligt wurden und deshalb auch nicht an der institutionellen Kontrolle (vgl. Sonne Nørgaard 2000: 206).

Das Genter Modell trug – so eine häufige Argumentation – maßgeblich zum hohen gewerkschaftlichen Organisationsgrad in Skandinavien bei. Nach dem Gesetz von 1907 mussten alle Gewerkschaftsmitglieder in eine Arbeitslosigkeitskasse eintreten. Es war allerdings nicht verpflichtend, als Mitglied einer Kasse auch in die dazugehörige Berufsgewerkschaft einzutreten. In der Praxis überschnitten sich die Gewerkschaftsmitglieder und die der ihr zugehörigen Arbeitslosigkeitskasse allerdings nahezu zu 100% (vgl. Due/Madsen 2007: 111). Dies führen Due und Madsen (2007: 213) auf vier Faktoren zurück. Trotz der formalen Trennung zwischen Gewerkschaften und Arbeitslosigkeitskassen habe zwischen ihnen eine Personalunion bestanden. Die berufliche Abgrenzung habe sich real mit der Aufteilung der nach Berufsgruppen getrennten Gewerkschaften überschnitten.[9] Die Arbeitslosigkeitskassen hatten trotz der öffentlichen Arbeitsanweisung die Kontrolle über die ihrer eigenen Mitglieder. Schließlich erhoben die Kassen einen erhöhten Beitrag für Nichtgewerkschaftsmitglieder, der bis zu 70 bis 100 Prozent höher liegen konnte als der Beitrag für Gewerkschaftsmitglieder (vgl. ebd.).

Nach dem Gesetz von 1907 konnte das Arbeitslosengeld (*dagpenge*) höchstens in drei aufeinander folgenden Jahren bezogen werden und eine bestimmte Anzahl Tage pro Jahr (mindestens 70), deren Höhe von den Arbeitslosigkeitskassen festgesetzt wurde. Danach war ein Jahr mit normaler Beitragszahlung erforderlich, um erneut einen Anspruch zu erwerben. Nach einer Gesetzesnovelle aus dem Jahr 1919 konnten die Kassen die maximale Anzahl Jahre auf drei bis vier festlegen. 1937 wurde die Bezugsdauer auf fünf Jahre erhöht. Bis 1967 konnten die Arbeitslosigkeitskassen die Länge der Bezugsdauer variabel festsetzen, weshalb sie nach Berufsgruppen variierte. Erst dann wurde sie auf eine maximale Bezugsdauer von 270 Tagen pro Jahr vereinheitlicht (vgl. Rosdahl 2003: 100ff.). Die durchschnittliche Unterstützungsdauer zwischen 1907 und 1970 war mit drei bis vier Jahren relativ konstant (vgl. ebd.). Ende der 1960er Jahre wurde das Arbeitslosengeld auf 80% des Lohnes angehoben und die maximale Bezugsdauer auf 285 Tage pro Jahr erhöht (vgl. Petersen 1998). In der Krise der 1970er Jahre wurde die Bezugsdauer wesentlich erweitert.

---

9 Der dänische Begriff für Gewerkschaft *fagforening* (wörtlich Berufsvereinigung) weist auf die Berufsgruppenorientierung hin.

Arbeitsanforderungen bei Bezug von Arbeitslosengeld, schärfere Kontrollen und eine Begrenzung der Bezugsdauer waren politisch immer wieder umkämpft, so zum Beispiel Anfang der 1940er Jahre (vgl. Hansen/Henriksen 1984: 92f.). Die Arbeitsanforderung (*arbejdskrav*) als Bezugsvoraussetzung wurde 1919 mit der Forderung, 10 Monate innerhalb der letzten zwei Jahre gearbeitet zu haben, eingeführt. Mit einer Verschärfung des Gesetzes sollte der Zugang zur Arbeitslosenversicherung begrenzt werden und die Arbeitslosigkeitskassen leichter Personen ausschließen können, die nicht Arbeit suchend und „arbeitsscheu" seien.

Die freiwillige Absicherung gegen das Risiko Arbeitslosigkeit bildet in dem überwiegend nach universalistischen Prinzipien strukturierten dänischen Wohlfahrtsstaat eine Ausnahme. Die Versicherten tragen die Kosten für die Arbeitslosenversicherung, während der Staat die Finanzierungslücke zwischen Beiträgen und ausgezahltem Arbeitslosengeld schließt. Diese variiert je nach Höhe der Arbeitslosigkeit. Von 1959 bis 1999 waren auch die Arbeitgeber verpflichtet, einen Zuschuss zu zahlen, der zwischen einem und 34% (im Jahr 1964) schwankte. Der staatliche Zuschuss belief sich seit 1980 im Bereich von 60-80% (Arbejdsdirektoratet 2007: 417). Aufgrund dieser Höhe sprechen einige Autoren davon, dass auch dieser wohlfahrtsstaatliche Zweig universalistisch ausgerichtet sei (vgl. Bredgaard/Larsen/Kongshøj Madsen 2006: 65f.). Die Sätze des Arbeitslosengeldes richten sich nach dem vorherigen Lohn, so dass hier auch stratifizierende und statuserhaltende Elemente zu finden sind. Da aber eine Höchstsumme festgelegt ist, haben niedrigere Einkommen eine höhere Deckungsrate als hohe, was wiederum für einen Umverteilungseffekt sorgt. Zwischen 1966 und Anfang der 1970er Jahre verdoppelte sich die Deckungsrate des Arbeitslosengeldes im Verhältnis zum Lohn und stieg bis 1977/78 als sie mehr als 81% ausmachte. Bis 2005 fiel die durchschnittliche Deckungsrate bis auf 60%. Berechnet man die Lohnhöhe inklusive Lohnzulagen – seit 1990 erfassen dies die Statistiken – liegt die Deckungsrate um etwa 18% niedriger. 2005 lag sie so bei 45% des Lohnes (vgl. Jørgensen, H. C. 2007: 167).

Heute richtet sich die Arbeitslosenversicherung sowohl an lohnabhängig Beschäftigte als an Selbstständige. Die insgesamt 24 (Stand 2018) staatlich anerkannten Arbeitslosigkeitskassen sind entlang von Branchen, Berufsgruppen oder nach der Art des Bildungsabschlusses gegliedert und weiterhin mehrheitlich gewerkschaftsnah. So verwaltet z.B. die Gewerkschaft FTF eine eigene Arbeitslosigkeitskasse, während Arbeitslosigkeitskassen auch für einzelne Berufsbranchen wie Journalisten und Ingenieure oder z.B. für Beschäftigte mit einem Magisterabschluss existieren.[10] Außerdem wurden berufsübergreifende Kassen gegründet. Kernaufgaben der Ar-

10 Vgl. https://star.dk/ydelser-og-ferie/tilsyn-kontrol-og-klager-over-a-kasse-afgoerelser/tilsyn-og-kontrol-med-a-kasser/oversigt-over-a-kasserne/, zuletzt geprüft am 20.05.2019.

beitslosigkeitskassen sind die Auszahlung des Arbeitslosengeldes, des Urlaubsgeldes, Altersteilzeit (*efterløn)* und Vorruhestandszahlungen (*overgangsydelse*). Daneben führen die Arbeitslosigkeitskassen Beratungsgespräche zum Lebenslauf, der in der Datenbank *jobnet* hinterlegt werden muss und überprüfen die Verfügbarkeit (*rådighed*). Die Kassen werden in einem jährlichen Benchmarking vom staatlichen Arbeitsdirektorat überprüft, z.B. zu Fehlern bei Beurteilungen der Verfügbarkeit oder zu den Sanktionen (vgl. Arbejdsdirektoratet 2006).

Die Haupttransferleistung im Bereich der passiven Arbeitsmarktpolitik ist das Arbeitslosengeld (*dagpenge).* Die von der Arbeitslosenversicherung nicht erfassten Arbeitslosen können Sozialhilfe (*kontanthjælp*) beziehen, die mit dem Sozialhilfegesetz *(bistandsloven)* von 1974 eingeführt wurde, das 1976 in Kraft trat. Zielsetzung der Gesetzgebung waren die Prinzipien Prävention und Reintegration. Die Arbeitsfähigkeit sollte her- oder wiederhergestellt werden. Die Änderungen in der Sozialgesetzgebung seit Anfang der 1970er Jahre führten zu einer Stärkung des Ermessens- gegenüber dem Rechtsprinzip. Die Hilfe konnte in Form von Naturalien und Bargeld erbracht werden. Die Sozialhilfe war als vorläufige Hilfe für Menschen, die ihren Lebensunterhalt nicht selbst aufbringen können konzipiert, und eine wesentliche Verschlechterung der Lebenssituation sollte damit vermieden werden. Daneben gab es die permanente Hilfe, die strengeren Kriterien unterworfen war. Mit der Einführung des Gesetzes folgte eine Kommunalisierung sowie eine Stärkung der Kontrollelemente gegenüber den Bürger*innen (vgl. Hansen/Henriksen 1984: 358ff.).

2002 führte die liberal-konservative Regierung mit dem Immigrationsgesetz die so genannte Starthilfe für die ersten sieben Jahre des Aufenthalts ein, die deutlich unter dem Sozialhilfesatz liegt (35-50%). Eine ähnliche so genannte Einführungsleistung war 1999 unter der sozialdemokratischen Regierung eingeführt, aber ein Jahr später wieder abgeschafft worden. Hierdurch wurde eine neue wohlfahrtsstaatliche Spaltungslinie gezogen, denn der Sozialhilfesatz ist vergleichsweise hoch, die Höhe der Starthilfe als Transferleistung aber die niedrigste in Nord- und Westeuropa. 2002 wurden die Bedingungen für Sozialhilfebezieher*innen mit einer von den Regierungsparteien und der Sozialdemokratie getragenen Arbeitsmarktreform weiter verschlechtert, durch eine striktere Konditionalität der Leistungen und eine Absenkung der Sozialhilfe. Diese Änderungen trafen Migrant*innenfamilien besonders stark (vgl. Goul Andersen 2007: 263f.). Die wohlfahrtschauvinistische Segmentierung der Transferleistungen wurde in Dänemark wie auch international kritisiert (vgl. u.a. Daguerre 2007: 94ff.).

1.3.2 Arbeitsvermittlung und öffentliche Arbeitsverwaltung

Erste kommunale Arbeitsvermittlungsbüros entstanden Anfang des 20. Jahrhunderts. Bei Gründung des Kopenhagener Büros 1901 orientierte man sich an Erfahrungen aus anderen Ländern und legte Wert auf die Neutralität und die paritätische Unterstützung der Arbeitgeber und Gewerkschaften (vgl. Beyer 1909: 252ff.). 1913 wurde das Gesetz zur Arbeitsanweisung (*Lov om arbejdsanvisning*) verabschiedet, mit dem tripartistische Gremien auf nationaler und lokaler Ebene eingerichtet wurden. Das 1914 etablierte öffentliche Arbeitsanweisungssystem kam aber nur für die Landwirtschaft, private Hausangestellte und nicht gewerkschaftlich organisierte Lohnarbeiter*innen zum Tragen. Die gewerkschaftlich organisierten Lohnarbeiter wurden über die Arbeitslosigkeitskassen vermittelt (vgl. Due/Madsen 2007: 212). Bis in die 1970er Jahre waren die Arbeitslosigkeitskassen überwiegend für Vermittlungstätigkeiten für Facharbeiter in ihrem Bereich zuständig, wohingegen einige lokal angesiedelte öffentliche Vermittlungsbüros die ungelernten Arbeitslosen betreuten (vgl. Hartvig Petersen 2007: 67ff.; Due/Madsen 2007: 201ff.). Diese Organisationsstruktur zeigt eine berufsgruppenspezifische Aufteilung zwischen ungelernten und angelernten Beschäftigten, die durch die Struktur der Gewerkschaftsbewegung getragen wird.

Bis in die 1970er Jahre dominierten also die Arbeitslosigkeitskassen das Arbeitsvermittlungssystem, während die 1970 gegründete staatliche Arbeitsvermittlung (*arbejdsformidlingen, AF*) die Rolle der nationalstaatlichen Arbeitsmarktpolitik stärkte. Dies stand in Zusammenhang mit einer Reform der Arbeitslosenversicherung und der Arbeitsvermittlung, die auf einem zentralen Kompromiss zwischen LO und DA im Jahr 1966 basiert (Due/Madsen 2007: 230ff). Die Arbeitslosenversicherung wurde also relativ früh, die staatliche Arbeitsmarktverwaltung relativ spät eingeführt, was durch die weitgehend autonome Arbeitsmarktregulierung durch die Tarifparteien und die Organisation der Arbeitslosenversicherung durch die gewerkschaftsnahen Arbeitslosigkeitskassen zu erklären ist. 2007 wurde die zentralstaatlich organisierte Arbeitsvermittlung AF im Zuge einer Kommunalreform aufgelöst (vgl. Interview AMS Hovedstaden og Sjælland 2007; Interview LO Storkøbenhavn 2007). Im August 2009 übernahmen die Kommunen nach einem Kompromiss zwischen der Regierung Fogh Rasmussen und den Parteien DF und Liberal Alliance die alleinige, auch finanzielle Verantwortung für Arbeitslosengeld- und Sozialhilfebezieher*innen. Die Arbeitslosigkeitskassen sind weiterhin für die Auszahlung des Arbeitslosengeldes zuständig und für Aufgaben, wie die Einschätzung der Verfügbarkeit und Gespräche über die in der Jobdatenbank *jobnet.dk* obligatorisch abzulegenden Lebensläufe (vgl. Bredgaard u.a. 2011: 77f.).

1.3.3 Arbeitsförderung, Weiterbildungsinstitutionen und arbeitsmarktpolitische Instrumente

Das 1960 etablierte System der Arbeitsmarktausbildungen (AMU) bietet auf den Arbeitsmarkt gerichtete Weiterqualifizierungen vor allem für gering Qualifizierte und Ungelernte an. Die lohnabhängig Beschäftgten könnten sich die auf dem Arbeitsmarkt nachgefragten Qualifikationen aneignen, so dass sie auf Arbeitsplatzwechsel vorbereitet seien. Im AMU-System spielten die Tarifparteien in Zusammenarbeit mit dem Arbeitsministerium bis Mitte der 1980er Jahre eine zentrale Rolle. Es bot hoch differenzierte und modularisierte Kurse für verschiedene Qualifikationsniveaus in den unterschiedlichen Teilarbeitsmärkten an. Die Kurse wurden staatlich finanziert und waren kostenlos sowohl für Beschäftigte als auch für Arbeitslose. Seit Mitte der 1980er Jahre wurde das System dezentralisiert und Eigenbeiträge eingeführt, weshalb weniger Arbeitslose teilnahmen (vgl. Lassen/Sørensen/Jørgensen 2005: 481ff.).

Obwohl die aktive Arbeitsmarktpolitik erst später als in Schweden entwickelt wurde, reichen Humankapital-Ansätze bis in die 1960er Jahre zurück. Rosdahl (2003: 128) erläutert, dass sich Aktivierung erst seit den 1990er Jahren stärker an Weiterbildung ausrichtet. So nahmen 1958–59 16-19% der „Aktivierten" an Kursen teil und der Rest an Beschäftigungsarbeit. Noch Mitte der 1980er Jahre standen erst ca. 20% der Aktivierten in Weiterbildungsmaßnahmen. 1995 nahmen bereits 60% der Aktivierten an Weiterbildungsangeboten teil. Aktivierung in Arbeit veränderte sich ab 1978. Bis in die 1970er Jahre bedeutete sie v.a. öffentlich gestützte Beschäftigungsmaßnahmen, z.B. für öffentliche Bauvorhaben. Seit einer Verordnung aus dem Jahr 1978 wurden die Arbeitslosen auf regulären Arbeitsplätzen vor allem in der Privatwirtschaft beschäftigt. Zwischen den 1960er und den 1990er Jahren wurden die für die aktive Arbeitsmarktpolitik nötigen Weiterbildungseinrichtungen ausgebaut (vgl. Rosdahl 2003: 128f.). Instrumente aktiver Arbeitsmarktpolitik werden von den Jobcentern und Kommunen sowie zunehmend von privaten Akteuren angeboten. Im Laufe der 1990er Jahre wurden die Instrumente zusammengefasst, so dass heute drei übergeordnete Instrumente zur Verfügung stehen, nämlich Beratung und Weiterqualifizierung, Lohnkostenzuschüsse und Unternehmenspraktika (vgl. Bredgaard u.a. 2011: 66).

1.3.4 Sozialdisziplinierung und Dekommodifizierung bis zur Fordismuskrise

Im Folgenden werden Kontinuitäten wie Brüche der Arbeitsmarktpolitik im Kontext der Entwicklung von sozialdisziplinierenden Ansätzen bis zur Krise des Fordismus herausgearbeitet. Hiermit soll in den folgenden Abschnitten untersucht werden, ob der Anfang der 1990er Jahre vollzogene Wechsel zur *aktivlinje* tatsächlich einen radikalen Bruch bedeutete und wie er mit der postfordistischen Transformation im Zusammenhang stand.[11]

11 So beschreibt z.B. Linke (2009), dass eine Konditionierung der Leistungen erst 1994 eingeführt worden sei. Hansen/Henriksen (1984) weisen demgegenüber darauf hin, dass

Im Absolutismus stigmatisierten Erlasse zur Armenfürsorge (1799 und 1803) die Fürsorgeempfänger*innen noch nicht. Erst unter dem Einfluss liberaler Strömungen wurde 1809 und 1824 das Selbstbestimmungsrecht der Armen eingeschränkt, indem sie beispielsweise nicht heiraten durften, bis die erhaltene Armenhilfe zurückgezahlt worden war. Mit dem dänischen Grundgesetz von 1849, das im Zuge der bürgerlichen Revolution verfasst wurde, wurde eine Konditionierung von Leistungen und der Verlust von Bürgerrechten, beispielsweise des Wahlrechts und der Wählbarkeit bei Inanspruchnahme der Armenhilfe festgeschrieben (vgl. Jonasen 2004). Auch Jensen (2007: 17) beschreibt, dass Missbrauch und Betrug seit der bürgerlichen Revolution von 1848 gängige Topoi in Diskussionen zur öffentlichen Unterstützung von Arbeitslosen waren. Der Begriff der „würdig Bedürftigen" (*værdigt trængende*) war Anfang des 20. Jahrhunderts verbreitet. Noch um 1900 hatte eine Inanspruchnahme der Armenhilfe den Verlust der Bürgerrechte, z.B. des Wahlrechts und des Rechts auf Eheschließung, zur Folge. Diese Regelung wurde offiziell erst 1961 aufgehoben (vgl. Reintoft 1999: 33; Seidelin Jacobsen 1988: 102ff.).

Während des Ersten Weltkriegs näherten sich die Konzepte der Sozialdemokratie unter Stauning und der sozialliberalen Partei Radikale Venstre unter Munch an. Die sozialliberal-sozialdemokratische Regierung wollte mit einer Wohlfahrtssteigerung den sozialen Zusammenhalt stärken, um einem staatlichen Zerfall entgegenzuwirken. In dieser Zeit wurde der korporatistische Ansatz, mit dem die Arbeitsmarktparteien bereits seit 1899 den Arbeitsmarkt selbst regulierten, erweitert, in dem sie weitreichende Aufgaben in Kommissionen und Ausschüssen übernahmen (vgl. Kaspersen 2006: 116f.).[12]

Vor dem Hintergrund der 1932/1933 rapide bis auf 50 Prozent angestiegenen Arbeitslosigkeit in Folge der Weltwirtschaftskrise kam es 1933 zu einem Klassenkompromiss zwischen der Arbeiterklasse und den bäuerlichen Schichten. Die Sozialdemokratie und Venstre einigten sich in dem so genannten *Kanslergadeforlig* auf einen Kompromiss aus einem der Landwirtschaft dienenden Wirtschaftsprotektionismus und an die Arbeiterklasse gerichtete Sozialreformen. Die Sozialreformen wurden maßgeblich vom Sozialminister K.K. Steincke geprägt, der während des Ersten Weltkrieges als Armeninspektor in Kopenhagen-Frederiksberg tätig gewesen war. Die bisher 55 Gesetze aus dem Sozialbereich wurden systematisiert und zu vier

schon in den 1970er Jahren z.B. mit dem *Lov om social bistand* von 1974 das Ermessensprinzip gegenüber dem Rechtsprinzip gestärkt worden sei.

12 Kaspersen (2006) interpretiert die Entstehung des dänischen Wohlfahrtsstaates als Reaktion auf externe Schocks. Die politischen Eliten hätten ein Eigeninteresse am Erhalt des Staates gehabt. Ausnahmezustände wie die Konflikte mit dem Britischen Empire, die Kriege gegen Preußen 1848 und 1864, der Erste Weltkrieg und insbesondere die Zeit der deutschen Besatzung im Zweiten Weltkrieg von 1940–1945 sowie die unsichere Nachkriegszeit hätten zu „states of necessity" geführt.

Gesetzen gestrafft. Zwar wurden die Rechtsfolgen bei Empfang staatlicher Fürsorgeleistungen nicht abgeschafft, aber sie wurden nicht mehr in der Regel, sondern im Ausnahmefall angewendet. Dies geschah durch eine Auffächerung der Leistungen, bei denen nur noch einige unter die strengen Regelungen fielen – also eine Spaltung der Bedürftigen, die jedoch dazu führte, dass weniger Menschen ihre Rechte verloren. Die Unterteilung in Versicherungs- und Fürsorgeleistungen spiegelt die weiterhin präsente Vorstellung von „würdig Bedürftigen" wider. Neben den Leistungen aus der Arbeitslosenversicherung wurden die staatlichen Fürsorgeleistungen in drei weitere staatliche Unterstützungsleistungen untergliedert: die Sonder-, die Kommunal- und die Armenunterstützung. Die öffentliche Fürsorge wurde bei den Kommunen gebündelt. Die Sonderunterstützung konnten Menschen beziehen, die z.B. chronisch krank oder erblindet waren, die Kommunalunterstützung konnte in Notfällen bezogen werden, z.B. wenn die Bezugsdauer der Arbeitslosenunterstützung vorbei war. Sie musste zurückgezahlt werden, wenn nicht rechtliche Konsequenzen folgen sollten. Die Armenunterstützung schließlich richtete sich an „arbeitsscheue Personen, säumige Versorger, Alkoholiker und Vagabunden" (Skovmand/Dybdahl/Rasmussen 1973: 426f.). Gegen die Jugendarbeitslosigkeit wurden unter der sozialdemokratischen Regierung Stauning Maßnahmen wie Aufenthalte in Arbeitslagern und an Heimvolkshochschulen (sic!) eingeführt (vgl. ebd.: 442).

Von Wohlfahrtsstaat spricht man erst in der Zeit nach dem Zweiten Weltkrieg, dem Fordismus. In welchem politischen Kontext und vor dem Hintergrund welcher sozialer Kompromisse und Auseinandersetzungen kam es zum Aufbau des keynesianischen nationalen Wohlfahrtsstaates in Dänemark? Führte dieser Ausbau wirklich zu einer Dekommodifizierung und welche sozialdisziplinierenden Elemente wurden fortgeführt?

Ploug/Henriksen/Kærgård (2004) beschreiben die 1950er und 1960er Jahre als das Goldene Zeitalter des Wohlfahrtsstaats, der universell ausgebaut wurde und dessen Symbol die Einführung der Volksrente (*folkepension*) für alle im Jahr 1956 war. In den 1950er Jahren wurden Urlaubsregelungen und die Krankengeldverordnung ausgeweitet und die Arbeitszeit verringert (vgl. Hansen/Henriksen 1984: 120). Statt der selektiven Vorstellung der „würdig Bedürftigen" habe sich die Vorstellung „Wohlfahrt für alle" eingebürgert, so das gängige Narrativ (vgl. Ploug/Henriksen/Kærgård 2004: 14).

Wie kam es zu diesem Paradigmenwechsel, betraf er auch die Arbeitsmarktpolitik und wie lange hielt der universalistische Konsens an, ehe er in Frage gestellt wurde?

Kaspersen (2006: 120ff.) rekonstruiert die Zusammenhänge zwischen der Etablierung des dänischen Wohlfahrtsstaates nach dem Zweiten Weltkrieg und der Rolle der USA und insbesondere der Marshallplanhilfen und interpretiert infolgedessen seine Ausweitung in der Nachkriegszeit als antikommunistische Maßnahme. Bei den ersten Wahlen nach dem Krieg konnten die dänischen Kommunist*innen beachtliche

Erfolge erzielen, woraufhin die Sozialdemokratie und die USA das gemeinsame Interesse verfolgten, die Popularität der Kommunistischen Partei und deren Ideen zurückzudrängen. So wurde die Sozialdemokratie in Dänemark zum wichtigsten strategischen Ansprechpartner der USA. Mit den 278 Millionen US$, die Dänemark zwischen 1945 und 1953 erhielt, verband sich die Auflage, die Grundzüge der amerikanischen Wirtschafts- und politischen Ordnung zu akzeptieren. Die USA wiederum unterstützten das sozialdemokratische Wohlfahrtsstaatsprojekt, weil es soziale Probleme eindämmen und so die pro-amerikanische Haltung dieses für die USA u.a. auf Grund der geostrategischen Lage Grönlands wichtigen Bündnispartners stärken würde. 1949 gab Dänemark seine Neutralität auf und trat der NATO bei (vgl. ebd.). Bezugnehmend auf Gramscis Hegemonietheorie unterscheidet Gielfeldt zwischen einer klassenbasierten Blockbildung innerhalb Dänemarks im Fordismus und im Neoliberalismus. Er schlussfolgert, dass sich der Wohlfahrtsstaat durch einen hegemonialen Block von Arbeiter- und Mittelklasse durchgesetzt habe, während der Neoliberalismus sich durch einen hegemonialen Block der Mittelklassen und des Bürgertums durchsetzen konnte (vgl. Gielfeldt 2014: 61f.).

In der Fordismuskrise stieg die Arbeitslosigkeit besonders stark an, innerhalb von fünf Jahren von 0,8% (Mai 1973) auf 8,3% (Mai 1978). Der überdurchschnittlich hohe Anstieg der Arbeitslosigkeit verlief parallel zu einem Anstieg der Frauenerwerbsquote (vgl. Hansen/Henriksen 1984: 265). Die Frauenerwerbstätigkeit stieg in Folge der Student*innenbewegung und der steigenden Popularität feministischer Bewegungen v.a. in Rezeption der US-amerikanischen Frauenbewegung durch die Rotstrümpfe (*rødstrømper*) in den späten 1960ern und frühen 1970ern an. Bis in die späten 1960er Jahre waren zwar relativ viele unverheiratete Frauen erwerbstätig (91%), doch traten diese nach der Eheschließung häufig wieder aus der Erwerbsarbeit aus. Während 1960 25% der verheirateten Frauen erwerbstätig waren, stieg der Prozentsatz bis 1970 auf 49% und bis 1977 auf 62%. In den 1970er Jahren wurden in Folge der Forderungen der Frauenbewegung die Kinderbetreuungsmöglichkeiten massiv ausgebaut, eine Voraussetzung für die steigende Erwerbstätigkeit der Frauen (vgl. ebd. 1984: 301).

Die Arbeitsmarktpolitik der sozialdemokratisch geführten Regierungen der 1970er Jahre war geprägt von der Vorläufigkeit der Maßnahmen in einer akuten ökonomischen Krisensituation. Der Erhalt des Lebensstandards sollte auch bei Arbeitslosigkeit sichergestellt werden. Als Beispiel für diesen Ansatz kann die Neujahrsansprache des sozialdemokratischen Ministerpräsidenten Anker Jørgensen von 1976 dienen, in der er die politischen Kräfte kritisiert, die die Arbeitslosen unter Verdacht stellen und postulieren, dass hohe Unterstützungsleistungen bei Arbeitslosigkeit die Motivation zu arbeiten verringern:

> „Es ist eine harte Zeit für die, die von Arbeitslosigkeit getroffen werden – und eine harte Zeit für die, die Angst davor haben, dass es sie das nächste Mal trifft. Ich weiß

aus eigener Erfahrung, dass es eine Belastung für den Einzelnen ist, die weit über die ökonomischen Probleme hinausgeht. [...] Zu allen Zeiten gab es Menschen, die das gesellschaftliche Gewissen damit beruhigt haben, das Arbeitslosigkeitsproblem mit Bemerkungen abzuwiegeln, dass die Arbeitslosen sicher nicht arbeiten wollen und dass sie eine zu hohe Unterstützung bekommen. Heute dürfen wir nicht vergessen, dass noch 1973 quasi alle Männer und Frauen eine Arbeit hatten und dass man damals eine gute Unterstützung bekommen konnte. Deshalb dürfen wir nicht die Hilfe für die Arbeitslosen unter Verdacht stellen. Die Hauptaufgabe ist es, Arbeit zu schaffen." (Anker Jørgensen 1976; Übers. B.D.)

In der einsetzenden Fordismuskrise wurde 1973 zunächst der Bezug des Arbeitslosengeldes erleichtert und 1974 die Sozialhilfe (*bistandshjælp*) beschlossen, die nach dem Ermessensprinzip von den Kommunen ausgezahlt wurde. Bis 1970 war die jährliche und die maximale Bezugsdauer des Arbeitslosengeldes begrenzt gewesen. Während die Gesetzgebung im Laufe der Zeit variierte, lag die durchschnittlich mögliche Unterstützungszeit bei drei bis vier Jahren. Diese Regelung wurde 1970 zu Gunsten der 26 Wochen-Regel geändert, die besagte, dass man mindestens 26 Wochen innerhalb der letzten drei Jahre gearbeitet haben musste, um Arbeitslosengeld zu beziehen – die so genannte Arbeitsanforderung (*arbejdskrav*). Eine neue Anwartschaft konnte man erwerben, wenn man 26 Wochen innerhalb von 18 Monaten gearbeitet hatte (vgl. Rosdahl 2003). Der Gesetzgebungsvorschlag argumentierte, die Arbeitsanforderung solle sichern, dass das Arbeitslosengeld nur für „den Kreis der regelmäßig Beschäftigten, für die die Kasse zuständig ist" gewährleistet würde und „nicht an diejenigen Personen ausgezahlt wird, deren Verbindung mit dem Arbeitsmarkt nicht ausreichend ist" (zit.n. Rosdahl 2003: 106; Übers. B.D.).

Zwei Gesichtspunkte spielten bei der Festlegung der Länge des Arbeitslosengeldbezugs durchgängig eine Rolle – so Rosdahl (2003: 108): zum einen, dass alle „unverschuldet arbeitslose" und „arbeitstaugliche" Langzeitarbeitslose Unterstützung bekommen können und zum anderen, dass alle, die Arbeitslosengeld beziehen, tatsächlich unverschuldet arbeitslos sind und dem Arbeitsmarkt zur Verfügung stehen. Auch hier findet sich also die Trennung in „würdig Bedürftige" und „nichtwürdig Bedürftige" wieder.

Während der Beschäftigungskrise der 1970er Jahre wurde die Arbeitspflicht der 26-Wochen Regelung im Juli 1976 ausgesetzt und in 26 Wochen innerhalb von vier Jahren geändert. Gleichzeitig wurde darauf hingewirkt, möglichst viele Beschäftigungsmöglichkeiten zu schaffen. Die Ausweitung des Arbeitslosengeldbezugs geschah laut Rosdahl aus der offensichtlichen Notsituation heraus, dass nicht genügend Arbeitsmöglichkeiten zur Verfügung standen. Gegenpositionen zeigten sich bei Venstre und der KF, die gegen die Verlängerung der 26-Wochen Regel plädierten und vom Linksspektrum aus SF, DKP und VS, die die Begrenzung der Unterstützungsdauer komplett abschaffen wollten. 1978 wurde die Regelung 26 Wochen in vier Jahren bis 1981 mit großer Mehrheit verlängert. Allerdings sollten diese Maßnahmen nur temporär sein und die Regierung ließ niemals Zweifel daran, dass das Arbeitslosengeld mit der Verpflichtung zur Arbeit verbunden war. So hieß es in einer Verlautbarung, dass es für die Auszahlung des Arbeitslosengeldes notwendig sei, Forderungen zur Verbindung zum Arbeitsmarkt zu stellen. Schon dem Gesetzesvorschlag von 1977 lag die arbeitsmarktpolitische Strategie zugrunde, durch eine aktive Beschäftigungspolitik mit öffentlichen Beschäftigungs- und Ausbildungsangeboten die Situation der Langzeitarbeitslosen zu verbessern – ein Ansatz, der als typisch für die Arbeitsmarktreformen der 1990er Jahre gilt (vgl. Rosdahl 2003: 109ff.).[13]

In den breiten wohlfahrtsstaatlichen Kompromiss waren zu einem gewissen Grad auch die liberalen und konservativen Kräfte eingebunden, aber der wohlfahrtsstaatliche Ausbau war seit den 1970er Jahren umstritten und politisch umkämpft. Schon in den 1970er Jahren begann eine Missbrauchsdebatte zum Arbeitslosengeldbezug, die sich insbesondere gegen Frauen richtete. Verunglimpfend wurde behauptet, dass Frauen in einem großen Umfang in den Arbeitsmarkt eintraten, um von den erleichterten Bedingungen zum Bezug von Arbeitslosengeld und dem geringeren Risiko, eine Arbeit angewiesen zu bekommen, zu profitieren (vgl. Hansen/Henriksen 1984: 330).

Sozialdisziplinierende Elemente waren auch im Fordismus nie aus der Arbeitsmarktpolitik verschwunden. Was sich allerdings von der folgenden neoliberalen Phase grundlegend unterscheidet, ist die vorherrschende Vorstellung, dass die Gesellschaft die Verantwortung für die Arbeitslosigkeit zu tragen hat und nicht das einzelne Individuum. Der Bezug des Arbeitslosengeldes sollte neben der Arbeitsfähigkeit auch den Lebensstandard und die Lebensqualität erhalten. Der wohlfahrtsstaatliche Kompromiss wurde jedoch schon in der Krise des Fordismus herausgefordert: Der zu einem hohen Maße steuerfinanzierte Wohlfahrtsstaat wurde durch eine Bewegung von Steuerverweigerern kritisiert, die in den öffentlichen Diskurs intervenierte und mit der neu gebildeten Fortschrittspartei Glistrups, der Vorläuferin der DF, 1973 ins Folketing gewählt wurde. Mit populistischen Anti-Steuer-Forderungen, einer radikalen Kritik am Wohlfahrtsstaat und ausländerfeindlichen Parolen wurde die Partei zweitstärkste Fraktion. Besonders hohe Stimmenanteile konnte sie unter Niedriglohnarbeitern bekommen (vgl. Petersen 1998: 369).

Der Paradigmenwechsel von der passiven zur aktivierenden Arbeitsmarktpolitik, den viele Forschungsarbeiten durch die Arbeitsmarktreformen Anfang der 1990er Jahre vollzogen sehen (vgl. Torfing 2003, 2004; Braun 2003; Linke 2009;

13 Gesetzesentwurf vom November 1977 aus dem Amtsblatt (zit.n. Rosdahl 2003: 111; Übers. B.D.): „Ausbildung, Beschäftigungsmaßnahmen und weitere intensivierte Arbeitsvermittlung. Die Maßnahmen sollen möglichst schnell nach Eintritt der Arbeitslosigkeit beginnen und im Prinzip ein Angebot an alle Arbeitslosen darstellen."

Dingeldey 2011) hat – wenn überhaupt – nur graduell stattgefunden und muss eher als ein Hin- und Herpendeln abhängig von der wirtschaftlichen Konjunkturlage verstanden werden. In keiner Phase hat der dänische Staatsapparat eine arbeitsmarktpolitische Strategie verfolgt, die eine wirkliche Dekommodifizierung im Sinne einer Entkoppelung sozialer Leistungen von der Arbeitsmarktteilnahme bedeutet hätte. Die temporäre Ausweitung der Bezugsdauer des Arbeitslosengeldes war in einer arbeitsmarktpolitischen Notsituation erfolgt und sollte der Überbrückung bis zur nächsten Hochkonjunktur dienen, während die zweite Säule der arbeitsmarktpolitischen Strategie die Schaffung von Beschäftigungsmöglichkeiten im öffentlichen und privaten Arbeitsmarkt war. Rosdahl (2003: 112) sieht damit „fast die 'Recht-und-Pflicht-Aktivierung' schon beschrieben" (Übers. B.D.). Die Logik verpflichtender „Aktivierungsangebote" bei Auszahlung der Arbeitslosenunterstützung sei sogar bereits seit 1919 gesetzlich verankert gewesen als jede Auszahlung an Notstandsarbeiten geknüpft wurde (vgl. Rosdahl 2003: 112). Einen deaktivierenden Wohlfahrtsstaat hat es nie gegeben und passive Arbeitsmarktpolitik im Sinne monetärer Transferleistungen diente immer zur Überbrückung der Zeit, die Arbeitslose brauchen, um wieder in Arbeit zu kommen.

Die Arbeitsangebotsverordnung (ATB) als Beginn der *aktivlinje*?

Ein Mitarbeiter der dem Beschäftigungsminister unterstellten Behörde AMS, der in den 1970er Jahren eine verantwortliche Stellung im Arbeitsmarktsystem hatte, setzt den Beginn der *aktivlinje* bereits Ende der 1970er Jahre (vgl. Interview AMS Danmark 2007). Zu diesem Zeitpunkt begann man für den Bereich der Jugendlichen Arbeitsgelegenheiten zu schaffen, mit denen eine neue Phase des Arbeitslosengeldbezugs ermöglicht wurde. Auch in der Sekundärliteratur wird dies teilweise als Beginn der *aktivlinje* interpretiert (vgl. z.B. Winter 2003: 277). Allerdings herrscht keine Einigkeit in Bezug darauf, ob die Maßnahmen auch als Workfare interpretiert werden können oder ob sie umgekehrt als Beispiel dafür gelten, dass die Arbeitslosen durch Unterbrechungsphasen geförderter Beschäftigung einen unbegrenzten Arbeitslosengeldbezug erhielten. Die erste Lesart erscheint plausibler, denn die Transferleistung wäre ohne die Aufnahme einer Arbeitsgelegenheit ausgelaufen. Insofern grenzt sich die Arbeitsaufnahme nicht grundsätzlich von Workfare im Sinne einer Arbeit für Wohlfahrtsleistungen ab.

Mit der Einführung der ATB (*arbejdstilbudsordning*) wurde die Bezugsdauer des Arbeitslosengeldes im Prinzip unbegrenzt verlängert. Die Verordnung richtete sich an Langzeitarbeitslose unter 60 Jahren, während für die 60- bis 66-jährigen Arbeitslosen Vorruhestandsregelungen (*efterløn*) eingeführt wurden. Die ATB-Verordnung sollte zunächst bis 1981 bestehen. Sowohl eine breite Mehrheit im Folketing als auch eine gemeinsame Erklärung von DA und LO unterstützten die Verordnung (vgl. Rosdahl 2003: 112f.).

Kernidee des Gesetzes war, dass Langzeitarbeitslose das Recht auf Arbeitslosengeld nicht verlieren sollten, ohne ein Jobangebot bekommen zu haben (vgl. Rosdahl 2003: 113). Die versicherten Langzeitarbeitslosen bekamen das Recht auf ein zumutbares Arbeitsangebot von neun Monaten, das sie wiederum zu einer neuen Bezugszeit von zweieinhalb Jahren berechtigte *(genoptjeningsret)*. Die Arbeitgeber konnten einen Lohnkostenzuschuss erhalten und die Arbeitsplätze sollten regulär und zu normalen Tarifbedingungen sein. Zunächst sollte das Arbeitsangebot nach 27 Monaten erfolgen, 1980 wurde diese Phase auf 21 Monate verkürzt. Wenn man das Angebot nicht annahm, verlor man das Recht auf eine neue Phase des Arbeitslosengeldes, falls man nicht selbst eine Arbeit fand und die Arbeitslosigkeitskasse musste überprüfen, ob man noch für den Arbeitsmarkt zur Verfügung stand (vgl. ebd.: 113f.). Laut ATB-Bekanntmachung in der Fassung von 1984 sollten die angemessenen Arbeitsangebote möglichst im normalen Arbeitsbereich liegen und die Berufserfahrungen und Qualifizierung berücksichtigen (vgl. ATB, BEK nr. 414/1978, idF. vom 22/6/1984).

Wenn in der Sekundärliteratur (vgl. etwa Braun 2003; Linke 2009; Dingeldey 2011) und bei den von mir befragten Akteuren (vgl. Interview AMS Hovedstaden og Sjælland 2007) davon gesprochen wird, dass die Bezugsdauer des Arbeitslosengeldes quasi unbegrenzt war, muss man bedenken, dass zwischen den Bezugszeiten eine Phase der Arbeitspflicht bestand, ohne die man das Recht auf Arbeitslosengeld verlor. Auch Bredgaard/Dalsgaard/Larsen (2003) übernehmen die verkürzte Sichtweise, dass die Lohnersatzleistungen bedingungslos gewährt worden waren und dies zu Missbrauch geführt hätte und trennen zwischen Sozialdisziplinierung und sozialintegrativen Ansätzen (vgl. Bredgaard, Dalsgaard, Larsen 2003: 14).

Hanne Reintoft, Sozialarbeiterin, Redakteurin und Folketingsmitglied von 1966–71 und 1973–1976 beschreibt demgegenüber in ihrem Buch *Træd varsomt* (Pass auf, wo du hintrittst) von 1998 wie in den 1980er Jahren die Arbeitslosen unter Verdacht gestellt wurden und „Wandersagen“ von Sozialmissbrauch in Umlauf gelangten. Hierbei verunglimpften die Medien insbesondere Migrant*innen. Sie beschuldigten die Arbeitslosen, Kranken oder anders sozial Beschädigten regelmäßig, nicht arbeiten zu wollen, Sozialmissbrauch zu betreiben, der Gesellschaft auf der Tasche zu liegen, den Arbeitenden ökonomisch zu schaden, gewaltbereit zu sein und die Sozialarbeiter*innen über Gebühr zu beanspruchen (vgl. Reintoft 1999: 61f.).

1.4 Sozioökonomische Transformationen vom Fordismus zum Postfordismus

Dänemark wird als kleine, offene Volkswirtschaft von kleinen und mittleren Unternehmen charakterisiert. 92% der Firmen beschäftigen weniger als 10 Mitarbeiter*innen, während 2% mehr als 50 Beschäftigte haben. In diesen zwei Prozent arbeiten allerdings über 69% der Beschäftigten (vgl. Danmarks Statistik 2007). Nielsens

(1991) Analyse folgend konnte Dänemark in der Nachkriegszeit zwar als fordistisch bezeichnet werden, jedoch im Sinne eines „nachfrageseitigen Fordismus", denn der Taylorismus sei kaum entwickelt gewesen. Das Akkumulationsregime habe nicht im Sinne eines gelungenen Kreislaufes aus Massenproduktion und Massenkonsum funktioniert, sondern die klassischen „fordistischen" Produkte seien bei einem voll entwickelten Massenkonsum importiert worden. In den Branchen mit tayloristischen Arbeitsprozessen, z.B. in der Fischindustrie, sei die Frauenbeschäftigung besonders hoch gewesen (vgl. Nielsen 1991: 288).

Die tayloristische Arbeitsorganisation erlangte nicht die Bedeutung, die sie in anderen Industrieländern hatte. Fordistische Kernsektoren für langlebige Konsumgüter wie die Automobil- und Elektroindustrie wurden nicht entwickelt. Die Automobilproduktion wurde von nicht-dänischen Firmen durchgeführt, z.B. zwischen 1919–1966 in einem Ford-Werk in Kopenhagen. Gleichwohl war auch Dänemark in der Nachkriegszeit von einem Industrialisierungssprung geprägt. Allerdings konnten die ländlichen Regionen von den steigenden Einkommen nicht profitieren. Der Industrialisierungsschub wurde von binnenmarktorientierten langlebigen Konsumgütern wie Radios, Fernsehern und Haushaltsgeräten getragen (vgl. Hansen/Henriksen 1984: 135ff.). Die Wirtschaft richtete sich wie die der anderen skandinavischen Länder bereits nach dem Zweiten Weltkrieg weniger auf den Binnenmarkt aus als dies idealtypische Analysen des Fordismus annehmen. Die Lebensmittelindustrie war der Hauptexportsektor, während langlebige Konsumgüter fordistischer Kernsektoren hauptsächlich importiert wurden (vgl. Etwil/Lungholt 2007: 6-19).

Die Beschäftigtenstruktur wandelte sich im Laufe der 1960er Jahre radikal. Der Dienstleistungssektor und die Industrie expandierten, die Frauenerwerbstätigkeit und die Zahl der Lohnabhängigen stieg. 100.000 Arbeitskräfte wechselten aus der Landwirtschaft in die Industrie und 200.000 in den Dienstleistungssektor. Die Zahl der Verwaltungsbeschäftigten wuchs von 9,8% in den 1950er Jahren auf 20,5% an (vgl. Hansen/Henriksen 1984: 121). Schon Ende der 1940er arbeiteten fast 50% der Beschäftigten im Dienstleistungssektor. Nachdem der Anteil durch den Industrialisierungsschub der 1960er Jahre auf 43% zurückging, wuchs er bis zum Jahr 2005 bis auf 75%. Die Zahl der Beschäftigten im öffentlichen Dienst hat sich seit 1960 verdreifacht und betrug 2005 30%. Die Expansion des öffentlichen Sektors ist vor allem darauf zurückzuführen, dass viele vormals von Frauen ausgeführten Haushaltsdienstleistungen von der öffentlichen Hand übernommen wurden und die Erwerbsquote der Frauen stieg (vgl. Danmarks Statistik 2007). Im Zeitraum von 1950 bis 1975 stieg die Anzahl der Lohnabhängigen von 70 auf 83% der Erwerbsbevölkerung während der Anteil der Selbstständigen zwischen 1940 und 1975 von 23,9% auf 13% fiel. Mit dem Anstieg der Arbeitsplätze im Dienstleistungssektor änderte sich die Zusammensetzung der Arbeiter*innenklasse: die Zahl der Angestellten und Beamten, die 1940 noch 19,7% der Beschäftigten gegenüber 50% Arbeiter*innen umfasste, stieg bis 1975 auf 42,3% der Beschäftigten und überrundete damit die Zahl der Arbeiter*innen, die nur noch bei 40,3% lag (vgl. Hansen/Henriksen 1984: 200). Die veränderte Erwerbsstruktur zeigt sich auch in der Gewerkschaftsmitgliedschaft. Diese ging nicht zurück, sondern wuchs durch die Steigerung der Frauenerwerbsquote bis zum Jahr 2000 kontinuierlich und bewegt sich auf einem hohen Niveau. Der Organisationsgrad war also im Postfordismus höher als im Fordismus.

Tabelle 3: Gewerkschaftlicher Organisationsgrad und Versicherungsgrad der ALV in Prozent der erwerbstätigen Bevölkerung (Danmarks Statistik 2008)

	1950	*1960*	*1970*	*1980*	*1990*	*2000*	*2007*
Organisationsgrad Gesamt	34,8	43,9	48,0	67,4	72,9	76,2	71,6
Versicherungsgrad Gesamt (ALV)	30,9	33,8	34,2	62,1	69,0	77,0	72,1
Versicherungsgrad Frauen	18,7	24,7	20,8	60,0	73,5	82,0	76,5

In der „Verhandlungsökonomie" Dänemarks kam es zwar zu vielen kleinen Kompromissen zwischen Kapital und Lohnarbeit, jedoch nicht zu dem typisch fordistischen Klassenkompromiss zwischen „big capital" und „big labour" (vgl. Nielsen 1991; Pedersen 2006). Da die tayloristische Arbeitsorganisation keine tragende Rolle für den Produktionsprozess spielte, kam es auch nicht zu einer Krise und Transformation tayloristischer Arbeitsorganisation, z.B. im Sinne einer Flexiblen Spezialisierung, Subjektivierung der Arbeit oder einer Transformation tayloristischer Praktiken. Die Produktionsstruktur lässt sich auch während des Fordismus eher dem Paradigma flexibler Spezialisierung zuordnen, da sie auf Handwerksproduktion und kleine *scales* aufbaut. Ein Beispiel hierfür ist die Organisation der Gewerkschaften entlang von Berufen mit nur wenigen Ausnahmen von Industriegewerkschaften. Trotzdem nahmen die Sozialdemokratie und die Gewerkschaften die Ideen Fords auf, vor allem im Hinblick auf einen nachfrageseitigen Ansatz (vgl. Nielsen 1991: 289; Wagner 2009). Henry Ford zahlte zwar überdurchschnittlich hohe Löhne, setzte aber auf individualisierte Verhandlungen und war offen gewerkschaftsfeindlich. Im Ford-Werk Kopenhagen konnten sich individualisierte Verhandlungen nicht durchsetzen, so dass hier ein Haustarifvertrag abgeschlossen wurde. Allerdings schmälerten die von Ford gezahlten hohen Löhne und die entlang von Berufen organisierten Gewerkschaften die Aktionseinheit gegen die schlechten Arbeitsbedingungen in der Fordfabrik (vgl. Wagner 2009: 15f.). Die dänische Sozialdemokratie hatte ihren klassenkämpferischen Ansatz der Arbeiterkontrolle zugunsten eines Ansatzes, der eine Anhebung des Konsums und Lebensstandards ins Zentrum rückte aufgrund enger Kontakte zur SPD der Weimarer Republik aufgegeben (vgl. Wagner 2009: 18).

Durch die Dominanz von KMU während der Hochphase des Fordismus und einer verhältnismäßig geringen Bedeutung des Taylorismus ging der Übergang zum Postfordismus ohne größere Brüche von statten (vgl. Nielsen 1991: 298f.). Allerdings wurde Dänemark von der ersten und zweiten Ölkrise massiv getroffen und die Arbeitslosigkeit stieg im Verhältnis zu anderen westlichen Ökonomien überdurchschnittlich. 1983 erhielten 700.000 Dän*innen im erwerbsfähigen Alter Transferleistungen (vgl. Hansen/Henriksen 1984).

Seit den 1970er Jahren stand der Sozialstaat zunehmend unter Druck. Hansen/Henriksen bezeichnen schon 1984 in einer Geschichte des dänischen Sozialstaates die Zeitspanne ab Ende der 1970er Jahre als „Neoliberalismus". Einen neoliberalen Ansatz in der Sozialpolitik hätten sowohl die sozialdemokratische als auch noch stärker die nachfolgende liberal-konservative Regierung verfolgt (vgl. ebd. 1984: 399). Ab 1977 wurde so die keynesianische von einer Austeritätspolitik abgelöst. In den 1980er Jahren wurde eine angebotsseitige Politik insbesondere im Bereich staatlicher Industriepolitik entwickelt. Staatsunternehmen hatten in Dänemark eine vergleichsweise geringe Bedeutung. Der große Anteil öffentlicher Beschäftigung ist vor allem auf die öffentlichen Dienstleistungen im Wohlfahrtssektor zurückzuführen, so dass man nicht von einer Sozialisierung der Produktion, sondern von einer Sozialisierung der Reproduktion sprechen kann (vgl. Nielsen 1991: 209ff.).

Schon seit den 1960er Jahren hatte der Außenhandel zugenommen. Waren zur Anwendung in der Industrie werden häufig importiert und Industrie- und Agrarprodukte, Erdgas und Öl exportiert. Dienstleistungen, v.a. die Seeschifffahrt, gewannen an Gewicht. Durch steigende Importe von Textilien und Lebensmitteln wurden die Verbraucherpreise gesenkt. Während durch den Außenhandel Arbeitsplätze für hoch Qualifizierte im Bereich Logistik, Handel, Marketing und Design entstanden, wurden zunehmend Stellen in den Branchen abgebaut, die ausgelagert hatten bzw. in denen die in Dänemark produzierten Waren durch Importe ersetzt wurden. Der Export konzentriert sich auf hochtechnologisierte Produkte aus dem Maschinenbau, regenerativen Energien und biochemischer Industrie sowie der Landwirtschaft und Lebensmittelindustrie (besonders Schweinefleisch) und der Textil- und Möbelindustrie (vgl. Etwil/Lungholt 2007: 9ff).

Der Trend zur Dienstleistungsökonomie hat sich im Postfordismus verstetigt. 2007 waren 76,2% der Beschäftigten im Dienstleistungssektor tätig. Während die Zahl der Beschäftigten im privaten Dienstleistungssektor von 41,3 auf 38,8 bis Mitte der 1980er Jahre leicht zurückging, erhöhte sie sich seitdem auf 47,8%. Die Zahl der Beschäftigten im öffentlichen Dienst war demgegenüber seit Mitte der 1990er Jahre leicht rückläufig (28,6% im Jahr 1995 gegenüber 28,4% im Jahr 2007) (vgl. Danmarks Statistik 2008: 9).

Zusammenfassend lässt sich schlussfolgern, dass die postfordistischen Transformationsprozesse Krise der tayloristischen Arbeitsorganisation, Flexibilisierung und räumliche Restrukturierung der Produktion in Dänemark nicht so stark ins Gewicht fallen, weil die Produktion entlang kleiner und mittlerer Unternehmensgrößen, die oft noch nach handwerklichen Methoden produzierten schon dem entsprachen, was viele Analysen des Postfordismus als postfordistische Produktionsmethoden beschreiben. Die Entwicklung des so genannten Normalarbeitsverhältnisses wird im Abschnitt 1.5.6 rekonstruiert werden, nachdem die Arbeitsmarktreformen seit den 1990er Jahren analysiert wurden.

Der fordistische Klassenkompromiss verstanden als Aufgabe systemtransformierender Ziele gegenüber dem Ziel der Teilhabe an der „Konsumgesellschaft" über hohe Löhne und Transferzahlungen wurde auch in Dänemark getroffen, auch wenn sich die meisten lohnabhängig Beschäftigten nicht dem tayloristischen Fabrikssystem unterwerfen mussten. Auch in Dänemark lässt sich eine tendenzielle Aushöhlung dieses Kompromisses in Bezug auf eine niedrigere Entlohnung und eine Absenkung der Lohnersatzleistungen bei gleichzeitiger Unterordnung unter wettbewerbsstaatliche Erfordernisse feststellen.

Die von 1982–1988 regierende konservativ-liberale Vier-Parteien Koalition (*Firekløverregeringen*[14]) unter dem konservativen Staatsminister Poul Schlüter verfolgte eine neoliberale und monetaristische Politik der Inflationsbekämpfung, der Senkung des Haushaltsdefizits und Wirtschaftsentlastungen und versuchte, den Ausbau des öffentlichen Sektors zu bremsen. Seit 1986 führten die Vorbereitungen für den Beitritt zum Binnenmarkt und zur Wirtschafts- und Währungsunion zu wirtschaftspolitischen Einschränkungen. Unter diesem Programm herrschte ein verschlechtertes Klima für die Gewerkschaften (vgl. Lind 2004: 367). Allerdings wurden schon unter Schlüter die Gewerkschaften in den wettbewerbsstaatlichen Kompromiss eingebunden. Ein tripartistisches Abkommen zwischen der LO, FTF, DA und SALA und der Regierung Schlüter 1987 sah vor, dass die Löhne nicht stärker steigen dürften als die der konkurrierenden Nachbarstaaten. In der Einleitung zur Erklärung heißt es:

> „Vor dem Hintergrund der ernsten Prognosen für die dänische Wirtschaft besteht Einigkeit darüber, dass die Wettbewerbsfähigkeit verbessert werden muss und dass die Ersparnisse gesteigert werden müssen, so dass in den kommenden Jahren eine bessere Beschäftigungssituation und die Verringerung des Handelsbilanzdefizits erreicht wird." (Fælleserklæringen 1987, zit.n. Simonsen 2004: 105f.; Übers. B.D.)

Die Schlüter-Regierung trat Anfang 1993 geschlossen zurück, weil Justizminister Erik Ninn Hansen Familienzusammenführungen von Geflüchteten aus Sri Lanka eigenmächtig ausgesetzt hatte (vgl. Rasmussen 2011). Zwischen 1988–1993 war es

---

14 Firekløver bedeutet vierblättriges Kleeblatt.

zu mehreren Regierungsumbildungen gekommen, so dass Schlüter zuletzt mit einer konservativ-liberalen Minderheit regierte.

Einige Analysen zeigen Dänemark als nivellierte Mittelstandsgesellschaft und heben das hohe Maß an Homogenität und sozialer Gleichheit hervor (vgl. z.B. Campbell/Hall/Pedersen 2006). Ein ähnlich positives Bild zeichnet Robert Boyer (2005: 521), der die Wettbewerbsfähigkeit sozialdemokratischer Kapitalismen, die offene kleine exportorientierte Ökonomien mit hoher Kooperation sind, durch einen hohen Bildungsgrad, eine hoch qualifizierte Arbeitskraft und dynamische Innovation verwirklicht sieht. Eine vom Arbejderbevægelsens Erhvervsråd (vgl. Olsen u.a. 2012) herausgegebene Analyse zeichnet ein anderes Bild. Sie unterteilen die dänische Gesellschaft in fünf Klassen, die Oberklasse, die höhere Mittelklasse, die Mittelklasse, die Arbeiterklasse und die Unterklasse. Insbesondere die obere Mittelklasse und die Mittelklasse aber auch die Unterklasse sei seit 1985 gewachsen. Allerdings sind Menschen ohne akademische Ausbildung immer noch in der großen Mehrheit. Die Klassenunterschiede manifestieren sich zunehmend in einer räumlichen Marginalisierung, in der die besser gestellten Klassen sich im Ballungsraum Kopenhagen häufen, während die Arbeiterklasse, die mit 47% immer noch die größte Gruppe ausmacht, aus der Hauptstadt verdrängt wird. Zur Arbeiterklasse zählen die Autoren Facharbeiter*innen und ungelernte Beschäftigte mit „normalen Jobs". Die politische Tagesordnung werde von der oberen Mittelklasse geprägt, und die Mittelklasse der Großstadt sei das gesellschaftliche Normbild geworden (vgl. Olsen u.a. 2012: 12ff.).

1.5 Arbeitsmarktreformen und das Verhältnis von aktiver und passiver Arbeitsmarktpolitik

1.5.1 Aktivlinjen – *ein neoliberales Projekt?*

Verschiedene Autor*innen haben die diskursive Wende von einer passiven Arbeitsmarktpolitik zu einer Aktivierung oder im Dänischen *aktivlinje*[15] in den 1990er Jahren im Vergleich zu Workfare-Strategien in den angelsächsischen Ländern analysiert. Im Vergleich zu Großbritannien galt der dänische Aktivierungsweg als „weichere Variante" (vgl. u.a. Dingeldey 2011; Linke 2009). Torfing (1997; 1999; 2003) beschreibt den Übergang vom Wohlfahrts- zum Workfarestaat in Dänemark als leise Revolution. Etherington/Jones (2004) bilanzieren, dass sich die Reformen im Unterschied zu britischen Workfare-Strategien an den Bedürfnissen der Arbeitslosen orientieren, die Tarifparteien mit eingebunden hätten und weiterhin relativ hohe

15 Die Mitarbeiter*innen des AMS benutzten den Begriff zur Beschreibung der Veränderungen in der Arbeitsmarktpolitik (vgl. Interview AMS Hovedstaden & Sjælland 2007; Interview AMS Danmark 2007).

Leistungsbezüge möglich seien (2004: 36). Bredgaard/Larsen (2005: 10f.) treffen die Unterscheidung zwischen dem Humankapital- und dem *work first*-Ansatz, wobei Dänemark den ersteren, qualitativen Weg gewählt hätte.

Während die meisten Autoren den Beginn der Aktivierungspolitik in den 1990er Jahren verorten, sehen ihn Rosdahl/Weise (2000: 162f.) bereits Ende der 1970er Jahre. Hier wurde sowohl für Arbeitslosengeld- als auch für Sozialhilfebezieher*innen eine verpflichtende Aktivierung zur Weiterbildung oder Arbeit oder eine Kombination eingeführt, die allerdings wiederum für eine neue Bezugszeit der Transferleistung qualifizierte (s. 1.3.4).

Ein Forschungsstrang zieht eine Trennlinie zwischen der eher weiterqualifizierenden Aktivierung der sozialdemokratisch-sozialliberalen Regierung Nyrup Rasmussen von 1993 bis 2001 und dem *work forst*-Ansatz der liberal-konservativen Regierung Fogh Rasmussen ab 2001 (vgl. Torfing 2004; Daguerre 2007[16]; Jørgensen/Jørgensen 2016). Nur letztere wird hierbei dem neoliberalen Paradigma zugeordnet. Die von mir befragten Akteure unterschieden ebenso zwischen den *human capital*-Ansätzen und *work first*-Ansätzen der unterschiedlichen Regierungen (vgl. u.a. Interview LO Danmark 2007; Interview AMS Hovedstaden og Sjælland 2007). Auch Forscher*innen aus Deutschland haben das Narrativ übernommen (vgl. Bogedan 2009; Linke 2009; Dingeldey 2011; Schulze 2012). Jørgensen und Larsen (2003) trennen die *aktivlinje* in einen sozialdisziplinierenden und einen sozialintegrativen Ansatz. Ersterer verpflichte die Arbeitslosen zur Arbeit, während letzterer eine bedarfsorientierte Weiterqualifizierung anstrebe.

Ich möchte hingegen untersuchen, ob sich wirklich eine Trennlinie zwischen den Regierungen Nyrup Rasmussen und Fogh Rasmussen ziehen lässt. Im Gegensatz zu den genannten Autor*innen vertrete ich die These, dass es auch in Dänemark zu schrittweisen, aber massiven Einschnitten in die Rechte der Arbeitslosen und der sozialen Sicherung gekommen ist, die sich seit der Wirtschafts- und Finanzkrise 2008 noch verstärkt haben. Der Ende der 1970er Jahre einsetzende neoliberale Umbau umfasst m.E. sowohl die von der Sozialdemokratie bevorzugten *human capital*-Ansätze als auch die *work first*-Ansätze der liberal-konservativen Regierungen. Seit den Regierungen Løkke Rasmussen und Thorning Schmidt, lässt sich ohnehin

16 Auch Daguerre (2007: 82f.) trennt in ihrer vergleichenden Studie zu Aktivierungspolitiken den Ansatz der Regierung Nyrup Rasmussen und Fogh Rasmussen, obwohl sie selbst auf die Kontinuitäten hinweist. So habe die liberal-konservative Regierung den Ansatz weiter verfolgt, aber den Zwangscharakter der Maßnahmen verstärkt. „The current government, following its neo-liberal doctrine based on the 'make work pay' paradigm, has cut social assistance benefits. However, the minority government has limited room for manoeuvre, as Social Democrats, the trade unions and the DFP oppose major welfare state retrenchment reforms. Thus, active labour market policies are based on a hybrid combination of neo-liberal doctrine and welfare chauvinism" (Daguerre 2007: 83).

keine an parteipolitischen Linien geänderten arbeitsmarktpolitischen Ansätze mehr erkennen (vgl. hierzu Jørgensen/Jørgensen 2016).

Für die These, dass die *aktivlinje* als neoliberale Strategie einzuordnen ist und sich kein radikaler Bruch zwischen den Regierungen Nyrup Rasmussen und Fogh Rasmussen vollzogen hat, möchte ich im Folgenden argumentieren. Torfing orientiert sich in seiner Diskursanalyse an Jessops Analyse des schumpeterianischen postnationalen Workfareregimes ohne dessen politökomische, materialistische Analyse zu berücksichtigen. Es wird nicht deutlich, warum sich eine Diskurskoalition zur *aktivlinje* bildet. Die dänische Variante von Workfare-Politik basiere auf europäischen Traditionen.

> „Die dänische Workfare-Politik hat es geschafft, die auf den Arbeitsmarkt gerichteten Maßnahmen von ihrer neoliberalen Ausformung abzukoppeln und sich auf vorbildliche Art und Weise den dänischen und europäischen Traditionen angepasst. Das soll nicht so verstanden werden, dass es nicht auch Elemente von niedrigeren Leistungen und Zwang in der dänischen Aktivierungspolitik gäbe. Denn die gibt es. Das Vorbildliche besteht darin, dass die dänische Aktivierungspolitik von der EU als 'best practice' auf dem sozial- und arbeitsmarktpolitischen Gebiet angesehen wird, weil sie sich durch eine pro-aktive Plussummenstrategie auszeichnet und weil sie soziale Mindestrechte und die Verantwortung der Tarifparteien respektiert." (Torfing 2003: 242f.; Übers. B.D.)

Torfing (2003, 2004) grenzt die *human capital* Workfare-Strategie in Dänemark von Workfare-Strategien us-amerikanischer Provenienz ab. Demgegenüber versteht Jessop den bildungszentrierten Workfare-Ansatz in der EU als Teil einer neoliberalen Strategie (vgl. Jessop 2003). Seit Torfings Analyse (2003, 2004) hat sich zudem die *human capital*-Strategie in Richtung einer *work first*-Strategie entwickelt, was dafür spricht, die beiden Ansätze nicht völlig voneinander zu trennen. Allerdings kann man mit Torfing davon ausgehen, dass die zunächst bildungszentrierte Rekommodifizierungsstrategie in Europa eine Adaption erleichtert und für die Gewerkschaften und die Sozialdemokratie anschlussfähig gemacht hat.

Die Analyse Torfings, die dänische Aktivierungspolitik stelle einen eigenständigen Ansatz dar, der nicht in Verbindung mit neoliberalen Ansätzen steht (vgl. Torfing 1999; Larsen u.a. 2001), kritisiert Nielsen (2006: 8). Ihm zufolge leidet die dänische Debatte um den Wohlfahrtsstaat darunter, dass Neoliberalismus mit mehr Markt und weniger Staat gleichgesetzt wird. Er macht bezugnehmend auf Jessop (2002) darauf aufmerksam, dass der Neoliberalismus sich auch durch eine Ausweitung des Staates ausdrückt:

> „Neoliberalismus dreht sich mehr um den Inhalt des Staates als um seine Ausdehnung – es geht primär darum, den Staat aktiv zu reformieren und umzustrukturieren indem das Verhalten, die Mechanismen und Organisationsformen des Marktes und des privaten Sektors immer mehr Einzug halten. Das hat auch zur Folge, dass die Grenzen zwischen den zwei gesellschaftlichen Bereichen zerfasern, aber der Neoliberalismus

ist auch davon geprägt, dass der Staat seinen Spielraum ausweitet." (Nielsen 2006: 8; Hervorheb.i.O.; Übers. B.D.)

Torfing verwendet einen breiten und vielseitig verwendbaren Workfare-Begriff. Dies macht die Analyse unscharf.

> „Ein Teil der dänischen Forscher und Kommentatoren hat behauptet, dass Workfare prinzipiell ein Ausdruck für eine unsoziale, neoliberale Sparpolitik sei. Aber es verhält sich so, dass workfare nicht auf eine bestimmte Essenz reduziert werden kann. Workfare kann konkret viele verschiedene Formen annehmen, und die dänische Form des Workfare ist bestimmt kein Ausdruck einer unsozialen, neoliberalen Sparpolitik." (Torfing 2004: 41; Hervorheb.i.O.; Übers. B.D.)

In der Forschung wird häufig auf die hohe Lohnersatzrate des Arbeitslosengeldes von bis zu 90% verwiesen, dessen Höhe mit den Arbeitsmarktreformen der 1990er Jahre nicht abgesenkt worden sei. Setzt man diese aber in Relation zum durchschnittlichen Verdienst, ergibt sich ein anderes Bild. H.-C. Jørgensen beschreibt die historische Entwicklung des maximalen Arbeitslosengeldsatzes. Hiernach hatte dieser seinen Höhepunkt 1977/78 als er auf mehr als 81% im Vergleich zum Durchschnittslohn stieg. Seit Anfang der 1980er Jahre sank er aber stetig und machte 2005 nur noch 45% des durchschnittlichen Lohnes aus (vgl. Jørgensen, H.-C. 2007: 166ff.). Die Höhe des ausgezahlten Arbeitslosengeldes wurde zwar nicht insgesamt reduziert, jedoch der Prozentteil des Arbeitslosengeldes gemessen an der Lohnentwicklung. Das bedeutet, dass sich der Lebensstandard im Falle der Arbeitslosigkeit stärker von dem der Arbeitseinkommen entfernt hat. Seit dem Gesetz Nr. 988/1996 sind die Arbeitgeber zudem nicht mehr an der Finanzierung der Arbeitslosenversicherung beteiligt (vgl. ebd.: 175). Einer Berechnung des Mitte-links-Thinktanks Cevea und der Arbeitslosigkeitskasse der dänischen Gesundheitsorganisationen zufolge hat sich die durchschnittliche Lohnersatzrate[17] zwischen 1995 und 2014 von 61 auf 49% verringert. Die gutverdienenden Gruppen zwischen 30 und 49 Jahren treten zunehmend aus den Arbeitslosigkeitskassen aus und die schwächeren Gruppen ergänzen ihr Arbeitslosengeld mit privaten Versicherungen (vgl. Cevea/Danske Sundhedsorganisationers A-kasse 2016).

1.5.2 Gesetzesänderungen 1990–2015

Im Folgenden werden die Kontinuitäten der Arbeitsmarktpolitik seit den 1990er Jahren entlang der Rekommodifizierung herausgearbeitet. Hierzu werden die rele-

---

17 Diese wurde berechnet auf Grundlage des maximalen Arbeitslosengeldes für Vollzeiterwerbslose im Verhältnis zum durchschnittlichen Jahreslohn für alle lohnabhängig Beschäftigten nach Abzug des so genannten Arbeitsmarktbeitrags inklusive Rentenbeiträge.

vanten Gesetzesänderungen seit 1993 analysiert. Die von 1993–2001 regierenden Sozialdemokraten unter Poul Nyrup Rasmussen koalierten zunächst mit den Parteien Radikale Venstre, der Christlichen Volkspartei und den Zentrumsdemokraten. Letztere verließen die Regierung 1994 resp. 1996. Die sozialdemokratisch geführten Minderheitsregierungen wendeten sich zwar gegen manche liberalen Forderungen der Schlüter-Regierung. Arbeitsmarktpolitisch, im Hinblick auf Privatisierungen und eine strenge Haushaltsdisziplin hatten sie aber eher ein neoliberales Profil. (vgl. Meyer 2005: 237; Birke 2003).

Arbeitsmarktpolitik unter der Regierung Nyrup Rasmussen 1993–2001

1994 erfolgte die erste umfassende Reform der Arbeitsmarktpolitik mit Inkrafttreten des *Gesetzes über eine aktive Arbeitsmarktpolitik*, das 1993 beschlossen worden war (Lov om en aktiv arbejdsmarkedspolitik, Gesetz Nr. 434/1993). Die die Arbeitsmarktreform vorbereitende Zeuthen-Kommission war 1991 noch unter der bürgerlichen Regierung Schlüter einberufen worden, die von 1982 bis 1993 im Amt war. Sie bestand aus einem unabhängigen Vorsitzenden, acht unabhängigen Expert*innen sowie Vertreter*innen der Gewerkschaften und Arbeitgeberverbände, die die Mehrheit in der Kommission bildeten. Die Kommission war aufgrund einer sich etablierenden Analyse der Arbeitslosigkeit als Strukturproblem eingerichtet worden. Die Tarifparteien konnten ihre Ansätze in der Kommission durchsetzen. Eine diskutierte Verringerung des Arbeitslosengeldes zur Stärkung von Arbeitsanreizen fand nicht ihren Eingang in den Abschlussbericht. Die Vorschläge der Kommission flossen in die Gesetzgebung der Regierung Nyrup Rasmussen ein (vgl. Torfing 2004; Mailand/Due 2003; Hendeliowitz 2003: 33ff.).

Die Arbeitsmarktreform von 1994 definierte das Recht auf Aktivierung in eine Aktivierungsverpflichtung um. Hierzu wurde die Möglichkeit, das Recht auf Arbeitslosengeld durch eine Aktivierungsphase zu erneuern (*genoptjeningsret*), abgeschafft. Ein weiterer Schwerpunkt der Reform war die Dezentralisierung und eine stärkere Rolle für die Tarifparteien. Eine breite Palette von Aktivierungsinstrumenten wie Jobtraining, Ausbildung, Jobrotation und Existenzgründungszuschüsse wurde eingeführt. Die beiden ersteren erfuhren die höchste Priorität (vgl. Mailand und Due 2003; Olesen 2004; Braun 2003; 2006).

1993 wurde das Gesetz über Arbeitsvermittlung und Arbeitslosenversicherung dahingehend geändert, dass eine maximale Bezugsdauer von sieben Jahren für Arbeitslosengeld (*dagpenge*) festgesetzt wurde. Diese gliederten sich in eine vierjährige Spanne, in der ein Recht auf Arbeitslosengeld bestand und darauffolgende drei Jahre, in denen der Bezug des Arbeitslosengeldes an eine Aktivierungspflicht geknüpft wurde (vgl. Hulgaard 2007: 383). Die Verpflichtungen bei Arbeitslosengeldbezug wurden erweitert. Gleichzeitig bestand ein Aktivierungsrecht nach zwei Jahren Arbeitslosengeldbezug sowie ein Anspruch auf die Erstellung eines individuellen

Handlungsplans zur Wiedereingliederung in den Arbeitsmarkt (vgl. Lov om en aktiv arbejdsmarkedspolitik, Gesetz Nr. 434/1993, Kap. 2-9).

Neben der genaueren Reglementierung der Zeit des Arbeitslosengeldbezugs, ordnete die Arbeitsmarktreform die Struktur der Arbeitsmarktpolitik neu, indem ein Teil der Aufgaben auf die regionale Ebene dezentralisiert wurde. 14 regionale Arbeitsmarkträte (RAR) auf Amtsebene, die zu zwei Dritteln aus den Tarifparteien und zu einem Drittel aus staatlichen Vertreter*innen der Ämter und Kommunen bestanden, wurden eingerichtet. Diese sollten unter der Federführung der staatlichen Arbeitsvermittlung AF eine regionale Arbeitsmarktpolitik durchführen im Rahmen zentraler Zielsetzungen und eines Finanzplans durch den Arbeitsminister und den Landesarbeitsrat (LAR), der v.a. aus Vertreter*innen der LO und DA bestand (vgl. Hendeliowitz 2003: 33).[18]

Die Regierung Nyrup Rasmussen verschärfte mit den Haushaltsgesetzen für die Jahre 1995 bis 2001 sukzessive die Aktivierungsregelungen unter Zustimmung der konservativen Opposition. Im Herbst 1995 wurde die zweite Phase der Arbeitsmarktreform beschlossen, die die Aktivierung nach zwei Jahren bei einer Gesamtbezugsdauer von 5 Jahren einführte. Für Jugendliche begann die Phase nun bereits nach sechs Monaten und eine vermittelte Stelle auch während einer Ausbildung anzunehmen wurde verpflichtend. Das Arbeitslosengeld wurde für sie nach einem halben Jahr auf die Hälfte reduziert (vgl. Sonne Nørregaard 2005: 218f.). Im Herbst 1998 begann mit dem Haushaltsgesetz die dritte Phase der Arbeitsmarktreform, die weitere Verschärfungen beinhaltete. Die Aktivierungsphase wurde auf ein Jahr vorgezogen und die Bezugsdauer insgesamt auf vier Jahre beschränkt. Die Zumutbarkeitsregelungen wurden weiter gestrafft, der Berufsschutz eingeschränkt, die Mobilitätsanforderungen erhöht und das Recht auf einen selbst gewählten Ausbildungsverlauf eingeschränkt (vgl. ebd.). 1999 wurden zudem weitere Verschärfungen im Gesetz zur Integration von Migrant*innen und Flüchtlingen verabschiedet. Das 1993 eingeführte und in Deutschland oft rezipierte Sabbatjahr wurde 1998 wieder abgeschafft (vgl. Braun 2003: 5f.). Winter (2003: 297) zufolge wählte die Regierung den Weg der Haushaltsverhandlungen, um den Einfluss des Parlaments zu stärken und den der Gewerkschaften und Arbeitgeberverbände, die bei anderen Gesetzgebungsverfahren stärker eingebunden waren, zu schwächen.

Die Aktivierungspolitik begrenzte sich nicht auf die Arbeitslosenversicherung, sondern umfasste auch den Sozialhilfebereich. 1998 löste das Gesetz über eine aktive Sozialpolitik (*Lov om aktiv socialpolitik*) das bisherige Sozialhilfegesetz von 1974 ab. Seitdem müssen Sozialhilfebezieher*innen Aktivierungsangebote annehmen. Jugendliche unter 30 Jahren müssen nach 13 Wochen aktiviert werden und über

---

18 Auch die Gewerkschaften FTF, AC, Lederne und der Landwirtschaftsarbeitgeberverband SALA waren vertreten.

30-Jährige spätestens nach 12 Monaten. Die Sozialhilfebezieher*innen sollten ein Mitspracherecht erhalten, aber die Kommunen konnten bei Ablehnung eines Angebots die Sozialhilfe einstellen. Die geförderte Beschäftigung berechtigte weder zu einer Aufnahme in die Arbeitslosigkeitskasse noch waren Teilnehmende an Aktivierungsangeboten tariflich abgesichert (vgl. Reintoft 1999: 152f.). Die Kommunen setzten die Aktivierten z.B. als Reinigungskräfte in der Altenpflege ein oder zur Suche gestohlener Fahrräder (vgl. ebd. 154).

Arbeitsmarktpolitik der Regierung Fogh Rasmussen bis zur Krise

Nach einem Wahlkampf, in dem sich die rechtspopulistische Dänische Volkspartei (*Dansk Folkeparti*, DF) und Venstre mit einer migrationspolitisch harten Kante profilierten, verlor die sozialliberale Regierungskoalition ihre Mehrheit an die liberal-konservative Regierung unter Anders Fogh Rasmussen. Die neue Koalition aus Venstre und den Konservativen (VK-Regierung) wurde als Minderheitsregierung von der DF geduldet (vgl. Linke 2009: 194f.). Nachdem Fogh Rasmussen Anfang der 1990er Jahre mit dem Buch *Vom Sozialstaat zum Minimalstaat* mit klassisch liberalen Parolen zum Nachtwächterstaat angetreten war, benutzte er nun eine Rhetorik, mit der er sich als Bewahrer des Wohlfahrtsstaates profilieren und sozialdemokratische Wählerschichten gewinnen wollte.

Das positive Bild, das sich von der dänischen Arbeitsmarktpolitik bildete, lag u.a. an den Qualifizierungsmaßnahmen im Rahmen der Aktivierung der 1990er Jahre. Hierin unterschied sich die sozialliberale Regierung Nyrup Rasmussen von der VK-Regierung Fogh Rasmussens. Linke (2009: 196)[19] trennt z.B. zwischen den beiden Regierungen hinsichtlich einer auf Befähigung basierenden Politik. Die VK-Regierung hätte eher einen Workfare-Ansatz verfolgt. Diese Unterscheidung ist m.E. nicht korrekt, denn auch die auf die Humankapitaltheorie basierenden Empowermentansätze reihen sich in das neoliberale Paradigma ein. Beinhalteten die Arbeitsmarktreformen der 1990er Jahre mit Instrumenten wie Jobrotation, Sabbatjahr und Elternzeitregelungen auch Rückzugsmöglichkeiten, und bedeutete die Aktivierungsphase nicht zwingend, dass man für den ersten Arbeitsmarkt aktiviert wurde, hat der Regierungswechsel 2001 aber gleichwohl zu einer stärkeren Fokussierung auf Aktivierung in Arbeit geführt und Urlaubsregelungen wurden bis auf das Elterngeld wieder abgeschafft.

Die 2002 durchgeführte Reform „Mehr in Arbeit“ zielte auf eine schnellere und direkte Vermittlung in Arbeit ab. Zu diesem Zweck wurde ein individueller Kontakt-

19 Linke übernimmt in ihrer Analyse die offizielle Begründung für die Aktivierungswende, dass hiermit soziale Exklusion verhindert werden solle: „Soziale Exklusion durch den alleinigen Bezug von Transferleistungen sollte bekämpft beziehungsweise verhindert werden“ (Linke 2009: 191).

verlauf für alle Arbeitslosen eingeführt und die Kontaktdichte zwischen Arbeitslosen und Behörden auf mindestens jeden dritten Monat erhöht, bei Berufsgruppen mit Arbeitskräftemangel noch häufiger. Bis 2010 sollten 87.000 Stellen neu besetzt werden. Die Regierung begründete die Reform damit, dass zu wenige in Arbeit aktiviert und stattdessen „sinnlose Projekte“ und Weiterbildungen durchgeführt worden seien. Die Maßnahmen für Sozialhilfe- und Arbeitslosengeldbezieher*innen wurden gleichgestellt (vgl. Beskæftigelsesrådet 2006: 108). Als langzeitarbeitslos wurden Arbeitslose nun schon nach drei Monaten definiert. Außerdem sollte die staatliche Arbeitsvermittlung AF liberalisiert werden, indem „andere Akteure“ in die Maßnahmen und den Kontaktverlauf, d.h. die eng reglementierte Betreuung der Arbeitslosen, die Arbeitsvermittlung und den Bereich der Qualifizierungsangebote einbezogen wurden. Der Maßnahmenkatalog wurde von 32 auf drei reduziert, nämlich Beratung und Weiterbildung, Unternehmenspraktikum und Lohnkostenzuschüsse. Die Verfügbarkeitskriterien und Sanktionen wurden weiter im Sinne des *making work pay* verschärft (vgl. Horneman Møller/Lind/Hansen 2008: 60ff.; FTF 2007).

Bei der Reform „Mehr in Arbeit“ von 2002 diente der Arbeitskräftemangel als Begründung, verstärkt arbeitsmarktferne Gruppen für den Arbeitsmarkt zu aktivieren und die Beschäftigungsquote zu erhöhen. Die Reform führte zwar zu einer Neuakzentuierung in Richtung einer noch umfassenderen und stärker auf Aktivierung in Arbeit ausgerichteten Politik und einer Verringerung der Qualifizierungsmöglichkeiten. Ein grundsätzlicher Bruch zwischen den Regierungen lässt sich aber nicht feststellen, zumal sowohl die Reformen der Regierung Nyrup Rasmussen als auch die der Regierung Fogh Rasmussen von den jeweiligen Oppositionsparteien mitbeschlossen wurden (vgl. Interview AMS Hovedstaden og Sjælland 2007). Auch ein Vertreter des AMS Dänemark wies auf die Kontinuität zur Vorgängerregierung hin: „Es ist ziemlich übertrieben, dies ein neues Programm zu nennen, denn grundsätzlich baut 'Mehr in Arbeit' auf dem System auf, was in den 90ern gemacht wurde: Dezentralisierung, Recht und Pflicht Aktivierung, individuelle Handlungspläne usw.“ (Interview AMS Danmark 2007; Übers. B.D.).

Beide Phasen lassen sich als Wende in Richtung einer auf Aktivierung und Selbstoptimierung ausgerichteten neoliberalen Totalität, die dem Individuum die Verantwortung für die Arbeitslosigkeit zuschreibt, interpretieren.[20] Mit der ge-

---

20 Stressbedingte Krankheiten und Depressionen haben in Dänemark stark zugenommen. Das Bild der glücklichen Dänen, die Vermarktung des „Lebensstils“ *hygge* durch die dänische Tourismusbehörde und deren Rezeption beispielsweise in deutschen an Frauen gerichteten do-it-yourself-Zeitschriften zeugen von der Naivität, mit der skandinavische Klischees in ein „Wohlfühlmoment“ der bildungsbürgerlichen Mittelklasse verwandelt werden.

sonderten und niedrigeren Leistung für Migrant*innen führte die VK-Regierung unterstützt von der DF eine nationalistische Unterteilung der wohlfahrtsstaatlichen Leistungen ein.

Arbeitsmarktpolitik in und nach der Krise: Verschärfungen

Seit der Krise haben sich sozialdisziplinierende Ansätze weiter verstärkt. Die Arbeitslosigkeit stieg um ein Drittel an. Die VK-Regierung Løkke Rasmussen, Nachfolger von Fogh Rasmussen, begann 2010 mit Austeritätsmaßnahmen, die eine Reform des Arbeitslosengeldes mit einer Kürzung der Höchstbezugsdauer von vier auf zwei Jahre beinhalteten (vgl. Mailand 2014: 418ff.). Die Reform basierte auf einem Abkommen zwischen der Regierung und der DF. Die Betroffenen fanden nach Ablauf der zwei Jahre seltener eine Stelle als die noch unter die vierjährige Regelung fallenden (Jonasson 2014). Die Rechte der gewerkschaftsnahen Arbeitslosigkeitskassen wurden eingeschränkt (vgl. Rasmussen 2012), weshalb die Gewerkschaften einen stärkeren Schutz vor den liberalen Kündigungsregelungen forderten. So wurden in den Tarifverhandlungen 2010 erste Abfindungsregelungen vereinbart (vgl. Bredgaard u.a. 2011).

Die Verschärfungen der Regierung Løkke Rasmussen I wurden von der von 2011–2015 amtierenden Regierung von Helle Thorning Schmidt (Socialdemokratiet, SF, Radikale Venstre, geduldet von Enhedslisten) nicht grundlegend geändert. Allerdings wurde die Bezugsdauer temporär um ein halbes Jahr verlängert (vgl. Bredgaard 2017: 118). Thorning Schmidt kommentierte die Reform des Arbeitslosengeldes folgendermaßen: „Unser Widerstand gegen die Reform des Arbeitslosengeldes kommt von ganzem Herzen. Aber unser Wille, Verantwortung zu übernehmen ist eisenhart. Wir sind Sozialdemokraten" (Ritzau Meldung 2014; Übers. B.D.).

Am 3. Juni 2016 änderte das Folketing erneut das Gesetz über eine aktive Beschäftigungspolitik (*lov om aktiv beskæftigelsesindsats*) und das Arbeitslosenversicherungsgesetz. Mit der Reform, die die Vorschläge einer Arbeitslosengeldkommission von 2015 weitgehend umgesetzt hat und die von einer breiten Mehrheit der Parteien verabschiedet wurde, wurde eine weitere Verstärkung der Arbeitsanreize bezweckt. Durch flexiblere Regelungen der erneuten Anspruchsberechtigung für das Arbeitslosengeld sollten die Arbeitslosen dazu angehalten werden, auch niedriger entlohnte und befristete Beschäftigungen aufzunehmen. Ein Karenztag alle vier Monate wurde eingeführt und eine mögliche Verlängerung der Bezugsdauer durch eine schnelle Arbeitsaufnahme bei der eine Stunde Arbeit mit zwei Stunden Arbeitslosengeld verrechnet werden. Die Bezugsvoraussetzung wurde von der Forderung 1.924 Stunden innerhalb der letzten drei Jahre gearbeitet zu haben umgestellt auf eine Anrechnung des Verdienstes. Hiernach muss man 223.428 DKR innerhalb der letzten drei Jahre verdient haben, um ein Anrecht auf Arbeitslosengeld zu bekommen. Wenn man innerhalb der Bezugsdauer jedoch mehr als 1.924 Stunden gearbeitet hat, gilt weiterhin die Berechnung anhand der Stunden. Eine Mindestanforderung von 12 Monaten Arbeit innerhalb von drei Jahren wird jedoch dadurch weiterhin festgeschrieben, dass man höchstens 19.029 DKR (ca. 2.718 EUR) pro Monat verrechnen darf. Alle, die weniger verdienen, müssen entsprechend länger für die Bezugsvoraussetzung arbeiten (STAR 2016; Lederne 2016). Die Reform von 2016 hatte einen nach oben umverteilenden Effekt auf der Auszahlungseite, während sie gleichzeitig die Aufnahme prekärer Tätigkeiten förderte. Schlechter Verdienende müssen länger arbeiten, um das Recht auf Arbeitslosengeld zu erhalten.

Im April 2013 wurde ein Abkommen zur Reform des Sozialhilfesystems zwischen der Regierung Thorning Schmidt und den Oppositionsparteien (Venstre, KF, DF und Liberale Allianz) getroffen. Das Abkommen sah vor, die Sozialhilfe für alle Menschen unter 30 Jahren abzuschaffen und durch eine Ausbildungshilfe in Höhe des Ausbildungs- und Studiengeldes SU zu ersetzen. Nach drei Monaten müssen Sozialhilfebezieher*innen für die Leistungen arbeiten, z.B. in bis zu 13 Wochen andauerenden *nytteindsats* (wörtlich: Nutzeinsatz) in den Kommunen. Die Versorgungspflicht wird auf unverheiratete Paare über 25 Jahre ausgeweitet, die bisher ein individuelles Recht auf Sozialhilfe hatten. Zudem wurde das Sanktionsregime weiter gestrafft: Arbeitsfähige Personen werden sanktioniert, wenn die Jobsuche nicht effektiv genug ist. Bei Nichterfüllung der Forderungen des Jobcenters können arbeitslose Sozialhilfebezieher*innen täglich einbestellt werden (vgl. Regeringen u.a. 2013).

1.5.3 Positionen und Strategien der Gewerkschaften und Arbeitgeberverbände

Im Folgenden werden die Positionen der Dachverbände der Arbeitgeber und Gewerkschaften zu den Arbeitsmarktreformen seit den 1990er Jahren untersucht, um gemeinsame bzw. gegensätzliche Strategien zu analysieren. Hierbei lässt sich die Zeit seit den 1990er Jahren in drei Phasen unterteilen. Die erste Phase datiert von 1987 bis 2001, von einem Abkommen zur Lohnpolitik (*Fælleserklæringen*) bis zu den Arbeitsmarktreformen der Regierung Nyrup Rasmussen und deren Aktualisierungen durch die Haushaltsgesetzgebungen. Die zweite Phase von 2001 bis 2008 markiert die Politik der VK-Regierung von Fogh Rasmussen, die nicht als Bruch, sondern als radikalisierte Fortsetzung der Vorgängerregierung interpretiert wird. Als dritte Phase wird die Politik seit dem Ausbruch der Krise von 2008 analysiert, die als weitere Radikalisierung unabhängig von parteipolitischen Änderungen gedeutet werden kann.

Ordneten sich die Gewerkschaften dem hegemonialen Diskurs unter oder prägten sie ihn? Wem nutzten die Arbeitsmarktreformen? Wie war das Verhältnis zwischen Basis und Führung?

Die Analyse basiert auf leitfadengestützten Expert*innengesprächen, die ich im August 2007 mit Vertreter*innen der FTF[21], LO, DA und FA geführt habe und die sich rückblickend mit der Politik seit Anfang der 1990er Jahre, insbesondere mit der Politik unter der Regierung Fogh Rasmussen befassen. Bei den Verbänden, die ich während meines Aufenthaltes nicht sprechen konnte, habe ich mich auf schriftliche Dokumente bezogen. Zentrale Abkommen zwischen den Tarifparteien sowie deren Stellungnahmen zu Gesetzesvorhaben und in arbeitsmarktpolitischen Gremien sollen ebenfalls in die Analyse mit einfließen. Für die Strategien in den 1990er Jahren werde ich mich zudem auf Sekundärliteratur – hierbei insbesondere die ausführliche Diskursanalyse von Torfing (2004) sowie Analysen zu dem Einfluss der Tarifparteien von Winter (2003) und Mailand/Due (2003) – beziehen. Für die dritte Phase seit 2008 beziehe ich mich auf Quellen und Dokumente auf Grundlage von Internetrecherchen.

Landsorganisationen i Danmark (LO)[22], FTF und Akademikerne

Die Positionen der Tarifparteien zu und ihre Rolle bei den Arbeitsmarktreformen seit den 1990er Jahren müssen vor dem Hintergrund der *Fælleserklæring* von 1987 gesehen werden, einem tripartistischen Abkommen, mit dem es zu einem Bruch mit dem Lohnkampfmodell zugunsten der Beschäftigungspolitik kam. Seit diesem Wechsel priorisierte die LO die Arbeitsplatz- vor der Lohnfrage (vgl. hierzu u.a. Torfing 2004). In diesem Sinne wurde ein wettbewerbskorporatistischer Kompromiss mit der DA geschlossen. Ohne diesen Kompromiss, der Auswirkungen auf die Lohnentwicklung hatte, sind die Arbeitsmarktreformen seit den 1990er Jahren und die Rolle der Tarifparteien nur unzureichend zu verstehen. Denn die DA rückte von ihren Forderungen nach einer Absenkung des Arbeitslosengeldes und der Löhne ab, gleichzeitig war 1987 aber eine moderate Lohnpolitik vereinbart worden, mit der die Löhne in Dänemark nicht höher steigen sollten als die der konkurrierenden Nachbarländer.

Die LO vollzog 1990 einen Kurswechsel, indem sie sich für eine Straffung des Pflichtelements in der Aktivierung stark machte. Die Aktivierungswende vollzog sich nicht auf Initiative der Arbeitgeberverbände, sondern durch diesen Kurswechsel der LO (vgl. Torfing 2004: 112).

> „Im Kern waren wir traurig, dass die Rechte abgebaut wurden, die Kontrolle erweitert und die Verfügbarkeitskriterien strenger wurden. Aber so gesehen war es der beste Weg, um unsere Mitglieder in Arbeit zu bekommen." (LO, zit.n. Torfing 2004: 112; Übers. B.D.)

21 Da die FTF nicht dazu bereit war, das Interview aufzeichnen zu lassen, mir aber schriftliches Material zur Verfügung stellte, muss ich mich hier auf die schriftlichen Quellen beziehen.

22 Die interviewten Experten von DA und LO waren Mitglieder im nationalen Beschäftigungsrat (BER).

„Ausgehend von dieser Sichtweise", so Torfing (2004: 112), „unterstützt die LO auf der ganzen Linie die Arbeitsmarktreform von 1993"[23]. Die LO setzte sich selbst bei der Arbeitsmarktreform von 1998 für weitere Verschärfungen ein, so dass die Phase der Recht- und Pflichtaktivierung noch weiter vorgezogen und die Zeit des Arbeitslosengeldbezugs verringert wurde. In einer an die Mitglieder gerichteten Broschüre zur Reform hatte sie diese Verschärfungen nicht erwähnt (vgl. Torfing 2004: 112). Schon 1996 signalisierte die LO ihre Zustimmung zu einer Halbierung der Arbeitslosengeldleistungen für Jugendliche. Dies war ein Bruch mit ihrer bisherigen Position gegen Leistungskürzungen (vgl. Winter 2003: 298). 1998 schrieb die LO gemeinsam mit dem Arbeitgeberverband DA ein Abkommen, indem einige der geplanten Regierungsvorhaben zur Aktualisierung der Arbeitsmarktreform von 1993 vorweggenommen wurden. Das Abkommen, das in den Gesetzgebungsprozess einfloss, forderte eine Verkürzung der Bezugsdauer des Arbeitslosengeldes und eine Aktivierung von 75% der Aktivphase des Arbeitslosengeldbezugs. Gegen letztere Forderung hatten sich die Gewerkschaftsverbände FTF und AC positioniert (vgl. Winter 2003: 299). Weiterqualifizierungsaspekte haben dem von mir befragten Vertreter der LO im Beschäftigungsrat zufolge in den 1990er Jahren eine große Rolle gespielt und die LO hätte sich bei den sozialdemokratischen Regierungen dafür eingesetzt, diesen Aspekt zu fördern. Seit dem Regierungswechsel zur VK-Regierung 2001 seien drei Paradigmenwechsel vollzogen worden: erstens ein Wechsel von einem bildungszentrierten zu einem *work first*-Ansatz, zweitens eine stärkere Orientierung an quantitativen Ergebnissen als an Maßnahmen, wohingegen die LO für eine nachhaltige Arbeitsmarktintegration plädiert und drittens ein Wechsel von einer gesellschaftlichen Verantwortung für Arbeitslosigkeit hin zu einer individuellen Schuldzuweisung der Arbeitslosigkeit (vgl. Interview LO Danmark 2007).

Nach Ansicht des LO Vertreters unterstützen die Arbeitgeber seit der Strukturreform von 2007 eher die Regierung, anstatt dass sich die Tarifparteien gemeinsam gegen die Regierung positionieren. Durch die Veränderungen in der Organisation der Arbeitsmarktpolitik, d.h. dem Wechsel weg von den Regionalen Arbeitsmarkträten und dem Landesarbeitsmarktrat hin zu den Lokalen Beschäftigungsräten und dem Landesbeschäftigungsrat seien die Kooperationen zwischen den LO-Vertretern und den Vertretern der Arbeitgeberseite lockerer geworden, da man nicht mehr so enge gemeinsame Aufgaben in der Arbeitsmarktpolitik habe (vgl. Interview LO Danmark 2007).

Die VK-Regierung habe seit ihrem Antritt eine rhetorische Wende vollzogen und sich eher an die abhängig Beschäftigten als an die Arbeitgeber gewandt, um zu zeigen, dass nicht nur die Sozialdemokratie, sondern auch Venstre für gesellschaftlichen Zusammenhalt stünde. In Dänemark sei es schwierig wirklich bürgerlich zu

23 Übers. B.D.

sein, weil die Dänen das eben nicht seien. Mancheiner meine, Fogh Rasmussen sei sozialdemokratischer als die Sozialdemokraten.

> „Deshalb gibt es ein großes – wie soll ich sagen – Interesse des Staatsministers und der jetzigen Regierung an einer guten Beziehung zur Gewerkschaftsbewegung. Und das trägt dazu bei, dass Wohlfahrt und schwache Gruppen auf dem Arbeitsmarkt usw. auf die Tagesordnung gesetzt werden." (Interview LO Danmark 2007; Übers. B.D.)

Während die Regierung und die Arbeitgeberseite Qualifizierungsinstrumente kritisieren, befürworte die LO auch wegen des internationalen Wettbewerbs eine Qualifizierungsstrategie (vgl. Interview LO Danmark 2007).

Der ehemalige Vorsitzende der LO, Harald Børsting, weist darauf hin, dass die Höhe des Arbeitslosengeldes unter Druck geraten ist. Seit 1982 ist die Lohnersatzrate[24] um 20-30% gefallen – in den Berufsgruppen der ungelernten Lager- und Packhausarbeiter*innen und bei Reinigungskräften, die im Organisationsbereich der Gewerkschaft 3F (*Fagligt Fælles Forbund*) liegen ebenso wie bei Elektrikern. Durchschnittliche LO-Arbeiter*innen mussten seit 1982 einen Fall der Lohnersatzrate von 25% hinnehmen (vgl. Børsting 2007: 312). Daneben ist die Bezugsdauer mehr als halbiert worden, wenn man die Phase des erneuten Anspruchserwerbs einbezieht. Børsting (2007: 314) setzt sich trotzdem für strenge Verfügbarkeitskriterien ein:

> „Das Arbeitslosengeldniveau muss im Zusammenhang mit den Verfügbarkeitskriterien gesehen werden. Je höher das Arbeitslosengeld, desto wichtiger ist es, dass die Verfügbarkeitskriterien entsprechend straff sind. Ein hohes Arbeitslosengeld ist also nicht grundsätzlich hemmend für die Flexibilität, solange die Verfügbarkeitskriterien effektiv sind." (Børsting 2007: 314; Übers. B.D.)

Nach dem Standpunkt der LO müssten Arbeitslose dem Arbeitsmarkt zur Verfügung stehen. Allerdings seien die gestrafften Verfügbarkeitskriterien streng genug (vgl. Børsting 2007: 316).

Auch die Gewerkschaft FTF stellte seit 1991 die Struktur- und Beschäftigungspolitik über die Lohnauseinandersetzungen und unterstützt die neue Aktivierungspolitik. Dennoch vertrat sie eine kritischere Haltung gegenüber den durchgeführten Reformen. Allerdings spricht sich die FTF dafür aus, dass das Recht auf eine neue Anwartschaft für Arbeitslose, die durch die frühzeitige Aktivierung nicht in Arbeit kommen, weiterhin bestehen bleibt. Während die Führungsebene der FTF positiv gegenüber der *aktivlinje* eingestellt war, sind die Funktionäre an der Basis eher kritisch und wollten für Arbeitslose mit geringen Arbeitsmarktchancen weiterhin das Versorgungsprinzip gelten machen (vgl. Torfing 2004: 115).

Die Position der FTF spiegelt sich in einer Broschüre für die Lokalen Beschäftigungsräte wider. Sie unterstützt den Aktivierungsansatz, setzt aber wie die LO eher auf Qualifizierungsmaßnahmen: „Es ist eine wichtige Zielsetzung, dass der

24 Also das Verhältnis zwischen dem Arbeitslosengeld und dem letzten Lohn.

Arbeitslose so schnell wie möglich in Arbeit kommt" (FTF 2007: 16; Übers. B.D.). Die Beschäftigung soll aber auf Dauer angelegt in einem Standardarbeitsverhältnis sein (vgl. ebd.: 16).

Die FTF kritisiert die Fokussierung der Arbeitsvermittlung auf die strengeren Verfügbarkeitsregelungen, aber nicht die Verfügbarkeitsprüfung als solche, die

> „am besten dadurch gemessen wird, dass sie ein konkretes Jobangebot bekommen. Die FTF schlägt vor, dass die Jobcenter mit einer gründlichen Vermittlungsarbeit der Arbeitslosen auf offene Stellen ansetzen, und dass eventuelle Absagen in die Arbeit einfließen, um einen möglichen Weiterbildungsbedarf bei den einzelnen Arbeitslosen abzudecken." (FTF 2007: 19; Übers. B.D.)

Die FTF fordert eine bessere Zusammenarbeit zwischen den Jobcentern und den Gewerkschaften und Arbeitslosigkeitskassen, weil diese große Erfahrung mit der Arbeitsvermittlung und Branchenwissen haben. Für manche Zielgruppen, z.B. über 50-Jährige oder bestimmte Branchen, fordert die FTF eine vorgezogene Aktivierung nach einem halben Jahr, um einer Langzeitarbeitslosigkeit vorzubeugen (vgl. FTF 2007: 19ff.).

Die LO und die FTF kritisieren den Rückgang von Weiterqualifizierung seit der Arbeitsmarktreform „Mehr in Arbeit" der Regierung Fogh Rasmussen. Sie fordern die Aus- und Weiterbildung zur Sicherung unbefristeter normaler Beschäftigung, frühzeitige und individuelle Maßnahmen ausgehend von einer „qualifizierten Visitation", eine stärkere Rolle für die Arbeitslosigkeitskassen und mehr Vertrauen in die Arbeitslosen statt Mißtrauen, Kontrolle und Strafen. Beide Gewerkschaftsverbände fordern angesichts der auf zwei Jahre verkürzten Bezugsdauer des Arbeitslosengeldes, die Aktivierunsgphase noch weiter vorzurücken, so dass sie bereits während der Kündigungszeit greift. Die Kassen sollen folgende Aufgaben zugeteilt bekommen: Berufsorientierung nach der Arbeitslosmeldung, Vorschläge zu Job- und Ausbildungsplänen für die Jobcenter, Verfügbarkeitskontrollen durch Gespräche und das Onlinetool *joblog*, Berufsberatung und Motivationsgespräche, Unternehmenskontakt und Arbeitsvermittlung (vgl. LO/FTF 2013).

In Bezug auf das Sanktionsregime fordern die Gewerkschaften zwar mehr Freiheiten und Mitbestimmung der Arbeitslosen, setzen sich aber nicht für eine Abschaffung der Verfügbarkeitsprüfungen ein. Wenn nötig, plädieren sie sogar für eine stärkere Überwachung:

> „Die bestehende Notwendigkeit der Kontrolle und Sicherstellung der Verfügbarkeitsverpflichtungen der Arbeitslosen muss respektiert werden, muss aber gleichzeitig systematisch bezüglich der Hauptziele der Reform hinsichtlich der Ziele und Mittel evaluiert werden. Dabei muss berücksichtigt werden, dass die Bezugsdauer des Arbeitslosengeldes für den überwiegenden Teil der Arbeitslosen bedeutet, dass eine effektive und zielgerichtete Nutzung der zwei Jahre das A und O ist. Deshalb muss kritisch betrachtet werden, dass ein Hauptziel für Gespräche und Aktivierung der 'Motivationseffekt', die Verfügbar-

keitskontrolle und die Einhaltung von verwaltungstechnischen Prozessanforderungen gewesen sind und weiterhin sind. Verfügbarkeit muss breiter definiert werden. Wenn man z.B. an einer Ausbildung teilnimmt, macht es keinen Sinn, sich zu bewerben. Die Hauptaufgabe für die Akteure muss zukünftig sein, effektive und vertrauensvolle Hilfe-zur-Selbsthilfe zu leisten. Aber in den Fällen, wo es einen konkreten Grund für stärkere Überwachung und Druck gibt, darf es kein Zögern geben, Sanktionen vorzubereiten." (LO/FTF 2013; Übers. B.D.)

Durch eine digitale Einsicht in die Eigenbemühungen soll es zu weniger persönlichen Gesprächen zur Überwachung der Verfügbarkeit kommen. Die Arbeitslosen sollen nur bei einer Infragestellung der Verfügbarkeit durch mangelnde digitale Präsenz zu einem persönlichen Gespräch zitiert werden (LO/FTF 2013). LO/FTF fordern, dass die sozialhilfebeziehenden Mitglieder der Arbeitslosigkeitskassen von der Kasse und nicht vom Jobcenter betreut werden, das alle Nichtversicherten betreuen soll (vgl. ebd.: 15).

Der Gewerkschaftsdachverband AC (Akademikerne) war nicht in der Zeuthen-Kommission vertreten. Die Gewerkschaft betreibt eine eng gefasste Interessensvertretung für Menschen in akademischen Berufen und setzt sich hier für einen Weiterqualifizierungsansatz ein. Bezüglich der Aktivierung werten sie eine Ausbildungsaktivierung positiv und dementsprechend die Rücknahme von Weiterqualifizierungen seit der Regierung Fogh Rasmussen negativ. Das Konzept fügt sich in den wettbewerbsorientierten Ansatz ein, indem die Arbeitskraft möglichst hoch qualifiziert auf globaler Ebene konkurriert und in das strategische Ziel der Lissabonstrategie als starker Standort einer Wissensgesellschaft im globalen Wettbewerb:

> „Jahrelang haben wir uns bequem zurückgelehnt in der Überzeugung, dass wir in Dänemark besser ausgebildet seien und smarter arbeiteten als andere. Wir müssten nicht auf Grundlage des Lohnes, sondern des Wissens konkurrieren. Heute ist unser Herausstellungsmerkmal immer noch das Wissen, aber wir sind nicht mehr die Klügsten, die Smartesten, die Schnellsten und schon gar nicht die Billigsten. Das wird ernsthafte Folgen für unsere Wohlfahrtsgesellschaft haben. Wir sind zu wenige, die arbeiten und zu wenige, die gebildet genug arbeiten, um unseren Wohlstand zu sichern und die notwendige Erneuerung unserer Wohlfahrtsgesellschaft zu sichern." (AC 2011: 4; Übers. B.D.)

AC wendet sich gegen das Monopol von LO und DA und betreibt eine dezidierte Interessenpolitik für ihre akademischen Mitglieder. In diesem Sinne arbeitet sie korporatistisch und berufsgruppenorientiert und nicht im Sinne einer Politik für alle Beschäftigten oder alle Arbeitslosen. Ihre Hauptzielsetzung lautete 2008 Akademiker in Akademikerjobs zu vermitteln. In diesem Zusammenhang bezieht sich die Gewerkschaft sowohl positiv auf den Qualifizierungsansatz der Arbeitsmarktpolitik der 1990er Jahre als auch auf die Forderung eines schnelleren Weges in den neuen Job der 2000er Jahre (vgl. AC 2008). In diesem Rahmen wendet die AC sich gegen eine Verschärfung von Verfügbarkeitskriterien und gegen eine Abqualifizierung durch größere Zumutbarkeitskriterien.

Arbeitgeberstrategien

Der interviewte Vertreter des Arbeitgeberverbandes DA im Beschäftigungsrat, der seit den 1980er Jahren in die Arbeitsmarktpolitik involviert ist, schilderte die Positionen der DA. Diese habe sich für die Begrenzung und Verkürzung der Bezugsdauer des Arbeitslosengeldes stark gemacht und dafür, das Recht auf eine neue Anwartschaft aufzuheben. Die zahlreichen Urlaubsmöglichkeiten und den starken Impetus auf Weiterbildung sahen die Arbeitgeber kritisch, weshalb der Vertreter der DA positiv hervorhebt, dass die Urlaubsmöglichkeiten ebenso beschränkt wurden wie die Möglichkeit eines frühen Rückzugs vom Arbeitsmarkt für ältere Beschäftigte. Die „künstliche Trennung" zwischen Arbeitslosengeld und Sozialhilfe wird kritisiert und positiv erwähnt, dass diese mit der Kommunalreform von 2007 zumindest tendentiell wenn noch nicht organisatorisch aufgehoben wurde (vgl. Interview DA 2007). „So gesehen ist es uns ziemlich egal, welche Art von Leistung man erhält. Kann man nützlich für den Arbeitsmarkt werden oder nicht" (ebd.; Übers. B.D.). Öffentlich gestützte Beschäftigung in den Kommunen sowie das Recht auf Aktivierung waren keine Positionen des Arbeitgeberverbandes. Die Einschränkungen des Arbeitslosengeldbezugs für Jugendliche hat die DA stark befürwortet. Für unter 30-Jährige hätte der Vertreter der DA am liebsten gar kein Recht auf Arbeitslosengeld: „Also dann gibt es nur zwei Möglichkeiten. Und das ist Arbeit zu finden oder zurück auf die Schulbank zu gehen und sich höhere Kompetenzen anzueignen. Man sollte kein passiver Leistungsbezieher sein" (Interview DA 2007; Übers. B.D.). Die DA befürwortet die geringe rechtliche Regulierung der Arbeitsverhältnisse und sieht einen größeren Gesetzgebungseinfluss ebenso skeptisch wie eine auf Rechte basierende Arbeitsmarktpolitik, zum Beispiel das Recht auf Versorgung (vgl. Interview DA 2007).

Seit Mitte der 1990er Jahre zeigte die DA ein verstärktes arbeitsmarktpolitisches Engagement, während sie zunächst den Gesetzesvorschlag der ersten Arbeitsmarktreform von 1993 kritisiert hatte. Obwohl sie an der Zeuthen-Kommission teilgenommen hatte, war sie keine treibende Kraft hinter den Arbeitsmarktreformen. Die Position gegenüber der Aktivierungspolitik wird eher als indifferent und wenig ausformuliert dargestellt (vgl. Torfing 2004: 102ff.). Die DA sah trotzdem in dem geführten Interview große Teile ihrer politischen Forderungen in der *aktivlinje* verwirklicht, abgesehen von den Urlaubsregelungen und dem Weiterbildungsaspekt, die aber beide schon zum Ende der Regierung Nyrup Rasmussen reduziert wurden. Winter (2003: 302ff.) kommt zu einem ähnlichen Ergebnis. Ihm zufolge konnte die DA viele ihrer Positionen in den Arbeitsmarktreformen der Regierung Nyrup Rasmussen durchsetzen. Hierzu gehörten die Bekämpfung des Fachkräftemangels, eine Höherqualifizierung der Arbeitskräfte, eine Verschärfung der Verfügbarkeitskriterien, eine wesentliche Verkürzung der Bezugsdauer des Arbeitslosengeldes und eine Halbierung der Arbeitslosengeldleistungen für Jugendliche. Winter schlussfolgert:

„DA hat Grund sich die Hände zu reiben. [...] Das sind Dinge, die schon seit Jahren auf der Wunschliste der Arbeitgeber gestanden haben, die nun unter einer sozialdemokratisch geführten Regierung umgesetzt wurden, während die Gewinne paradoxerweise für DA unter der vorhergehenden bürgerlichen Regierung bescheidener ausfielen – selbst in der Hochkonjunkturphase Mitte der 1980er Jahre." (Winter 2003: 303; Übers. B.D.)

Die alte Forderung nach einer Absenkung des Arbeitslosengeldes setzte sich bei der Arbeitsmarktreform von 1994 nicht durch. Dafür waren lohnpolitische Forderungen im Abkommen von 1987 berücksichtigt und seit den 1980er Jahren die Tarifverhandlungen dezentralisiert worden, was der Arbeitgeberagenda einer größeren Lohnspreizung entgegenkam. Torfing zufolge ließen sie wegen des Abkommens von 1987 die Forderung nach monetären Anreizen fallen. Die Dezentralisierung der Tarifpolitik kann nach Torfing ein Grund für die größere arbeitsmarktpolitische Einmischung des Arbeitgeberverbandes seit Mitte der 1990er Jahre sein, denn durch die Verlagerung musste ein neues Aufgabenspektrum gefunden werden. Zusammen mit der LO wurde das Thema Weiterqualifizierung bearbeitet (vgl. Torfing 2004).

In einem Arbeitsmarktbericht der DA von 1998 wurde die Forderung nach einer Absenkung der Leistungen wieder aufgegriffen. Die Lohnersatzrate sollte um 10% gesenkt werden, um Anreize für Niedriglohngruppen zu schaffen. Für besser Verdienende läge sie ohnehin nur bei 30-40% (vgl. DA 1998: 184). Während man in Dänemark bis zu 90% des Lohnes als Arbeitslosengeld ausgezahlt bekäme, erhielte man in Deutschland und Norwegen nur 60%, so die Argumentation. Allerdings können in Dänemark nur bestimmte relativ niedrige Lohngruppen eine Lohnersatzrate von 90% erreichen. In Deutschland aber gelten 60% (67%) für alle Lohngruppen, so dass das Arbeitslosengeld insgesamt höher sein kann als in Dänemark, wo der Höchstbetrag relativ niedrig angesetzt wird. Die DA lobt hierbei, dass für bestimmte Gruppen wie Jugendliche das Arbeitslosengeld reduziert wurde (vgl. DA 1998: 184).[25]

2003 wendeten sich die DA und die LO gemeinsam gegen den Versuch der VK-Regierung, das Arbeitslosengeld zu senken. Bei den Verhandlungen zum Haushaltsgesetz 2003 scheiterte die Regierung an dem Versuch, durch Einsparungen in der Arbeitslosenversicherung das Arbeitslosengeld zu reduzieren. Der Gesetzesvorschlag, ein Kompromiss zwischen Regierung und DF, sah eine Karenzzeit höher entlohnter Gruppen vor dem Bezug des Arbeitslosengeldes und einen erschwerten Kündigungsschutz vor. Entgegen ihrer grundsätzlichen Position für die Senkung des Arbeitslosengeldes, lehnte die DA den Vorschlag aber ab, weil höher entlohnte Gruppen betroffen gewesen wären (vgl. Berlingske Business 13.11.2003).

---

25 Dieser schiefe Vergleich liegt auch vielen Studien der Sozialstaatsforschung zu Grunde, die immer wieder positiv Bezug darauf nehmen, dass in Dänemark die Lohnersatzrate bei 90% läge, wobei dies nur auf bestimmte Niedriglohngruppen zutrifft. Zudem muss das Arbeitslosengeld in Dänemark versteuert werden.

Konflikte mit den Gewerkschaften zeigten sich vor allem in Bezug auf die Verfügbarkeitsprüfung durch die Arbeitslosigkeitskassen, die der Arbeitgeberverband ihnen entziehen möchte, weil sie ihre Mitglieder zu sehr schützten (vgl. DA Opinion 5. Mai 2006).

Ein kleinerer Arbeitgeberverband des Finanzsektors (FA), der nicht Mitglied der DA ist, soll die Analyse abrunden. Die FA nahm nicht an den Arbeitsmarktkommissionen teil, arbeitet aber mit den Arbeitgeberverbänden DA, SALA und den öffentlichen Arbeitgebern zusammen. Im Sommer 2007 war hier noch nichts von dem „European Vortex" (Aglietta 2012) zu merken, der ein gutes Jahr später auch Dänemark erfassen sollte. „Wir sind eine globale Branche und soweit ich weiß gibt es momentan keine Pläne, Personal zu reduzieren. Wir befinden uns in einer Wachstumsphase" (Interview FA 2007; Übers. B.D.).

Die FA ist in ein dichtes Netzwerk auf europäischer Ebene eingebunden und die Lobbyarbeit gegenüber den EU-Institutionen macht einen großen Teil des Arbeitsbereichs des Interviewten aus (vgl. Interview FA 2007). Der Vertreter berichtet, dass viele EU-Verordnungen z.B. bezüglich der Arbeitszeit über die Tarifvereinbarungen in Dänemark umgesetzt wurden. Die Arbeitsmarktpolitik habe sich europäisiert, z.B. in Bezug auf den Employability-Ansatz und Lebenslanges Lernen. Dieses Prinzip sei von der EU erfunden worden und hätte Einfluss auf Abkommen zu Unternehemensprojekten gehabt (vgl. Interview FA 2007).

Der Kompromiss, welcher der Arbeitsmarktreform der Regierung Nyrup Rasmussen zu Grunde lag, basierte auf einer positiven Einstellung der Tarifparteien gegenüber einer frühzeitigen und auf bedarfsorientierter Weiterqualifizierung beruhenden Aktivierung, die sowohl eine stärkere Verfügbarkeitskontrolle als auch individuelle Handlungspläne beinhaltete. Im Gegenzug dazu, dass diese Arbeitgeberforderungen von den Gewerkschaften übernommen wurden, ließen jene die Forderung nach niedrigeren Löhnen und Transferleistungen fallen. Die Tarifparteien einigten sich auf eine gemeinsame Analyse des Arbeitslosigkeitsproblems als Strukturproblem, das durch eine Qualifizierungsoffensive angegangen und damit die Marginalisierungseffekte der Arbeitslosen verringern sollte. Hierbei differenzierten sich jedoch die Sichtweisen. Nach Torfing vertraten insbesondere die Gewerkschaften und der sozialdemokratische Finanzminister Mogens Lykketoft die Position, dass Aktivierung ein Qualifizierungsansatz sein sollte, während die DA vor allem für eine stärkere Verfügbarkeitskontrolle durch die Aktivierungspflicht plädierte. Hinter der Forderung nach Gegenleistungen für die Transferleistungen *(noget for noget)* versammelte sich aber die LO ebenso wie hinter der Logik „soziale Integration durch Arbeit". Torfing zufolge führte gerade die Schwammigkeit des Aktivierungsbegriffes dazu, dass sich viele hinter ihm vereinten (vgl. Torfing 2004: 154). Letztlich ordneten sich die Gewerkschaften den Forderungen zu einer Verschärfung der Regelungen unter – auch wenn das Weiterqualifizierungselement als Zuckerbrot den gewerkschaftlichen

Zuspruch erleichterte. Nyrup Rasmussen erläuterte 2004, wie die Gewerkschaftsbewegung den Reformplänen gegenübergestanden hatte:

> „Sozialdemokratische Parteien, die das System der Transferleistungen veränderten, sind oft des Abbaus sozialer Rechte angeklagt worden. Nun, als ich unsere Arbeitsmarktreformen in meinem Land einführte, sagten meine Gewerkschaftsfreunde: 'Poul, wie kannst du uns das antun? Du warst so viele Jahre einer von uns, du verstehst uns, wie kannst du das tun?' Und ich sagte: 'Hört zu, lasst uns einen Pakt schließen. Wenn ihr diese Reformen unterstützt und ihr seht in zwei Jahren, dass die Arbeitslosigkeit heruntergeht und die Beschäftigung steigt, sind wir dann im Geschäft miteinander?' Und die Gewerkschaftsführung sagte: 'Ja, wir sind im Geschäft miteinander!'" (vgl. Nyrup Rasmussen 2004: 24)

1.5.4 Kommodifizierung und Sanktionsregime

Eine hohe Beschäftigungsquote getragen von einer hohen Frauenerwerbsquote seit den 1970er Jahren kennzeichnet das sozialdemokratische Wohlfahrtsregime. Die Erhöhung der Beschäftigungsquote im Rahmen der EBS war insofern nie Ziel, da Dänemark dies übererfüllte. Allerdings basiert das Regime gerade auf der Erwerbstätigkeit beider Geschlechter. Insofern eine Erwerbsbeteiligung von Frauen als Kommodifizierungsstrategie interpretiert wird, ist das dänische Arbeitsmarktregime bereits in seiner Grundausrichtung stark kommodifizierend, auch wenn in der Krise des Fordismus die Bezugsdauer des Arbeitslosengeldes sukzessive ausgedehnt wurde. Allerdings werden der Lohnarbeit nicht alle wohlfahrtsstaatlichen Bereiche untergeordnet, so dass die Bereitstellung einer universellen Krankenversicherung für alle Einwohner*innen und die vormals rein steuergedeckte Volksrente, auch Menschen zugutekam, die nicht lohnarbeitstätig waren.[26] Die Entwicklung der Beschäftigungsquote zeigt jedoch, dass gerade das dänische Arbeitsmarktregime die warenförmige Vergesellschaftung der Arbeit stark forciert hat.

Unter 1.5.2 zur Entwicklung der arbeitsmarktpolitischen Gesetzgebung wurden die Maßnahmen dessen, was im Methodenkapitel als direkte Aktivierung bezeichnet wurde, also die Aktivierungsphase, die Einführung von Eingliederungsvereinbarungen und Qualifizierungsmaßnahmen genauer beschrieben. Die staatliche Regelungsdichte hat im Neoliberalismus nicht abgenommen, stattdessen hat eine stark reglementierte Kommodifizierung in dem Sinne stattgefunden, dass die staatliche und kommunale Arbeitsmarktpolitik Unternehmen flexibel mit der richtig qualifizierten Arbeitskraft versorgt. Das hegemoniale Leitbild der Aktivierung ging einher mit einer Ausweitung staatlicher Kontrolle und wird mit einer zeitlich determinierten und immer früher einsetzenden Aktivierungsphase und festen Quoten für Zielgruppen

---

26 Auch hier hat im Postfordismus eine schleichende Privatisierung stattgefunden, im Zuge derer die Grundversorgung abgesenkt und zugezahlte Elemente verstärkt wurden.

(Jugendliche, bestimmte Berufsgruppen) umgesetzt. Hierbei hat die Aktivierungspolitik nicht erst 1993/94 eingesetzt, sondern bereits Ende der 1970er Jahre mit einem Programm auf kommunaler Ebene, das als Beginn der Aktivierungsstrategie verstanden werden kann (vgl. Interview AMS Danmark 2007).

Im Folgenden wird der Blick auf die Stärkung staatlicher Kontrollmechanismen im flexiblen Arbeitsmarktregime gerichtet. Die Überprüfung der Verfügbarkeit (*rådighed*) wird von den Arbeitslosigkeitskassen für die Arbeitslosengeldbezieher*innen und von den kommunalen Jobcentern für die Sozialhilfebezieher*innen durchgeführt. Hierzu wurde ein so genanntes Visitationsinstrument entwickelt, das aus einer Versorgungschronik, einem Jobbarometer und einem Gesprächsleitfaden besteht. Die Versorgungschronik beschreibt frühere Bezugszeiten von Transferleistungen. Mit Hilfe des Jobbarometers sollen die Möglichkeiten der Sozialhilfebezieher*innen eingeschätzt werden, innerhalb des nächsten halben Jahres eine Stelle zu bekommen. Der Gesprächsleitfaden gilt als zentrales Instrument für die Treffen mit den Sozialhilfebezieher*innen (Beskæftigelsesministeriet 2006: 129ff.). Die Frage, wer beschäftigungsfähig ist und wer für den Arbeitsmarkt zur Verfügung steht, wird in diesen so genannten „Visitationen“[27] geprüft. Anhand von fünf „Matchkategorien“ sollen auch die Kommunen seit 2004 die Arbeitsmarktnähe der Sozialhilfebezieher*innen beschreiben (Beskæftigelsesministeriet 2006: 131; Arbejdsmarkedsstyrelsen o.J.: 43). Die Matchgruppen wurden mehrfach modifiziert. 2011 wurden sie auf drei reduziert, nämlich arbeitsbereit, einsatzbereit und vorübergehend passiv (vgl. Beskæftigelsesministeriet 2011). Mit der Reform der Sozialhilfe von 2013, der ein breiter Parteienkompromiss zu Grunde lag, wurden sie für den Bereich der Sozialhilfe auf zwei reduziert: ausbildungs-/arbeitsbereit und aktivierungsbereit (vgl. Skadhede 2013).

Die Arbeitsmarktpolitik ist an ein *management by objectives* orientiert. Sowohl die Zielvorgaben des Beschäftigungsministeriums als auch einzelne Maßnahmen werden mit Benchmarking- und Monitoringmethoden genau definiert und überwacht. Mit dem Zweijahres-Programm „Neue Chance für alle“ sollten die Kommunen z.B. anhand genauer Quoten mehr Sozialhilfebezieher*innen in Arbeit vermitteln (vgl. Regeringen 2005). Die Programme und arbeitsmarktpolitischen Maßnahmen knüpfen das staatliche Kontrollnetz enger, während das Sicherheitsnetz weitmaschiger wird. Kommunalen Mitarbeiter*innen wurde z.B. in einer von LO und DA mit dem Dachverband der Kommunen, KL, herausgegebenen Broschüre empfohlen, zur Verringerung der Zahl der Krankmeldungen enger mit den Ärzten zusammenzuarbeiten (vgl. DA/LO/KL 2006). Eine Hauptaufgabe der Beschäftigungsregionen besteht darin, die Umsetzung der Zielvorgaben des jährlichen Vertrags mit dem Beschäftigungsministerium in den Jobcentern zu überwachen. 2007 hatte dieser drei Hauptzielvorgaben: Die Langzeit- und die Jugendarbeitslosigkeit sollte verringert und die Kampagne „Neue

---

27 *Visitation* bedeutet Untersuchung, Inspektion oder Durchsuchung.

Chance für alle" umgesetzt werden. Mit den arbeitsmarktpolitischen Maßnahmen sollten die Arbeitslosen schneller eine Arbeit aufnehmen und von den Jobcentern eng betreut werden (vgl. Arbejdsdirektoratet 2006). Seit 2007 werden die Ergebnisse der einzelnen Jobcenter öffentlich verglichen und sind für alle auf der Webseite jobindsats.dk einsehbar, die als Benchmarking- und Steuerungsinstrument dient.

Vor dem Hintergrund der günstigen Konjunktur ging die Arbeitslosigkeit seit den 1990er Jahren zurück und in vielen Bereichen herrschte am Vorabend der Wirtschafts- und Finanzkrise Arbeitskräftemangel. In den lokalen Beschäftigungsräten wurden Berufsfelder mit Arbeitskräftemangel definiert, um hier besonders intensiv zu vermitteln (vgl. FTF 2007). Der Rückgang der Arbeitslosigkeit führte also nicht dazu, dass die Verfügbarkeitskriterien etc. gelockert wurden, sondern im Gegenteil zu weiteren Verschärfungen. Unter der Regierung Fogh Rasmussen sollte die so genannte Arbeitskraftreserve aktiviert werden. Dies zielte insbesondere auf den Bereich der Sozialhilfe und Ältere. Auch für Jugendliche, die ohnehin schon eine im europäischen Vergleich sehr geringe Arbeitslosigkeit haben, wurden weitere Verschärfungen gefordert (Beskæftigelsesministeriet 2006).

1.5.5 Spaltungslinien: Arbeitslosengeld und Sozialhilfe

Die durch Esping-Andersen beeinflusste Sozialstaatsforschung hat das Bild eines egalitären und universalistischen sozialdemokratischen Wohlfahrtsregimes geprägt, das Einfluss auf die Vorstellungen vom dänischen Wohlfahrtsstaat in Europa genommen hat. Dieses Bild übermalt die vielfältigen Spaltungslinien, die dieser (re-)produziert: die stark berufsgruppenorientierte dänische Gewerkschaftsbewegung, die an Qualifikationsniveaus gespaltenen Gewerkschaften, die nationalistische Trennung zwischen Dänen und Nicht-Dänen, sowie die Spaltung der Arbeitslosen in Arbeitslosengeld- und Sozialhilfebezieher*innen. So wird die alte Trennung in würdig und nicht würdig Bedürftige wieder aufgegriffen. Staatliche Zwangsmechanismen haben sich in der wettbewerbsorientierten Integrationsweise verschärft, was im vorigen Abschnitt am Beispiel des Kommodifizierungsprozesses und Sanktionsregimes erläutert wurde.

Durch das System der Arbeitslosigkeitskassen haben die Gewerkschaften das Arbeitslosigkeitsproblem stark berufsgruppenorientiert wahrgenommen. Sie heben positiv hervor, dass sie für ihre Berufsgruppen die besten Kenntnisse des Teilarbeitsmarktes hätten. Die Gewerkschaften hätten sich für die Mitglieder der Arbeitslosigkeitskassen stark gemacht, während sie sich gegenüber arbeitslosen Sozialhilfebezieher*innen abgegrenzt hätten, bei denen sie deshalb geradezu unbeliebt gewesen seien (vgl. Reintoft 1999).

Das Arbeitslosengeld und die Sozialhilfe unterscheiden sich hinsichtlich der Verfügbarkeitskriterien. Weil die Verfügbarkeit für den Arbeitsmarkt an die Transferleistungen geknüpft wurde, werden die Arbeitslosengeldbezieher*innen von den

Arbeitslosigkeitskassen geprüft und die Sozialhilfebezieher*innen von den Kommunen. Die Kommunen verhängen hierbei weitaus mehr Sanktionen als die Arbeitslosigkeitskassen und Sozialhilfebezieher*innen sind stärker von den Sanktionen betroffen. Insbesondere die Arbeitslosigkeitskassen für Hochqualifizierte, z.B. die Kasse der Magister, Business Danmark (Handel und Versicherungen), die Kasse für Journalisten, Kommunikation und Sprache, die Kasse der Leitungsangestellten, die Kasse der Techniker und die der Akademiker, die vom Dänischen Juristen und Ökonomenverband unterstützt wird, gehören zu den Kassen, die die geringsten Sanktionen aussprechen. Demgegenüber werden Sozialhilfebezieher*innen, bei denen Staatsbürger*innen aus Ländern außerhalb der EU überrepräsentiert sind, deutlich öfter von Sanktionen und von Leistungsstreichungen bedroht. Hierbei handelt es sich meistens um Menschen, die ohnehin auf dem Arbeitsmarkt diskriminiert werden (vgl. Klos 2014). Während die Gewerkschaften über die Arbeitslosigkeitskassen ihre Mitglieder relativ gut vor Repressalien schützen, sind weniger geschützte Gruppen stärker dem verschärften Sanktionsregime ausgesetzt. Durch die nach dem Berufsgewerkschaftsprinzip und nach Qualifikationsniveau gegliederten Gewerkschaften ergeben sich Stratifizierungen entlang von Qualifizierungslinien.

Die Einstellungen zum Sozialstaat richten sich weniger am Leitbild der Universalität aus als an der alten Vorstellung der „würdig Bedürftigen". Meinungen zu Sozialleistungen werden durch Fragen der *deservingness* gefiltert. Am positivsten stellen sich die Einstellungen gegenüber älteren Männern dar, da hier angenommen wird, diese haben im Laufe des Berufslebens schon genug geleistet. Am negativsten sind die Haltungen gegenüber Frauen um die 50 Jahre mit Migrationshintergrund. Hier befürworten deutlich mehr Befragte, die Aktivierungsanforderungen zu straffen, als bei anderen Gruppen (vgl. Petersen u.a. 2007: 40ff.). Die forcierte Individualisierung des Arbeitslosigkeitsproblems zeigt sich auch in anderen Haltungen gegenüber Sozialhilfebezieher*innen. Diese trügen die Hauptverantwortung, einen Job zu finden, antworteten 63% der Befragten in einer Umfrage von 2017 (vgl. Christensen 2017).

Zwischen 2006 und 2016 haben sich die sozialräumlichen Spaltungen zwischen den großstädtischen Konglomeraten Kopenhagen und Aarhus und den peripheren Gebieten vertieft. Dies betrifft Beschäftigungsaussichten, Klassenlagen und Einkommensverhältnisse sowie die Lebenserwartung (vgl. Mortensen/Andersen 2016: 7). Auch in Kopenhagen sind zwischen 2000 und 2013 die Einkommensunterschiede gewachsen, weil die obersten Einkommensgruppen überproportional stiegen und die untersten gar nicht (vgl. Københavns Kommune 2016: 7ff.).

1.5.6 Prekäre Beschäftigung im flexiblen Arbeitsmarktregime

Gegenstand der Arbeitsmarktreformen seit den 1990er Jahren war weniger die Flexibilisierung des Arbeitsmarktes als der direkte Kommodifizierungsprozess (s.o.).

Das Weiterbildungs- und Umschulungssystem erhöht die Flexibilität und ist auf den häufigen Arbeitsplatzwechsel zugeschnitten. Der Kündigungsschutz wurde auch schon vor den 1990er Jahren lax gehandhabt. Entstandardisierte Beschäftigungsverhältnisse wie Leiharbeit, Werkverträge und Minijobs sind in Dänemark relativ wenig verbreitet. Gleichwohl nehmen auch hier Beschäftigungsformen wie Leiharbeit zu. Da sie tariflich abgesichert sind, heißt dies unter der Duldung der Gewerkschaften – ein Beispiel für eine regulierte Flexibilisierung (vgl. Iversen/Andersen 2006).

Die Beschäftigungsverhältnisse in Dänemark haben sich weiter entstandardisiert. Ende 2015 arbeiteten 32,3% der 2,7 Millionen Beschäftigten in atypischen Beschäftigungsverhältnissen. Zu diesen zählen Teilzeitarbeit (unter der Vollzeit von 37 Stunden pro Woche), Befristungen, Leiharbeit und Soloselbstständige. 58% der Jugendlichen unter 30 Jahren sind atypisch beschäftigt. Frauen sind mit 34% gegenüber 24% Männern in atypischen Beschäftigungsverhältnissen überrepräsentiert. Für den großen Anstieg zwischen dem Jahr 2000 und 2015 sind vor allem die von 20 auf 25% gestiegenen Teilzeitstellen verantwortlich. Leiharbeit und Befristungen haben in diesem Zeitraum kaum zugenommen. Befristete Arbeitsstellen machen 8% der Stellen aus. Unter den Gewerkschaftsmitgliedern sind die Beschäftigten im Bereich der Akademikergewerkschaft mit 37% am häufigsten atypisch beschäftigt. Demgegenüber sind die Mitglieder im Organisationsbereich der LO zu 20% atypisch beschäftigt. Von den Selbstständigen ohne Mitarbeiter*innen haben 39% nur einen Kunden. 52% der befristet Beschäftigten wünschen sich eine Entfristung. Eine große Anzahl der Teilzeitbeschäftigten möchte mehr arbeiten, vor allem Frauen. Die Prekaritätsrisiken erhöhen sich für die atypischen Beschäftigten, die Teilzeit arbeiten oder befristet beschäftigt sind. Sie tragen ein größeres Risiko, arbeitslos zu werden und die wirtschaftliche Planbarkeit verringert sich ebenso wie zukünftige Rentenansprüche. Auch in Bezug auf Weiterbildungsmöglichkeiten sind atypisch Beschäftigte benachteiligt und fühlen sich nicht gut in den Arbeitsplatz integriert. Sie sind seltener Mitglied einer Arbeitslosigkeitskasse und einer Gewerkschaft und seltener von Vertrauensleuten repräsentiert. Die Tarifvertragsdeckung in typischen und atypischen Beschäftigungsverhältnissen ist jedoch nahezu identisch (vgl. Scheuer 2017: 93f.).

Dramatischer zeigt sich die Verbindung zwischen atypischer Beschäftigung und der Einkommenssituation. 81% der Niedrigverdiener*innen sind atypisch beschäftigt. Unter den Gewerkschaftsmitgliedern verteilen sich die Prozentzahlen folgendermaßen: in den LO-Verbänden sind 20% atypisch Beschäftigte organisiert, in der FTF 29% und bei Akademikerne 30%, während 47% der nicht-Organisierten atypisch beschäftigt sind. In der Landwirtschaft/Fischerei sind 42% atypisch beschäftigt; im Bau/Handel 26%, in der Verwaltung 33% und im Bildungswesen 32% sowie bei den weiteren Dienstleistungen 35%. Bezogen auf die Branchen sind insbesondere der Einzelhandel, Personaldienstleistungen und Care-Arbeit (43%) von atypischer Beschäftigung betroffen, während diese in der handwerklichen Arbeit nur 15%

ausmacht (vgl. Scheuer 2017: 44f.). Seit 2008 ist die Leiharbeit vor allem in der Baubranche und im Bildungsbereich stark angestiegen. 29% der neu eingestellten Gymnasiallehrer*innen arbeiten als Zeitarbeitskräfte. In der Volksschule (1.-9./10. Klasse) hat sich zwischen 2014 und 2015 die Zahl der Honorarkräfte um 46% erhöht (vgl. Danmarks Lærerforening 2015).

Frauen und Migrant*innen werden im und durch das flexible Arbeitsmarktregime besonders stark ausgebeutet. Neben den Verlagerungen niedrig entlohnter Produktionsschritte, zum Beispiel in der Textilindustrie seit den 1970er Jahren stieg der Anteil migrantischer Arbeit in schlecht entlohnten Produktions- und Dienstleistungsbereichen an. In niedrig entlohnten Branchen sind Migrant*innen überrepräsentiert. 32,8% der Beschäftigten im Facilitymanagement, Reinigung und Grünanlagen haben einen Migrationshintergrund; ebenso 25% der Beschäftigten in Schlachtereien, Restaurants, Lokalzügen, Bussen und im Taxigewerbe (vgl. Danmarks Statistik 2017). In den von Frauen dominierten Sektoren Unterricht und Gesundheit, sowie Kultur, Freizeit und andere Dienstleistung stiegen die Löhne von 2006 bis 2016 unterdurchschnittlich an (vgl. Danmarks Statistik 2016). Osteuropäische Arbeitsmigrant*innen bilden ein Drittel der Beschäftigten im wichtigsten Exportsektor, der Landwirtschaft (vgl. Bennike/Sindberg 2017). Nur 36% der polnischen Arbeitsmigrant*innen in Kopenhagen verfügen über einen unbefristeten Arbeitsvertrag in einer dänischen Firma. 62% der Befragten gaben an, prekär beschäftigt zu sein: 33% wurde schon einmal der Lohn vorenthalten, 27% wurden Überstunden nicht bezahlt, 20% waren Drohungen durch den Arbeitgeber ausgesetzt, 14% hatten keinen schriftlichen Arbeitsvertrag und 32% bekamen kein Krankengeld (vgl. Friberg u.a. 2014: 44ff.).

1.5.7 Arbeitsmarktpolitik als Markt

Die Regierung Nyrup Rasmussen führte eine Versuchsordnung zur Arbeitsvermittlung von privaten Akteuren ein, die noch keine großen Änderungen nach sich zog. Die Regierung Fogh Rasmussen wollte die Arbeitsvermittlung für private Akteure öffnen. Die Sozialdemokratie und die SF opponierten zunächst gegen diesen Vorschlag. Erst nachdem der Vorsitzende der LO, Børsting, äußerte, dass die Gewerkschaft die Vermittlung ihrer Mitglieder priorisiere und nicht die Frage nach öffentlich oder privat, änderten die Sozialdemokratie ihre Position und ermöglichten dadurch die Einführung privater Arbeitsvermittlungen. Die Regierung schloss in ihrem Begriff von privaten Anbietern auch die Gewerkschaften und Arbeitslosigkeitskassen mit ein, um hier die Zustimmung zu sichern. In den ersten Jahren nach der Änderung nahmen gewerkschaftliche Vermittlungen stark zu. Die Arbeitsmarktregionen schrieben öffentliche Aufträge für spezielle Vermittlungsangebote aus, die private Anbieter übernehmen sollten. Vom Ergebnis her waren bis 2007 die öffentlichen und privaten Anbieter gleich erfolgreich. Der von mir interviewte Mitarbeiter im AMS Dänemark weist darauf hin, dass auch schon vor der Einführung privater Arbeitsvermittlung spezielle Aktivierungsangebote und Kurse von privaten Anbietern übernommen worden waren (vgl. AMS Danmark Interview 2007).

1.6 Reskalierung der Arbeitsmarktpolitik und skalare Strategien der Akteure

> „Obwohl Politiker aus der großen weiten Welt nach Dänemark pilgern, um unser einzigartiges dänisches Flexicurity-Modell zu bewundern, dürfen wir uns nicht auf unseren Lorbeeren ausruhen." (Claus Hjort Frederiksen 2005; Vorwort zu Beskæftigelsesministeriet 2005: 3; Übers. B.D.)

1.6.1 Plötzlich Arbeitsmarktmodell: Dänemark und die Europäische Union

In der Kampagne um das Referendum zum Maastricht-Vertrag 1992 kam es zu einer Polarisierung zwischen Befürwortern des neoliberalen Hegemonieprojekts, z.B. dem liberalen Außenminister Uffe Ellemann Jensen (Venstre) und EU-kritischen Positionen von Vertretern einer national-sozialen Strategie, vor allem der Sozialistischen Volkspartei (SF). Diese sah in der EU-Integration Gefahren für den dänischen Wohlfahrtsstaat. Soziale Errungenschaften wurden im Wahlkampf mit dem Nationalen verknüpft, unter anderem durch ein Wahlplakat der SF, auf dem der mittelalterliche „Nationalheld" Holger Danske, abgebildet war. Darauf stand der Slogan *„Holger og konen siger nej til Unionen"*, also Holger und seine Frau sagen Nein zur Union, der auf dessen Namensvetter Holger K. Nielsen, den Vorsitzenden der SF, anspielte.[28] Die SF verhandelte nach dem Nein zusammen mit der Sozialdemokratie und der Radikale Venstre den so genannten „Nationalen Kompromiss" aus, der vier dänische Vorbehalte, die mit der EG/EU ausgehandelt wurden, festschrieb. Ein dänisches Ja zum Maastricht-Vertrag sollte in einer erneuten Abstimmung unter der Voraussetzung erfolgen, dass eine dänische Unions- nicht über der dänischen Staatsbürgerschaft stehen, Dänemark nicht Teil der Währungsunion und einer gemeinsamen Verteidigungspolitik werden sollte und dass die EU auf einer zwischenstaatlichen Zusammenarbeit zwischen souveränen Staaten basieren sollte. Im Oktober schlossen sich alle Parteien bis auf die Fortschrittspartei diesem Kompromiss an (vgl. Rasmussen 2009).

Doch wie kam es nach der Post-Maastricht-Krise und dem dänischen Nein zum Euro zur Rezeption des so genannten Flexicurity-Modells? Seit Mitte der 1990er Jahre regte sich gegenüber der dänischen Arbeitsmarktpolitik auf EU-Ebene ein breites Interesse, von dem sich die Akteure in Dänemark geschmeichelt zeigten. Dies spiegelt sich in Broschüren der Ministerien, bei den geführten Expert*innengesprächen sowie

---

28 Das Wahlplakat ist im Internet abrufbar, z.B. unter: http://www.atlasmag.dk/samfund/udland/forbeholdene-har-v%C3%A6ret-et-instrument-til-mere-eu, zuletzt geprüft am 20.05.2019.

in Publikationen dänischer Arbeitsmarktforschung wider. Die Entwicklung der EBS stand unter dem Einfluss von Dänemark und auch Schweden, weil der Beschäftigungskommissar Allan Larson und der Kommissionspräsident Jacques Delors die dänische Arbeitsmarktpolitik als Vorbild nahmen.

> „Und Allan Larson und Jacques Delors, die waren beide sehr begeistert von der Arbeitsmarktreform, die wir 93/94 durchgeführt haben. Deshalb sind die Ideen, die in die Beschäftigungsstrategie mit einflossen in dieser Phase im Grunde sehr von dem nordischen Ansatz beeinflusst." (Interview AMS Danmark 2007; Übers. B.D.)

Larson warb auf einem Symposium des Wissenschaftszentrum Berlin dafür, die dänische Arbeitsmarktpolitik als Vorbild zu nehmen:

> „Over the past few years, Denmark has implemented many of the elements of what is now being pursued as the European Employment Strategy: employability, entrepreneurship, adaptability and equal opportunities. Denmark has done this with impressive results. That is why policymakers in many Member States now look to Denmark as an inspiration for the development of labour market policies in the EU." (zit.n. Kongshøj Madsen/Plougmann 2005: 296)

Um den gegenseitigen Einfluss der Ebenen für die Entwicklung der dänischen Arbeitsmarktpolitik beurteilen zu können, soll nicht die Implementierung europäischer Verordnungen[29] (*hard law*) rekapituliert werden, sondern die Rezeption der EBS und anderer EU-Initiativen, die in den Bereich des *soft law* fallen. Die multiskalare Untersuchung ergab, dass Dänemark eher auf die Entwicklung der EBS eingewirkt hat als umgekehrt. Durch das positive Dänemark-Bild konnte sich eine Politik, die wie oben ausgeführt eine starke sozialdisziplinierende Komponente hatte, europaweit durchsetzen. Dies wird am Beispiel Flexicurity ausgeführt.

Das „Flexicurity-Modell" wurde von dänischer Seite in der EU lobbyiert, obwohl dänische Experten auf die Entstehungsgeschichte hingewiesen haben, die nicht einfach übertragbar sei (vgl. Due 2007; Interview LO Danmark 2007). Der befragte Arbeitgebervertreter sprach demgegenüber von aktivem Lobbying. So hat die DA zusammen mit der BDA und dem portugiesischen und slowenischen Arbeitgeberverband eine Initiative zu Flexicurity gestartet (vgl. Interview DA 2007). Das Flexicurity-Konzept der Arbeitgeber basierte auf vier Kernforderungen:

> „Ein einfaches, transparentes und berechenbares Arbeitsrecht im Innen- und Außenverhältnis, das die Anpassung der Unternehmen auch im personellen Bereich, die sich aus neuen Marktchancen für sie zwingend ergibt, ermöglicht und damit den Aufbau von Beschäftigung fördert; eine effektive und effiziente Arbeitsmarktpolitik, die auf

---

29 EU-Verordnungen werden in Dänemark nicht vom Parlament, sondern von den Tarifparteien durch Abkommen implementiert. Diesen Sonderstatus hat Dänemark auf Grund der von den Tarifparteien dominierten Struktur des dänischen Arbeitsmarktes auf EU-Ebene durchgesetzt.

eine frühzeitige und ausreichende Aktivierung Arbeitsloser und deren schnelle Integration in den ersten Arbeitsmarkt ausgerichtet ist; nachhaltig finanzierbare soziale Sicherungssysteme, die dem Einzelnen im Bedarfsfall eine zuverlässige Basissicherung bei Arbeitslosigkeit gewährleisten und den Fall ins Bodenlose verhindert; moderne und lebenslange Weiterbildungsformen, die die Innovations- und Wettbewerbsfähigkeit der Unternehmen bzw. die Beschäftigungsfähigkeit der Arbeitnehmer fördern." (Associaçáo Industrial Portuguesa u.a. 2007)

Der Arbeitsmarktexperte Kongshøj Madsen hielt international Vorträge zu Flexicurity, z.B. bei einem informellen Treffen der EU Sozial- und Beschäftigungsminister (vgl. Kongshøj Madsen 2006b), ebenso der damalige Beschäftigungsminister Claus Hjort Frederiksen.[30] Ein Experte aus der Arbeitsmarktbehörde AMS berichtete von einer rasanten Steigerung internationaler Delegationsbesuche. Auch die Employment Week in Brüssel legte einen Schwerpunkt auf Flexicurity (vgl. Kommunernes Landsforening 2007). Das Flexicurity-Modell wurde, so der von mir interviewte LO-Vertreter, eher außerhalb Dänemarks als solches diskutiert und man sei sich nicht bewusst darüber gewesen, ein so „tolles Modell" zu haben (vgl. Interview LO Danmark 2007).

Im Juni 2007 erschien wie oben ausgeführt eine Mitteilung der EU-Kommission und der Rat der Europäischen Union einigte sich im Dezember 2007 auf gemeinsame Grundsätze zu Flexicurity. Der breit formulierte Ansatz verfestigte das flexible Arbeitsmarktregime in seinen zentralen Facetten: statt lang anhaltener Beschäftigungsverhältnisse wird die interne und externe Flexibilität gefördert. Das lebenslange Lernen soll die Beschäftigten an die Erfordernisse variabler Qualifikationen heranführen und die soziale Sicherung „muss zur Mobilität anregen und Übergänge beim Stellenwechsel ebenso wie den Zugang zu einer neuen Beschäftigung erleichtern" (vgl. Rat der Europäischen Union 2007: 6). Insofern haben zentrale Aspekte des dänischen Arbeitsmarktregimes Eingang in die Beschlussfassung der EU gefunden. Die befragten Akteur*innen waren in europäische Netzwerke eingebunden, die sich über Arbeitsmarktpolitik austauschen.

Einige Änderungen in Dänemark lassen sich auch auf die EU-Ebene zurückführen. Im Zuge der EBS wurden regelmäßige Koordinationstreffen der öffentlichen Arbeitsmarktbehörden eingerichtet. Auf diesen Treffen wurden u.a. das *one stop shop*-Prinzip und die Liberalisierung der Arbeitsvermittlung durch die Öffnung für private Akteure besprochen. Beides hätte man in Folge dieses internationalen Austauschs eingeführt (vgl. Interview AMS Danmark 2007). Auf den Meetings der Arbeitsmarktverwaltungen trifft sich eine arbeitsmarktpolitische Elite und verabredet neue Reformen. Das Lern-Konzept der EBS erscheint hierbei als Selbstläufer: „Wir

30 So z.B. in Berlin beim Wirtschaftstag in Berlin. Vgl. Beskæftigelsesministeriet: Tale til Wirtschaftstag i Berlin, aus: http://www.bm.dk/sw20474.asp; abgerufen und archiviert am 04.07.2007.

haben uns fast schon so weit angeglichen, dass wir bald nicht mehr voneinander lernen können" (Interview AMS 2007; Übers. B.D.). Der langjährige Mitarbeiter in der Arbeitsmarktbehörde, der auch für Gesetzesentwürfe verantwortlich zeichnete, beschreibt, dass die großen Länder Deutschland, England und Frankreich die Tagesordnung bestimmen, aber dass Dänemark die Punkte Aktivierung und Flexicurity auf die Agenda gesetzt hätte (vgl. Interview AMS Dänemark 2007). Die osteuropäischen Länder und die jüngeren – insbesondere – weiblichen Teilnehmerinnen würden von den Älteren dominiert. „Da denke ich auch manchmal ob wir nicht ein bisschen zu dominant sind. Da sind die ganzen Neuen aus den neuen Ländern in Osteuropa. Die meisten sind jung, Frauen. Die sitzen da mit ihren modernen Geräten und schreiben" (ebd.; Übers. B.D.).

Nicht nur in europaweiten Netzwerken organischer Intellektueller der Arbeitsmarktverwaltung und Wissenschaft wurde die dänische Arbeitsmarktpolitik verbreitet, sondern auch innerhalb der europäischen Sozialdemokratie. Auf einem Kongress der SPD Bezirk Hessen-Süd zur Europawahl 2004 referierte Nyrup Rasmussen über die dänische Aktivierungspolitik und die Lissabonstrategie und kritisierte dabei den Wohlfahrtsstaat. Hierbei versuchte er, die Aktivierungsstrategie in ein sozialdemokratisches Wertekontinuum einzureihen (vgl. Nyrup Rasmussen 2004: 23).

> „Die Menschen haben das Recht auf ein Mindestniveau an Sicherheit in einem zunehmend offenen, flexiblen Arbeitsmarkt und die Pflicht, sich – anstelle der Abhängigkeit von wohlfahrtsstaatlichen Leistungen – auf den Wandel einzustellen und sich in den Arbeitsmarkt zu integrieren." (Nyrup Rasmussen 2004: 23)

Nyrup Rasmussen reproduzierte das Bild des faulen Arbeitslosen, indem er darlegte, dass „kein Arbeitsloser einfach nur spazieren gehen kann" (Nyrup Rasmussen 2004: 25). „Wir machten aus dem 'Arbeitsvermittlungssystem' ein Trampolin statt eines Systems völligen Stillstands" (ebd.: 23).

1.6.2 Dezentralisierung

Die Arbeitsmarktpolitik wurde seit den 1990er Jahren zunächst regionalisiert und dann kommunalisiert als mit der Kommunalreform von 2007 271 zu 98 Kommunen zusammengefasst wurden. Die Kommunen erhielten Kompetenzen, die von den 14 Ämtern, nun in fünf Regionen zusammengefasst, dezentralisiert wurden. Wegen der Fusionen bekamen die nun größeren Kommunen neue Aufgabenfelder zugeteilt (vgl. Interview LO Danmark 2007). Der interviewte Vertreter der LO betont, dass der Nationalstaat trotz der Machtkämpfe mit den Kommunen selbst entscheide, welche Kompetenzen er überträgt (vgl. ebd.).

Die Kommunalreform von 2007 strukturierte die Arbeitsmarktverwaltung neu. Sie legte die bislang strikt getrennten Zuständigkeitsbereiche für die Sozialhilfe und das Arbeitslosengeld in gemeinsamen „Jobcentern" der Kommunen und der Arbeitsmarktverwaltung (AF) unter dem Schlagwort „Ein Eingang für alle" zusammen. Die AF wurde als eigenständige Behörde unter dem Beschäftigungsministerium abgeschafft. Allerdings war die interne Struktur der Jobcenter weiterhin in einen kommunalen und einen staatlichen Teil mit je eigener Leitung entlang der ursprünglichen Trennlinien organisiert. Außerdem lagen die Zuständigkeiten für Geldleistungen nicht beim Jobcenter, sondern entweder bei den Arbeitslosigkeitskassen oder bei der zuständigen kommunalen Abteilung. Für die Arbeitsvermittlung waren der kommunale bzw. staatliche Teil des Jobcenters zuständig sowie die Arbeitslosigkeitskassen und für bestimmte Gruppen wie Akademiker private Akteure (vgl. FTF 2007; AMS 2007; Interview AMS Danmark 2007; Interview AMS Hovedstaden og Sjælland 2007). Dadurch wurde die Akteurskonstellation im Bereich von Arbeitsvermittlung, Aktivierung und Leistungsauszahlung noch stärker ausdifferenziert. Die neu eingerichteten Jobcenter wurden von den Gewerkschaften und Arbeitgeberverbänden kritisiert, weil die Arbeitssuchenden nicht adäquat betreut würden (vgl. Ugebrevet A4 2007). Die Gewerkschaften kritisieren zudem die Abschaffung der Regionalen Arbeitsmarkträte, die vorher gestaltende Aufgaben hatten und über Prioritätensetzung und Mittelverteilung in der aktiven Arbeitsmarktpolitik entscheiden konnten. So hätten die Gewerkschaften an Einfluss verloren. Die Arbeit der Tarifparteien in den neuen Regionalen und Lokalen Beschäftigungsräten wurde auf Beratungs- und Überwachungsaufgaben beschränkt, z.B. die Überwachung des neuen kommunalen Benchmarkings über das elektronische Kontrollsystem *jobindsats* (vgl. Interview LO Danmark 2007). Die Arbeitgeberseite sah die Kommunalreform im Vorfeld zwar kritisch, arrangierte sich allerdings nach deren Einführung damit (vgl. Interview DA 2007).

Trotz der Kritik wurde ein nationalstaatlich gesteuertes eingliedriges kommunales System durch eine Übereinkunft zwischen den Parteien Venstre, KF, Liberale Allianz und DF in die Wege geleitet. Seit 2009 werden die Arbeitslosen in den Jobcentern ausschließlich kommunal betreut, wobei den Arbeitslosigkeitskassen wichtige Aufgaben bleiben (vgl. Cevea 2009). Die zentralstaatliche Behörde AMS (seit 2014 STAR) und die vier Beschäftigungsregionen überwachen die kommunale Durchführung. Die Kommunen müssen für das Arbeitslosengeld, Aktivierungsleistungen und –maßnahmen für die versicherten Arbeitslosen aufkommen, wobei der Staat einen Anteil zuschießt, dessen Höhe sich nach der Intensität der Aktivierung richtet. An den Rechten und Pflichten der Arbeitslosen ändert das nichts. Die Tarifparteien werden weiterhin durch den Beschäftigungsrat auf nationaler, regionaler und lokaler Ebene mit einbezogen. Auch die Aufgaben der Arbeitslosigkeitskassen bleiben gleich, also Lebenslaufgespräche, Auszahlung des Arbeitslosengeldes und Überwachung und Einschätzung der Verfügbarkeit. Die Übertragung der Finanzierung an die Kommunen soll diese explizit dazu anhalten, verstärkt zu aktivieren. Die zentralstaatliche Seite übernimmt 35% der Ausgaben für Sozialhilfe in der passiven Phase und 65% während einer Aktivierungsphase (vgl. Venstre u.a. 2008).

Die Kommodifizierung und verstärkte Sozialdisziplinierung wird durch den doppelten Zwangsmechanismus aus zentralstaatlicher Überwachung sowie Zielvereinbarungen und Finanzbelastung festgeschrieben. Die Kommunalisierung bedeutet nicht, dass die Kommunen in Eigenregie arbeiten. Sie werden von zentralstaatlicher Seite über das AMS/STAR geprüft und überwacht. Die Beschäftigungsregionen und regionalen Beschäftigungsräte überwachen die Zielvorgaben des Beschäftigungsministeriums, die in einem jährlichen Vertrag mit den Beschäftigungsregionen und Jobcentern festgelegt werden. Falls ein Jobcenter den Zielvorgaben nicht entspricht, kann ihm die Aufgabe entzogen und an Dritte vergeben werden (vgl. Interview AMS Hovedstaden og Sjælland 2007). Die Kommunalreform vereint eine zentralstaatlich reglementierte Politik mit einer Dezentralisierung der Durchführungsebene.

Im Kreuzfeld des Rescaling standen auch die Arbeitslosigkeitskassen. Die VK-Regierung kämpfte auf mehreren Ebenen gegen gewerkschaftliche Institutionen und benutzte hier verschiedene skalare Praxen: zum einen durch die Kompetenzverschiebung zugunsten der Kommunen, zum anderen durch die Öffnung von branchenüberschneidenden Kassen und drittens durch eine Kürzung des von der Steuer absetzbaren Teils des Gewerkschaftsbeitrags. Die Arbeitgeber befürworteten eine Annäherung der Sozialhilfebezieher*innen und der versicherten Arbeitslosen, während die Gewerkschaften und Arbeitslosigkeitskassen auf die Rechte ihrer Mitglieder beharrten. Die LO wandte sich gegen die Zusammenlegung der aktiven Arbeitsmarktpolitik für die Bereiche Arbeitslosengeld und Sozialhilfe in kommunaler Hand, sondern befürwortete die regionale Steuerung (vgl. Interview LO Danmark 2007).

1.7 Exkurs. Wohlfahrtschauvinismus

Schon zu Beginn des wohlfahrtsstaatlichen Aufbaus war die Idee sozialer Sicherung stark mit der nationalstaatlichen Matrix verknüpft. Unter Stauning wandte sich die Sozialdemokratie von einer sozialistischen Transformationsperspektive ab und mit dem Programm von 1934 „Dänemark für das Volk" und dem Begriff der „Volksgemeinschaft" sollten Klassengegensätze überwunden werden (vgl. Christiansen 2007: 29). In den Auseinandersetzungen um den Beitritt zur EG und bei den folgenden Referenden argumentierten sowohl die Befürworter*innen als auch die Gegner*innen mit dem Erhalt des Wohlfahrtsstaates. Dänemark wird als „gute Nation" wahrgenommen, der der enge Konnex von nationaler Identität und Wohlfahrtsstaat zugrunde liegt. Dieses Bild war in der Arbeiter*innenbewegung stark verankert. Genau hieran knüpfte die DF seit ihrer Gründung 1995 ganz bewusst an und versucht an die sozialdemokratischen Wählergruppen zu appellieren. Schon seit den 1980er Jahren konnte ein steigender Nationalismus mit dem Wohlfahrtsstaat als Bezugspunkt in der öffentlichen Debatte beobachtet werden (vgl. Christiansen 2007: 33ff.).

Bei der Volksabstimmung zum Maastricht-Vertrag war eine Hauptargumentation der Nein-Kampagne, den dänischen Wohlfahrtsstaat bewahren zu wollen. Während sich der damalige Außenminister Uffe Ellemann Jensen (Venstre) für ein Ja stark machte und die Partei mit ihrer Strategie dem neoliberalen Hegemonieprojekt zugeordnet werden konnte, änderte Venstre ihren Kurs bei der erneuten Regierungsbeteiligung ab 2001. Unter Fogh Rasmussen integrierte die Partei neben neoliberalen Forderungen auch wohlfahrtschauvinistische Positionen in ihre Programmatik. Die DF setzte dem Wohlfahrtsdiskurs ihren Stempel auf und gewann seit der Unterstützung der liberal-konservativen Regierungen ab 2001 an Einfluss. Unter anderem setzte sie sich dafür ein, dass Sozialhilfe für Dän*innen statt für nicht-dänische Staatsbürger*innen ausgezahlt werden solle und hetzte gegen Migrant*innen. Dieser wohlfahrtschauvinistische Diskurs wurde von den anderen politischen Parteien bald geteilt (vgl. Daguerre 2007: 94). Nicht nur die DF und die von ihr geduldeten Venstre und KF übernahmen hierbei wohlfahrtschauvinistische Positionen, sondern auch die Sozialdemokratie (vgl. Birke 2003; Sinram 2015). Birke (2003) zufolge benutzte die Sozialdemokratie mit einer individualisierenden Rhetorik, die auf die Nützlichkeit und Produktivität von Transferleistungsbezieher*innen abzielte, die gleichen Argumentationen gegen Erwerbslose und Sozialhilfebezieher*innen wie gegen Flüchtlinge und Migrant*innen. Hieran konnten die Mitte-rechts-Parteien anknüpfen. Während sich so die Sozialdemokratie schon in den 1990er Jahren migrations- und integrationspolitisch nach rechts bewegte, versuchten Venstre und die DF mit pseudosozialen Positionen an die sozialdemokratischen Wähler*innen zu appellieren (vgl. ebd.). In den 1990er Jahren näherten sich die Parteien in sozioökonomischen Streitfragen an und ließen Raum für eine Politisierung von Migrationsfragen. Zwar war Fremdenfeindlichkeit schon in den 1970er Jahren weit verbreitet, aber erst in den 1980er Jahren bekam sie mit der Radikalisierung der Fortschrittspartei und einer medialen Problematisierung auch eine politische Bühne. Die dänische Rechte orientierte sich seit Mitte der 1980er Jahre an dem ethnopluralistischen rassistischen Konzept des Front Nationals (vgl. Rydgren 2004). Seit den 2010er Jahren kam es offiziell zu einer Annäherung von Parteien des eher linken Spektrums und der DF. Die SF und die Sozialdemokratie schlossen Abkommen mit der DF und auch Teile der Gewerkschaftsbewegung zeigten sich kooperationsbereit.

Schon in den 1970er Jahren hatten sich Medien und die Gewerkschaften skeptisch gegenüber Arbeitsmigrant*innen gezeigt (vgl. Sinram 2015: 511.). 2015 haben die SF und die DF ein Abkommen zum Arbeitslosengeld unterzeichnet, indem sie sich für eine Reduzierung der Anwartschaftszeit von 52 auf 26 Wochen aussprachen. Der liberale Thinktank CEPOS setzt sich demgegenüber für eine Reduzierung des Arbeitslosengeldes um 10% ein (vgl. Lund 2015). Bei der Folketingswahl 2015 erhielt die Sozialdemokratie 25% der Stimmen, die DF 21% (vgl. Sinram 2015). Die Sozialdemokratie näherte sich unter ihrer seit 2015 amtierenden Vorsitzenden Mette

Frederiksen dem Kurs der DF an. Sie versuchte eine Kontinuität sozialdemokratischer Positionen bezüglich der Begrenzung von Einwanderung zur Rechtfertigung der aktuellen einwanderungsfeindlichen Positionierung herzustellen. Auch einige der LO Gewerkschaften nähern sich der DF an. Der Vorsitzende der 3F, Per Christensen, positionierte sich 2016 folgendermaßen: „Wenn man sich auf eine Politik einigt, die den Schwächsten der Gesellschaft hilft, und die Dänische Volkspartei genau dies liefert, dann kann ich nicht sehen, dass irgendetwas gegen eine engere Zusammenarbeit spricht“ (Per Christensen, Übers. B.D., zit.n. Wedenborg 2016). Ähnliche Positionen vertraten die Vorsitzenden der Gewerkschaften HK, FOA und BUPL (vgl. ebd.). Die Positionen unterschieden sich jedoch bezüglich der EU- und Migrationspolitik. Teile der Basis von 3F kritisieren die Annäherung an die DF[31] (vgl. ebd.). Allerdings präsentierte sich 3F, die ungelernte Arbeiter*innen verschiedener Branchen organisiert, schon 2009 selbst mit einer rassistischen migrationskritischen Kampagne. Zur Parole „Die Ostarbeiter [sic!] kommen von selbst. Dein Tarifvertrag nicht“, wurde ein Baby mit weißem Body abgebildet, das einen großen schwarzen Schnauzer trägt.[32] Der stellvertretende Vorsitzende der 3F, Morten Fischer Nielsen, äußerte sich abwertend gegenüber rumänischen Arbeitsmigrant*innen: „Die Rumänen sind so stinkend arm und sie haben eine so hohe Arbeitslosigkeit, dass sie fast alles akzeptieren“ (zit.n. Bennike/Sindberg 2017; Übers. B.D.). Die Sozialdemokratie warb bei der Wahl zum Folketing 2015 mit dem Slogan „Sozialdemokraten. Das Dänemark, das du kennst“ für Investionen in die Wohlfahrt, noch mehr Menschen in Arbeit und eine „straffe Asylpolitik“ sowie Forderungen an Migrant*innen gegenüber Venstre, die für eine Öffnung der Grenzen für billige Arbeitskraft stünde.[33] Mette Frederiksen vertritt rassistische Positionen und argumentiert mit einem völkischen nicht-staatsbürgerlichen Nationalismus bezüglich so genannter „ethnischer Dänen“.

> „Dänemark hat weltweit das Gesellschaftsmodell, das mit Abstand am besten den Schwächsten hilft. [...] Ich behaupte, dass dieses einzigartige Wohlfahrtsmodell nicht mit einer offenen Ausländerpolitik vereinbar ist. [...] Tatsächlich ist die Erwerbsbeteiligung von nicht-westlichen Dänen so niedrig, dass wir schon jetzt nicht mehr unser Wohlfahrtsniveau halten können. Vor allem Frauen mit nicht-westlichem Hintergrund sind katastrophal schlecht in den Arbeitsmarkt integriert. Das Wohlfahrtsstaatsmodell wird so stark unter Druck gesetzt, dass wir dazu gezwungen sind, den Zustrom von

---

31 Die DF vertrat bis zur Annäherung teilweise offen gewerkschaftsfeindliche Positionen und unterstützte zum Beispiel die christliche unternehmensnahe Gewerkschaft in einem Konflikt um das Restaurant Vejlegaarden. Zudem unterstützte sie viele Regierungsvorhaben der VK-Regierung, die soziale Rechte einschränkten.

32 http://forsiden.3f.dk/, aufgerufen und archiviert am 25.03.2009; Übers. B.D.

33 Vgl. Wahlannonce der Sozialdemokratie aus dem Folketing-Wahlkampf von 2015 auf der Webseite der Tageszeitung Politiken (http://www.politiken.dk, aufgerufen und archiviert am 15.06.2015)

Flüchtlingen und Migranten zu begrenzen, um es zu schützen – für die Schwächsten." (zit.n. Emil Elg: Mette Frederiksens forkærlighed for svage hvide er racistisk, in: Information, 23. September 2016; Übers. B.D.)

Der Kulturhistoriker Mikkel Bolt schlussfolgert in der Zeitung Information:

> „Die europäische Linke versucht nicht, den rassistischen Rückschlag einzudämmen, sondern ist heute ein Teil davon. Die letzten Reste republikanischer Staatsbürgerschaft werden überall beschleunigt abgewickelt, und das Gleiche gilt für das, was noch von allgemeinem Humanismus in Europa übriggeblieben ist. Die hiesige Sozialdemokratie spielt in einer eigenen Liga. Der Rassismus ist so stark in die Partei eingewebt, dass es nicht mehr möglich ist, die SD und die DF zu unterscheiden." (Mikkel Bolt 2017; Übers. B.D.)

1.8 Zusammenfassung Dänemark

Der dänische Wohlfahrtsstaat im Fordismus war an die nationale Matrix gebunden und bedeutete die Aufgabe sozialistischer Transformationsperspektiven der Sozialdemokratie. Der wohlfahrtsstaatliche Kompromiss bezog die Mittelschichten ein, die hohe Steuern akzeptierten, weil sie selbst von den ausgebauten Sozialleistungen profitierten. Das Klassenbündnis zwischen der Arbeiter*innenklasse und den Mittelschichten hat sich im Postfordismus gelöst. Hiervon zeugen die Schwächung der Arbeitslosigkeitskassen, das entlang von Klassenlagen differenzierte Sanktionsregime, der Anstieg von privaten Zusatzversicherungen ebenso wie die stärkeren sozial-räumlichen Spaltungslinien.

Die sozialdemokratisch geführte Regierung Nyrup Rasmussen hat stärker als die des Konservativen Schlüter die Privatisierung öffentlicher Güter vorangetrieben und eine strikte Haushaltspolitik verfolgt (vgl. Birke 2003). Auch die verschärfte Sozialdisziplinierung der 1990er Jahre begann unter Nyrup Rasmussen. Die schrittweisen, aber massiven Einschnitte in die Rechte der Arbeitslosen und der sozialen Sicherung haben sich seit der Wirtschafts- und Finanzkrise 2008 verstärkt. Die Arbeitsmarktpolitik seit den 1990er Jahren hat eine Kontinuität zwischen den sozialdemokratisch-sozialliberalen und konservativ-liberalen Regierungen gezeigt, obwohl diese sich zunächst in *human capital*- und *work first*-Ansätze differenzierten. Beide Ansätze sind m.E. in eine neoliberale Angebotsorientierung einzuordnen. Seit den Regierungen Løkke Rasmussen und Thorning Schmidt sind die Unterschiede noch kleiner geworden (vgl. hierzu Jørgensen/Jørgensen 2016). Das flexible Arbeitsmarktregime, das auf häufigen Arbeitsplatzwechseln und Weiterbildungen basiert, wurde von den Gewerkschaften mitgetragen. Seit den 2000er Jahren sind prekäre Beschäftigungsverhältnisse angestiegen und dies vor allem bei Migrant*innen und Frauen.

Das berufsgruppenorientierte Gewerkschaftssystem fördert die Klassenspaltungen entlang von materiellen Klassenlagen und abgestuften Sicherheiten sowie einen selektiven Korporatismus. Die Gewerkschaften der LO orientierten sich am männlichen Facharbeiter, weshalb sich schon 1901 mit der KAD eine reine Frauengewerkschaft gründete, die bis 2005 bestand (vgl. Sørensen 2012). Mit einer wettbewerbsstaatlich orientierten moderaten Lohnpolitik, einer Befürwortung der Straffungen des Sanktionsregimes vor dem Hintergrund hoher Arbeitslosigkeit und der Einbindung in das Sanktionsregime über die Arbeitslosigkeitskassen haben die Gewerkschaften selbst den wettbewerbsstaatlichen Umbau flankiert. Die Dezentralisierung des Tarifverhandlungssystems trug zur weiteren Fragmentierung von Klassenlagen bei. Nur an der Basis der großen Dachverbände regte sich Widerstand gegen die verschärften Arbeitsmarktreformen. Die Kapitalstrategien haben sich trotz des zunächst vermeintlichen Erhalts der Höhe des Arbeitslosengeldes durchgesetzt. Denn die Humankapitalstrategie fördert die Kräfteverhältnisse zugunsten der Kapitalseite ebenso wie verschärfte Klassenspaltungen der wettbewerbsstaatlichen Phase aufgrund neoliberaler Strategien wie Privatisierung, Sparpolitik und einer auf Arbeitsmarktintegration ausgerichteten Arbeitsmarktpolitik.

Die Geschlechterverhältnisse wandelten sich durch die Kämpfe der Frauenbewegung seit Ende der 1960er Jahre und der starke Anstieg weiblicher Beschäftigung sowie der Ausbau des öffentlichen Dienstes transformierten die Arbeiter*innenbewegung. Aufgrund der Berufsgruppenorientierung der Gewerkschaften führte der steigende weibliche gewerkschaftliche Organisationsgrad zur Schwächung der männlich dominierten LO-Gewerkschaften, die am stärksten die Arbeitsmarktreformen unterstützten. Gerade im öffentlichen Dienst setzten die neoliberalen Angriffe im Postfordismus an, z.B. die restriktive Haushaltspolitik. Vor allem der starke öffentliche Dienst wurde zu einer Hochburg sozialer Auseinandersetzungen (vgl. Birke 2008). Welche Auswirkungen die Fusion der FTF und der LO im Januar 2019 haben wird, konnte in dieser Arbeit nicht mehr berücksichtigt werden und bietet Stoff für weitere Forschungsarbeit.

Der dänische Wohlfahrtsstaatskompromiss des Fordismus mündete seit den 1970er Jahren in einer Individualisierung. Seit der Krise von 2008 und dem offensichtlichen Scheitern neoliberaler Ideen ist das wohlfahrtschauvinistische Monster, das von der im Fordismus verankerten nationalstaatlichen Matrix genährt wurde, aufgewacht. Die Wiederentdeckung des Sozialen in der Sozialdemokratie vollzieht sich als national-soziales Projekt in einer gefährlichen Allianz mit der rechtsextremen DF. Nicht die eigenen neoliberalen Irrwege, sondern die Migrant*innen dienten hierbei als Sündenböcke einer verfehlten Politik.

2. Deutschland

„Wer arbeiten kann, aber nicht will, der kann nicht mit Solidarität rechnen. Es gibt kein Recht auf Faulheit in unserer Gesellschaft." (Gerhard Schröder, Bild Zeitung vom 6. April 2001)[34]

„Wo die Erwerbsformen flexibler und häufig auch prekärer werden, wird die zentrale Funktion des Sozialstaates noch wichtiger: Sicherheit im Wandel zu gewährleisten. Angst vor dem Absturz lähmt. Nur wer sich abgesichert weiß, wird Risiken eingehen. Nur wer Chancen hat, wird sich anstrengen." (SPD-Vorstand 2007, Hamburger Programm: 56)

2.1 Deutschland in der vergleichenden Wohlfahrts- und Kapitalismusforschung

Esping-Andersen (1990) stellte Deutschland als Prototyp des konservativen Wohlfahrtsregimes dar, dessen Stratifizierungslogik Status erhaltend wirkt, weil Versicherungsleistungen wie Renten, Kranken- und Arbeitslosengeld überwiegend aus den Beiträgen zur Sozialversicherung finanziert werden, die sich an Erwerbstätigkeit knüpft und nach der Logik des Äquivalenz- und Reziprozitätsprinzips strukturiert ist. Dominierend war hier das *male bread winner model,* in dem die Ehefrau ohne eigene erwerbsunabhängige Versicherungsansprüche nur über die Erwerbsarbeit des Ehemannes an den sozialstaatlichen Leistungen partizipieren konnte.[35] Status erhaltend wirkt das konservative Wohlfahrtsregime in dem doppelten Sinne, dass sich die Versicherungsansprüche am bisherigen Einkommen orientieren und den bisherigen Status auf relativ hohem Niveau erhalten. Deshalb kommt es nicht zu Umverteilungseffekten zwischen den Versichertengruppen und die sozialen Schichtungen werden durch die berufsgruppenorientierte Sozialversicherung reproduziert. Das konservative Regime weist einen mittleren Dekommodifizierungsgrad auf. Seine Strukturierungslogik entspringt der konservativ-katholischen Bewegung, was sich an der Lohnarbeitszentriertheit der Versicherungsleistungen zeigt (vgl. Esping-Andersen 1990, 1998). Das korporatistisch, d.h. berufsgruppenorientierte, konservative Regime spiegelt sich in der Bedeutung von Wohlfahrtsverbänden und der Fragmentierung der Trägerlandschaft.

Das konservative Arbeitsmarktregime zeichnet sich Lessenich (1994) zufolge durch ein institutionelles sozialpolitisches Kompensationsregime aus, dessen zentrale regulative Idee die Statushierarchie ist. Nicht-Erwerbstätigkeit steht im Zentrum des regulativen Musters und der arbeitsmarktpolitische Hauptdualismus besteht

34 Zit.n. taz archiv: www.taz.de/!1158053, zuletzt geprüft am 20.05.2019.

35 Die Annahme, die Arbeitsmarktregime hätten sich schon während der Entstehung der Wohlfahrtsstaaten institutionalisiert, wäre ein Anachronismus. Auf die Schwierigkeit der zeitlichen Zuordnung bei Esping-Andersen hat Borchert (1998) hingewiesen.

zwischen aktiven und inaktiven Personen. Der Arbeitsmarkt segmentiert sich entlang von „Normalitätslinien". In Arbeitsmarktregimen kontinentaleuropäischer Wohlfahrtsstaaten sei die Lohnarbeit durch eine „doppelt selektive Politik der Standardisierung des Arbeitsmarktgeschehens" institutionalisiert worden mit dem Normalarbeitsverhältnis als zentralem Bezugspunkt wohlfahrtsstaatlicher Eingriffe (vgl. Lessenich 1994: 230).

Der ökonomische Strukturwandel sei durch eine vermehrte Ausgliederung von Erwerbsgruppen aus dem Erwerbssystem in die Sozialversicherung, Familie und das Bildungssystem erfolgt, während der Kern der Normalarbeiter die Wohlfahrtsstaatlichkeit finanzierte (Lessenich 1994: 230). Kaufmann wies noch 2003 darauf hin, dass der Druck zur Arbeitsaufnahme geringer sei als im internationalen Vergleich und eher passive Strategien wie Vorruhestandsregelungen verfolgt werden als eine aktive Arbeitsmarktpolitik. Die durch das Subsidiaritätsprinzip, die Stärke von Verbänden und den Föderalismus fragmentierte Sozialpolitik habe zu einer vielfältigen Trägerlandschaft geführt, die mit der Umsetzung des oft nationalen Gesetzesrahmens befasst ist (vgl. Kaufmann 2003: 306).

2.2 Institutioneller Rahmen

2.2.1 Staatliche Struktur und Parteiensystem

Die institutionellen Besonderheiten des bundesrepublikanischen Staates sollen kontrastierend lediglich angerissen werden. Während das dänische Grundgesetz von 1849 weiterhin Bestand hatte, konstituierten sich die Italienische Republik und die Bundesrepublik Deutschland nach dem Zweiten Weltkrieg neu. Die italienische Verfassung von 1948 wurde durch eine breite aus dem Partisan*innenkampf hervorgegangene Parteienkonstellation ausgearbeitet, an der die Sozialistische Partei Italiens (PSI) und die Kommunistische Partei Italiens (PCI) als zweit- und drittstärkste Kraft nach den Christdemokraten (DC) teilnahmen. Die verfassungsgebende Versammlung war durch ein Referendum, an dem 89% der Stimmberechtigten teilgenommen hatten, gewählt worden (vgl. Hausmann 1997). Im Gegensatz hierzu wurde das deutsche Grundgesetz von 1949 von einem Parlamentarischen Rat ausgearbeitet, der von den westlichen Allierten bevollmächtigt wurde. Die KPD nahm zwar mit zwei Vertretern daran teil, votierte aber gegen die Verfassung (vgl. Görtemaker 2004: 44ff.; 59ff.).

Das Parteiensystem der BRD wurde zunächst durch die Regierungsdominanz der CDU unter Konrad Adenauer und Ludwig Erhard geprägt (vgl. Görtemaker 2004: 83ff.). Im Vergleich zu den anderen Untersuchungsländern zeichnet sich das politische System durch eine Stabilität der Regierungen aus. Der Föderalismus, für den insbesondere die süddeutschen Bundesländer Bayern und Baden-Württemberg sowie die Allierten plädiert hatten, sowie das Subsidiaritätsprinzip sind weitere Besonderheiten. Die Teilung in BRD und DDR und die Stellung der BRD im Kalten Krieg und in der Politik der Allierten wirkten sich auf das Parteienspektrum sowie auf die Gewerkschaftspolitik aus. Kommunist*innen wurden aus dem Funktionärsapparat der Gewerkschaften herausgedrängt (vgl. Deppe 1977: 320ff.).

Im Gegensatz zu Italien kam es mit dem Ende des Ost-West-Konflikts nicht zu einer Erschütterung des Parteiensystems in der BRD. Die Etablierung der PDS und die Fusion der Grünen mit Teilen der Bürgerrechtsbewegung der DDR zu Bündnis 90/Die Grünen modifizierte das Parteiensystem geringfügig (vgl. von Aleman 2010) und es war von „mehr Kontinuität als Wandel" (Stöss 1999) geprägt. Die Umbrüche in Ostdeutschland allerdings waren sowohl politisch als auch ökonomisch gravierend.[36]

2.2.2 Arbeitsbeziehungen und die Regulierung des Lohnarbeitsverhältnisses

Die ersten Berufsgewerkschaften gründeten sich bei den Druckerei- und Tabakarbeitern schon vor 1848 (vgl. Müller-Jentsch 2007: 19). Im ausgehenden 19. Jahrhundert bildeten sich politisch und weltanschaulich dominierte Gewerkschaften, die sozialdemokratischen und die christlichen sowie die liberalen Hirsch-Dunckerschen Werkvereine. Die unter dem ADGB organisierten Freien Gewerkschaften waren parteipolitisch an die Sozialdemokratie gebunden, während die 1928 gegründete kommunistische Revolutionäre Gewerkschaftsopposition infolge wechselnder Beschlusslagen der Roten Gewerkschaftsinternationalen Profintern zwischen interner Gewerkschaftsopposition und Gründung eigener Strukturen schwankte (vgl. Hyman 2001; Dribbusch/Birke 2012).

Die Arbeitsbeziehungen in Deutschland sind geprägt von der hohen Integration der Gewerkschaften in den kapitalistischen Staat, die mit dem Begriff Korporatismus beschrieben wird (vgl. u.a. Hoffmann 2006: 39ff.; Pankoke 1990; Hyman 2001). Diese nahm ihren Anfang im Hilfsdienstgesetz von 1916. In der nachrevolutionären Phase der Weimarer Republik waren die Gewerkschaften noch stark berufsgruppenorientiert. Bestandteile der Integration waren das kollektive Arbeitsrecht, das Betriebsrätegesetz, die Arbeitslosenversicherung von 1927 und die Selbstverwaltung in der Sozialversicherung. Die Gewerkschaften gingen von der Prämisse gegensätzlicher Verteilungs- bei gemeinsamen Produktionsinteressen aus, weshalb sie Produktivitätssteigerungen über Rationalisierungen wie der tayloristischen Arbeitsorganisation positiv gegenüberstanden. Der staatsorientierte und reformkapitalistische Teil der Arbeiterbewegung arbeitete mit dem exportorientierten Industriekapital zusammen, ein Bündnis, welches das Industriekapital Anfang der

36 Die arbeitsmarktpolitische Entwicklung in der ehemaligen DDR konnte im Rahmen dieser Arbeit nicht berücksichtigt werden, so dass sie erst ab dem Beitritt zur BRD behandelt wird.

1930er Jahre zugunsten einer stärkeren Zusammenarbeit mit der Schwerindustrie und einer offenen Hinwendung zur Regierung Brüning und ihrer Sparpolitik verließ (vgl. Hoffmann 2006: 39f.).

Mit dem Stinnes-Legien-Abkommen von 1918 wurde die Zentralarbeitsgemeinschaft (ZAG) zwischen Gewerkschaften und Arbeitgebern gegründet, die bis 1924 bestand und die Krisensituation des Kapitalismus stabilisieren sollte. Die hierbei versprochenen Verbesserungen der Arbeitsbedingungen wurden jedoch kaum umgesetzt. Innerhalb des linken Flügels der Gewerkschaften war das Abkommen sehr umstritten (vgl. Hyman 2001: 43f.; Pankoke 1990). Die Bewegung der Arbeiterräte wurde von der SPD und dem ADGB mit Misstrauen beäugt, weshalb sie kompromisshaft die Gründung von Betriebsräten unterstützten, die in den Revolutionsjahren 1918/1919 als Gegenmodell zur revolutionären Rätebewegung gegründet worden waren. Diese Vorläufer der Betriebsräte der BRD waren von Anfang an dem Betriebswohl verpflichtet. Den kooperativen Ansatz hatten die sozialdemokratischen Gewerkschaften aus der christlichen Sozialbewegung übernommen (vgl. Hyman 2001: 43f.). Die Arbeitsbeziehungen der BRD sind stark verrechtlicht und geprägt durch die duale Interessenvertretung, die sich in den Institutionen des überbetrieblichen Tarifvertrags und der Betriebsräte verdichtet (vgl. Müller-Jentsch 2007). Die Integration der Gewerkschaften in die staatlichen Strukturen im sozialpartnerschaftlichen Modell verhinderte weitergehende Transformationsperspektiven. Dies bildete auch die Grundlage für den Klassenkompromiss des Fordismus.

In Bezug auf wirtschaftliche Rationalisierungsprozesse bildet der Nationalsozialismus keine Klammer. Tayloristische Produktionsmethoden bekamen trotz einer anfänglichen Skepsis gegenüber dem „Amerikanismus" in der NS-Zeit einen Schub. Auch der Ausbau der Autobahnen und die Planung eines „KdF-Wagens" als Vorläufer des Käfers im VW-Werk Wolfsburg ist in den Kontext fordistischer Automobilproduktion einzuordnen, die in der Nachkriegszeit ein Leitsektor des „Wirtschaftswunders" wurde (vgl. Abelshauser 2004; Hachtmann 2008).

Während bis 1933 Berufsgewerkschaften und politisch-weltanschauliche Gewerkschaften parallel fortbestanden, gründete sich der DGB 1949 nach den Prinzipien der Einheits- und Industriegewerkschaft wieder, die politisch übergreifend nach Industriezweigen alle Berufsgruppen einschloss. Eine Ausnahme bildeten der Deutsche Beamtenbund und die Deutsche Angestellten Gewerkschaft, die 2001 in ver.di aufgingen (vgl. Müller-Jentsch 2007: 31f.). Nachdem seit Mitte der 1990er Jahre etliche Industriegewerkschaften fusionierten, z.B. zur IG BAU 1996 und zur IG BCE 1997 sprachen Müller/Wilke (2003) von der Relativierung des industriegewerkschaftlichen Prinzips durch die Bildung von „Multibranchengewerkschaften".

In der Nachkriegszeit wurden von den Gewerkschaften Sozialisierungsforderungen erhoben und sozialistische sowie kommunistische Ideen hatten Aufwind. Diese wurden von den Allierten zugunsten des aus der Weimarer Republik übernommenen sozialpartnerschaftlichen Ansatzes und eines Antikommunismus, mit dem sich oppositionelle Gewerkschafter*innen konfrontiert sahen, kleingearbeitet. Die Gewerkschaften ordneten sich dem tayloristischen Paradigma unter, das zu einem Wachstumsfaktor wurde. So sollten beispielsweise die durch das unter Adenauer 1952 verabschiedete Betriebsverfassungsgesetz eingerichteten Betriebsräte den betrieblichen Einfluss der Gewerkschaften begrenzen und zu einem vertrauensvollen Umgang mit dem Management anregen. Zwar werden die Betriebsräte trotz des Neutralitätsgebots überwiegend von Gewerkschaftsmitgliedern gestellt, doch die Verpflichtung auf das Betriebswohl und den sozialen Frieden prägt die betriebliche Gewerkschaftspolitik bis heute (vgl. hierzu Deppe 1977: 320ff.; Hoffmann 2006: 40f.; Dribbusch/Birke 2012; Redler 2012).

Was gesetzlich oder tarifvertraglich geregelt wird, ist umstritten und stellt sich als fortwährender Kampf um die Regulierung des Lohnarbeitsverhältnisses dar, das lange am „Normalarbeitsverhältnis“ orientiert war.[37] Allerdings lässt sich historisch beobachten, wie gesetzlich regulierte Bereiche, z.B. durch tarifvertragliche Regelungen oder Betriebsvereinbarungen kleingearbeitet bzw. durch gesetzliche Ausnahmeregelungen z.B. bezüglich der Betriebsgröße unterlaufen werden. Aber auch umgekehrt wurde die Reduzierung der Arbeitszeit zunächst auf tariflicher Ebene durchgesetzt. Die Norm ist auch Gegenstand tariflicher Kämpfe. Während die Industrialisierung und der Fordismus durch eine steigende Normierung und Standardisierung hin zum Normalarbeitsverhältnis geprägt war, ist die Zeit des Postfordismus durch seine Entstandardisierung und Flexibilisierung gekennzeichnet (vgl. beispielsweise Pierenkemper 2009; Keller/Seifert 2007; zur Flexibilisierung der Arbeitszeit vgl. Schudlich 1987).

Seit Mitte der 1990er Jahre ist die Tarifbindung eingebrochen. Fielen 1995 noch 80% der Betriebe unter die Regelungen eines Tarifvertrages, so waren dies 2008 nur noch 50%. 2010 waren nur noch 36% der Betriebe im Westen und 20% der Betriebe im Osten tarifgebunden. Aufgrund der Betriebsgrößen sind damit im Westen 37% und im Osten 51% der Beschäftigten nichttariflich beschäftigt, wobei sich ca. 40% der nicht tarifgebundenen Betriebe an den branchenüblichen Tarifverträgen orientieren (vgl. Dribbusch/Birke 2012). Der gewerkschaftliche Organisationsgrad sank von 35% im Jahr 1950 auf 27,8% 1990 und lag 2016 bei 18% (Müller-Jentsch 2007: 37; ETUI 2016). Die Mitgliederstruktur der DGB-Gewerkschaften spiegelt die Beschäftigtenstruktur nicht mehr wider. Sowohl die verstärkte Erwerbstätigkeit von Frauen als auch die Verschiebung hin zu Angestelltenverhältnissen und

37 Als Normalarbeitsverhältnis gilt ein unbefristeter Arbeitsvertrag in Vollzeit. Nach Pierenkemper (2009) zeichnete es sich durch eine ausreichend entlohnte unbefristete stabile Vollzeitbeschäftigung nach abgeschlossener Berufsausbildung mit Aufstiegsmöglichkeiten und geregelten Ferien- und Arbeitszeiten bis zum Rentenalter aus.

Dienstleistungsberufen ist unterrepräsentiert: 2005 waren 33,6% der Beschäftigten Arbeiter gegenüber 58,5% der Mitgliedschaft. Bei den Frauen lag die Verteilung bei 46,4% gegenüber 31,9% und bei Angestellten bei 59,5% gegenüber 33,7% (vgl. Müller-Jentsch 2007: 38).

Der Kündigungsschutz wird durch das Kündigungsschutzgesetz (KSchG) geregelt, welches auf Grundlage des zwischen Gewerkschaften und Arbeitgeberverbänden beschlossenen Hattenheimer Entwurfs von 1950 im Jahr 1951 verabschiedet wurde. Die Unternehmensverbände der Landwirtschaft und des Handwerks hatten auf die Heraufsetzung des Schwellenwerts der Betriebsgröße im Vergleich zum Hattenheimer Entwurf plädiert (vgl. Kittner 2014: 961).

Die Arbeitszeitnorm bewegt sich in Richtung Teilzeit. Das unbefristete Arbeitsverhältnis verliert im Vergleich zum prekären an Boden. Während 1991 noch 82,07% der Beschäftigten in Vollzeit gegenüber 17,93% in Teilzeit arbeiteten, waren es 2017 60,63% gegenüber 39,37% (vgl. Braun/Diekmann 2017). Die Entwicklung ging einher mit der Steigerung der Erwerbstätigkeit von Frauen, die überproportional häufig in prekären Beschäftigungsverhältnissen arbeiten, was im Hauptteil des Kapitels ausführlich behandelt wird.

Die Löhne sind in der BRD im Zeitraum 2000–2009 wesentlich moderater gestiegen als im Durchschnitt der EU 27. Der Zuwachs des realen Bruttoeinkommens lag bei 1,3% im Vergleich zum EU Durchschnitt von 7,9%. Seit 2004 wurde die Inflationsrate nicht mehr ausgeglichen. Durch die Krise setzte sich die Lohnstagnation fort (vgl. Dribbusch/Birke 2012: 8). Die moderate Lohnentwicklung kann Dribbusch und Birke (2012: 8) zufolge auf mehrere Faktoren zurückgeführt werden. Die Tarifbindung fiel und im Niedriglohnbereich waren die Gewerkschaften wenig durchsetzungsstark und schlossen Tarifverträge mit Stundenlöhnen unter 8,50 € ab. Außerdem lösten viele Teilzeitarbeitsverhältnisse Vollzeiterwerbstätigkeit ab. Die Entwicklung im Bereich der Minijobs und Ein-Euro-Jobs trugen zur Lohnentwicklung bei. Allerdings ergibt sich immer noch ein differenziertes Bild hinsichtlich der Tarifpartnerschaft entlang von Branchen und Organisationsbereichen. So beschreiben beispielsweise die interviewten Gewerkschaften und Arbeitgeberverbände im Metallbereich die Arbeitsbeziehungen negativer als die Vertreter in der Chemiebranche (vgl. Interview Gesamtmetall 2008; IG BCE 2008; Interview BAVC 2009; Interview IG Metall 2009). Besonders von der Fragmentierung der Tarifbindung betroffen ist der Dienstleistungssektor.

Der Klassenkonflikt wurde betrieblich durch das Betriebsverfassungsgesetz institutionalisiert und auf der Branchenebene durch das Tarif- und Streikrecht reguliert. Die Unternehmensmitbestimmung eröffnet zwar Mitbestimmungsmöglichkeiten, gleichzeitig bindet sie aber an das Unternehmenswohl (vgl. Hoffmann 2006: 42). Das Streikrecht, das maßgeblich durch die Rechtsprechung des Bundesarbeitsgerichts (BAG) geformt wurde, ist vergleichsweise restriktiv. So besteht kein individuelles

Recht auf Streik. Nur Gewerkschaften, nicht Betriebsräte, können mit dem Ziel des Abschlusses eines Tarifvertrags zum Streik aufrufen. Während der Laufzeit eines Tarifvertrags besteht Friedenspflicht. Die deutschen Gewerkschaften haben einen starken Rechtsbezug und verstehen sich als Garanten des sozialen Friedens (vgl. Dribbusch/Birke 2012: 12).

2.3 Historische Entwicklung der Arbeitsmarktpolitik und ihrer zentralen Institutionen

Die Kommodifizierung der Arbeitskraft war zu Beginn des 19. Jahrhundert eine Randerscheinung, denn Lohnarbeiter*innen machten weniger als ein Prozent der Arbeitskräfte aus. Erst Mitte des 19. Jahrhunderts nach dem industriellen *take-off* begann eine radikale Transformation des Beschäftigtensystems (vgl. Pierenkemper 2009). Vor den Bismarckschen Sozialversicherungsgesetzen der 1880er Jahre wurden in Preußen und später im Norddeutschen Bund Gesetze zu Sicherheits- und Gesundheitsfragen von Lohnarbeitern verabschiedet: 1839 wurde in Preußen die Frauen- und Kinderarbeit erschwert. Die Handelsgesetze Preußens von 1845 machten die Unterstützungskassen der Handwerker zugänglich für die entstehende Fabrikarbeiterklasse (vgl. Pierenkemper 2009: 9). Arbeitslosigkeit wurde seit den 1870er Jahren als Problem wahrgenommen. Im Laufe der 1890er Jahre setzte sich in der sozialpolitischen Debatte die Auffassung durch, dass Arbeitslosigkeit den konjunkturellen Zyklen der kapitalistischen Wirtschaft zugrunde läge und ein politischer Handlungsbedarf bestünde (vgl. Pankoke 1990: 111ff.).

2.3.1 Die Arbeitslosenversicherung und andere Transferleistungen

Im deutschen Kaiserreich (1871–1918) übernahm zunächst das Genter Modell eine Vorbildfunktion, institutionalisierte sich aber nicht. Es sah eine durch die Gewerkschaften verwaltete und von städtischer Seite finanziell subventionierte Arbeitslosenunterstützung vor. 1891 verfügten 12 von 65 Verbänden der Freien Gewerkschaften über Arbeitslosigkeitskassen für die arbeitslosen Mitglieder. 1914 hatten 44 von 48 Verbänden eine Arbeitslosenunterstützung, insbesondere diejenigen mit einem hohen Facharbeiteranteil. Bis zum Ersten Weltkrieg hatten auch 16 Kommunen eine Arbeitslosenunterstützungskasse eingeführt, als erste die Stadt Köln 1896. Deren Statuten sah die Kontrolle der kommunalen Arbeitsvermittlung vor und nachgewiesene Arbeitsplätze mussten angenommen werden (vgl. Faust 1986: 144). Die Freien Gewerkschaften befürworteten eine überlokale Ausdehnung des Genter Systems (vgl. ebd.: 151). Die industrielle Unternehmerschaft lehnte die Einführung einer Arbeitslosenversicherung ab und argumentierte damit, dass die Arbeitslosigkeit nicht so hoch und auf individuelles Verschulden zurückzuführen sei. Die Arbeitslosenversicherung sei eine „Feierndenrente“ und eine „Prämie auf Bummellust und Drückebergerei“ und das Genter System die „Gewährung einer öffentlichen Belohnung für den Eintritt in die sozialdemokratischen Gewerkschaften“ (zit.n. Faust 1986: 172; 174). Die Inanspruchnahme einer Arbeitslosenversicherung müsse die Aufhebung der Freizügigkeit und den Zwang zur Aufnahme einer nachgewiesenen Arbeit mit sich führen (vgl. Faust 1986: 171ff.). 1902 überprüfte eine Reichstagskommission bisherige Vorschläge für eine Reichsarbeitslosenversicherung und im Winter 1913/1914 fanden arbeitsmarktpolitische Debatten im Reichstag statt. 1913 waren nur ca. 3,2 Mio. der insgesamt 19 Mio. Arbeiter und Angestellten für die freiwillige von den Gewerkschaften verwaltete Arbeitslosenunterstützung bezugsberechtigt, insbesondere die gut organisierten und besserverdienenden Beschäftigten, die ein geringeres Risiko der Arbeitslosigkeit hatten (vgl. ebd.: 190).

Der Bezug von Arbeitslosenunterstützung war seit ihrer Einführung mit Disziplinierungselementen verbunden. Hierzu kommentiert Faust:

> „Vielmehr sahen alle kursierenden Versicherungspläne die regelmäßige Beitragszahlung der Versicherten, eine Annahmepflicht und die strenge Kontrolle der Leistungsbezieher sowie eine Begrenzung von Leistungshöhe und -dauer vor und intendierten somit mehr oder minder explizit eine arbeitspolitische Disziplinierung des Beschäftigtenpotentials, wie die Kommunen sie ansatzweise auch schon praktizierten.“ (Faust 1986: 191)

Ab dem Ende des Ersten Weltkriegs hatte sich eine Dreiteilung der Unterstützungsleistungen in Versorgung, Fürsorge und Versicherung etabliert. Neben der traditionellen Armenfürsorge und den ersten Anfängen einer Arbeitslosenversicherung trat nun die zentralstaatlich regulierte Versorgungsleistung für Kriegsgeschädigte (vgl. Kaufmann 2003: 287).

Im Jahr 1927 wurde mit dem Gesetz über Arbeitsvermittlung und Arbeitslosenversicherung (AVAVG) die Arbeitslosenversicherung eingeführt, die nicht mehr an eine Bedürftigkeitsprüfung gebunden war. Der Versichertenkreis umschloss die in der Krankenversicherung pflichtversicherten Arbeiter*innen. Die Bezugsdauer umfasste sechs Monate, wonach eine sechsmonatige Krisenhilfe möglich war. Nach dieser Zeit wurden die Arbeitslosen in den Bereich der kommunalen Armenfürsorge verwiesen (vgl. Pankoke 1990: 144f.). Doch schon in der Beschäftigungskrise der 1920er Jahre wurden die neu eingeführten Rechte des AVAVG stückweise abgebaut. Die Anwartschaftszeit wie auch die Wartezeit wurden verlängert, während die Bezugsdauer von 26 auf 20 Wochen verkürzt und Jugendliche unter 17 Jahren von der Arbeitslosenversicherung ausgenommen wurden. Verheiratete Frauen mussten ab 1931 ihre Bedürftigkeit nachweisen. Zudem wurde die Arbeitslosenunterstützung an Pflichtarbeit geknüpft (vgl. ebd.). Auf die seit dieser Zeit bestandene Kontinuität der Dreiteilung in Arbeitslosenversicherung (damals Arbeitslosenhilfe genannt), Krisenfürsorge (Krisenhilfe) und kommunaler Wohlfahrt/Fürsorgeleistungen weist auch Butterwegge (2015: 29) hin. Die statussichernde Arbeiterpolitik der aufkommenden Sozialversicherung blieb allerdings den besser gestellten Fraktionen der Arbeiterklasse vorbehalten (vgl. Wölfle/Schöller 2004: 344).

Die Zeit des Nationalsozialismus war einerseits durch eine Weiterführung des gesetzlichen sozialpolitischen Rahmens, andererseits aber durch die schon in der Schlussphase der Weimarer Republik eingeleitete Aushöhlung und Entdemokratisierung der Sozialversicherung gekennzeichnet. Die Sozialpolitik stand, so Butterwegge (2015: 61), „ganz im Dienste einer systematischen Leistungssteigerung für das Regime." Neben der rassistischen Ausgrenzung wurden auch vermeintlich nicht Leistungsfähige von den Nationalsozialisten so genannte „Asoziale", „Arbeitsscheue" und Obdachlose systematisch verfolgt (vgl. ebd.).[38] Ebenso wurden frühere Bezieher*innen von Wohlfahrtsleistungen verpflichtet, einen Teil ihres Lohns zurückzuzahlen (vgl. Pankoke 1990: 172). Leistungsansprüche wurden gekürzt und Leistungsbezieher*innen ausgegrenzt. Vor allem solche, „die sich nicht als arbeitsfähig und arbeitswillig ausweisen konnten. Sie wurden zum Fall für 'fürsorgliche' Kontrolle" (ebd.).

1956 wurde die steuerfinanzierte und an eine Bedürftigkeitsprüfung gebundene Arbeitslosenhilfe mit einer Novelle des AVAVG eingeführt und löste die Arbeitslosenfürsorge ab, eine weitere Novelle desselben Jahres etablierte den Begriff des Arbeitslosengeldes anstelle der Arbeitslosenunterstützung (vgl. Butterwegge 2015: 37).

Das Bundessozialhilfegesetz (BSHG) von 1961 führte einen Rechtsanspruch auf staatliche Hilfe zum Lebensunterhalt ein. Diese unterteilte sich bis zur Zusammenlegung der Arbeitslosenhilfe und Sozialhilfe 2005 in die Hilfe zum Lebensunterhalt und die Hilfe in besonderen Lebenslagen. Das BSHG war von Anfang an an ein strenges Sanktionsregime gekoppelt und im Gesetzestext wurde das Prinzip der Hilfe zur Selbsthilfe verankert, das auch verpflichtende Eigenbemühungen und die Aufnahme einer zumutbaren Arbeit beinhaltete (vgl. Kaufmann 2003: 287f.; Butterwegge 2015: 38). Mohr (2009: 52f.) zufolge wurden diese Instrumente jedoch zunächst kaum eingesetzt. Seit Ende der 1980er Jahre begannen die Kommunen verstärkt Workfare-Programme, um den eigenen Haushalt zu entlasten. Die Aktivierungsmaßnahmen im Bereich der Sozialhilfe wurden in den 1990er Jahren noch verstärkt (vgl. Mohr 2007: 52f.; Wölfle/Schöller 2004: 350f.). Auch Brütt konstatiert zwar für die Sozialhilfe einen Paradigmenwechsel zu Workfare, schlussfolgert aber: „An der grundsätzlich strikten Notwendigkeit, vorrangig über die Teilnahme am Arbeitsmarkt für die eigene Teilhabe zu sorgen, hat sich wenig geändert" (Brütt 2011: 321).

Die anfänglich mögliche Unterbringung in einer abgeschlossenen Anstalt (Arbeitshaus) bei Arbeitsverweigerung, wurde erst 1974 abgeschafft. Träger der Sozialhilfe waren die kreisfreien Städte und die Landkreise (vgl. Kaps 2012: 263).

38 Die Arbeitsmarktpolitik der NS-Zeit kann im Rahmen dieser Arbeit aus forschungspragmatischen Gründen nicht behandelt werden.

Sozialhilfe wurde nur bewilligt, wenn das eigene Vermögen aufgebraucht war und keine unterhaltspflichtigen Familienangehörigen wie Eltern oder Kinder herangezogen werden konnten (vgl. BSHG, BGBl. I 1994, 646). § 1 BSHG in der Fassung von 1994 betont, dass die Sozialhilfe dazu dienen soll, die Abhängigkeit von selbiger zu beenden: „Aufgabe der Sozialhilfe ist es, dem Empfänger der Hilfe die Führung eines Lebens zu ermöglichen, das der Würde des Menschen entspricht. Die Hilfe soll ihn soweit wie möglich befähigen, unabhängig von ihr zu leben; hierbei muß er nach seinen Kräften mitwirken“ (ebd.). § 18 koppelte den Erhalt der Sozialhilfe an die Arbeitssuche: „Es ist darauf hinzuwirken, daß der Hilfesuchende sich um Arbeit bemüht und Arbeit findet. Hilfesuchende, die keine Arbeit finden können, sind zur Annahme einer für sie zumutbaren Arbeitsgelegenheit nach §19 oder §20 verpflichtet“ (BSHG, BGBl. 1994 § 18). Die Zumutbarkeit erstreckte sich auch auf neue und niedriger qualifizierte Tätigkeiten, eine größere Entfernung zum Wohnort und schlechtere Arbeitsbedingungen (vgl. ebd.).

Von 1961 bis 2005 existierten also im deutschen Sozialversicherungssystem drei Typen monetärer Leistungen bei Arbeitslosigkeit, nämlich das Arbeitslosengeld, die Arbeitslosenhilfe und die Sozialhilfe. Das Arbeitslosengeld betrug 67% des letzten Gehalts (für Arbeitslose ohne Kinder 60%). Die Bezugsdauer hing von der Beschäftigungsdauer und dem Alter ab. Die anschließend beantragbare Arbeitslosenhilfe belief sich auf 57% (53%) des letzten Gehalts (vgl. Schmid, J. 2002: 252).

2.3.2 Arbeitsvermittlung und öffentliche Arbeitsverwaltung

Deutschland hat eine lange Tradition einer zentralstaatlich organisierten Arbeitsverwaltung und -vermittlung. Auf dem Gebiet des Deutschen Kaiserreiches begann die Arbeitsvermittlung jedoch zunächst als privates Geschäft. Dieses wurde in den 1890er Jahren von Unternehmerverbänden, der Arbeiterbewegung und der staatlichen Verwaltung zunehmend kritisiert. Ein Mitglied des Zechenverbandes bemerkte 1910 in Bezug auf das Gewerbe der Arbeitsvermittler:

> „Da die Existenz des Vermittlers geradezu durch den Stellenwechsel bedingt ist, so hat er nicht nur kein Interesse an langfristigen Dienst- und Arbeitsverträgen, sondern sogar eher das Bestreben, die baldige Auflösung des Arbeitsvertrages zu begünstigen, wodurch er naturgemäß dazu beiträgt, die Grundlagen jedes gedeihlichen Arbeitsverhältnisses zu erschüttern.“ (zit.n. Faust 1986: 48f.)

1907 gab es ca. 7205 Vermittlungsbüros. Gleichzeitig entwickelte sich schon in der zweiten Hälfte des 19. Jahrhunderts ein gemeinnütziges und ein öffentliches Arbeitsnachweiswesen. Auch die Gewerkschaften, die Arbeitgeberverbände und die Kommunen hatten eigene Arbeitsvermittlungsstellen (vgl. Faust 1986: 49f.). 1910 wurde im Reichstag das Stellenvermittlergesetz verabschiedet, das die gewerbsmäßige Vermittlung einschränkte (vgl. ebd.: 103).

Mit der Gründung des Reichsarbeitsamtes 1918 wurden Forderungen der Arbeiterbewegung nach einer Verstaatlichung und Verallgemeinerung des Arbeitsnachweiswesens, d.h. der Arbeitsvermittlung, erfüllt. Hiernach gründete sich eine öffentliche Arbeitsvermittlung unter paritätischer Beteiligung mit örtlichen Büros (vgl. Kaufmann 2003: 295). Die Zentralarbeitsgemeinschaft von Arbeitgeberverbänden und Gewerkschaften erließ einen Maßnahmenkatalog, in dem sie sich gegen „sozialistische Experimente" wendete. Er umfasste Bestimmungen zum Kündigungsschutz, Unterstützung von Kurzarbeit, die Erwerbslosenfürsorge und die Schaffung zusätzlicher Beschäftigungsmöglichkeiten durch Notstandsarbeiten und Arbeitsbeschaffungsprogramme sowie einen „freiwilligen Arbeitsdienst" (vgl. Pankoke 1990: 140). Nach dem am 13. März 1919 erlassenen „Sozialisierungsgesetz" sollte „Jedem Deutschen [...] die Möglichkeit gegeben werden, durch wirtschaftliche Arbeit seinen Unterhalt zu erwerben. Soweit ihm eine Arbeitsgelegenheit nicht nachgewiesen werden kann, wird für seinen Unterhalt gesorgt" (zit.n. Pankoke 1990: 138).

Die Tarifparteien haben seit der Gründung der Reichsanstalt für Arbeitsvermittlung und Arbeitslosenversicherung 1927 institutionalisiert an der Arbeitsmarktpolitik mitgewirkt. Sie waren maßgeblich an der Vorbereitung des AVAVG beteiligt und setzten sich für die Selbstverwaltung ein. In ihrer Grundstruktur ähnelte die Reichsanstalt bereits der späteren Bundesanstalt für Arbeit. So hatte sie eine dreiteilige Struktur mit nationalstaatlicher Zentrale, Landesarbeitsämtern und örtlichen Arbeitsämtern und war durch paritätische Selbstverwaltungsgremien organisiert. In der Beschäftigungskrise der Weimarer Republik setzten die Arbeitgeber jedoch auf das Bedürftigkeitsprinzip und die Selbstverwaltung wurde durch Rekommunalisierung eingeschränkt (vgl. Kaps 2012; Schroeder/Schulz 2012: 299f.). 1938 wurde die Arbeitsverwaltung in das Reichsarbeitsministerium eingegliedert und die paritätische Selbstverwaltung abgeschafft. Bei der Neuerrichtung der Arbeitsverwaltung nach dem Zweiten Weltkrieg gingen die Alliierten vorsichtig vor, weil diese im Nationalsozialismus eine zentrale Institution totalitärer Herrschaft und Zwangsgewalt gewesen war (vgl. Pankoke 1990: 186ff.).

Die 1952 mit dem Errichtungsgesetz des AVAVG neu eingerichtete Bundesanstalt für Arbeitsvermittlung und Arbeitslosenversicherung knüpfte in ihrer Grundstruktur an die Weimarer Zeit an (vgl. Schütz 2012: 233). Die institutionalisierte Beteiligung an der Arbeitsmarktverwaltung zeigt, wie die Tarifparteien nicht nur auf dem Boden der Zivilgesellschaft des integralen Staates um hegemoniale Positionen ringen, sondern auch in den im engeren Sinne definierten Staatsapparaten, wo sie auch hoheitsstaatliche Funktionen übernehmen. Die Kompetenzen der Tarifparteien wurden allerdings seit 1952 schrittweise zugunsten des Ministerialapparates zurückgefahren. Der Gesetzgeber setzte sich mit einer drittelparitätischen statt der geforderten paritätischen Organisationsform durch. Auch die AVAVG-Novelle von 1957 und das Arbeitsförderungsgesetz (AFG) von 1969 beschränkten die Selbstverwaltung: Die öffentlichen Körperschaften erhielten volles Stimmrecht in Bezug auf die Arbeitslosenversicherung und der Arbeitsminister erweiterte Weisungsrechte. Seit den 1980er Jahren mehrten sich die Konflikte innerhalb der BA und ab 1992 versuchte man die steigenden Kosten für ABM und Fortbildungsmaßnahmen in den neuen Bundesländern durch die Überziehung des Haushalts zu lösen. Seit 1993 konnte der Bund den Haushalt der BA auch gegen die Selbstverwaltungsgremien in Kraft setzen. Mit dem AFG-Reformgesetz von 1998 wurden die dezentralen Dienststellen gestärkt (vgl. Klenk 2012: 282ff.).

Auf der Bundes-, Landes- und lokalen Ebene ist dem Vorstand, bzw. dem Präsidenten ein Verwaltungsrat bzw. -ausschuss der Selbstverwaltung mit Kontrollfunktionen zugeordnet. Die Hartz-Gesetze brachten eine weitere Einschränkung der Selbstverwaltung mit sich. Die Leitung auf Bundesebene, wurde in einen hauptamtlichen Vorstand und einen ehrenamtlichen Verwaltungsrat umstrukturiert und auf Länderebene wurden die Selbstverwaltungsgremien abgeschafft (vgl. Klenk 2012: 282ff.; Schütz 2012: 233ff.). Eine gemeinsame Anlaufstelle für alle erwerbsfähigen Arbeitslosen war zwar im Hartz-Kommissionsbericht vorgesehen (vgl. Jann/Schmid, G. 2004: 92). In der Umsetzung wurden aber für den Rechtskreis des SGB III und SGB II getrennte Einrichtungen aufrechterhalten. Nur für das Arbeitslosengeld I ist die Arbeitsagentur zuständig. Die für den Regelkreis des SGB II zuständige Organisationsform der von der BA und den Kommunen gemeinsam organisierten Jobcenter sowie der Optionskommunen sieht keine drittelparitätische Selbstverwaltung vor, sondern Beiräte, in denen Sozial- und Wohlfahrtsverbände steigenden Einfluss verzeichnen. Hierdurch wird die Spaltung der Arbeitslosen in das Versicherungs- und Fürsorgesystem organisationspolitisch evident (vgl. Klenk 2012: 285ff.). Nach Übertritt vom ALG I zu ALG II zahlt die BA einen Aussteuerungsbetrag an den Bund, der sich im Jahr 2005 auf 4,55 Mrd. Euro belief (vgl. Bundesagentur für Arbeit 2006). Die Mittel für aktive wie passive Arbeitsmarktpolitik werden aus dem BA-Haushalt finanziert, der sich aus den Einnahmen der Arbeitslosenversicherung zusammensetzt. Erst wenn der Haushalt ein Defizit aufweist, fließen zusätzliche, steuerfinanzierte Mittel aus dem Bundesetat ein (Schmid, J. 2002: 376f.).

2.3.3 Arbeitsförderung und Weiterbildungsinstitutionen

Ende der 1960er Jahre vollzog sich mit dem Ausbau beruflicher Weiterbildungs- und Wiedereingliederungsmaßnahmen ein qualitativer Wandel unter der Zielsetzung der „vorausschauenden Arbeitsmarktpolitik". Bis dahin konzentrierte sich die bundesdeutsche Arbeitsmarktpolitik auf die Gebiete Arbeitslosenversicherung, Arbeitsvermittlung und Berufsberatung (Schmid, J. 2002: 275f.). Die Große Koalition verabschiedete 1969 das Arbeitsförderungsgesetz (AFG) (Gesetz über die Leistungen und Aufgaben zur Beschäftigungssicherung und zur Förderung des Wirtschaftswachstums), welches das AVAVG von 1927 ersetzte. Mit dem AFG wurde die Arbeitsmarktpolitik deutlicher an aktiven Maßnahmen ausgerichtet, z.B. Fort- und Weiterbildungen, Arbeitsbeschaffungsmaßnahmen, Lohnkosten- und Existenzgründungszuschüsse (vgl. Benzler/Heinelt 1991: 7; Schmid/Kohler 2012: 191). Vor dem AFG standen die Tarifparteien aktiver Arbeitsmarktpolitik eher kritisch gegenüber (vgl. Oschmiansky/Ebach 2012: 92). Die Instrumente des AFG waren schon im AVAVG ansatzweise verankert und wurden hieraus übernommen, wenn auch manche anders betitelt wurden. Ein wichtiges Instrument der Arbeitsförderung in der Nachkriegszeit, das Schlechtwettergeld, kam aufgrund der geschlechtsspezifischen Beschäftigung im Bausektor überwiegend Männern zu Gute. Die Fördermöglichkeiten und Zielsetzungen aktiver Arbeitsmarktpolitik verbesserten sich durch das AFG deutlich. Maßnahmen zur beruflichen Bildung machten einen großen Anteil aus (vgl. Oschmiansky/Ebach 2012: 92ff.). Das AFG sah bereits den Vorrang der Arbeitsvermittlung und der Weiterqualifizierung vor passiven Leistungen vor. Letztere, so Oschmiansky/Ebach, sollten „nur als letztes Mittel der Sicherung der Existenz bei Arbeitslosigkeit greifen" (ebd.). In der Beschäftigungskrise der 1970er Jahre wurden die Förderbedingungen und -voraussetzungen wieder verschlechtert (vgl. ebd.: 93).

Durch das Arbeitsförderungsreformgesetz wurde das AFG zum 1.1.1998 in das SGB III eingegliedert, das bis heute grundlegend für die Arbeitsförderung ist. 1994 machte ein Memorandum für ein neues Arbeitsförderungsgesetz auf exkludierende Elemente aufmerksam, die die Fokussierung des AFG auf die versicherten Arbeitslosen hervorbrächte:

> „Die anfänglich noch bestehenden Möglichkeiten zu einer vom 'Versichertenstatus' unabhängigen Qualifizierungsförderung wurden eingeschränkt, der Zugang in Maßnahmen vor allem bei ABM auf längerzeitig Arbeitslose eingegrenzt und diejenigen, die keinen Anspruch (mehr) auf Lohnersatzleistungen haben (insbesondere Frauen), wurden aus diesem Kreis der Förderberechtigten weitgehend ausgeschlossen. Auf diese Weise wurde die individuelle Arbeitsförderung auf die besondere Zielgruppe der Arbeitslosen konzentriert und darin auf vorherige Beitragszahler und nur für die Dauer ihres Anrechts auf Lohnersatzleistungen beschränkt, statt Arbeitslose und insbesondere längerzeitig Arbeitslose insgesamt verstärkt zu fördern." (Arbeitskreis AFG-Reform 1994: 228)

Nach §1 des SGB III sollten die Leistungen der Arbeitsförderung zu einem hohen Beschäftigungsstand und einer Verbesserung der Beschäftigungsstruktur führen. Die Entstehung von Arbeitslosigkeit soll vermieden und ihre Dauer verkürzt werden (vgl. SGB III, BGBl. I 1997, S. 594). 1998 waren die Kernziele bis auf die „Unterstützung des Ausgleichs am Arbeitsmarkt durch zügige Stellenbesetzung" aus dem Gesetzestext genommen worden. Die Ziele wurden mit dem Job-AQTIV-Gesetz wieder breiter definiert (vgl. Oschmiansky/Ebach 2012: 91).

2.3.4 Sozialdisziplinierung und Dekommodifizierung bis zur Fordismuskrise

Im Folgenden werden Kontinuitäten wie Brüche der Arbeitsmarktpolitik im Kontext von Sozialdisziplinierung und Dekommodifizierung herausgearbeitet. Hiernach wird untersucht, ob der häufig konstatierte Paradigmenwechsel zur aktivierenden Arbeitsmarktpolitik/Workfare tatsächlich einen Bruch bedeutete und in welchem Zusammenhang er mit der postfordistischen Transformation stand.

Sozialdisziplinierende Elemente ziehen sich wie ein roter Faden durch die Geschichte der Armenfürsorge wie auch der Arbeitslosenversicherung. Hierbei grundlegend war eine Differenzierung der Arbeitslosen in diejenigen, die sich dieser Disziplin unterwerfen und diejenigen, die sich nicht disziplinieren lassen, also in „Arbeitsfähige", „Arbeitswillige" und „Müßiggänger". In den Territorien, die die Vorläufer der BRD bildeten, entwickelte sich wie unter Punkt 2.1 angerissen ein korporatistisches, berufsständisches System, das dazu beitrug, bestimmte Fraktionen der Arbeiterklasse in den Staat zu integrieren, während andere ausgegrenzt wurden. Dies lässt sich am Beispiel der Sozialdisziplinierung und Dekommodifizierung nachzeichnen.

Schon im Allgemeinen Landrecht für die preußischen Staaten von 1794 wurden die Aufgaben des Staates gegenüber den Armen anhand der Arbeitsfähigkeit und -willigkeit differenziert:

> „§ 1. Dem Staate kommt es zu, für die Ernährung und Verpflegung derjenigen Bürger zu sorgen, die sich ihren Unterhalt nicht selbst verschaffen, und denselben auch von anderen Privatpersonen, welche nach besonderen Gesetzen dazu verpflichtet sind, nicht erhalten können. § 2. Denjenigen, welchen es nur an Mitteln und Gelegenheit, ihren und der Ihrigen Unterhalt selbst zu verdienen, ermangelt, sollen Arbeiten, die ihren Kräften und Fähigkeiten gemäß sind, angewiesen werden. § 3. Diejenigen, die nur aus Trägheit, Liebe zum Müßiggange oder anderen unordentlichen Neigungen die Mittel, sich ihren Unterhalt selbst zu verdienen, nicht anwenden wollen, sollen durch Zwang und Strafen zu nützlichen Arbeiten unter gehöriger Aufsicht angehalten werden." (PrALR II 19, zit.n. Hattenhauer 1970: 663)

Die Einführung der Sozialversicherung in den 1880er Jahren unter Bismarck war eng mit einer antisozialistischen Politik verknüpft und diente der Integration der Arbeiter in den Staat. Bismarck untermauerte in einer Reichstagsrede zur Verlängerung des Sozialistengesetzes 1884 die Intentionen der Sozialversicherungsgesetzgebung:

> „Geben Sie dem Arbeiter das Recht auf Arbeit, solange er gesund ist, sichern Sie ihm Pflege, wenn er krank ist, sichern Sie ihm Versorgung, wenn er alt ist, – wenn Sie das tun und die Opfer nicht scheuen und nicht über Staatssozialismus schreien, sobald jemand das Wort 'Altersversorgung' ausspricht, wenn der Staat etwas mehr christliche Fürsorge für den Arbeiter zeigt, dann glaube ich, daß die Herren vom Wydener Programm ihre Lockpfeife vergebens blasen werden, daß der Zulauf zu ihnen sich sehr vermindern wird, sobald die Arbeiter sehen, daß den Regierungen und den gesetzgebenden Körperschaften mit der Sorge für ihr Wohl ernst ist." (zit.n. Schminck-Gustavus 1978: 35f.)

Obwohl es bereits seit 1877 eine Debatte um die Einführung einer Arbeitslosenversicherung gegeben hatte, wurde diese erst gut 40 Jahre nach den anderen Sozialversicherungen, nämlich 1927 eingeführt. Der Nationalökonom Georg Adler schlug 1894 eine obligatorische drittelparitätische Reichsarbeitslosenversicherung vor, die auf einen niedrigen Betrag abzielte: „Der Gedanke, daß der Müßiggang etwas Schönes sei, soll nicht an Boden gewinnen und deshalb darf die Unterstützung nur das Existenzminimum gewähren; der Arbeiter, der bei voller Gesundheit unthätig ist (wenn auch unverschuldet) soll Entsagung üben" (zit.n. Faust 1986: 150f.). Dieser Logik entsprachen auch Äußerungen einzelner Gewerkschaftsverbände (vgl. Kantel 2008: 28f.). Kantel geht der Frage nach, warum ein zeitlich so großer Abstand zwischen der Entstehung der Renten-, Kranken- und Unfallversicherung und der Arbeitslosenversicherung bestand. Das Arbeitslosigkeitsproblem sei zwar vorhanden gewesen, aber auf Beschäftigtengruppen konzentriert, die nicht im Fokus der Gewerkschaften standen, nämlich Tagelöhner und ihre Familien. Ihnen blieb nur die Armenfürsorge, die mit erheblichen Disziplinierungsmaßnahmen, Zwangsarbeit und bis 1918 sogar mit dem Wahlrechtsentzug verbunden war. Bei Arbeitsverweigerung drohte die Einweisung ins Armenhaus. „Der qualifizierteste Teil der Arbeiterschaft, der sich auch im wesentlichen in den Gewerkschaften organisierte, drängte auf eigene Absicherung, ohne sich effektiv um das Schicksal der einfachen Arbeiterschaft zu kümmern" (Kantel 2008: 30).

Inspiriert von den von Beatrice und Sidney Webb entwickelten *public works* wurde der Ansatz einer „vorbeugenden Hilfe", die die Armenpflege obsolet machen sollte, übernommen. Er spiegelte sich in Konzepten wie „wertschaffende Arbeitslosenfürsorge" und „produktive Erwerbslosenfürsorge" wider. Sozialpolitiker fanden die produktive Erwerbslosenfürsorge sei „eine praktische Umsetzung des 'Rechts auf Arbeit'" (vgl. Pankoke 1990: 141ff.). Die Einkommen, die die Arbeitslosen für Notstandsarbeiten bekamen, lagen unter dem normalen Lohnniveau. Dies wurde 1923 durch eine Bestimmung des Reichsministers für Arbeit, in der die Tarifgebundenheit der Notstandsarbeiten abgeschafft wurde, manifest. Die Arbeitsverpflichtung, die im Bereich der kommunalen Fürsorge ohnehin bestand, wurde 1923 auch auf den Bereich der so genannten produktiven Erwerbslosenfürsorge ausgedehnt (vgl. ebd.).

Nachdem das AVAVG 1927 zunächst die Bedürftigkeitsprüfung bei der Arbeitslosenunterstützung abgeschafft hatte, wurden die Anspruchsvoraussetzungen und die Bezugsdauer schon ab 1928 wieder eingeschränkt. Im Zuge der Massenarbeitslosigkeit der Weltwirtschaftskrise verschärften sich die Bedingungen für den Leistungsbezug. Ab 1931 wurde der Bezug für Jugendliche eingeschränkt und Ehefrauen hatten kein allgemeines Recht auf die Arbeitslosenunterstützung, sondern mussten ihre Bedürftigkeit in Abhängigkeit vom Ehemann nachweisen. Für die nachgelagerte Krisenunterstützung wurde ab 1931 die Pflichtarbeit eingeführt (vgl. Pankoke 1990:

145). Im Zuge des Übergangs von der Kriegs- zur Friedenswirtschaft kam es 1919 zu einer staatlich angeordneten Massenentlassung von weiblichen Beschäftigten (vgl. Song 2003: 150f.). Die Gewerkschaften sahen ihre Aufgabe zuvorderst darin, ihre männlichen Mitglieder zu schützen (vgl. ebd.: 159). „Es war gerade die organisierte Arbeiterschaft, die die alte geschlechtsspezifische Arbeitsteilung wiederherzustellen versuchte" (ebd.). Auch Rouette weist auf die negative Haltung der Freien Gewerkschaften gegenüber Frauenerwerbstätigkeit in der Weimarer Republik hin. Im Zuge der Demobilmachung hätten vor allem gewerkschaftliche Arbeitsvermittlungen Frauen nicht zur Vermittlung angenommen und Betriebsräte für Entlassungen von Frauen plädiert (vgl. Rouette 1993: 135).

In der Weimarer Republik waren Arbeitslose an ein strenges Kontroll- und Disziplinierungsregime gebunden. Hierbei wurden Wechsel in schlechter gestellte Leistungssysteme immer schneller vollzogen. So zeigte sich die hierarchisierte Dreiteilung der Leistungen in die Arbeitslosenunterstützung des Versicherungssystems, die steuerfinanzierte Krisenfürsorge und die kommunale Wohlfahrtshilfe auch als Disziplinierungsinstrument. Viele Arbeitslose zogen es aus Scham vor, die Wohlfahrtshilfe mit ihrem strengen Kontrollregime nicht in Anspruch zu nehmen (vgl. Butterwegge 2015: 16ff.). Die Krisenfürsorge wurde 1930 abgeschafft und die Verteilung der Arbeitslosen zwischen der Arbeitslosenunterstützung und der Wohlfahrtshilfe kehrte sich durch die immer häufigere „Aussteuerung" aus der Arbeitslosenversicherung zwischen 1931 und 1933 um, so dass fast zwei Drittel der Arbeitslosen auf die kommunale Wohlfahrt angewiesen waren, die angesichts einer Krise der kommunalen Haushalte immer restriktiver wurde (vgl. ebd.: 29ff.). Mit einer Notverordnung wurde im Juni 1931 ein freiwilliger Arbeitsdienst zusätzlich zur schon etablierten Pflichtarbeit für alle Arbeitslosen eingerichtet (vgl. ebd.: 31). Diesem freiwilligen Arbeitsdienst stimmte nach ursprünglicher Kritik auch der ADGB zu (vgl. Achten 1978: 51f.).

Die Arbeitspflicht kulminierte in der nationalsozialistischen Propaganda und Verfolgung von „Asozialen" und Zwangsarbeit. Im wirtschaftspolitischen Sofortprogramm der NSDAP von 1932 wird die seit den 1990er Jahren wieder verstärkt in der öffentlichen Debatte vertretene Position, der Bezug öffentlicher Leistungen erniedrige, vertreten. Es ist wichtig, in Erinnerung zu rufen, dass eine solche Position ein Argument der Nationalsozialisten gewesen ist.

> „Das schaffende Volk fordert sein Lebensrecht, das Recht auf Arbeit. Die Duldung der Arbeitslosigkeit bedeutet eine brutale Entrechtung des schaffenden Volksgenossen. Man raubt ihm die Freiheit, durch seiner eigenen Hände Arbeit, seinen Lebensunterhalt zu erwerben, man raubt ihm damit die Möglichkeit, sich aus eigener Kraft zu erhalten, und sucht ihn mit jämmerlichen öffentlichen Unterstützungen abzuspeisen, die zudem noch dauernd herabgesetzt werden. Das schaffende Volk will sein Lebensrecht nicht für diese Bettelpfennige verkaufen, es fordert das Recht auf Arbeit." (Wirtschaftspolitisches Sofortprogramm der NSDAP von 1932, zit.n. Pankoke 1990: 167)

Die arbeitsmarktpolitische Ordnung der BRD schloss an die grundlegenden Strukturen des Weimarer Sozialstaats an. In Bezug auf sozialdisziplinierende Elemente war sie zunächst in Zeiten geringer Arbeitslosigkeit von einer Ausdehnung sozialer Rechte geprägt. Rosenthal (2012) analysiert die Entwicklung des Arbeitslosengeldes anhand der Selektivität, Einkommenssicherung und Reziprozitätsnormen, d.h. der Verpflichtung etwas für das Arbeitslosengeld zu leisten. In der Zeit von 1949 bis zur Verabschiedung des AFG 1969 wurden Heimarbeiter*innen, Hausgehilf*innen und Lehrlinge, sowie ab 1966 alle Angestellten in die Arbeitslosenversicherung einbezogen, die Leistungen fielen höher aus und die Reziprozitätsnormen waren vergleichsweise locker. Das ALG durfte 40% des Bruttolohns nicht unterschreiten und konnte für 11 bis 45 Wochen bezogen werden. Die Anwartschaftszeit betrug 26 Wochen innerhalb von zwei Jahren. Zumutbarkeitskriterien, die genau definierten, welche Beschäftigung angenommen werden muss, wurden erst mit dem AFG eingeführt. Bis dahin war jegliches Beschäftigungsverhältnis zumutbar. Bis zu maximal vierwöchige Sperrfristen konnten bei Verstößen folgen. Bei mehreren vierwöchigen Sanktionen drohte der Leistungsverlust (vgl. Rosenthal 2012: 148).

Auch nach der Einführung des AFG 1969, das eine angebotsseitige aktive Arbeitsmarktpolitik mit Schwerpunkt auf Berufsbildung und Weiterqualifizierung etablierte, bis in die 1990er Jahre kam es zu sozialdisziplinierenden Verschärfungen, die seit dem Einsetzen der Fordismuskrise in den 1970er Jahren zunahmen. Eindeutig definierte schon das AFG die Anforderung, bei Bezug von Arbeitslosengeld der Arbeitsvermittlung zur Verfügung stehen zu müssen. Hierzu musste man eine „Beschäftigung unter den üblichen Bedingungen des allgemeinen Arbeitsmarktes ausüben" können und dürfen sowie bereit sein, „jede zumutbare Beschäftigung anzunehmen, die er ausüben kann" (AFG, Bgbl 1969 Teil 1: 599). §4 AFG definierte den Vorrang der Vermittlung und Weiterqualifizierung vor dem Erhalt von Leistungen (vgl. AFG, Bgbl 1969 Teil 1: 584). Schon in den 1970er Jahren kam es im Zuge der „Qualifizierungsoffensive" zu einer strengeren Handhabung von Zumutbarkeitskriterien und einem Anstieg von Sperrzeiten. Diese Zahl stieg von 23.397 Sperrzeiten bei 149.000 offiziell registrierten Arbeitslosen 1970 auf 305.776 verhängte Sperrzeiten im Jahr 1978 (vgl. Pankoke 1990: 192; 306).

Die Krisenpolitik der sozialliberalen Regierung Schmidt war ab 1975 von einem strengen Sparkurs und von Verschärfungen der Arbeitsmarktpolitik bestimmt (vgl. Schroeder 1984; Kannankulam 2008). Im Zuge der restriktiven Arbeitsmarktpolitik wurde das Arbeitslosigkeitsproblem individualisiert. Die Arbeitslosen wurden mit höheren Anforderungen konfrontiert: verschärfte Zumutbarkeitskriterien, häufigere Sperrzeiten, Arbeitserprobung und höhere Mobilitätsanforderungen. Letztere stellten für erwerbstätige Frauen mit Kindern ein Problem dar (vgl. Seifert 1977: 52). Die Verschärfungen trafen Langzeitarbeitslose und jugendliche Berufseinsteiger besonders hart. Schroeder (1984: 292) nennt dies einen „vom Rand ausgehenden Abbau des

Sozialstaats bei gleichzeitiger Begünstigung mittlerer und höherer Einkommensgruppen." Die „Marginalisierungsstrategie" verschiebe die Probleme an den gesellschaftlichen Rand und sei von Kapitalverbänden wie auch Gewerkschaften getragen. Ähnlich argumentieren auch Hirsch 1980 und Esser 1982. Die Internationalisierungs- und Rationalisierungsstrategie des Kapitals seit Ende der 1960er Jahre habe zu Dequalifizierung und Marginalisierung von Jugendlichen, Frauen, älteren und unqualifizierten Arbeitern geführt (vgl. Hirsch 1980: 19). Esser (1982: 223) konstatiert in Bezug auf die Modernisierungspolitik der Gewerkschaften in der Fordismuskrise, dass der durch die Modernisierung und Rationalisierung verursachte Beschäftigungsabbau „auf eindeutig definierbare soziale Gruppen abgeladen wird: Alte, Ausländer, Frauen, Jugendliche und sogenannte 'schwarze Schafe'" (Esser 1982: 213). Unter Lohnarbeitern werde gegen vermeintliche „Faulenzer" und „Leistungsunwillige" gemeckert, die es verdient hätten, in Krisenzeiten entlassen zu werden (vgl. ebd.).

Frauen und Migrant*innen dienten in der Krise der 1970er Jahre als arbeitsmarktpolitische Reservearmee. Frauen waren überproportional sowohl in Teilzeitbeschäftigungen als auch in gering und unqualifizierten Tätigkeiten präsent, die in konjunkturellen Abschwüngen als erstes abgebaut wurden. Im Laufe der 1970er Jahre stieg ihre Arbeitslosenquote überproportional an. Von den durch die sozialliberale Koalition vorgenommenen Verschärfungen im AFG durch das Haushaltsstrukturgesetz von 1975 waren sie besonders hart betroffen, zum Beispiel von der Differenzierung in notwendige und zweckmäßige Qualifizierungsmaßnahmen, wobei auf letztere geringere Unterhaltsleistungen entfielen (vgl. Seifert 1977: 53). Auch Burkhardt Lutz und Werner Sengenberger äußerten sich kritisch zu den Änderungen bezüglich der Arbeitsförderung der Regierung Schmidt:

> „Im Schatten der öffentlichen Förderung insbesondere der beruflichen Weiterbildung bleiben jene Beschäftigtengruppen, die gegenwärtig von der Anpassungsproblematik der Arbeitsmärkte am härtesten getroffen werden und denen im Vergleich zu anderen Gruppen auch das Arbeitsförderungsgesetz bislang keine entscheidende Verbesserung ihrer Beschäftigungschancen gebracht hat. Im Gegenteil, es steht zu befürchten, daß diese Gruppen durch die erhebliche Begünstigung anderer Arbeitskräftegruppen durch das Gesetz relativ depriviert werden." (Lutz/Sengenberger 1974: 135)

In den 1970er Jahren waren über 30% der Arbeitsmigrant*innen weiblich. Diese sahen sich mit einem hierarchisierten Vermittlungssystem für Facharbeiter, Hilfsarbeiter und Frauen konfrontiert (vgl. Bojadžijev 2008: 103f.). Migrant*innen wurden in den 1970er Jahren vor allem in der Industrie und in Dienstleistungsberufen mit unregelmäßigen Arbeitszeiten und schlechteren Arbeitsbedingungen, zum Beispiel im Hotel- und Gastronomiebereich und in der Krankenpflege beschäftigt (vgl. Engelen-Kefer 1977: 256f.). Die spätere stellvertretende DGB Vorsitzende Ursula Engelen-Kefer wies 1977 auf die Misstände hin, beurteilt die Diskriminierungen jedoch positiv. Statt die Arbeitsmarktspaltungen zu kritisieren, argumentiert sie, sie hätten dazu beigetragen, qualifizierte Arbeitsplätze für „Inländer" zu erhalten. Hierbei akzeptiert sie die schlechteren Arbeitsbedingungen für Migrant*innen (ebd.: 257f.).

> „Infolge der Verfügbarkeit gering qualifizierter ausländischer Arbeitnehmer für die unteren physisch und nervlich belastenden Arbeitertätigkeiten bildete sich der Trend zur Umsetzung inländischer Arbeitskräfte in die Facharbeitertätigkeiten sowie die Angestellten- und Beamtenberufe heraus. Allerdings wird nachgewiesen, daß zwischen beiden Teilen des Arbeitsmarktes erhebliche Komplementaritätsbeziehungen bestehen. Dies könnte zur Folge haben, daß bei Rückwanderung einer größeren Anzahl ausländischer Arbeitnehmer auch Arbeitsplätze gefährdet sind, falls die infolge der Verringerung von Ausländerbeschäftigung frei gewordenen Arbeitsplätze nicht von indländischen Arbeitskräften besetzt werden oder Rationalisierung möglich ist. Soll eine Umbesetzung inländischer Arbeitskräfte in diese Arbeitsplätze erfolgen, müßten sie in Qualität und Entlohnung besser ausgestattet werden." (Engelen-Kefer 1977: 257)

Die Gewerkschaften hatten auf den 1973 verhängten Anwerbestopp gedrängt. Der DGB setzte sich stark gegen eine Legalisierung der in die Illegalität gedrängten Migrant*innen ein. 1978 verlautete der DGB in einem Beschluss, dass die BRD kein Einwanderungsland sei und setzte sich für die bevorzugte Einstellung von Deutschen ein (vgl. Bojadžijev 2008: 134-139).

Der Paradigmenwechsel zur aktivierenden Arbeitsmarktpolitik bzw. zu Workfare – verstanden als Unterordnung der Sozialpolitik unter wirtschaftspolitische Belange – wird in vielen Analysen auf die Zeit der rot-grünen Bundesregierung bzw. das AFG-Reformgesetz von 1998 datiert (vgl. z.B. Grell/Sambale/Eick 2002; Trube/Wohlfahrt 2003; Dingeldey 2011: 285; Mohr 2012).[39] Ähnlich wie im Kapitel zu

39 Dingeldey setzt zum Beispiel ihre empirische Analyse erst zu diesem Zeitpunkt an, so dass nicht deutlich wird, ob überhaupt ein Paradigmenwechsel stattgefunden hat. Auch beim Begriff Workfare, der zum einen breit als Unterordnung der Sozial- unter die Wirtschaftspolitik verstanden werden kann, z.B. bei Jessop, zum anderen auch enger im Sinne von Workfaremaßnahmen als Arbeitsverpflichtung bei Sozialleistungen, stellt sich die Frage, ob hier wirklich ein grundlegender Wandel stattgefunden hat, oder sich vorhandene Ansätze bloß verstärkt haben. Mohr (2012) benutzt zum Beispiel in Anlehnung an Jessop einen weiteren Begriff von Workfare. Die Argumentation, Arbeitsmarktpolitik sei durch den Schwerpunkt auf die Transferleistungen im Fall von Arbeitslosigkeit eben hauptsächlich Sozialpolitik gewesen, klammert die anderen Aufgaben der Arbeitsmarktpolitik, nämlich Arbeitsvermittlung und Berufsqualifizierung aus. Insofern – und das sieht man bereits am Beispiel der späten Entstehung der Arbeitslosenversicherung in Deutschland, ist die Arbeitsmarktpolitik ein sozialpolitischer Sonderfall. Die historische Entwicklung der Arbeitsmarktpolitik hat zweierlei gezeigt: zum einen waren Arbeitslose historisch immer wieder Angriffen und Denunzierungen ausgesetzt und zum anderen war die Lohnarbeit seit ihren Anfängen mit Disziplinierungsmaßnahmen verknüpft, die sich gegen den Müßiggang wendeten. Staatliche Arbeitsmarktpolitik hat hierzu ihren Beitrag geleistet (siehe hierzu Steinert/Treiber 2005; Gruppe Blauer Montag/Holloway/Thompson 2007).

Dänemark dargelegt, wurde dieser Wechsel aber nicht erst in den 1990er Jahren vollzogen, sondern hatte eine lange Vorgeschichte.

Aktive arbeitsmarktpolitische Maßnahmen haben seit dem AFG eine größere Rolle gespielt – auch im Sinne eines Vorrangs von aktiven gegenüber passiven Leistungen. Der Zwangscharakter der Arbeitsförderung wurde schon Ende der 1970er Jahre verstärkt. Insofern stellt sich die Frage, ob es gerechtfertigt ist, zwischen einer aktiven und einer aktivierenden Arbeitsmarktpolitik zu unterscheiden. Der in den 1990er Jahren aufgekommende Aktivierungsbegriff scheint – und das wird im nächsten Kapitel genauer analysiert – als ein ideologischer Begriff zur Durchsetzung einer verstärkten Sozialdisziplinierung. So zitiert beispielsweise Achten (1978: 66) in Bezug auf den Zwangscharakter von Arbeitsmarktmaßnahmen einen Landesarbeitsamtsleiter: „Übungsmaßnahmen mit Trainingscharakter sind sinnvoller als Zahlung von Arbeitslosengeld ohne Gegenleistung." 1977 ordnete die Bundesanstalt für Arbeit an, die Verfügbarkeit von arbeitslosen Jugendlichen durch „Arbeitserprobung" und „Probebeschäftigung" zu überprüfen. Die Probebeschäftigung sah ein bis zu drei Monate befristetes Arbeitsverhältnis vor (vgl. Achten 1978).

Das am 22. Dezember 1981 unter der Regierung Schmidt verabschiedete Arbeitsförderungskonsolidierungsgesetz (AFKG) führte zu einer strengeren Regelung der Anwartschaftszeit von 12 Monaten innerhalb von 3 Jahren (vgl. Rosenthal 2012: 149). Außerdem wurde die Sperrzeit von vier auf acht Wochen erweitert und die Zumutbarkeitsregelungen verschärft (vgl. Bothfeld/Sesselmeier/Bogedan 2012: 355). Webber (1987) sieht sowohl Kontinuitäten als auch Veränderungen in der Arbeitsmarktpolitik der sozialliberalen Regierung und ihrer Nachfolgerin. Die arbeitsmarktpolitischen Instrumente, der prozyklische Umgang mit Finanzierung und Sparmaßnahmen bei der BA und passive Strategien wie Frühverrentnung sowie die seit dem Anwerbestopp von 1973 restriktive Beschränkung bzw. Rückführung migrantischer Arbeitskräfte zeugten von einer deutlichen Kontinuität. Allerdings habe die schwarz-gelbe Koalition auf Hinwirken der Wirtschaftsverbände eine Flexibilisierung des Arbeitsmarktes eingeleitet, die unter einer sozialdemokratisch geführten Regierung angesichts des Bündnisses zwischen den Gewerkschaften und der SPD nicht durchsetzungsfähig gewesen wäre. Kern der Flexibilisierungsmaßnahmen war die Einführung der sachgrundlosen Befristung von Beschäftigungsverhältnissen bis zu 18 Monaten mit dem Arbeitsförderungsreformgesetz von 1984. Diese hätten schon vor Beginn der christlich-liberalen Koalition stark zugenommen. Außerdem hielten sowohl die Gewerkschaften als auch die Arbeitgeberverbände Qualifizierungsmaßnahmen aus Wettbewerbsgründen für wichtig (vgl. Webber 1987: 82).

Gerade bei der Sozialhilfe kam es seit den 1980er Jahren zu Leistungseinschränkungen. Der kommunale Sozialhilfebereich zeigt sich als Experimentierfeld der Workfare-Politik im Sinne der Arbeitsverpflichtung, die sich später auch auf die versicherten Arbeitslosen ausdehnte. Die stärkere Nutzung der schon seit 1961 im

BSHG angelegten Arbeitsverpflichtung war zunächst seit Mitte der 1980er Jahre eher freiwillig. Die rechtliche Lage wurde 1993 und 1996 gestrafft, und die Schaffung von Arbeitsgelegenheiten zur „unbedingten Sollverpflichtung", deren Ablehnung zu einer Kürzung bzw. Streichung der Sozialhilfe führte (vgl. Grell/Sambale/Eick 2002: 564; Wölfle/Schöller 2004; Butterwegge 2006: 139). In der ersten Hälfte der 1980er Jahre wurden Leistungen aus dem Bereich der Sozialhilfe und des AFG im großen Stile gekürzt und die Zumutbarkeitskriterien gestrafft. Die Leistungen der Sozialhilfe wurden in den 1990er Jahren weiter gekürzt und die Arbeitsbereitschaft noch strenger überwacht, z.B. mit dem Gesetz zur Förderung des föderalen Konsolidierungsprogramms von 1993. Das Gesetz zur Reform des Sozialhilferechts von 1996 sah vor, dass die Sozialhilfe um ein Viertel bei Nichtannahme eines Arbeitsangebots gekürzt werden sollte (vgl. Kaps 2012: 263).

Die Spaltungen der verschiedenen Beschäftigtengruppen, die systematische Diskriminierung arbeitsmarktpolitischer „Randgruppen" und das dreigliedrige mit absteigenden sozialen Rechten ausgestattete System der sozialen Sicherung bei Arbeitslosigkeit (Arbeitslosengeld, Arbeitslosenhilfe und Sozialhilfe) im Fordismus wurde von Gewerkschaften und Arbeitgeberverbänden mitgetragen. Die Gewerkschaften waren zunächst für ihre meist männlichen Mitglieder zuständig und für die in der Arbeitslosenversicherung versicherten Arbeitslosen, nicht aber für arbeitslose Sozialhilfebezieher*innen. Die oben skizzierten Spaltungen erwiesen sich als Instrument der Sozialdisziplinierung bereits im Fordismus, zum Beispiel in Bezug auf die Teilnehmer*innen an Weiterbildungsmaßnahmen nach dem AFG und den Berufsprofilen sowie der Einkommensstruktur. In der postfordistischen Transformation sollten sich diese Spaltungslinien noch weiter vertiefen.

2.4 Sozioökonomische Transformationen vom Fordismus zum Postfordismus

Die für den Fordismus idealtypische Trias aus Binnenmarktorientierung, keynesianischem Staat und tayloristischer Massenproduktion treffen auf die BRD nur mit Einschränkungen zu. Die Eigentumsstruktur und personelle Besetzung der Unternehmen erfuhr durch das Ende des Nationalsozialismus keinen radikalen Bruch, sondern war eher durch Kontinuität bestimmt. Wichtige Kapitalfraktionen, die mit einer relativ gut erhaltenen industriellen Struktur aus dem Zweiten Weltkrieg herausgegangen sind, waren von Beginn an am Weltmarkt und weniger am Binnenmarkt orientiert als zum Beispiel die US-amerikanische Automobilindustrie. Die Exportorientierung des deutschen Kapitals zieht sich bis in die Gegenwart. Die Wirtschaftsstruktur der BRD teilte sich in ein Produktionsregime der Diversifizierten Qualitätsproduktion mit einem hohen Facharbeiteranteil und eine standardisierte Massenproduktion mit an- und ungelernten Arbeiter*innen, wobei auch diese früh auf machtasymmetrische Zuliefererketten setzte und die Produktion schon in der fordistischen Gesellschaftsformation weniger integriert war als in den USA oder auch in der DDR (vgl. Abelshauser 2004: 377).

Ein keynesianischer Ansatz wurde nur relativ kurz verfolgt. An den Wurzeln der kapitalistischen Gesellschaftsformation der BRD lag demgegenüber der Neoliberalismus ordoliberaler Prägung der Freiburger Schule um Walter Eucken[40] und Alfred Müller-Armack, der von Ludwig Erhard, Mitglied des 1947 gegründeten neoliberalen Thinktanks Mont Pèlerin Gesellschaft, politisch im Konzept der „Sozialen Marktwirtschaft" umgesetzt wurde.[41] Die schon in den 1930er Jahren entwickelten Konzepte sahen den Primat der Politik vor dem Markt vor, aber in dem Sinne, dass der Staat den ordnungspolitischen Rahmen setzte, um eine Intensivierung der Markttätigkeit und des Wettbewerbs zu ermöglichen, also ein „liberaler Interventionismus in Richtung der Marktgesetze" (Abelshauser 2004). Hierbei bargen ordoliberale Theorien auch eine gewisse Anschlussfähigkeit für die Wirtschaftspolitik in der NS-Zeit in sich und die ordoliberale Schule konnte in dieser Zeit ungehindert publizieren. „Daneben gehörte aber auch das Modell einer sozialen Marktwirtschaft von Anfang an zum festen Bestandteil ordnungspolitischer Theorie und Praxis im 'Dritten Reich', nachdem es in der Konfrontation liberaler Ideen mit der Weltwirtschaftskrise entstanden war" (ebd.: 96). Die „Soziale Marktwirtschaft" Erhards verstand sich nicht als Interventionsstaat, sondern wollte wirtschaftsliberale Gedanken durch den Staat ordnungspolitisch festigen (vgl. Abelshauser 2004: 191). „Erhards Marktwirtschaft verdiente sich in den fünfziger Jahren das Attribut 'sozial' nur deshalb, weil sie im Gegensatz zum Wirtschaftsliberalismus der Zeit vor der Weltwirtschaftskrise dem Staat eine neue, 'starke' Rolle als Wettbewerbshüter zuwies" (ebd.).

Das Akkumulationsregime des Fordismus in der BRD basierte zunächst auf im internationalen Vergleich niedrigen Löhnen und einer starken Exportzentriertheit.

---

40 Auch Eucken war Mitglied der Mont Pèlerin Gesellschaft.

41 Oft wird auf die Unterschiede zwischen dem Neoliberalismus Friedmanns und von Hayeks und dem Ordoliberalismus Euckens verwiesen (Freie Hand vs. Staatstätigkeit). Ich möchte demgegenüber die Ähnlichkeiten beider Denkströmungen des Neoliberalismus herausarbeiten. Denn nur die Betonung der Unterschiede konnte in den 1990er Jahren dazu führen, die deutsche Politik nicht als neoliberal zu verstehen. Zum Beispiel verstehen sich Teile der bundesdeutschen Gewerkschaftsbewegung als Verteidiger des Rheinischen Modells gegenüber der Wirtschaftsglobalisierung und des angelsächsischen Liberalismus. Wenn man stattdessen die Kontinuität austeritätspolitischer Ansätze, die in der BRD sehr kurze Phase keynesianischer interventionsstaatlicher Politik, das Subsidiaritätsprinzip und die Exportorientierung zentraler Teile des deutschen Kapitals betrachtet, ergibt sich ein modifiziertes Bild. Dieses Bild zeigt, wie neoliberale Ideen die Wirtschaftsgeschichte der BRD geprägt haben und mit der wettbewerbsstaatlichen Integrationsweise auf die Länder der Europäischen Union ausgedehnt wurden (vgl. hierzu Kannankulam 2008; Stützle 2013).

Die Produktionsmittel- dominierte gegenüber der Konsumgüterindustrie. Außerdem profitierte das Kapital bis 1969 von der Unterbewertung der DM (vgl. Hirsch 1980: 13f.; Esser 1982: 73). Zwar steigerte sich seit den 1950er Jahren sukzessive der private Konsum vor allem im Bereich langlebiger Konsumgüter wie Fernseher, Kühlschränke und Waschmaschinen sowie Autos und es kam zu Reallohnzuwächsen (vgl. Bergmann/Jacobi/Müller-Jentsch 1975; Abelshauser 2004). Die Einkommens- und Vermögensverteilung nivellierte sich aber nicht (vgl. Abelshauser 2004: 341).

In der Hochkonjunktur bis Ende der 1960er Jahre fanden verstärkt tayloristische Produktionsmethoden Anwendung. Diese waren bereits während des Nationalsozialismus eingeführt worden. Der starke Rückgriff auf Flüchtlinge und Frauen in den ausbeutungsintensivsten Bereichen schloss sich an die Hyperausbeutung migrantischer und weiblicher Arbeitskraft im Nationalsozialismus an. Hachtmann/von Saldern (2009) rekonstruieren, wie Frauen und Migrant*innen im Nationalsozialismus zur Fließbandarbeit herangezogen wurden und ihre Ausbeutung, die in Zwangsarbeit und Konzentrationslagern gipfelte, zu einem konstituierenden Element der Durchsetzung und Praxis tayloristisch-fordistischer Massenproduktion in Deutschland wurde. Auch im Fordismus war die Mehrheit der ungelernten Arbeiter*innen weiblich und migrantisch (vgl. Hachtmann/von Saldern 2009).

> „Die rassistische Zuweisung fordistischer Arbeitsplätze an Ausländer sowie die Behauptung, Angehörige angeblich minderwertiger Nationen und Ethnien seien – im Gegensatz zum hochwertigen deutschen Facharbeiter – besonders geeignet, primitive, repetitive Tätigkeiten auszuführen, legen davon unfreiwillig Zeugnis ab." (Hachtmann/von Saldern 2009: 192)

Konstituierend für die Wohlstandssteigerungen des so genannten „Wirtschaftswunders" des in der sozialpolitischen Literatur häufig angerufenen „Golden Age" war die Ausbeutung von Flüchtlingen in der tayloristischen Massenproduktion, die die exportorientierte deutsche Wirtschaft in ihren Leitsektoren durchführte. In einer zweiten Phase wurden vermehrt Gastarbeiter*innen, Frauen und Jugendliche in der ausbeutungsintensiven Massenproduktion beschäftigt, während sich die deutschen, häufig gewerkschaftlich organisierten Facharbeiter der Dequalifizierung entzogen, in dem sie in andere Berufsfelder wechselten. Ein markantes Beispiel war die Unterstützung der wilden Septemberstreiks von 1969 durch die Gewerkschaften, während sie die migrantisch organisierten Streiks von 1973 ignorierten oder deren gewaltsame Niederschlagung sogar unterstützten (vgl. Kannankulam 2008; Roth 1974; Hirsch 1980: 31). Der Fordismus stützte sich also auf eine sexistische und rassistische Segmentierung des Arbeitsmarktes, die das „Normalarbeitsverhältnis" als Privileg des weißen männlichen Facharbeiters gestützt durch die Gewerkschaften herausbildete. Die Politik der Gewerkschaften war vor allem an der Figur des männlichen Industriearbeiters orientiert, der im Zuge der Taylorisierung in qualifiziertere Branchen auswich (vgl. Roth 1974: 217ff.; Esser 1982: 266). In den gut bezahlten Bereichen der exportorientierten Investitionsgüterindustrie herrschte ein für den Fordismus typisches intensives Akkumulationsregime vor, während parallel Formen extensiver Akkumulation weiterbestanden. Zwischen 1950 und 1960 fiel die Arbeitslosigkeit von 10 auf 1,3%. In den 1960er Jahren konnten höhere Lohnsteigerungen realisiert werden. Die Lohnsteigerungen und die steigende organische Zusammensetzung des Kapitals führten zu einem Fall der Profitrate, die sich in der Rezession von 1966/67 zeigte (vgl. Hirsch 1980: 13f.). Diese wurde durch keynesianische Steuerung und mäßige gewerkschaftliche Lohnforderungen abgefedert. Die in Folge gewerkschaftlicher und wilder Streiks Ende der 1960er Jahre durchgesetzen Lohnsteigerungen führten zu einer Strategieänderung der Kapitalseite. Es kam zu forcierten Rationalisierungsprozessen und vermehrten ausländischen Direktinvestitionen und Verlagerungen von Teilen der Produktion. Die Arbeit wurde gleichsam intensiviert wie dequalifiziert (vgl. ebd.: 15ff.). Die Strukturanpassungspolitik an die veränderten Weltmarktbedingungen wurde in einer engen Abstimmung zwischen Staat, Kapitalseite und Gewerkschaften umgesetzt, die zu einem *selektiven Korporatismus* führte (vgl. hierzu ausführlich Esser 1982). Die Arbeitslosigkeit stieg von 0,7% 1970 auf 4,8% 1975. Seit der Rezession von 1974/75 kam es zu rückläufigen Reallöhnen (vgl. Hirsch 1980: 17ff.). Die Entwicklung traf wie unter Punkt 2.3.4 angerissen besonders Jugendliche, Alte, Unqualifizierte, Migrant*innen und Frauen. Die Gewerkschaften trugen auch zur ungleichen Lohnentwicklung von Frauen und Männern bei, indem die überwiegend männlichen Verteter in den Tarifkommissionen vehementer für die Erhöhung von Facharbeiterlöhnen als für die Hochstufung bzw. Streichung von Niedriglohngruppen eintraten (vgl. Honsberg 2001: 18).

Zum Paradigmenwechsel hin zu einer keynesianischen Wirtschaftspolitik kam es unter dem SPD Wirtschaftsminister Karl Schiller während der Großen Koalition (1966-69), der sich unter anderem in dem 1967 verabschiedeten Stabilitäts- und Wachstumsgesetz niederschlug. Die monetaristische Wende folgte bereits 1975 unter der sozialliberalen Koalition. Auf die Krise reagierte die Regierung mit einer Austeritätspolitik, die Kürzungen von Sozialleistungen einschloss, sowie höheren Unternehmenssubventionen. Das sozialdemokratische „Modell Deutschland" sollte die Wettbewerbsfähigkeit der deutschen Wirtschaft durch technische Modernisierung und eine staatlich geförderte Spezialisierung sicherstellen (vgl. Hirsch 1980: 32f.; Esser 1982; Kannankulam 2008).

Die westdeutsche Exportindustrie dominierte die binnenorientierten Kapitalfraktionen. Währungsstabilität wurde zum dominierenden finanzpolitischen Dogma und schon in den 1970er Jahren unter der sozialliberalen Regierung drängte die alte Bundesrepublik ihre europäischen Nachbarn in ein austeritätspolitisches Korsett (vgl. Röttger 2013: 286f.). Die deutsche Bundesbank richtete sich als erste monetaristisch aus (vgl. Kannankulam 2008: 169f.). Nach einer Welle wilder Streiks im Jahr 1969 (vgl. ausführlich hierzu Birke 2007), allgemeiner politischer Unruhen durch die

Studentenbewegung und einer Lohnoffensive der Gewerkschaften mit Lohnsteigerungen und gleichzeitiger Sättigung langlebiger Massenkonsumgüter geriet die Kapitalakkumulation durch eine Profitklemmenkrise ins Stocken (vgl. Sablowski 2003). Die Krise wurde durch die Ölkrise 1973 noch verstärkt. Das Kapital reagierte auf die fallende Profitrate und den wachsenden Widerstand der Beschäftigten mit einer Rationalisierungswelle, die massenweise un- und angelernte Beschäftigte entließ. Hierauf wiederum reagierte die Regierung Brandt II 1973 mit dem Anwerbestopp. In der Krise der 1970er Jahre ergriff das deutsche Kapital Strategien, die seine Weltmarktposition sichern sollte. Dies wurde von der sozialliberalen Regierung flankiert durch eine Politik, die eine durch die Bundesbank gestützte monetaristische Geldpolitik ebenso umfasste wie eine mit den Gewerkschaften konzertierte zurückhaltende Lohnpolitik, finanzpolitische Austerität (vgl. Kannankulam 2008: 175ff.) und eine sozialdisziplinierende Arbeitsmarktpolitik (vgl. Schroeder 1984: 249ff.).

Die Entwicklung der Beschäftigten- und Wirtschaftsstruktur ist seit den 1970er Jahren durch das Wachstum des Dienstleistungssektors und eine steigende Frauenerwerbstätigkeit geprägt. Die Frauenerwerbsquote stieg von 56% im Jahr 1992 auf 68% im Jahr 2012 (vgl. Statistisches Bundesamt 2014). Frauendominierte Branchen sind das Gesundheits- und Sozialwesen (76%), der Einzelhandel (69%), Erziehung und Unterricht (68%), Gastgewerbe (61%), Sonstige Dienstleistungen (60%), Öffentliche Verwaltung (56%) und die Finanz- und Versicherungsdienstleistungen (56%) (vgl. Hohendanner 2012: 64). Obwohl auch in der BRD eine Abkehr vom *male breadwinner model* stattgefunden hat und weibliche Erwerbstätigkeit normal geworden ist, reproduzieren sich Stratifizierungslogiken entlang der Kategorie Geschlecht weiter. Frauen arbeiten weiterhin in „stereotypen Frauenjobs“ und besonders häufig in prekären Jobs mit niedriger Entlohnung (vgl. Nickel 2009: 253f.). Gleichzeitig bilden sich neue Spaltungslinien unter Frauen, wenn die Sorgearbeit erwerbstätiger Frauen an niedrigentlohnte und oftmals migrantische Frauen ausgelagert wird (vgl. Nickel 2009: 255; Buckel 2012: 86).

Sproll (2013: 170f.) stellt fest, dass die neuere regulationstheoretische Debatte sich sehr auf das finanzmarktgetriebene Akkumulationsmodell und weniger auf Veränderungen des industriellen Paradigmas des Taylorismus konzentrieren. Zwar sind weder der Taylorismus noch die Massenproduktion abgelöst worden, allerdings werden sie durchdrungen von einer flexibilisierten Arbeitsorganisation, die eine schnelle Produktabfolge und flexible Beschäftigungsformen ebenso beinhaltet wie Flexibilisierungsanforderungen an die Beschäftigten (vgl. Dörre 2003: 9; Sproll 2013: 174). Dies lässt sich in Bezug auf die BRD sowohl für die ehemaligen Kernsektoren standardisierter Massenproduktion feststellen, wie auch für KMU in der diversifizierten Qualitätsproduktion.[42] Die *craft production*, die Piore und Sabel (1989) in ihrer

42 Z.B. das Versuchsprojekt „Auto 5000“ von VW (vgl. Hachtmann/von Saldern 2009: 205).

Untersuchung zum Ende der Massenproduktion als heraufkommendes alternatives Produktionsmodell beschrieben, bildet derzeit noch immer eine Nische.

Die Zeit seit den 1970er Jahren ist durch eine Heterogenisierung der Arbeitsvertragsformen und eine Erosion des Normalarbeitsverhältnisses geprägt. Dies ist verbunden mit dem Anstieg der Beschäftigung im Dienstleistungsbereich und dem Abbau industrieller Arbeitsplätze im Zuge von Rationalisierung und Automatisierung. Der Anteil der Beschäftigungsverhältnisse in der Industrie erreichte um 1970 seinen Höhepunkt. Seit 1969 fiel die Zahl der im produzierenden Gewerbe Tätigen von 48,5% auf 36,6% 1990 und 24,1% im Jahr 2017 (vgl. Destatis 2018). Allerdings drückt sich der weiterhin ausgebaute industrielle Sektor auch heute in entsprechend hohen Beschäftigtenzahlen aus (vgl. Abelshauser 2004: 307). Der Maschinenbau, die Automobilindustrie und die Chemiebranche sind immer noch die Basis der deutschen Exportzentriertheit. Sowohl in der Krise des Fordismus in den 1970er Jahren und der Krise des Postfordismus seit 2008 griffen Gewerkschaften, Arbeitgeberverbände und der Staat vermehrt zu krisenkorporatistischen Strategien, die die Kernbelegschaften der exportorientierten Kapitalfraktionen schützten und so in den herrschenden Block an der Macht einbanden (vgl. Esser 1982; Röttger 2013; Dörre 2014).

Die Phasen des Krisenkorporatismus führten zu einer verschärften Spaltung der lohnabhängigen Klasse. Unter das Normalarbeitsverhältnis, an dem sich die Gewerkschaften der BRD orientierten, fallen sukzessive immer weniger Beschäftigte. Die Kernbelegschaften umschließt ein immer ausdifferenzierterer Kreis aus Befristungen, Leiharbeiter*innen und Werkverträglern. Diese Entwicklung ist kein sich im Hintergrund abspielender Prozess, sondern elementarer Bestandteil politischer Kämpfe und Gesetzgebungsprozesse, die sich über Jahrzehnte hingezogen haben. Dies soll unter dem Punkt 2.5 nachgezeichnet werden. Der *selektive Korporatismus*, der sich Esser (1982) zufolge in den 1970er Jahren herausbildete, bezeichnet die Strategie, dass Kernbelegschaften geschützt wurden, während am Rande des Arbeitsmarktes Schutzmechanismen abgebaut wurden. Diese Strategie lässt sich noch weiter fassen. Zum einen war die Integration der Arbeiterklasse über die Gewerkschaften auch in der fordistischen Phase schon selektiv auf bestimmte Fraktionen der Arbeiterklasse bezogen. Zum anderen haben sich diese Spaltungslinien im Postfordismus verstärkt. Dies wird unten ausgeführt werden.

Managementkonzepte propagieren zwar vermehrt die Qualifizierung der lohnabhängig Beschäftigten und deren aktive Rolle im Arbeitsprozess im Sinne einer selbstgesteuerten neuen Rationalisierungswelle. Parallel jedoch steigen sowohl Kontrollmechanismen als auch neotayloristische Praktiken vor allem aber nicht nur auf globaler Ebene an (vgl. Chorus 2007: 211). Hieraus ergibt sich ein stark polarisierter Arbeitsmarkt entlang ethnisierender und geschlechtshierarchischer Linien (vgl. Buckel 2012: 82ff.). Während Managementstrategien postulieren, die Arbeitskräfte sollen wie Unternehmer denken (vgl. Trentin 1999; Voß/Pongratz 1998),[43] werden flexiblere Beschäftigungsverhältnisse im Sinne einer loseren Bindung zum Unternehmen gefordert. Exemplarisch sei für diese Sichtweise eine Veröffentlichung des Deutschen Managerverbandes zitiert:

> „So wie Unternehmen sich längst von der lebenslangen Verantwortung für die Beschäftigung ihrer Mitarbeiter verabschiedet haben, bedeutet dies, dass sich auch die Bindung der Mitarbeiter an ihr Unternehmen immer weiter löst, wenn das Unternehmen ihnen nicht die Möglichkeiten bietet, ihre 'unternehmerischen' Ziele umzusetzen." (Menden 2003: 59)

2.5 Arbeitsmarktreformen und das Verhältnis von aktiver und passiver Arbeitsmarktpolitik

2.5.1 „Aktivierender Sozialstaat": neosozialdemokratisch oder neoliberal?

In der sozialwissenschaftlichen Literatur wird die Zeit der rot-grünen Koalition als Markierung auf dem Weg zum aktivierenden Sozialstaat gewertet (vgl. z.B. Brütt 2011; Mohr 2012). In diesem Abschnitt wird der Aktivierungsdiskurs, der Ende der 1990er Jahre hegemonial wurde, exemplarisch nachgezeichnet. Hierbei wird die These vertreten, dass Aktivierung ein ideologischer Begriff zur Durchsetzung einer verschärften Sozialdisziplinierung gewesen ist. Er findet sich zwar auch in den Zielsetzungen des SGB II und SGB III, aber ohne einen neuen Inhalt darzustellen. Die „aktivierende" Arbeitsmarktpolitik unterscheidet sich nicht grundlegend von der aktiven, sondern nur graduell. Arbeitsmarktpolitik hatte schon seit ihrer Entstehung die Zielsetzung des Wiedereintritts in den Arbeitsmarkt. In Deutschland wurde der Begriff Aktivierung durch das Konzept des aktivierenden Sozialstaates im Rahmen des rot-grünen Regierungsprojektes bekannt, z.B. im Job-AQTIV-Gesetz und dem Hartz-Kommissionsbericht von 2002. Im Folgenden werden zur Illustration einige exemplarische Diskursfragmente basierend auf einer Dokumentenanalyse präsentiert.

Ordnet sich das Projekt „Aktivierender Sozialstaat" in das hegemoniale neoliberale Projekt ein oder ist es ein sozialdemokratisches Projekt des dritten Weges, wie seine Befürworter*innen in Abgrenzung zu neoliberalen Strategien hervorgehoben haben? Letztere hätten in ihrer Ablehnung des Korporatismus und des Sozialstaats „den Basiskonsens des deutschen Modells längst aufgekündigt" (Koch/Schroeder 2001: 17). Auch andere sozialdemokratische Analysen setzen den neoliberalen Ansatz mit dem „Schlanken Staat" gleich, z.B. eine Studie für den Arbeitskreis Bürgergesellschaft und Aktivierender Staat der Friedrich-Ebert-Stiftung von 2002 (vgl. Lamping u.a.

43 Vgl. zur Anrufung der Subjektivität im postfordistischen Neoliberalismus die von der Gouvernementalitätsforschung inspirierten Arbeiten von Opitz (2004), Bröckling (2007) und Spilker (2010).

2002). Ein Forscherkreis um Bernhard Blanke und Stephan von Bandemer an der Universität Hannover und dem Institut für Arbeit und Technik in Gelsenkirchen habe das Leitbild des Aktivierenden Sozialstaats Anfang der 1990er Jahre entwickelt und hierbei eine Neuverteilung der Verantwortung zwischen Staat und Bürger*innen im Blick gehabt (vgl. Dingeldey 2011: 36). Ob und inwiefern der Ansatz von Blanke und von Bandemer in die Wahlprogrammatik der SPD 1998 eingeflossen ist, kann hier nicht beantwortet werden. Allerdings hat Blanke die FES-Studie verfasst und mit von Bandemer 1999 auch in den Gewerkschaftlichen Monatsheften publiziert. Blanke war beratend für die niedersächsische Staatskanzlei und das Bundesinnenministerium zum Thema Aktivierender Staat tätig (vgl. Lamping u.a. 2002: 43). In der FES-Studie kritisieren sie den einseitig auf das individuelle Fehlverhalten fokussierten Aktivierungsansatz der SPD, der durch die Reorganisation eines sich selbst aktivierenden Staates flankiert werden müsse, damit die Aktivierung greift (vgl. ebd.: 10f.).

Koch und Schroeder kritisierten im Kontext einer Kritik an Wolfgang Clement die linke Kritik an einer Neujustierung des Sozialstaats:

> „So fällt es der traditionellen Linken leicht, vorwärtsgerichtete Bemühungen um eine programmatische Neubestimmung der Partei als neoliberale Konzepte zu brandmarken. Auf der anderen Seite ist offenkundig, dass vor dem Hintergrund grundsätzlicher Probleme, die auch von linkssozialistischer Seite nicht mehr bestritten werden, weitgehende Reformen des bisherigen, durch Anrechtspolitik, monetäre Transfers und Sozialbürokratie geprägten Modells des Wohlfahrtsstaats unausweichlich geworden sind." (Koch/Schroeder 2001: 18)

Der Aktivierungsdiskurs entstand in Deutschland Ende der 1990er Jahre unter Rückgriff auf den Sozialstaatsvergleich mit positivem Bezug zu den Niederlanden und Skandinavien. Organische Intellektuelle aus der Wissenschaft spielten einem arbeitsmarktpolitischen Experten aus dem Bundesarbeitsministerium zufolge eine wichtige Rolle bei der Etablierung des Aktivierungsdiskurses (vgl. Interview BMAS 2008). In der arbeitsmarktpolitischen Debatte, zum Beispiel in Wahlprogrammen und Zielvorstellungen, beispielsweise dem Hartz-Kommissionsbericht, wurde ein Wechsel zu einer aktivierenden Arbeitsmarktpolitik proklamiert. Hier hieß es:

> „Die neue Leitidee lautet: 'Eigenaktivitäten auslösen – Sicherheit einlösen.' Die Arbeitsförderungspolitik wird im Sinne einer aktivierenden Arbeitsmarktpolitik umgebaut. Im Zentrum steht die eigene Integrationsleistung der Arbeitslosen, die durch das Dienstleistungs- und Förderangebot gestützt und abgesichert wird. [...] Wegweisend ist der Leitbildwechsel von der aktiven zur aktivierenden Arbeitsmarktpolitik, der im Einklang mit den Beschäftigungspolitischen Leitlinien der EU steht." (Hartz u.a. 2002: 19f.)

Während der Begriff Aktivierende Arbeitsmarktpolitik mit dem Job-AQTIV-Gesetz und der Hartz-Kommission in den Diskurs eingeführt wurde, waren zentrale inhaltliche Bestandteile, die auf eine stärkere Individualisierung des Arbeitslosigkeitsproblems abzielten, bereits vorher diskursiv etabliert worden. Die Arbeitslosigkeit wurde zu einem Zeitpunkt zu einem individuellen Problem umgedeutet als sie Höchststände aufzeigte. In ihrem Bundestagswahlprogramm von 1998 positionierte sich die SPD im Sinne von mehr Eigenverantwortung im Sozialstaat. Zwar wird hier der Begriff Aktivierung noch nicht explizit verwendet, doch implizit verwies es schon auf die Konzeption der kommenden Arbeitsmarktpolitik:

> „Ziel des modernen Sozialstaates ist die Ermutigung zu Eigenverantwortung und Eigeninitiative, nicht Bevormundung. Wir müssen das Verhältnis von Solidarität und Individualität ständig neu bestimmen. Neue Freiräume für die Menschen müssen das Ergebnis sein." (SPD-Vorstand 1998a: 37f.)

Der Punkt *Arbeit statt Sozialhilfe* des Wahlprogramms befürwortet einen sozialdisziplinierenden Ansatz:

> „Unser Grundsatz heißt: 'Arbeit statt Sozialhilfe'. Wir wollen dafür sorgen, dass Arbeitsfähigen, die Sozialhilfe erhalten, eine Arbeit, eine Umschulung oder eine Weiterbildung angeboten wird. Wir wollen die Zusammenarbeit zwischen Sozialämtern und Arbeitsämtern verstärken. Die Arbeitsaufnahme von arbeitslosen Sozialhilfeempfängern soll durch befristete, ergänzende Einkommenszuschüsse gefördert werden (Kombi-Einkommen). In Zusammenhang mit diesen positiven Anreizen werden wir dafür sorgen, dass Sozialhilfeempfänger angebotene Arbeitsplätze auch annehmen. Sollten angebotene Arbeitsplätze ohne wichtigen Grund nicht angenommen werden, so müssen die bestehenden gesetzlichen Vorschriften zur Kürzung der Sozialhilfe angewandt werden. In einer Gemeinschaft gibt es nicht nur Rechte, sondern auch Pflichten." (SPD-Vorstand 1998a: 37f.)

Nach der gewonnenen Bundestagswahl hielt Oskar Lafontaine auf dem SPD-Parteitag am 25. Oktober 1998 eine Rede, in der er sich für eine stärkere Bedarfsorientierung von Sozialleistungen aussprach, womit auch strenge Kontrollen der Anspruchsgrundlagen und Eingrenzung und Beschränkung von „Sozialmissbrauch" gemeint waren.

> „Ich lade die Partei und die Gewerkschaften ein, darüber nachzudenken, ob wir nicht auch bei der Arbeitslosenversicherung Korrekturbedarf haben, ob nicht auch hier eher der Fall gegeben ist, nach dem Sozialstaatsprinzip vorzugehen statt nach dem Prinzip der Versicherungsleistung, da erstens nicht alle – das gilt auch für viele, die hier sind – solche Leistungen in Anspruch nehmen werden und da zweitens die Bedürftigkeitsfrage immer dann aufgeworfen wird, wenn Mißbrauch in der Form getrieben wird, daß ein hochvermögender Unternehmer oder Selbständiger etwa den Partner beschäftigt, ihm dann kündigt und dann in hohem Umfang Leistungen der Arbeitslosenversicherung in Anspruch genommen werden. Ich bitte, darüber nachzudenken, ob hier nicht eine Korrekturmöglichkeit besteht, die uns in die Lage versetzt, auch bei den Lohnnebenkosten Strukturreformen in Angriff zu nehmen, die dem Ziel die Lohnnebenkosten zu senken, dienen können. (Beifall Gerhard Schröder). Mit diesem Modernisierungsgedanken wollte ich euch konfrontieren. Gerhard Schröder klatscht Beifall, aber der Beifall ist mir etwas spärlich. Gerhard, wir zwei alleine reichen nicht an dieser Stelle. (Beifall)." (Oskar Lafontaine 1998: 29)

Bodo Hombach formulierte 1998 in seinem Buch *Politik der Neuen Mitte* die Aktivierungsprogrammatik, derzufolge sich der „echte Liberalismus“ mit der Sozialdemokratie vereinigen werde.

> „Zur Politik der Verteilung führt kein Weg zurück. Noch gibt es in Deutschland Ressentiments gegen die Abgabe von Verantwortung vom Staat an die Bürger, eine Art Absicherungsmentalität. Aber statt dessen muß die soziale Sicherung die Menschen befähigen, Risiken zu übernehmen und flexibel auf Veränderungen zu reagieren. Wir brauchen Gleichheit beim Start, nicht im Ergebnis, eine Politik der ‘zweiten Chance’. Das Stichwort ist der aktivierende Staat. Wir müssen Instrumente in die Hand nehmen, die Selbsthilfe, Eigeninitiative und Unternehmertum fördern.“ (Hombach 1998: 40)

Zwar sollten Einschnitte beim Kündigungsschutz zurückgenommen werden, aber gleichzeitig Zeitarbeit und Befristungen angestrebt werden (vgl. Hombach 1998: 41).

> „Die Leute wissen, daß wir über unsere Verhältnisse gelebt haben und daß unser Sozialsystem zu Fehlentwicklungen einlädt. Zumutungen seitens der Politik werden angenommen, wenn sie gerecht und gut begründet sind. Der Sozialstaat, bisher als Netz verstanden, muß zukünftig als Trampolin wirken – als eine Absprungsmöglichkeit in den regulären Arbeitsmarkt.“ (Hombach 1998: 41)

Vielen Analysen folgend ordnete sich die Arbeitsmarkt- und Sozialpolitik in die Politik des von Anthony Giddens inspirierten „Dritten Weges“ der europäischen Sozialdemokratie ein, die sich nicht mehr als Alternative zwischen Kapitalismus und Sozialismus, sondern zwischen Markt und Staat verstand (vgl. Grabow 2005: 154; Giddens 1999).

> „Die Sozial- und Beschäftigungspolitik des Dritten Weges hat deshalb zum Ziel, einerseits die Beschäftigungsfähigkeit der Erwerbspersonen durch aktive und aktivierende Arbeitsmarktpolitik zu steigern, gleichzeitig aber auch, die sozialpolitischen Leistungen des Staates mit Gegenleistungen der Empfänger zu verbinden, um diese durch eine Kombination aus Zwang und Anreiz in selbsttragende Beschäftigungsverhältnisse zurückzubringen.“ (Grabow 2005: 154)

Im Vergleich zum „Rheinischen Wohlfahrtskapitalismus“ sei dies ein „Politik- und Paradigmenwechsel“ (ebd.: 235).

Um die Strategie der „neuen Sozialdemokratie“ richtig einzuordnen, reicht es nicht aus, der Selbstbeschreibung ihrer Befürworter*innen als „Dritten Weg“ zu folgen. Mohr (2007) und Kannankulam (2008) analysieren aus einer kritischeren Perspektive die inhaltlichen Annäherungen von New Labour und SPD im Sinne einer Neoliberalisierung und workfaristischen Ausrichtung der Sozialpolitik. Der „Dritte Weg“ soll im Folgenden nicht als Kompromissprodukt, sondern als Unterordnung sozialdemokratischer Politik unter das neoliberale Hegemonieprojekt intepretiert werden. Schauen wir einmal genauer hin. Das Schröder-Blair-Papier von 1999 manifestierte eine strategische Zusammenarbeit von New Labour und SPD über Nacht. Medienstrategisch über Bande gespielt konnte die parteiinterne

Debatte vor Tatsachen gestellt werden. In zeitlicher Nähe zur Veröffentlichung des Schröder-Blair-Papiers wurde diese Vorgehensweise ein weiteres Mal genutzt, um mit neoliberalen Positionen sozialdemokratische Tatsachen zu schaffen, diesmal im Rahmen des Bündnisses für Arbeit, Ausbildung und Wettbewerbsfähigkeit. In der Benchmarking-Arbeitsgruppe des Bündnisses waren neben Wolfgang Streeck und Rolf G. Heinze Heide Pfarr vom WSI der Hans-Böckler-Stiftung und Gerhard Fels vom Institut für Deutsche Wirtschaftsforschung vertreten. Streeck und Heinze hatten enge Verbindungen zu den DGB-Gewerkschaften und waren u.a. gefragte Referenten in der gewerkschaftlichen Bildungsarbeit. Sie begannen über Nacht mit einer Veröffentlichung im „Spiegel" eine Diskussion um einen Niedriglohnsektor unmittelbar bevor der entsprechende Bericht der Arbeitsgruppe abgegeben wurde (vgl. Streeck/Heinze 1999). Der polemisch formulierte Artikel liest sich wie die Blaupause der späteren rot-grünen Arbeitsmarktpolitik und soll deshalb an dieser Stelle ausführlicher zitiert werden. Die Autoren fordern einen gespaltenen Arbeitsmarkt mit einem Niedriglohnsektor im Dienstleistungsbereich und einen regulierten industriellen Kernbereich, Privatisierungen und Marktmechanismen als Lösung der Stunde und ein strengeres Sanktionsregime gegenüber Arbeitslosen:

> „Ohnehin verlangen die Gleichstellung von Mann und Frau, der demographische Wandel und die abnehmende Bereitschaft der Jungen, für die vorgezogene Mallorca-Verschickung der Älteren finanziell aufzukommen, nach einer Verlängerung der Lebensarbeitszeit. Auch ist damit zu rechnen, daß ältere Menschen sich immer weniger aus dem Erwerbsleben wegsperren lassen werden, auch angesichts unvermeidlich sinkender Renten. [...] Das gegenwärtige Alter beim Abschluß des Studiums muß wieder gesenkt werden. Universitäten, die zum Parken von unerwünschtem Arbeitsangebot zweckentfremdet werden, erfüllen ihre eigentlichen Aufgaben weniger gut, als sie es im Interesse gerade auch der Beschäftigungsfähigkeit der Wirtschaft müßten." (Streeck/Heinze 1999: 39)

Hierbei kritisieren sie den selektiven Korporatismus, um jenen jedoch anschließend selbst zu verschärfen. So stellen sie die Forderung einer größeren Lohnspreizung als soziale Errungenschaft für die am Arbeitsmarkt benachteiligten Gruppen dar und sehen einen Niedriglohnbereich für „geringproduktive" Tätigkeiten als notwendig an (vgl. Streeck/Heinze 1999: 41).

> „Zugleich entstand unter den Augen von Regierung und Sozialpartnern ein Arbeitsverhältnis de Luxe. Es garantierte dem schwindenden Teil der Bevölkerung, der zu ihm Zugang hatte, ein hohes Maß an Sicherheit und interner Gleichheit, seine Verteidigung aber hatte eine wachsende Kluft zu den von ihm Ausgeschlossenen zur Folge. [...] In der Tat gibt es keinen Grund, warum qualifizierte Berufsarbeit, Flächentarif, Kündigungsschutz usw. nicht weiterhin, bei zeitgerechter Weiterentwicklung, den industriellen Kernsektor prägen sollten – auch wenn dieser, wie selbst in Deutschland nicht anders möglich, immer kleiner werden wird. Was das industrielle Beschäftigungsmodell allerdings nicht mehr beanspruchen kann, ist seine universelle Geltung für die Gesellschaft als ganze. Versuche, es dem wachsenden Dienstleistungssektor aufzuzwingen, schaden

nicht nur der Beschäftigung, sondern stoßen zunehmend auf politischen Widerstand. [...] Hauptproblem sozialer Gerechtigkeit ist heute nicht mehr, oder doch nicht mehr in erster Linie, die Ungleichheit zwischen Automobilarbeiter und Kellner, sondern die zwischen beiden auf der einen und dem Arbeitslosen, Sozialhilfeempfänger oder 'stillen Reservisten' auf der anderen Seite." (Streeck/Heinze 1999: 40f.)

Soziale Gerechtigkeit wird als Arbeitsmarktteilnahme definiert. Die Autoren fordern demgemäß „das Beschäftigungssystem durch Umbau unserer arbeitspolitischen Institutionen zu öffnen" und Beschäftigung im Dienstleistungsbereich zu schaffen. Kleine Dienstleistungsunternehmen und Start-Ups könnten keine Löhne und Abgaben leisten, die „konstruiert sind, als handele es sich um Strafgebühren für die Ausbeutung menschlicher Arbeitskraft" (Streeck/Heinze 1999: 41). Das Beschäftigungsverhältnis sollte stärker auf kleine und neue Unternehmen, neue Qualifikationsanforderungen und häufigere Arbeitsplatzwechsel ausgerichtet werden (vgl. ebd.: 40). Der Markt soll den Staat und die Selbstverwaltung ergänzen „um in bürokratischer Routine erstarrte Behörden, leerlaufende Programme und resignierte Individuen neu in Schwung zu bringen" (ebd.: 44).

„Das wichtigste Instrument einer neuen Arbeitsmarktpolitik im Übergang zur Dienstleistungsgesellschaft ist – der Markt. Ebenso wie in anderen Ländern muß die Arbeitsmarktpolitik lernen, ihren Klienten mehr zuzutrauen. [...] Aus Arbeit herausgenommen zu werden ist weder eine Wohltat noch gar ein Recht; (fast) jeder Arbeitsplatz ist besser als keiner, auch deshalb, weil die wichtigste Voraussetzung dafür, einen besseren Arbeitsplatz zu finden, darin besteht, erst einmal überhaupt einen zu haben. Auch neigen Menschen dazu, sich in Abhängigkeit und Randständigkeit einzurichten, wenn ihnen die Erfahrung vorenthalten wird, daß sie für sich selbst sorgen können. In unseren nordwesteuropäischen Nachbarländern weiß man längst, daß es zu den Solidaritätspflichten der Gemeinschaft gehört, ihre Mitglieder nicht vor Marktzwängen zu schützen, die sie dazu bewegen könnten, sich noch einmal aufzuraffen. [...] Die sich abzeichnende Verschärfung der Zumutbarkeitskriterien und die Politik eines raschen Entzugs von Leistungen bei Ablehnung eines Beschäftigungsangebots müssen konsequent verwirklicht werden. Es besteht kein Anlaß, warum in Deutschland geringere Anforderungen an arbeitslose Leistungsempfänger gestellt werden sollten als in Dänemark oder Schweden – in Ländern mit unzweifelbarer sozialer und sozialdemokratischer Prägung." (Streeck/Heinze 1999: 44f.)

Das Mitglied der Hartz-Kommission Günther Schmid argumentierte 2002 für eine aktivierende Arbeitsmarktpolitik. Die individuelle Verantwortung sollte erhöht werden und die Rolle des Staates eher die eines Vermittlers bekommen. In diesem Sinne plädierte er für eine „flexible Verknüpfung von Erwerbsarbeit und sozialer Sicherung", in der sowohl Arbeit als auch Erwerbsübergänge sich lohnen müssten (vgl. Schmid, G. 2002: 433). Um dies zu erreichen bedürfe es einer „systematischen Pflege der Beschäftigungsfähigkeit im Lebenslauf" (ebd.: 433f.). „Massenarbeitslosigkeit und Globalisierung gebieten eine Differenzierung von Lohnstruktur und Lohnentwicklung", so Schmid (2002: 439). Eine neue Vollbeschäftigung solle auf einer reduzierten flexiblen 30-Stunden-Woche (bezogen auf die Lebensarbeitszeit) basieren mit fließenden Übergängen zwischen Teil- und Vollzeit, zeitweiliger Arbeitslosigkeit, Bildung und Beschäftigung und gleitenden Übergängen in die Rente. Sie würde durch Übergangsarbeitsmärkte z.B. durch zeitweilige Arbeitszeitverkürzungen erleichtert. Arbeiten im einfachen Dienstleistungssektor bilden für ihn einen Wachstumssektor. Die Arbeitsverwaltung solle nach Managementstrukturen umgebaut werden (vgl. Schmid, G. 2002: 439ff.). Schmid plädierte für die Zusammenlegung von Arbeitslosengeld und Arbeitslosenhilfe und deren „Überführung in ein Übergangsgeld. Dieses sollte spätestens nach zwölf Monaten nur noch in Verbindung mit Aktivierungsmaßnamen oder zur Unterstützung verschiedener Formen der Übergangsbeschäftigung gezahlt werden" (Schmid, G. 2002: 442). Schmid setzt kontingente und stark umkämpfte Prozesse wie die Globalisierung oder Individualisierung als gegebene Rahmenbedingungen voraus und wird dadurch selbst zum Fürsprecher jener Individualisierung, wenn er schreibt: „Bei genauerer Betrachtung zeigt sich jedoch, dass die tradierten Risiken wie Alter, Krankheit und Arbeitslosigkeit in zunehmendem Maße 'gemacht' sind. Wer keine Vorsorge treibt, altert schneller, wird häufiger krank und riskiert den Arbeitsplatz schneller als eine andere Person unter den sonst gleichen Voraussetzungen" (Schmid, G. 2002: 175f.). Die Argumentation Schmids ist typisch für den Aktivierungsdiskurs. Sie baut auf der Analyse einer ungerechten Verteilung von Erwerbschancen bestimmter Arbeitsmarktgruppen, denen der Zugang zum Arbeitsmarkt erleichtert werden soll und für eine größere Geschlechtergerechtigkeit durch die Abkehr vom Normalarbeitsverhältnis. Die Arbeitsmarktentwicklung seit den Hartz-Gesetzen hat gezeigt, dass genau die benachteiligten Arbeitsmarktgruppen auch im neuen postfordistischen Arbeitsmarktregime am schlechtesten gestellt sind (siehe Punkt 2.5.6). Schroeder/Schulz (2012: 296) sprechen sich für eine Orientierung gewerkschaftlicher Politik für Arbeitslose an Schmids Ansatz aus.[44]

Gøsta Esping-Andersen beriet die Regierung Schröder 2004 zur Familienpolitik und ist seit 2006 Mitglied des Beraterkreises des deutschen Arbeitsministeriums über das IAB in Nürnberg. Er beriet die Regierung Nyrup Rasmussen als Mitglied eines Thinktanks zur Reform der sozialen Sicherheit von 1995–1998 und war in den 2000er Jahren beratend für die EU tätig. [45] Im Sammelband *Why we need a*

44 „Als Vorleistungen, um in einer Allianz mit den anderen Akteuren erfolgreich zu wirken, ist es wichtig, dass die Gewerkschaften sich konzeptionell auf eine Reform der Strukturen der Ausbildungs-, Qualifikations- und Sicherungssysteme einstellen. Dazu gehört, dass sie eine aktivierende individuumzentrierte Arbeitsmarktpolitik und eine Konzeption für leistungsfähige Übergangsarbeitsmärkte favorisieren (vgl. Schmid 2002: 175)" (Schroeder/Schulz 2012: 296).

45 Vgl. Universitat Pompeu Fabra Barcelona, CV Gøsta Esping-Andersen, aus: https://www.upf.edu/web/esping-andersen/cv, zuletzt geprüft am 20.05.2019.

new welfare state plädiert er für die Erhöhung der Beschäftigungsquote von Frauen sowie der Geburtenraten, die zur Sicherung des Wohlfahrtsstaats beitragen sollen. Humankapitaltheorien folgend vertritt er hierbei einen sozialinvestiven Ansatz:

> "Our human capital constitutes the single most important resource that we must mobilize in order to ensure a dynamic and competitive knowledge economy. We are facing huge demographic imbalances with very small working age cohorts ahead, and to sustain the elderly we must maximize the productivity of the young." (Esping-Andersen 2002: 3)

Ein dualistischer Arbeitsmarkt im Dienstleistungsbereich mit geringqualifizierten Niedriglohnjobs wird hierbei als unabwendbar dargestellt und sei als vorübergehende Lebensphase zu vertreten. Durch Investitionen in die Bildung soll ein dauerhafter sozialer Abstieg vermieden werden. Der Schlüssel zur Wohlfahrt sei die Arbeit (vgl. Esping-Andersen 2002: 5ff.). Die sozialinvestive Strategie setzt in der frühen Kindheit an. Die kognitive Leistungsfähigkeit von Kindern soll im Hinblick auf eine größere Produktivität im Arbeitsleben schon möglichst früh gestärkt werden, damit die niedrigere Produktivität geburtenschwächerer Jahrgänge ausgeglichen wird (vgl. Esping-Andersen 2002: 9). Auch die von ihm geforderte größere Geschlechtergerechtigkeit folgt Produktivitätsargumenten:

> "If society is not capable of harmonizing motherhood with employment, we shall forego the single most effective bulwark against child poverty – which is that mothers work. We shall, additionally, face very severe labour force shortages or, alternatively, a shortage of births. And, as women now tend to be more educated than men, we shall be wasting human capital." (Esping-Andersen 2002: 9)

Esping-Andersen reproduziert in seinem Text das Narrativ des *male breadwinner model* des Fordismus ohne hierbei zu berücksichtigen, dass die ihm zugrundeliegende tayloristische Arbeitsorganisation gerade Frauen bevorzugt in den ausbeutungsintensivsten Bereichen beschäftigte und sie oftmals von Männern aus dem Arbeitsmarkt gedrängt wurden. Er blendet Kämpfe und Machtasymmetrien aus seiner Analyse aus. Frauen sollen Kinder kriegen und arbeiten. Doch was ist, wenn sie beides nicht möchten? Esping-Andersens Ansatz ist dem Steuerungsoptimismus des Fordismus verschrieben. Der Sozialingenieur gestaltet und programmiert die Wohlfahrtsarchitektur und bewegt hierbei nach Belieben die Frauen als Produktivitätsfaktor hin und her. Die Frauenbewegung und ihre Forderungen sind in dieser Projektion nur sekundär. Denn: "Gender equality policies should not be regarded simply a concession to women's claims" (Esping-Andersen 2002: 9).

2.5.2 Gesetzesänderungen seit den 1990er Jahren

Im Folgenden werden die Gesetzesänderungen im Bereich der Arbeitsmarktpolitik seit Anfang der 1990er Jahre nachgezeichnet. Hierunter fallen strukturelle Änderungen wie Kündigungsschutzregelungen, Änderungen bei den passiven Leistungen und dem Vermittlungsprozess sowie arbeitsmarktpolitischen Instrumenten. Unter der von 1982–1998 amtierenden konservativ-liberalen Regierung Kohl begann die arbeitsmarktpolitische Deregulierung. 1985 wurden arbeitsrechtliche Schutzbestimmungen gelockert und 1986 der §116 des AFG zu streikbedingten Lohnersatzleistungen neu geregelt. 1994 wurde die wöchentliche Arbeitszeit flexibilisiert und das Vermittlungsmonopol der BA aufgehoben. Die Heraufsetzung des Schwellenwerts von fünf auf zehn Beschäftigte schränkte 1996 den Kündigungsschutz ein und die Lohnfortzahlung im Krankheitsfall wurde auf 80% reduziert (vgl. Koch 2003: 80ff.).

Die Deregulierung führte zu einer strukturellen Schwächung der Gewerkschaften (vgl. Koch 2003: 115). In den 1980er Jahren fand zudem eine schleichende Erprobung workfaristischer Maßnahmen im Sozialhilfebereich auf kommunaler Ebene statt, die die später einsetzende sozialdisziplinierende Verschärfung im flexiblen Arbeitsmarktregime vorexerzierten. Kommunale Beschäftigungsgesellschaften wurden gegründet, um Sozialhilfeausgaben einzusparen (vgl. Wölfle/Schöller 2004: 350f.; Mohr 2007: 52f.). Nach der Wiedervereinigung wurden Vorruhestandsregelungen und ABM verstärkt eingesetzt. Von 1989 bis Mitte der 1990er Jahre reduzierte sich die Zahl der Erwerbstätigen in den neuen Bundesländern um ein Drittel und die Arbeitslosigkeit stieg rapide an. Neben den durchschnittlich 1,1 Mio. Arbeitslosen standen hier ca. eine Mio. in Arbeitsförderungsmaßnahmen. Dauerarbeitslosigkeit und Deindustrialisierung bestimmten die Wirtschaftsentwicklung (vgl. Kühl 1994; Görtemaker 2004: 768f.).

Mit dem Wahlsieg von Rot-Grün im Herbst 1998 verband sich die Erwartung an eine Wende in der Sozial- und Wirtschaftspolitik (vgl. Butterwegge 2006: 159). Während die erste rot-grüne Regierung zunächst einige arbeitsrechtliche Einschnitte der Kohl-Regierung rückgängig machte, wie z.B. den Schwellenwert zum Kündigungsschutz und die Abschaffung der Lohnfortzahlung im Krankheitsfall, zeigten sich schon vor der Einberufung der Hartz-Kommission und der Bundestagswahl

Tabelle 4: Gesetzesänderungen unter der Kohl-Regierung (eigene Darstellung)

1985	Lockerung arbeitsrechtlicher Schutzbestimmungen
1985	Beschäftigungsförderungsgesetz
1986	Änderung des § 116 des AFG
1994	Flexibilisierung der wöchentlichen Arbeitszeit, Wegfall des Vermittlungsmonopols der BA
1996	Einschränkung des Kündigungsschutzes (Schwelle: Betriebe mit zehn statt fünf Beschäftigten)
1996	ALH-Reformgesetz
1998	AFG-Reformgesetz

2002 erste Schritte hin zu einer verschärften Sozialdisziplinierung. Mit dem seit 2002 geltenden Job-AQTIV-Gesetz wurden Eingliederungsvereinbarungen zwischen den Arbeitsämtern und den Arbeitssuchenden eingeführt, die die Pflichten und Aktivitäten beider Seiten verbindlich festhielten. Die „aktive Mitwirkung" der Arbeitslosen wurde als zentrales Vermittlungskonzept präsentiert (vgl. IAB 2001).

Der größte Einschnitt fand mit den nach den Arbeiten der Hartz-Kommission entworfenen Gesetzen für moderne Dienstleistungen am Arbeitsmarkt I-IV (im Folgenden Hartz-Gesetze genannt) statt. Nach dem Vermittlungsskandal der BA berief die Regierung Schröder 2002 eine Kommission unter dem Vorsitz des ehemaligen Arbeitsdirektors von Volkswagen Peter Hartz, an der Vertreter aus Politik und der Tarifparteien, Wissenschaftler und Unternehmensberater von McKinsey und Roland Berger teilnahmen. Sie erstellte im Laufe des Jahres 2002 vier Module für eine „Reform" denen folgend sich die Gesetze für Moderne Dienstleistungen am Arbeitsmarkt in vier Teile gliederten (vgl. ausführlich zur Arbeit der Hartz-Kommission Butterwegge 2006; 2015; Hassel/Schiller 2010). Zu den Kernbestandteilen der Hartz-Gesetze, die durch Änderungen im SGB III verankert wurden, zählen die Personalserviceagenturen (PSA), die frühzeitige Arbeitssuche und die Ich-AGs (Hartz I und II), der Umbau der Bundesanstalt für Arbeit (Hartz III) und die Zusammenlegung von Arbeitslosenhilfe und Sozialhilfe zum Arbeitslosengeld II (Hartz IV).

Das erste Hartz-Gesetz bildete die Grundlage für eine beschleunigte Arbeitssuche und ein verschärftes Sanktionsregime. Die Fristen für die Arbeitslosmeldung, bei deren Überschreitung Sperrzeiten drohen, wurden ebenso gestrafft wie die Zumutbarkeitskriterien, und es galten höhere Mobilitätsanforderungen und ein geringerer Berufsschutz mit Akzeptanz von niedrigeren Qualifikations- und Lohnniveaus (vgl. Bundesgesetzblatt Jahrgang 2002 Teil I Nr. 87, Erstes Gesetz für moderne Dienstleistungen am Arbeitsmarkt: 4612). Mit den an die Jobcenter angegliederten Personalserviceagentur (PSA) genannten Leiharbeitsfirmen wurde neoklassischen Konzepten folgend eine schnellere Arbeitsmarktintegration durch den Abbau von „Einstellungsbarrieren" bezweckt (vgl. Hartz u.a. 2002: 29). Hierzu sollte neben dem flexibleren Personaleinsatz ein größeres Lohngefälle und öffentliche Lohnsubvention entstehen. PSA Leiharbeiter*innen durften untertariflich bezahlt werden und wurden zu 50% subventioniert – eine Lohnkostenersparnis von bis zu 65%. Deshalb warnte der wissenschaftliche Beirat des BMWA vor Mitnahmeeffektten, also einem Anwachsen von Leiharbeit und Drehtüreffekten, sprich Entlassungen Festangestellter, um sie über die PSA wiedereinzustellen (vgl. BMWA 2003: 2ff.). Neben der öffentlich subventionierten Leiharbeit PSA wurde das Arbeitnehmerüberlassungsgesetz (AÜG) im Hartz I Paket weitreichend geändert. Die Höchstüberlassungsdauer und das Befristungs- und Synchronisationsverbot wurden abgeschafft. Stattdessen wurde ein Gleichbehandlungsgrundsatz eingeführt, für den aber tarifliche Abweichungen möglich wurden (vgl. Wölfle 2008: 39). Da die PSA keine größeren Erfolge hatten und gemessen an den zahlreich gegründeten privaten Leiharbeitsfirmen eine niedrigere Vermittlungsquote aufwiesen, wurden sie 2008 wieder abgeschafft (vgl. Bernhard 2008).

Das 2003 in Kraft getretene zweite Hartz-Gesetz führte einen Existenzgründungszuschuss (Ich-AG) für Arbeitslose ein, der 2006 wieder abgeschafft wurde. Ein Gründungszuschuss war danach nur noch für den ALG I-Bereich beantragbar (vgl. Butterwegge 2006: 189ff.). Die Förderung von Selbstständigkeit wurde zwischen 2002 und 2006 von 6% auf 44% erhöht und beschritt damit den größten Posten bei den aktiven Maßnahmen (vgl. Oschmiansky/Ebach 2012: 100). Das zweite Hartz-Gesetz führte auch die so genannten Minijobs (bis 400 € monatlich) und Midijobs (400-800 €) für geringfügig Beschäftigte ein, eine Arbeitsvertragsform mit reduzierten Sozialabgaben (vgl. Butterwegge 2006: 189ff.). Mit dem dritten Hartz-Gesetz wurde die Bundesanstalt für Arbeit umstrukturiert, was unter dem Punkt Institutioneller Rahmen bereits behandelt wurde.

Der umstrittenste Teil der Hartz-Gesetze wurde mit Hartz IV im Dezember 2003 beschlossen, das Arbeitslosen- und Sozialhilfe zum ALG II zusammenlegte, sowie eine neue Verbindung von Sozialleistungen und Arbeitsmarktpolitik schuf. Nur noch das durch das SGB III geregelte Arbeitslosengeld I (ALG) berechnete sich als Versicherungsleistung an der Höhe des letzten bezogenen Gehalts und wurde für 12 bzw. 18 Monate für Arbeitslose über 55 Jahre ausgezahlt. Nach 12 Monaten wechseln die ALG I-Bezieher*innen in das steuerfinanzierte im SGB II geregelte Fürsorgesystem des Arbeitslosengeld II (ALG II). Die Sätze des ALG II sind standardisiert und dienen nicht mehr wie die Arbeitslosenhilfe dem Statuserhalt. Die Sozial- und Arbeitslosenhilfe wurden im Fürsorgesystem des ALG II zusammengelegt. Die nun im SGB 12 geregelte Sozialhilfe wurde nur noch an nicht erwerbsfähige Bedürftige ausgezahlt und ist eine sozialpolitische Restgröße. Außerdem wurde das Sozialgeld für Kinder und Jugendliche eingeführt (vgl. Butterwegge 2006: 189ff.).

Seit 2005 wird das ALG II von den von der BA und den Kommunen gemeinsam geführten Jobcentern verwaltet und ausgezahlt. Ein Kompromiss im Bundesrat im Dezember 2004 gestattete in einem Modellversuch 69 Optionskommunen, den ALG II-Bereich alleinverantwortlich zu betreuen (vgl. Butterwegge 2006). Mit Hartz IV wurden die schon vorher für den Sozialhilfebereich (Hilfe zum Lebensunterhalt) und Asylbewerber*innen bestehenden Arbeitsgelegenheiten mit Mehraufwandsentschädigung, umgangssprachlich Ein-Euro-Jobs, für Langzeitarbeitslose eingeführt (SGB II, § 16). Die in den Arbeitsgelegenheiten Beschäftigten bekommen neben ALG II eine so genannte Mehraufwandsentschädigung von ein bis zwei Euro pro Stunde. Die Arbeitsgelegenheiten dürfen drei bis neun Monate andauern bei wöchentlichen 20 bis 30 Stunden. Die Teilnehmenden tauchen nicht in der Arbeitslosenstatistik auf, obwohl die Arbeitsgelegenheiten keine regulären Beschäftigungsverhältnisse sind (vgl. Butterwegge 2015: 129ff.).

Das Gesetz zu Reformen am Arbeitsmarkt von 2003, welches im Zuge der in der Regierungserklärung Schröders zur Agenda 2010 formulierten angebotsorientierten Programmatik entworfen wurde, flexibilisierte den Arbeitsmarkt weiter. Mit dem Gesetz wurden Änderungen im Kündigungsschutzgesetz, im Teilzeit- und Befristungsgesetz und im Arbeitszeitgesetz durchgeführt. Hierzu wurde der Schwellenwert wieder auf zehn Beschäftigte erhöht und die sachgrundlose Befristung in neu gegründeten Unternehmen auf vier Jahre verlängert. Bezüglich der Arbeitszeit wurde zwar infolge eines Urteils des EuGHs die Bereitschaftszeit als Arbeitszeit gewertet, aber Ausnahmen, die über die maximale zehnstündige Tagesarbeitszeit hinausgehen, wurden auf tarifvertraglicher Basis erlaubt. Die Bezugszeit des ALG I wurde auf 12 Monate (18 für über 55-Jährige) gekürzt (vgl. Gesetz zu Reformen am Arbeitsmarkt, BGBl. I Nr. 67, 2003, S. 3002; BMWA 2004; Butterwegge 2006: 200f.).

Die rot-grünen Arbeitsmarktreformen führten zu einer verschärften Sozialdisziplinierung im Rahmen eines als „aktivierende Arbeitsmarktpolitik“ umschriebenen Sanktionsregimes, das die für die Sozialhilfe schon länger etablierten Workfare-Ansätze zu allgemeinen Grundsätzen des Arbeitsförderungssystems machten, gleichzeitig aber die Spaltung in das Fürsorge- und das Versicherungssystem vertiefte. Zum anderen verstärkten sie die Flexibilisierung des Arbeitsmarktes, die die Spaltungen innerhalb der Belegschaften und zwischen den verschiedenen Branchenarbeitsmärkten vertiefte.

Arbeitsmarktpolitik unter der Großen Koalition 2005–2009

Das Ziel, die Lohnnebenkosten zu senken, war in der ersten Großen Koalition der Bundeskanzlerin Angela Merkel von 2005–2009 unumstritten. Der Beitragssatz zur Arbeitslosenversicherung wurde von 6,5% auf 2,8% gesenkt. Die arbeitsmarktpolitischen Änderungen waren bis zur Wirtschafts- und Finanzkrise ab 2008 im Vergleich zu den Änderungen der rot-grünen Regierung eher geringfügig. Gleichwohl führten sie zu einer weiter vertieften Spaltung der Systeme Arbeitslosengeld I und II. Während die Bezugszeiten für Arbeitslose über 55 Jahren auf 24 Monate verlängert wurden, wurde das Sanktionsregime für den ALG II Bereich weiter gestrafft. Neben strengeren Sanktionsregeln wurden die Kontrollmaßnahmen ausgeweitet und Außendienste zur Überwachung etabliert. Außerdem wurden Datenaustauschmöglichkeiten zwischen den Behörden erleichtert (vgl. Dümig 2010: 285). 2006 wurden die Ich-AG und das Überbrückungsgeld zum Gründungszuschuss zusammengelegt. Mit dem Gesetz zur Neuausrichtung der arbeitsmarktpolitischen Instrumente wurden 27 Instrumente gestrichen. Hierunter fielen auch viel umworbene Teile der Hartz-Gesetze wie die PSA. In Folge der Flexibilisierung des Arbeitsmarktes begann die Große Koalition Maßnahmen zu branchenweiten Mindestlöhnen. Die Möglichkeit zur Allgemeinverbindlichkeitserklärung tariflicher Mindestlöhne wurde im Arbeitnehmerentsendegesetz ausgeweitet, u.a. auf die Branchen Briefdienstleistungen, Gebäudereinigung,

Pflege und Sicherheit. Die Steigerung der Erwerbsquote wurde mit der Rente mit 67 und dem Elterngeld weiterverfolgt (vgl. ebd.: 287ff.).

Nicht nur Düming (2010: 291ff.) konstatiert einen Wandel der Arbeitsmarktpolitik im Zuge der Wirtschafts- und Finanzkrise. Temporär kam es zu einem Wechsel zu keynesianischen Ansätzen einer durch öffentliche Investionen stimulierten privaten Nachfrage mit dem ersten und zweiten Konjunkturpaket. Die diesbezügliche Konzentration auf die Automobilindustrie mit der Befreiung von der KFZ-Steuer und der Abwrackprämie zeigte die althergebrachte krisenkorporatistische Tradition im Modell Deutschland. Die Entstehung des „deutschen Beschäftigungswunders" führte zu einer weiteren Vertiefung der Spaltungen im Arbeitsmarkt zwischen Stammbelegschaften, Leiharbeiter*innen und zwischen Kurzarbeiter*innen und den regulären Arbeitslosen. Die Krise wurde dazu genutzt, das prekäre Arbeitsmarktregime zu verfestigen. Die keynesianische Phase war nur von kurzer Dauer und den 500 Mrd. Euro Krediten an die angeschlagenen Banken stand bald ein straffes Austeritätsregime gegen Südeuropa gegenüber (vgl. Deppe 2012; Demirović/Sablowski 2013; Dörre 2014). Demirović/Sablowski (2013: 223) zufolge war die Disziplinierung der Lohnabhängigen in Deutschland durch die Agenda 2010, die Hartz-Gesetze und die Ausweitung des Niedriglohnsektors die Voraussetzung für die Durchsetzung der Austeritätspolitik in Europa.

Arbeitsmarktpolitik der schwarz-gelben Koalition Merkel 2009–2013

Die Arbeitsmarktpolitik der schwarz-gelben Koalition führte zu weiteren Spaltungen. Während schon das Kurzarbeitergeld nur Beschäftigten mit unbefristeten Verträgen zu Gute gekommen war und hierdurch ein höheres Anschnellen der Arbeitslosigkeit verhindert wurde, brachte das Sparpaket von 2010 weitere Einschnitte vor allem im ALG II-Bereich. Nach der Bankenrettung sparte die Bundesregierung 2010 80 Mrd. Euro im Haushalt ein, davon allein 30 Mrd. im arbeitsmarktpolitischen Bereich. Hierunter fielen 2011–2014 16 Mrd. auf die Umwandlung von Pflicht- in Ermessensleistungen, 0,8 Mrd. auf die Abschaffung des befristeten Zuschlags beim Übergang von ALG I zu ALG II, 7,2 Mrd. auf die Abschaffung des Rentenzuschusses bei ALG II, 1,6 Mrd. auf die Abschaffung des Elterngeldes bei ALG II und fünf Mrd. auf „Effizienzverbesserungen" in der Arbeitsvermittlung (vgl. Bandau/Düming 2015: 383).

Die Leiharbeit wurde weiter verankert, indem Mindestlöhne für die Zeitarbeitsbranche vereinbart wurden. Nach einem Verfassungsgerichtsurteil 2010 zum Berechnungsverfahren von ALG II wurden durch einen Kompromiss zwischen den Regierungsparteien und der SPD im Februar 2011 die Regelsätze in einen leicht erhöhten Regelbedarf umgewandelt sowie Zuschüsse für Kinder- und Jugendliche über ein Bildungs- und Teilhabepaket von 250 € im Jahr verabschiedet. Der Kompromiss beinhaltete aber auch weitere Verschärfungen für den ALG II-Bereich durch die Möglichkeit, Sanktionen ohne vorherige schriftliche Belehrung zu verhängen. Darlehen führten zu Leistungskürzungen (vgl. Bandau/Düming 2015: 384). Ein zweites Bundesverfassungsgerichtsurteil von 2007 hatte die Konstruktion der ARGEn für verfassungswidrig erklärt wegen des Verbots von Mischverwaltungen. Hierzu einigten sich die Regierung, SPD und die Länder im März 2010 auf eine Grundgesetzänderung, durch die die Arbeitsgemeinschaften zwischen Arbeitsagentur und Kommunen auf eine legale Basis gestellt wurden. Bis maximal 110 Optionskommunen bestanden unbefristet fort. Einige arbeitsmarktpolitische Instrumente wurden gestrichen. Im Bereich öffentlich geförderte Beschäftigung bestanden nur noch die Ein-Euro-Jobs und eine neu geschaffene Lohnsubvention (vgl. ebd.: 384f.).

Die Große Koalition von 2013–2017

Das arbeitsmarktpolitische Kernprojekt der dritten Großen Koalition war die Einführung des flächendeckenden Mindestlohnes mit dem Mindestlohngesetz vom 11. Juli 2014, das 2015 in Kraft trat. In einer Chronik der Arbeitsmarktpolitik von ver.di wird das Gesetzespaket als eine „Abkehr vom Geist der Hartz-Gesetze" interpretiert (vgl. Piétron 2014: 16). Die weiteren Entwicklungen sprechen eher nicht für eine solche Interpretation zumal die grundlegenden Gesetzesänderungen der Hartz-Gesetze nicht revidiert wurden und vom Mindestlohngesetz auch nicht tangiert sind. Das Mindestlohngesetz lässt viele Ausnahmeregelungen zu. Außerdem stellte der Satz (zunächst 8,50 Euro, Stand 2018 8,84 Euro) tatsächlich nur ein Einkommensminimum dar, das zudem häufig unterlaufen wurde. Herzog-Stein u.a. (2018) bilanzieren, dass der Mindestlohn in deutschen Großstädten nicht das Existenzminimum sichert. Zwar zeigt die Lohnentwicklung im Niedriglohnbereich einen deutlich positiven Impuls seit der Einführung des Mindestlohns, der von einer paritätisch besetzten Kommission festgelegt wird, aber ca. 2,2 Millionen Beschäftigte bekamen weiterhin unter dem Mindestlohn liegende Löhne. Gerade im Dienstleistungssektor gibt es viele Umgehungen. Außerdem sei der Mindestlohn immer noch Niedriglohn. 34% der Beschäftigten im Gaststätten- und Hotelgewerbe, 17% der Beschäftigten im Einzelhandel und 43% in den privaten Haushaltsdienstleistungen seien betroffen (vgl. Pusch 2018: 1ff.). Geringfügig Beschäftigte in Mini- und Midijobs erhielten Pusch und Seifert (2017: 3) zufolge im Jahr 2014 zu 59,1% einen unterhalb der Mindestlohngrenze liegenden Lohn und nach der Einführung des Mindestlohnes immer noch 50,4%. Auch die Zahl der Erwerbstätigen, die ihr Einkommen mit Leistungen aus dem SGB II aufstocken müssen, hat sich seit der Einführung des Mindestlohngesetzes nur wenig verringert und ist 2017 wieder leicht gestiegen (vgl. Herzog-Stein u.a. 2018: 5). Zudem bestehen laut § 22 MiLoG Ausnahmeregelungen für Jugendliche unter 18 Jahren ohne Berufsabschluss, für Langzeitarbeitslose in den ersten sechs Monaten einer neuen Beschäftigung und Praktikant*innen bei bis zu dreimonatigen Praktika (vgl. MiLoG, BGBl. I, 2014, S. 1348).

Tabelle 5: Zentrale Gesetzesänderungen seit der rot-grünen Bundesregierung

	Gesetz	*Zentrale Inhalte*
2002	Job-AQTIV-Gesetz	Wiedereingliederungsvereinbarungen. Verpflichtung für Arbeitslose, sich aktiv an der Arbeitsplatzsuche zu beteiligen
2002	Erstes Gesetz für Moderne Dienstleistungen am Arbeitsmarkt	Zügige Arbeitsplatzsuche, Straffung der Zumutbarkeitskriterien, Lockerung der Leiharbeit und PSA
2003	Zweites Gesetz für Moderne Dienstleistungen am Arbeitsmarkt	Ich-AG und Mini-Jobs
2003	Gesetz zu Reformen am Arbeitsmarkt	Erhöhung des Schwellenwertes für den Kündigungsschutz auf zehn Beschäftigte. Sachgrundlose Befristung in neu gegründeten Unternehmen bis zu vier Jahre
2003 (in Kraft seit 1.1.2004)	Drittes Gesetz für Moderne Dienstleistungen am Arbeitsmarkt	Reform der Bundesanstalt für Arbeit. (Bundesagentur für Arbeit)
2004	Viertes Gesetz für Moderne Dienstleistungen am Arbeitsmarkt	Zusammenlegung von Arbeitslosen- und Sozialhilfe, Umwandlung der Arbeitsämter in Jobcenter
2008	Gesetz zur Neuausrichtung der arbeitsmarktpolitischen Instrumente	Verschärfte Sanktionsregeln im SGB II
2008	Änderungen im AÜG	Abschaffung der PSA
2015	Mindestlohngesetz	Gesetzlicher Mindestlohn

2.5.3 Positionen und Strategien der Gewerkschaften und Arbeitgeberverbände

Die Positionen und Strategien der Gewerkschaften und Arbeitgeberverbände zu den Arbeitsmarktreformen seit dem Job-AQTIV-Gesetz, zu den Hartz-Reformen und der Agenda 2010 und seit der Krise ab 2008 werden im Folgenden anhand der Sekundärliteratur, von schriftlichen Primärquellen wie z.B. Debattenbeiträgen, Stellungnahmen und Pressemitteilungen und anhand von 2008/2009 geführten Expert*inneninterviews analysiert. Die Sekundärliteratur liefert insbesondere durch Butterwegge (2006, 2015), Hassel/Schiller (2010), Schulze (2012) und Jeanrond (2016) Hinweise auf die Rolle der Gewerkschaften und Arbeitgeberverbände, wobei sich Schulze auf Kongressdokumente des Dachverbands DGB konzentriert. Hassel/ Schiller (2010) beziehen sich vor allem auf Expert*innengespräche und Butterwegge bezieht auch selbst Sekundärliteratur mit ein. Nach einem Durchgang der wichtigsten Ergebnisse der oben genannten Sekundärliteratur wird eine durch die genannten Quellen und Interviews ergänzte Analyse durchgeführt und in Bezug auf die Entwicklung krisenkorporatistischer Interventionen nach der Finanzmarktkrise von 2008/2009 perspektiviert. Die differierenden Positionen sowohl der unterschiedlichen Kapitalfraktionen als auch zwischen und innerhalb der Einzelgewerkschaften werden in die Analyse integriert. Hierbei werden die Gewerkschaftsstrategien einen größeren Raum einnehmen, da die Positionen der Einzelgewerkschaften deutlichere Unterschiede aufweisen als die der Arbeitgeberverbände. Abschließend werden die unterschiedlichen Orte der Auseinandersetzung: das zivilgesellschaftliche Terrain, der Staatsapparat der Arbeitsmarktverwaltung und das tarifliche Feld thematisiert. Chronologisch werden drei Phasen behandelt: die Zeit bis zum Regierungswechsel, die rot-grüne Regierungszeit mit Schwerpunkt auf den Hartz-Reformen und die Zeit ab der Wirtschafts- und Finanzkrise.

Ich möchte im Folgenden der These nachgehen, dass mit Abschluss der Hartz-Kommission schon ein grundlegender Wandel zum flexiblen Arbeitsmarktregime vollzogen wurde, gegen den die Gewerkschaften kaum opponierten. Erst als die Gesetzesänderungen sich gegen die Kernbelegschaften selbst wendeten, den Berufsschutz durch die Abschaffung der Zumutbarkeitskriterien in Frage stellten, die Abschaffung der Versicherungsleistung Arbeitslosenhilfe bedeuteten, eine Kürzung der Dauer des ALG I und die Absenkung des ALG II auf Sozialhilfeniveau vorsahen, wurde der Protest stärker. Die jeweilige Vehemenz mit der die IG Metall, ver.di und die IG BCE hierbei protestierten lässt sich auch auf die Mitgliederstruktur der Einzelgewerkschaften zurückführen.

In seinem Grundsatzprogramm von 1996 forderte der DGB eine Begrenzung der Kostenbelastung der sozialen Sicherungssysteme und einen bedarfsgerechten, wirksamen und wirtschaftlichen Mitteleinsatz. Hierbei wurde auch eine längerfristige Senkung der Lohnnebenkosten anvisiert:

> „Die Bekämpfung der Arbeitslosigkeit ist der entscheidende Weg, Armut und Not zu verhindern und die sozialen Sicherungssysteme auf eine tragfähige Grundlage zu stellen. Wir halten es unter all den genannten Voraussetzungen für richtig und möglich, die Sozialabgabenquote zu stabilisieren und mittel- bis langfristig zu senken." (DGB 1996: 25)

> „Der Sozialstaat hat Massenarbeitslosigkeit zu bekämpfen. Sie schadet den Menschen und der Gesellschaft. Für Betroffene bedeutet Arbeitslosigkeit Zukunftsangst, einen sinkenden Lebensstandard, oftmals Not und Isolation. Qualifikationen, Kreativität und der Leistungswille von Millionen von Menschen gehen verloren." (DGB 1996: 8)

Schon 1996 akzeptierte der DGB in seinem Grundsatzprogramm im Grunde ein flexibles Arbeitsmarktregime, das es zu regulieren und abzufedern gilt, ganz im Sinne des erst 2004 als solches benannten Flexicurity-Konzepts:

> „Vollbeschäftigung wird aus vielen – gesellschaftlichen und individuellen – Gründen in einer Vielfalt von neuen Beschäftigungsverhältnissen, unterschiedlichen Beschäftigungsformen und Arbeitszeitregelungen verwirklicht werden müssen: Privatwirtschaftliche Arbeitsverhältnisse, öffentliche Dienste und öffentlich geförderte Beschäftigung, Phasen von Erwerbsarbeit und Nichterwerbsarbeit in der individuellen Lebensbiographie werden das künftige Bild der Arbeitsgesellschaft bestimmen. Erforderlich hierzu ist eine grundlegende soziale und rechtliche Absicherung." (DGB 1996: 8f.)

Der gewerkschaftsnahe Arbeitskreis Arbeitsmarktpolitik zog noch im Jahr 2000 eine positive Bilanz der rot-grünen Arbeitsmarktpolitik und bezog sich auf die EBS sowie das Konzept der Beschäftigungsfähigkeit, wobei dies nicht nur die individuelle Ebene, sondern auch regionale Rahmenbedingungen einschließen sollte (vgl. Arbeitskreis Arbeitsmarktpolitik 2000: 9). Auch die grundsätzliche Analyse bewegt sich im diskursiven Feld der EBS und geht von einem Status quo häufiger Arbeitsplatzwechsel aus, die es sozial zu regulieren gilt:

> „Ferner geht es nicht mehr darum, lebenslang auf einem Arbeitsplatz dauerhaft einer klar definierten Aufgabenstellung nachzugehen, sondern in vielfältiger Weise auf unterschiedlichen Arbeitsplätzen – unter Einbeziehung von sozial gesicherten Freistellungsphasen (z.B. zur Weiterqualifizierung) und Teilzeit – tätig zu werden. Deshalb kommt es künftig noch stärker als bisher darauf an, die Qualifikation des Arbeitskräftepotenzials den sich stetig verändernden Anforderungen des Arbeitsmarktes anzupassen. Damit wird eine Voraussetzung für das allgemeine Recht auf Arbeit, nicht aber auf einen konkreten Arbeitsplatz realisiert. Zum anderen geht es aber auch darum, den Arbeitsmarkt zu gestalten, Flexibilisierung mit Schutzrechten zu verbinden und deren konkrete Ausprägung zu steuern." (Arbeitskreis Arbeitsmarktpolitik 2000: 5)

Wie waren die Gewerkschaften und Arbeitgeberverbände in den zwei Zusammenschlüssen vertreten, die den Hartz-Gesetzen vorangingen, nämlich dem Bündnis für Arbeit und der Hartz-Kommission? Das nach der Bundestagswahl von 1998 initiierte Bündnis für Arbeit, Ausbildung und Wettbewerbsfähigkeit[46] diente als Brücke für die Entwicklung des Diskurses zur Aktivierung. Zwar wurde es kurz vor der Regierungserklärung zur Agenda 2010 von Bundeskanzler Schröder aufgelöst, dennoch erfolgten während des Bündnisses eine gemeinsame Lesart und Lösungsvorschläge zum Arbeitslosigkeitsproblem, mit der die Arbeitgeberverbände und Gewerkschaften in gemeinsamen Stellungnahmen an die Öffentlichkeit gingen. In einer gemeinsamen Erklärung forderten sie u.a. die weitere Senkung der Lohnnebenkosten und eine strukturelle Reform der Sozialversicherung, „einen Ausbau des arbeitsmarktpolitischen Instrumentariums zur Bekämpfung von Jugend- und Langzeitarbeitslosigkeit, insbesondere durch Verbesserung der Aus- und Weiterbildungsmöglichkeiten sowie durch verstärkte Anreize zur Arbeitsaufnahme" und einen weiteren Abbau struk-

---

46 Zahlreiche Dokumente zum Bündnis für Arbeit finden sich bei Arlt/Nehls (Hg.) (1999) und Fickinger (2005).

tureller Hemmnisse für die Gründung und das Wachstum von Unternehmen.[47] Insbesondere die Benchmarking-Gruppe des Bündnisses für Arbeit zur „Aktivierung der Arbeitsmarktpolitik“ kann als Vorbereitung der späteren Reformen gelten. In einem Thesenpapier formulierte die Gruppe im Juni 2000 wesentliche Züge der späteren „Hartz-Gesetze“. Die Forderungen umfassten Leiharbeit, verbindliche Eingliederungspläne, private Arbeitsvermittlung, neue Selbstständigkeit, Fundamentalkritik an ABM-Maßnahmen, stärkere Zwangselemente und härtere Sanktionen, eine Dezentralisierung der Arbeitsverwaltung sowie die Zusammenlegung von Arbeitslosenhilfe und Sozialhilfe (vgl. Butterwegge 2015: 79).

Das Job-AQTIV-Gesetz von 2002 markierte für Butterwegge den Bruch hin zur aktivierenden Arbeitsmarktpolitik. Dieses habe sich aus dem Bündnis für Arbeit entwickelt, allerdings seien SPD und Bündnisgrüne wegen der ablehnenden Haltung der Gewerkschaften zum Arbeitszwang den gesetzlichen Weg gegangen (vgl. Butterwegge 2015: 70). Das Job-AQTIV-Gesetz hat der DGB positiv bewertet und am Gesetzgebungsprozess mitgewirkt. Insbesondere eine passgenaue Vermittlung sah der DGB als Chance (vgl. Schulze 2012: 231f.).

Im Gegensatz zu Hassel/Schiller (2010) interpretiert Butterwegge den Ursprung der Hartz-Gesetze nicht als fiskalpolitisch motiviert, sondern streicht die zentrale Rolle der Bertelsmann-Stiftung heraus (vgl. Butterwegge 2015: 76f.). Butterwegge (2015: 73) beschreibt die Hartz-Gesetze als „Werk eines kleinen Zirkels besonders wirtschaftsfreundlicher Ministerialbeamter des Bundes und der Länder.“ Auch Hassel/Schiller (2010) weisen auf die zentrale Rolle der Ministerialbürokratie des Bundesarbeitsministeriums und ab Herbst 2002 des Bundesministeriums für Wirtschaft und Arbeit hin. Kannankulam (2008: 321f.) weist auf die starke Rolle der Exekutive im Zusammenhang mit den Hartz-Gesetzen hin, die Poulantzas These vom Autoritären Etatismus stütze. Doch auch wenn die Hartz-Gesetze als Stunde der Exekutive und der Ministerialbürokratie beschrieben werden, der Kompromiss und die Verabschiedung zu Hartz IV wurde von einer breiten Mehrheit von Regierung und Opposition im Bundestag und Bundesrat verabschiedet. Hartz IV hatte also keine eigene Regierungsmehrheit, aber eine breite parlamentarische Mehrheit. Je sechs Abgeordnete von SPD und Bündnis 90/Die Grünen stimmten gegen den Gesetzesvorschlag (vgl. Butterwegge 2015: 137).

Die SPD konnte Teile der Gewerkschaften einbinden. Der gesellschaftliche Protest gegen die Hartz-Reformen führte zu einer Großdemonstration am 1. November 2003, an der ca. 100.000 Menschen teilnahmen. Der ver.di Vorsitzende Frank Bsirske nahm zwar an der Demonstration teil, aber die Vorstände des DGB und seiner

---

47 Gemeinsame Erklärung des Bündnisses für Arbeit, Ausbildung und Wettbewerbsfähigkeit zu den Ergebnissen des 1. Spitzengesprächs am 7. Dezember 1998, zit.n. Fickinger (2005: 309).

Einzelgewerkschaften hatten nicht zur Demonstration aufgerufen. Demgegenüber riefen die Gewerkschaften am 3. April 2004, als der Gesetzgebungsprozess bereits abgeschlossen war, zu einer weiteren Großdemonstration gegen die rot-grüne Politik und Hartz IV auf (vgl. Butterwegge 2015: 147f.).

Zwar war der Einfluss von wirtschaftsnahen Positionen in der Hartz-Kommission evident, trotzdem waren in ihr auch Gewerkschaftsvertreter*innen und -mitglieder präsent. So gehörte neben Peter Gasse (IG Metall) und Isolde Kunkel-Weber vom ver.di Bundesvorstand auch der damalige Arbeitsminister von NRW und IG Metall Mitglied Harald Schartau der Kommission an. Zudem war auch Peter Hartz selbst langjähriges IG Metall Mitglied. Der Kommissionsbericht wurde einstimmig ohne Enthaltungen und Gegenstimmen angenommen (vgl. Butterwegge 2015: 81).[48] Der Arbeitsgruppe zu „Lohnersatzleistungen und Sozialhilfe, Kindergeld" gehörten Wolfgang Tiefensee, Harald Schartau und Isolde Kunkel-Weber an. Die Bertelsmann-Stiftung stellte der Arbeitsgruppe in Person von Frank Frick und Eric Thode Vorschläge vor. Der Berichtsentwurf des Teilprojekts, der von Mitarbeitern des Bundesarbeitsministeriums ausformuliert wurde, nahm zentrale Punkte des späteren vierten Hartz-Gesetzes vorweg. So beinhaltete er bereits die Kürzung des Arbeitslosengeldes auf 12 Monate, eine Neudefinition der Zumutbarkeitskriterien, eine effektivere Nutzung von Sanktionsmöglichkeiten und eine neue steuerfinanzierte, armutsfeste Leistung für alle nicht Erwerbsgeminderten auf Sozialleistungsniveau. Dieser Berichtsentwurf wurde aber nach Protesten insbesondere von Isolde Kunkel-Weber nicht in den Abschlussbericht aufgenommen (vgl. Hassel/Schiller 2010: 224ff.). Zwischen den Ressorts dominierte Hassel und Schiller (2010: 222) zufolge das Bundeskanzleramt gegenüber dem Bundesarbeitsministerium.

Im Folgenden sollen die Gewerkschaftspositionen und Strategien dargestellt werden, wobei insbesondere die Rolle des DGB und der Einzelgewerkschaften IG Metall, IG BCE und ver.di analysiert werden.[49] Der Bericht der Hartz-Kommission empfahl zwar die Zusammenlegung von Arbeitslosenhilfe und Sozialhilfe – auch unter Zustimmung der gewerkschaftlichen Vertreter*innen in der zugehörigen

48 Die Hartz-Kommission hatte 15 Mitglieder: Peter Hartz, Norbert Bensel (Deutsche Bahn), Jobst Fiedler (Roland Berger), Heinz Fischer (Deutsche Bank), Peter Gasse (IG Metall, Arbeitsdirektor bei Hüttenwerke Krupp Mannesmann GmbH), Isolde Kunkel-Eber (ver.di), Wilhelm Schickler (Landesarbeitsamt Hessen), Hanns-Eberhard Schleyer (Zentralverband Deutsches Handwerk), Eggert Voscherau (BASF), Harald Schartau (Arbeitsminister NRW), Wolfgang Tiefensee (OB Leipzig), Klaus Luft (Goldmann Sachs), Peter Kraljic (McKinsey), Werner Jann (Universität Potsdam) und Günther Schmid (WZB) (vgl. Hassel/Schiller 2010: 221f.).

49 Der DGB übernimmt die Koordination gegenüber den Einzelgewerkschaften. Die Abteilung Arbeitsmarkt kümmert sich um die Arbeit im Verwaltungsrat der BA (vgl. Interview DGB 2009).

Arbeitsgruppe – aber der DGB hatte die Position vertreten, dass dies nicht zu Leistungskürzungen führen dürfe (vgl. Hassel/Schiller 2010). Bei den Gewerkschaften wird die Position vertreten, dass der Hartz-Kommissionsbericht und der darauffolgende Gesetzgebungsprozess so differierten, dass ein Strategiewechsel zwischen der Veröffentlichung als eine grundsätzlich positive Position bezogen wurde und der Verabschiedung von Hartz IV, zu der die Gewerkschaften eine eher kritische Position bezogen, notwendig wurde.

Die Bewertung des Hartz-Kommissionsberichts durch den DGB fiel zunächst positiv aus.

> „Das einstimmige Votum der Hartz-Kommission eröffnet die Chance, den zwischen unterschiedlichen Interessengruppen erreichten Konsens für eine große Gemeinschaftsanstrengung zu nutzen. Alle Beteiligten haben sich aufeinander zu bewegt und müssen zu dem gefundenen Kompromiss stehen. Die Vorschläge der Hartz-Kommission sind insgesamt trotz Kritik und weitergehender Forderungen der Gewerkschaften in Einzelpunkten ein vielversprechendes Zukunftskonzept, das über alle Interessenunterschiede hinweg gemeinsames Handeln möglich macht. Jetzt sind alle gesellschaftlichen Gruppen, Parteien und Verbände gefordert, ihren Beitrag zu leisten und nicht Rosinenpickerei zu betreiben oder mäkelnd abseits zu stehen. [...] Das neue Leitbild der aktivierenden Arbeitsmarktpolitik mit einer ausgewogenen Balance des Förderns und Forderns verspricht die rasche und nachhaltige Integration von Arbeitssuchenden und Arbeitslosen in den regulären Arbeitsmarkt. Das Prinzip des Förderns und Forderns muss gleichermaßen für Arbeitslose wie Betriebe und Verwaltungen gelten. Dies darf allerdings nicht einhergehen mit Leistungskürzungen für Arbeitslose und einer Diffamierung der Betroffenen. Die Gewerkschaften werden sich auch weiterhin gegen Forderungen aus dem Unternehmerlager und der Politik nach weiterem Abbau von Arbeitnehmerrechten und Leistungsverschlechterungen entschieden zur Wehr setzen. Insbesondere eine Aushöhlung des Kündigungsschutzes ist für die Gewerkschaften nicht akzeptabel. Die gemachten Erfahrungen zeigen, dass der neoliberale Weg in die Sackgasse führt." (DGB Bundesvorstand 2002: 1)

Die Nachverhandlungen und das letztliche Vermittlungsergebnis im Bundesrat schien die Gewerkschaftsvertreter*innen überrumpelt zu haben. So jedenfalls wird es in offiziellen Dokumenten beschrieben, nämlich als „Über-Nacht-Aktion" (DGB/Adamy 2007: 2). Nach der Veröffentlichung des Gesetzesentwurfs, der eben doch Leistungskürzungen vorsah, wurde die Kritik deutlicher:

> „Mit der Verkürzung der Bezugsdauer des Arbeitslosengeldes im Regelfall auf 12 Monate werden Arbeitnehmerinnen und Arbeitnehmer nach einem Jobverlust bereits nach einem Jahr faktisch zu Sozialhilfeempfängern gemacht, sofern sie überhaupt einen Leistungsanspruch haben. Indem die Anknüpfung an den bisherigen Lohn sowie an Höhe und Dauer der gezahlten Beiträge aufgegeben wurde, wird das Lohnersatzprinzip bei Arbeitslosigkeit ausgehöhlt." (DGB 2003b: 2)

Allerdings zeigt sich hier eine selektive Präferenz der Gewerkschaften für die eigene Kerngruppe. Kern der Kritik war, dass Beschäftigte zu „Sozialhilfeempfängern" gemacht würden. Hierin spiegelt sich ein Leistungsgerechtigkeitsgedanke, der eine große Anschlussfähigkeit an den Aktivierungsdiskurs in sich birgt. Dieser zeigte sich auch bei einer Pressekonferenz des DGB von 2007, in der der Leiter der arbeitsmarktpolitischen Abteilung Adamy zwar gegen die Stigmatisierung von „Hartz-IV-Empfängern" sprach, aber darunter verstand, dass viele Arbeitslose nun wie Sozialhilfebezieher*innen behandelt werden:

> „Oftmals wird Hartz IV mit multiplen sozialen Problemen und Langzeitarbeitslosigkeit gleichgesetzt. Doch der Hochschulabsolvent, der nach dem Studium keine Stelle findet, zählt ebenso dazu wie der langjährig Erwerbstätige, wenn das zweite Einkommen des arbeitslosen (Ehe-/Lebens-)Partners weitgehend wegfällt und eiserne finanzielle Reserven angerechnet werden. Offiziell sind gut 50 Prozent der arbeitslosen Hartz-IV-Empfänger weniger als ein Jahr arbeitslos." (DGB/Adamy 2007: 2)

Zwar kritisierten die Gewerkschaften die Agenda 2010 der Regierung teils heftig, aber sie waren inhaltlich gespalten. Manche Einzelgewerkschaften setzten sich auch für die Hartz-Gesetze ein. Der IG Metall Vorsitzende Klaus Zwickel kritisierte die Absenkung der Arbeitslosenhilfe auf Sozialhilfeniveau, der ver.di Vorsitzende Bsirske sprach von einem Skandal und der DGB drohte mit einer Klage (vgl. Hassel/Schiller 2010: 265). Schulze (2012: 233f.) weist auf eine Doppelstrategie des DGB aus Kritik und konstruktiver Mitarbeit hin. Die Agenda-Rede wurde für die Verkürzung der Bezugsdauer des Arbeitslosengeldes, die Verschärfung der Zumutbarkeit und die Öffnungsklauseln kritisiert. Moderatere Stimmen kamen vor allem aus der IG BCE und der IG Metall, wobei diese in der IG Metall keine Mehrheit hatten. Im Mai 2003 suchte die SPD deshalb den Kompromiss mit den Gewerkschaften. Am 6. Mai trafen sich der DGB Vorsitzende Michael Sommer und Gerhard Schröder, wobei die IG Metall und ver.di die Gespräche absagten (vgl. Hassel/Schiller 2010: 267f.). Berthold Huber, der damalige Bezirksleiter der IG Metall Baden-Württemberg, sagte in einem Interview mit dem Handelsblatt vom 30. Mai 2003 kurz vor dem SPD Sonderparteitag, dass die Gewerkschaften mehr Reformbereitschaft zeigen müssten (vgl. IG Metall Baden-Württemberg 2003).

Der DGB versuchte 2003 mit dem Programm „Mut zum Umsteuern" ein Gegenkonzept zur Agenda 2010 aufzustellen. Mehr Steuerfinanzierung, mehr Beschäftigte in der gesetzlichen Krankenversicherung, keine Leistungskürzungen, keine Abschaffung der Arbeitslosenhilfe und keine Abschaffung der Zumutbarkeitskriterien sowie mehr Tarifautonomie waren die Forderungen (vgl. Hassel/Schiller 2010: 267). Drei der acht DGB-Gewerkschaften allerdings verabschiedeten eine eigene Erklärung, nämlich die IG BCE, die NGG und Transnet. Sie lautete „Initiative Zukunft des Sozialstaates heißt: Ja zu Reformen!". Während die IG BCE eine eindeutige Position pro Agenda 2010 vertrat und die IG Metall gespalten war, zeigte ver.di die deutlichste Gegenposition. Während Schmoldt und Sommer schon im Frühjahr 2003 auf einen konstruktiven Dialog mit der Bundesregierung umschwenkten, lenkten aber auch

Klaus Zwickel und Frank Bsirske als Vorsitzende ihrer Gewerkschaften im Juni 2003 ein (vgl. Hassel/Schiller 2010: 267). Der SPD Sonderparteitag im Juni 2003 markierte eine Wende in der Strategie der Gewerkschaften. Hatten sich ver.di und die IG Metall im Vorfeld des Parteitags mit Demonstrationsaufrufen in der Öffentlichkeit als Fundamentalopposition gezeigt, wurden sie nach der Niederlage des Agenda 2010 kritischen Flügels der SPD beim Sonderparteitag, zu dem auch der IG BAU Vorsitzende Klaus Wiesehügel gehörte, gesprächsbereiter. Nachdem sich das Konzept der Agenda 2010 auch innerhalb der SPD durchgesetzt hatte, verfolgten die DGB-Gewerkschaften eine moderatere Position (vgl. ebd.).

Die Positionen des DGB zeichnen sich durch eine Mischung aus Ablehnung bei gleichzeitiger Mitarbeit im Bündnis für Arbeit, der Hartz-Kommission und Stellungnahmen für parlamentarische Ausschüsse im Gesetzgebungsprozess aus. Die Ergebnisse sollten im Nachhinein gestaltet werden. Beispiele hierfür sind die Zusammenlegung von Arbeitslosen- und Sozialhilfe zur Grundsicherung für Arbeitssuchende, die Leiharbeit, die Ein-Euro-Jobs und tarifliche Öffnungsklauseln. Bei den letzteren gab es zwar Vorbehalte hinsichtlich der Ausführung, aber sie wurden nicht grundsätzlich abgelehnt (vgl. Deppe 2012).

Im Jahr 2004 gab der DGB zum Beispiel eine Stellungnahme zur öffentlich geförderten Beschäftigung und den Arbeitsgelegenheiten mit Mehraufwandsentschädigung (Ein-Euro-Jobs) ab, die einer Stellungnahme des ADGB zu Arbeiten im Rahmen der Arbeitshilfe am Ende der Weimarer Republik ähnelt:

> „Die Arbeiten, die im Rahmen der Arbeitshilfe zu leisten sind, sollen gemeinnützig und zusätzlich sein. Es darf sich nur um Arbeiten handeln, die ohne den Einsatz der Arbeitshilfe auf jeden Fall unterbleiben müßten. Unter allen Umständen muß verhindert werden, daß Arbeiten, die im Arbeitsverhältnis oder als Notstandsarbeiten durchgeführt werden können, zum Arbeitsobjekt für Arbeitsmöglichkeiten gemacht werden." (ADGB zit.n. Achten 1978: 52)

Öffentlich geförderte Beschäftigung knüpft der DGB in einem Eckpunktepapier von 2004 an die Mindestanforderung, dass die Arbeiten „zusätzlich und gemeinnützig" und „vorrangig sozialversicherungspflichtig" sind und den „Qualifikationen der Arbeitslosen möglichst entsprechen" (DGB 2004: 4).

Auf seiner Webseite schrieb der DGB zu den Ein-Euro-Jobs: „Der DGB lehnt die 1-Euro-Jobs nicht grundsätzlich ab, fordert aber, dass sie nicht ausufern dürfen und dass strenge Voraussetzungen daran geknüpft sind."[50] In dem Eckpunktepapier von 2004 heißt es zu den Ein-Euro-Jobs weiter:

> „Arbeitsgelegenheiten zu 1-2 Euro pro Stunde (Mehraufwandsvariante) müssen ein nachrangiges Förderinstrument bleiben, nachrangig auch gegenüber sozialversiche-

50 http://www.dgb.de/themen/themen_a_z/abisz_doks/1/1_euro_jobs.htm/?, aufgerufen und archiviert am 27. Juli 2009.

rungspflichtiger öffentlich geförderter Beschäftigung. Die Mehraufwandsvariante darf keinesfalls zum Regelfall werden. [...] Die Mehraufwandsvariante sollte insbesondere auf folgende Bereiche begrenzt werden: Personen mit sehr komplexen Problemlagen, für die therapeutische Maßnahmen erforderlich sind, Personen, die erst (wieder) an Arbeit herangeführt werden und sich an einen festen Tagesrhythmus gewöhnen müssen, bei Überschuldung von Erwerbslosen, bei begründeten Zweifeln an der Arbeitswilligkeit. Diese Tätigkeiten sollten freiwillig sein. Die zwangsweise Heranziehung zu diesen Maßnahmen muss auf wenige Ausnahmen begrenzt bleiben. Insbesondere für langjährig Erwerbstätige sowie für ältere Erwerbslose sollte die Mehraufwandsvariante generell auf freiwilliger Basis angeboten werden." (DGB 2004: 4f.)

Das Positionspapier des DGB „Mut zum Umsteuern", das als Gegenentwurf zur Agenda 2010 beschrieben wird, kritisiert nicht grundsätzlich Arbeitsmarktflexibilität, sondern vertritt die Auffassung, dass diese schon ausreichend vorhanden sei, z.B. durch die Mini-Jobs und die Novellierung von Leiharbeit (vgl. DGB 2003a: 22). Auch tarifliche Öffnungsklauseln werden befürwortet, allerdings steht hierbei im Zentrum, dass Flexibilisierung tarifvertraglich abgesichert wird:

„Das Bekenntnis des Bundeskanzlers zur Tarifautonomie und Mitbestimmung ist eine wichtige Botschaft für die Zukunft der sozialen Marktwirtschaft. Die geforderte Flexibilität der Tarifpolitik hat eine Selbstverständlichkeit unterstrichen. Sie existiert und wird von den Gewerkschaften fortentwickelt. [...] Die Gewerkschaften prüfen bei anstehenden Tarifverhandlungen in den Branchen, in denen noch keine Tarif-Optionen zur kontrollierten Öffnung von Tarifverträgen bestehen, entsprechende Regelungen mit den Arbeitgebern zu verhandeln, um in Krisenzeiten Beschäftigung zu sichern. Diese Spielräume müssen innerhalb und auf keinen Fall außerhalb von Tarifverträgen – durch gesetzliche Regelungen etwa – geschaffen werden." (DGB 2003a: 24)

Auch bei befristeter Beschäftigung und Zeit- und Leiharbeit müssten Betriebsräte stärker miteinbezogen werden. Lobend erwähnt werden tarifliche Konzepte wie z.B. eine größere Rolle der betrieblichen Ebene bei der Lohngestaltung im IG Metall-Bereich, die Koppelung von Löhnen an Unternehmenserfolge und eine Jahresleistung im Bankenbereich bei ver.di und niedrige Einstiegstarife von ehemaligen Langzeitarbeitslosen im Organisationsbereich der IG BCE (vgl. DGB 2003a: 25f.).

In Stellungnahmen für den parlamentarischen Ausschuss für Wirtschaft und Arbeit hat der DGB den Gesetzgebungsprozess zu den Hartz-Gesetzen begleitet. Hierbei befürtwortete er das Hartz I und II-Gesetz und lobte die Arbeit der Hartz-Kommission. Bei einer Anhörung zum geplanten Hartz IV-Gesetz wurde die Kritik lauter. Hier kritisierte der DGB vor allem die geplante Kürzung der Bezugsdauer des ALG I und die verschärften Zumutbarkeitskriterien. Weitere Kritikpunkte waren der zunehmende Druck auf Arbeitslose und die Gefahr eines Niedriglohnsektors. Allerdings begrüßte der DGB auch hier die schnellere und effizientere Vermittlung durch die ersten beiden Hartz-Reformen (vgl. Schulze 2012: 248f.). Seit der Verabschiedung der Hartz-Gesetze kritisieren die DGB-Gewerkschaften insbesondere die

Ein-Euro-Jobs und fordern Nachbesserungen im Bereich der Höhe des Regelentgelts (vgl. Jeanrond 2016: 124f.). Mag Wompel, Initiatorin der Internetseite Labournet, kritisierte den DGB dafür, dass es keine eindeutige Kampagne gegen Hartz IV gegeben hat. Der DGB habe sowohl aktiv an der Konzeption wie auch an der Umsetzung mitgewirkt, während er gleichzeitig verbal protestierte (vgl. Wompel 2006: 137).

Der ver.di Vorsitzende Frank Bsirske positionierte sich in einem Debattenbeitrag aus dem Jahr 2005 deutlich gegen die Hartz-Reformen und kritisierte die Ergebnisse des Vermittlungsausschusses, die zu Verschlechterungen im Vergleich zu den Ergebnissen der Hartz-Kommission geführt hätten. Eines seiner Hauptargumente war, dass die aktuelle Arbeitsplatzlage eine Strategie der schnellen Vermittlung nicht zulasse (vgl. Bsirske 2005: 113f.).[51]

> „Mit den Hartz-Gesetzen wurde der Paradigmenwechsel hin zu neoliberalen Konzepten in der Politik der rot-grünen Bundesregierung weiter vollzogen, der mit der Regierungserklärung zur Agenda 2010 als umfassendes Politikkonzept angekündigt worden war. Die Wirtschafts- und Finanzpolitik war bereits vor der Regierungserklärung mehr neoliberal orientiert. Deregulierung und die Schaffung eines breiten Niedriglohnsektors ist die logische Konsequenz einer verfehlten Politik, die der Schwäche des Binnenmarktes partout nicht durch staatliche Investitionspolitik entgegenwirken will." (Bsirske 2005: 116f.)

Ein Mitarbeiter der DGB Bundesverwaltung vertritt die Position, dass Konzepte wie Aktivierung und Beschäftigungsfähigkeit zunächst positiv klängen, aber auf den zweiten Blick viele negative Entwicklungen für Beschäftigte in sich bergen:

> „Aber wir haben ein Problem damit, das werfen wir Brüssel vor, dass die Anpassungsprobleme immer auf Seiten der Arbeitnehmer bestehen, die müssten nur leistungsfähiger werden, besser ausgebildet, müssten mobiler sein, bereit sein, ihre Berufsfelder, in denen sie mal gearbeitet haben zu verlassen, Umzüge in Kauf zu nehmen usw. Dann würden sich die Arbeitsmarktprobleme schon lösen. Das glauben wir nicht." (Interview DGB 2009)

Der Aktivierungsbegriff an sich sei attraktiv gewesen, weshalb er sich auch durchsetzen konnte. Der DGB habe zunächst Aktivierung zugestimmt und halte auch Druck nicht grundsätzlich für negativ, wenn er nötig sei. Aktivierung nütze aber nichts, wenn nicht genügend Arbeitsplätze vorhanden seien (vgl. Interview DGB 2009). Auch eine Mitarbeiterin von ver.di betont, dass bei dem Konzept der aktivierenden Arbeitsmarktpolitik nicht von den richtigen Voraussetzungen ausgegangen worden sei, da nicht genügend Arbeitsplätze zur Verfügung stünden. Also könne zwar von einer Aktivierung im Einzelfall über Druck die Rede sein. Eine wirkliche Aktivierung im Sinne einer Schaffung von Beschäftigung und Vermittlung in Arbeit sei nicht erreicht worden, auch, weil im Qualifizierungsbereich gekürzt worden sei (vgl. Interview ver.di 2008). Arbeitsmarktpolitik müsse „wieder Teil der Sozialpolitik

---

51 Noch 2002 hatte Bsirske auf dem DGB-Kongress intensiv für die Unterstützung der rot-grünen Regierungspolitik geworben (vgl. Schulze 2012: 228).

werden und nicht unter den Vorgaben von McKinsey laufen. [...] Hartz IV bedeutet, sozial ist, was Arbeit schafft. Ver.di hingegen sagt: 'sozial ist, was gute Arbeit schafft'" (Interview ver.di 2008).

Der Vertreter der IG BCE erläutert, dass die Gewerkschaft noch Bedarf am Ausbau des Qualifizierungsbereichs des Förderns und Forderns sehe. Die IG BCE sehe sich nicht in der Rolle der Fundamentalopposition sondern stelle sich den Realitäten. Bei der Zusammenlegung von Arbeitslosen- und Sozialhilfe habe die IG BCE die Leistungskürzungen kritisiert. In ihrem Organisationsbereich spielt das Thema ALG II allerdings keine herausragende Rolle, da nur wenige Mitglieder der IG BCE ALG II beziehen. Zwar lehnt die IG BCE die Ein-Euro-Jobs grundsätzlich ab, hat aber in ihrem Bereich wenige reale Berührungspunkte. Die Arbeit in der Bundesagentur für Arbeit sei von betriebswirtschaftlichen Fragen dominiert (vgl. Interview IG BCE 2008).

> „Und die Unterschiede zwischen den Arbeitnehmervertretern und den Arbeitgebervertretern sind nicht so riesig, wie sie immer dastehen. Aber im Endeffekt ist es eine grundsätzliche politische Einordnung. Will man ein Versorgungssystem haben, das eher auch darauf abzielt: Beschäftigung um jeden Preis. Und dann muss man gucken, welche Konsequenzen hat solch eine Strategie auf beiden Seiten. Bei der einen ist natürlich die Diskussion, dass es bei der Versorgungsgeschichte also dem sozialstaatlichen Modell, dann andere Menschen gibt, die sagen, okay das reicht mir, und das natürlich bei denen, die bei uns Mitglied sind und arbeiten und dafür die Beiträge abführen, das nicht unbedingt sehr positiv gesehen wird, sondern es bei uns auch Stammtischparolen gibt. Auf der anderen Seite ist Fordern und Fördern sicherlich richtig, deswegen würden wir das unterschreiben, aber dann muss man das tatsächlich auch gleichgewichtig tun." (vgl. Interview IG BCE 2008)

Während des Gesetzgebungsprozesses zur Agenda 2010, in Folge dessen auch das vierte Hartz-Gesetz verabschiedet wurde, vertrat der IG BCE Vorsitzende Hubertus Schmoldt eine moderate Position. Zusammen mit den Gewerkschaften Transnet und NGG veröffentlichte die IG BCE am 16. Mai 2003 eine eigene Erklärung unter dem Titel „Zukunft des Sozialstaates heißt: Ja zu Reformen!". Hierin fordern sie eine „konstruktive Begleitung sozial ausgewogener Reformschritte" (vgl. IG BCE/NGG/Transnet 2003).[52]

> „Die beteiligten Gewerkschaften erkennen die Reformnotwendigkeiten in der Wirtschafts-, Finanz-, Steuer-, Beschäftigungs- und Sozialpolitik an und werden sich mit dem Ziel der nachhaltigen Sicherung des Sozialstaates, der Fortentwicklung der sozialen Marktwirtschaft und einem Ausbau der spezifischen Stärken des Wirtschafts- und Arbeitsstandortes Deutschland an den Reformprozessen beteiligen." (IG BCE/NGG/Transnet 2003)

Mit der Begründung der notwendigen Akzeptanz der Bevölkerung wollten sich die drei Gewerkschaften für Nachbesserungen in Bezug auf die Höhe des ALG II, den

---

52 Vgl. auch Schlitz (2004): Interview mit Hubertus Schmoldt, Die Welt, 4.10.2004.

Kündigungsschutz, und der Bezugsdauer für ältere Arbeitslose und das Krankengeld einsetzen (vgl. ebd.).

Eine vom Vorstand herausgegebene Gewerkschaftsgeschichte der IG Metall erzählt, dass die Agenda 2010 der rot-grünen Bundesregierung auf „vehemente gewerkschaftliche Kritik“ gestoßen sei (vgl. Barth 2016: 87). „Viele Gewerkschaftler hielten diese für eine scharfe Zäsur in der deutschen Sozialgeschichte. Allerdings herrschte Pessimismus vor, ob diese Pläne verhindert werden könnten“ (ebd.: 87). Gewerkschaftsnahe SPD-Politiker hätten den Schröder-Kurs getragen und die 2005 gewählte Große Koalition sei angesichts der „Horrorvorstellung“ einer gelb-schwarzen Regierung mit Erleichterung aufgenommen worden, „weil das neoliberale Projekt nicht zum Zuge gekommen war“ (ebd.: 87ff.). Diese Leseweise klammert aus, dass bezüglich der Arbeitsmarktpolitik der rot-grünen Bundesregierung auch durch die IG Metall ein Riss ging. Nicht zuletzt wurde die Wahlalternative Arbeit und Soziale Gerechtigkeit (WASG) von IG Metall Funktionären mitgegründet. Urban (2003a: 33) weist darauf hin, dass führende Funktionäre der IG Metall bezüglich der Agenda 2010 uneinheitliche Positionen vertraten.

In einer Dokumentation zur innergewerkschaftlichen Debatte der IG Metall zur Zukunft der sozialen Sicherungssysteme werden die unterschiedlichen Positionen deutlich (vgl. Beerhorst/Berger 2003). Auf der einen Seite hielt Klaus Lang, Koordinator der Zukunfsdebatte der IG Metall, Wettbewerbselemente für notwendig und legitim und hielt Sozialmissbrauch für „ganz unabhängig davon, ob und in welchem Umfang er vorkommt, genauso unsolidarisch wie z.B. Streikbruch“ (Lang 2003: 49). Ein Sozialstaatsumbau in einer erweiterten EU sei unvermeidbar: „Aufgabe des Sozialstaats ist es vor allem, die individuelle Autonomie zu stärken, die Fähigkeit des Einzelnen, Krisen- und Risikosituationen zu vermeiden bzw. zu überwinden, zu verbessern und auch die materielle Solidarität des Einzelnen gegenüber der Gesellschaft einzufordern“ (ebd.: 48). Demgegenüber positioniert sich der damalige Leiter des Funktionsbereichs Sozialpolitik, Hans-Jürgen Urban, gegen das Konzept des aktivierenden Sozialstaats, weil es die Schuld und Verantwortung individualisiere. Er kritisiert die Politik des „Dritten Weges“ und den wettbewerbsorientierten Umbau, der von der Idee sozialer Bürgerrechte abrückt. Das Arbeitslosigkeitsproblem würde auf individuelles Fehlverhalten reduziert statt auf das Fehlen von Arbeitsplätzen zurückgeführt und dies fördere den Niedriglohnsektor (vgl. Urban 2003a: 36ff.).

> „Dem Gedanken der ‘Aktivierung’ durch Leistungskürzung und der Strategie der gewährten bzw. abgeforderten Hilfe zur Selbsthilfe mag in der Theorie noch Sozialverträgliches abzugewinnen sein. In dem Maße, in dem sich die aktivierende Sozialpolitik mit dem Übermaß an Arbeitslosigkeit infolge einer falschen Wirtschafts- und Beschäftigungspolitik konfrontiert sieht und sie zugleich in den Sog der durch das Euro-Regime verstärkten Spar-Hysterie (Stichwort: ‘Stabilitätspakt’) gerät, rücken die autoritären und auf Leistungskürzungen zielenden Komponenten in den Vordergrund.“ (Urban 2003a: 37f.)

Ein interviewter Arbeitsmarktexperte der IG Metall Bundesverwaltung übte grundsätzliche Kritik an dem Begriff der Aktivierung:

> „Als Gewerkschafter würde ich selbst auch nicht mit dem Begriff arbeiten. Also im Sinne von Aktivierung. Sondern das hat die politische Funktion gehabt, die Arbeitslosigkeit zurückzuführen auf entweder den Unwillen oder die Unfähigkeit der Arbeitnehmerinnen und Arbeitnehmer. Und das Lösungskonzept ist dann eben dementsprechend zu aktivieren, damit sie dann eben doch den arbeitsmarktpolitischen Anforderungen wieder entsprechen und dann darüber dann auch entsprechend Arbeitslosigkeit reduziert werden würde." (Interview IG Metall 2009)

Die Streitigkeiten zwischen SPD und den DGB-Gewerkschaften um die Agenda 2010 gingen auf der Führungsebene jedoch nicht soweit, dass eine/r der damaligen Vorsitzenden, die alle Mitglied einer der Regierungsparteien waren (bis auf das Grünen-Mitglied Bsirske alle Mitglieder der SPD) aus ihrer Partei ausgetreten wären.[53]

Haben sich die Gewerkschaftsstrategien seit der Wirtschafts- und Finanzkrise im Sinne einer Regulierung des flexiblen Arbeitsmarktregimes und des Krisenkorporatismus gewandelt? Die Wirtschafts- und Finanzkrise seit 2008 verstärkte korporatistische Strategien, so dass Deppe (2012) von einem aufkommenden Krisenkorporatismus sprach. Das „deutsche Beschäftigungswunder" verfestigte das flexible Arbeitsmarktregime nach innen und diente als Disziplinierungsinstrument im Euroraum.

> „Hinter der Fassade des vermeintlichen 'Jobwunders' verbirgt sich der Übergang zu einer prekären Vollerwerbsgesellschaft, in der die Ausweitung unsicherer Arbeits- und Lebensverhältnisse auch jene sozialen Gruppen diszipliniert, die sich noch in einigermaßen stabilen Verhältnissen befinden." (Dörre 2014: 8)

Doch die Tendenz zu neokorporatistischen Regulierungen statt einer Ablehnung flexibler Arbeitsmarktregulierung ist nicht neu. Seit den 1990er Jahren verfolgten der DGB und die IG Metall z.B. eine aktive Politik gegenüber der Leiharbeit, deren Verbot das DGB-Grundsatzprogramm bis 1996 gefordert hatte (vgl. Meyer, D. 2013: 371). Während die IG Metall nach der Abkehr von der Verbotsforderung von Leiharbeit vor der Krise Strategien zur Mitgliedergewinnung und Interessenvertretung von Leiharbeiter*innen verfolgt hatte, konzentrierte sie sich während der Krise

53 So waren der damalige DGB Vorsitzende Michael Sommer und seine Stellvertreterin Ursula Engelen-Kefer SPD Mitglieder, ebenso 7 der 8 Vorsitzenden der Einzelgewerkschaften: Klaus Zwickel (IG Metall), Hubertus Schmoldt (IG BCE), Franz-Josef Möllenberg (NGG), Klaus Wiesehügel (IG BAU), Norbert Hansen (Transnet), Eva-Maria Stange (GEW) und Konrad Freiberg (GdP). Neben Frank Bsirske (ver.di) war auch das geschäftsführende Vorstandsmitglied des DGB Annelie Buntenbach Mitglied der Partei Bündnis 90/Die Grünen.

auf die Sicherung der Beschäftigung der Kernbelegschaften. In der Krise wurden überdurchschnittlich viele Leiharbeiter*innen entlassen. Obwohl mit dem zweiten Konjunkturpaket auch die Möglichkeit geschaffen wurde, dass Leiharbeiter*innen Kurzarbeitergeld bekommen konnten, wurde hierauf unterdurchschnittlich stark zurückgegriffen (vgl. ebd.: 216ff.; 306f.).

In der Krise wiederholte sich die in den 1970er Jahren erfolgte korporatistische Strategie in den exportorientierten Sektoren der Wirtschaft, die Josef Esser (1982) als *selektiven Korporatismus* beschrieb. Zahlreiche Absprachen zur Beschäftigungssicherung der Kernbelegschaften wurden neben dem Rückgriff auf das traditionelle Instrument der Kurzarbeit sozialpartnerschaftlich getroffen, wobei die Belegschaften auch Lohneinbußen hinnahmen. Daneben wurde an den Rändern abgebaut vor allem mittels eines Abbaus von Leiharbeit und dem Auslaufen befristeter Stellen (vgl. Bogedan/Brehmer/Herzog-Stein 2009; Knuth 2014).[54] Die Änderungen im AÜG von 2016 begrenzten die zeitliche Nutzung der Leiharbeit gesetzlich, ermöglichten aber gleichzeitig die Überschreitung der gesetzlichen Höchstdauer durch Tarifverträge. Dies wurde zum Beispiel 2017 im Tarifvertrag zur Leih- und Zeitarbeit zwischen Nordmetall und dem Bezirk Küste der IG Metall vereinbart. Hiernach können Leiharbeitsverhältnisse bis zu 48 Monate (gesetzliche Regelung sieht 18 Monate vor) und darüberhinaus auch noch länger bestehen, wenn Sachgründe vorliegen und die Höchstdauer dem Betriebsrat schriftlich dokumentiert wird (vgl. Nordmetall/IG Metall Bezirkleitung Küste 2017: 3).

Ein Blick in das Programm des DGB für eine sozialstaatliche Arbeitsmarktpolitik von 2014 soll die Analyse der Gewerkschaftsstrategien abrunden. In diesem positioniert sich der DGB für einen gesetzlichen Mindestlohn, die Reform geringfügiger Beschäftigung und eine nachhaltige Arbeitsmarktintegration statt kurzfristiger vorübergehender Vermittlungserfolge. Der Vermittlungsvorrang und die Zumutbarkeit sollten „sozialstaatlich geregelt" werden (vgl. DGB 2014). Bedeutet dies die Abkehr der Gewerkschaften vom wettbewerbsstaatlichen Kompromiss? Folgt man den Aussagen des Programms keineswegs. Denn:

> „Der wirtschaftliche Wandel geht mit steigenden Qualifikationsanforderungen einher. Die beruflichen Kompetenzen der Beschäftigten sind entscheidend für eine hohe Wettbewerbsfähigkeit der deutschen Unternehmen. Eine gute Ausbildung sowie lebenslanges Lernen sind Grundlagen für den Erhalt der Wettbewerbsfähigkeit der Unternehmen, wie auch der Beschäftigungsfähigkeit und der persönlichen beruflichen Weiterentwicklung der Beschäftigten." (DGB 2014: 3)

Der DGB geht wie schon 1996 davon aus, dass sich eine Flexibilisierung der Arbeitswelt bezüglich des Arbeitsplatzwechsels noch verstärken wird und es zu losen

54 Das unfreiwillige Auslaufen befristeter Stellen kann für die Beschäftigten vom Ergebnis her einer Kündigung gleichkommen.

Bindungen zwischen Unternehmen und Beschäftigten kommt, die Weiterqualifizierung umso wichtiger machen. Betriebe würden verstärkt Kernbelegschaften weiterqualifizieren und hier müsse man gesamtgesellschaftlich dagegenhalten (vgl. DGB 2014: 17). Der DGB sucht nach Regulierungsmöglichkeiten im flexiblen Arbeitsmarktregime ohne dabei Flexibilisierung grundsätzlich in Frage zu stellen. Er kritisiert die verstärkte Spaltung des Arbeitsmarktes und setzt sich für gute Arbeitsbedingungen und eine Abkehr von der sachgrundlosen Befristung ein. Die Qualifizierungsstrategie und die Forderung nach mehr Sozialstaatlichkeit ändert aber nicht grundsätzlich die Befürwortung einer Kommodifizierungsstrategie. Man könnte diese Strategie unter dem Stichwort Qualifizierungsaktivierung fassen. Indem der DGB die Qualifizierungsstrategie verfolgt, ist immer noch die Krux der angebotsorientierten Arbeitsmarktpolitik nicht beseitigt. Qualifizierung gilt als Schlüssel für einen dauerhaften Arbeitsplatz und einen „gerechten Lohn". Mit der nach Qualifikationen differenzierenden Tarifpolitik und einer Orientierung an Leistungsgerechtigkeit tragen die DGB-Gewerkschaften aber selbst dazu bei, die Lohnspaltungen aufrecht zu erhalten. Das strukturell im Kapitalismus angelegte Konkurrenzverhältnis zwischen den Lohnabhängigen geht dieser Ansatz nicht an.

> „So müssen die Arbeitsagenturen und Jobcenter beim 'Marktausgleich' durch Vermittlung und Förderung den individuellen Nutzen für die Arbeitsuchenden und die Nachhaltigkeit der Ergebnisse wieder stärker in den Blick nehmen. Die Art und Weise, wie sie dem aktivierenden Auftrag nachkommen, ist dabei von Bedeutung. Nicht das schnelle Ergebnis durch eine Konzentration auf marktnahe Arbeitslose ('Bestenauslese') oder durch Erhöhung des Kontrolldrucks und Sanktionen, sondern die nachhaltige und möglichst existenzsichernde Integration ist wertvoll." (DGB 2014: 8)

Arbeitsmarktpolitik könne „eine Selektion in marktnahe und marktferne Arbeitslose" nicht völlig verhindern, sondern nur ausgleichend eingreifen, z.B. durch die Fähigkeit von Mobilität und der Förderung der „individuellen Beschäftigungsfähigkeit" (vgl. DGB 2014: 9). Der DGB kritisiert an den arbeitsmarktpolitischen Entwicklungen die Kürzungen, den Abbau von Rechtsansprüchen und eine zu starke Fokussierung auf die Schnelligkeit der Vermittlung. Der „grundlegende systematische Fehler" sei „die Spaltung der Arbeitsmarktpolitik" in die Rechtskreise des SGB II und SGB III. Dies habe zu Doppelstrukturen und Differenzen in der Betreuungs- und Vermittlungssituation der Arbeitslosen geführt (vgl. ebd.: 10). Die Sanktionen sollen entschärft werden, so dass untertarifliche Stellen und Ein-Euro-Jobs abgelehnt werden dürfen und das Existenzminimum nicht gefährdet wird. Die Eingliederungsvereinbarungen sollen individueller gestaltet und nicht als Zwangsinstrument eingesetzt werden. An beiden Maßnahmen wird aber grundsätzlich festgehalten (vgl. ebd.: 29).

Das neoliberale Hegemonieprojekt konnte Teile der Gewerkschaftsbewegung in den Aktivierungsdiskurs und Flexibilisierungsstrategien integrieren. Neben dem Beitrag einiger bekannter Sozialwissenschaftler gelang dies, weil sich schon seit den

1980er Jahren ein Wettbewerbskorporatismus herausgebildet hatte. Die Gewerkschaften haben sich dem Diskurs zunächst defensiv-passiv bis affirmativ untergeordnet und konnten keine eigene gemeinsame gegenhegemoniale Position formulieren und durchsetzen. Während die Gewerkschaften auf zivilgesellschaftlichem Terrain an Protesten teilnahmen, haben sie im Bereich der Arbeitsverwaltung und Tarifpolitik das flexible Arbeitsmarktregime mitgestaltet. So zeigt sich auch hier ein *selektiver Korporatismus* im neuen Gewand.

Arbeitgeberstrategien

Kern der Arbeitgeberstrategien ist die Flexibilisierung des Arbeitsmarktes. So kritisierte Arbeitgeberpräsident Hundt das von der rot-grünen Regierung verabschiedete Job-AQTIV-Gesetz, weil es neue Leistungsansprüche sichere und nicht die Flexibilisierung voranbrächte (vgl. Handelsblatt 12.11.2001). Die grundsätzlichen Positionen der befragten Branchenarbeitgeberverbände des Metall- und Chemiebereichs Gesamtmetall und BAVC unterschieden sich nicht von denen der BDA (vgl. Interview Gesamtmetall 2008; Interview BAVC 2009), die hauptsächlich die konzeptionelle Arbeit im arbeitsmarktpolitischen Bereich übernimmt. Die BDA betonte, dass mit der Regierung Schröder wertvolle Fortschritte auf den Weg gebracht worden seien. In puncto Aktivierung sei aber nur ein erster Schritt unternommen worden. Die Kontaktdichte müsse erhöht, Angebote konsequenter unterbreitet und bei fehlender Kooperation Leistungskürzungen stärker durchgesetzt werden: „Also da sehen wir halt schon noch einen erheblichen Verbesserungsbedarf. Also da ist die Wende noch lange nicht gemacht. Da könnte man sagen, der erste Scheit ist gelegt, aber viel mehr noch nicht. Das Haus will noch gebaut werden" (Interview BDA 2008).

Die BDA fordert flachere Hierarchien in der BA, die Stärkung dezentraler Handlungsspielräume und die Weiterentwicklung des Steuerungs- und Controllingsystems. Die BA soll stärker unternehmerisch agieren. Arbeitsmarktpolitik müsse sich auf eine frühzeitige und ausreichende Aktivierung und die schnelle Integration in den ersten Arbeitsmarkt fokussieren. Die BA als „schlanker leistungsfähiger Dienstleister" soll längerfristig die Vermittlungstätigkeiten von privaten Arbeitsvermittlern und Zeitarbeitsfirmen eher koordinieren als selbst vermitteln und die Instrumente sollen verringert werden (vgl. BDA 2006: 5f.). „Deutschland braucht eine moderne Arbeitsmarktverfassung verbunden mit einer sinkenden Abgabenlast, weniger Bürokratie und einem Sozialstaat, der Arbeitssuchende aktiviert und mobilisiert, statt nur zu versorgen" (ebd.: 2).

Die BDA kritisiert die Zuständigkeitsüberschneidungen zwischen der BA und den Kommunen im Bereich von Hartz IV und wünscht sich eine strikte Trennung der Fürsorge- und Versicherungsleistungen. Durch die Ausgliederung versicherungsfremder Aufgaben könnte Personal bei der BA abgebaut werden. Zeitarbeit müsse von der „Überregulierung durch das Arbeitnehmerüberlassungsgesetz (AÜG) gänzlich befreit werden" (BDA 2006: 8). Möglichst viele Leistungen der BA sollen an private Anbieter outgesourct und eine zweigliedrige BA-Struktur mit Zentrale und lokalen Arbeitsagenturen sowie eine erfolgsbasierte Vergütung der Arbeitsvermittler eingeführt werden (vgl. ebd.: 7f.). Eine maximale Bezugsdauer des ALG I von 12 Monaten für alle Versicherten, eine Senkung des maximalen Satzes auf 60% und eine einmonatige Karenzphase wird gefordert. Die BDA setzt sich für die paritätische Selbstverwaltung ohne öffentliche Hand und ihre Stärkung bei gleichzeitiger Abschaffung der Defizithaftung des Bundes ein (vgl. ebd.: 12f.). Sie befürwortet abgesenkte Einstiegslöhne statt Eingliederungszuschüssen durch die, „die Kosten individueller Minderleistungen sozialisiert" würden und „die Anreize für den Einzelnen sich darum zu bemühen, solche Minderleistungen gar nicht erst entstehen zu lassen" reduziert würden (ebd.: 14). Die BDA setzt sich also für eine größere Flexibilisierung, Privatisierung von Arbeitsmarktdienstleistungen, einen *work first*-Ansatz und die straffe Trennung der SGB II und SGB III-Regelkreise und damit eine Verstetigung der gezogenen Hierarchien zwischen Arbeitslosen ein. Die verlängerte Bezugsdauer bis zu 24 Monate für ältere Arbeitslose ab 2008 wertet die BDA als „fatale Rolle rückwärts" (vgl. BDA 2017b).

Das Narrativ der BDA zur Arbeitsmarktentwicklung seit Hartz illustriert folgendes Zitat:

> „Seit 2005 hat sich die Arbeitsmarktsituation in Deutschland vom 'kranken Mann' Europas zum 'deutschen Jobwunder' gewandelt. [...] Der Bundesagentur für Arbeit (BA) ist es vor allem durch den konsequenteren Einsatz der arbeitsmarktpolitischen Maßnahmen nach Wirkung und Wirtschaftlichkeit gelungen, die Förderung von Arbeitslosen zu verbessern und zugleich die Ausgaben und den Beitragssatz spürbar zu reduzieren." (BDA 2017a.)

Weicht das Narrativ der BDA von dem oben skizzierten des DGB ab, so zeigen sich doch Ähnlichkeiten bezüglich der zentralen Rolle der Bildung für die Bekämpfung von Arbeitslosigkeit. Der „zentrale Schlüssel zur dauerhaften Beschäftigung" sei eine „Qualifikation, die den individuellen Stärken und den Bedürfnissen des Arbeitsmarktes entspricht" (BDA 2017b). Allerdings sehen die Arbeitgeber Weiterbildung am besten auf der betrieblichen Ebene verwirklicht (vgl. BDA 2017a).

2.5.4 Kommodifizierung und Sanktionsregime

Die verschärfte Konditionierung von Lohnersatz- und Sozialleistungen an die Bereitschaft zur Arbeitsaufnahme war ein zentraler Bestandteil arbeitsmarktpolitischer Gesetzgebung in der BRD seit Ende der 1990er Jahre. Eine stärkere Kommodifizierung lässt sich sowohl anhand der gestiegenen Erwerbsquote als auch anhand der direkten sowie indirekten Aktivierung feststellen. Im direkten Kommodifizierungsprozess bedient sich die Arbeitsvermittlung ähnlicher Verwaltungsvorgänge wie in Dänemark. Dies gilt für die Eingliederungsvereinbarungen zwischen den Arbeitslosen und der Arbeitsagentur/Jobcenter und die Zielvereinbarungen zwischen der Zentrale in Nürnberg und den ARGEn/Optionskommunen ebenso wie für die Einteilung der Arbeitslosen in „Kundengruppen". Entlang der Kategorien „Marktnähe" oder „-ferne" wird zwischen Markt-, Beratungs- und Betreuungskunden anhand systematischer Handlungsvorgaben differenziert. Da sich nach der Organisationsreform der BA der Einsatz der Instrumente im SGB III-Bereich an Wirtschaftlichkeit und Wirksamkeit orientieren muss und die Arbeitslosenversicherung entlastet werden soll, sind sie auf die Integration in Erwerbstätigkeit noch vor Übertritt in den SGB II-Rechtskreis ausgerichtet (vgl. Schütz 2008: 80ff.; Ludwig-Mayerhofer/Berend/Sondermann 2009: 42f.). Die Fördermaßnahmen richten sich vor allem an die „Beratungskund*innen", während die Arbeitslosen, die eine intensive Betreuung nötig hätten ebenso wie die „Marktkund*innen" weniger unterstützt werden, weil ein Übertritt in den SGB II-Bereich wahrscheinlich ist (vgl. Deutscher Bundestag 2006: 13). Die Vergabe von Bildungsgutscheinen, mit denen sich Arbeitslose an externe Anbieter wenden sollen, wirkt sich ungünstig auf bildungsfernere Gruppen aus, die ohne Unterstützung die Gutscheine häufig gar nicht nachfragen, während Arbeitslose mit Berufsabschluss oder Akademiker*innen besser in der Lage sind, sich selbstständig um Weiterbildungsmöglichkeiten zu kümmern (vgl. DGB 2014: 18). Ähnliches lässt sich für die Verhandlung bei den Eingliederungsvereinbarungen vermuten, in denen u.a. festgehalten wird, wie viele Bewerbungen geschrieben werden müssen.

Dörre u.a. (2013) entwarfen Typologien des Umgangs der Arbeitslosen mit der Arbeitsmarktverwaltung und kommen zu dem Schluss, das Aktivierende in der Arbeitsmarktpolitik in Frage zu stellen: „Nach der Inspektion des neuen Arbeitsmarktregimes lässt sich, so eine zentrale Aussage unserer Studie, von Aktivierung oder aktivierender Arbeitsmarktpolitik im Grunde nicht mehr sinnvoll sprechen. Entstanden ist ein sozial hoch selektives Regime strenger Zumutbarkeit, das als Prekarisierungstreiber wirkt" (Dörre u.a. 2013: 344). Hartz IV sei ein Klassenprojekt mit strengen Zumutbarkeitsregeln als Treiber von Prekarisierungsprozessen sowie sozialer Schließung und Klassenbildung (vgl. ebd.). Der gespaltene Arbeitsmarkt erzeugt im untereren Segment nicht nur einen Lohn, der nicht mehr existenzsichernd ist, sondern auch ein Klima der Angst (vgl. Dörre u.a. 2013: 351f.).

Das Sanktionsregime differiert je nach SGB II oder III-Rechtskreis. Die Sperrzeiten stiegen im SGB III-Bereich von 526.911 2006 auf 843.071 2009. Die im SGB II-Bereich verhängten Sanktionen waren im Zeitraum von 2007 (784.385) bis 2009 (732.648) relativ konstant. Der größte Anteil wurde für Meldeversäumnisse, Weigerung eine zumutbare Arbeit, Ausbildung oder Arbeitsgelegenheit fortzuführen und Verletzung der Pflichten aus der Eingliederungsvereinbarung verhängt (vgl. Deutscher Bundestag 2010). Männer wurden im SGB II-Bereich im Zeitraum 2007–2017 häufiger sanktioniert als Frauen und unter 25-jährige wesentlich häufiger als über 55-jährige Erwerbslose (vgl. Bundesagentur für Arbeit 2017).

Workfare im Sinne eines Arbeitszwangs bekam mit den Arbeitsgelegenheiten mit Mehraufwandsentschädigung (Ein-Euro-Jobs) seit Hartz IV ein starkes Gewicht im arbeitsmarktpolitischen Instrumentarium. Diese verpflichten zur Aufnahme einer unentgeltlichen Arbeit während des Leistungsbezugs – also nicht Arbeit *statt* ALG II, sondern Arbeit *für* ALG II. Die Ein-Euro-Jobs wurden wesentlich häufiger eingesetzt als ABM, SAM oder die Arbeitsgelegenheit in der Entgeltvariante. Im Juli 2008 wurden 40.400 ABM-Stellen verzeichnet gegenüber 325.800 Arbeitsgelegenheiten, bei denen die Mehraufwandsvariante mit 94% gegenüber 6% in der auch möglichen Entgeltvariante dominiert (vgl. Bundesagentur für Arbeit 2008). Die Arbeitsgelegenheiten sind das häufigste Instrument mit etwa 300.000 Teilnehmenden im Jahresdurchschnitt. 2006 und 2007 waren es sogar 800.000 (vgl. Oschmiansky/Ebach 2012: 97).

Den Realitäten im SGB II-Rechtskreis stehen die postulierten Ziele der Eigenverantwortung und der Steigerung der Beschäftigungsfähigkeit gegenüber, so etwa im Hartz-Evaluationsbericht von 2006. „Die Erhöhung der Chance auf Integration in Erwerbsarbeit und die Verbesserung der Beschäftigungsfähigkeit sind wesentliche Ansätze zur Stärkung individueller Autonomie und fördern zugleich die politische und gesellschaftliche Teilhabe der Bürgerinnen und Bürger" (Deutscher Bundestag 2006: 12ff.).

Eine Weiterbildungskampagne der BA bildete 2008 eine Frau im Schneidersitz ab, die in einer Lagerhalle mit einem Laptop auf dem Schoß und Schmetterlingsflügeln am Rücken sitzt. Hierzu lautete der Slogan: „Sie entwickelt gerade das wichtigste Tool für die Zukunft: sich selbst. Die Bundesagentur für Arbeit geht in die Qualifizierungsoffensive. Gehen Sie mit!" (vgl. Dusse/Meyer 2011: 89). Das Kampagnenfoto verbildlicht den Kern des arbeitsmarktpolitischen Diskurses der EBS und Flexicurity. Das Subjekt wird dazu angehalten, sich weiterzubilden und das Berufsleben als permanente Metamorphose zu begreifen, um sich für die nächste Arbeitsstelle als qualifiziert zu entpuppen. Man kommt nicht mehr im Berufsleben an, sondern schwärmt umher.

2.5.5 Spaltungslinien: Arbeitslosengeld I und II

Die Spaltungslinien, die sich in der Trennung zwischen Fürsorgesystem und der Arbeitslosenversicherung zeigen, ziehen sich wie ein roter Faden durch die Geschichte der Arbeitsmarktpolitik. Durch die Teilung in den Regelkreis des SGB II und SGB III und einen schnelleren Übertritt von der Arbeitslosenversicherung in das Fürsorgesystem der Grundsicherung haben sich die Spaltungslinien verschärft (vgl. Butterwegge 2015). Die Selbstverwaltung der BA ist auf den Regelkreis des SGB

III gerichtet. Die gewerkschaftlichen Proteste hinsichtlich der Hartz-Reformen konzentrierten sich auf die Zusammenlegung von Arbeitslosen- und Sozialhilfe, durch die die ehemaligen Arbeitslosenhilfebezieher*innen vom Versicherungs- in das Fürsorgesystem wechseln mussten. Das Argument der Leistungsgerechtigkeit stand hierbei im Mittelpunkt. Es sei ungerecht, nach so vielen Beitragsjahren nach so kurzer Zeit nunmehr einen der Sozialhilfe entsprechenden Betrag zu erhalten (siehe 2.5.3).

Der DGB setzt sich dafür ein, schrittweise Gruppen aus dem SGB II- wieder in den SGB III-Regelkreis zu überführen auch wenn sie länger als 12 Monate arbeitslos sind. Der Wechsel der Betreuungssituation beim Übertritt in das SGB II wird kritisiert. Die Selbstverwaltung sei durch die Hartz III-Reform kastriert worden und der Einfluss auf den SGB II-Bereich durch die Reform äußerst gering. Die Zielvereinbarungen für den Hartz IV-Bereich werden dem Verwaltungsrat nicht zur Kenntnis vorgelegt. Es habe sich ein Zweiklassensystem der Arbeitsverwaltung entwickelt (vgl. Interview DGB 2009). Die BDA vertritt die Meinung, die BA solle möglichst nur für die Arbeitslosenversicherung zuständig sein und der Beitrag der einzahlenden Unternehmen solle möglichst niedrig gehalten werden (vgl. BDA 2007: 11f.).

Die Arbeitslosen verteilen sich zu einem Drittel auf die Arbeitslosenversicherung und zwei Drittel auf die Grundsicherung. Im Gegegensatz zum Hartzschen Postulat der Hilfe aus einer Hand haben sich die Fördermöglichkeiten weiter ausdifferenziert. Zum Beispiel wurde der Existenzgründungszuschuss nicht mehr für das SGB II gewährt. Die Handlungsprogramme haben trotz einer formalen Angleichung der Rahmenbedingungen für die Vermittlung die Möglichkeiten für bestimmte Gruppen eingeschränkt. Sie „schaffen durch ihre Standards formal größere Gleichbehandlung, verschärfen aber – aufgrund ihrer geschäftspolitischen Formulierung – insgesamt die soziale Ungleichheit“ (Schütz 2008: 237).

Aus gleichstellungspolitischer Sicht haben die Hartz-Gesetze zu einer Verstetigung geschlechtsspezifischer Arbeitssegregation geführt, obwohl das Gleichstellungsziel im SGB II wie im SGB III verankert wurde (vgl. Rudolph 2007; Jaehrling 2010; Worthmann 2010). Hierzu tragen u.a. die von der BA nach Vorgaben des BMAS aufgestellten Geschäftsziele bei, die 2010 die Verringerung der Hilfebedürftigkeit, die Verbesserung der Integration in Erwerbstätigkeit und die Vermeidung des Langzeitbezugs priorisierten und vorrangig den Arbeitsalltag der Vermittlung bestimmen. Männer werden häufiger in sozialversicherungspflichtige Beschäftigung vermittelt, während die Vermittlung von Frauen in prekäre und geringfügige Beschäftigung wie Minijobs die geschlechterhierarchische Strukturierung des Arbeitsmarktes weiter verstärkt (vgl. Worthmann 2010: 108). „In der Konkurrenz zwischen den Zielen unterliegt das langfristige Ziel der Gleichstellung den kurzfristigen Geschäftszielen“ (ebd.: 109). Auch das Konstrukt der Bedarfsgemeinschaft benachteiligt Frauen, die wegen des Einkommens des Partners häufig aus dem Leistungsbezug fallen und dadurch keinen Zugang zur Arbeitsförderung haben (vgl. ebd.: 114). Rudolph (2007:

122f.) zufolge behindert der individualisierende Ansatz des SGB II das Gender Mainstreaming. Die geschlechtsspezifischen Rollenbilder hätten sich durch Hartz IV eher verstärkt.

Menschen mit Migrationshintergrund sind in Deutschland überproportional oft von Arbeitslosigkeit betroffen. Seit 2005 stieg die Zahl der geringfügig beschäftigten Migrant*innen während ihre sozialversicherungspflichtige Beschäftigung fiel. Die Beschäftigung ist vor allem im verarbeitenden Gewerbe und im Gastgewerbe stark. In Einstellungsverfahren werden sie gegenüber Bewerber*innen mit deutscher Staatsbürgerschaft deutlich benachteiligt. Selbst im Niedriglohnsektor hat es einen Verdrängungswettbewerb gegeben seitdem dieser im Zuge der Gesetzgebungen ausgeweitet wurde. Insbesondere Berufsübergänge von der Ausbildung in die ersten Arbeitsstellen und die Nichtanerkennung nicht-deutscher Bildungsabschlüsse erweisen sich als Hemmschuh. Migrant*innen wurden seltener als Deutsche in Fördermaßnahmen integriert (vgl. Tießler-Marenda 2007: 219ff.). Tießler-Marenda (2007: 229) bilanziert: „Für Menschen mit Migrationshintergrund bleiben oft – wenn überhaupt – nur die schlecht bezahlten und wenig qualifizierten Tätigkeiten im Dienstleistungsbereich und verarbeitenden Gewerbe." Das Ausländerrecht behindert die Arbeitsmarktperspektiven vieler Migrant*innen und bildet noch eine weitere hierarchische Ebene in der Arbeitsmarktpolitik. So bekommen Geduldete, Geflüchtete und Asylbewerber*innen keine Leistungen nach dem SGB II, sondern nach dem Asylbewerberleistungsgesetz und haben deswegen auch keinen Zugang zu Qualifizierungs- und Vermittlungsleistungen. Nach dem Ende der Ansprüche auf ALG I, die durch eine reguläre Erwerbstätigkeit erworben wurden, ergibt sich kein Anspruch auf ALG II, sondern nur ein Anspruch auf Leistungen des Asylbewerberleistungsgesetzes mit im Vergleich zum SGB II noch erheblich größeren Restriktionen, z.B. der Residenzpflicht, die durch ihre Mobilitätseinschränkung wiederum die Arbeitsmarktperspektive einschränkt (vgl. Tießler-Marenda 2007: 230f.).

Mit den massiv ausgeweiteten Arbeitsgelegenheiten, mit den strengeren Sanktionsmechanismen und der verkürzten Bezugsdauer wurden die Spaltungslinien verschärft und nach unten abgesenkt. Durch die Förderung prekärer Beschäftigungsformen wie Mini- und Midijobs, Leiharbeit und Ich-AGs hat sich auch der Arbeitsmarkt weiter gespalten und für viele Menschen zu einer Abwärtsspirale geführt (vgl. hierzu Butterwegge 2006, 2015). Die Chiffre Hartz IV wurde zum Sozialdisziplinierungsinstrument, das weit in die besser gestellten Gefilde des Arbeitsmarktes hineinreicht. So wurde ein flexibles Arbeitsmarktregime etabliert, das Prekarität normalisiert hat.

2.5.6 Prekäre Beschäftigung im flexiblen Arbeitsmarktregime

Schon 1990 sah Friedel in einer Untersuchung zu Gewerkschaften im Postfordismus die Tendenz, dass neben den Kernbelegschaften der Rationalisierungsgewinner eine Ausweitung dequalifizierter Beschäftigung stattfinde:

> „Neben dieser qualifizierten und relativ autonomen Kernbelegschaft wird es aber auch weiterhin taylorisierte und dequalifizierte Massenarbeit in Gestalt von 'peripheren' und flexibilisierten Arbeitsverhältnissen, Teilzeit-, Heim- und Leiharbeit geben, und sie wird sich sogar noch ausdehnen. Diese Strategie extremer Spaltung gefährdet die betriebliche Basis der Gewerkschaften, und verstärkt betriebssyndikalistische Tendenzen. [...] Diese Herausbildung peripherer Lohnarbeit innerhalb der Kernsektoren scheint die bereits in der fordistischen Phase angelegte Dualisierungs- und Spaltungstendenz entscheidend zu vertiefen und damit eine Art 'neuer Klassenspaltung' hervorzubringen." (Friedel 1990: 210)

Die Arbeitsverhältnisse wurden zwar schon seit den 1980er Jahren flexibilisiert, aber seit den 1990er Jahren haben prekäre Beschäftigungsverhältnisse massiv zugenommen. Die Hartz-Gesetze haben zu einer Erhöhung der Beschäftigung vor allem im Niedriglohnbereich geführt (vgl. Alber/Heisig 2011: 4). 2009 waren ohne Teilzeitarbeit 37,1% atypisch beschäftigt (vgl. Keller/Seifert 2011). Die Befristungen stiegen zwischen 1990 und 2006 von 7,5 auf 10,8% (vgl. ebd.). Auf atypische Beschäftigung wird in unterschiedlichen Betriebgsgrößen und Branchen unterschiedlich zurückgegriffen. So dominiert z.B. Leiharbeit in Großbetrieben des verarbeitenden Gewerbes als Anpassungsinstrument an wechselnde Auftragslagen. Demgegenüber bedienen sich der öffentliche Dienst, die Landwirtschaft und der Servicebereich häufiger Befristungen. Freelancer werden besonders oft in kleinen Dienstleistungsunternehmen eingestellt und auch geringfügig Beschäftigte, Aushilfen und Praktikanten werden häufig in Kleinunternehmen des Agrar- und Servicesektors nachgefragt (vgl. Hohendanner/Bellmann 2007: 33-35). Differenziert nach Branchen ergibt sich folgendes Bild: Im Bereich Erziehung und Unterricht (12,7%), in der Gastronomie (10%) und im Gesundheits- und Sozialwesen (8,8%) wird häufig auf Befristungen zurückgegriffen. Frauen (7,6% gegenüber 6,5% der Männer) und Jugendliche bis 24 Jahre (über 20%) sind überproportional betroffen. Bei Migrant*innen liegt der Anteil sogar doppelt so hoch. Die Obergrenze der Laufzeit eines befristeten Vertrags liegt bei insgesamt zwei Jahren, wobei im Sicherheitsgewerbe tarifvertraglich eine Höchstlaufzeit von 42 Monaten möglich ist (vgl. Deutscher Bundestag 2017).

Die Wirtschafts- und Finanzkrise ab 2008 führte nicht zu Massenentlassungen, aber die von der Krise betroffenen Betriebe nutzten andere Möglichkeiten des Beschäftigungsabbaus: 25% der Betriebe ließen befristete Verträge auslaufen, 19% nutzten Auflösungsverträge, 14% übernahmen Auszubildende nicht und 20% kündigten Beschäftigten (Doppelnennungen möglich). 24% aller Betriebe entließen Leiharbeiter*innen und in 28% aller Betriebe kam es zu einem Abbau der regulär Beschäftigten (vgl. Bogedan/Brehmer/Herzog-Stein 2009: 6ff.). Nicht nur die Leiharbeit, sondern auch andere atypische Formen des Arbeitsvertrags wie der Ausbildungsvertrag und das befristete Beschäftigungsverhältnis trugen zum Beschäftigungsabbau bei (vgl. ebd.). Die Löhne in der Exportwirtschaft konnten gehalten werden, während die Löhne im Niedriglohnbereich weiter absanken (vgl. Dörre u.a. 2013: 351).

Die Zahl atypisch Beschäftigter variiert nach einbezogenen Personenkreis. Obwohl die konsolidierte Zeitreihe des Statistischen Bundesamtes z.B. Rentner, Auszubildende, Studierende und Selbstständige ausklammert, belaufen sich atypische Beschäftigungsverhältnisse hiernach auf etwa ein Viertel der Beschäftigten, wobei 2011 Frauen mit 35% deutlich stärker betroffen waren als Männer (15%). 2012 betrug laut IAB-Betriebspanel der Anteil von Befristungen an den Neueinstellungen 44% (vgl. Knuth 2014: 40f.; 47). Knuth bilanziert, dass der Arbeitsmarkt nach Herkunft gespalten sei und die atypischen Beschäftigungsformen spezifische Ausmaße bei den Arbeitsmarktgruppen bilden. Jedoch: „Mit Ausnahme männlicher Facharbeiter in mittlerem Alter bleibt kaum eine dieser sozio-demographisch unterscheidbaren Gruppen von besonderen Betroffenheiten durch die eine oder andere atypische Erwerbsform verschont" (ebd.: 52).

Seit Mitte der 1990er Jahre sind Niedriglöhne häufiger geworden. Migrant*innen ohne deutsche Staatsbürgerschaft[55] arbeiten deutlich öfter in atypischen Beschäftigungsverhältnissen als deutsche Staatsbürger. Das Niedriglohnrisiko lag bei Beschäftigten ohne deutschen Pass höher (35% gegenüber 23,3%) (vgl. Knuth 2014: 52f.). Frauen arbeiten überdurchschnittlich oft in prekären Beschäftigungsverhältnissen wie Minijobs und hatten 2011 einen Niedriglohnanteil von 62,5%. Mit zunehmenden Alter klafft die Schere zwischen den niedriglohnbeziehenden Beschäftigten entlang der Kategorie Geschlecht immer weiter auseinander, wobei jüngere und ältere Beschäftigte ein höheres Niedriglohnrisiko haben als mittlere Jahrgänge. Auch Befristungen steigern das Risiko eines Niedriglohns. Der Niedriglohnanteil lag 2011 bei 23,9%, wobei die Schwelle bei 9,14 € die Stunde angesetzt wurde (vgl. George 2015: 183ff.). Hauer wies schon 2004 darauf hin, dass Niedriglöhne „im Herzen des Normalarbeitsverhältnisses angekommen" seien, wozu auch die gewerkschaftliche Tarifpolitik beigetragen habe (vgl. Hauer 2004: 1479). Die Prekarisierung resultiert darin, so Dörre/Lehmann/Scherschel 2009 (48), „dass die Stammbeschäftigten ihre Festanstellung als Privileg empfinden, das es mit Zähnen und Klauen zu verteidigen gilt. Auch die Mobilisierung von Ressentiments gegen andere, weniger Leistungsfähige, Arbeitslose und Arme kann dafür ein Mittel sein." Hürtgen begreift die Abwehrhaltung der Beschäftigten gegenüber prekär Beschäftigten als Kampf um

55 Da hierbei nur die Staatsbürgerschaft erfasst wird, liegt der Anteil benachteiligter Migrant*innen wahrscheinlich höher.

die Normalität ihrer eigenen Arbeitsverhältnisse. Die „regressive Form dieser Abwehr", die eben nicht in einer Solidarisierung mit den Prekären, sondern in deren Ausgrenzung mündet, sei „selbst Ausdruck der tiefen und langanhaltenden Krisenentwicklung" (Hürtgen 2017: 34). Hierbei weist sie auf den Widerspruch hin, dass in der gewerkschaftlichen Debatte offiziell an guten Arbeitsstandards festgehalten, während gleichzeitig deren Erosion nicht aufgehalten wurde.

2.5.7 Arbeitsmarktpolitik als Markt

Neben der stärkeren Kommodifizierung der Arbeitskraft über schärfere Arbeitsmarktkonkurrenz und Kontrollen in der Arbeitsvermittlung ist Arbeitsmarktpolitik selbst an Wirtschaftlichkeitskriterien ausgerichtet worden und in ein hybrides Netzwerk aus öffentlichen und privaten Dienstleistungen eingebunden, die zu einem wachsenden Markt geworden sind. Nach den an Profitabilität orientierten Kosten-/Nutzenkalkulationen privater Anbieter werden auch die internen Prozesse der BA und der ARGEn zunehmend organisiert, was sich auf die Arbeitsvermittlung und den Umgang mit den Arbeitslosen auswirkt (vgl. hierzu u.a. Schütz 2008; Ludwig-Mayerhofer/Behrend/Sondermann 2009; Lessenich 2012).

Die BA stellt in ihrem Geschäftsbericht für 2015 heraus, dass sie mit dem Cost-Center-Modell der internen Beratung SGB II, die einen Umsatz von 4,3 Mio. Euro erzielt hat, eine Vorreiterin im öffentlichen Dienst in Bezug auf unternehmerisches Denken und Handeln sei (vgl. Bundesagentur für Arbeit 2016: 64f.). Arbeitsmarktdienstleistungen werden entsprechend internationaler Entwicklungen seit 2004 über die „zentrale Einkaufsorganisation" mit sieben regionalen „Einkaufszentren" von externen Anbietern eingekauft, zum Beispiel Trainings- und Eingliederungsmaßnahmen (vgl. Schütz 2008: 97). Zwar reduzierte sich 2008–2013 das Gesamtvolumen der beauftragten Arbeitsmarktdienstleistungen, aber der Anteil der wettbewerblich oder über Gutscheine organisierten Dienstleistungen wuchs deutlich (vgl. Knuth 2018: 352).

Als die Landesarbeitsämter in Regionaldirektionen umbenannt wurden, übernahmen sie Steuerungs- und Controllingaufgaben für die lokalen Arbeitsagenturen. Im Zuge der Umstrukturierung sollte das Personal um ein Drittel reduziert werden (vgl. Jann/Schmid, G. 2004: 104). Die Umgestaltung der BA trug deutliche Züge der Empfehlungen der Unternehmensberatungen, was sich in betriebswirtschaftlichen Steuerungskonzepten widerspiegelt, die am *management by objectives* orientiert sind. Die BA selbst erhob 2003 in einer Broschüre das Controlling zum „Angelpunkt aller Geschäftsprozesse" und zur „Sprache der Organisation" (vgl. Schütz 2012: 237). Während Vaut (2004: 63) beschreibt, wie aus dem Controlling und Kontraktmanagement größere Handlungsspielräume erwachsen, sieht Schütz diese gerade für die dezentrale Ebene durch die Organisationsreform geschwächt: „In der Vermittlung bestimmen

Kundengruppensegmentierung und Handlungsprogramme die Praxis und verengen die Handlungsmöglichkeiten der Vermittler auf standardisierte Lösungen, welche die Vielfalt an individuellen Problemlagen und Beratungsbedarfen nicht eindeutig abdecken können" (Schütz 2012: 242).

2.6 Reskalierung der Arbeitsmarktpolitik und skalare Strategien der Akteure

2.6.1 Die Rolle der Europäischen Union

Wie haben die EU und die EBS die Arbeitsmarktpolitik in Deutschland beeinflusst? An diesem Punkt differieren die Analysen. Das IAB konstatiert, dass die EBS Einfluss im Bereich des aktivierenden Ansatzes und des Gender Mainstreamings hatte (IAB 2003: 1). Die arbeitsmarktpolitische Elite bewegt sich im europäischen Kontext (vgl. Büchs/Friedrich 2005: 279). Der arbeitsmarktpolitische Diskurs sei "'silently' been framed by the welfare-to-work dimension of the EES in recent years, which might have sped up the pace of labour market policy changes in Germany, which now increasingly incorporates such neo-liberal elements" (ebd.). Ostheim/Zohlnhöfer (2002: 5) zufolge habe die EU-Ebene punktuelle Auswirkungen gehabt. Die rot-grüne Regierung hätte die beschäftigungspolitischen Leitlinien stärker als ihre Vorgängerin berücksichtigt. Nach Wolfswinkler (2006: 44) lief die Politiklogik der EBS auf eine mit einem staatsinterventionistischen Ansatz verknüpfte Kommodifizierung vormals geschützter Bereiche hinaus und „der europäische Wissenspool" sei „definitiv ein relevanter Faktor in der Politikvorbereitung" (ebd. 276). Die arbeitsmarktpolitischen Leitbilder hätten sich über die weichen Verfahren der EBS verbreitet (vgl. ebd. 279).

Ein Mitarbeiter der Abteilung Grundsatzfragen der Arbeitsmarktpolitik des BMAS stufte demgegenüber in einem Expert*inneninterview von 2008 den Einfluss der EBS gering ein. In der Anfangsphase 1998 habe man der Berichterstattung mehr Bedeutung beigemessen, nun sei es eher Routine (vgl. Interview BMAS 2008). Auch ein Mitarbeiter der Abteilung Arbeitsmarktpolitik des DGB Bundesvorstandes sieht eher eine strategische Nutzung der EBS, um Regierungsvorhaben zu untermauern und geht davon aus, dass sich die Gesetzgebung auch ohne die EBS so entwickelt hätte und diese höchstens verstärkt habe (vgl. Interview DGB 2009). Viele Austauschprozesse und gegenseitige Informationsbesuche finden zwischen den Arbeitsmarktverwaltungen in der EU und der BA statt, aber diese schärften auch den Blick für die historisch gewachsenen Institutionen (vgl. Interview BA 2008). Auch wenn sich einzelne Einflussfaktoren der EBS schwer nachweisen lassen, die Empfehlungen des Rates zur Durchführung der Beschäftigungspolitik der Mitgliedsstaaten von 2003 heben die Agenda 2010 positiv hervor. Die Leitlinien forderten die Abschaffung „regulatorischer Schranken" von Beschäftigungshemmnissen, die Flexibilisierung der

Arbeitsorganisation, eine schnelle Umsetzung der arbeitsrechtlichen Änderungen der Agenda 2010, Anreize zur Arbeitsaufnahme und eine konsequente Umsetzung der Verpflichtung zur aktiven Arbeitssuche (vgl. 2003/579/EG, ABlEU 2003, L197/24).

Ein Mitarbeiter der BDA wies darauf hin, dass ihre Positionen erfolgreich in die Flexicurity-Mitteilung der EU-Kommission eingeflossen seien. Der für Internationales zuständige Mitarbeiter schilderte, dass man mehr oder weniger ex-post Ergebnisse der Bundespolitik in den Nationalen Reformprogrammen der EBS an Brüssel berichte, ohne dass die Empfehlungen ex-ante explizit in Entscheidungen eingeflossen seien (vgl. Interview BDA 2008). Die europäische Arbeitsmarktanalyse hätte „weitreichende Formulierungen auch gebracht, die man auf deutscher Ebene so nicht mit den Gewerkschaften hinbekommen hätte. Das muss man ehrlich sagen. Von daher sind wir ja auch sehr aktiv und sehr engagiert" (Interview BDA 2008).

Während die Arbeitgeber strategisch auf die europäische Scale zurückgreifen, zeigt sich bei den Gewerkschaften ein ambivalenteres Bild. Auf der einen Seite stützen sie sich auf das Postulat eines Sozialen Europas, auf der anderen Seite haben sie unter der Voraussetzung der Forderung, die soziale Dimension Europas aufzuwerten, den neoliberalen Integrationsprojekten Binnenmarkt und Währungsunion grundsätzlich zugestimmt. Die Ambivalenz zeigt sich auch zwischen proeuropäischen Spitzenfunktionären und europakritischer Basis, die ihre Gründe auch in realen Verschlechterungen im arbeits- und sozialpolitischen Bereich hatte (vgl. Schulten 2005: 17-33). Schreiner und Karras zufolge entstehe ein Soziales Europa nicht durch Appelle. Die europäische Scale werde immer wichtiger: „Auf nationaler Ebene allein kann das Soziale nicht mehr gelingen" (Schreiner/Karras 2009: 201). Sie schlagen die Einführung sozialer Konvergenzkriterien und Mindesstandards vor (vgl. ebd.).

Europabefürworter wie der DGB Vorsitzende und frühere stellvertretende EGB Vorsitzende Reiner Hoffmann, ein Fürsprecher der Großen Koalition auf dem SPD-Parteitag im Januar 2018[56], mahnen zwar die Unterbelichtung des Sozialen Europas an. Doch „eine rein ökonomische Bewertung des Integrationsprozesses fällt durchaus positiv aus. Die Realisierung des Binnenmarktes und der Währungsunion, aber auch die Wettbewerbsfähigkeit der europäischen Unternehmen auf den Weltmärkten sind hierfür Belege" (Hoffmann 2011: 131). Gleichzeitig warnt er vor einer in seinen Augen zu „platten Kapitalismuskritik" und sieht „andere Herausforderungen als nur das Klagelied der Vorherrschaft des Neoliberalismus anzustimmen" (vgl. ebd.: 134). Er plädiert für eine koordinierte Tarifpolitik, die Aufwertung der EBR und des Sozialdialogs und kritisiert die Lohnsenkungsspirale, die die European Governance in Gang gesetzt hat (vgl. ebd. 144-147).

---

56 Siehe SPD-Bundesparteitag vom 21. Januar 2018, Rede von Reiner Hoffmann. Abrufbar unter: https://youtube.com/watch?v=bsuZFs98jNI, zuletzt überprüft am 3. Juni 2018.

Der interviewte Mitarbeiter des DGB Bundesvorstandes berichtet, dass man in den nationalen Beratungsprozess zu den Fortschrittsberichten der Reformprogramme eingebunden ist, aber die Eingaben zur EBS und die Koordinierung über den EGB läuft. Man habe nicht den Anspruch, Positionen direkt in Brüssel durchzusetzen. Auf der nationalen Scale ist der DGB in parlamentarische Konsultationsprozesse, Regierungslobbying und die Selbstverwaltung eingebunden (vgl. Interview DGB 2009). Eine Stellungnahme von 2006 kritisiert die Lissabonstrategie: „Der DGB erachtet die seit der Neuausrichtung der Lissabon-Strategie noch verschärfte Tendenz zur Steigerung der Wettbewerbsfähigkeit nicht als geeignet zur Lösung des Wachstums- und Beschäftigungsproblems in Europa" (DGB Bundesvorstand 2006). Ver.di nimmt Fragestellungen der EBS und arbeitsrechtlicher Verordnungen auf, aber die grundsätzliche internationale Arbeit und das Netzwerken übernimmt der Bereich Internationales von ver.di und der DGB, die dem Ressort Sozialpolitik zuspielen (vgl. Interview ver.di 2008). Der interviewte Referent im IG Metall Bundesvorstand geht von einer Relevanz der Lissabon-Strategie und der EBS auf die nationale Arbeitsmarktpolitik aus. Die Hartz-Kommission sei kein nationaler Zufall gewesen und man könne von einem wechselseitigen Beeinflussungsprozess ausgehen (vgl. Interview IG Metall 2009). In der subjektiven Erfahrungswelt der Kolleg*innen sei Europa weit weg. Der Europäische Metallarbeiterverband habe niedrigere Ressourcen als jede IG Metall Verwaltungsstelle. Ein europapolitisches Memorandum unter Jürgen Peters habe auch sozialstaatliche Fragen behandelt, aber weniger konkret die EBS. Bei der Dienstleistungs- und der Hafenrichtlinie sei es konkreter geworden. Die proeuropäische Haltung der Gewerkschaften sei angesichts der Deregulierung kritischer geworden. Der Interviewte sprach sich für eine europäische Mobilisierung gegen Maßnahmen wie die Rente mit 67 aus. Er macht aber deutlich, dass die Auseinandersetzungen der unterschiedlichen Ebenen ineinandergreifen. Eine Kritik der Gewerkschaften an der EU-Politik bei grundsätzlicher Befürwortung der Europäisierung wäre ein „neues Herangehen". Ein Politikwechsel innerhalb der Gewerkschaften sei auch mit den parteipolitischen Auseinandersetzungen verwoben (vgl. Interview IG Metall 2009). Der Vertreter der IG BCE sieht wenig Berührungspunkte zwischen der europäischen Ebene und seinem Arbeitsbereich. Initiativen wie die Flexicurity-Mitteilung werden im Grundsatzbereich behandelt. Bei der Industriepolitik sei es schwierig, gemeinsame Grundlagen zu erarbeiten (vgl. Interview IG BCE 2008).

2.6.2 Dezentralisierung

Die Kompetenzen der kommunalen Ebene wurden mit der Zusammenlegung von Arbeitslosen- und Sozialhilfe erweitert (vgl. Hans-Böckler-Stiftung 2006: 57ff.). Hartz IV führte zu einer partiellen Dezentralisierung der Arbeitsverwaltung durch die Organisationsformen der ARGEn, Optionskommunen und getrennten Trägerschaften (vgl. Kaps 2012). Die Organisationskonstrukte im Hartz IV-System haben einerseits zu Kompetenzüberschneidungen und Unübersichtlichkeit geführt, andererseits ein zentral gesteuertes Controllingsystem eingeführt. Der Einfluss der Tarifparteien wurde eingeschränkt, denn die Selbstverwaltungsstrukturen der BA gelten nur für den SGB III-Bereich. Durch die vielen Wechsel in den SGB II-Rechtskreis mit Hartz IV, hat sich der Einfluss deutlich verringert. In den Optionskommunen ist die Unübersichtlichkeit noch größer und der Einfluss noch geringer (vgl. Interview DGB 2009).

Das zentralistische Modell der BA führt trotzdem noch immer zu einer vergleichsweisen einheitlichen Umsetzung der Arbeitsmarktpolitik auf der Prozessebene durch Monitoring, Zielvorgaben, Quotenregelungen und Evaluationen. Der Vermittlungs- und Aktivierungsprozess wird eng abgestimmt und überwacht. Die Instrumente wurden aufgrund der Ausrichtung an Wirtschaftlichkeit und Wirksamkeit eingeschränkt (vgl. Schütz 2012). Zielvereinbarungen gewannen an Bedeutung, z.B. zwischen dem BMAS und der BA für den SGB II-Bereich hinsichtlich der Reduzierung passiver Leistungen und der Integration in Erwerbstätigkeit (vgl. BMAS/BA 2008). Die befragten Gewerkschaften kritisierten die Dezentralisierung, wohingegen die BDA eine Mischung aus Dezentralisierung und Europäisierung befürwortet (vgl. Interview ver.di 2008; Interview BCE 2008; Interview BDA 2008).

2.7 Zusammenfassung Deutschland

In der Fordismuskrise der 1970er Jahre wurden die Gewerkschaften in krisenkorporatistische Strategien des exportorientierten „Modell Deutschlands“ eingebunden (vgl. Esser 1982). Durch die Einbindung von Teilen der Arbeiter*innenklasse über die Gewerkschaften in wettbewerbskorporatistische Strategien seit den 1980er Jahren (Bispinck/Schulten 1999) und Klassenfraktionierungen durch die Flexibilisierung verschoben sich die Kräfteverhältnisse zugunsten der Kapitalseite. Die Flexibilisierung begann z.B. mit dem größten tarifpolitischen Erfolg der IG Metall der 1980er Jahre, der 35-Stundenwoche.

Nachdem zunächst Deregulierungen der Kohl-Regierung mit dem Regierungsantritt von Rot-Grün zurückgenommen wurden, folgten seit Anfang der 2000er Jahre unter der Regierung Schröder die größten arbeitsmarktpolitischen Einschnitte, die sich in der Chiffre Hartz IV verdichteten. Die Spaltungslinien innerhalb des Arbeitsmarktsystems wurden durch die Trennung in den SGB II- und SGB III-Regelkreis vertieft. Das flexible Arbeitsmarktregime wurde durch die rot-grünen Reformen ausgeweitet und die Prekarisierung der Beschäftigungsverhältnisse verschärften die Klassenspaltungen und verschoben die Kräfteverhältnisse weiter zu Gunsten der Kapitalseite. Auch die erneute krisenkorporatistische Einbindung der Gewerkschaften der exportorientierten Branchen in der Krise ab 2008 forcierte diesen Prozess. Große Proteste und Konflikte ließen auch deshalb auf sich warten, weil die Gewerkschaften bezüglich der rot-grünen Reformen gespalten waren und sich zunächst dem Aktivierungsdiskurs anschlossen. Die Flexibilisierung der Beschäftigungsverhältnisse wurde akzeptiert, z.B. im DGB-Grundsatzprogramm 1996, und die regulierte Flexibilisierung sowie ein bildungszentrierter Aktivierungsansatz wurden befürwortet, der Beschäftigungsübergänge vereinfachen sollte.

Einzelne Teile der politischen Linken und der Gewerkschaften verorten sich immer noch im nationalen Wohlfahrtsstaatsprojekt des Fordismus, während sich ein pro-europäisch soziales Projekt trotz vieler Appelle an ein Soziales Europa noch nicht durchsetzen konnte. Die Kapitalseite konnte durch die Fragmentierung der Beschäftigungsverhältnisse und die verschärften Spaltungen der Arbeiter*innenklasse selbst an Stärke gewinnen, da der Arbeiter*innenklasse als einheitlicher Klasse sowohl rein materiell als auch als progressives Narrativ immer mehr der Boden und die Organisationsmöglichkeiten entzogen wurden. Die Gewerkschaften sind trotz zahlreicher Fusionen immer mehr Repräsentanten einzelner Klassenfraktionen, was sich auch in ihren teils konträren Positionen zu den rot-grünen Arbeitsmarktreformen gezeigt hat. Insofern stellt der *selektive Korporatismus* (Esser 1982) weiterhin eine wertvolle Analysefolie dar.

3. Italien

„Wenn wir wollen, daß alles bleibt wie es ist, dann ist nötig, daß alles sich verändert. Habe ich mich deutlich ausgedrückt?" (Tomasi di Lampedusa: Der Leopard 1959)

3.1 Italien in der vergleichenden Wohlfahrtsstaatsforschung

Esping-Andersen (1990, 1998) ordnete Italien dem konservativ-korporatistischen Wohlfahrtsregime zu. Wie in anderen südeuropäischen Wohlfahrtsstaaten haben erwerbsabhängige Transferleistungen in Italien eine größere Bedeutung als soziale Dienstleistungen (vgl. Ferrera 1996; Ostner/Saraceno 1998: 194ff.). Der italienische Sozialstaat privilegierte Normalarbeitsverhältnisse, ähnelte aber in seinem residualen Charakter eher dem liberalen Wohlfahrtsregime als konservativen wie der BRD. So erhielten 1986 nur 25% der Arbeitslosen überhaupt Transferleistungen. Die katholische Kirche spielte eine zentrale Rolle in der Wohlfahrt und war neben traditionellen Systemen der Hilfe auf Gegenseitigkeit für die Armenpolitik verantwortlich. Die Mindestsicherungen waren fragmentiert und partikular und Geld- und Dienstleistungen für Familien fielen sehr gering aus, z.B. Wohnungsbeihilfen (vgl. Ostner/Saraceno 1998). Während es auf nationaler Ebene keine Mindestsicherung gab, wurden sie örtlich selektiv eingeführt, so zum Beispiel 1978 in Turin, 1983 in Catania und 1989 in Mailand (vgl. Sacchi/Bastagli 2005: 87f.). Zur „Familiensubsidiarität pur" gesellte sich ein klientelistischer Partikularismus (vgl. Ostner/Saraceno 1998: 194ff.). Kategoriale Instrumente, z.B. Lohnersatzleistungen bei Arbeitslosigkeit und Kurzarbeit differieren nach Arbeitsvertragsform, Unternehmensgröße und Wirtschaftssektor.

Viele Autoren betonen den residualen Charakter des Sozialmodells. Vogel (2002: 229ff.) zufolge ist das südeuropäische „Welfare Production Model" durch eine niedrige Beschäftigungs- und Sozialleistungsquote und den großen Einfluss traditioneller familiärer Sicherungsnetze gekennzeichnet. Leibfried (1993) unterscheidet zwischen einem sozialdemokratischen, konservativen, liberalen und rudimentären Wohlfahrtsstaatstypus. Letzterem ordnet er Italien in Teilen zu, weil sich regionale Differenzen durch die räumlich ungleiche Entwicklung im Süden und Norden ergeben. Diese hatte schon Gramsci in seiner Schrift *La questione meridionale* kritisch aufgegriffen. Lessenich schließlich ergänzt Esping-Andersens drei Welten durch das postautoritäre Arbeitsmarktregime, das durch die Dichotomie von prekären und stabilen Beschäftigungsverhältnissen charakterisiert ist (vgl. Lessenich 1994). Einige seiner Überlegungen zum spanischen Wohlfahrtsstaat, die er auf Portugal, Griechenland und Teile Italiens überträgt, treffen auch auf Italien zu, insbesondere in Bezug auf die Prekarisierung von Beschäftigungsverhältnissen. Die dichotome Entwicklung war allerdings nicht nur eine Frage räumlicher Spaltungen. Die Prekarisierung von Beschäftigungsverhältnissen hat sich seit den 1990er Jahren, als sie sich vor allem auf die Schattenwirtschaft bezog, staatlich reguliert auch auf die nördlichen Regionen ausgebreitet. Scruggs/Allan haben in Bezug auf den Dekommodifizierungsindex Esping-Andersens (1990) die Einteilung Italiens in das konservative Regime anhand empirischer Daten überprüft und festgestellt, dass er bei der Arbeitslosenversicherung von einer zu hohen Deckungsrate ausgegangen ist. Italien fiele wegen der residualen Transferleistungen, die nur einen kleinen Teil der italienischen Industriearbeiterschaft abdeckten, nach Esping-Andersens eigener Analysemethode in die Gruppe der liberalen, residualen Wohlfahrtsstaaten (vgl. Scruggs/Allan 2006: 65f.).

3.2 Institutioneller Rahmen

Die Diskrepanz zwischen dem *paese legale* und dem *paese reale*, d.h. zwischen Gesetzgebung und Implementierung, muss bei der Analyse Italiens berücksichtigt werden. Zudem führt die von Klein- und Kleinstunternehmen geprägte Wirtschaft zu einer großen Informalität, was sich in einer hohen Bedeutung der Schattenwirtschaft und der Selbstständigkeit spiegelt (vgl. Ballarino 2006: 11). Die Mehrzahl der Stellen wird aufgrund persönlicher Empfehlungen besetzt, was die relativ geringe Relevanz der öffentlichen Arbeitsvermittlung zeigt (vgl. Reyneri 2017: 129f.).

Die Wirtschaftsstruktur ist räumlich fragmentiert. In den 1950er und 1960er Jahren zeigte sich dies vor allem in der Dichotomie zwischen dem industriellen Zentrum des Nordens und der süditalienischen Peripherie, im Dualismus zwischen großen und kleinen Betrieben und zwischen traditionellen und modernen Branchen. In den 1970er Jahren etablierte sich demgegenüber ein trialistischer Analyseansatz (vgl. Cattero 1989: 184). Bagnasco erkannte neben dem zentralen Gebiet der Großindustrie im industriellen Dreieck zwischen Turin, Mailand und Genua und dem marginalen, unterentwickelten Mezzogiorno ein peripheres Gebiet im Zentrum und Nordosten des Landes, das „Dritte Italien", das von Kleinbetrieben und einer „verstreuten Industrialisierung" geprägt war (vgl. Bagnasco 1977: 153ff.). Die Entwicklung hin zu einer von klein- und mittleren Unternehmen (KMU) dominierte Wirtschaft verstärkt sich auch in dem ehemaligen industriellen Dreieck, das sich inzwischen dem „Dritten Italien" angenähert hat. Demgegenüber nimmt der Nord-Süd-Dualismus weiter zu (vgl. Pugliese/Rebeggiani 2004).

3.2.1 Staatliche Struktur und Parteiensystem

Italien ist seit 1946 eine demokratische Republik. Das italienische Parlament besteht aus einem Zweikammersystem aus Abgeordnetenkammer und Senat, die beide gleichberechtigt den Gesetzesvorhaben zustimmen müssen. Prägend für das Parteiensystem der so genannten ersten Republik (1948–1994) war der *bipartismo imperfetto* (Galli 1975), d.h. ein unabgeschlossenes Zweiparteiensystem. Durch das politische Klima des Kalten Krieges war die größte kommunistische Partei Westeuropas, der Partito Comunista Italiano (PCI), de facto von der Regierung ausgeschlossen. Diese politische Linie wurde gefördert durch den Vatikan und die USA mischten sich in den ersten freien Wahlkampf der Nachkriegszeit 1948 ein, indem sie drohten, im Falle eines Wahlsiegs des Linksbündnisses unter Führung des PCI, Italien die Finanzmittel aus dem Marshallplan zu entziehen. Der knappe Wahlsieg der Christdemokraten (Democrazia Cristiana, DC) zementierte den *bipartismo imperfetto* (vgl. Gambino 1975: 479-496). Bis in die 1990er Jahre dominierte die DC die Regierung, teils als Mitte-links-Bündnis unter Teilnahme und schließlich auch Führung des PSI (Partito Socialista Italiano), der jedoch nie stärker als die DC wurde. Der christdemokratische Staat war nach Sablowski die Form, in der die Bourgeoisie unter den Bedingungen ihrer Heterogenität und Schwäche ihre Hegemonie realisieren konnte (vgl. Sablowski 1998: 54). Das unmittelbare Ziel des PCI war nach dem antifaschistischen Kampf die Durchsetzung der demokratischen Republik. Der PCI stufte einen direkten Übergang zum Sozialismus als unrealistisch ein und verfolgte eine kooperative Strategie gegenüber den katholischen Volkskräften, was die Mitarbeit an der italienischen Verfassung verdeutlicht (vgl. Sablowski 1998: 45; Togliatti 1976: 73ff.). Die partikularistisch-klientelistische Regulationsweise des italienischen Fordismus beruhte zunächst nicht auf einem Klassenkompromiss zwischen Lohnarbeit und Kapital, sondern auf Antagonismus und dem Ausschluss der organisierten Arbeiterklasse. Die Christdemokraten integrierten die Bauern und Mittelklassen in ihr Hegemonieprojekt (vgl. Sablowski 1998: 54). Auch der PCI verfolgte eine durch den Parteivorsitzenden Palmiro Togliatti durchgesetzte Bündnisstrategie mit dem Kleinbürgertum und den Bauern (vgl. Arrighetti/Seravilli 1997: 355f.).

Erschütterungen im Parteiensystem Anfang der 1990er Jahre führten zum Ende des *bipartismo imperfetto*. Diese Transformationen sind häufig als Übergang zur zweiten Republik interpretiert worden (vgl. Ferraris 1994; Ullrich 1995). Ministerpräsident Giuliano Amato wies in seiner Antrittsrede auf die tiefe politische Krise und die Gefahren für die Demokratie hin, die die Korruptionsskandale Anfang der 1990er Jahre mit sich führten (vgl. Amato 1992). In seine Amtszeit fielen die Enthüllungen des Mailänder Richterpools *mani pulite*, nach denen 1993 ca. ein Drittel der Parlamentarier unter Korruptionsverdacht standen (vgl. Der Spiegel 1993: 169). Die Enthüllungen waren jedoch nicht die eigentliche Ursache für den Zerfall der zentralen Parteien der ersten Republik. Frühere Korruptionsskandale hatten die Dominanz der Regierungsparteien bis zu diesem Zeitpunkt nicht ernsthaft in Frage gestellt (vgl. Pasquino 1993: 7; Hausmann 1997: 151). Der Zusammenbruch des Ostblocks änderte die Prämissen für die Parteien der Konstellation der Nachkriegszeit fundamental. Durch die Transformation des PCI wurde auch die Funktion der DC in Frage gestellt. Verschärft wurde ihre Konsenskrise durch die zunehmend engeren Verteilungsspielräume im Zuge der Wirtschaftskrise. Dadurch war der Klientelismus, auf den sich die Herrschaft der DC und auch zunehmend des PSI stützte, ernsthaft herausgefordert. Gleichzeitig bröckelte in den 1980er Jahren der „ideologische Kitt" der katholischen und der kommunistischen Subkultur ab. Diese Faktoren führten zum Zusammenbruch des alten Parteiensystems (vgl. Helms 1994: 29). Die politische Entwicklung Anfang der 1990er Jahre führte zur Neuformierung der Parteienlandschaft (vgl. Ferraris/Trautmann/Ullrich 1995; Pasquino/Mc Carthy 1993; Diamanti/Mannheimer 1994). Die drei dominierenden Parteien der Nachkriegsgeschichte Italiens, die DC, der PSI und der PCI lösten sich auf oder transformierten sich. Das hinterlassene Vakuum konnten die in den 1980er Jahren gegründete separatistische und chauvinistische Lega Nord und der in Alleanza Nazionale umbenannte MSI (Movimento Sociale Italiano), die Nachfolgepartei der alten faschistischen Partei Mussolinis, für sich nutzen. Als größter Gewinner der Wahlen 1994 ging jedoch Silvio Berlusconi mit seiner neuen Partei Forza Italia hervor (vgl. Hausmann 1997; Diamanti/Mannheimer 1994). Viele Regierungsmitglieder der Ära Berlusconi waren allerdings schon in der DC und dem PSI aktiv gewesen. Ohne Parteimitglied zu sein pflegte Berlusconi selbst enge Beziehungen zum PSI. Craxi, mit dem er eng befreundet war, hatte seinen wirtschaftlichen Aufstieg protegiert (vgl. Ruggeri/Guarino 1994: 60ff.). Die Wahlrechtsreform Anfang der 1990er Jahre führte zu einem bipolaren Parteiensystem.[57] 1996 bildete sich die erste Regierung unter Teilnahme des in PDS (heute Partito Democratico, PD) transformierten PCI unter der Mitte-links-Allianz „Ulivo" Romano Prodis. 1998 wurde Massimo D'Alema der erste Ministerpräsident, der aus dem ehemaligen PCI stammte.

Die jüngsten Erfolge der vom Komiker und Blogger Beppe Grillo initiierten Bewegung Movimento 5 Stelle (M5S) lassen sich auch auf eine immer noch bestehende Abneigung gegen die so genannte *partitocrazia* (Parteienherrschaft) zurückführen, die schon Berlusconi zu nutzen wusste. Dabei mischen sich zweierlei Chauvinismen im M5S: zum einen ein sexistischer, bei dem der alte Mann und sein Blog das Zentrum der Bewegung bilden, zum anderen ein rassistischer mit der Lega Nord kompatibler. So setzt sich der M5S für eine Begrenzung der Einwanderung und schnellere Asylverfahren ein. Die Immigration sei die größte Bankrotterklärung der Parteien, Dublin III habe Italien in das Flüchtlingslager Europas verwandelt und das Ziel der 5 Stelle sei „null Flüchtlingsboote" (*zero sbarchi*) (vgl. Ferrara/Movimento 5 Stelle Blog 2017). Grillo selbst zeigte sich offen gegenüber der Neonaziorganisation CasaPound. Auf die Frage eines ihrer Mitglieder zur Mitwirkung beim M5S antwortete er: „Warum denn nicht? Wir sind eine ökumenische Bewegung, d.h. universal. Wenn ein Junge

57 Das alte Parteiensystem wurde durch die permanente Regierungsteilnahme der DC dominiert, gleichzeitig gab es aber eine Fülle von Regierungsum- und -neubildungen. Nach einem Wahlrechtsreferendum ging man von einem reinen Verhältniswahlrecht zu einem überwiegend mehrheitswahlrechtlichen System über (zu drei Viertel).

von CasaPound gerne beim M5S mitmachen würde und die Voraussetzungen mitbrächte, dann soll er eintreten, immer vorausgesetzt dass er unsere Leitlinien und unsere Regeln achtet" (Fo/Casaleggio/Grillo 2013: 185f.; Übers. B.D.).

3.2.2 Arbeitsbeziehungen und die Regulierung des Lohnarbeitsverhältnisses

Die Arbeitsbeziehungen in Italien sind von der regionalen Heterogenität der sozioökonomischen Struktur geprägt. So unterschieden sich gewerkschaftliche Ansätze im hoch industrialisierten Nordwesten und dem von KMU geprägten Nordosten/Zentrum Italiens (vgl. Cattero 1989: 184ff.; Carrieri 1996: 180). Im Nordwesten (Lombardei, Piemont, Ligurien) sind sie eher antagonistisch und konfliktorientiert, im „Dritten Italien" eher gestalterisch. Hier wurde seit Mitte der 1970er Jahre der höchste Organisationsgrad gemessen. Der Mezzogiorno war entsprechend der geringen Industrialisierung durch Informalität und schwache Gewerkschaften charakterisiert (vgl. Trigilia 1986: 166ff.; Cattero 1989: 187f.).

Das italienische Entwicklungsmodell hat sich wegen der Klassenzusammensetzung und ihrer politischen Artikulation in der Nachkriegszeit verspätet und unvollständig entwickelt – ein „halbierter Fordismus", so Sablowski (1998). Das Verhältnis zwischen Lohnarbeit und Kapital war offen antagonistisch, institutionalisierte Formen des Klassenkampfes kaum existent. Die Klassengliederung war durch die Heterogenität der Bourgeoisie wie der Arbeiterklasse geprägt, die durch die Stärke der Bauern und des Kleinbürgertums verstärkt wurde (vgl. Sablowski 1998: 41). Die vielen Klein- und Kleinstbetriebe und Selbstständigen lassen sich nicht nur auf die zerstreute Produktion im „Dritten Italien" (Bagnasco 1977) zurückführen, sondern spiegeln auch die zahlreichen Familienbetriebe (vgl. Ginsborg 1998: 97). Die Dezentralisierung der Produktion hat die irreguläre Beschäftigung befördert (vgl. Reyneri 2017: 228).[58] Die Schattenwirtschaft ist am stärksten im Mezzogiorno und in Kleinbetrieben verbreitet (vgl. Pugliese 1994: 403ff.). Aber auch in Norditalien finden sich viele Beispiele, etwa in der Region Friaul Julisch Venetien, wo über 27% der landwirtschaftlich Beschäftigten irregulär arbeiten (vgl. ISTAT 2010). Von den 24.643.100 Beschäftigten in Italien war 2010 gut ein Zehntel (2.548.600) irregulär bzw. nicht angemeldet beschäftigt. Eine starke Absicherung erhielten weniger als die Hälfte der Beschäftigten auf Grund ihres Status als unbefristete, regulär Beschäftigte in Betrieben über 15 Beschäftigten (vgl. Regini/Pedersini 2013: 12).

Die drei großen italienischen Gewerkschaftsdachverbände CGIL (Confederazione Generale Italiana del Lavoro), CISL (Confederazione Italiana dei Sindacati Lavoratori) und UIL (Unione Italiana del Lavoro) zeichneten sich durch eine starke

58 Reyneri unterscheidet zwischen dem juristischen Begriff der Irregolarität und dem statistischen Begriff der Schattenwirtschaft (*sommerso*) (vgl. Reyneri 2017: 227f.).

Parteigebundenheit aus, die eine gewerkschaftliche Aktionseinheit erschwerte. 1948 im Zuge des Kalten Krieges spalteten sich zwei Strömungen des 1944 gegründeten einheitlichen Gewerkschaftsbundes CGIL ab. Die sozialistischen und kommunistischen Strömungen verblieben in der CGIL, die den Parteien PCI und PSI nahestand. Dagegen hatte die neugebildete CISL Verbindungen zur DC und die UIL zur republikanischen und der kleinen sozialdemokratischen Partei (vgl. Della Rocca 1998: 100). Die politischen Richtungsgewerkschaften verfolgten unterschiedliche Ziele und Strategien: Für die CGIL war als Klassengewerkschaft die Ideologie des militanten Klassenkampfes zentral, wobei ökonomische Forderungen eher als Anknüpfungspunkt sozialer Mobilisierung dienten. Die Interessensgewerkschaft CISL, von Christdemokraten dominiert und von der katholischen Sozialdoktrin geprägt, definierte sich dennoch nicht als katholische Gewerkschaft. In ihrem Selbstverständnis stand sie für die Förderung sozialen und wirtschaftlichen Fortschritts und die Interessensvertretung der Arbeiter[59] durch deren Integration in die kapitalistische Gesellschaft. Die UIL versuchte sich von der CGIL durch ein stärkeres Gewicht auf die unmittelbare Verbesserung der materiellen Situation der Arbeiter abzugrenzen und gegenüber der CISL, indem sie eher zu regierungskritischen Aktionen bereit war (vgl. Hyman 2001: 145f.). Mit dem Ende des Kalten Krieges und dem Verschwinden der zentralen Parteien der Nachkriegsgeschichte kam es zu einem Bruch der Identifikationen an parteipolitischen Linien und den ideologischen Differenzen. Anfang der 1990er Jahre sah sich die CGIL als Gewerkschaft der demokratischen Rechte, die die Interessen aller Lohnabhängigen verteidigt. Die CISL verstand sich als Gewerkschaft der Solidarität, Mitgliedergewerkschaft und seriöse Verhandlungspartnerin für Regierungen und die UIL als Gewerkschaft der Bürgerrechte (vgl. Accornero 1992: 37).

Die parteiorientierten Strömungen der CGIL, auch die kommunistische, wurden 1990 aufgelöst (vgl. Regalia/Regini 1998: 473). Der Gewerkschaftskongress der CGIL von 1991 führte im Gegensatz zum Transformationskongress des PCI nicht zu einer Spaltung, sondern stärkte die Gewerkschaftsführung um Bruno Trentin, obwohl eine qualitative Minderheit gegen ihr Grundsatzpapier und für den Gegenvorschlag des Opponenten Fausto Bertinotti votiert hatte (vgl. Turone 1992: 550f.; Mascini/Ricci 1998: 59f., 85f.).

Die Verbände des Unternehmerlagers[60] sind innerhalb einzelner Sektoren sowie dimensional, territorial und in Bezug auf die gesetzliche Form der Unternehmen fragmentiert. Dies wird am Beispiel der Handwerksverbände deutlich (vgl. Martinelli/Lanzalaco 1992: 337f). Die Unternehmerverbände für Klein- und Kleinstunterneh-

59 Ich benutze hier die maskuline Form, um zu verdeutlichen, dass die Gewerkschaftsbewegung zu diesem Zeitpunkt stark männlich geprägt war.

60 Der Schwerpunkt der Analyse soll auf die Confindustria gesetzt werden, die die zentralen Sozialpakte mitunterzeichnet hat.

men Confartigianato und CNA decken die gleiche Zielgruppe ab, stammen aber aus unterschiedlichen politischen Subkulturen. Die Confartigianato stand der DC nah, während die CNA mit dem PCI sympathisierte. Obwohl die politische Polarisierung an Bedeutung verloren hat, die Verbände das gleiche Klientel vertreten und denselben Aktivitäten nachgehen, existieren beide weiter (vgl. Interview Confartigianato 2000).

Die Tarifparteien sind auf vielfältige Weise in die Konzeption und Durchführung der Arbeitsmarktpolitik eingebunden. In diesem Sinne sind sie nicht nur Akteure, die auf dem zivilgesellschaftlichen Terrain des erweiterten Staates um die Hegemonie streiten, sondern werden über die Arbeitsmarktpolitik in den staatlichen Apparat im engeren Sinne inkorporiert. Am Beispiel ihrer Rolle in der Arbeitsmarktpolitik zeigt sich, dass analytisch nicht klar zwischen dem Staatsapparat und der Zivilgesellschaft getrennt werden kann. Sowohl tarifvertragliche Vereinbarungen als auch Kommissionen, die den Gesetzgebungsprozess vorbereiten, wirken normbildend. Die spezifische Integration der Tarifparteien in die Entscheidungsfindung und Steuerung der Arbeitsmarktpolitik zeigt sich an den unterschiedlichen Kanälen, über die sie sich in die staatlichen Strukturen einschreiben. Dies wird im Abschnitt zur historischen Entwicklung der Arbeitsmarktpolitik und den Gewerkschafts- und Arbeitgeberstrategien aufgegriffen. Im Bereich der KMU ergänzen z.B. bilaterale Einrichtungen der Tarifparteien das auf Großunternehmen ausgerichtete Arbeitsmarktsystem. Im Nationalen Rat für Wirtschaft und Arbeit, CNEL *(Consiglio Nazionale Economia e Lavoro)*, sitzen Vertreter*innen der Gewerkschaften und Arbeitgeberverbände.

Die italienische Verfassung, die Italien als *Repubblica democratica, fondata sul lavoro* (demokratische Republik gegründet auf Arbeit) definiert, schreibt im 4. Artikel das Recht auf Arbeit fest.

> „Die Republik erkennt allen Bürgern das Recht auf Arbeit an und fördert die Rahmenbedingungen, die dieses Recht verwirklichen. Jeder Bürger hat die Pflicht nach seinen eigenen Möglichkeiten und seiner eigenen Wahl eine Aktivität oder Funktion auszuüben die im Einklang mit dem materiellen oder spirituellen Forschritt der Gesellschaft steht." (Costituzione della Repubblica Italiana (Cost.) 1947; Übers. B.D.)

Der Verfassungsartikel wird nicht als einklagbares Recht auf einen Arbeitsplatz interpretiert, sondern als Aufgabe der öffentlichen Hand, für Strukturen und Leistungen zu sorgen, die zu einer Arbeitsaufnahme nötig sind (vgl. Italia Lavoro 2008). Nach dem Partisan*innenkampf gegen die Herrschaft der Faschisten umfasste das Bündnis der Verfassungskoalition auch den PSI und den PCI. Die Verfassung ist von der Teilnahme dieser politischen Kräfte geprägt. Dies zeigt sich in der Sichtweise, dass wirtschaftliche und soziale Ungleichgewichte die persönliche Entfaltung behindern können:

> „Es ist Aufgabe der Republik die wirtschaftlichen und sozialen Hindernisse zu beseitigen, die, indem sie de facto die Freiheit und Gleichheit der Bürger behindern, die volle Entfaltung der menschlichen Persönlichkeit und die effektive Teilhabe aller Arbeiter

an der politischen, wirtschaftlichen und sozialen Organisation des Landes verhindern.“ (Costituzione della Repubblica Italiana (Cost.) 1947; Übers. B.D.)

Das italienische Verfassungsgericht hat durch seine Rechtsprechung den zwingenden Charakter der sozialen Rechte nach und nach untermauert und ihnen zum Verfassungsrang verholfen. Das Recht auf Arbeit wird als grundlegender Kern der sozialen Rechte angesehen (vgl. Italia Lavoro 2008).

Die Regulierung des Lohnarbeitsverhältnisses unterscheidet sich entlang der Unternehmensgrößen, was am Beispiel des Kündigungsschutzes und der Arbeitsvertragsformen deutlich wird. Viele Regelungen betreffen weder die Kleinunternehmen noch die vielen Beschäftigten in irregulären Arbeitsverhältnissen. Für den geschützten Bereich fanden erste Schritte zur Deregulierung der Arbeitsvertragsformen bereits im Fordismus statt. Die 1955 eingeführten Ausbildungsverträge für Jugendliche wichen vom Standardarbeitsvertrag ab und standen unter dem Vorwurf billige Arbeitskraft zu rekrutieren, ohne adäquat auszubilden. Das Gesetz 230/1962 erlaubte befristete Arbeitsverträge für bestimmte Gelegenheits- und saisonale Arbeiten (vgl. Graziano 2004: 114f.). Die PSI-geführte Regierung Craxi[61] weichte mit dem Gesetz 863/1984 das Standardarbeitsverhältnis weiter auf und diversifizierte es durch die Einführung des *contratto di solidarietà* (Solidaritätsvertrag), *contratto di formazione e lavoro* (Ausbildugs- und Arbeitsvertrag) und *lavoro a tempo parziale* (Teilzeitarbeit) (vgl. ebd.: 124f.). Diese Entwicklung verschärfte sich seit den 1990er Jahren noch weiter, so dass 2012 nicht weniger als 46 verschiedene Arbeitsvertragsformen existierten (vgl. CGIL 2012).

Das Arbeiterstatut von 1970, verabschiedet vor dem Hintergrund der Arbeiter*innenkämpfe Ende der 1960er Jahre, regelt den Kündigungsschutz. Im Artikel 18 wurde der Kündigungsschutz dahigehend verbessert, dass lohnabhängig Beschäftigte, wenn sie ohne gerechtfertigten Grund entlassen, und dies von einem Gericht festgestellt wurde, in ihren Arbeitsplatz wiedereingegliedert werden mussten. Vorher konnten auch Abfindungsregelungen vereinbart werden. 1942–1966 hatten die lohnabhängig Beschäftigten keinen Kündigungsschutz. Ab 1966 galt für Unternehmen ab 35 Beschäftigten die Einschränkung, dass eine Kündigung gerechtfertigt sein muss (vgl. Ferrera/Gualmini 2004: 38; Statuto dei Lavoratori, l. 300/1970).

Das europaweit weitgehendste Streikrecht geht auf die politische Konstellation der Nachkriegszeit zurück. Das Streikrecht ist ein kollektiv auszuübendes individuelles Recht der abhängigen Beschäftigten mit Verfassungsrang (Artikel 40). Jede Gruppe

61 Unter Craxi wurden viele unternehmensfreundliche Gesetze verabschiedet. U.a. half der enge Freund Silvio Berlusconis diesem durch die Liberalisierung des Medienmarktes sein Medienimperium aufzubauen (vgl. Ruggeri/Guarino 1994: 60ff.). Trotzdem konnte sich Silvio Berlusconi Mitte der 1990er Jahre als vom *craxismo* nicht berührter Geschäftsmann präsentieren und mit Forza Italia binnen weniger Wochen die Parlamentswahl gewinnen.

von Beschäftigten, Gewerkschaften oder betriebliche Interessensvertretung kann zum direkten oder Solidaritätsstreik aufrufen. Der politische Streik ist explizit rechtmäßig, wobei er sich nicht gegen die demokratische Regierungsform und die Verfassung wenden darf (vgl. Drüke 2000: 199; Warneck 2008: 36ff.). Die Entlohnung wurde seit Mitte der 1970er Jahre bis Anfang der 1990er Jahre durch den Mechanismus der *scala mobile*, einen automatischen Inflationsausgleich, stabilisiert. In den 1990er Jahren kam es zu einer mit den Gewerkschaften konzertierten Lohnmäßigung, die mit dem erhofften Beitritt zur EWWU begründet wurde (vgl. Sablowski 1998; Telljohann 1999).

3.3 Historische Entwicklung der Arbeitsmarktpolitik

Erste Forderungen nach einer staatlichen Regulierung des Problems der Arbeitslosigkeit wurden Ende des 19. Jahrhunderts ausgehend von mutualistischen Gesellschaften in Mittelitalien erhoben. Der Dachverband der italienischen Gewerkschaften CGdL (Confederazione Generale del Lavoro) forderte bei seinem Gründungskongress 1906, dass der Staat zu einer Organisierung einer Versicherung gegen Arbeitslosigkeit ökonomisch beitragen sollte. Die in der CGdL organisierten territorialen Gewerkschaften der Arbeitskammern (*Camere del Lavoro*) konnten sich mit den an Berufsgruppen orientierten Gewerkschaften in der CGdL nicht darauf einigen, ob diese freiwillig oder obligatorisch sein sollte. 1911 wurde unter der liberalen Regierung Luzatti ein Gesetz im Abgeordnetenhaus angenommen, das Arbeitslosigkeitskassen unterstützen sollte. Es scheiterte aber im Senat (vgl. Cherubini 1977: 218-224; Jensen, P. 2007).

3.3.1 Das Arbeitslosenversicherungssystem

Das System der Unterstützungsleistungen bei Arbeitslosigkeit ist entlang von Betriebsgrößen, Branchen, Berufsgruppen sowie der Finanzierung fragmentiert. Die wichtigsten Formen der Absicherung gegen Arbeitslosigkeit sollen erläutert werden. Hierbei wird das System analysiert wie es bis Anfang der 1990er Jahre bestanden hat. Die Gesetzgebung und Änderungen seit den 1990er Jahren werden unter 3.5.2 behandelt, also zum Beispiel die 2012 eingeführte Leistung ASpI (seit 2015 NASpI), die das normale Arbeitslosengeld *(indennità ordinaria)* ersetzt hat.

Die Hauptformen der Unterstützung bei Arbeitslosigkeit waren das normale Arbeitslosengeld (*indennità di disoccupazione*), die Lohnausgleichskasse CIG (*cassa integrazione guadagni)* und die Lohnausgleichskasse in Ausnahmefällen CIGS (*cassa intergrazione guadagni straordinaria*).[62] Diese werden unter dem Begriff *ammortizza-*

62 Weitere Unterstützungsleistungen wie die *indennità di mobilità* (Mobilitätsunterstützung) bei Massenentlassungen und die *contratti di solidarietà* (Solidaritätsverträge) können in diesem Rahmen nur am Rande behandelt werden.

tori sociali (Soziale Abfederung) zusammengefasst. Die ursprüngliche Unterstützung bei Arbeitslosigkeit, die *indennità di disoccupazione*, (im Folgenden Arbeitslosengeld genannt) wurde als obligatorische Versicherung 1919 unter der liberalen Regierung Orlando eingeführt. Arbeitslose im Agrarsektor wurden später bis 1949 wieder von dieser ausgeschlossen (vgl. Cherubini 1977: 218-224; Gualmini/Rizza 2013: 164). Sie war von Beginn an durch eine niedrige Deckungsrate, eine kurze Bezugsdauer und einen geringen Leistungsumfang gekennzeichnet. Arbeitslosengeld erhielt, wer gegen unfreiwillige Arbeitslosigkeit versichert war. Mit dem Arbeitslosengeld konnte das Existenzminimum nicht aufrechterhalten werden. 1988 wurde die Berechnung von einem festen Betrag auf einen Prozentteil des vorherigen Lohnes umgestellt, nachdem das Verfassungsgericht festgestellt hatte, dass die Höhe nicht zum Lebensunterhalt ausreiche. Allerdings betrug sie auch nach der Umstellung zunächst nur 20% des vorherigen Lohnes. Der Empfänger*innenkreis wurde auf private und öffentliche saisonal Beschäftigte ausgeweitet. Außerdem wurde eine reduzierte Arbeitslosenunterstützung mit einer kürzeren Anwartschaftszeit eingeführt (vgl. Gualmini/Rizza 2013: 141f.). 1993 wurde das Arbeitslosengeld auf 25% des bisherigen Lohnes angehoben. Eine nachgeordnete Leistung nach Ablauf der Arbeitslosenunterstützung und eine der Sozialhilfe/Grundsicherung ähnelnde Mindestsicherung existierte in der nationalen Gesetzgebung Italiens bis Frühjahr 2019 nicht (vgl. Drüke 2000: 167; Sacchi/Bastagli 2005; Gualmini/Rizza 2013: 149). Verschiedene Programme einer Mindestsicherung wurden in Regionalgesetzen in den 1980er Jahren anvisiert. Diese wurden jedoch nicht in den süditalienischen Regionen verabschiedet (mit Ausnahme von Kalabrien und Kampanien). Die Mindestsicherung liegt in kommunaler Verantwortung, weshalb es sehr unterschiedliche Standards, Höhen und Anspruchvoraussetzungen gibt. Während die meisten Kommunen im Norden und Zentrum Italiens gewisse Geldzahlungen vorsehen, fehlen diese meist in Süditalien und auch im Norden und im Zentrum werden sie von knappen finanziellen Ressourcen und fehlender regionaler Regulierung behindert (vgl. Fargion 1997: 147f.).

Die Anwartschaftszeit für das Arbeitslosengeld betrug zwei Jahre und mindestens 52 Beitragswochen innerhalb der letzten zwei Jahre vor der Entlassung. Die Transferleistung lag 1999 bei 30% des Bruttolohnes der drei der Entlassung vorausgehenden Monate und konnte für höchstens 180 Tage ausgezahlt werden. Eine verringerte Unterstützung konnte bei einer Nichterfüllung der Beitragswochen für die Anzahl Tage ausgezahlt werden, an denen man gearbeitet hat. Voraussetzung waren mindestens 78 Arbeitstage innerhalb des der Unterstützungszeit vorausgegangenen Jahres (Drüke 2000: 167 f.). In manchen Branchen der KMU werden auf freiwilliger Basis über die *enti bilaterali*, gemeinsame Einrichtungen von Gewerkschaften und Arbeitgeberverbänden, die Leistungen aus der Arbeitslosenversicherung aufgestockt (vgl. Interview CGIL Lombardia 2008). Diese residuale Form der Arbeitslosenunterstützung ist jedoch nur ein kleiner Ausschnitt der passiven Arbeitsmarktpolitik.

Im Zuge der Herausbildung des Fordismus bestand ein selektiver Schutz bei Arbeitslosigkeit, der Beschäftigte bestimmter Industriezweige stark begünstigte. Das Arbeitslosenversicherungssystem wurde ergänzt durch die 1945 eingeführte Lohnausgleichskasse CIG und die 1968 eingeführte Lohnausgleichskasse für Ausnahmefälle CIGS, die bei Kurzarbeit bzw. in Krisenzeiten bei bestimmten Unternehmen greifen (vgl. Gualmini/Rizza 2013). Die CIG hat sich im Laufe der Nachkriegszeit zum wichtigsten Instrument passiver Arbeitsmarktpolitik entwickelt. Eine Gleichsetzung mit dem deutschen Kurzarbeitergeld würde ihrem Stellenwert nicht gerecht. Die Arbeitslosen, die Leistungen aus der CIG erhalten, sind zwar nicht offiziell arbeitslos, da sie noch als Beschäftigte des Unternehmens gelten, aber die CIG kann bis zu 52 Wochen verlängert werden. Da sich die Kurzarbeit im Falle der CIGS auf eine Nichtbeschäftigung von mehreren Jahren ausdehnen kann, in denen die freigesetzten Arbeiter[63] eine wesentlich höhere Transferleistung als beim normalen Arbeitslosengeld erhalten, stellt sich die Frage, ob die CIG/CIGS nicht zur Zahl der gemeldeten Arbeitslosen dazugerechnet werden muss. Diese Differenzierung nehmen offizielle Statistiken auch vor (vgl. z.B. ISTAT 2016: 308).[64] Der Lohnausgleich betrug 80% des Nettolohns. Unternehmen konnten auf die außerordentliche Variante CIGS bei Branchenkrisen zurückgreifen, um Beschäftigte auf längere Zeit freizustellen. Darauf wurde besonders in der Restrukturierungsphase der 1980er Jahre zurückgegriffen, z.B. bei Fiat. 1991 wurde ein Gesetz erlassen, dass die Laufzeiten der CIGS auf zwei Jahre mit Verlängerungen in Ausnahmefällen beschränkt (vgl. Mehl 1997: 160f.).

Zur Genehmigung der CIG konsultiert der Arbeitgeber die Gewerkschaften und vereinbart den Umfang der Stundenkürzungen. Die Leistungen der CIG müssen beim nationalen Sozialversicherungsinstitut INPS beantragt werden und können bis zu drei Monate pro Produktionseinheit gezahlt und in Ausnahmefällen bis zu 12 Monate verlängert werden. Hiernach muss das Unternehmen mindestens 52 Wochen normale Aktivitäten vorweisen, um eine erneute Anfrage zu stellen (vgl. Provincia di Milano/INPS 2007a: 5ff. und 2007b: 6). Seit 1989 gilt die CIG für Unternehmen des Industriesektors unabhängig von der Zahl der Beschäftigten. Der Dienstleistungssektor, die Hafenwirtschaft aber auch der über die Betriebsgröße definierte Handwerkssektor sind davon ausgenommen (vgl. Provincia di Milano/INPS 2007a: 4).

Die CIGS gilt für Unternehmen über 15 Beschäftigte, die jedoch nur ca. die Hälfte der Gesamtbeschäftigten umfassen, bei Unternehmenskrisen und -restrukturierungen, bei Solidaritätsverträgen und bei Konkursverfahren nach Konsulta-

63 Hier wird die männliche Form gebraucht, da die CIG/CIGS überwiegend Industriearbeiter erhalten.

64 Hier sind Zahlen im Vergleich zum Index von 100 im Jahr 2010 dokumentiert, so dass die absoluten Zahlen nicht deutlich werden.

tion der betrieblichen Gewerkschaftsvertretungen RSU oder Gewerkschaften auf Provinzebene. Die CIGS muss beim Arbeitsministerium beantragt und durch ein Ministerialdekret bestätigt werden. Sie kann bis zu einem Zeitraum von maximal 36 Monaten innerhalb von fünf Jahren genehmigt werden (vgl. Provincia di Milano/ INPS 2007b: 4f.). Nicht nur die Gewerkschaften hatten ein genuines Interesse an der CIG/CIGS, sondern auch die Kapitalseite, da sie ein Instrument zur Überbrückung von Auftragsflauten oder Unternehmenskrisen darstellte. Die offiziell noch beschäftigten Arbeiter erhielten den Lohn aus den Sozialversicherungsleistungen.

3.3.2 Arbeitsvermittlung und öffentliche Arbeitsverwaltung

Auch in Italien wurde die Arbeitsvermittlung zunächst von den Gewerkschaften organisiert. In der Zeit um 1900 betreuten sie die Arbeitsvermittlungsbüros und wendeten sich 1949 gegen die Einführung der staatlichen Arbeitsvermittlung, weil diese in ihren Aufgabenbereich falle (vgl. Graziano 2004: 114). Nach der Regierungsübernahme der DC und dem Bedeutungsgewinn des Großindustriellenverbandes Confindustria und liberaler wirtschaftspolitischer Strömungen standen die Gewerkschaften vor einer Phase des Bedeutungsverlustes (vgl. Gualmini/Rizza 2013: 108ff.).

Die staatliche Arbeitsvermittlung war nicht in einer zentralen Arbeitsmarktbehörde, sondern in Vermittlungsbüros (*uffici di collocamento*) organisiert, die dem Arbeitsministerium direkt unterstellt waren. Das staatliche Vermittlungsmonopol schwächte im Vergleich zur Zeit der gewerkschaftlich organisierten Arbeitsvermittlung die Handlungsoptionen der gewerkschaftlichen Akteure. Allerdings übernahmen sie auch im Rahmen der bis in die 1980er Jahre streng reglementierten Arbeitsvermittlung Aufgaben. Die Arbeitssuchenden schrieben sich in numerisch geführte Listen, die *chiamata numerica per categoria e qualifica professionale,* ein, die mit dem Gesetz 264/1949 eingeführt worden waren. Hierbei war zunächst die Berufsqualifikation weniger relevant, da es sich meist um ungelernte Arbeiter handelte (vgl. Gualmini/ Rizza 2013: 110; Interview Italia Lavoro 2008; Interview Ministero del Lavoro 2007). Vertreter der Arbeitgeberverbände, Gewerkschaften und der Verwaltung erstellten in den auf allen Ebenen eingerichteten Kommissionen auf kommunaler bzw. örtlicher Ebene die Listen, die so genannte *graduatoria*, indem sie die Bewerber*innen nach bestimmten Kriterien beurteilten und in eine Reihenfolge brachten, nach der ausgeschriebene Stellen obligatorisch besetzt werden mussten. Bei der Reihenfolge wurden neben familiärer und sozialer Situation, die Berufsausbildung und Länge der Arbeitslosigkeit nach einem Punktesystem bewertet und regelmäßig überprüft (vgl. Mangelmann u.a. 1982: 169f.). In jedem Arbeitsamtsbezirk wurde eine *graduatoria* für jeden Berufsbereich erstellt. Eine zugewiesene Arbeit musste im ganzen Bezirk angenommen werden. Der Erstplatzierte der Liste musste den angebotenen Arbeitsplatz annehmen auch wenn er in einer anderen Stadt wohnte. Bei Ablehnung wurde er auf den letzten Platz der Liste zurückgesetzt. Demgegenüber durfte der Zweitplatzierte nicht vorgeschlagen werden, auch wenn er in der gleichen Stadt wohnte (vgl. ebd.: 178). Allerdings unterliefen die Arbeitgeber die gesetzlichen Regelungen, indem sie zuerst Einstellungen vornahmen und die Eingestellten dann ex-post auf die Listen platzieren ließen (vgl. Graziano 2004: 111f.). Das auf dem Papier rigide angelegte System wurde von den Arbeitgebern systematisch unterlaufen, so dass man von einer Doppelbewegung aus „bürokratischer Rigidität und Umgehung der Gesetze" (ebd.: 112; Übers. B.D.) sprechen kann – ein Beispiel für die Diskrepanz zwischen dem *paese legale* und dem *paese reale*. Ende der 1970er Jahre wurden nur 10% der Arbeitnehmer*innen über die öffentliche Arbeitsvermittlung vermittelt (vgl. Ferrera/Gualmini 2004: 46). Die Vermittlung privilegierte die Arbeitslosengeldbezieher*innen gegenüber Berufsanfängern und Langzeitarbeitslosen. Für jene konnte auch eine namentliche Arbeitsanfrage erfolgen, während diese unter die *chiamata numerica* fielen (vgl. ebd.: 42f.). Austauschkräfte der BA beschrieben 1982 die Vermittlungsbüros: „Auffällig ist vor allem in größeren Städten die unpersönlich scheinende Abfertigung an Schaltern, das stundenlange Warten und Anstehen in den großen Hallen inmitten der Menschenmenge [...]" (Mangelmann u.a. 1982: 169). Neben dem Ministerium für Arbeit und Soziale Sicherheit bestand die Arbeitsverwaltung aus 20 Regional- und 95 Provinzialämtern sowie 7497 kommunalen Vermittlungsabteilungen (vgl. ebd.). 1987 wurden regionale Beschäftigungsagenturen und -komissionen zur Entwicklung und Umsetzung aktiver Arbeitsmarktpolitik und Maßnahmen zur Erhöhung der Beschäftigung und für arbeitsmarktpolitisch benachteiligte Gruppen gegründet (vgl. Gualmini/Rizza 2013: 140f.). 2001 wurde die aktive Arbeitsmarktpolitik komplett regionalisiert, was unter 3.5 näher ausgeführt wird. Hinsichtlich der passiven Leistungen ist die Aufgabenverteilung stabil. Das 1898 gegründete nationale Sozialversicherungsinstitut INPS verwaltet neben der Renten- und Krankenversicherung auch die Leistungen bei Arbeitslosigkeit und Kurzarbeit, die *indennità di disoccupazione*, die *mobilità* und die CIG/CIGS (vgl. INPS 2010: 46), während die von den Provinzen verwalteten Jobcenter (*centri per l'impiego, CPI*) für die Registrierung der Arbeitslosen zuständig sind (vgl. Interview CPI Mailand 2008).

3.3.3 Arbeitsförderung und Weiterbildungsinstitutionen

Aktive Arbeitsmarktpolitik entwickelte sich erst in den 1990er Jahren als Politikfeld. Das fordistische Arrangement war von einem selektiven Kompromiss in Bezug auf die Industriearbeiterschaft geprägt. Arbeitsförderung spielte in der formalisierten und bürokratischen Arbeitsvermittlung keine Rolle. Das System der Arbeitsförderung und Weiterbildung ist dementsprechend nur schwach entwickelt. Dies verdeutlicht die Bedeutung von ESF-Finanzierungen für die italienische Berufsausbildung, die Anfang der 2000er Jahre zu fast 80% durch den ESF kofinanziert wurde (vgl. Graziano 2004:

144). Aktive Arbeitsförderung ist selektiv in Regionalgesetzen geregelt. Bilaterale Einrichtungen der Arbeitgeberverbände und Gewerkschaften sind im Bereich der Kleinstunternehmen für die Weiterbildung der Lohnabhängigen und Selbstständigen zuständig und auch für die Zahlung von aufstockenden Leistungen zum Arbeitslosengeld, das für diesen Bereich relativ gering ausfällt. Diese *enti bilaterali* wurden seit 1983 lokal, meist auf der Provinzebene, eingerichtet (vgl. Ente Bilaterale Nazionale Artigianato 1997: 7f.; Interview CGIL Lombardei 2008). Für die verschiedenen Unternehmensgrößen wurden bilateral verwaltete Fonds für Weiterbildung eingerichtet, die *fondi interprofessionali*. Der von den Gewerkschaften CGIL, CISL, UIL und dem Unternehmerverband der KMU, CONFAPI, gemeinsam verwaltete Fonds FAPI galt im Jahr 2003 für 1.175.888 Beschäftigte. Die Fonds werden überwiegend aus einem Teil des Arbeitgeberbeitrages (0,30%) für die Arbeitslosenversicherung finanziert (vgl. Pirastu 2003: 112ff.). Mit dem Instrument der mit den Gewerkschaften ausgehandelten Solidaritätsverträge kann die Arbeitszeit im Gegenzug zu Neueinstellungen reduziert werden (vgl. Provincia di Milano/INPS 2007d). Ein weiteres Instrument aktiver Arbeitsmarktpolitik stellen die 1994 eingeführten gemeinnützigen Arbeiten (*Lavori Socialmente Utili*) dar (vgl. Gualmini/Rizza 2013: 165).

3.3.4 Sozialdisziplinierung und Dekommodifizierung bis zur Fordismuskrise

Der liberale Staat hatte sich nach der Gründung Italiens 1861 zunächst nach den Prinzipien des *laissez faire* aus der Sozialgesetzgebung herausgehalten. Eine große Rolle spielten karitative Einrichtungen der katholischen Kirche. Auch Arbeiterhilfsvereine gewannen zunehmend an Bedeutung. Beide Bewegungen, die katholische wie die Arbeiterbewegung waren zunächst zufrieden mit der staatlichen Nichtpräsenz im sozialen Bereich (vgl. Ferrera 1984: 27f.). Die katholische Soziallehre, in ihren Ursprüngen antisozialistisch, prägte das Konzept der Sozialpartnerschaft, das keinen antagonistischen, sondern einen komplementären Klassenbegriff vertrat. Beeinflusst von der Enzyklika Papst Leos 13. *Rerum Novarum* von 1891 stellte sie sich gegen die sozialistische Bewegung und sorgte sich um die Integration der Arbeiter in den Staat. Zu diesem Programm gehörten angemessene Löhne ebenso wie nicht zu ausufernde Arbeitszeiten und der soziale Frieden. Das Privateigentum wurde als Naturgesetz betrachtet und die Arbeiter sollten den Arbeitgebern gegenüber loyal sein, während diese die Würde der Arbeiter respektieren sollten. Die Enzyklika sprach sich für eine staatliche Tätigkeit im Sozialbereich aus (vgl. Hyman 2001).

Die Einführung einer obligatorischen Arbeitslosenversicherung stand nach dem Ersten Weltkrieg auf dem Programm mehrerer politischer Parteien. Unter dem Einfluss von liberalen, katholischen und sozialistischen Politikern entwarf eine parlamentarische Kommission 1918 einen breit angelegten, an universalistischen Zielen orientierten Plan zur Reform der Sozialversicherung, der aber nicht umgesetzt wurde.

Im Vorfeld der Parlamentswahlen von 1919, bei denen der PSI 31,9% der Stimmen erhielt, wurde jedoch die Arbeitslosenversicherung für die Lohnarbeiter*innen der Industrie eingeführt (vgl. Ferrera 1984: 32f.). Schon 1919 war sie an die Verfügbarkeit geknüpft. Arbeitslose, die ohne rechtmäßigen Grund ein Arbeitsangebot ablehnten, verloren den Anspruch. Auch Arbeitsangebote, die außerhalb des Wohnortes lagen, mussten angenommen werden. Müßiggang, Trunkenheit und der regelmäßige Besuch von Verkaufsstellen alkoholischer Getränke waren ebenfalls Ausschlussgründe, die ein entsprechendes Überwachungssystem der lokalen Behörden nach sich zogen. Die Auszahlung der Leistungen konnte an die Absolvierung von schulischer oder beruflicher Qualifizierung geknüpft werden. Aufgrund der paritätischen Finanzierung und der Organisationsstruktur wandte sich die Linke ursprünglich gegen das Gesetz (vgl. Cherubini 1977: 223f.).

Im Faschismus wurde das Kontrollregime ausgeweitet. Die Arbeitslosen mussten täglich, auch in der einwöchigen Karenzphase vor Bezug, bei der örtlichen Kontrollbehörde erscheinen. Die nationale Arbeitslosenkasse durfte alle ihr notwendig erscheinenden Informationen über die Arbeitslosen von den Behörden und den Carabinieri einholen und auch eine medizinische Kontrolle der Arbeitsfähigkeit. Das Arbeitslosengeld wurde gestrichen, wenn ein Qualifizierungs- oder ein angemessenes Arbeitsangebot abgelehnt wurde. Die Angemessenheit bezog sich vor allem auf nach dem Gesundheitszustand machbare Arbeit. Der Lohn sollte nicht unter dem ortsüblichen Lohn der Berufsgruppe liegen. Die Dauer der Bezugsvoraussetzung und die Sperrzeiten bei freiwilliger und selbstverschuldeter Arbeitslosigkeit wurden verlängert. Die ausgezahlten Beträge differierten nach Arbeiter- und Angestelltenstatus. Die Kinderzuschläge lagen bei den Angestellten höher als bei den Arbeitern, wobei diese außerdem nur bis 16 Jahre im Gegensatz zu 18 Jahren bei Angestelltenkindern bezuschusst wurden (vgl. Cherubini 1977: 310ff.). Das faschistische Regime nutzte gezielt eine sozialpolitische Differenzierung und ein nach Gruppen zersplittertes System, um Konsens zu produzieren. Nach dem Krieg kam es nicht zu einer Überwindung dieser für den italienischen Sozialstaat weiter prägenden „klientelistisch-partikularistischen" Organisationsstruktur (vgl. Ferrera 1984: 36).

In der Zeit der Übergangsregierung nach dem Zweiten Weltkrieg, an der der PCI und der PSI teilnahmen, wurde das Arbeitslosengeld erhöht und 1945 die Lohnausgleichskasse CIG[65] per Gesetz eingeführt sowie 1946 eine außerordent-

---

65 Diese geht ursprünglich auf zwei Tarifverträge von 1941 zwischen der Confindustria und der faschistischen „Gewerkschaft" zurück, die auf Fabriken in Norditalien beschränkt waren (vgl. Serri 2016). Die Confindustria erkannte mit zwei Abkommen mit dem faschistischen Regime 1925 und 1926 die Rechtmäßigkeit der faschistischen „Einheitsgewerkschaft" an. Dem folgte das Verbot der Meinungsfreiheit, der Versammlungsfreiheit und des Streiks. Nachdem Ende 1926 die Zentrale des Gewerkschaftsdachverbandes CGdL von faschistischen Trupps zerstört worden war, beschloss die Leitung der CGdL 1927 auf

liche Arbeitslosigkeitsunterstützung (*sussidio straordinario di disoccupazione*) (vgl. Graziano 2004: 112). Da das normale Arbeitslosengeld bis 1988 an eine feste vom vorherigen Lohn unabhängige Summe geknüpft war, wurde der Satz im Laufe der Jahre sukzessive angehoben. Betrug er 1949 200 Lire, so steigerte sich die Summe 1957 auf 270, 1960 auf 300, 1966 auf 400 und bis 1974 auf 800 Lire. Die Bezugsdauer wurde 1949 von 120 auf 180 Tage erweitert (vgl. Ferrera 1984: 302f.). Das Verhältnis zum durchschnittlichen Lohn in der Industrie fiel zwischen 1949 und 1974 von 17 auf unter 9%. Aufgrund der Anwartschaftszeit war das Arbeitslosengeld vielen Gruppen versperrt, zum Beispiel irregulären Arbeiter*innen, Erstsuchenden und Langzeitarbeitslosen (vgl. Ferrera/Gualmini 2004: 37). Die Frauenerwerbstätigkeit im Fordismus, die in den offiziellen Statistiken unterbelichtet blieb, weicht von dem Bild des *male breadwinner model* ab. Sie spielte eine weitaus größere Rolle für die Expansionsphase der 1950er und 1960er Jahre als viele Analysen des Fordismus es erzählen. Die Erwerbstätigkeit der Frauen zeichnete sich schon zu dieser Zeit durch Flexibilität und Irregularität aus, weshalb sie viele Untersuchungen nicht beachteten. In Bereichen wie Heim- und Saisonsarbeit, Personendienstleistungen und in Kleinunternehmen war sie verbreitet (vgl. Salmieri 2006: 31f.).

Im Gegensatz zur residualen Höhe und Verbreitung des normalen Arbeitslosengeldes wurde die CIG 1945 gesetzlich verankert und auf die Industriearbeiter in ganz Italien ausgeweitet und belief sich auf eine Summe von 60-65% des bisherigen Lohnes. Die Einführung der CIG kann als Konzession gegenüber den Arbeitgebern gesehen werden, da in der unmittelbaren Nachkriegszeit ein Kündigungsverbot verhängt worden war (vgl. Ferrera/Gualmini 2004: 36). Die CIG entwickelte sich zum eigentlichen Hauptinstrument passiver Arbeitsmarktpolitik. Obwohl sie nie offiziell den Status einer Arbeitslosenunterstützung mit damit verbundenen individuellen Rechten bekam, wurde der Begriff *cassaintegrati* zum Synonym für Arbeitslose. Das von den Unternehmen beantragte Genehmigungsverfahren für die CIG, in das die Gewerkschaften auf Provinzebene mit einbezogen sind, war häufig von Willkür geprägt (vgl. Serri 2016). Die CIG boomte numerisch, die Lohnersatzrate stieg von 60 auf 70% und schließlich auf bis zu 80% mit dem Gesetz Nr. 1115/1968, das zudem die CIGS etablierte, die bei industriellen Umstrukturierungen und Branchenkrisen griff. Hier wurde auch die CIG *a zero ore*, eine Stundenkürzung bis auf 0 formalisiert. Nach einem Abkommen zwischen den Gewerkschaften und der Confindustria im Jahr 1975 wurde mit dem Gesetz Nr. 164/1975 eine Lohnersatzrate von 80% für die CIG und die CIGS festgelegt und die Laufzeit auf zwei Jahre mit Ausnahmeverlän-

---

Grund der Repressionen die Selbstauflösung. Das Credo der nun errichteten faschistischen „Gewerkschaft" und der berufsständischen Korporationen war die Klassenkollaboration zwischen Kapital und Arbeit, die den Klassenkampf ablösen sollte (vgl. Ravasio 2007; Mantelli 1998: 72-78).

gerungen festgelegt. Die Gewerkschaften bekamen im Genehmigungsverfahren der CIG/CIGS Mitspracherechte. In den 1970er Jahren wurde die CIG/CIGS auch auf Handwerksunternehmen in den Branchen Bau und Minen, auf die Landwirtschaft sowie auf Staatsangestellte ausgeweitet (vgl. Ferrera/Gualmini 2004: 37f.; Serri 2016). Die CIG wurde von Operaisten und linken Gewerkschaftern als *strumento padronale*, als Instrument der Arbeitgeber, bezeichnet. Die erweiterten Mitspracherechte der Gewerkschaften entwickelten sich zum Boomerang, der sie zu Co-Managern des Beschäftigungsabbaus machte. 1980 wurden so 24.000 Fiatarbeiter in die CIG entlassen während das Management von vorneherein keinen Zweifel an der Endgültigkeit der Maßnahme ließ (vgl. Serri 2016). Da die CIG/CIGS eine Anwartschaftszeit von zwei Jahren erforderte, schloss sie wie das normale Arbeitslosengeld Berufsanfänger aus. Das Gesetz 164/1975 konditionierte den Leistungsbezug der CIG/CIGS.

> „Für Fälle des außerordentlichen Lohnausgleichs wird das regionale Arbeitsbüro nach Anhörung der betroffenen Gewerkschaften geeignete Maßnahmen fördern, indem Vorschläge für die Einrichtung von Qualifizierungskursen oder Umschulungen gemacht werden. Der Arbeiter, der von der Arbeit freigesetzt ist, erhält keine Lohnausgleichsleistung mehr, wenn er die Teilnahme an Qualifizierungsmaßnahmen oder Umschulungen ablehnt." (Legge 20 maggio 1975, n. 164; Übers. B.D.)

Bezieher*innen der CIG verlieren den Anspruch, wenn sie ein Weiterbildungsangebot oder ein Arbeitsangebot ablehnen, das den vorherigen Lohn nicht mehr als 20% unterschreitet. Die Ablehnung muss sich auf ein offizielles und nachweisbares Angebot beziehen, das von einem privaten Arbeitgeber, einer Leiharbeitsfirma oder einer öffentlichen Behörde getätigt wurde (vgl. Provincia di Milano/INPS 2007a: 10). 1978 wurde ein tripartistisches Abkommen zur Lohnmäßigung von der EUR-Versammlung[66] zwischen den Gewerkschaften, der Confindustria und der Regierung getroffen. Im Gegenzug versprach die Regierung, das Beschäftigungsniveau zu halten und Maßnahmen gegen die Jugendarbeitslosigkeit zu ergreifen (vgl. Ferrera/Gualmini 2004: 52).

Das normale Arbeitslosengeld blieb eine residuale Größe, die angesichts einer fehlenden aktiven Arbeitsmarktpolitik und dem bürokratischen Prozedere der Arbeitsvermittlung sozialdisziplinierend wirkte. Hierbei lässt sich entlang des im Methodologiekapitel entworfenen Kategorienschemas von einer indirekten Kommodifizierung sprechen, d.h. das Fehlen einer ausgebauten Absicherung im Falle der Arbeitslosigkeit führte zu einem Anwachsen irregulärer Beschäftigungsformen, die unter dem normalen Standard lagen sowie einer ausdifferenzierten Spaltung des Arbeitsmarktes in Kern- und Randgruppen, die einen disziplinierenden Effekt auf die Ränder ausübten und den Konsens der Kerngruppen auch mit Hilfe der Gewerkschaften sicherten.

---

66 Benannt nach dem im Faschismus errichteten EUR-Viertel in Rom, in dem das Treffen stattfand.

Dieser selektive Schutz, den Gramsci schon in der *questione meridionale* beschrieb, forcierte auch die sozialräumliche Spaltung in Nord- und Süditalien.

3.4 Sozioökonomische Transformationen vom Fordismus zum Postfordismus

Die verspätete und unvollständige Entwicklung des Fordismus in Italien basierte auf dem Ausschluss der Arbeiterklasse von der fordistischen Konsumnorm. Einem zunehmend fordistisch-tayloristisch geprägten Arbeitsprozess folgten keine adäquaten Lohnsteigerungen, so dass sich die fordistische Lebensweise nicht verallgemeinerte. Hauptpfeiler des fordistischen Akkumulationsregimes bildeten die Automobilindustrie und die Bauwirtschaft. Nach dem faschistischen Wirtschaftsprotektionismus kam es in den 1940er und 1950er Jahren zu einer Weltmarktöffnung, wodurch die Erschließung des Binnenmarktes für langlebige Konsumgüter, für die eine Steigerung der Löhne und die Verallgemeinerung der fordistischen Konsumnorm eine wichtige Voraussetzung ist, zunächst nicht zwingend notwendig wurde. Das Akkumulationsregime der 1950er und frühen 1960er Jahre basierte auf einer hohen Arbeitslosigkeit, einer großen industriellen Reservearmee, niedrigen Löhnen, niedrigen Konsumnormen und antagonistischen industriellen Beziehungen mit schwachen Gewerkschaften. Durch die große Heterogenität in der Klassenzusammensetzung der subalternen Klassen und die noch immer weit verbreiteten traditionellen Formen des Kleinbürgertums, die nicht unter das Lohnverhältnis fielen, kam es zu einer späten und relativ wenig umfassenden Herausbildung des fordistischen Normalarbeitsverhältnisses (vgl. Sablowski 1998: 56ff.).

Zwischen 1951 und 1971 wandelte sich die italienische Gesellschaft von einer Agrar- zur Industriegesellschaft. In diesem Zeitraum nahm die Zahl der Erwerbstätigen trotz einer Steigerung der Bevölkerungszahl ab (vgl. Chiellino/Marchio/Rongoni 1995: 196). Viele landwirtschaftlich Tätige aus Süditalien wurden als ungelernte Arbeiter in den Fabriken des Nordens angeworben (vgl. Pugliese/Rebeggiani 2004: 63f.). Das extensive Akkumulationsregime ging im Laufe der 1960er Jahre in ein intensives über (vgl. Sablowski 1998: 34f.). Entscheidende Veränderungen wurden durch die steigende Bedeutung des „modernisierungsfreundlichen" Kapitals (langlebige Konsumgüter, Maschinenbau, staatlich kontrollierte Betriebe) gegenüber dem „konservativen" Kapital forciert. Durch die „Öffnung nach links" unter der Regierung des *centro-sinistra* kam es zu Reformen, vor allem im Bildungswesen. Im Zuge einer Streikwelle im Jahre 1962 wurden hohe Lohnsteigerungen durchgesetzt und Formalisierungen des Lohnverhältnisses und der gewerkschaftlichen Interessenvertretung auf dezentraler Ebene eingeführt (Einführung der *contrattazione articolata*), so dass es Fortschritte in Richtung eines stabilen, auf Dauer angelegten fordistischen Normalarbeitsverhältnisses gab, das sich sukzessive ebenso ausdehnte und verallgemeinerte wie die fordistische Konsumnorm und Lebensweise (vgl. Sablowski 1998: 73f.; Gualmini/Rizza 2013). Die marginale Arbeiter*innenklasse (prekär und irregulär Beschäftigte) nahm ab, während die zentrale (Festbeschäftigte in Großbetrieben) und periphere (Festbeschäftigte in Kleinbetrieben) zunahm (vgl. Sablowski 1998: 76).

Während die Wachstumsphase des so genannten Wirtschaftswunders der 1950er und 1960er Jahre durch niedrige Löhne, eine hohe Arbeitslosigkeit, schwache Gewerkschaften und eine straffe tayloristische Arbeitsorganisation ermöglicht worden war (vgl. Sablowski 1998), mündete die Phase des Aufholens oder der Offensive der Arbeiterbewegung in den 1960er Jahren mit Lohnsteigerungen und einem Anschluss an die fordistische Konsumnorm nach kurzer Zeit in die Fordismuskrise. Die tayloristische Arbeitsorganisation stieß Ende der 1960er Jahre an ihre Grenzen als sie in einem spontanen Kampfzyklus aus Arbeiter*innenunruhen, Streiks und Konflikten, die nicht primär von den offiziellen Gewerkschaften getragen wurden und im Heißen Herbst von 1969 gipfelte, in Frage gestellt wurde (vgl. zum Heißen Herbst u.a. Schneider 1972; Alf 1977; Lumley 1990; Hausmann 1997; Negri 1998; Sablowski 1998; Silver 2005). Eine Erklärung für die explosive Lage war die Situation der süditalienischen Arbeitsmigrant*innen in den Industriestädten des Nordens. Besonders junge ungelernte und noch nicht vorher in der Industrie tätig gewesene Arbeiter aus den süditalienischen Regionen wurden von den fordistischen Fabriken in der Lombardei und dem Piemont angeworben (vgl. Pugliese/Rebeggiani 2004: 63f.; Schneider 1972).

Zwei Reaktionen auf die Kämpfe Ende der 1960er Jahre trugen zu einer erneuten Stabilisierung der Kapitalherrschaft bei, nämlich die Institutionalisierung des Konflikts und die Zerschlagung seiner Organisationszentren. 1970 wurde das zentrale Gesetz zur Regulierung der Arbeitsbeziehungen, das Arbeiterstatut (*Statuto dei Lavoratori*), verabschiedet, das einen weitreichenden Kündigungsschutz und gewerkschaftliche Vertretungsrechte in den Betrieben rechtlich festschrieb (vgl. Turone 1992: 420f.; Alacevich 1996: 113f.; Hausmann 1997: 82f.). Das Normalarbeitsverhältnis wurde Anfang der 1970er Jahre in Folge der Arbeiter*innenkämpfe des Heißen Herbstes 1969 stärker reguliert.[67] Auf nationaler Ebene wurden keynesianische Maßnahmen getroffen und ein nationaler Gesundheitsdienst eingeführt. Die Arbeitsbeziehungen institutionalisierten sich und es kam zu einer Makrokonzertierung in den 1970er Jahren, die sich jedoch bereits in der Fordismuskrise vollzog. Erst in dieser Krise – verstanden im engeren Sinne als Niedergang der fordistischen Massenproduktion unter tayloristischer Arbeitsorganisation – kam es mit dem Arbeiterstatut von 1970 auf Grundlage der veränderten Kräfteverhältnisse zu einem Klassenkompromiss zwischen Kapital und Arbeit. Gleichzeitig begann hinter dem Rücken der Makro-

67 Folgt man Hauers Analyse der „umkämpften Normalität“ (2004, 2007), die besagt, dass Lohnarbeit als solche prekär ist, so stand diese wiederum seit den 1980er Jahren verstärkt unter Druck.

konzertierung der 1970er Jahre eine Unternehmensoffensive, die zum Ziel hatte, die Produktion zu flexibilisieren und zu dezentralisieren und die in den 1980er Jahre in massiven Betriebsrestrukturierungen mündete. Vor allem die Industrieunternehmen zerstreuten vor dem Hintergrund der Arbeiter*innenunruhen und der stockenden Profite die Betriebe in kleinere Betriebsgrößen und verlagerten Teile der Produktion nach Süditalien, das einen geringen gewerkschaftlichen Organisationsgrad vorwies (vgl. hierzu u.a. Regini/Sabel 1989; Regalia 1989; Regini 1995). Diese neue Offensive des Kapitals, mit der die italienische Wirtschaft in den 1980er Jahren zum Modell einer postfordistischen Flexiblen Spezialisierung wurde, haben die Gewerkschaften eher passiv begleitet statt aktiv bekämpft (vgl. u.a. Sabel/Piore 1989; Regini/Sabel 1989; Pyke/Sengenberger 1990). Durch die Dezentralisierung und Flexibilisierung näherte sich die Wirtschaftsstruktur im industriellen Dreieck Nordwestitaliens den Zonen der Industriedistrikte der nordöstlichen und mittelitalienischen Regionen an.[68]

Die Flexible Spezialisierung führte zunächst in eine neue Wachstumsphase. Nach dem ökonomischen Boom der 1980er Jahre durchlief die italienische Wirtschaft jedoch Anfang der 1990er Jahre eine drastische Krise. Das italienische Modell bestehend aus einem auf wenige Familien konzentrierten Kapitalismus in der Großindustrie und einer relativen starken Absicherung für die Beschäftigten dieses Bereichs wurde seit der Krise des Fordismus einseitig umgebaut. Während die Rechte der Beschäftigten nach und nach beschränkt wurden, schaffte es das Familienkapital sich an die Gegebenheiten des postfordistischen Akkumulationsregimes anzupassen, u.a. durch den Umbau des Bankenwesens (vgl. Rangone/Solari 2012: 1196).

Der Austritt der Lira aus dem Europäischen Währungssystem (EWS) im Herbst 1992 bildete den Höhepunkt der Wirtschafts- und Finanzkrise der frühen 1990er Jahre. Die Krise umfasste die Währungspolitik, die Konjunktur, die Staatsverschuldung, die Arbeitslosigkeit und schließlich den Staat und das Parteiensystem. 1992 lag die Staatsverschuldung nach offiziellen Angaben bei 105,7% des BIP, d.h. bei 150 Bio. Lire. Die Wachstumsrate fiel bis 1993 kontinuierlich gen null. Die Arbeitslosenquote lag bei 11% und bei 20% in Süditalien. Nach der internationalen Spekulationskrise im Herbst 1992 wurde die Lira um sieben Prozent abgewertet und erfuhr nach dem Austritt aus dem EWS eine weitere Abwertung um fast 30% (vgl. Hausmann 1997: 200f.). Anfang der 1990er Jahre stand der Eintritt Italiens in die Europäische Währungsunion zur Disposition. Die Regierungen der 1990er Jahre wollten um jeden Preis trotz der schlechten Ausgangslage die Maastricht-Kriterien erfüllen. Der Eintritt Italiens in die EWWU wurde von einem breiten gesellschaftlichen Bündnis befürwortet, obwohl die Konvergenzkriterien mit einer rigiden Haushaltpolitik, Lohnzurückhaltung und Steuererhöhungen erzielt werden sollten. In diesem Prozess

68 Allerdings hatten auch im „Dritten Italien" Dezentralisierungsprozesse als Reaktion auf die steigende Unruhe in den Betrieben stattgefunden (vgl. Interview FIOM CGIL 2000).

vertraten die Gewerkschaften teilweise eindeutiger als die Arbeitgeber eine Pro-Maastricht-Politik (vgl. Baccaro/Locke 1999: 229).

Die Konvergenzkriterien wurden im Laufe weniger Jahre erfüllt. Zwischen 1995 und 1997 fiel das Haushaltsdefizit von 6,7% auf 3,2% des BIP, die Inflationsrate sank von 4 auf 2,7% und der Zinssatz von 10,3% auf 6,7%. Die EWWU diente als Argument, um zahlreiche Staatsbetriebe zu privatisieren. Hierzu gehörten italienische Großbanken wie die Banca Commerciale Italiana und der Credito Italiano ebenso wie die Eni Holding und das staatliche Telekommunikationsunternehmen STET. Die Erlöse aus den Privatisierungen flossen in die Haushaltssanierung und in die Senkung der Staatsverschuldung (vgl. Hausmann 1997: 203f.).

Von der Wirtschafts- und Finanzkrise ab 2008 wurde Italien erneut schwer getroffen, so dass die Staatsverschuldung wieder auf den Stand von 1993 anstieg (vgl. Simonazzi 2014: 67). Die italienische Wirtschaft erlebte den größten Einbruch in der Eurozone, besonders der Maschinenbau. Die Exporte sanken gegenüber 2007 um 19% und die Wertschöpfung fiel preisbereinigt um 30%. Ein erschwerter Zugang zu Krediten und schwindende Aufträge führten zu Betriebsschließungen. Im Krisenjahr 2009 fiel das BIP um 5,5%. Konjunkturprogramme wurden nicht auferlegt und die Staatsverschuldung stieg aufgrund der starken Rezession. Zudem wurden italienische Staatsanleihen spekulativ angegriffen, so dass die Zinsdifferenz zwischen italienischen und deutschen Staatsanleihen massiv stieg (vgl. Carls 2012: 94-98; Pedersini/Regini 2013: 7; Simonazzi 2014: 69f.; 72f.). 2011 lag die Staatsverschuldung bei 122% des BIP. Unter der Regierung Berlusconi IV wurden zwei Sparpakete beschlossen, die die Mehrwertsteuer erhöhten und zu Haushaltskürzungen in den Kommunen führten (vgl. Carls 2012: 97f.). 2012 wurde im Rahmen des Fiskalpakts der Regierung Monti eine Schuldenbremse in der Verfassung festgeschrieben. 2011–2014 wurden Sparmaßnahmen von insgesamt 160 Mrd. Euro beschlossen, besonders durch Einschnitte bei den Renten und Steuererhöhungen (vgl. Babić 2015: 147).

Die Deindustrialisierung hatte weitreichende Konsequenzen für die Entwicklung der Arbeitsmarktstruktur im Postfordismus. Wie in den meisten Industrieländern wuchs im Laufe der 1980er Jahre der Dienstleistungssektor, der seit den 1990er Jahren dominant wurde (vgl. Ginsborg 1998: 4). Während er 1980 51,6% der Wertschöpfung verzeichnete, erwirtschaftete er 1995 schon 65%. Die Beschäftigung im Dienstleistungsbereich stieg im selben Zeitraum von 48,3% auf 60,1% (vgl. ebd.: 14). Zwischen 1991 und 2001 schrumpfte die Industriebeschäftigung um 9,6%, während die Zahl der Beschäftigten im Dienstleistungssektor (ohne Handel) um 24,7% weiter stieg (vgl. ISTAT 2001: 8). Die Regionen des Industriellen Dreiecks im Nordwesten lagen noch über diesem Trend. Den stärksten Verlust der Industriebeschäftigung verzeichnete Ligurien mit -26,1%. In den Regionen des „Dritten Italiens" ging sie demgegenüber mit -3,4% unterdurchschnittlich zurück, während die Beschäftigung im Dienstleistungssektor überdurchschnittlich mit 29,3% stieg (vgl. ISTAT 2001:

17). Auch in den 2000er Jahren verstetigte sich die Deindustrialisierung. 2013 waren 24,6% der Beschäftigten in der Industrie tätig, im Bau 8,8% und im Dienstleistungssektor 66,6%. 9,8% der Unternehmen waren im Industriesektor tätig, 12,5% im Bau und 77,7% im Dienstleistungsbereich (vgl. ISTAT 2016: 496).

Seit den 1960er Jahren verallgemeinerte sich die Lohnarbeit, obwohl die Selbstständigenrate immer noch hoch ist. Während 1960 49,1% der Beschäftigten einer abhängigen Lohnarbeit nachgingen, waren es 1992 71,8% und 2015 75,6% (vgl. Ginsborg 1998: 101; ISTAT 2016: 258). Die Arbeit in kleinen Unternehmen ist weiterhin dominant. 2013 arbeiteten 47,4% der Beschäftigten in Betrieben der kleinsten Größe der Mikrounternehmen bis neun Beschäftigten, zu denen 95,3% der italienischen Unternehmen gehören. Im Dienstleistungssektor stellen Mikrounternehmen 73% der Wertschöpfung her (vgl. ISTAT 2016: 503).

Der italienische Arbeitsmarkt wird durch sich mehrfach überlagernde Spaltungen charakterisiert. Diese verlaufen neben sozialräumlichen Spaltungslinien (Nord-Süd), entlang von Altersdiskriminierung (vor allem Jugendliche), Unternehmensgröße und Branchenzugehörigkeit und durch hergestellte ethnisierte und geschlechtliche Segmentierungen. 2005 lag die Beschäftigtenquote bei den 15-64-Jährigen in Norditalien bei 65,2%, im Zentrum bei 61% und im Süden bei 45,8%. Die Frauenerwerbsquote lag bei 45,3% und im Mezzogiorno bei 30,1%. Auch bei der Arbeitslosenquote zeigt sich ein starkes Nord-Süd-Gefälle von 4,2% im Norden gegenüber 14,3% im Süden im Jahr 2005 (vgl. ISFOL 2006: 162). 2015 betrug die Arbeitslosenquote 11,9%, bei Jugendlichen (15-24) 40,3% und bei den 25-34-Jährigen 17,8% (vgl. ISTAT 2016: 257ff.). 2009 lag die Beschäftigungsquote der 15-34-Jährigen im Süden bei 31,7% (vgl. Simonazzi 2014: 70). Wie oben ausgeführt wurde Italien 2008 nicht das erste Mal seit den 1970er Jahren von einer schweren Wirtschafts- und Finanzkrise getroffen. Die schwere Rezession und Schuldenkrise Anfang der 1990er Jahre führte zu einer Jugendarbeitslosigkeit von 44% in Süditalien (vgl. Ginsborg 2011: 65). Seit Ende der 1990er Jahre bis zum Beginn der Krise 2008 war die Arbeitslosigkeit zurückgegangen. Seitdem ist sie aber deutlich angestiegen und liegt über dem Höchststand der 1990er Jahre und dem EU-28 Durchschnitt. Da das verarbeitende Gewerbe überdurchschnittlich stark von der Krise betroffen war, stieg die Arbeitslosigkeit der Männer während der Krise stärker als die der Frauen (vgl. ISTAT 2014: 84).

3.5 Arbeitsmarktreformen und das Verhältnis von aktiver und passiver Arbeitsmarktpolitik

3.5.1 La Società Attiva

Um den Aktivierungsdiskurs in Italien nachzuzeichnen, wurde eine Dokumentenanalyse arbeitsmarktpolitischer Quellen und Expert*inneninterviews mit arbeitsmarktpolitischen Akteur*innen durchgeführt. In diesem Abschnitt sollen die wichtigsten Quellen analysiert werden, die den Anfang eines von der EBS induzierten Aktivierungsdiskurses in Italien markierten, der aus dem akademischen, vor allem arbeitsrechtlichen Umfeld, angestoßen wurde. Die Rolle der Tarifparteien wird überwiegend im Abschnitt 3.5.3 behandelt.

Der Zehnjahresplan für Arbeit von 1986 von Gianni De Michelis, PSI-Arbeitsminister und späterer Außenminister unter Craxi, gilt als erster programmatischer Versuch, die Arbeitsmarktpolitik stärker zu planen. Er bezog sich neben Lohnersatzleistungen auch auf aktive Arbeitsmarktpolitik im Sinne von Flexibilisierung und Qualifizierungsmaßnahmen und plädierte für eine europäische Koordinierung der Arbeitsmarktpolitik (vgl. Graziano 2004: 126f.). Der Plan für Arbeit nahm viele Forderungen der 1990er vorweg, u.a. Änderungen des Arbeiterstatuts zur Einschränkung des Kündigungsschutzes, die Teilnahme an gemeinnützigen Arbeiten für Bezieher der CIG, flexiblere Arbeitsvertragsformen und eine Abkehr vom Standardarbeitsverhältnis. Die flexiblen Arbeitsvertragsformen sah der Plan vor allem für so genannte *soggetti deboli*, wörtlich „schwache Personen", vor, unter die er Jugendliche, Frauen, Langzeitarbeitslose und Behinderte subsumiert (vgl. De Michelis 1986: 121-127).

Der Aktivierungsdiskurs lässt sich nicht einer einzelnen politischen Richtung zuordnen. Schon 1992 verknüpfte beispielsweise ein Programm des in PDS umgewandelten PCI die Forderung nach der Einführung einer Leistung für Nichtbeschäftigte – also nicht Arbeitslose (*disoccupati*), sondern Inaktive (*inoccupati*) mit der Teilnahme an Weiterbildungs- oder Arbeitsmaßnahmen:

> „Und deshalb schlagen wir eine Unterstützungsleistung für Inaktive als eine Art Mindestlohn (oder Grundeinkommen) vor [...] und der Bezug ist strikt abhängig von der Teilnahme der Inaktiven an kontrollierten Aktivitäten der beruflichen Weiterbildung und/oder richtigen Arbeit, die von der lokalen Gemeinschaft organisiert wird [...] und die tatsächliche Teilnahme an Arbeits- oder Bildungsmaßnahmen dient abgesehen davon, dass sie eine gute Sache an sich ist, auch dazu, einen beachtlichen Teil derer, die heute offiziell als inaktiv gelten, abzuschrecken." (Partito Democratico della Sinistra 1992: 147f.; Übers. B.D.)

Ein zentrales Narrativ des arbeitsmarktpolitischen Diskurses war die Spaltung in Arbeitsmarkt-Insider und Outsider. Eine gängige Argumentation war, der Arbeitsmarkt schütze durch seinen rigiden Schutz die meist männlichen Arbeitsplatzbesitzer, also die Insider, während vor allem Frauen und Jugendliche durch das Sicherheitsnetz fielen (vgl. exemplarisch Sacconi/Tiraboschi 2006: 57ff.).

Eine wichtige Rolle im italienischen Aktivierungsdiskurs spielte der an der Universität Modena angesiedelte Thinktank adapt. Der Leiter, Arbeitsrechtsprofessor Michele Tiraboschi, war ein Schüler des im Jahr 2002 von den *Nuove Brigate Rosse* ermordeten und für das Gesetz 30/2003 namensgebenden Arbeitsrechtlers Marco

Biagi, dessen Arbeit der Thinktank weiterführen möchte. Biagi stand dem PSI ebenso nahe wie der spätere Arbeitsminister der Regierung Berlusconi IV (2008–2011), Maurizio Sacconi, der von 1979 bis 1992 für den PSI in der Abgeordnetenkammer saß und der Vereinigung der Freunde Marco Biagis angehört.[69] Biagi beriet die italienischen Regierungen Prodi und Berlusconi und war stellvertretender Vorsitzender des Beschäftigungsausschusses der EU(vgl. Gulotta/Nigro 2002).

Die CISL hat den Aktivierungsdiskurs mit geformt, vor allem durch den Vorsitzenden der für aktive Arbeitsmarktpolitik zuständigen Agentur Italia Lavoro, Natale Forlani, der eine typische Funktionärskarriere in der CISL durchlaufen hat. Forlani ist Mitautor des von Marco Biagi geschriebenen Weißbuchs Arbeit im Jahr 2001, das von der Berlusconi-Regierung als Blaupause für die Biagi-Reform benutzt wurde (vgl. Natale Forlani, Professional profile, o.O., o.J.).[70]

Eine größere Bedeutung bekam der Aktivierungsdiskurs mit eben jenem Weißbuch Arbeitsmarkt der Regierung Berlusconi II, das 2001 unter dem Arbeitsminister Roberto Maroni (Lega Nord) veröffentlicht wurde. Eine Gruppe um Biagi und Maurizio Sacconi hatte es erstellt. Zur Redaktionsgruppe gehörten Carlo Dell'Aringa, Natale Forlani, Paolo Reboani und Paolo Sestito. Es orientiert sich an Vorgaben und Richtlinien der EU und bezieht sich in seiner Analyse auf Vergleiche mit anderen EU-Ländern. Leitmotto der neuen Arbeitsmarktpolitik sollten Flexibilität und Sicherheit sein (vgl. Ministero del Lavoro e delle Politiche Sociali 2001: Vf.). Somit antizipierte das Weißbuch den späteren Flexicurity-Diskurs: „Wenn es auf der einen Seite nötig ist, den Schutz des beschäftigten Arbeitnehmers angemessen neu zu justieren, so ist es auf der anderen Seite notwendig, einen höheren Schutz gegenüber dem Markt zu garantieren" (ebd.: 46; Übers. B.D.). Das Weißbuch befürwortete ein wettbewerbsorientiertes Verhältnis zwischen öffentlicher und privater Hand und wollte ermöglichen, die Arbeitsvermittlung auch unternehmerisch zu organisieren (vgl. ebd.: 49).

> „Deswegen werden die Aktivitäten, die auf eine öffentliche Restfunktion zurückzuführen sind, ermittelt und systematisiert (Verzeichnisse, die Erfassung der Berufsdaten, Kontrolle des Status und der Dauer der unfreiwilligen Arbeitslosigkeit, Systemtätigkeiten) die durch die öffentliche Arbeitsverwaltung und vertragsgebundene Strukturen (öffentliche oder private) sichergestellt werden sollen; während die Arbeitsmarktdienstleistungen dem freien Markt übertragen werden in einem Regime von Wettbewerb und Konkurrenz zwischen den öffentlichen Dienstleistern und den privaten berechtigten Anbietern." (Ministero del Lavoro e delle Politiche Sociali 2001: 47; Übers. B.D.)

---

69 Zu Sacconi vgl.: https://it.wikipedia.org/wiki/Maurizio_Sacconi, zuletzt geprüft am 20.05.2019.

70 Forlani war Regionalsekretär der Branchengewerkschaft FILCA CISL in der Lombardei von 1978 bis 1981, Generalsekretär der FILCA CISL auf nationaler Ebene von 1987 bis 1991, Delegierter beim EGB von 1988 bis 1991 und Sekretär der CISL auf nationaler Ebene von 1991 bis 1998.

Während die Autoren des Weißbuchs eine Vereinheitlichung und Ausweitung der unterschiedlichen Unterstützungsleistungen fordern, möchten sie diese gleichzeitig an eine aktive Arbeitssuche, Annahme von Arbeitsmöglichkeiten oder Weiterbildung knüpfen:

> „Es geht darum, auch in unserem Ordnungsrahmen eine grundlegende Innovation einzuführen: alle Formen der öffentlichen Unterstützungsleistungen können nur bezogen werden, wenn genaue Verpflichtungen des Empfängers definiert werden durch eine rigorose Vereinbarung [...] Im Falle einer mehrfachen Verweigerung, verliert er jedes Anrecht die vorher vereinbarte Unterstützung zu erhalten." (Ministero del Lavoro e delle Politiche Sociali 2001: 70; Übers. B.D.)

Das Weißbuch fordert eine höhere Lohnspreizung, die dem regional differenzierten Arbeitsmarkt besser entspräche (vgl. ebd.: XIII). Die nationalen Branchentarifverträge stünden der Flexibilität entgegen, weshalb die nachgeordnete dezentrale Tarifebene gestärkt werden müsse (vgl. ebd.: 82f.). Die Autoren des Weißbuchs plädierten für partizipatorische Arbeitsbeziehungen, weil sie zur Wettbewerbsfähigkeit beitrügen (vgl. ebd. XIV).

Die CGIL kritisierte das Weißbuch wegen der Forderung nach einer Dezentralisierung der Tarifverhandlungen. Die Maßnahmen des Weißbuchs entsprächen den Forderungen des Kongresses der Confindustria und widersprächen der europäischen Gesetzgebung und der Rechtsprechung des italienischen Verfassungsgerichtes. Außerdem seien sie ein Versuch, das Tarifsystem und die Gewerkschaftsvertretungen auszuhebeln (vgl. Dusse 2002: 63f.). 2002 unterschrieben die Gewerkschaften CISL und UIL ohne die CGIL ein tripartistisches Abkommen mit der Regierung Berlusconi und der Confindustria, welches sich positiv auf das Weißbuch bezog und sich dem Konzept des „Sozialstaats für Arbeit (welfare to work)" verschreibt (vgl. Corriere della Sera 7.7.2002). Das Abkommen forderte:

> „[...] eine strikte Verknüpfung des Bezugs von Unterstützungsleistungen mit den Rechten und Pflichten des Arbeitslosen durch regelmäßige Überprüfung des tatsächlichen Standes der unfreiwilligen Arbeitslosigkeit, der unmittelbaren Verfügbarkeit und Teilnahme an Bildungsmaßnahmen, an anderen Maßnahmen oder Arbeitsmöglichkeiten nach festgelegten Modalitäten, die den Verlust der Leistungen beim Nichteinhalten dieser Bedingungen vorsehen." (Governo e parti sociali 2002: 4; Übers. B.D.)

Ein weiteres programmatisches Dokument ist ein Manifest von 2004 mit dem Titel *La società attiva. Manifesto per le nuove sicurezze (Die aktive Gesellschaft. Manifest für neue Sicherheiten)*, das vom späteren Arbeitsminister Sacconi, Michele Tiraboschi und Poalo Reboani verfasst wurde. Dieses spricht positiv von einer Einführung von Workfare in Italien durch die Biagi-Reform: „Dieses Modell, das von der Biagi-Reform übernommen wurde, stellt auch in unserem Land einen ersten konkreten Versuch der Workfare-Politik dar" (Sacconi/Reboani/Tiraboschi 2004: 127; Übers. B.D.). Dem Manifest ist ein Zitat von Anthony Giddens vorangestellt. Es bezieht sich auf die EBS, die Lissabonstrategie und auf europäische Vergleichsdaten. Im dritten Kapitel mit dem Titel *Workfare: aktive Unterstützung für Beschäftigungsfähigkeit* beschreiben die Autoren detailliert die Einführung von Workfare-Elementen und wiederholen quasi wortgleich mit dem Weißbuch von 2001 ihre positive Haltung zur Konditionierung von Leistungsbezügen:

> „In diese Richtung bewegt sich die Einführung einer fundamentalen wie entscheidenden Innovation auch in unserem Rechtsrahmen: Keine Form einer öffentlichen Unterstützungsleistung kann mehr beantragt werden ohne genau definierte Verpflichtungen des Empfängers nach einem rigorosen vertragsgemäßen Plan. Also muss die Erbringung egal welcher Form von Sozialleistungen präventiv auf eine Vereinbarung mit dem Empfänger gegründet sein damit dieser aktiv eine Beschäftigung sucht nach einem Plan, der im Voraus mit der öffentlichen Arbeitsverwaltung vereinbart wird und der auch Bildungsmaßnahmen beinhalten kann sowie eventuell auch die Beteiligung privater Anbieter und Arbeitsvermittler." (Sacconi/Reboani/Tiraboschi 2004: 126f.; Übers. B.D.)

Um eine sofortige Beendigung der Leistungszahlungen bei Ablehnung einer Bildungsmaßnahme oder einer Stelle umzusetzen, sei eine verstärkte Koordinierung zwischen den Jobcentern, den Provinzdirektionen für Arbeit und den Sozialversicherungsbehörden (INPS) nötig (Sacconi/Reboani/Tiraboschi 2004: 127). „Die Arbeit soll sozusagen als kulturelles Modell und Lebensprojekt angesehen werden, nicht jedoch wie die einfache Besitznahme eines 'Arbeitsplatzes' und noch weniger als ein Arbeitsplatz um jeden Preis" (ebd.: 32; Übers. B.D.). Die Familie sei Kern der aktiven Gesellschaft. Die Autoren des Manifests wollen sowohl die Frauenerwerbsquote als auch die Geburtenrate erhöhen (vgl. ebd.).

Arbeitsmarktpolitische Quellen wie das Weißbuch der Regierung Berlusconi II (vgl. Ministero del Lavoro e delle Politiche Sociali 2001), eine Selbstdarstellung der für aktive Arbeitsmarktpolitik zuständigen Agentur Italia Lavoro (vgl. Italia Lavoro o.J.), ein im Juli 2007 auf nationaler Ebene abgeschlossenes tripartistisches Abkommen (vgl. Governo e parti sociali 2007) und ein Bericht des für Berufsbildung zuständigen staatlichen Instituts ISFOL (seit 2016 INAPP) (vgl. ISFOL 2006) wiesen auf den Übergang von Welfare zu Workfare hin und benutzen diese Wortwahl. Auch den befragten Expert*innen war dieser Diskurs bekannt.[71]

3.5.2 Gesetzesänderungen seit den 1990er Jahren

Bevor die Phase seit den 1990er Jahren analysiert wird, werden wichtige Änderungen in den 1980ern rekapituliert. Die Gesetzesänderungen seit den 1990er Jahren

71 Inwieweit das neu eingeführte Sanktionsregime aber tatsächlich ausgeführt wird, lässt sich im Rahmen der gewählten Methodik und des Schwerpunkts dieser Arbeit nicht beantworten und bietet Anlass zu weiteren Forschungsarbeiten.

zeichnen sich trotz häufiger Regierungswechsel durch eine Kontinuität im Sinne einer Flexibilisierung und Deregulierung des Arbeitsmarktes aus (vgl. u.a. Rangone/Solari 2012). Auch Schlemmer (2010) sieht eine arbeitsmarktpolitische Kontinuität zwischen der zweiten Berlusconi-Regierung (2001–2006) und ihren Vorgängern. So habe sowohl die Prodi- als auch die Berlusconi-Regierung die Flexibilisierung und Deregulierung des Arbeitsmarktes verstärkt. Talani und Cerviño (2003: 204f.) interpretieren die arbeitsmarktpolitischen Änderungen in Italien seit den 1990er Jahren als neoliberale Strukturreform, die den wettbewerbsstaatlichen Umbau beförderte. Der Umbau des Arbeitsmarktes führte zu einer Zunahme prekärer Beschäftigungsverhältnisse. Die 1990er Jahre markieren hierbei jedoch keinen Bruch. Schon in den 1980er Jahren begannen die Regierungen, den Arbeitsmarkt zu flexibilisieren. Deshalb werden die für die Fragestellung wichtigsten Gesetzesänderungen entlang dreier Phasen (1980er bis 1996, 1996–2007 und 2008–2015) nachgezeichnet.

Wissenschaftler und so genannte neutrale Technokraten forcierten seit Anfang der 1990er Jahre den wettbewerbsstaatlichen Umbau. Sie vertraten wirtschaftspolitische Positionen, die mit ihren Professionen als Direktor der italienischen Zentralbank (Dini), Bau- und Medienunternehmer (Berlusconi), Wirtschaftsprofessor (Prodi) und Wettbewerbskommisar (Monti) korrespondierten. In den 1990er Jahren entstand ein wettbewerbsstaatlicher Kompromiss zwischen den Vertretern von Kapital und Arbeit, die sich darauf verständigten, den Eintritt in den Euroraum unter Inkaufnahme von Kaufkraftverlusten und einer strikten Sparpolitik zu erreichen (vgl. Telljohann 1999).

Flexibilisierung und Kommodifizierung bis 1996

Eine Konditionierung des Leistungsbezugs und ein die passive mit einer aktiven Arbeitsmarktpolitik verknüpfender Ansatz lässt sich bis Ende der 1980er Jahre nicht feststellen, aber neue vom Standardarbeitsverhältnis abweichende Arbeitsvertragsformen wurden eingeführt, z.B. 1984 die Teilzeitarbeit nach einem Abkommen von 1983. Zum ersten Mal konnte eine vom Tarifvertrag nach unten abweichende Arbeitszeit eingeführt werden. Weil die Abgaben für Teilzeitarbeit proportional höher liegen als bei Vollzeitstellen, wurden Teilzeitverträge aber weit seltener abgeschlossen als in anderen europäischen Ländern. Die Solidaritätsverträge sollten eine Stundenreduzierung zugunsten von Neueinstellungen im Unternehmen fördern, wobei ein Teil des Lohnverlustes staatlich aufgestockt wird. Die eingeführten Ausbildungs- und Arbeitsverträge sahen geringere Einstiegslöhne für unter 30-Jährige vor, wenn sie gleichzeitig Ausbildungsinhalte vermittelt bekommen (vgl. Gualmini/Rizza 2013: 137ff.).

Nach dem Gesetz 56/1987 zur Reform der Arbeitsvermittlung befasste sich die Bezirksabteilung des Arbeitsministeriums mit Vermittlungsdiensten. Unter diese fielen das Führen des Registers der Arbeitssuchenden und die Kontrolle der Rangfolge sowie die Aufnahme und Streichung von Beschäftigten aus den Listen. In einer Publikation des Arbeitsministeriums von 1988 wird die vorsorgliche Einschreibung in die Vermittlungslisten von Personen, die noch nicht dem Arbeitsmarkt zur Verfügung stehen, problematisiert. So konnten Personen, die sich arbeitslos melden, später schneller vermittelt werden.

> „Die Einschreibung zur Vermittlung als Voraussetzung, bei der Aufnahme einer öffentlichen oder privaten Beschäftigung unterstützt zu werden, ist eine Maßnahme der Transparenz, die den Schwächsten helfen soll. Aber es häufen sich die 'präventiven' Einschreibungen von Personen, die eigentlich gar nicht dem Arbeitsmarkt zur Verfügung stehen, sozusagen eine 'Reservierung' während des Studiums, um eine längere Einschreibungszeit zu erreichen, die einen bei der Stellenvermittlung nach vorne rücken lässt." (Brunetta 1988: 246f.; Übers. B.D.)

Hier zeigt sich noch eine der so genannten Aktivierung entgegengesetzte Logik. Denn kritisiert wird staatlicherseits, dass die Personen, die sich arbeitslos melden, möglichst zügig vermittelt werden möchten. Die prophylaktische Einschreibung verkürzte die Wartezeit (vgl. Brunetta 1988: 247). Mit den Gesetzen 56/1987 und 223/1991 wurde die seit 1949 verpflichtende *chiamata numerica* abgeschafft, mit der Arbeitssuchende nicht namentlich, sondern anonymisiert vermittelt wurden (vgl. Ciarfardini/del Giudice/Izzo 2008: 231). Schon 1983 war nach einem Sozialpakt das Verfahren dahingehend modifiziert worden, dass Arbeitgeber 50% der Arbeitskräfte namentlich einstellen konnten (vgl. Graziano 2004: 124).

1996–2007: Arbeitsmarktgesetzgebung von der EBS bis zur Krise

Mit dem Bassanini-Gesetz 59/1997 zur Reform der Arbeitsvermittlung wurde die öffentliche Arbeitsverwaltung dezentralisiert. Wie oben geschildert existierte in Italien keine zentrale Arbeitsmarktbehörde, sondern die Arbeitsvermittlung war über Unterabteilungen des Arbeitsministeriums organisiert. Die Vermittlungsbüros (*uffici di collocamento*) wurden in *centri per l'impiego*, also Jobcenter, umgewandelt. Das Bassanini-Gesetz stärkte die Kompetenzen der Regionen und Provinzen. Der nationalstaatlichen Ebene blieb die Aufgabe einer generellen Orientierung, Förderung und Koordinierung der Arbeitsmarktpolitik. Die aktive Arbeitsmarktpolitik lag nun in der Verantwortung der Regionen, während die Provinzen die Arbeitsvermittlung staatlicherseits verwalten. Auf der regionalen Ebene wurden Arbeitsagenturen eingerichtet, die die Maßnahmen steuern und kontrollieren sollten (vgl. Ferrera/Sacchi 2005: 143). Erst mit dem Biagi-Gesetz 2003 wurde die Rechtsanpassung gegenüber der Arbeitsvermittlung, wie sie seit 1949 bestand, abgeschlossen. Bis dahin existierten neben den neuen Regelungen die alten fort (vgl. Italia Lavoro 2008: 13f.).

1997 wurde unter der Mitte-links-Regierung Prodi mit dem nach dem Arbeitsminister benannten Treu-Paket (Gesetz 196/1997) das staatliche Monopol der Arbeitsvermittlung abgeschafft und Zeitarbeit (*lavoro interinale*) legalisiert (vgl.

Graziano 2004: 133f.). Hiermit wurde ein entscheidender Wandel vollzogen, der zu einer Liberalisierung der Arbeitsvermittlung, Zeitarbeit und einer Fragmentierung der Arbeitsvertragsformen führte. Die Vorbereitung des Gesetzespakets durch einen Sozialpakt von 1996 wird im Abschnitt zu den Gewerkschafts- und Arbeitgeberpositionen näher beleuchtet. Dem Gesetzespaket waren Entscheidungen des EuGHs vorangegangen, der das Arbeitsvermittlungssystem in Italien als zu stark staatlich reglementiert beurteilte. So entschied der EuGH am 11.12.1997, dass das staatliche Monopol gegen den EG-Vertrag verstoße.[72] Allerdings war das Treu-Paket zu diesem Zeitpunkt schon verabschiedet. Neben der Zeitarbeit wurden die Teilzeitarbeit und Praktikaregelungen weiter erleichtert sowie die Berufsbildung neugeordnet (Casabona 2003: 171f.). Schon bestehende vom Standardvertrag abweichende Vertragsformen, wie Befristungen und Ausbildungsverträge wurden ebenso ausgeweitet wie Freelance-Verträge, die co.co.co (*collaborazione coordinata continuativa,* koordinierte und kontinuierliche Zusammenarbeit) (vgl. Graziano 2004: 133f.; Gualmini/Rizza 2013: 153).

Mit der Verordnung 181 aus dem Jahr 2000 wurde Arbeitslosigkeit neu definiert als eine Situation, in der eine Person der lokal zuständigen Arbeitsverwaltung die Arbeitslosigkeit nachweisen und sofort für eine Arbeit zur Verfügung stehen muss, welches durch eine einmalige Erklärung erfolgen sollte. Diese unmittelbare Verfügbarkeitserklärung bestand vorher nicht. Vorher definierte sich die Arbeitslosigkeit über die formale Einschreibung zur Arbeitsvermittlung. Die Ablehnung eines Arbeitsangebots sollte zum Verlust des Status der Arbeitslosigkeit führen und bezog sich auf Stellen zu den für den Beruf üblichen Bedingungen mit einer Mobilitätsanforderung von bis zu 50 km und einer Mindestdauer von vier Monaten (vgl. Sestito 2005: 9f.; vgl. Presidente della Repubblica 2000). Die arbeitsmarktpolitischen Kompetenzen verschoben sich radikal zu Gunsten der Regionen seit der Verfassungsreform von 2001. Außer den Versicherungsleistungen liegt die Verantwortung auf der subnationalen Ebene, so dass Ferrera (2005a: 199) von der Herausbildung regionaler Arbeitsmarktregime spricht.

Das unter der Regierung Berlusconi II im Jahr 2003 verabschiedete Biagi-Gesetz (*Legge Biagi, decreto legislativo 276/2003*) war ein Gesetzesdekret, dass nach dem Delegierungsgesetz[73] 30/2003 (*legge delega 30/2003*) ausformuliert wurde und inhaltlich auf dem Weißbuch Arbeitsmarkt von 2001 aufbaute. Das Gesetzesdekret 276/2003 bezog sich in den Zielsetzungen auf die EU in Bezug auf Beschäftigung und

72 Siehe Urteilstext: EuGH, C-55/96, 11.12.1997, Luxemburg.

73 Eine *legge delega* (wörtlich „Delegierungsgesetz") setzt den Rahmen für ein Gesetzgebungsverfahren und überträgt die genaue Ausformulierung an die Regierung, die hierzu Gesetzesdekrete (*decreti legislativi*) erlässt und überträgt damit in dem gesetzen Rahmen für eine begrenzte Zeit der Regierung die gesetzgeberische Gewalt.

Lebenslanges Lernen (vgl. Legge Biagi, Gazzetta Ufficiale 9.10.2003). Die offizielle Rhetorik zur Biagi-Reform argumentierte mit der Insider-Outsider-Problematik und formulierte das Ziel, neue Arbeitsplätze insbesondere für Jugendliche im Mezzogiorno und Frauen und Ältere in ganz Italien zu schaffen und einen transparenten Arbeitsmarkt zu etablieren, der alle Personen im erwerbsfähigen Alter berücksichtigt. Des Weiteren sollte die Arbeitsvermittlung vereinfacht und ein Netz von öffentlichen und privaten Dienstleistern aufgebaut werden. Reguläre Arbeit sollte gefördert und so genannte Arbeitsmarktrigiditäten überwunden werden, weil diese – so die Argumentation des Ministeriums – zu irregulärer und prekärer Beschäftigung geführt habe. Die überbordende Anwendung der Vertragsform co.co.co. seit dem Treu-Paket sollte wieder eingeschränkt werden. Die co.co.co. wurden für den Privatsektor verboten, dafür aber durch die so genannte Projektarbeit *(lavoro a progetto)* ersetzt, um Scheinselbstständigkeit aufzudecken (vgl. Gualmini/Rizza 2013: 156).

Durch die Biagi-Reform kam es jedoch zu einer Ausweitung prekärer Beschäftigungsformen. Neben der Projektarbeit führte sie eine neue Form der Leiharbeit (*contratto di somministrazione di lavoro*), die Arbeit auf Abruf (*lavoro intermittente o a chiamata)* und die geteilte Arbeit (*lavoro ripartito)* ein. Die Leiharbeitsform *contratto somministrazione di lavoro* löste die *lavoro interinale*, ebenfalls eine Form der Leiharbeit ab, die schon 1997 eingeführt worden war. Das so genannte *staff leasing* konnte nun nicht nur auf zeitlich befristete, sondern auch auf unbefristete Verträge angewandt werden. Die Biagi-Reform weitete also die Möglichkeiten für die Nutzung und Dauer der Leiharbeit aus. Die *lavoro ripartito* (geteilte Arbeit) sollte für die Unternehmen den Vorteil bringen, bei zwei Auftragnehmer*innen das Risiko krankheitsbedingter Ausfälle zu reduzieren (vgl. Gualmini/Rizza 2013: 154f.).

Die Liberalisierung der Arbeitsvermittlung, die schon 1997 unter Prodi ihren Anfang genommen hatte, wurde mit dem Gesetzesdekret 276/2003 abgeschlossen. Öffentliche Anbieter und andere Akteur*innen wurden in der Arbeitsvermittlung gleichgestellt und die Arbeitsvermittlung dezentralisiert. Darunter konnten auch Gewerkschaften oder Arbeitgeberverbände, die bilateralen Einrichtungen (*enti bilaterali*), Schulen, Universitäten, Kommunen, Arbeitsberater und Handelskammern fallen (vgl. Gualmini/Rizza 2013: 156). Das Biagi-Gesetz liberalisierte die Arbeitsmarktpolitik also weiter und flexibilisierte die Arbeitsvertragsformen, so dass prekäre Beschäftigung ausgedehnt wurde, obwohl die Reform diese offiziell eindämmen wollte. Betroffen waren von der Ausweitung prekärer Beschäftigung gerade die Arbeitsmarktgruppen, die als Outsider angesprochen werden sollten, nämlich Jugendliche, Frauen und ältere Beschäftigte. Die Erosion des Normalarbeitsverhältnisses durch die Prekarisierung der Beschäftigungsformen, die hierdurch forciert wurde, wurde in der italienischen Öffentlichkeit breit diskutiert (vgl. Interview CISL 2007; Interview UIL 2007; Interview CGIL 2007; Interview Confindustria 2007). Sie wird unter dem Punkt 3.5.6. weiter ausgeführt werden.

Im Gegensatz zum Treu-Paket und dem Biagi-Gesetz versuchte das Gesetz 247/2007, das unter der Regierung Prodi II in Folge eines tripartistischen Abkommens vom Juli 2007 verabschiedet wurde, atypische Arbeitsvertragsformen zu reduzieren. So wurden z.B. die Vertragsformen *staff leasing* und *lavoro intermittente* abgeschafft, die allerdings unter der im Frühjahr 2008 erneut an die Macht gekommenen Regierung Berlusconi wieder eingeführt wurden (vgl. Gualmini/Rizza 2013: 157). Das normale Arbeitslosengeld wurde angehoben, und an die vorhandenen Regelungen zur Konditionalität gebunden. Eine Erhöhung des Beschäftigungsniveaus wurde angestrebt und der Gesetzgeber aufgefordert, zukünftig eine Angleichung der Lohnersatzleistungen und Verfahren zur Wiedereingliederung anzustreben und aktive arbeitsmarktpolitische Maßnahmen vor allem für „schwache" Arbeitsmarktgruppen wie Frauen, Ältere und Jugendliche umzusetzen und hierzu die Arbeitsverwaltung, die Leistungen sowie die Wiedereingliederungs- und Ausbildungsverläufe besser zu koordinieren (vgl. Legge n. 247/2007, G.U. 24.12.2007). Ausgehend von einem niedrigen Ausgangsniveau wurde das normale Arbeitslosengeld erhöht, nämlich auf 60% des vorherigen Lohnes für die ersten sechs Monate, 50% für die folgenden zwei Monate und 40% für die Monate 8-12 des Bezuges, die allerdings nur für Arbeitslose über 50 Jahren gezahlt wurden. Auch die reduzierte Arbeitslosenunterstützung mit einer verkürzten Anwartschaftszeit wurde angehoben (vgl. Gualmini/Rizza 2013: 157). Die Ausweitung sozialer Absicherung wurde an einen Aktivierungsansatz gekoppelt. Darauf wies schon das Abkommen zwischen den Gewerkschaften und der Regierung Prodi von 2007 hin (vgl. Governo e parti sociali 2007).

Arbeitsmarktpolitik seit der Wirtschafts- und Finanzkrise

Die Regierung Berlusconi IV traf mit dem Gesetz 183/2010 in Folge der Wirtschafts- und Finanzkrise Maßnahmen gegen die steigende Arbeitslosigkeit, die außerhalb des normalen gesetzlichen Rahmens lagen, und nur für die Krisenzeit gelten sollten. Die so genannte soziale Abfederung in Ausnahmefällen (*amortizzatori sociali in deroga)* wurde für einen erweiterten Empfängerkreis unter Rückgriff auf den aus ESF-Mitteln finanzierten Nationalen Beschäftigungsfonds unter der Koordination der Regionen bereitgestellt. Diese Auszahlungen wurden mit Aktivierungsmaßnahmen und einem Sanktionsregime verknüpft (vgl. Gualmini/Rizza 2013: 157f.). Der Umfang der *ammortizzatori in deroga* richtet sich nach den dafür vom jährlichen Haushaltsgesetz festgesetzten Mitteln (vgl. INPS 2010: 183). Die Teilnahme an Maßnahmen aktiver Arbeitsmarktpolitik ist seit 2009 (l.2/2009) für Arbeitslose bei Transferleistungen verpflichtend. Einerseits weitete die Regierung Berlusconi IV also den Bezieher*innenkreis durch temporäre Krisentransferleistungen aus. Andererseits knüpfte sie die Sonderleistungen an Aktivierungsmaßnahmen in Form von Weiterbildungs- und Arbeitsangeboten (vgl. Gualmini/Rizza 2013: 158f.). Auch die CIG wurde auf neue Branchen ausgeweitet, vor allem im Bereich der atypischen

Beschäftigung. Die Anspruchsvoraussetzungen wurden erleichtert und die Dauer verlängert (vgl. Maino/Neri 2011: 459; Sacchi u.a. 2011: 478ff.).

Das Dekret „Italien Retten“ *(Salva Italia)* der Monti-Regierung, mit dem das Pensionsalter heraufgesetzt wurde, wurde von der CGIL, CISL und UIL abgelehnt, die zu einem dreistündigen Generalstreik aufriefen. Das Dekret schränkte zudem die bei Massenentlassungen mögliche Leistung *mobilità* ein, die nicht mehr bis zum Rentenalter ausgezahlt werden sollte. Die Gewerkschaften konnten nur einige Ausnahmen im parlamentarischen Prozess aushandeln, weshalb sie weiterhin das Dekret kritisierten (Pedersini/Regini 2013: 16f.).

Während die Gesetzesänderungen seit Ende der 1990er Jahre das Arbeitsmarktsystem leicht modifiziert hatten, bezeichnen Gualmini/Rizza (2013: 159) die Fornero-Reform von 2012 (*Legge 28 giugno 2012 n. 92*) als umfassende Arbeitsmarktreform in Bezug auf drei geregelte Bereiche, nämlich die Regulierung der Arbeitsvertragsformen, das Arbeitslosengeld und die aktive Arbeitsmarktpolitik. Ähnlich wie die Biagi-Reform sollte die Reform laut der offiziellen Rhetorik das Normalarbeitsverhältnis stärken, allerdings ermöglichte sie gleichzeitig die Anwendung von atypischen Arbeitsverträgen, die über einen Zeitraum bis zu zwölf Monaten reichen. Bezüglich der Transferleistungen wurden unter der Regierung Monti 2012 neben diversen Maßnahmen im Sinne der Austeritätspolitik von EZB, EU-Kommission und IWF das normale Arbeitslosengeld abgelöst durch die so genannte Sozialversicherung für Beschäftigung (*assicurazione sociale per l'impiego, ASpI*), die 2016 in Kraft getreten ist und 75% des vorherigen Lohnes für ein Jahr für alle Arbeitslosen nach einer Anwartschaftszeit von zwei Jahren abgedeckt. Die CIG wurde auf andere Bereiche ausgeweitet (vgl. Mammarella 2012: 196ff.; Gualmini/Rizza 2013: 159ff.; Piazza/Myant 2015: 19ff.). Die Mini-ASpI, die die gleiche Höhe, aber eine kürzere Bezugsdauer als die ASpI hatte, wurde für Arbeitslose eingeführt, die die Bezugsvoraussetzungen noch nicht erfüllt hatten. Der Versichertenkreis wurde um Auszubildende erweitert. Zwei Drittel der Arbeitslosen, die vorher nicht in die Arbeitslosenversicherung einbezogen waren, wurden einbezogen. Davon profitierten vor allem Leiharbeiter*innen und befristet Beschäftigte. Allerdings bestanden weiterhin große Unterschiede zwischen regulär und atypisch Beschäftigten, weil die Anwartschaftszeit für Atypische schwerer zu erreichen ist. Die Höhe der ASpI/Mini-ASpI lag geringfügig höher als bei dem alten normalen Arbeitslosengeld (vgl. Piazza/Myant 2015: 22).

Mit der Ausweitung der Arbeitslosenversicherung verband sich ein Aktivierungsansatz, wie die zuständige Ministerin Elsa Fornero ausführte:

> "The reform also established that access to benefits is contingent to the individual's willingness to be active in the labor market (i.e. by participating in re-training courses) or to accept a job offer, at given conditions. In case of refusal – and this is a rather radical departure from the past – the benefit is cancelled. Of course, to be effective these 'stick and carrot' devices need very serious monitoring and implementation, which can be a

problem in a country rather unfamiliar with active policies and to contingent benefits." (Fornero 2013: 9)

Fornero deklarierte in einem Inteview mit dem Wallstreet Journal im Juni 2012, dass Arbeit kein Recht sei, sondern man sich dieses auch durch Opfer verdienen müsse und in Italien sich die Einstellungen ändern müssten (vgl. Pogliotti/Rota della Porta 2012). Sie wies darauf hin, dass sich die Reformen an den deutschen Hartz-Reformen orientierten. Mit der Reform sollte sich in der Argumentation der Regierung die Flexibilität zwischen den Arbeitsplätzen erhöhen und ein inklusiveres Arbeitslosenversichungssystem etabliert werden (vgl. Piazza/Myant 2015: 22). Der Kündigungsschutz wurde mit der Fornero-Reform dahingehend modifiziert, dass auch für unternehmensbedingte Kündigungen eine Abfindung statt einer Wiedereingliederung nach § 18 des Arbeiterstatuts möglich sein kann. Die Entscheidungsgewalt für eine Wiedereingliederung oder eine Abfindungszahlung wurde von den Beschäftigten auf den/die Richter*in übertragen (vgl. Carinci 2012: 310-315; Mammarella 2012: 197f.; Piazza/Myant 2015: 22f.).

Atypische Verträge, insbesondere Befristungen, verringerten sich durch die Reform nicht, sondern erhöhten sich weiter. Zwar wurde der Gebrauch erschwert, zum Beispiel mussten Projektverträge klarer definiert werden, aber für befristete Verträge galt mit der Reform eine sachgrundlose Befristung bis zu einem Jahr. Im vierten Quartal 2013 waren 67,8% der Neueinstellungen befristet gegenüber 16,1% unbefristeten (2012: 63,7% vs. 17,6%) (vgl. Piazza/Myant 2015: 26). Carinci (2012: 316) beurteilt die offizielle Zielsetzung der Fornero-Reform, die Schere zwischen den unbefristeten Arbeitsmarktinsidern und den befristeten Outsidern zu verringern, skeptisch. Umgekehrt habe sie die Schere noch vergrößert, weil Arbeitgeber etwa durch die eingeführte sachgrundlose Befristung noch größeren Gebrauch von befristeten Beschäftigungsformen machen würden. Auch habe das Gesetz Nr. 91/2012 nicht die Anzahl der atypischen Arbeitsvertragformen reduziert, sondern sie nur restriktiver reguliert (vgl. ebd. 307).

Seit einem 2011 unter Berlusconi beschlossenen Gesetz (148/2011) konnten lokale Tarifverträge oder Betriebsvereinbarungen den gesetzlichen Rahmen unterlaufen. Dies führte, obwohl wegen der ablehnenden Haltung der Gewerkschaften bis dahin nicht oft angewendet, 2012 zu einer Betriebsvereinbarung zwischen der Firma Golden Lady und der CGIL, CISL und UIL. In dieser wurden die restriktiven Regelungen der Fornero-Reform hinsichtlich so genannter Joint-Venture-Verträge, bei denen die Beschäftigten die Unternehmensrisiken mittragen, für 12 Monate ausgesetzt (vgl. Carinci 2012: 310).

Caterina (2017) analysiert sieben Hegemonieprojekte[74] bezüglich des italienischen Krisenmanagements (2008–2012) und untersucht deren Verbindung zu den

74 Diese sind 1. core domestic hegemony project of pro-European authoritarian neoliberal re-regulation, 2. core external hegemony project of authoritarian neoliberalism, 3. support-

politischen Projekten, die sich im Zuge der Fornero-Reform gebildet haben. Sechs der sieben Hegemonieprojekte orientierten sich demzufolge an neoliberalen Zielen, insbesondere der Haushaltskonsolidierung und Struktureformen sowie ergänzend Wachstumsinitiativen. Die CISL ordnet sie mit der UDC zusammen einem anderen Hegemonieprojekt zu als die PD, CGIL und UIL. Für meine Untersuchung, die ein anderes raum-zeitliches Framing hat, stellt sich die Frage, inwieweit diese Hegemonieprojekte temporär waren. In meiner Arbeit liegt der Schwerpunkt auf der Analyse der Strategien der Gewerkschaften und Arbeitgeberverbände und ihrer gemeinsamen Positionierung. Die hegemonialen Kämpfe beziehen sich auf das „Aktivierungsparadigma" und wie sich dieses durchgesetzt hat. Die Positionen der Gewerkschaften zur Fornero-Reform werden unter 3.5.3 weiter ausgeführt.

In der Debatte zum Jobs Act 2015 kam es zu starken Auseinandersetzungen zwischen der CGIL und der Mitte-links-Regierung von Matteo Renzi. Der Ministerpräsident der PD geführten Regierung, sei eine neue Margaret Thatcher, forderte ihn die Vorsitzende der größten italienischen Gewerkschaft CGIL, Susanna Camusso, heraus (vgl. La Stampa 19.09.2014). Die Gewerkschaften trügen eine Mitschuld an der Spaltung des Arbeitsmarktes und der Prekarisierung, konterte der italienische Ministerpräsident. Er werde für Gerechtigkeit sorgen, weil er allen eine Chance auf Arbeitsmarktteilnahme gebe, und damit die Wettbewerbsfähigkeit Italiens sichere.[75] Auf die offizielle Zielsetzung der Arbeitsmarktintegration und Überwindung des Insider-Outsider-Dualismus des Jobs Act weist Pini (2015: 206f.) in seiner kritischen Betrachtung des Delegierungsgesetzes hin, in der er die Widersprüchlichkeiten analysiert. Ihm zufolge stellen die Jobs Act-Gesetze eine Einschränkung des Schutzes für viele dar, während sie nur wenige Verbesserungen für diejenigen brächten, die bisher ohne Schutz seien.

Die Regierung Renzi plante den Kündigungsschutz weiter einzuschränken und hierzu zentrale Passagen aus dem in den 1970er Jahren erkämpften und seit den 1990er Jahren umstrittenen Arbeiterstatut zu streichen. Das Recht auf Wiedereingliederung in den Arbeitsplatz bei ungerechtfertigter Kündigung wurde auf wenige Ausnahmen beschränkt, z.B. bei Diskriminierungen. Für Neueinstellungen gilt ein neuer unbefristeter Arbeitsvertrag, der anstelle der alten aus dem Arbeiterstatut von 1970 stammenden Regelung der Wiedereingliederung in den Arbeitsplatz,

---

hegemony project of pro-European grand coalition, 4. support-hegemony project of pro-European capital-friendly neoliberal re-regulation, 5. centre-left satellite hegemony project of pro-European progressive neoliberal re-regulation, 6. centre-right satellite hegemony project of (pro-European) moderate neoliberal re-regulation, 7. Oppositional hegemony project of pro-European critical social reconfiguration (vgl. Caterina 2017: 507ff.).

75 Matteo Renzi (2014): Renzi replica a Camusso: „Difendete ideologie, non lavoratori", Videobotschaft aus: http://video.repubblica.it/politica/renzi-replica-a-camusso-difendete-ideologie-non-lavoratori/177745/176481, zuletzt geprüft am 20.05.2019.

Abfindungsregelungen einführt, die sich an der Dauer der Betriebszugehörigkeit orientieren (*contratto indeterminato a tutele crescenti*) (vgl. Rossi 2015).

Die Jobs Act-Gesetze sehen ein einziges universales Arbeitslosengeld vor, allerdings soll die Finanzierung mit anderen Haushaltstiteln abgeglichen werden und wurde so an Finanzierungsvorbehalte geknüpft (vgl. Palombi 2014; Altimari 2015: 88). Als neue Unterstützungsleistung ersetzt die NASpI die ASpI und Mini-ASpI. Die erneuerte ASpI sowie der Hinweis auf die Haushaltsdisziplin standen in Kontinuität zur Fornero-Reform (vgl. Altimari 2015: 88). Die Konditionalität der Leistungen an Maßnahmen aktiver Arbeitsmarktpolitik (Weiterbildungsmaßnahmen oder Jobangebot) wurde mit dem Gesetz 183/2014, ein Teil der Jobs Act-Gesetze, gestärkt und das Sanktionsregime verschärft. Die NASpI wurde an Bewerbungsbemühungen sowie Teilnahme an Weiterbildungen gebunden. Ein vorher nur in einigen Regionen bestehender Eingliederungsvertrag wurde italienweit eingeführt. Allerdings ist die Umsetzung auch an weitere Kompetenzverschiebungen zwischen dem Zentralstaat und den Regionen sowie die beschlossene Einrichtung der Arbeitsagentur ANPAL auf nationaler Ebene gebunden, der auch die Agentur Italia Lavoro unterstellt wurde (vgl. Altimari 2015: 87f.). Der Eingliederungsvertrag kann mit einer öffentlichen Arbeitsvermittlung oder einer privaten bei der Region akkreditierten Arbeitsagentur abgeschlossen werden. Hierfür erhalten die Arbeitslosen eine festgesetzte Summe, die so genannte persönliche Vermittlungsmitgift *(dote individuale di ricollocazione)*, die als Voucher bei den Agenturen eingesetzt werden kann. Diese können sie nur einlösen, wenn sie erfolgreich vermittelt haben. Je nach Einschätzung der Vermittelbarkeit der Arbeitslosen bekommen die Agenturen eine höhere Summe, damit vermieden wird, dass sie nur die leichtesten Fälle übernehmen (vgl. ebd.: 93f.). Die *dote* war bereits in der Lombardei eingeführt worden, was unter Punkt 3.7.2 ausgeführt wird.

Immer noch nicht alle abhängig Beschäftigten können das vereinheitlichte Arbeitslosengeld beziehen. Ausgenommen sind weiterhin unbefristet Beschäftigte der öffentlichen Verwaltung und befristete sowie unbefristete Arbeiter*innen in der Landwirtschaft, für die Sonderregelungen gelten. Das Arbeitslosengeld kann nun auch für Arbeitslose ausgezahlt werden, die selbst ihre Stelle aus gerechtfertigten Grund gekündigt haben, was die Rechtsprechung auch schon vorher unterstützte (vgl. Altimari 2015: 88f.).

Von der 13-wöchigen Anwartschaftszeit müssen mindestens 30 Arbeitstage in den 12 Monaten vor Bezug der NASpI liegen. Die Jobs Act-Gesetze haben die Bezugsdauer der NASpI ab 2017 an das Alter geknüpft und maximal 12 Monate für Arbeitslose unter 55 Jahren resp. 18 Monate für über 55-Jährige festgelegt. Während das ursprüngliche Arbeitslosengeld sich auf Grundlage des durchschnittlichen Verdienstes der letzten drei Monate vor Arbeitslosigkeit berechnete, sah die ASpI die letzten zwei und die NASpI die letzten vier Jahre als Berechnungsgrundlage vor.

Die Höhe beträgt 75% des durchschnittlichen Verdienstes. Während die ASpI eine fallende Summe von -15% nach sechs Monaten und weitere 15% nach 12 Monaten Arbeitslosigkeit vorsah, reduziert sich bei der NASpI der Betrag ab dem vierten Monat der Arbeitslosigkeit um 3% monatlich, d.h. im maximalen 18. Bezugsmonat beträgt die Lohnersatzrate nur noch 30% des durchschnittlichen Verdienstes (vgl. Altimari 2015: 89f.). Eine der NASpI nachgeordnete Leistung, die ASDI, die einer Bedarfsprüfung unterliegt und 75% der zuletzt ausgezahlten NASpI beträgt, wurde probeweise eingeführt. Da die Geldmittel aus einem Fonds stammten, konnte die Leistung nur bis zur Erschöpfung dieser Mittel beantragt werden. Die Leistung Dis-Coll soll probeweise für Projektverträge etc. ausgezahlt werden (vgl. ebd.: 91ff.).

Die zusätzlichen Arbeiten (*lavoro accessorio*), auch Voucher genannt, die mit dem Biagi-Gesetz eingeführt worden waren, wurden mit dem Jobs Act ausgeweitet. Hierbei konnten Unternehmen und Freiberufler bei autorisierten Stellen (dem örtlichen INPS, aber auch Tabacchi, Postfilialien oder Banken) Gutscheine kaufen, deren Höhe durch Ministerialdekrete festgelegt wurde und die von den prekär – noch nicht mal – Beschäftigten bei festgelegten Vertragshändlern eingelöst werden können. Diese schlossen auch Abgaben für die Sozialversicherung ein. Mit dem Jobs Act wurde die mögliche Summe der Voucher von 5000 auf 7000 Euro jährlich angehoben und die Anwendung für Bezieher*innen von CIG und NASpI bis zu 3000 Euro jährlich fest in die Gesetzgebung integriert (vgl. Digiesi 2015: 125).

Der Jobs-Act führte zu Einschränkungen bei der CIG. Die CIG kann nicht mehr für stillgelegte Betriebe ausgezahlt werden. Sie wurde auf Kleinunternehmen mit 5-15 Beschäftigten ausgeweitet und die maximale Laufzeit für CIG/CIGS von 4 auf 2 Jahre, mit Verlängerungsmöglichkeit auf maximal 3 Jahre verringert. Unterneh-

Tabelle 6: Zentrale Gesetzesänderungen in Italien seit 1991 (eigene Darstellung)

1991	Abschaffung der *chiamata numerica (nicht personalisierte Stellenvermittlung)*
1992	Abschaffung des automatischen Inflationsausgleichs *scala mobile*
1997	Einschränkung des staatlichen Vermittlungsmonopols
1997	Legalisierung von Zeitarbeit
2000	Änderung der Definition von Arbeitslosigkeit
2003	Biagi Reform, Einführung zahlreicher prekärer Arbeitsvertragsformen, z.B. Projektverträge, Gleichstellung privater und öffentlicher Arbeitsvermittlungen
2007	Anhebung des normalen Arbeitslosengeldes (*indennità di disoccupazione*) und Konditionalität
2012	Riforma Fornero ASpI/MiniASpI als neue Form des Arbeitslosengeldes, Einschränkung des Kündigungsschutzes
2015	Jobs Act, weitere Einschränkung des Kündigungsschutzes: Recht auf Wiedereingliederung in den Arbeitsplatz bei ungerechtfertigter Kündigung wird auf wenige Ausnahmen beschränkt.

men, die von der CIG/CIGS Gebrauch machen, wurden stärker in die Finanzierung einbezogen (vgl. Rossi 2015). Die Zuweisung von Aufgaben, die unterhalb der Qualifikation der Beschäftigten liegen, ist bei Betriebsrestrukturierungen zulässig (vgl. Altimari 2015).

3.5.3 Positionen und Strategien der Gewerkschaften und Arbeitgeberverbände

Im Gegensatz zu Deutschland, wo das Bündnis für Arbeit abgebrochen und die wichtigsten Gesetzesänderungen der Hartz-Reformen von der damaligen rot-grünen Bundesregierung durch Kommissionsbeschlüsse vorbereitet wurden, wurden in Italien die Gewerkschaften und Arbeitgeberverbände zunächst stärker in die Verhandlungen zu den Arbeitsmarktreformen eingebunden. Dies führte zu einer regulierten Flexibilisierung, die das Normalarbeitsverhältnis nicht tangierte, während daneben unter Einbeziehung der Gewerkschaften eine Myriade an Ausnahmeregelungen und neuen Arbeitsvertragsformen verhandelt wurde. So wurde zum Beispiel die Zahl der numerisch möglichen Abweichungen vom Standardarbeitsverhältnis häufig durch Tarifverträge festgesetzt (vgl. Ballarino 2006: 112). Die Gewerkschaften sind hierbei in einer defensiven Rolle gewesen und die größten Auseinandersetzungen betrafen den Kündigungsschutz. Der Arbeitgeberverband Confindustria sah am Vorabend der Wirtschafts- und Finanzkrise von 2008 seine Forderungen durch die Reformen gut durchgesetzt (vgl. Interview Confindustria 2007). Die Flexibilisierung des Arbeitsmarktes wurde nach den Umstrukturierungen der Betriebe und der Dezentralisierung der Produktion in den 1980er Jahren von den Arbeitgebern verstärkt gefordert. Die repräsentativsten Gewerkschaften CGIL, CISL und UIL vertraten insbesondere zu der Diversifizierung des Normalarbeitsverhältnisses konträre Positionen, was zu unterschiedlichen Unterzeichnungen von Abkommen führte und die gewerkschaftliche Aktionseinheit in Frage stellte.

Seit den 1990er Jahren wurden verstärkt Sozialpakte auf nationaler Ebene zur Wirtschafts- und Arbeitsmarktpolitik beschlossen, z.B. das *Protocollo del Luglio 1993,* das eine neue Struktur der Tarifverhandlungen vorsah (vgl. u.a. Regini 1997; Telljohann 1999). 1992, 1993, 1996, 1998, 2002, 2007, 2009, 2011 und 2012 wurden Abkommen auf zentraler Ebene unterzeichnet, wobei sich die CGIL 2002 und 2009 nicht daran beteiligte.

Im September 1996 wurde ein tripartistisches Abkommen zur Beschäftigung mit der Prodi-Regierung unterzeichnet, welches den Gesetzgebungsprozess zum Treu-Paket vorbereitete. Das Abkommen für Arbeit (*Accordo per il lavoro*) sollte die Arbeitslosigkeit insbesondere im Mezzogiorno bekämpfen. Der Pakt sah die Einhaltung der Konvergenzkriterien und eine rigorose Haushaltsdisziplin als notwendig an (Presidenza del Consiglio dei Ministri 1996: 3). Das Weißbuch der

Delors-Kommission *Wachstum, Wettbewerbsfähigkeit und Beschäftigung* diente als Richtschnur für die Vereinbarung, z.B. bei Infrastrukturmaßnahmen, Bildung und Ausbildung, Dienstleistungen für KMU und neuen Beschäftigungsmöglichkeiten (vgl. Presidenza del Consiglio dei Ministri 1996: 2f.). Das Abkommen forderte als Maßnahmen gegen Arbeitslosigkeit neben einer Reform der Schul- und Berufsausbildung, Infrastrukturmaßnahmen zur Verbesserung der Standortbedingungen im Mezzogiorno und Erleichterungen zur Ansiedlung von Produktion in Krisenregionen auch eine „Modernisierung“ des Arbeitsmarktes (vgl. Cella/Treu 1998: 212f.).

Zur Förderung von Krisenregionen wurden territoriale Beschäftigungspakte vereinbart, in die die Verwaltung und die Tarifparteien involviert sein sollten. Im Sinne der wettbewerbsstaatlichen Logik sollten die Standorte für Investoren verbessert werden. Programme zur Eingliederung von Jugendlichen, Ausbildungen zur Wiedereingliederung von Langzeitarbeitslosen und eine beschäftigungsorientierte Lohnpolitik sollten über lokale Abkommen verankert werden (vgl. Presidenza del Consiglio dei Ministri 1996: 4f.). Die Berufseinstiegsverträge *apprendistato* und *contratti di formazione e lavoro* wurden modifiziert, so dass die Dauer und Anwendungsgebiete jener erweitert und das maximale Alter dieser auf 35 Jahre erhöht wurde (vgl. Gualmini/Rizza 2013: 151). Die Einführung von Zeitarbeit (*lavoro interinale*) wurde in dem Abkommen von den Tarifparteien unterstützt. Die Arbeitsverträge konnten sowohl befristet als auch unbefristet abgeschlossen werden (vgl. Presidenza del Consiglio dei Ministri 1996: 18f.). Zeitarbeit sollte auf mittlere und hohe Qualifikationen und auf den Bausektor und die Landwirtschaft begrenzt werden (Gualmini/Rizza 2013: 151).

In Bezug auf die Reform der Arbeitsvermittlung traf die Regierung Prodi mit den Tarifparteien folgende Übereinkunft:

> „Die Regierung ist der Auffassung, dass man nach und nach von einer Politik der passiven Unterstutzung der Arbeitslosigkeit zu einer Politik ubergehen sollte, die Beschaftigung fördert. Das erfordert eine Neuformulierung des Instrumenteneinsatzes (Anreizschemata; Organisation der Informationsdienstleistungen, Ausbildung und personalisierte Beratung), aber auch ein Umdenken bei den Strukturen, die diese Aufgaben übernehmen sollen. Zu diesem Zweck ist die Reform der Arbeitsverwaltung bestimmt, die die Regierung auf drei Säulen aufbaut: die institutionelle Dezentralisierung entlang der Inhalte [...] eine regulierte Liberalisierung (Öffnung für Private; aktive Rolle der Organe der Tarifparteien) und eine starke staatliche Rolle bei den Tätigkeiten der Regulierung, Zielsetzung und Programmierung.“ (Presidenza del Consiglio dei Ministri 1996: 21; Übers. B.D.)

Das von den Tarifparteien unterzeichnete Abkommen sah also die Einführung der Zeitarbeit, eine Liberalisierung der Arbeitsmarktdienstleistungen und eine stärkere Aktivierung vor.

Im Abkommen von 1998 über Entwicklung und Beschäftigung (*Patto di Natale*) zwischen der Regierung D'Alema und den Tarifparteien wurde das Tarifverhandlungssystem, dessen Rahmenbedingungen im Abkommen von 1993 festgeschrieben worden waren, bestätigt. Hier wurde auf Drängen der Unternehmerseite festgeschrieben, dass die Inflationsrate nicht nur im italienischen, sondern auch im europäischen Kontext prognostiziert werden sollte. Ein weiterer Punkt, den die Unternehmen durchsetzten, war eine einprozentige Reduzierung der Abgaben für Lohn- und Gehaltsbestandteile, die auf Unternehmensebene bestimmt werden. Hinzu kam die Reduzierung des Steuersatzes für Jahreseinkommen zwischen 15 und 30 Millionen Lire von 27 auf 26%, staatliche Investitionen in berufliche Bildungsmaßnahmen in Höhe von 1,6 Billionen Lire und eine Verdoppelung der Investitionen für Forschung und Entwicklung. Außerdem verpflichtete sich die Regierung, bürokratische Hürden für Unternehmen zu verringern und irreguläre Beschäftigungsverhältnisse in reguläre umzuwandeln. Die Lohnkosten sollten bis 2003 um 1,25% gesenkt werden, u.a. durch eine Umverteilung der Sozialleistungen (vgl. Telljohann 1999: 146f.). Eine beschäftigungsorientierte Lohnpolitik sowie eine an den Konvergenzkriterien ausgerichtete Haushaltspolitik wurden erneut vereinbart. Das Abkommen bezieht sich auf die in Luxemburg verabschiedete EBS. Bildung und Ausbildung sollen gestärkt werden, um die Wettbewerbsfähigkeit zu erhöhen (vgl. Governo e parti sociali 1998).

2002 unter der Regierung Berlusconi II kam es zu Auseinandersetzungen um den Artikel 18 des Arbeiterstatuts. Gleichwohl unterzeichneten die CISL und die UIL im Juli 2002 ein erneutes Abkommen mit der Regierung *(Patto per l'Italia)*, diesmal ohne Teilnahme der CGIL, was die Auseinandersetzungen vorerst beendete. Die Regierung Berlusconi verfolgte lockerere Formen der Einbeziehung der Tarifparteien als die Vorgängerregierung im Sinne des Sozialdialogs (vgl. Maino/Neri 2011: 455). Die Auseinandersetzungen um den Artikel 18 im Jahr 2002 führten nach einem Jahrzehnt, das von einer Makrokonzertierung im Zeichen des Beitritts zur Wirtschafts- und Währungsunion geprägt war, zu einer Renaissance des Konfliktes. Im Mai 2000 war in Italien ein Referendum zur Einschränkung des Kündigungsschutzes durchgeführt worden, das die Abschaffung des Paragraphen 18 vorgeschlagen hatte. Es scheiterte zwar an der geringen Wahlbeteiligung, aber 66% hatten gegen die Einschränkung des Kündigungsschutzes gestimmt. Zu den Gegnern des Referendums zählten die Gewerkschaften und die Parteien DS, Democratici, PPI, Verdi und der PdCI (La Repubblica 22.5.2000a und 22.5.2000b.).

Der Pakt für Italien von 2002 sah eine dreijährige Testphase vor, in dem der Artikel 18 in Firmen mit weniger als 15 Beschäftigten und in neugegründeten Firmen unabhängig von der Größe ausgesetzt werden sollte (vgl. Governo e parti sociali 2002: 17). Die CGIL kritisierte die beschlossenen Maßnahmen und forderte eine Abstimmung über das Abkommen unter Beschäftigten und Rentnern, eine Vorgehensweise, die bei früheren Abkommen, beispielsweise dem Abkommen zur Abschaffung der *scala mobile* 1992, gewählt wurde (vgl. Dusse 2002: 63f.).

Das Abkommen vom Juli 2007 zwischen der Regierung Prodi II, der CGIL, CISL und UIL und der Confindustria[76] sah vor, das normale Arbeitslosengeld auszuweiten. Die Bezugsdauer wurde ab dem 1. Januar 2008 von sieben auf acht Monate und für über 50-Jährige auf 12 Monate erweitert und die Höhe wurde von 40% des durchschnittlichen Einkommens der letzten drei Monate vor Beendigung des Arbeitsverhältnisses auf 60% in den ersten sechs Monaten, 50% im siebten Monat und 40% in den folgenden Monaten ausgeweitet (vgl. Gualmini/Rizza 2013: 157). Ausgehend von einem niedrigen Niveau wurden die Transferleistungen erweitert und angehoben. Das Abkommen erhielt in einer Beschäftigtenbefragung die Zustimmung (vgl. Interview CGIL 2007). Die Basisgewerkschaften (CUB) kritisierten das Abkommen und riefen Anfang November zu einem Generalstreik auf (Rappresentanze Sindacali di Base Pubblico Impiego/Confederazione Unitaria di Base 2007).

Im Protokoll vom Juli 2007 wurde die Ausweitung sozialstaatlicher Sicherungsnetze (*ammortizzatori sociali*) mit einem Workfare-Ansatz verknüpft.

> „Um eine größere Effizienz bei der Verknüpfung von aktiven Maßnahmen und monetären Leistungen zu erhalten, muss es zu einem tatsächlichen Verlust der Unterstützungsleistung im Falle einer unmotivierten Nichtteilnahme an Programmen zur Wiedereingliederung in Arbeit oder der Nichtannahme von adäquaten Arbeitsmöglichkeiten kommen. Die aktive Teilnahme an Programmen zur Wiedereingliederung in Arbeit, einer zentralen Voraussetzung einer Politik des 'Welfare to Work' kann von Gesetzesentwürfen unterstützt werden, die eine 'Servicevereinbarung' vorsehen, die zwischen den Jobcentern und den Arbeitssuchenden geschlossen wird." (Governo e parti sociali 2007; Übers. B.D.)

Die Vertreter der Gewerkschaften CGIL, CISL und UIL befürworteten in den für diese Untersuchung geführten Expert*innengesprächen die Etablierung einer aktivierenden Arbeitsmarktpolitik. Der Vertreter der UIL hält aktivierende Ansätze für sehr wichtig. Der Vertreter der CGIL beurteilte Aktivierung positiv, wies allerdings darauf hin, dass man diese erst dann richtig betreiben könne, wenn es eine ausreichende soziale Absicherung im Falle von Arbeitslosigkeit gäbe. Die CISL unterstützte die Verknüpfung von passiven Leistungen mit Verpflichtungen zur Arbeitsaufnahme und der Einführung von Eingliederungsvereinbarungen (vgl. Interview CISL 2007; Interview CGIL 2007; Interview UIL 2007).

Die CISL steht den Positionen Marco Biagis nah, der die Arbeitsmarktpolitik der Regierung Berlusconi II prägte. Ein Vertreter der CISL weist auf die Diskrepanz zwischen der ursprünglichen Konzeption Biagis und der Umsetzung durch die Regierung Berlusconi II hin (vgl. Interview CISL 2007). Der Vertreter der CGIL

76 Die Confindustria schloss sich erst im August dem Abkommen an. Interne Diskussionen gab es innerhalb der CGIL. Für das Beschäftigtenreferendum zum Abkommen im Herbst 2007, zu dem die CGIL/CISL/UIL aufgerufen hatten, forderte die Metallarbeitergewerkschaft FIOM-CGIL die Beschäftigten zu einem Nein auf (vgl. Rinolfi/Paparella 2008).

weist darauf hin, dass die Flexibilisierung des Arbeitsmarktes von den Arbeitgebern auf die Agenda gesetzt wurde und die Gewerkschaften hier eher in einer passiven, defensiven Rolle seien (vgl. Interview CGIL 2007). Ein Vertreter der CGIL Lombardei argumentierte innerhalb der wettbewerbsorientierten Logik entsprechend dem Credo der EBS: „Wir sagen gerade die Weiterbildung soll dazu dienen, die Wettbewerbsfähigkeit der Unternehmen und die Beschäftigungsfähigkeit des Beschäftigten zu verbessern“ (Interview CGIL Lombardei 2008; Übers. B.D.). Die CGIL, obgleich sie sich für eine Reduzierung der Arbeitsvertragsformen von 46 auf fünf einsetzt und die exzessive Flexibilität kritisiert, möchte weiterhin eine Form von befristetem Arbeitsvertrag beibehalten, wegen Fluktuationen in der Arbeitsorganisation (vgl. CGIL 2012).

Viele Interviewpartner*innen machten darauf aufmerksam, dass man zu Aktivierungsmaßnahmen erst dann greifen kann, wenn monetäre Sanktionsmöglichkeiten bestehen. Zwar gab es auch Ende der 2000er Jahre die Möglichkeit, Arbeitssuchende von der provinzialen Arbeitsvermittlung auszuschließen, wenn sie mehrmals ein Arbeitsangebot ablehnten, allerdings konnten sie dann zu einer Arbeitsvermittlung eines anderen Anbieters gehen, weshalb diese Sanktionsmaßnahme eher symbolischer Natur war (Interview Ministero del Lavoro 2007). Das Protokoll vom Juli 2007 forderte dekommodifizierende Maßnahmen. Die Erhöhung der Beschäftigungsquote verlief parallel zur Forderung einer höheren und mehr Menschen erreichenden Absicherung im Falle von Arbeitslosigkeit. Gleichwohl kann man hier von Rekommodifizierung sprechen, denn die Zahl der lohnarbeitsförmig Arbeitenden wird erweitert und die erweiterten Leistungen sollen in ein Sanktionsregime eingebettet werden.

Der Interviewpartner des Arbeitgeberverbands Confindustria zeigte sich kritisch gegenüber der Rolle der öffentlichen Hand in der Arbeitsvermittlung und betonte die informelle Tradition der Allokation von Arbeitskraft (vgl. Interview Confindustria 2007). Allerdings befürwortete auch die Confindustria die Einführung eines Sanktionsregimes (vgl. Confindustria 2014).

Die Positionen des Unternehmerverbandes der Klein- und Mittleren Unternehmen, CONFAPI, sollen exemplarisch am Beispiel des Abkommens vom Juli 2007 illustriert werden, das er nicht unterzeichnet hat. In mehreren Positionspapieren zum Abkommen, zu einer Anhörung im Rahmen des Gesetzgebungsprozesses zur Umsetzung des Abkommens vom Juli 2007 und einem Statement zum Grünbuch der EU-Kommission zur Modernisierung des Arbeitsrechts werden die Positionen deutlich. Zwar werde in dem Gesetzesentwurf zur Umsetzung des Abkommens zum wiederholten Male die Notwendigkeit betont, dass die Arbeitslosen beim Empfang von Leistungen für Wiedereingliederungsprogramme zur Verfügung stünden und Arbeitsangebote annehmen müssten, aber konkrete Ressourcen zur Umsetzung aktiver Arbeitsmarktpolitik würden nicht genannt. Die CONFAPI setzt sich für eine Beitragsentlastung der Sozialversicherung ein und für Anreize zur Einstellung von älteren Arbeitnehmer*innen. Sie schlagen vor, die Probezeit zu verlängern und den Schwellenwert des Paragraph 18 des Arbeiterstatuts von 15 auf 50 Beschäftigte zu erhöhen. Bezüglich der CIG schlagen sie eine Ausweitung des Adressatenkreises vor (vgl. CONFAPI 2007b, 2007d). Bezogen auf Flexicurity wiederholen sie die grundlegenden Überlegungen. Neue Unterstützungsleistungen für Arbeitslose sollen von Kontrollen und Pflichten begleitet werden, d.h. eine Arbeit anzunehmen, einen beschleunigten Wiedereintritt in den Arbeitsmarkt und eventuelle Sanktionen (vgl. CONFAPI 2007a). Auf einem Kongress des nationalen Komitees zur Verteidigung und Aktualisierung des Biagi-Gesetzes stellte die CONFAPI positiv die Flexibilisierung der Arbeitsvertragsformen heraus und sieht diesen Ansatz durch das Abkommen vom Juli 2007 herausgefordert (vgl. CONFAPI 2007c).

2009 unterzeichneten die Arbeitgeberverbände und die Gewerkschaften mit Ausnahme der CGIL ein Rahmenabkommen, das die Laufzeiten der Tarifverträge von vier auf drei Jahre verkürzte, und die zentrale Tarifvertragsebene zugunsten der dezentralen Tarifvertragsebene schwächte (vgl. CISL u.a. 2009; CISL/UIL/Confindustria 2009; CGIL 2009). Im Juni 2011 wurde ein weiteres Abkommen zwischen der CGIL, CISL, UIL und Confindustria abgeschlossen, das Auswirkungen auf die Definition der repräsentativsten Gewerkschaften und die Dezentralisierung der Tarifverhandlungen hatte. Erstere wird gemessen an einer Größe von mindestens 5% basierend auf der Mitgliederstärke und den Wahlergebnissen für die betrieblichen Vertretungsorgane. Die Möglichkeit, auf der betrieblichen Ebene von nationalen Branchentarifverträgen abzuweichen, wurde ausgeweitet. Dies wurde mit dem Haushaltsgesetz der Regierung Berlusconi im August 2011 noch dahingehend verstärkt, dass die dezentrale Tarifvertragsebene auch von gesetzlichen Vorgaben abweichen kann (vgl. Carls 2012: 100f.; Pedersini/Regini 2013 21f.).

Im Vorfeld der Fornero-Reform 2012 wollte die Regierung die Tarifparteien zum Gesetzesvorhaben konsultieren. Allerdings wurden auf Grund des wachsenden Dissenses u.a. in Bezug auf den Kündigungsschutz die Gespräche von der Regierung Monti beendet und die ursprüngliche Vorlage ohne die Vorschläge der Tarifparteien dem Parlament zur Abstimmung vorgelegt (vgl. Carls 2012: 109f.; Pedersini/Regini 2013: 18f.). Sowohl die Gewerkschaften als auch die Arbeitgeber kritisierten das Gesetz. Die Arbeitgeber kritisierten die strengeren Regelungen zur Anwendung atypischer Verträge und die Änderungen in Bezug auf den Paragraph 18 als zu wenig weitreichend und kompliziert. Demgegenüber kritisierten die Gewerkschaften die Lockerung des Kündigungsschutzes, während sie die Beschränkungen der atypischen Verträge und die Maßnahmen zum Arbeitslosengeld befürworteten (vgl. Pedersini/Regini 2013: 18). Trotz des Abbruchs der Gespräche riefen die Gewerkschaften nicht zu Protesten auf und die Kritik konzentrierte sich auf die Auseinandersetzung um den Artikel 18 des Kündigungsschutzes, der mit dem Gesetzesvorhaben eingeschränkt wurde. Lediglich die Metallgewerkschaft der CGIL, FIOM, rief zu einem zweistündigen Streik in der Metallindustrie auf (vgl. Carls 2012: 111; Fornero 2013: 11f.). Die CISL wandelte sich im Laufe des Reformprozesses zur Arbeitsmarktreform zu einer Befürworterin der Monti-Regierung (vgl. Caterina 2017: 507).

Kritik am Jobs Act der Regierung Renzi kam vor allem aus einer Minderheit innerhalb des PD und von der CGIL. Im Vorfeld der Beschlusslage im Parlament fand am 25. Oktober 2014 in Rom eine landesweite Demonstration statt (vgl. Rassegna Sindacale 2014a). Am 12. Dezember 2014 riefen die Gewerkschaften CGIL und UIL zu einem landesweiten Generalstreik auf, an dem laut CGIL über 60% der Beschäftigten teilnahmen (vgl. Rassegna Sindacale 2014b.). Die UIL kritisiert in einem Positionspapier aus dem Jahr 2014, welches sich mit dem Jobs Act auseinandersetzt, die Logik der Wettbewerbssteigerung durch Flexibilisierung, aber stellt die Wettbewerbslogik an sich nicht in Frage:

> „Deshalb wurden der Dualismus oder die Apartheid vor allem von denjenigen befördert, die mittels ihrer gesetzgeberischen Macht versucht haben, das Thema Aufschwung und Wettbewerbsfähigkeit der Unternehmen und des Landes eher durch die 'Flexibilisierung' der Arbeit als auf Grundlage der Defizite unseres institutionellen, fiskalen und infrastukturellen Systems in einer in großen Teilen von Irregularität und nicht angemeldeter Arbeit verseuchten Ökonomie anzugehen." (UIL 2014: 1; Übers. B.D.)

Im Gegensatz zu den Positionen der Kritiker*innen aus den Gewerkschaften stimmt das Gesetzespaket zum Jobs Act in weiten Teilen mit einem arbeitsmarktpolitischen Positionspapier des Arbeitgeberverbandes Confindustria vom Mai 2014 überein (vgl. Confindustria 2014; Palombi 2014). Das Positionspapier fordert eine Vereinheitlichung der Arbeitsvertragsformen und eine Überwindung der Insider-Outsider-Problematik, allerdings mit dem Ziel, den unbefristeten Arbeitsvertrag zu flexibilisieren. Eine stärkere Koordinierung aktiver Arbeitsmarktpolitik wird ebenso gefordert wie eine stärkere Konditionierung passiver Leistungen. Es sei problematisch, dass so viele Ressourcen in passive Leistungen flössen, ohne zu einer Wiederbeschäftigung zu führen (vgl. Confindustria 2014: 3f.). Hierbei wird auch die CIG in Ausnahmefällen und die CIGS kritisiert, die Beschäftigten wie Unternehmen einen Bärendienst erweise (vgl. ebd.: 4). Die Confindustria forderte wie vom Jobs Act umgesetzt die Einschränkung des Kündigungsschutzes, eine Flexibilisierung der Qualifikationsanforderungen, die eine Zuweisung von Tätigkeiten unterhalb des Qualifikationsniveaus ermöglicht, und eine Ausweitung der elektronischen Kontrollmöglichkeiten für Unternehmen gegenüber den Beschäftigten (Tablets, Handys etc.). Die Arbeitsvertragsform *apprendistato* soll als Einstiegsvertrag für Jugendliche ausgeweitet und flexibilisiert werden (vgl. ebd.: 7f.). Hinsichtlich des Vermittlungsprozesses fordert die Confindustria in Anlehnung an das EU-Programm Youth Guarantee einen Vermittlungs- und Aktivierungsverlauf, der dem Standard, der von Italia Lavoro entworfenen Verläufe (s.u.) und anderer EU-Länder entspricht. In diesem Zusammenhang besteht die Forderung, schon bestehende Gesetze auszuführen (Art. 4 Gesetzesdekret 181/2000 und Art. 4. 40-44, Gesetz 92/2012), die eine Konditionierung des Leistungsbezugs an einen Aktivierungsverlauf vorsehen:

> „Anderen Ländern folgend könnte man Anreize für die Teilnahme an vorgeschlagenen Maßnahmen aktiver Arbeitsmarktpolitik vorsehen (zum Beispiel Zahlungen an Personen, die keine Lohnersatzleistung erhalten, Kostenübernahme usw.) und, im Falle der Ablehnung abgestufte Beschränkungen entsprechend der Art des Vorschlages (zum Beispiel Bildungs- und Arbeitsangebote, Praktika und Arbeitsangebote usw.)." (Confindustria 2014: 9f.; Übers. B.D.)

Die Confindustria forderte eine Reform im Sinne einer Angleichung der Leistungen für alle. Das System sei zu teuer für die Unternehmen und den Staat. Eine überdimensionierte Dauer der Leistungen diene nicht der Suche nach einer neuen Beschäftigung. Angestrebt werden zwei obligatorische und für alle gültige Transferleistungen, die teils beitrags- und teils steuerfinanziert seien, nämlich die CIG für Unternehmenskrisen (beitragsfinanziert), bei denen eine Weiterführung der Geschäfte absehbar ist und eine Arbeitslosenversicherung (ASpI), die länger ausgezahlt wird für Arbeitslose, die aktiv nach einer neuen Beschäftigung suchen (diese Leistung teils beitrags-, teils steuerfinanziert). Abgeschafft werden sollen die *ammortizzatori in deroga* – also die Sonderleistungen in Krisenzeiten. Die Beitragssätze für die Industrie für beide Leistungen sollen gesenkt werden (vgl. Confindustria 2014: 10f.).

Die CGIL plante 2017 ein Referendum zur Rücknahme des eingeschränkten Kündigungsschutzes sowie der Voucher, die mit den Jobs Act-Gesetzen eingeführt worden waren, und hatte drei Millionen Stimmen gesammelt. Das italienische Verfassungsgericht hat in einer Entscheidung vom 17. März 2017 den Weg für ein Referendum zu den Vouchern geebnet. Allerdings entschied es, dass ein Referendum zum Paragraph 18 des Arbeiterstatuts nicht durchgeführt werden soll. Am selben Tag erließ die Regierung Gentiloni als Reaktion auf die Mobilisierung gegen die Voucher ein Gesetzesdekret, das die Regelungen zu den Vouchern zurücknehmen sollte, so dass das von der CGIL hierzu angestoßene Referendum obsolet wurde (vgl. Rassegna Sindacale 2017).

3.5.4 Kommodifizierung und Sanktionsregime

In diesem Abschnitt werden die im Methodologiekapitel dargelegten heuristischen Kategorien zur Kommodifizierung rekapituliert und das Sanktionsregime analysiert. Ein zentrales Ergebnis ist hierbei, dass sich Dekommodifizierung und Rekommodifizierung in Italien nicht als zwei sich ablösende Phasen rekonstruieren lassen, die mit dem Fordismus resp. dem Postfordismus korrespondieren. Eher überlagern sie sich. Die im Methodologiekapitel aufgestellten Kategorien für indirekte Aktivierung als Teil der Kommodifizierung (Abbau sozialer Sicherungsnetze, Verkürzung der Bezugsdauer, Kürzung von Lohnersatzleistungen und Verschärfung der Zumutbarkeitskriterien) treffen auf Italien nur bedingt zu. Parallel zur Erweiterung des Adressatenkreises des normalen Arbeitslosengeldes, seiner Erhöhung und der Verlängerung der Bezugszeit wurden die Sanktionsmöglichkeiten verschärft und die Voraussetzungen dafür geschaffen, überhaupt ein Sanktionsregime zu etablieren. Gualmini/Rizza (2014: 137) zufolge ist das italienische System der Arbeitslosenunterstützung noch immer hochgradig fragmentiert entlang räumlicher Spaltungen, Bezugsvoraussetzungen und Berufsgruppen. Sie definieren es aufgrund der Residualität der sozialen Sicherung als workfareorientiert, weil es eine soziale Absicherung jenseits der Arbeitsbezogenheit nur sporadisch gibt und dadurch auch niedrig entlohnte und prekäre Arbeit angenommen wird. Aktivierend und angebotsorientiert seien die Maßnahmen in der Krise aber nicht gewesen, weil passive Maßnahmen wie die CIG auch im Etat überwogen (vgl. ebd.).

Das EBS-Ziel einer Erhöhung der Beschäftigungsquote wird verfolgt und in diesem Sinne eine Kommodifizierung der Arbeitskraft vorher nicht im Lohnarbeitsprozess stehender Gruppen forciert. In der Arbeitsmarktstatistik werden nicht nur die Arbeitslosen aufgeführt, sondern explizit auch die Inaktiven (vgl. ISTAT 2016). Die seit 1995 (50,6%) gestiegene Beschäftigungsquote lag 2015 mit 56,3% immer noch unter dem EU-Durchschnitt (vgl. Ministero del Lavoro 2001: 12; ISTAT 2016: 257). „Aktivierung" wird sowohl in zentralen Arbeitsmarktdokumenten aufgegriffen als auch von den befragten Expert*innen und hierbei nicht in Frage gestellt. Gleiches gilt für die Begriffe Beschäftigungsfähigkeit und Workfare. Workfare wird in offiziellen Dokumenten vor allem in Sinne einer Konditionalität der Transferleistungen und im Sinne von Auszahlungen von Leistungen bei aktiven arbeitsmarktpolitischen Maßnahmen verstanden.

Wie unter 3.5.2 ausgeführt, wurde seit den 1990er Jahren legislativ ein Sanktionsregime etabliert. Eingliederungsvereinbarungen sollen ebenso Bestandteil des Vermittlungsprozesses werden wie Eingliederungspläne, die auch Qualifizierungsmaßnahmen umfassen können. Sanktionsmöglichkeiten bei Ablehnung von Arbeitsangeboten und Weiterqualifizierung sind Teil des gesetzlichen Rahmens geworden. Das folgende Beispiel zeigt, wie die Institutionalisierung aktiver Arbeitsmarktpolitik mit der Etablierung des Sanktionsregimes verbunden war und gleichzeitig an seiner durchgängigen Einführung und Umsetzung gezweifelt werden darf.

Die Fragmentierung der italienischen Arbeitsverwaltung wird exemplarisch anhand eines Projekts der Agentur des Arbeitsministeriums *Italia Lavoro* (heute Teil von ANPAL) illustriert. Mit dem ESF-finanzierten Projekt QUES sollte die Arbeitsmarktpolitik der Regionen koordiniert und gemeinsame Standards für die Arbeitsvermittlung und die arbeitsmarktrelevanten öffentlichen Dienstleistungen formuliert werden. In diesem Prozess wurden gemeinsame Begriffsdefinitionen erarbeitet, um zunächst ein gemeinsames Verständnis zu entwickeln. Das Projekt umfasste die norditalienischen Regionen Piemont, Lombardei, Venetien, Emilia

Romagna und Ligurien. Definitionen grundlegender Leistungsniveaus des Staates wurden erarbeitet, ein gemeinsames arbeitsmarktpolitisches Glossar sowie eine Klärung der Kompetenzen der einzelnen Ebenen (vgl. Italia Lavoro 2008).

Die Auswahl der Regionen für dieses Projekt zeigt die sozialräumlichen Spaltungen zwischen den nord- und süditalienischen Regionen. Grundlegende Arbeitsmarktdienstleistungen wurden definiert. Diese ähneln in ihrem Aufbau den in Deutschland und Dänemark untersuchten Vermittlungs- und Aktivierungsprozessen: Informations- und Orientierungsgespräche, Vereinbarungen zwischen Arbeitsverwaltung und Arbeitslosen und ein persönliches Gespräch innerhalb von drei Monaten nach der Erklärung der sofortigen Arbeitsbereitschaft. Die Arbeitsvermittlung soll der Berufsqualifikation entsprechende Arbeitsangebote garantieren und bei der Arbeitssuche unterstützen, indem sie die Eigenbemühungen fördert. Ähnlich der Matchkategorien in Dänemark wird nach dem Erstgespräch die Beschäftigungsfähigkeit eingeschätzt. Darauf folgt die Definition eines individuellen Wiedereingliederungsprojekts mit begleitender Arbeitssuche, wobei ein personalisierter Plan zur Arbeitsaufnahme garantiert werden soll. Zielgruppe dieses Bereichs sind alle Arbeitslosen, die Einstellungshindernisse wie veraltete Berufsqualifikationen aufweisen und bei der Arbeitssuche unterstützt werden müssen, z.B. durch personalisierte Eingliederungsverläufe und -maßnahmen (vgl. Italia Lavoro 2008).

Während sich der Vermittlungs- und Aktivierungsprozess theoretisch angenähert hat, unterscheidet sich die Praxis weiterhin. Das Projekt, in dem diese Prozesse beschlossen wurden, war aus ESF-Mitteln kofinanziert und orientierte sich stark an europäischen Vorgaben. Wie das auf dem Papier skizzierte und eingeführte Sanktionsregime angesichts der institutionellen Fragmentierung der Arbeitsvermittlung zwischen den Regionen und zwischen öffentlichen und privaten Anbietern implementiert wird, ist jedoch offen. Die Auswirkungen der Einrichtung einer zentralstaatlichen Arbeitsmarktbehörde ANPAL von 2016 konnten im Rahmen dieser Arbeit leider nicht mehr untersucht werden.

3.5.5 Zum Verhältnis der Transferleistungen

Eine der Sozialhilfe/Grundsicherung vergleichbare Transferleistung gab es in Italien auf nationaler Ebene bis April 2019 nicht.[77] Auch das Arbeitslosengeld *(indennità di disoccupazione heute NASpI)* war in Italien bis in die 2010er Jahre nur eine nachgeordnete, residuale Leistung. Demgegenüber überstieg die Bedeutung der Lohnausgleichskasse (CIG/CIGS) durch ihre breite Anwendung die des Arbeitslosengeldes.

---

77 Die Einführung der Mindestsicherung, *reddito di cittadinanza*, durch die Regierung des M5S und der Lega Nord im April 2019 konnte in der Arbeit nicht mehr berücksichtigt werden.

Hierin zeigte sich die selektive Ausrichtung des italienischen Sozialstaates, der die überwiegend männliche Industriearbeiterschaft der fordistischen Schlüsselindustrien privilegierte. Das Instrument der CIG/CIGS etablierte sich vor allem in den hochindustrialisierten Regionen des Nordens und den Hochburgen der Gewerkschaften, wohingegen es auf Grund der Firmengrößen in den Regionen des „Dritten Italiens" eine untergeordnete Rolle spielte, so dass hier auch ein Dualismus zwischen den Beschäftigten der Großunternehmen und der KMU vorherrschte. In den von familiären Kleinunternehmen und Informalität geprägten Regionen haben Frauen eine andere Position im Arbeitsprozess als in den stark industrialisierten Regionen. Junge Frauen wie Männer sind wegen der prekären beruflichen Situation erst spät in der Lage, einen eigenen Haushalt zu führen (vgl. Interview Ministero del Lavoro 2007).

Der selektive Schutz sollte laut der Zielsetzungen der Gesetzesänderungen 2012 und 2015 überwunden werden. In Wirklichkeit wurden jedoch die alten Spaltungen auf neue Weise reproduziert. Die umkämpften sozialräumlichen Spaltungslinien des Nord-Süd-Dualismus und der ökonomischen Dreigliederung prägen die Arbeitsmarktpolitik auch weiter. Die geschlechtsspezifische Segmentierung der Leistungen reproduzierte sich in der Krise. Die CIG/CIGS wurde überwiegend an Männer ausgezahlt. 2009 lag das Verhältnis für die CIG bei 80 gegenüber 20% und für die CIGS bei 65 zu 35% (vgl. INPS 2010: 189). 2015 lag das Verhältnis bei der CIG bei 74 zu 26%. Die CIG wurde besonders häufig in der metallverarbeitenden Industrie und im Bau – zwei männlich dominierten Branchen – angewendet (vgl. INPS 2016: 56f.). Beim niedrigeren Arbeitslosengeld (*indennità di disoccupazione*) verteilten sich die Bezieher*innen ungefähr gleich zwischen den Geschlechtern bis auf den Süden Italiens sowie Sardinien und Sizilien, wo auch hier die Männer überwogen (vgl. INPS 2010: 218).[78] Nicht in die Reform miteinbezogen waren das Arbeitslosengeld für die Landwirtschaft. In dieser sind überdurchschnittlich viele Migrant*innen (36%, im Norden 57%) beschäftigt, von denen viele überhaupt nicht durch die Sozialversicherung abgesichert sind (vgl. INPS 2016: 62; Gualtieri 2018). In Süditalien haben nichtitalienische Staatsbürger*innen eine niedrigere Arbeitslosigkeit als italienische (14,8% gegenüber 19,7%) (vgl. ISTAT 2016: 261). Im Mezzogiorno sind prekäre Beschäftigungsverhältnisse besonders häufig, die Teilzeitarbeit und die Befristungen liegen prozentual höher als in Nord- und Mittelitalien (vgl. ebd.: 264).

3.5.6 Prekäre Beschäftigung im flexiblen Arbeitsmarktregime

Die Flexibilisierung hat sich seit den 1990er Jahren verstärkt, wobei sie schon vorher informell stattgefunden hat. Durch die von den Gewerkschaften kooperativ begleitete

---

78 Im Bericht des INPS von 2016, der die ASpI/NASpI beinhaltet, sind keine nach Geschlecht differenzierten Zahlen zu finden.

Dezentralisierung der Produktion in den 1980er Jahren, die die Unternehmen verkleinerte und deindustrialisierte, galten bereits in vielen Bereichen die Schutzbestimmungen bezüglich des Kündigungsschutzes, gewerkschaftlicher Vertretungsorgane und dem größten Schutz gegen Arbeitslosigkeit – der CIG nicht. Unter Punkt 3.5.2 wurden die gesetzlichen Schritte rekapituliert, die zur Flexibilisierung beigetragen haben. Einige Daten sollen die Prekarisierung und vielfältigen Spaltungslinien des flexiblen Arbeitsmarktregimes illustrieren. Unter dem Dach des Prekarisierungsbegriffs sammeln sich viele Formen, die es genauer zu differenzieren gilt: die vom Standard abweichenden Arbeitsvertragsformen, die unzureichende soziale Sicherung und ein geringer bzw. fehlender Kündigungsschutz.

Atypische Arbeitsvertragsformen haben sich seit Ende der 1990er Jahre stark ausgeweitet (vgl. Samek Lodovici/Semenza 2008). Salmieri (2006: 37) spricht von einer Normalisierung des Atypischen, weil die Zahlen so stark angestiegen sind. Zwischen 1996 und 2000 stieg der Anteil atypischer Arbeitsverhältnisse von 18% auf 23,4%, wobei hier die sogenannte halbabhängige Beschäftigung (*lavoro parasubordinato*), die besonders bei Projektverträgen anwuchs, noch nicht mit einberechnet war. Zwischen 1997 und 2000 waren 82% der Neueinstellungen atypisch. Hierunter fallen die Leiharbeit, Zeitarbeit, Befristungen, Werkverträge, Voucher, Projektverträge, unfreiwillige Teilzeit, Arbeit auf Abruf und Heimarbeit. Daneben gesellt sich das ohnehin schon weite Feld selbstständiger Beschäftigung, das oft Scheinselbstständigkeit überdeckt und ein hoher Anteil irregulärer Beschäftigung (vgl. Reyneri 2017: 190ff.). Bezieht man noch die unterschiedlich starke Absicherung beim Küdigungsschutz entlang der Unternehmensgrößen und die Fragmentierung der Sozialleistungen mit ein, werden die Dimensionen deutlich.

2005 waren 64,3% der Beschäftigten fest angestellt, 9% befristet, 2% mit Projektverträgen und 24,7% Selbstständige. Atypische Vertragsformen betrafen vor allem jüngere Beschäftigte zwischen 15 und 24 Jahren. In dieser Altersgruppe arbeiteten 32,1% der Beschäftigten befristet (vgl. ISFOL 2006: 162). In der Wirtschafts- und Finanzkrise verstetigte sich die Prekarisierung. Am Anfang der Krise wurden besonders atypische Beschäftigungsverhältnisse abgebaut, während die Standardarbeitsverhältnisse später davon betroffen waren. Als Folge einer Umwandlung oder Ersetzung von Standardbeschäftigung in atypische Beschäftigungsverhältnisse stiegen letztere wieder an (vgl. ISTAT 2014: 81-138).

Bis 2015 haben sich prekäre Beschäftigungsverhältnisse weiter ausgebreitet: 53,3% aller Beschäftigten arbeiten noch in einem unbefristeten Vollzeitarbeitsverhältnis, 11,7% in einer unbefristeten Teilzeitarbeitsstelle. 35% der Beschäftigten sind entweder selbstständig tätig (24,4%), arbeiten befristet Vollzeit (7,4%) oder befristet Teilzeit (3,2%) (vgl. ISTAT 2016: 258f.). Allerdings verdecken diese Zahlen viele Spaltungslinien: Männer wechseln häufiger von befristeten Verträgen in unbefristete als Frauen. Im Norden liegt die Wahrscheinlichkeit einer Entfristung ebenfalls höher.

Besonders junge Beschäftigte befinden sich in einer Befristungsdauerschleife (vgl. Samek Lodovici/Semenza 2008: 165). Durch die im Biagi-Gesetz festgeschriebene Möglichkeit, Leiharbeit unbefristet anzuwenden, fallen unter die unbefristeten Vollzeitstellen auch Leiharbeitsverhältnisse, die nicht zum Standardarbeitsverhältnis zählen. Die Leiharbeit liegt bei ca. 1% der Beschäftigung und hat sich vor allem im verarbeitenden Gewerbe ausgebreitet, was auch den dominierenden Anteil von Männern in dieser Arbeitsform erklärt. Außerdem arbeiten Migrant*innen überproportional häufig in der Leiharbeit. Während der Krise fiel die Leiharbeit mit 25%, ein Zeichen, dass in der Krise zunächst die flexiblen Randgruppen entlassen wurden (vgl. Reyneri 2017: 196ff.; NIdiL-CGIL 2006: 65-74). Die Arbeit auf Abruf sank seit 2012, weil nun eine Anmeldung beim CPI erforderlich wurde. Auch die Voucher sollen seit 2016 online eingelöst werden (vgl. Reyneri 2017: 200). Befristungen werden vor allem im Dienstleistungsbereich angewendet. Frauen sind häufiger als Männer befristet beschäftigt. Projektverträge, die seit dem Biagi-Gesetz stark angestiegen waren, sind in der Krise stark reduziert worden (von 400.000 2007 auf 300.000 2009) und sollen durch die Jobs Act-Gesetze eingeschränkt werden (vgl. ebd.: 211f.).

Besonders diskriminiert werden Migrant*innen. Sie haben eine höhere Beschäftigungsquote als Italiener*innen und wohnen überwiegend in den Regionen des Nordens, wo die Arbeitslosigkeit besonders niedrig ist. 60% leben in Norditalien gegenüber 15% im Mezzogiorno. Migrant*innen sind bei instabilen und atypischen Beschäftigungen überrepräsentiert und arbeiten häufig in Arbeitsmarktsegmenten wie Pflege, Gebäudereinigung und Service. Im öffentlichen Dienst sind sie deutlich unterrepräsentiert und bei Einstellungen werden sie oft aus rassistischen Gründen diskriminiert, z.B. bei der Personalakquise für Restaurantbetriebe. 50% der migrantischen Frauen arbeitet für Familien in haushaltsnahen Dienstleistungen (vgl. Reyneri 2017: 255-261). Seit dem Bossi-Fini-Gesetz von 2002 wurde die Aufenthaltsgenehmigung an einen gültigen Arbeitsvertrag geknüpft. Zudem stellt der Arbeitgeber den Antrag auf die Aufenthaltsgenehmigung und nicht die einzelne Person. Bei Beendigung des Arbeitsvertrags muss man innerhalb von sechs Monaten einen neuen vorweisen, um das Aufenthaltrecht nicht zu verlieren. Diese Gesetzesverschärfung zwingt viele Migrant*innen, schlechte Arbeitsbedingungen zu akzeptieren. Sind sie arbeitslos, müssen sie häufig das erste Arbeitsangebot annehmen (vgl. Basso 2004: 79, 91ff.; Reyneri 2017: 260). Dies ist eine extreme Form von Kommodifizierung und Sozialdisziplinierung.

3.5.7 *Arbeitsmarktpolitik als Markt*

In Italien wurde das bis 1997 bestandene Monopol der Arbeitsvermittlung so weitgehend liberalisiert, dass sich arbeitsmarktpolitische Dienstleistungen selbst zu einem Markt entwickelt haben. Die seit den 1990er Jahren auf den Markt gekommenen privaten Anbieter sind den öffentlichen seit 1997 und den regionalen Umsetzungsgesetzen ab 2003 quasi gleichgestellt. Zu den von den Behörden der ANPAL autorisierten privaten Arbeitsagenturen (*agenzie per il lavoro*) gehören sowohl Zeitarbeitsfirmen als auch private Arbeitsvermittlungen, Headhunterbüros und Agenturen zur beruflichen Wiedereingliederung. Auch Universitäten und die bilateralen Einrichtungen von Gewerkschaften und Arbeitgeberverbänden können zugelassen werden. Im Verzeichnis der ANPAL fanden sich 2018 2200 national akkreditierte Agenturen (vgl. ClicLavoro, Portal des Ministeriums für Arbeit und Soziales 2018). Die größte Zeitarbeitsfirma nach Manpower und Adecco ist die 1997 in Mailand gegründete Obiettivo Lavoro, in die die Gewerkschaften, insbesondere die CISL, miteinbezogen waren. Sie arbeitet auf non-profit Basis und ihr Management besteht zu großen Teilen aus Gewerkschaftern (vgl. Ballarino 2006: 133f.). Die Arbeitslosmeldung mit der Erklärung der sofortigen Verfügbarkeit dürfen allerdings nur die öffentlichen von den Provinzen verwalteten Jobcenter durchführen (vgl. Interview CPI Mailand 2008).

Die fragmentierte Arbeitsmarktpolitik, die zwischen dem stark regulierten Bereich der Großunternehmen und der weit verzweigten Landschaft der KMU, der Kooperativen und handwerklichen Mikrounternehmen gespalten ist, hat sich seit den Reformen der 1990er Jahre noch weiter ausdifferenziert. Dies zeigt sich an dem diversifizierten System der Transferleistungen ebenso wie an den regional unterschiedlichen Modellen aktiver Arbeitsmarktpolitik sowie den Arbeitsvertragsformen, die durch die Treu-Gesetze 1997 und das Biagi-Gesetz 2003 ausgeweitet wurden. Seit der Fornero-Reform 2012 wird zwar eine Reduzierung der zahlreichen prekären Arbeitsvertragsformen angestrebt, allerdings mit dem Ziel, das Standardarbeitsverhältnis selbst zu flexibilisieren. In Bezug auf das Verhältnis zwischen öffentlichen und privaten Anbietern unterscheiden sich die Regionen. So hat die Region Lombardei unter der Ägide von Forza Italia und Lega Nord einen neoliberaleren arbeitsmarktpolitischen Ansatz verfolgt als die von Mitte-links geführte Emilia-Romagna. Dies wird unter 3.6.2 und 3.6.3 ausgeführt.

3.6 Reskalierung der Arbeitsmarktpolitik und skalare Strategien der Akteure

> „Der Arbeitsmarkt hat jetzt eine doppelte (und im Wettbewerb stehende) lokale und europäische Dimension und in dieser dialektischen Beziehung, erscheint die Rolle des nationalstaatlichen Gesetzgebers immer mehr unter Druck. Es ist davon auszugehen, dass dem Delegierungsgesetz Nr. 276/2003 das Schicksal ereilt, die letzte Intervention eines einheitlichen juristisch-institutionellen Rahmens gewesen zu sein." (Tullini 2006: 42; Übers. B.D.)

Drei Reskalierungsprozesse fanden in Bezug auf den Arbeitsmarkt statt, die die Kräfteverhältnisse zugunsten der Kapitalseite verschoben: Erstens wurde Scalejumping zur Managementstrategie hinsichtlich der Zerstreuung und Dezentralisierung der Produktion in der Fordismuskrise, welches die Organisationsmacht der Arbeiter*innenbewegung und die lohnabhängig Beschäftigten schwächte. Zweitens wurde der Nationale Branchentarifvertrag CCNL immer wieder angegriffen und 2011 auf Druck der Troika das Nachrangigkeitsprinzip der dezentralen Tarifvertragsebene aufgehoben, das bis dahin nur Verbesserungen bringen konnte (vgl. Schulten/Müller 2014: 296). Drittens wurde die Arbeitsmarktpolitik dezentralisiert und der Einfluss der europäischen Ebene wuchs, ohne dass arbeitsmarktpolitische Kompetenzen vergemeinschaftet worden wären.

3.6.1 Die Rolle der Europäischen Union

Die Regierungen verwiesen zwar strategisch und selektiv auf die EBS, um ihre Vorhaben zu untermauern. Andererseits haben aktive arbeitsmarktpolitische Maßnahmen erst mit der EBS Einzug in Italien gehalten (vgl. Ferrera/Sacchi 2005: 148f.). Talani/Cerviño (2003: 205) untersuchen den Einfluss der Wirtschafts- und Währungsunion auf die Kräfteverhältnisse und weisen daraufhin, dass einer institutionellen Rigidität eine informelle Flexibilität gegenüberstehe: "[...] by shifting the struggle around labour flexibility in Italy and Spain between employers and employees from the national to the European level, the relative power positions between the two groups were changed, which made it easier to introduce neo-liberal labour-market reforms" (ebd.).

Casabona (2003: 173) sieht einen Einfluss der EU auf die aktive Arbeitsmarktpolitik: „Mit der Einführung des Konzepts der aktiven Arbeitsmarktpolitik in unsere Rechtsordnung ändert sich der Ansatz der öffentlichen Intervention in die Arbeitsvermittlung" (ebd.: 174; Übers. B.D.). Natali (2006) zufolge hat sich die Arbeitsmarktpolitik in Italien seit Anfang der 1990er Jahre an der EU orientiert. Auch nach Graziano ist die Bedeutung der EU für Italien seit den 1990er Jahren gewachsen: sowohl direkt durch die Rechtsanpassung an EU-Richtlinien und durch eine Angleichung der Arbeitsmarktpolitik an die EBS, als auch indirekt über eine an den Konvergenzkriterien ausgerichtete Tarifpolitik (vgl. Graziano 2004: 131f.). Manche Bereiche seien ganz umgebaut worden, zum Beispiel die Weiterbildung und die Arbeitsverwaltung, manches sei lockerer übernommen worden, zum Beispiel Politiken bezüglich der Flexibilisierung, Beschäftigungsfähigkeit und Aktivierung je nachdem wie strukturiert und bindend die EU eine Rolle gespielt hat (vgl. ebd.). Auch Zirra/Peunkert (2009) bilanzieren, dass die EBS angepasst an den italienischen Kontext breit rezipiert wurde. Hierbei spielten Wissenschaftler wie Marco Biagi, der gute Kontakte zur EU pflegte, eine wichtige Rolle. Die „strategische Rolle der Europäisierung" (Zirra 2010: 333) wurde zudem von finanziellen Ressourcen über den ESF in den Regionen untermauert (vgl. ebd.).

Die in den Expert*inneninterviews befragten Akteure rekurrierten auf die europäische Ebene, z.B. auf Flexicurity. Auch die Lissabon-Ziele waren den Befragten bekannt und viele verwiesen auf sie, ohne explizit danach gefragt zu werden (vgl. Interview CGIL Italia 2007; Interview CISL 2007; Interview UIL 2007; Interview Ministero del Lavoro 2007; Interview Confindustria 2007; Interview CGIL Lombardia 2008; Interview Italia Lavoro 2008). Die Erhöhung der Beschäftigungsquote von Frauen war eine gängige Forderung. Flexicurity wurde in den Gesprächen von den Gewerkschaften aufgegriffen, die sich vom Beispiel Dänemark eine Ausweitung sozialstaatlicher Sicherungsnetze versprachen. Auf europäischer Ebene allerdings wurde Flexicurity von den Arbeitgeberverbänden lobbyiert. Das zusammengesetzte Wort erweist sich als wandelbar, da das Konzept je nach Standpunkt unterschiedlich interpretiert wird. Die Abteilungsleiterin im Arbeitsministerium wies darauf hin, dass die Entwicklung der aktiven Arbeitsmarktpolitik in Italien sehr stark mit der Europäisierung in Zusammenhang stand. Von einem zentralisierten System ausgehend, in dem die Vermittlungsbüros rein bürokratische Aufgaben übernahmen, wurden Ende der 1990er Jahre Aufgaben vom Ministerium an die Provinzen übertragen (vgl. Interview Ministero del Lavoro 2007).

Doch inwieweit erweist sich die Dezentralisierung als vermachteter Prozess analog der Dezentralisierung des Tarifvertragssystems? Welche skalaren Praxen verfolgen die Arbeitsmarktakteure und welche Scales präferieren sie? Das Rescaling beurteilen die Akteure unterschiedlich. Der Vertreter der CISL wies darauf hin, dass eine engere Koordination nötig sei:

> „Leider stimmt es, dass teilweise diese Idee der Regionalisierung [...] Gefahr gelaufen ist, die nationale Ebene zu schwächen. Wenn es der Staat schafft, sagen wir, eine Autorität darzustellen und maßgebend für die Standards ist, dann ist das eine gute Sache. Und damit würde er auch die Rolle wiedererlangen, die er heute teilweise verloren hat." (Interview CISL 2007; Übers. B.D.)

Während die CISL schon seit ihrer Gründung im Kalten Krieg die Europäische Integration unterstützt hat, verfolgte die CGIL zunächst in Übereinstimmung mit der kommunistischen Gewerkschaftsinternationalen WFTU eine ablehnende Haltung, da sie das europäische Projekt als antikommunistisch, imperialistisch und kapitalistisch dominiert verstand. Im Laufe der 1960er Jahre revidierte sie die Radikalopposition im Sinne einer internationalen Zusammenarbeit der Gewerkschaften auf europäischer Ebene, eröffnete 1963 ein Büro in Brüssel und wurde 1974 Mitglied des EGB (vgl. Golden 2015: 73ff.). Der Vertreter der CGIL wies auf den strategischen Rekurs italienischer Politiker auf die EU zur Durchsetzung von Regierungsvorhaben hin. In Bezug auf die Maastricht-Kriterien hätte das gut funktioniert, in Bezug auf den Artikel 18 habe es großen Widerstand gegeben. Die Gewerkschaften nehmen die europäische Debatte ernst. Die EBS sei „sicher sehr wichtig" und die Prodi-Regierung II konsultierte die Gewerkschaften zur Frage ihrer

Implementierung. Bezüglich einer Koordinierung der regionalen Ebene herrscht Skepsis vor, da die Regionen die gesetzgebenden Kompetenzen hätten (vgl. Interview CGIL 2007). Der Vertreter der UIL äußerte sich positiv gegenüber der Regionalisierung, mahnte aber an, dass eine gute Koordination und ein sozialer Ausgleich von zentralstaatlicher Seite nötig sei. Die EBS, Flexicurity und Aktivierung seien „absolut wichtig" (vgl. Interview UIL 2007).

Die Ergebnisse der Dokumentenanalyse und der Expert*innengespräche bestätigen die Befunde der Sekundärliteratur, dass die Europäische Integration Einfluss auf die Arbeitsmarktpolitik Italiens seit den 1990er Jahren hatte – und nicht nur selektiv mit ihr argumentiert wurde, um schon vorhandene Gesetzesvorhaben umzusetzen. Auch die strategische Bezugnahme kann als skalare Praxis der nationalen Akteure interpretiert werden, wenn die Akteure ein selektives Scalejumping benutzen, um ihre Positionen durchzusetzen. Sie ist nicht einfach „nur" eine rhetorische Frage, sondern Teil eines Diskurses, der dazu dient, ein Hegemonieprojekt durchzusetzen. So haben nicht nur die „harten" Restriktionen im Zuge der Wirtschafts- und Währungsunion sondern auch ein von der EBS geprägter arbeitsmarktpolitischer Diskurs dazu beigetragen, die Arbeitsmarktpolitik zu transformieren und die Arbeitsmärkte zu flexibilisieren, sprich die Beschäftigungsformen zu fragmentieren, den Kündigungsschutz abzubauen und das Tarifvertragswesen zu dezentralisieren – Gesetzesvorhaben, die die Spaltung von relativ abgesicherten und prekarisierten Erwerbsverläufen vertiefte.

In Bezug auf Italien lässt sich die These vom Autoritären Etatismus im Neoliberalismus (vgl. Poulantzas 2002/1978; Kannankulam 2008; Buckel u.a. 2012) bestätigen. Direktere Eingriffe unter dem Druck der Troika aus EU-Kommission, EZB und IWF führten zur Flexibilisierung des Tarifvertragssystems. Seit September 2011 kann auf Grundlage des Gesetzes 148/2011 die dezentrale Tarifvertragsebene von der nationalen Branchentarifvertragsebene nach unten abweichen, die bisher Mindeststandards gesetzt hatten, die nicht unterlaufen werden durften (vgl. Schulten/Müller 2014: 296). Im August 2011 forderte die EZB im Gegenzug zur Unterstützung italienischer Staatsanleihen weitere Arbeitsmarktflexibilisierungen (vgl. Simonazzi 2014: 71). Hirsch (2013) interpretiert die Regierung Monti als zusätzlichen Schritt hin zu einer direkteren Verflechtung zwischen Kapitalinteressen und Staat wodurch sich die „relative Autonomie" des Staates verringert, weil die Interessen von Einzelkapitalen direkt auf die Politik einwirken:

> „Das dadurch hergestellte autoritäre Verhältnis war bereits in der Phase des Postfordismus und der ihn kennzeichnenden Aushöhlung der liberalen Repräsentativdemokratie angelegt, gewinnt aber neue Dimensionen. Es ist signifikant, dass in Staaten wie Griechenland oder Italien 'technokratische' Regierungen ohne demokratische Legitimation eingesetzt wurden, deren Personal im Übrigen aus der Finanzwirtschaft stammt – ebenso wie die Führung der Europäischen Zentralbank." (Hirsch 2013: 388ff.)

Allerdings werden auch die „Technokratenregierungen“ vom Parlament gewählt und sind somit nicht von den demokratischen Mehrheiten entkoppelt. Die Fornero-Reform des Arbeitsmarktes wurde zum Beispiel mit der Vertrauensfrage verknüpft, durch die gleichwohl von der europäischen Ebene ein immenser Druck ausging. Die namensgegebende Arbeitsministerin und Wirtschaftsprofessorin sah einen Vorteil von Technokratenregierungen darin, sich nicht an Wahlen orientieren zu müssen (vgl. Fornero 2013: 14). Die Regierung Monti wurde 2013 von einer Großen Koalition unter dem PD-Ministerpräsidenten Letta abgelöst, ohne dass dies wiederum als ein Schritt hin zu einer Revitalisierung der liberaldemokratischen Regierungsform gewertet werden muss, oder anders ausgedrückt: Es lässt sich kein Unterschied in der deregulierenden Politik zwischen der technokratischen Monti-Regierung und den Folgeregierungen unter der Führung der Demokratischen Partei (PD) erkennen. Die Deregulierung des Kündigungsschutzes, ein Kernstück des Arbeiterstatuts, wurde erst unter der Ägide der PD Matteo Renzis gänzlich durchgesetzt. Sowohl unter Monti als auch unter Renzi wurden zunehmend Delegierungsgesetze angewandt (vgl. Ainis 2015), mittels derer die legislative Gewalt (zeitlich und thematisch festgelegt) auf die Regierung übertragen wird, die Gesetzesdekrete erlässt. Der Kantersieg des MoVimento 5 Stelle und der Lega Nord im Frühjahr 2018 ging auch auf das Konto der durch die Monti-Regierung und die Renzi-Regierung durchgeführten Reformen.

3.6.2 Dezentralisierung am Beispiel der Lombardei

Anfänge einer aktiven Arbeitsmarktpolitik und deren Regionalisierung waren in den 1980er Jahren zu beobachten (vgl. Graziano 2004: 128). Mit dem Bassanini-Gesetz (l. 59/1997) wurde die Kompetenz für aktive Arbeitsmarktpolitik vom Zentralstaat an die im Jahr 1970 etablierten Regionen übertragen. Die sukzessive erlassenen Regionalgesetze haben zu erheblichen Unterschieden in der aktiven Arbeitsmarktpolitik geführt (vgl. Interview Ministero del Lavoro 2007). Der nationalstaatlichen Ebene bleibt die Aufgabe einer generellen Orientierung, Förderung und Koordinierung der Arbeitsmarktpolitik. Die aktive Arbeitsmarktpolitik lag im Verantwortungsbereich der Regionen, während die Provinzen die Arbeitvermittlung verwalten (Ferrera/Sacchi 2005: 143). Allerdings wurde in Folge der Jobs Act-Gesetze von 2015 eine neue nationale Arbeitsmarktbehörde, die ANPAL, gegründet, die für die Koordinierung der aktiven Arbeitsmarktpolitik zuständig sein soll.

Die arbeitsmarktpolitischen Kompetenzen auf regionaler Ebene wurden durch eine Verfassungsänderung von 2001 bestätigt (Ferrera 2005a: 199). Mit dieser fiel die Arbeitsmarktpolitik unter die Politikfelder, die sich die Kompetenz zwischen nationalstaatlicher und regionaler Ebene teilen (vgl. Colombo 2008: 179f.). Ferrera (2005a: 199) spricht angesichts der weitreichenden Regionalisierung von regionalen Arbeitsmarktregimen: “To some extent, cross-regional variations are linked to preexisting and long-standing differences in regional economic profiles" (Ferrera 2005a: 199). Eine steigende Differenzierung sei zwischen der „neoliberalen" Lombardei und der „neokorporatistischen" Emilia-Romagna zu beobachten [Anführungszeichen i.O.]. Jene betreibe primär Flexibilisierungsmaßnahmen während diese eher einen sozialpartnerschaftlich und qualifizierungszentrierten Ansatz verfolge (vgl. Ferrera 2005a: 200). In den strukturell stärkeren nördlichen Regionen ist die aktive Arbeitsmarktpolitik ausgeprägter als im Mezzogiorno, wo sie teilweise gar nicht etabliert ist. So trug die Regionalisierung nicht zu einer Überwindung, sondern zur Vertiefung der sozialräumlichen Spaltung bei. Das arbeitsmarktpolitische Koordinierungsorgan der Regionen funktioniert nach Angaben der befragten Akteure nicht ausreichend (vgl. Interview CGIL 2007; Interview CISL 2007; Interview Ministero del Lavoro 2007). Die Wohlfahrtssysteme unterscheiden sich auf der regionalen und lokalen Ebene. Die Einkommensverteilung ähnele italienweit Großbritannien während sie in der Provinz Modena (Emilia-Romagna) eher den skandinavischen Ländern gleichkäme (vgl. Natali 2006). Die Regionalisierung der Arbeitsmarktpolitik wird nun am Beispiel der Lombardei analysiert. Zur Illustration der Unterschiede schließt sich ein Exkurs zur nordöstlichen Region Emilia-Romagna und der süditalienischen Region Apulien an.

Die Verbreitung atypischer Beschäftigungsverhältnisse, die Dezentralisierung der Produktion und Auflösung kleinfamiliärer Strukturen spiegeln die postfordistische Transformation der Lombardei. Auch wenn sich die Tertiarisierung seit Mitte der 1990er Jahre beschleunigt hat, ist die Region weiterhin stark von der Industrie geprägt und der Dienstleistungssektor vor allem auf Unternehmens- und Finanzdienstleistungen spezialisiert. Während 1996 51,5% der Beschäftigten in der Industrie und 48,5% im Dienstleistungssektor arbeiteten (Regione Lombardia 2001: 99f.), waren im Jahr 2014 nur noch 32,5% der Beschäftigten im Industriesektor (inkl. Bau) tätig gegenüber 65,8% im Dienstleistungssektor (ISTAT u.a. 2016: 57). 2015 waren knapp ein Fünftel der in Italien ansässigen Industrieunternehmen in der Lombardei registriert (vgl. ebd.: 77ff.). Die Industrie ist zwischen Groß- und Kleinbetrieben polarisiert. Die Industrieproduktion spezialisierte sich seit den 1980er Jahren auf Chemie- und Kunststoffindustrie, Maschinenbau, Druckindustrie und Textilwirtschaft. Finanz- und Unternehmensdienstleistungen, Werbung und PR sowie Steuerprüfungsunternehmen konzentrieren sich in Mailand (vgl. Arrighetti u.a. 1993: 49ff.; 55). Der Dezentralisierungsprozess der Unternehmen in den 1980er Jahren hatte eines seiner Zentren in der Lombardei. Die Produktion in den tayloristisch-fordistisch organisierten Großunternehmen wurde massiv restrukturiert und Hightech- und Dienstleistungsunternehmen sowie kleinere Firmen gewannen an Bedeutung (vgl. ebd.: 81). Die Zahl der Betriebe stieg wegen der vielen Kleinstbetriebe im Dienstleistungssektor massiv an (vgl. ebd.: 60). Abteilungen der Großbetriebe wurden als eigenständige Dienstleistungsunternehmen outgesourct (vgl. ebd.: 83f.).

Die Arbeitslosigkeit stieg im Laufe der 1980er Jahre wegen des massiven Stellenabbaus in der Industrie an, der jedoch durch die CIGS und Frühpensionierungen zumindest statistisch abgefedert wurde (vgl. ebd.: 65). In den 1990er Jahren wuchs die Beschäftigung im Dienstleistungssektor um 25%, während sie im verarbeitenden Gewerbe mit 17% schrumpfte. Durch die Dezentralisierung stieg die Zahl der Selbstständigen ebenso wie die Beschäftigung in den KMU. Atypische Beschäftigungsverhältnisse verbreiteten sich seit den 1990er Jahren (vgl. Regione Lombardia 2001: 71). Bei Neueinstellungen überwiegen befristete Beschäftigungsverhältnisse gegenüber unbefristeten. Die Zahl der unbefristeten Neueinstellungen fiel zwischen Januar 2015 und 2017 von 32% auf 23,4%, während befristete Verträge von 63% auf 71% der Neueinstellungen stiegen (vgl. INPS 2017: 15).[79] Auch die fordistische Kernfamilie transformierte sich. 2001 bildeten Singlehaushalte 24,1% und kinderlose Familien 29,8% der Haushalte (vgl. Regione Lombardia 2001: 207).

Die Arbeitsbeziehungen in der Lombardei waren traditionell weniger konfliktuell als in der Region Piemont, und die Gewerkschaften zeigten sich offen für sozialpartnerschaftliche Abkommen, wobei Subkulturen hierbei keine entscheidende Rolle spielten (vgl. Arrighetti u.a. 1993: 41ff., 112). Regini (1995: 120) und Ambrosini (1996: 181) beschreiben einen Pragmatismus des Lokalen, während die zentrale Ebene als Schaubühne antagonistischer Rhetorik und des Kräftemessens diente. Auf Unternehmensebene wurden die Gewerkschaften in der Restrukturierungsphase der 1980er Jahre in unpopuläre Entscheidungen eingebunden, um dem Widerstand der Beschäftigten vorzubeugen (vgl. Arrighetti u.a. 1993: 41; Regalia 1989: 242ff.). Obwohl z.B. in der Industriestadt und ehemaligen Arbeiterhochburg Sesto San Giovanni in der Provinz Mailand im Laufe der 1980er Jahre 42% der Arbeitsplätze in den Großunternehmen abgebaut und 12.000 Arbeiter entlassen wurden, begleiteten die Gewerkschaften und Beschäftigten den Prozess kooperativ und größere soziale Spannungen blieben aus (vgl. Regalia 1989: 246). Große Komplexe wie das Elektromechanikunternehmen Ercole Marcelli, wurden zerschlagen und in kleineren Einheiten mit neuen Beteiligungsstrukturen wiedergegründet. Schon in den 1970er Jahren wurden große Industrieanlagen stillgelegt, z.B. beim Stahlproduzenten Falck Vulcano, wo in den 1980er Jahren ca. 40 Kleinunternehmen angesiedelt wurden (vgl. ebd.: 242ff.). Zwar haben die Gewerkschaften kleine Betriebe als Terrain entdeckt, aber die Arbeitsbeziehungen zeichnen sich durch einen Dualismus zwischen regulierten in Großunternehmen und voluntaristischen in Kleinunternehmen aus, wo der gewerkschaftliche Organisationsgrad niedrig ist (vgl. Perulli 1990: 33; 38).

In den 1990er Jahren wuchs die migrantische Beschäftigung in der Lombardei. Migrant*innen arbeiten häufig in niedrig entlohnten Bereichen des Industrie- und

---

79 Die Differenz zu 100 ergibt sich aus den Saisonarbeits- und Ausbildungsverträgen, die gesondert aufgeführt werden.

Dienstleistungssektors und in prekären oder irregulären Beschäftigungsverhältnissen. Anfang der 2000er Jahre lag die Region oberhalb des nationalen Durchschnitts bezüglich Teilzeitarbeit, Freelancing und Zeitarbeit und unterhalb bei den Standardarbeitsverträgen sowie bei nicht angemeldeter Beschäftigung. Beides lässt sich auch auf die höhere Beschäftigungsquote von Frauen und Jugendlichen zurückführen, die besonders häufig in atypischer Beschäftigung stehen (vgl. Ballarino 2006: 115).

Die Regierungskoalitionen wechselten bis Mitte der 1990er Jahre häufiger. Seit dem Sieg des Wahlbündnisses Polo per le Libertà 1995 unter Roberto Formigoni[80] von Forza Italia/Popolo delle Libertà regieren Rechtskoalitionen zwischen Forza Italia und der Lega Nord. Eines ihrer zentralen Projekte war die Durchsetzung des Subsidiaritätprinzips. Soziale Dienstleistungen der Region wurden wettbewerbsorientiert zwischen öffentlichen und privaten Dienstleistern reorganisiert (vgl. Colombo 2008: 181f.). 2013 wurde Formigoni von Roberto Maroni, Lega Nord, abgelöst, der in den Kabinetten Berlusconi I und II Innenminister bzw. Arbeits- und Sozialminister war. Im März 2018 wurde Attilio Fontana von der Lega Nord, der im Wahlkampf offen rassistische Äußerungen verbreitet hat, zum Präsident der Lombardei gewählt.[81]

Als eine der ersten arbeitsmarktpolitisch aktiven Regionen richtete die Lombardei eine Arbeitsagentur ein, die *Lombardia Lavoro,* an der die Tarifparteien beratend teilnahmen (vgl. Maraffi 1997: 38f.). Auf Provinzebene unterzeichneten 1992 der Mailänder Unternehmerverband Assolombarda und die CGIL, CISL und UIL ein Abkommen über die Einrichtung von paritätischen Kommissionen zur Steuerung der lokalen Arbeitsmarktpolitik (vgl. ebd.: 40). Die lokale Ebene zeigte sich als Experimentierfeld zur Abweichung von nationalen Standards. So wurde im Jahr 2000 ein Mailänder Pakt für Arbeit zwischen der Kommune und der Provinz Mailand und den Arbeitgeberverbänden und Gewerkschaften mit Ausnahme der CGIL unterzeichnet, der eine Abweichung von der Zahl der erlaubten Befristungen insbesondere für Migrant*innen außerhalb der EU, über 40-Jährige und Langzeitarbeitslose zuließ. Prekäre Beschäftigung im niedrig qualifizierten Dienstleistungssektor, in dem Migrant*innen ohnehin schon überrepräsentiert waren, z.B. in der Gebäudereinigung, sollte explizit ausgeweitet werden. Ursprünglich hatte der Pakt ein niedrigeres Lohnniveau für Migrant*innen außerhalb der EU vorgesehen. Bei der Erneuerung des Abkommens 2002, das auch die CGIL unterzeichnete, waren

80 Formigoni war bis 1994 Mitglied der DC.

81 Fontana sagte im Radio in Bezug auf eine Begrenzung der Einwanderung: „Wir müssen entscheiden, ob unsere Ethnie, ob unsere weiße Rasse, ob unsere Gesellschaft weiter Bestand haben soll oder ob sie ausgelöscht wird. Hierbei handelt es sich nicht um Fremdenfeindlichkeit oder Rassismus, sondern darum logisch und rational zu sein" (zit.n. Mattioli 2018; Übers. B.D.).

die Abweichungen entfallen. Allerdings schlossen vage Formulierungen diesbezügliche Maßnahmen auch nicht aus (vgl. Frugoni 2004: 103-107; Ballarino 2006: 127f.). Die NIdiL/CGIL, eine Organisationsstruktur für prekär Beschäftigte mit Verhandlungskompetenzen, gründete sich in Mailand ursprünglich auf Initiative von Freelancern aus freiberuflichen Bereichen, die sich der CGIL anschlossen. Die anderen Gewerkschaften folgten diesem Beispiel (vgl. Ballarino 2006: 131f.).

Die Lombardei erließ 1999 ein Regionalgesetz zur Umsetzung der im Bassanini-Gesetz festgeschriebenen Dezentralisierung. Im Zuge der Umsetzung des Biagi-Gesetzes von 2003 hat sie das regionale Arbeitsmarktsystem mit dem Regionalgesetz n. 22/2006 liberalisiert, das öffentliche und private Arbeitsvermittlungen und Bildungsträger gleichstellte. Das System wurde auf die einzelne Person fokussiert und individualisiert. Mit der so genannten *dote* (wörtlich Mitgift), einer Art Bildungs- oder Vermittlungsgutschein, können Arbeitslose bei einer öffentlichen oder privaten Arbeitsvermittlung bzw. Bildungseinrichtung einen Kurs besuchen oder Vermittlungstätigkeiten in Anspruch nehmen (vgl. Interview Italia Lavoro 2008; Legge Regionale Lombardia 22/2006). Der Vertreter der regionalen Arbeitsmarktagentur erläuterte, dass die Region den Arbeitslosen das Geld direkt auszahlen möchte, damit diese sich zwischen öffentlichen oder privaten entscheiden (vgl. Interview Regione Lombardia 2008).

Der Ablauf des Vermittlungsprozesses ähnelt dem deutschen und dänischen, wobei in den Expert*inneninterviews der Vermittlungswunsch und nicht die behördlich eingeforderte Mitwirkungspflicht betont wurde. Für den Zeitraum des Vermittlungsverlaufs erhält der/die Arbeitssuchende Geldleistungen, die im Falle einer Nichtmitwirkung entfallen (vgl. Interview Italia Lavoro 2008). Die institutionelle Trennung zwischen Leistungsauszahlung (INPS) und Vermittlung wurde durch die Möglichkeit, private Anbieter in Anspruch zu nehmen, verstärkt. Eine Untersuchung im Auftrag von ESF, Arbeitsministerium und der Region Lombardei zu privaten und öffentlichen Anbietern macht deutlich, dass die Gleichstellung zwischen diesen aufgrund der Geschäftslogik privater Anbieter in der Praxis nur schlecht umgesetzt werden kann. Ein Großteil der privaten Anbieter sind Zeitarbeitsfirmen wie Adecco, Manpower und Randstad, deren Geschäftsziel es ist, für Unternehmen passende Arbeitskraft und nicht für die Arbeitslosen den passenden Arbeitsplatz zu suchen. Neben Leiharbeitsfirmen sind auch Outplacementagenturen und Headhunter private Anbieter des Netzwerks der Arbeitsdienstleister. Insgesamt ergab sich eine Schere zwischen den benachteiligten Gruppen, die von den CPI betreut werden und gut qualifizierten, die von den privaten Anbietern vermittelt oder verliehen werden, wobei sich die privaten Anbieter aufgrund der vom Gesetzgeber für die Akkreditierung vorgeschriebenen Vermittlungsquoten für benachteiligte Gruppen, etwa Behinderte, mit eigenen Abteilungen darauf spezialisieren, um die Akkreditierung zu erlangen (vgl. Istituto per la Ricerca Sociale di Milano 2007: 9f.; 91-95). Der Ansatz der FI/

Lega Nord-Regierung ist auf eine Liberalisierung der Arbeitsmarktdienstleistungen und *work first* ausgerichtet. Der Abteilungsleiter der für die Umsetzung der Arbeitsmarktpolitik zuständigen Agentur fasst die Haltung zusammen: „Wir wollen nicht die Beschäftigungsfähigkeit der Personen steigern, sondern sie in Beschäftigung bringen" (Interview Region Lombardei 2008; Übers. B.D.).

Die Kommune Mailand sieht sich als beschäftigungspolitische Vorreiterin und beruft sich auf Marco Biagi. Mit dem Versuchsprojekt „Sportello Biagi" sollte ein individualisierter Vermittlungsverlauf für Arbeitslose in Zusammenarbeit mit privaten Anbietern entworfen werden. Eigentlich haben Leiharbeitsfirmen keine gesetzliche Grundlage, Arbeitslose in die Pflicht zu nehmen. Die Meldung der Verfügbarkeit und die Eingliederungsvereinbarung obliegt alleine dem CPI der Provinzen. Die offizielle Arbeitslosmeldung, die auch zu einer Förderung der Region berechtigt, muss beim CPI erfolgen, das in Verbindung zum INPS steht, das die Leistungen auszahlt (vgl. Interview CPI Mailand 2008; Istituto per la Ricerca Sociale di Milano 2007: 93). Ein Vertreter der Region wies darauf hin, dass die Lombardei und die Emilia-Romagna in der Arbeitsmarktpolitik trotz unterschiedlicher politischer Traditionen gut zusammenarbeiten und sich annähern (vgl. Interview Regione Lombardia 2008). Die Arbeitsmarktpolitik der Lombardei ist formal liberalisiert und selbst zum Markt geworden. Firmen wie Manpower, Randstad und Adecco, die mit den öffentlichen Anbietern gleichgestellt sind, können über das System der *Dote Unica Lavoro* der Region öffentliche ESF-kofinanzierte Gelder erhalten. Von den 2014–2020 bewilligten Geldern für die *dote* von 153.740.028 Euro stammen das Gros, nämlich 147.000.000 Euro aus ESF-Mitteln Ziel 1 (vgl. FSE/Regione Lombardia o.J.).

3.6.3 Tre Italie. Arbeitsmarktpolitik in der Emilia-Romagna und Apulien

Die Emilia-Romagna gehörte zum „Rotgürtel" Mittelitaliens, der von kommunistisch/sozialistischen Regierungen auf regionaler und kommunaler Ebene geprägt wurde. Sie verfügte über ein effektives System sozialer Dienstleistungen, das öffentliche Verkehrsmittel, Kinderbetreuung sowie günstigen Wohnraum zur Verfügung stellte. Die linken Parteien förderten in Folge der von Togliatti formulierten Bündnisstrategie das Kleinunternehmertum (vgl. Capecchi 1990: 33f.). Die Hegemonie der Linken zeigte sich nicht nur in der Regierungspolitik, sondern auch in der starken roten Subkultur, in der die dem PCI/PSI nahestehenden Verbände dominierten (vgl. Telljohann 1997: 29f.). In der ökonomischen Wachstumsphase der 1980er Jahre wurde das „Modell Emilia-Romagna" breit erforscht (vgl. Cooke/Morgan 1998: 103; Capecchi 1990: 33), weil die Region hohe Lebensstandards, eine niedrige Arbeitslosigkeit und eine hohe Frauenerwerbstätigkeit hatte (vgl. Capecchi 1990: 33ff.; Telljohann 1997: 30). Noch heute liegt die Arbeitslosenquote mit 7,7% unter dem Landesdurchschnitt von 11,9% (vgl. ISTAT 2016: 292).

Die Wirtschaft der Emilia-Romagna ist von KMU und Industriedistrikten geprägt, in denen Kooperation und persönliche Beziehungen wegen des entlang von Produktionsketten organisierten Produktionsprozesses eine wichtige Rolle spielen und die soziale Mobilität hoch ist (vgl. Cooke/Morgan 1998: 104; Telljohann 1997: 29ff.). Hiervon zeugt auch die hohe Selbstständigenrate von 29,69% im Jahr 2003 (vgl. Regione Emilia-Romagna 2004: 70). Die Emilia-Romagna hat mit 32,8% noch einen starken Industriesektor, während 3,4% der Beschäftigten in der Landwirtschaft und 63,8% im Dienstleistungssektor arbeiten (vgl. ISTAT 2016: 292). Die Prekarisierung zeigt sich aber auch hier. 2001 machte die irreguläre Beschäftigung 10% aus (vgl. Regione Emilia-Romagna 2004: 149). In der Krise zwischen 2008 und 2013 sank die Beschäftigungsquote der Männer von 78,2 auf 73% und die der Frauen von 62,1 auf 59,6% (vgl. ISTAT 2014: 132). 2015 waren 30,9% der Frauen und insgesamt 17,7% teilzeitbeschäftigt. Befristungen machten 14,8% der Arbeitsverträge aus (vgl. ISTAT 2016: 295). Bei Neueinstellungen liegt die Befristungsquote allerdings viel höher. Sie stieg zwischen Januar 2015 und 2017 von 64% auf 72,9% (vgl. INPS 2017: 15).

Die Emilia-Romagna hat bei der Umsetzung der vom Biagi-Gesetz geforderten Gleichstellung von privaten und öffentlichen Arbeitsmarktdienstleistern klar zwischen den Aufgaben von privaten Anbietern und den Aufgaben der CPI der Provinzen getrennt (vgl. Legge Regionale Emilia Romagna 17/2005). Im Gegensatz zum individualisierten Ansatz der Lombardei verfolgt die Region einen programmatischeren Ansatz, mit dem die Arbeitsmarktpolitik in Zusammenarbeit mit den Provinzen gesteuert werden soll. Das Gesetz zur regionalen Arbeitsmarktpolitik bezieht sich auf die EU und passt sich in die Ziellinien der EBS und die wettbewerbsstaatliche Rhetorik ein. So soll neben der Bekämpfung der Prekarisierung, die Wettbewerbsfähigkeit und der soziale Zusammenhalt gefördert werden. Berufliche Kompetenzen sollen zu Wachstum, Innovation und Wettbewerbsfähigkeit beitragen. Hinzu kommen Ansätze wie die Integration über Arbeit, Gleichstellung und Lebenslanges Lernen (vgl. Legge Regionale Emilia Romagna 17/2005: 4f.). Die Förderung des Unternehmertums und des Zugangs zu Krediten und eine mit den Gewerkschaften und Unternehmerverbänden konzertierte Politik (vgl. ebd.) haben seit Togliatti eine politische Tradition. Für die Zielsetzung der Vollbeschäftigung und guter Arbeit sollen die Arbeitsbedingungen verbessert und sichere und reguläre Arbeitsverhältnisse gefördert werden. Zur Arbeitsmarktintegration benachteiligter Gruppen sind die Förderung von Selbstständigkeit und Weiterqualifizierung und Anreize zur Umwandlung befristeter in unbefristete Beschäftigung vorgesehen (vgl. ebd.: 13-18).

Die Provinzen sind exklusiv für die Verwaltung zuständig, also für die Anmeldung und die Entziehung des Status der Arbeitslosigkeit. Sie entscheiden, ob sie Aufgaben wie den Arbeitgeberservice, die Arbeitsvermittlung und Eingliederungsmaßnahmen selbst auszuführen oder an akkreditierte Akteure vergeben (vgl. Legge Regionale

Emilia Romagna 17/2005: 75). Im Gegensatz zur Lombardei wurde kein Wettbewerbssystem etabliert. Die Region bleibt für die Akkreditierung und Vergabe der Gelder zuständig. Im Plan zur aktiven Arbeitsmarktpolitik in der Krise, der auf dem Vertrag zwischen der Zentralregierung und den Regionen basierte sowie auf einem regionalen Sozialpakt stehen Bildungsmaßnahmen im Zentrum, die im Sinne der EBS die Anpassungs- und Beschäftigungsfähigkeit steigern sollen, sowie die Förderung der Selbstständigkeit (vgl. Regione Emilia-Romagna 2009: 3f.).

Ein Ausblick auf die süditalienische Region Apulien, der die Aktualität der *questione meridionale* verdeutlicht, soll den Hauptteil abschließen. Die Region, die den Absatz der italienischen Halbinsel bildet, ist immer noch landwirtschaftlich geprägt. Der massive Verlust der Arbeitsplätze in der Landwirtschaft in den 1980er Jahren und die aktuelle Beschäftigungssituation zeigen die Misere des Mezzogiornos. Im Gegensatz zur Analyse der Drei Italien (Bagnasco 1977) haben sich die sozioökonomischen Disparitäten zwischen Nord und Süd im „neuen Dualismus" weiter vergrößert (vgl. Pugliese/Rebeggiani 2004: 162f.). Zwischen 1981 und 1994 war die Beschäftigung in Süditalien um 10% geschrumpft. Die Industriebeschäftigung ging um 21% zurück, die Beschäftigung in der Landwirtschaft um 48,1% (vgl. ebd.: 165ff.). Die Wirtschaftskrise ab 2008 wirkte sich im Mezzogiorno besonders stark aus: zwischen 2008 und 2016 gingen 21,6% der Industriebeschäftigung verloren. Manche Beschäftigte wechselten in den niedrigqualifizierten Dienstleistungssektor (vgl. SVIMEZ 2017: 26). Jugendliche unter 35 Jahren hatten in ganz Italien besonders schwer unter der Krise von 2008 bis 2014 zu leiden, aber im Mezzogiorno am stärksten. Noch 2016 waren italienweit 1.900.000 Jugendliche unter 35 Jahren weniger beschäftigt als 2008. 2016 lag die Beschäftigungsquote der 15-34-Jährigen im Süden bei 28% (vgl. ebd.: 25f.). In Süditalien liegt die Beschäftigungsquote (20-64) bei 47% gegenüber 69,4% im Zentrum-Nord und die Frauenerwerbsquote bei 34,2% gegenüber 61% (vgl. CGIL Puglia 2016). Fast die Hälfte der Beschäftigung der Landwirtschaft ist im Mezzogiorno konzentriert (48,2%), aber nur ein Fünftel der Industriebeschäftigung (vgl. ISTAT 2016: 292).

Die Beschäftigungsquote in Apulien lag im ersten Quartal 2016 bei 42,3%, die Frauenerwerbsquote bei 28,9%. Die Arbeitslosenquote betrug insgesamt 20,4%, die der Frauen bei schlechteren Einstellungschancen 24%. 65% der Neueinstellungen waren befristet (vgl. IPRES 2016: 3f.; 12). Zwischen 2008–2014 gingen 134.000 Arbeitsplätze verloren und prekäre Arbeitsverhältnisse nahmen zu. Zwischen 2013 und 2015 stieg die Zahl der Voucher um 300% (vgl. CGIL Puglia 2016). Das bis 2005 von Mitte-rechts-Regierungen dominierte Apulien gehört zur Mehrheit der süditalienischen Regionen, die partikular-klientelistisch geprägt war und den gesetzgeberischen Spielraum in der Sozialpolitik seit den 1970er Jahren nicht ausgespielt hat (vgl. Fargion 1997: 145ff.). Seit 2005 wird die Region von Mitte-links regiert, bis 2015 unter einem Präsidenten der Rifondazione Comunista (PdRC) und seit

2015 unter der PD. Die Dezentralisierung der Arbeitsmarktpolitik führte nicht zu einem eigenen arbeitsmarktpolitischen Ansatz. Das 1999 beschlossene Gesetz zur regionalen Arbeitsmarktpolitik spiegelt eher eine formale Regionalisierung mit der Einrichtung von CPIs und einer Agentur für Arbeit wider (vgl. Legge Regionale Puglia 19/1999). In Folge der Biagi-Gesetze 2003 wurde kein Regionalgesetz erlassen.

2014 startete die Region Apulien eine nur bedingt erfolreiche Initiative gegen das Capolarato, die Vorarbeiter, in der von Irregularität geprägten Landwirtschaft. In der Provinz Foggia haben ca 50% der landwirtschaftlich Beschäftigten keinen Arbeitsvertrag. Die Beschäftigten kommen vor allem aus Osteuropa und Nord- und Westafrika. Die häufig von Vorarbeitern als Tagelöhner*innen rekrutierten Arbeiter*innen arbeiten meist unterbezahlt im Akkord und ohne Tarifvertrag. Um Beiträge zur Sozialversicherung zu vermeiden, die Zugang zum Arbeitslosengeld geben würden, geben die Arbeitgeber häufig weniger als die geleisteten Arbeitstage an. Diese dauern 10-12 Stunden bei einem Akkordlohn, mit dem maximal 25-30 Euro pro Tag erreicht werden kann (vgl. Medici per i diritti umani 2015: 46f.).

Die landwirtschaftlich beschäftigten Frauen haben einen noch schlechteren Zugang zu Sozialleistungen als Männer. Nur 47,3% werden in die Sozialversicherung einbezogen, Arbeiterinnen ohne italienische Staatsbürgerschaft sogar nur zu 39,3%. Befragungen mit den Tagelöhnerinnen ergaben ein Bild von miserablen bis sklavenartigen Arbeitsbedingungen. In der Lohnhierarchie stehen die Frauen hinter den migrantischen und italienischen Männern. Während letztere die höchsten Löhne erhalten, liegt der Gender Pay Gap bei 20-30%. Die tägliche Arbeitszeit der vielen Pendlerinnen beträgt inklusive Anreise 12-15 Stunden. Sexuelle Übergriffe sind häufig und das Zurwehrsetzen kann zum Verlust der Arbeit führen. Die Vorarbeiter und Eigentümer betreiben gezielt sexuellen Missbrauch und Zwangsprostitution (vgl. Palmisano 2016: 107f.). In Nardò in Apulien fand 2011 ein Streik von migrantischen Tagelöhner*innen statt, der die Tomatenernte verzögerte (vgl. Medici per i diritti umani 2015). Jenseits der in Brüssel und Rom verabschiedeten Leitlinien und Aktionspläne wird die süditalienische Frage zu einer Frage des globalen Südens.

3.7 Zusammenfassung Italien

Nach dem Heißen Herbst 1969 verschoben sich die Kräfteverhältnisse zugunsten der Arbeiter*innenklasse. Hierauf reagierte die Kapitalseite in der Fordismuskrise mit verschiedenen Rescalingstrategien. Analog zur Dezentralisierung der Produktion seit den 1970er Jahren verschoben sich im Zuge der Prekarisierung und der Durchsetzung des flexiblen Arbeitsmarktregimes in Italien die Kräfteverhältnisse wieder zugunsten der Kapitalseite. Nach dem Ende des Ost-West-Konfliktes haben die Nachfolgeparteien des PCI/PSI keine soziale Alternative zur neoliberalen Europäisierung entwickelt. Im Gegenteil: unter der Regierung Prodi und D'Alema

(1996–1999) formierten sich die parteipolitische Linke in Form des PDS/PD sowie die Gewerkschaften CGIL, CISL, UIL zu Befürworterinnen des Binnenmarkt- und Währungsunionsprojekts und trugen eine Politik der Liberalisierung und Privatisierung, der Austerität und Lohnmäßigung mit. Die politische Linke Italiens hat sich bis heute von diesen Strategien nicht erholt.

Die durch die Prekarisierung forcierte Individualisierung verfestigte die neoliberale Transformation auch wenn sich einzelne Protestbewegungen bildeten, z.B. „San Precario" aus dem autonomen Spektrum, und die Basisgewerkschaften häufig protestierten. Die repräsentativsten Gewerkschaften CGIL, CISL und UIL opponierten zwar partiell gegen die Flexibilisierungsstrategien, vor allem gegen die Aushöhlung des Kündigungsschutzes, unterstützen sie aber gleichzeitig in Form von Sozialpakten. Vor allem die CISL bot sich den Regierungen als Verhandlungspartnerin an. Ein gegenhegemoniales pro-europäisch soziales Projekt lässt sich auch deshalb schwer ausmachen, weil der pro-europäische in PD transformierte PCI einer der Vorreiter des Abbaus des Kündigungsschutzes, einer strikten Haushaltspolitik und einer angebotsorientierten Politik wurde.

Der Aktivierungsdiskurs in Italien lässt sich weniger eindeutig auf eine bestimmte Arbeitsmarktreform und Regierung zurückführen als in Dänemark und Deutschland. Wie in den anderen Ländern lag er quer zu parteipolitischen Trennlinien und die Einführung eines Sanktionsregimes zog sich über mehrere Jahrzehnte hin. Die Gewerkschaften CGIL, CISL und UIL trugen den Diskurs mit und haben ihn sogar in Gestalt der CISL mit angestoßen, zum Beispiel durch die Mitarbeit am Weißbuch Arbeitsmarkt der Regierung Berlusconi II. Arbeitsmarktpolitisch kann man von einer Linie Craxi-Berlusconi sprechen. Das politische Erbe des PSI in Form des Plans für Arbeit von Gianni De Michelis wurde über das Weißbuch Arbeitsmarkt des ehemaligen PSI-Mitglieds Biagi in der Regierung Berlusconi II weitergeführt.

Das Narrativ der Inklusion der Outsider zieht sich wie ein roter Faden durch die Arbeitsmarktreformen seit den 1990er Jahren – jenseits der politischen Couleur – was zu einer Flexibilisierung des Lohnarbeitsverhältnisses und einer Schlechterstellung beim Eintritt in das Lohnarbeitsverhältnis eben dieser „Outsider" geführt hat. Das Beispiel Italien zeigt, dass De- und Rekommodifizierungsprozesse zeitgleich ablaufen können. Einer Erweiterung des Bezugskreises des Arbeitslosengeldes folgten gleichzeitig stärkere Arbeitsanforderungen und die Etablierung eines Sanktionsregimes. Durch die Dezentralisierung der Produktion, die Prekarisierung der Beschäftigungsverhältnisse und die Fragmentierung des Tarifvertragssystems haben sich die Kräfteverhältnisse zugunsten der Kapitalseite entwickelt.

Die Bewegung der 5Stelle rekrutiert sich zum einen aus den prekarisierten Beschäftigten und stellt gleichzeitig mit der Forderung nach einer nationalen Mindestsicherung, die es bislang in Italien nicht gab, einen national-sozialen Protest gegen die Prekarisierung dar.

VI. Schlussteil: Zusammenfassende Analyse

Im Folgenden sollen die Ergebnisse der Länderfallstudien zusammenfassend analysiert und diskutiert werden. Um die Erkenntnis leitende Frage danach, ob in der EU im Zuge der wettbewerbsstaatlichen Integrationsweise ein gemeinsames Arbeitsmarktregime entsteht, wie sich dieses in der Krise des Postfordismus verändert und wer in diesem Prozess um welche Strategien kämpft, zu konkretisieren, wurden drei Fragestellungen formuliert und durch Teilfragestellungen operationalisiert. Sie werden entlang von fünf Unterpunkten in diesem Kapitel zusammenführend diskutiert und interpretiert: Der Aktivierungsdiskurs in der EU, Kommodifizierung im Wettbewerbsstaat, Multiskalierung der Arbeitsmarktpolitik und multiskalare Kräfteverhältnisse, Akteursstrategien und Hegemonieprojekte um die Europäische Integration und schließlich Arbeitsmarkt- und Wettbewerbskorporatismus.

1. Der Aktivierungsdiskurs in der EU

Um die Ergebnisse des Hauptteils zusammenzufassen, stellt sich die Frage, ob sich der konstatierte Paradigmenwechsel zu einem aktivierenden Ansatz bestätigen lässt. Hier gilt es genauer zu differenzieren. Auf der einen Seite legt die historische Analyse der Länderfallstudien nahe, dass der Beginn „aktivierender" Maßnahmen nicht in den 1990er Jahren, sondern bereits in der Fordismuskrise der 1970er Jahre zu finden ist. Auf der anderen Seite zeigt ein noch weiterer historischer Vergleich, dass eine historische Kontinuität arbeitsmarktpolitischer Konzepte und Verfahrensweisen nachgewiesen werden kann, die einen Paradigmenwechsel im Sinne einer Aktivierung in Frage stellen.

Nach den empirischen Ergebnissen ist Aktivierung deshalb eher als ein Diskurs zu verstehen als ein real in der Arbeitsmarktpolitik neu verankertes Prinzip. „Aktivierung" wurde so in den Länderkapiteln dekonstruiert. Arbeitsmarktpolitik zielte auch schon vor der „Aktivierungswende" auf die Vermittlung in Arbeit oder die Qualifizierung der Arbeitskraft ab. Das bedeutet jedoch nicht, dass es nicht zu einer stärkeren Sozialdisziplinierung, Verschärfung der Zumutbarkeitskriterien, zu einer stärkeren Überwachung der Arbeitslosen und zu einer Einschränkung ihrer Rechte gekommen wäre – ganz im Gegenteil. Allerdings wird dies mit dem normativen Begriff der Aktivierung nicht adäquat beschrieben, der eine vorangegangene Passivierung suggeriert. Der Begriff Aktivierung nahm dennoch in der angebotsorientierten, individualisierenden Wende der Arbeitsmarktpolitik seit den 1990er Jahren einen zentralen Platz ein. Der Euphemismus „Aktivierung" war die Voraussetzung dafür, die verschärfte Sozialdisziplinierung durchzusetzen – ein Begriff, der die Entwicklungen treffender fasst.

Die Verankerung des Aktivierungsparadigmas in Europa stellt sich als hegemonialer Kampf um die Deutungshoheit dar. Deswegen war der seit den 1990er Jahren entstandene europäische Aktivierungsdiskurs kein Papiertiger, sondern entwickelt eine eigene Materialität, mit der er die neoliberale Transformation vorangetrieben hat. Gerade durch seine positiven Konnotationen konnte der Begriff Aktivierung zum Wegbereiter einer verstärkten Sozialdisziplinierung werden. Ein Interviewpartner drückte es so aus: „weil es einfach so gut klingt 'aktivieren', weil dann viele darauf springen und sagen, ja dann kann man ja gar nichts dagegen haben" (Interview DGB 2009).

Doch treten wir noch einmal einen Schritt zurück und betrachten das Terrain, auf dem in Europa um die Hegemonie gerungen wurde. Seit den 1990er Jahren hat sich ein gemeinsamer europäischer Aktivierungsdiskurs im Bereich der organischen Intellektuellen der Arbeitsmarktpolitik entwickelt. Hierzu zählen Ministerialbeamte und Mitarbeiter*innen von Behörden ebenso wie Arbeitsmarktexpert*innen und Funktionsträger*innen von Gewerkschaften und Arbeitgeberverbänden. Eine zentrale Rolle spielten die Sozialwissenschaftler*innen, die das Paradigma mittels Expertisen und Beratungsaktivitäten an die Politik herantrugen, wie im Kapitel V in den jeweiligen Abschnitten zum Aktivierungsdiskurs dargelegt wurde. In Deutschland spielte ein positives Dänemarkbild eine Rolle, das auch über die vergleichende Sozialstaatsforschung verbreitet wurde. Viele Texte reproduzieren das positives Dänemarkbild, das durch die Achse Universalität des Wohlfahrtsstaates, hohe Leistungen bei Arbeitslosigkeit und eine quasi unbegrenzte Dauer des Arbeitslosengeldbezugs ohne Konditionierung geprägt gewesen sei und auch in den Reformen der 1990er Jahre eine weiche bildungszentrierte Variante der Rekommodifizierung verfolgte, die erst durch die Mitte-rechts-Regierung Fogh Rasmussen verschärft wurde (vgl. z.B. Linke 2009; Bogedan 2009; Dingeldey 2011; Schulze 2012; Gualmini/Rizza 2013; Förster/Schmid/Trick 2014). So ist es bei genauerer Hinsicht nie gewesen, was im Dänemarkkapitel ausführlich rekonstruiert wurde. Daneben haben Benchmarking, der Sozialstaatsvergleich und der VoC-Ansatz selbst die Durchsetzung des Aktivierungsparadimas befördert, weil sie als Argumentation für die Durchsetzung von Reformen in Deutschland und Italien gedient haben.

Innerhalb transnationaler arbeitsmarktpolitischer Netzwerke, beispielsweise der Arbeitsmarktverwaltung, bildet sich über die organischen Intellektuellen ein hegemonialer arbeitsmarktpolitischer Diskurs, der tatsächlich nicht mehr national, sondern transnational ist. Dieser wirkt auf die Nationalstaaten zurück und überrascht dort Akteur*innen, die nicht in diese Netzwerke eingebunden sind. Andere stark eingebundene Akteure wiederum wundern sich, warum sich überhaupt die Frage stellt, ob die EU einen Einfluss auf den arbeitsmarktpolitischen Diskurs ausübt.

In den durchgeführten Interviews zeigte sich in den drei Ländern bis auf zwei Ausnahmen ein grundsätzlich positiver Bezug zum Aktivierungsansatz. Hierbei wurden sozialdisziplinierende und qualifizierungszentrierte Ansätze unterschieden, wobei die Arbeitgeberseite zur Sozialdisziplinierung und die Gewerkschaftsseite zum Qualifizierungsansatz tendierte. In Dänemark haben sich unterschiedliche Positionen zwischen Arbeitgeberverbänden und Gewerkschaften bei einer generellen Befürwortung des Aktivierungsansatzes in Bezug auf die Prioritätensetzung von qualifizierenden Maßnahmen und *work first*-Ansätzen bestätigt (vgl. Interview LO Danmark 2007; Interview DA 2007). In Italien befürworteten die Gewerkschaften CGIL, CISL und UIL die Etablierung einer aktivierenden Arbeitsmarktpolitik. Für „absolut wichtig" hält der Vertreter der UIL aktivierende Ansätze. Der Vertreter der CGIL beurteilt Aktivierung positiv, weist allerdings darauf hin, dass man diese erst dann richtig betreiben könne, wenn es eine ausreichende soziale Absicherung im Falle von Arbeitslosigkeit gäbe. Die CISL unterstützt die Verknüpfung von passiven Leistungen mit Verpflichtungen zur Arbeitsaufnahme und der Einführung von Eingliederungsvereinbarungen (vgl. Interview CISL 2007; Interview CGIL Italia 2007; Interview UIL 2007). Der Interviewpartner des großindustriellen Arbeitgeberverbands Confindustria zeigte sich eher kritisch und skeptisch gegenüber der Rolle der öffentlichen Hand in der Arbeitsvermittlung und betonte die informelle Tradition der Allokation von Arbeitskraft in Italien (vgl. Interview Confindustria 2007). In Deutschland unterschieden sich die grundsätzlichen Positionen der befragten Branchenarbeitgeberverbände Gesamtmetall und BAVC nicht von der BDA, die die hauptsächliche konzeptionelle Arbeit im arbeitsmarktpolitischen Bereich übernimmt (vgl. Interview Gesamtmetall 2008; Interview BAVC 2009). Die BDA befürwortet die Hartz-Reformen, allerdings seien bezüglich der Aktivierung noch weitere Verschärfungen vonnöten. Die Kontaktdichte müsse erhöht werden, Angebote konsequenter unterbreitet und bei fehlender Kooperation Leistungskürzungen stärker durchgesetzt werden (vgl. Interview BDA 2008). Die befragten Gewerkschaftsvertreter*innen sahen die Aktivierungselemente der Hartz-Reformen kritischer, aber kritisierten eher die Umsetzung und forderten mehr Einsatz im Bereich der Arbeitsförderung und Qualifizierung. Die Vertreterin von ver.di betont, dass bei dem Konzept der aktivierenden Arbeitsmarktpolitik der Reformen in Deutschland nicht von den richtigen Voraussetzungen ausgegangen worden sei, da nicht genügend Arbeitsplätze zur Verfügung stünden. Also könne zwar von einer Aktivierung im Einzelfall über Druck die Rede sein. Eine wirkliche Aktivierung im Sinne einer Schaffung von Beschäftigung und Vermittlung in Arbeit sei nicht erreicht worden, auch weil im Qualifizierungsbereich gekürzt worden sei (vgl. Interview ver.

di 2008). Auch der Vertreter der IG BCE erläutert, dass die IG BCE noch Bedarf für Ausbau im Qualifizierungsbereich des Förderns und Forderns sehe (vgl. Interview IG BCE 2008). Der Vertreter der IG Metall zeigte sich grundsätzlich kritisch gegenüber dem Aktivierungsbegriff (vgl. Interview IG Metall 2009). Auch der Vertreter des DGB äußerte sich kritisch, wobei er auf die grundsätzlich positive Bezugnahme seitens der Gewerkschaften hinwies (vgl. Interview DGB 2009). So zeigt sich bei den befragten Akteuren in Deutschland die in Dänemark beobachtete Betonung von qualifizierenden Ansätzen im Vergleich zu *work first*-Ansätzen, wobei das Ziel in Arbeit zu vermitteln auch bei Ansätzen angestrebt wird, die stärker qualifizierend ausgerichtet sind. Die Unterscheidungsebene ist nicht ob, sondern mit welcher Methode die Arbeitsmarktintegration (sprich Kommodifizierung) erreicht wird.

In den durchgeführten Expert*inneninterviews wurde das Thema Beschäftigungsfähigkeit behandelt, um zu ergründen, inwieweit die befragten Akteure den Begriff in ihrer Alltagspraxis verwenden und welche Relevanz er für sie hat. Deshalb war es fragestrategisch wichtig, abzuwarten, ob die Interviewpartner*innen den Begriff von sich aus verwenden. Auffällig war, dass die Interviewten den Begriff in den Ländern nicht unterschiedlich verwendeten. Auch zwischen Arbeitgeber- und Gewerkschaftsvertreter*innen ließen sich keine relevanten Unterschiede in der Begriffsverwendung feststellen. Die deutlichste Kritik an dem Begriff kam von der Region Lombardei. Hier wendete sich der Direktor der Abteilung Arbeitsmarkt dagegen, Beschäftigungsfähigkeit als eigenes Ziel festzuschreiben. Eine Verbesserung der Beschäftigungsfähigkeit sei nicht das Ziel der Region, sondern vielmehr, die Menschen in Arbeit zu bringen. Er wendete sich also in dem Sinne gegen qualifizierende Ansätze und sprach für einen *work first*-Ansatz (Interview Region Lombardei 2008).

Die unterschiedlichen Begriffe und Definitionen von Aktivierung, Kommodifizierung und Workfare, die die Autoren in der sozialwissenschaftlichen Debatte benutzen, erschweren eine präzise Rekonstruktion. Der Begriff einer verschärften Sozialdisziplinierung könnte dabei helfen, die empirisch beobachteten Veränderungen akkurater zu fassen und eine Klammer für die drei oben genannten Begriffe zu bilden. Erst durch den rhetorischen Spin, mit dem soziale Teilhabe an die Arbeitsmarktintegration gebunden wurde, war es möglich, Sozialabbau als Anliegen der Ausgeschlossenen erscheinen zu lassen, dadurch innerhalb der europäischen Sozialdemokratie zu verankern und dadurch neoliberale Positionen hegemonial werden zu lassen. Die sozialen und politischen Kräfteverhältnisse, die zur Hegemonieproduktion geführt haben, werden im politikwissenschaftlichen Mainstream dethematisiert. Statt eines umkämpften Prozesses erscheint die „Lernarena" als neutrales Terrain, auf dem die Akteure nach der besten Lösung suchen (vgl. z.B. Weishaupt 2011). So zeigt sich der von Hyman so genannte *eurospeak* auch in vielen politikwissenschaftlichen Analysen (vgl. z.B. Natali 2010). Aus klassenspezifischer Stratifizierung wurde die Inklusion der von den neuen Risiken betroffenen Arbeitsmarktteilnehmer*innen. Durch den

Rückgriff auf Begriffe wie Aktivierung, Chancengleichheit am Arbeitsmarkt und Inklusion Benachteiligter bekam der Abbau sozialer Rechte den Anstrich sozialer Gerechtigkeit. Genauso wird die Kritik, Gewerkschaften schützten nur die Kernbelegschaften, nicht dazu verwendet, diese Rechte auf andere Gruppen auszuweiten, sondern die erstrittenen Rechte auszuhöhlen oder zu verringern. Das Ergebnis beider Spins ist nicht eine höhere Arbeitsmarktintegration, sondern eine größere Spaltung.

2. Kommodifizierung im Wettbewerbsstaat

Was also ist neu an der Kommodifizierung der Arbeitskraft im Wettbewerbsstaat? Worin unterscheidet sie sich von der Kommodifizierungsweise im keynesianischen Wohlfahrtsstaat? Kommt es zu einem Funktionswandel der Arbeitsmarktpolitik im Sinne einer Rekommodifizierung? Die vorliegende Arbeit hat den Aktivierungsdiskurs nachgezeichnet und unterschieden zwischen der Diskursebene sowie den Maßnahmen und Gesetzesänderungen, die unter der Kategorie der Kommodifizierung analysiert wurden. So wurde der stattgefundene arbeitsmarktpolitische Wandel als Episode eines historisch umkämpften Prozesses interpretiert, der in Richtung einer verstärkten Sozialdisziplinierung ausschlug. Debatten um Sozialmissbrauch, „würdig Bedürftige" etc. hat es wie oben ausgeführt im Laufe der Geschichte des Wohlfahrtsstaates immer gegeben. Von Anfang an wurde der „Müßiggang" stigmatisiert. Während Kommodifizierung ein Ziel der Arbeitsmarktpolitik, nämlich die Allokation der Ware Arbeitskraft bezeichnet, drückt Dekommodifizierung den Schutz dieser vor den Marktkräften aus. Das Präfix „Re" suggeriert, dass im Fordismus das erste Ziel zugunsten des zweiten abgenommen hätte. Beide oben genannten Mechanismen wurden jedoch von Beginn der staatlichen Regulierung in die Arbeitsmarktpolitik eingeschrieben. Eine dichotome Gegenüberstellung von dekommodifizierender Politik im Wohlfahrtsstaat gegenüber einer rekommodifizierenden Politik im Wettbewerbsstaat beschreibt diese Entwicklung nicht adäquat. Stattdessen wurden in den Länderfallstudien beide Linien – die dekommodifizierende und die kommodifizierende – nachgezeichnet.

Die Kommodifizierungsweise im Wettbewerbsstaat unterscheidet sich von der des keynesianischen Wohlfahrtsstaates dadurch, dass der Weiterqualifizierung ein höherer Stellenwert eingeräumt wird und die Arbeitskräfte sich durch die verstärkte Sozialdisziplinierung gezwungen sehen, beliebig zu flexibilisieren (vgl. hierzu Candeias 2004; Atzmüller 2014). Dies wiederum korrespondiert mit den Erfordernissen des flexiblen postfordistischen Arbeitsmarktregimes, das weniger die Arbeitsplatzsicherheit anstrebt als die Beschäftigungssicherheit. Die Vielen jedoch, die den Run auf die qualifizierten Topjobs verlieren, werden in einem System aus prekarisierten Mini- und Multijobs auf ein Existenzminimum gedrückt, das alle lohnabhängig Beschäftigten diszipliniert (vgl. zu den Disziplinierungseffekten Dörre u.a. 2013; Demirović/Sablowski 2013). Steinert (2010: 194) hat auf die Absurdität von Qualifizierungsmaßnahmen hingewiesen, die immer nur einem kleinen Kreis der Bewerber*innen nutzt, die sich gegenüber anderen durchsetzen, die dadurch weiterhin arbeitslos bleiben.

Das Arbeitslosigkeitsproblem wurde individualisiert und die Verantwortung von der Gesellschaft auf die Arbeitslosen verschoben, eine angebotsorientierte Wende der Arbeitmarktpolitik. Hierin kreuzen sich sozialdisziplinierende wie qualifizierungszentrierte Ansätze. Die Gewerkschaften trugen die Angebotsorientierung mit, auch wenn sie betonen, dass auch genügend Stellen zur Verfügung stehen müssen und hierzu eine Beschäftigungspolitik vonnöten sei (vgl. Interview CGIL 2007; Interview DGB 2009; DGB 2014).

Jenseits der Anrufung der Aktivierung und Eigenverantwortung haben sich staatliche Zwangs- und Kontrollmechanismen erhöht. Kommodifizierung der Arbeitskraft im neoliberalen Kapitalismus verknüpft sich seit der wettbewerbsstaatlichen Integrationsweise zunehmend mit einem engmaschig staatlich regulierten Prozess, der nicht nur die Notwendigkeit der Marktteilnahme erhöht, indem er andere Optionen wie die Hausarbeit, Frührente oder Transferleistungen erschwert, sondern auch die Möglichkeit der Marktteilnahme mittels einer Politik der Beschäftigungsfähigkeit in Maßnahmen der aktiven Arbeitsmarktpolitik erhöhen möchte und zwar durch eine eng abgestimmte Planung und Überwachung.

Entgegen der Anrufung der Eigenverantwortung der Arbeitslosen und des Subsidiaritätsprinzips werden die nationalstaatlichen Kontrollmechanismen auf die lokale Ebene und die individuelle Lebensgestaltung durch Eingliederungs- und Zielvereinbarungen gestärkt, Prozesse und Abläufe angeglichen und Wissen zentralisiert. In den Arbeitsmarktverwaltungen der Untersuchungsländer zeigt sich eine Annäherung von Verfahren, Prozesssteuerung und Zielen, die den Zwang zur Arbeitsaufnahme verstärken. Der Aktivierungsverlauf – verstanden als Art und Weise, wie das Jobcenter mit den Arbeitslosen in Verbindung tritt und diese in Arbeit oder Qualifizierungsmaßnahmen bringt ähnelt sich auf der formellen Ebene, was in den Länderfallstudien dargelegt wurde. Hierzu gehören Eingliederungsvereinbarungen, Sanktionen, die Bereitschaft zur sofortigen Arbeitsaufnahme oder die Differenzierung der Arbeitssuchenden nach Marktnähe, Grad von Beschäftigungsfähigkeit etc. Die formale Verfahrensebene sagt jedoch noch nichts über die Umsetzung des Aktivierungsverlaufs in den drei Ländern aus, z.B. wie viele Menschen erfasst werden oder von Sanktionen betroffen sind. Deshalb stellt sich auch die Frage, inwiefern die Organisationsstrukturen der Arbeitsmarktverwaltung sozialdisziplinierende Ansätze verstärken oder diesen entgegenstehen. Die Implementierungsebene konnte leider im Rahmen dieser Arbeit nur am Rande behandelt werden und müsste Gegenstand weiterer Forschungsarbeiten sein.

Während in Dänemark und Deutschland das verschärfte Sanktionsregime und der größere Zwang zur Arbeitsaufnahme auch durch Leistungskürzungen, z.B. die Kürzung der Bezugsdauer durchgesetzt wurde, entwickelte sich die Lage in Italien umgekehrt. Hier wurden die Leistungen seit der Wirtschafts- und Finanzkrise ausgebaut, sowohl bezüglich des Empfänger*innenkreises, als auch der Höhe und Dauer. Jedoch wurde die Leistungsausweitung mit der Einführung eines Sanktionsregimes verknüpft – eine Bestätigung der These, dass wohlfahrtsstaatliche Leistungen von Anfang an an Kontrollmechanismen geknüpft waren. Die Residualität wurde ein Stück weit aufgehoben, allerdings ausgehend von einem sehr niedrigen Niveau. Zudem waren Leistungen teilweise zeitlich begrenzt und an vorübergehende finanzielle Ressourcen wie Krisenfonds gebunden.

In Italien wie in Deutschland hat die im Methodologiekapitel entworfene Kategorie der Flexibilisierung, die auch zu einer indirekten Kommodifizierung beiträgt, zugenommen, während das Arbeitsmarktregime in Dänemark ohnehin schon stark flexibilisiert war. Die Enstandardisierung der Arbeitsverhältnisse hat zu einer Myriade an Arbeitsvertragsformen geführt, die in Italien ihre stärkste Ausprägung hat. Dies hat zu einer weiteren Hierarchisierung des Arbeitsmarktes und der Beschäftigtengruppen geführt, die von den Gewerkschaften zwar kritisiert wird, aber bei genauerer Betrachtung in vielen der in dieser Arbeit analysierten Beispiele mitverhandelt und im Nachhinein dahingehend akzeptiert wurde, dass an die Stelle einer generellen Ablehnung die Regulierung getreten ist. Die von der EU angestoßene Liberalisierung von Arbeitsmarktdienstleistungen schließlich hat dazu geführt, dass Arbeitsmarkpolitik selbst kommodifiziert wurde, indem der Anteil eingekaufter und an Private ausgelagerter Leistungen und Aufgaben gestiegen ist. Dies ist in Italien teilweise so weit gediehen, dass staatliche Akteure selbst in einen Akkreditierungswettbewerb mit den privaten Anbietern getreten sind. Arbeitsmarktpolitik wird zum lohnenden Geschäft für private Anbieter, was sich auch in den Maßnahmen niederschlägt.

Die zu Beginn der Arbeit aufgestellte Kommodifizierungshypothese kann bestätigt werden. Tatsächlich hat seit den 1990er Jahren der Zwang zur Arbeitsaufnahme stark zugenommen, sei es durch indirekte Aktivierung/Kommodifizierung, also durch die Verringerung und Verkürzung sozialer Absicherung bei Arbeitslosigkeit wie auch durch direkte Aktivierung/Kommodifizierung bezüglich des Sanktionsregimes. Aber im Rahmen einer kritischen Analyse der Arbeitsmarktpolitik sollte keine scharfe Trennlinie zwischen einer fordistisch wohlfahrtsstaatlichen und einer postfordistisch wettbewerbsstaatlichen Arbeitsmarktpolitik gezogen werden. Dies hat die ausführliche historische Analyse ergeben. Seit ihren Anfängen sind Zwangsmechanismen in die Arbeitsmarktpolitik eingeschrieben, die eine dichotome Gegenüberstellung zwischen Dekommodifizierung im Fordismus und Rekommodifizierung im Postfordismus aus einer kritischen Perspektive nicht ratsam erscheinen lässt und zwar aus folgendem Grund: genau wie Aktivierung eine vorherige Passivierung unterstellt, reproduziert die dichotome Gegenüberstellung von *welfare/workfare* oder Dekommodifizierung und Rekommodifizierung das Narrativ des „Golden Age" des wohlfahrtsstaatlichen Fordismus und gewichtet dessen ausgrenzende und kontrollierende Seite dadurch zu wenig, auf die schon zeitgenössische Analysen aufmerksam machten (vgl. Poulantzas 2002/1978; Hirsch 1980; Esser 1982). Die deutlich zutage tretenden Verschärfungen im Neoliberalismus werden besser mit einem graduellen Wandel als mit einem radikalen Bruch beschrieben. Sozialdisziplinierung ist kein Kind des Neoliberalismus, sondern des Kapitalismus. Auch im Fordismus und in der Zeit vor dem Zweiten Weltkrieg wurden Kontroll- und Zwangsmaßnahmen von der Arbeiterbewegung mitgetragen und bestimmte Fraktionen der Arbeiterklasse grenzten sich dadurch von anderen ab.

3. Multiskalierung der Arbeitsmarktpolitik und der Kräfteverhältnisse?

Haben sich die arbeitsmarktpolitischen Diskurse, Institutionen und Praktiken in der EU angeglichen? Welche Rescalingprozesse haben in der Arbeitsmarktpolitik stattgefunden? Haben sich die Kräfteverhältnisse zwischen Kapital und Arbeit im Feld der Arbeitsmarktpolitik multiskalarisiert? Obwohl die Arbeitsmarktpolitik kein vergemeinschaftetes Politikfeld ist und die Institutionen der Arbeitsmarktpolitik und die arbeitsrechtliche Gesetzgebung weiterhin durch die nationalstaatlichen Apparate des europäischen Staatsapparate-Ensembles reguliert werden, gleichen sich die arbeitsmarktpolitischen Diskurse und und Praxen der Arbeitsmarktverwaltung in einem Maße an, die die These von der Entstehung eines europäischen Arbeitsmarktregimes stützt, ohne dass jedoch die arbeitsmarktpolitischen Institutionen grundlegend angeglichen wurden. Den stärksten Umbau erfuhr die italienische Arbeitsmarktverwaltung, aber auch in Dänemark und Deutschland wurde durch die Etablierung kommunaler Jobcenter in das institutionelle Gerüst eingegriffen. Gleichzeitig bestehen zentrale Institutionen wie die Arbeitslosigkeitskassen und die Bundesagentur für Arbeit fort. Das *management by objectives* ist ein Beispiel dafür, wie sich die Prozesse innerhalb der Arbeitsmarktverwaltung angeglichen haben und auch die Teilprivatisierung arbeitsmarktpolitischer Maßnahmen sowie der Arbeitsvermittlung.

Rescalingprozesse verliefen hierbei in verschiedene Richtungen. Die Entwicklung eines postfordistischen Arbeitsmarktregimes wurde zwar durch die europäische Ebene über die EBS forciert, aber die Vergleichsländer adaptieren sie unterschiedlich. In Italien rekurrierten sowohl die nationale Ebene als auch die für aktive Arbeitsmarktpolitik zuständige regionale Ebene auf Vorgaben der Beschäftigungspolitischen

Leitlinien, wobei sich die Ansätze regional unterscheiden. Dies hängt auch damit zusammen, dass der Prozentsatz, der in Italien für aktive Arbeitsmarktpolitik von der EU kofinanziert wird, wesentlich höher liegt, als in den Vergleichsländern, so dass hier eine Steuerungsmöglichkeit über Geldflüsse größer ist und die Regionen nach den einzelnen Leitlinien der EBS abrechnen müssen. In Dänemark dagegen bezog man sich eher nicht auf die EBS, weil erstens die meisten quantitativen Parameter schon erfüllt waren und Dänemark zweitens im Zuge der Verbreitung des Flexicurity-Konzeptes selbst als Modell im Rahmen der EBS galt. In Deutschland wurde die EBS eher instrumentell für Regierungsvorhaben genutzt und die befragten Akteure waren der Auffassung, dass die Reformen auch ohne die EBS durchgeführt worden wären (vgl. Interview BDA 2008; Interview DGB 2009). Insofern wurden die unter IV.3 dargelegten Befunde der Sekundärliteratur empirisch bestätigt.

Innerhalb der nationalstaatlichen Apparate des europäischen Staatsapparate-Ensembles kam es zu Dezentralisierungsprozessen. In Italien wurde die Arbeitsmarktpolitik 2001 regionalisiert, was Nord-Süd-Spaltungen weiter vertieft hat. Die Verantwortung für die Arbeitsmarktpolitik fiel seit der Verfassungsreform von 2001 mit Ausnahme der Versicherungsleistungen auf die subnationale Ebene (vgl. Ferrera 2005a: 199). Mit der Arbeitsmarktreform von 1994 wurde in Dänemark die Arbeitsmarktpolitik dezentralisiert. Es wurden 14 Regionale Arbeitsmarkträte (RAR) auf Amtsebene eingerichtet, die zu zwei Dritteln aus den Tarifparteien und zu einem Drittel aus staatlichen Vertretern der Ämter und Kommunen bestanden (vgl. Jørgensen 2000). 2007 wurden nach einer Strukturreform fünf regionale Körperschaften geschaffen und den Kommunen gleichzeitig noch mehr Kompetenzen im arbeitsmarktpolitischen Bereich übertragen. 2009 schließlich wurde die Umsetzungsebene gänzlich kommunalisiert, was insbesondere die vorher stark in die Arbeitsmarktpolitik integrierten Gewerkschaften herausforderte – ein Beispiel für die Konflikthaftigkeit von Rescalingsprozessen. In Deutschland waren die Dezentralisierungstendenzen weniger stark und vor allem auf die kommunale Ebene bezogen, was auch zu einem institutionellen Chaos geführt hat. Die Kompetenzen der Kommunen wurden mit der Zusammenlegung von Arbeitslosenhilfe und Sozialhilfe erweitert (vgl. Hans-Böckler-Stiftung 2006: 57ff.).

Welche skalaren Praxen verfolgen die untersuchten Akteur*innen in der Arbeitsmarktpolitik? Benutzen sie Scalejumping als Strategie? Zeigen sich die Akteur*innen eher europäisch oder nationalstaatlich orientiert?

In Deutschland zeigten die befragten Gewerkschafter*innen bezüglich Dezentralisierungstendenzen von Arbeitsmarktpolitik eine kritische Haltung, wohingegen die BDA eine Mischung aus Dezentralisierung und Europäisierung ausdrücklich befürwortet (vgl. Interview ver.di 2008; Interview BCE 2008; Interview BDA 2008; Interview DGB 2009). Die dänischen Dachgewerkschaften LO und FTF kritisierten die Dezentralisierung der Arbeitsmarktpolitik durch die Kommunalreform, da mit ihr zum einen ein Kompetenzverlust der paritätisch besetzten Regionalen Arbeitsmarkträte einherging, die zu Regionalen und Lokalen Beschäftigungsräten umgewandelt wurden und sie die regionale Ebene als natürlichere Ebene zur Steuerung der Arbeitsmarktpolitik betrachteten. Die DA hatte zwar die Kommunalreform kritisiert, sich dann aber damit arrangiert. Der Arbeitgeberverband des Finanzsektors FA wies darauf hin, dass eine Dezentralisierung auch eine bessere zentrale Steuerung erfordere (vgl. Interview LO Danmark 2007; FTF 2007; Interview DA 2007; Interview FA 2007). In Italien betonen die Gewerkschaftsvertreter den Bedarf an Koordinierung der regionalen Arbeitsmarktpolitik. Der Vertreter der UIL kritisiert, dass die Regionen finanziell sehr unterschiedlich ausgestattet sind und dort, wo eigentlich der größte Bedarf bestünde, oft gerade zu wenig Mittel bereitstünden. Der Vertreter der CGIL weist auf die Schwierigkeit hin, die passiven Leistungen, die auf nationalem Recht basieren, mit einer regional unterschiedlichen aktiven Arbeitsmarktpolitik zu verknüpfen (vgl. Interview CGIL 2007; Interview CISL 2007; Interview UIL 2007). Auch der Vertreter der Confindustria weist auf Schwierigkeiten bei der Regionalisierung hin und verweist auf das Beispiel des Ausbildungsvertrages, der regional geregelt wird. Hier kann es für landesweit operierende Unternehmen Schwierigkeiten durch die Heterogenität der regionalen Vorschriften geben. Seiner Auffassung nach sei der italienische Föderalismus noch unabgeschlossen und es gäbe Koordinierungsbedarf (vgl. Interview Confindustria 2007).

Ein europäisches Scalejumping nutzten die Arbeitgeberverbände DA und BDA, um ihr Flexicurity-Konzept in der EU zu lobbyieren. Während die Binnenmarktstrategie und die EWWU zu den europäischen Strategien wichtiger Teile des europäischen Kapitals gehört haben (vgl. van Apeldoorn 2000), haben sich die Arbeitgeberverbände seit den 1990er Jahren gleichzeitig für eine Dezentralisierung der Tarifvertragsebene eingesetzt. Die skalaren Strategien variieren also je nach Projekt. Die Gewerkschaften aber, diesen Schluss lassen sowohl die bearbeitete Sekundärliteratur als auch die empirischen Ergebnisse der vorliegenden Arbeit zu, sind stärker an die nationale Scale gebunden. Auch innerhalb des EGBs dominieren die nationalstaatlichen Gewerkschaften, während transnationale Strategien auf die EGB-Organisation in Brüssel konzentriert sind (vgl. Weinert 2009). Internationale Aktionstage des EGB wie im November 2012 verdeutlichten die asymmetrischen Zentrum-Peripherie-Strukturen der EU mehr als eine internationale Solidarität der europäischen Gewerkschaftsverbände. Der EGB selbst ist in hohem Maße von den finanziellen Ressourcen der EU-Kommission abhängig, was seine Positionierung prägt (vgl. Bieling/Schulten 2003).

Die Frage, welche Aufgaben von öffentlichen und privaten Anbietern in der Arbeitsmarktpolitik erbracht werden, ist historisch immer wieder umkämpft gewesen. In diesen Kontext muss die tendenzielle Liberalisierung der Arbeitsmarktverwaltung in der wettbewerbsstaatlichen Integrationsweise gestellt werden. Am Anfang der Arbeitsvermittlung in den untersuchten Ländern standen private Arbeitsvermittlungen, die vor allem kommerzielle Interessen vertraten. Die Abschaffung des Monopols staatlicher Arbeitsvermittlung war einer der Hauptpfeiler der Arbeitsmarktreformen der 1990er Jahre und einer der am deutlichsten von der EU induzierte. Neben kommerziellen Arbeitsvermittlungen wurde Ende des 19. Jahrhundert die Arbeitsvermittlung zum Tätigkeitsfeld der Gewerkschaften. In Dänemark hat diese Tradition bis in die 1970er Jahre über die Arbeitslosigkeitskassen weiterbestanden und bei der Öffnung der Arbeitsvermittlung für „andere Akteure" im Jahr 2002 war eine wichtige Voraussetzung dafür, dass die dänischen Gewerkschaften dem Vorhaben zustimmten, dass die Gewerkschaften selbst als „anderer Akteur" gelten konnten (vgl. Interview AMS Danmark 2007). In Italien sind die Gewerkschaften, aber auch Universitäten als Akteure der Arbeitsvermittlung vorgesehen und nicht nur private, kommerzielle Anbieter. Diesen Aspekt hatte die Gewerkschaft UIL unterstützt, sich aber eine stärkere Nutzung erhofft (vgl. Interview UIL 2007).

Die institutionellen Rahmenbedingungen, die sich durch die Kräfteverhältnisse auf nationaler Ebene unterscheiden und sich durch Kämpfe historisch herausgebildet haben, führten zu länderspezifischen Ergebnissen, die im Hauptteil ausführlich analysiert wurden. Diese nähern sich jedoch an und beeinflussen sich mit zunehmender EU-Integration gegenseitig, wobei dies innerhalb hierarchisierter Zentrum-Peripherie-Beziehungen erfolgte. Die Herausbildung der Europäischen Beschäftigungsstrategie zeugt hiervon, da sie von skandinavischer Seite forciert wurde und von südeuropäischer Seite aus eher rezipiert wurde. Die Entwicklung der Arbeitsmarktstrukturdaten im Laufe des wettbewerbsstaatlichen Umbaus lässt sich als „spaltende Integration" (Lehndorff 2014) beschreiben. Seit 2008 zeichnet sich eine neoliberal-autoritäre Wende ab, die EU Kompetenzen auch auf die nicht vergemeinschaftete Arbeitsmarktpolitik ausdehnte. Das Europäische Semester mit seiner Koordinierung nationaler Wirtschafts-, Fiskal- Arbeitsmarkt- und Sozialpolitik ermöglichte, auch finanzielle Sanktionsmaßnahmen bei Nichtannahme von Empfehlungen durchzusetzen. Auch die Troika und der Europäische Stabilitätsmechanismus ESM sorgten für eine stärkere Einflussnahme, da die Programmländer des „Rettungsschirms" auch arbeitsmarktpolitische Maßnahmen abstimmen mussten (vgl. Sablowski/Schneider/Syrovatka 2018: 359ff.).

Die Ergebnisse der geführten Expert*inneninterviews und die Entstehungsgeschichte der arbeitsmarktpolitischen Institutionen sprechen dafür, die Bedeutung internationaler Austauschprozesse für die heutige Situation skeptischer zu beurteilen, als dies in Teilen der Literatur getan wird (vgl. etwa Weishaupt 2011). Schon 1901 beobachtete man bei der Eröffnung des ersten Arbeitsvermittlungsbüros in Kopenhagen genau die Situation in Deutschland und Frankreich (vgl. Beyer 1909) und 1906 organisierte die Humanistische Gesellschaft einen internationalen Kongress zur Frage der Arbeitslosigkeit in Mailand (vgl. Jensen, P. 2007: 37). Aber eine bestimmte

Organisationsform setzte sich nicht einfach durch, weil sie in einem anderen Land erfolgreich war und adaptiert wurde. Sonst hätte sich das Genter Modell auch einfach in Deutschland und Italien durchsetzen können. Nicht eine „beste Praxis" hat sich bei der Institutionalisierung einer bestimmten Organisationsform durchgesetzt, sondern die sozialen und politischen Kräfteverhältnisse waren ausschlaggebend dafür, ob sich eine bestimmte Position und Strategie der Akteure durchsetzte bzw. welcher Kompromiss geformt wurde. „Policy-Learning" ist kein herrschaftsfreier Raum, sondern ein Terrain der Hegemonieproduktion.

Nach den oben dargelegten Ergebnissen kann die eingangs aufgestellte Reskalierungshypothese mit Einschränkungen bestätigt werden. Diese besagte, dass Kämpfe um arbeitsmarktpolitische Strategien zwar noch primär auf nationalstaatlicher Ebene geführt werden, aber die Rolle der EU gewachsen ist und die nationalstaatlichen Akteure versuchen, strategisch auf andere Ebenen zurückzugreifen. Hierbei unterscheiden sich die skalaren Strategien je nachdem, welches Projekt verfolgt wird und wie die Kräfteverhältnisse auf der jeweiligen Ebene sind. Neben der Stützung des Binnenmarktprojekts stand so z.B. die Dezentralisierung der Tarifpolitik auf der Agenda der Arbeitgeberverbände. Röttger (2008) geht in einem Aufsatz zur Frage der *politics of scale* und Klassenkämpfen der These nach, dass sich die lokale Ebene als neues Terrain von Konflikten herausbildet und so dem *jumping scale* des Kapitals entgegentritt. So könnte eine Erneuerung aus dem Zentrum der Krise hervorgehen.

4. Akteursstrategien und Hegemonieprojekte um die Europäische Integration

In diesem Abschnitt sollen die oben analysierten Positionen und Strategien der Gewerkschaften und Arbeitgeberverbände verdichtet zusammengefasst werden. Im Rahmen des Untersuchungsdesigns dieser Arbeit wurde keine eigenständige Analyse von Hegemonieprojekten, wie sie zum Beispiel Caterina (2017) in Bezug auf das italienische Krisenmanagement unter der Regierung Monti gemacht hat, getätigt, da der raum-zeitliche Bezugsrahmen in der vorliegenden Arbeit ein anderer ist. Gleichwohl soll nun ein Versuch, die im Hauptteil analysierten Gewerkschafts- und Kapitalstrategien in Bezug auf die Hegemonieprojekte um die Europäische Integration (Buckel u.a. 2014: 64ff.) einzuordnen, unternommen werden. Lässt sich hierbei die „Aktivierungstrategie" einem bestimmten Hegemonieprojekt zuordnen?

Nach der Analyse des Hauptteils möchte ich die These aufstellen, dass „Aktivierung" ein politisches Projekt war, das durch die Europäische Beschäftigungsstrategie verstärkt wurde und zur Integration von Teilen des sozialen Hegemonieprojekts in das neoliberale Projekt führte. Hierzu gehörten auch Teile der Gewerkschaften, die sich dem Aktivierungsdiskurs unterordneten und die Flexibilisierung konzertierten. Auch wenn die Gewerkschaften und Arbeitgeberverbände nicht dem gleichen Hegemonieprojekt zugeordnet werden, teilen sie gemeinsame Interpretationen und Strategien zum Wettbewerbsstaat und setzten sich z.B. für die Senkung der Lohnnebenkosten ein. Seit der Krise des Fordismus haben sich die anhand bestimmter Arbeitsmarktgruppen und Sozialhilfebezieher*innen erprobten Verschärfungen seit den 1990er Jahren auch über die Kanäle der Europäischen Beschäftigungsstrategie durchgesetzt. Dies geschah unter der Ägide sozialdemokratischer Regierungen ohne einen radikalen Protest der Gewerkschaften bzw. sogar mit deren aktiver Unterstützung. Eine Ausnahme bildeten die Proteste gegen die Einschränkung des Kündigungsschutzes in Italien, die insbesondere von der CGIL geführt wurden. Die Rolle der Gewerkschaften kann als Teil des wettbewerbsstaatlichen Kompromisses interpretiert werden. Sie ordnen sich sowohl dem hegemonial gewordenen Wettbewerbsdiskurs als auch dem Aktivierungsdiskurs unter. Dieser hat dazu beigetragen, das postfordistische neoliberale Arbeitsmarktregime zu etablieren. Auch wenn sie teilweise dagegen protestierten, bilden sie keine gegenhegemoniale Strategien, sondern ordnen sich den Kapitalstrategien unter. Gegen die vertieften Spaltungen auf dem Arbeitsmarkt opponieren die Gewerkschaften nicht radikal, sondern produzieren sie durch ihren Regulierungsanspruch selbst mit. Ein Beispiel ist die regulierte Absicherung statt einer grundsätzlichen Ablehnung von Leiharbeit in Deutschland unter der Argumentation, bessere Arbeitsbedingungen zu schaffen. Es reproduziert damit aber die Spaltungen zwischen Stammbelegschaft und flexibel eingesetzten Arbeitskräften. Nicht nur Teile der sozialdemokratischen und sozialistischen Parteien wurden also in das neoliberale Hegemonieprojekt integriert, der Riss ging auch durch das Gewerkschaftslager. Der von Delors geprägte Begriff des Sozialen Europa bedeutete vor allem die Inklusion über Arbeit und die Investition in Beschäftigungsfähigkeit. Diese Interpretation des Sozialen war eine Schnittmenge des neoliberalen, proeuropäisch-sozialen und national-sozialen Hegemonieprojekts. Gerade durch die umgedeutete Forderung nach einem Sozialen Europa wurde das neoliberale Hegemonieprojekt anschlussfähig für die Sozialdemokratie und die Gewerkschaften.

Die Verbände- und Parteienforschung konstatiert einen Einflussverlust der Gewerkschaften auf die politischen Entscheidungsprozesse seit der Jahrtausendwende (vgl. Jeanrond 2016). Der DGB hat Schulze (2012: 230) zufolge an politischem Einfluss vor allem deshalb verloren, weil er zwischen Befürwortung und Ablehnung der Reformen hin und hergeschwankt sei. Demgegenüber möchte ich anhand der oben dargelegten Analyse die Position vertreten, dass sowohl der DGB als auch die Einzelgewerkschaften sich dem neoliberalen Hegemonieprojekt über lange Zeit untergeordnet haben. Dies lag nicht an fehlenden Machtressourcen wie fallenden Mitgliederzahlen oder einer schlechteren Anbindung an die Sozialdemokratie. Denn erstens klammert eine solche Analyse aus, dass sich auch die Positionen der Gewerkschaften im Sinne einer Vernachlässigung von Klassenpositionen verändert haben und zwar schon vor dem rot-grünen Regierungsprojekt. Und zweitens bildete gerade der bildungszentrierte Qualifizierungsansatz Anknüpfungspunkte zwischen dem national-sozialen, dem europäisch-sozialen und dem neoliberalen Hegemonieprojekt. Schulze (2012: 229f.) geht davon aus, dass die sozialpolitischen Positionen des DGB im Grundsatzprogramm von 1996 noch den „wohlfahrtsstaatlichen status quo ex ante" im Blick hatte. Demgegenüber lässt sich anhand des Grundsatzprogrammes aufzeigen, dass sich der Deutsche Gewerkschaftsbund schon 1996 dem flexiblen Arbeitsmarktregime nicht mehr grundsätzlich verschloss (vgl. DGB 1996). Drittens wurden die Gewerkschaften schon in der Krise des Fordismus in das exportorientierte „Modell Deutschland" eingebunden – und zwar zu Lasten der Arbeitslosen und schlechter qualifizierten Beschäftigten. Diese Klassenfraktionierungen haben sich im Postfordismus weiter verschärft. Der Protest der Gewerkschaften wurde stärker als die Abschaffung der Arbeitslosenhilfe und deren Festsetzung auf Sozialhilfeniveau angestrebt wurde sowie die Kürzung der Bezugsdauer des Arbeitslosengeldes I und die Abschaffung des Berufsschutzes durch die Abschaffung der Zumutbarkeit. Dies widerspricht nicht dem meritokratischen Diskurs der Aktivierung. Die Untersuchung der Arbeitgeberbranchenverbände im Chemie- und Metallbereich sowie das Interview mit ver.di und der IG BCE zeigten wie unterschiedlich die Arbeitsbeziehungen je nach Branche ausgeformt sind und wie die jeweiligen Arbeits- und Produktionsrealitäten auch den arbeitsmarktpolitischen Diskurs und die Thematiken widerspiegeln. Die IG BCE vertritt andere Klassenfraktionen der Lohnabhängigen als ver.di. Bei der IG BCE spielt z.B. das Thema ALG II keine herausragende Rolle, da es nur wenige Mitglieder betrifft (vgl. Interview IG BCE 2008). Auch in der IG Metall herrschte in der Frage der Arbeitsmarktreformen kein Konsens, und mit dem Pforzheimer Abkommen, das die Unterlaufung tarifvertraglicher Standards auf Unternehmensebene zuließ, wurde der Wettbewerbskorporatismus verstärkt.

In Dänemark haben die Gewerkschaften LO, FTF und AC das flexible Arbeitsmarktregime mitgestützt. Der Aktivierungsdiskurs wurde von ihnen geteilt und ein laxer Kündigungsschutz ist ein Kernelement des dänischen Arbeitsmarktregimes. Verschärfungen im Sanktionsregime wurden von der LO 1998 sogar gemeinsam mit dem Arbeitgeberverband angeregt. Ein Schwerpunkt wurde auf Bildung und Weiterbildung gelegt. Aber auch die unterstützt das flexible Arbeitsmarktregime und reiht sich in die wettbewerbsstaatliche Logik ein. Kritik seitens der LO und FTF an den Arbeitsmarktreformen wurde besonders laut in Bezug auf die Reduzierung des eigenen Einflussbereichs durch die Kommunalreform 2007 und Einschränkungen für die Finanzierung der Arbeitslosigkeitskassen. Seit den 2010er Jahren haben sich sowohl die Sozialdemokratie als auch einzelne LO-Gewerkschaften, insbesondere die größte Einzelgewerkschaft 3F an wohlfahrtschauvinistische Positionen der DF angenähert und mit ihr strategische Allianzen gebildet. Hier beziehen sie eine national-soziale Position, die aber keine Abkehr von Flexibilisierungsstrategien und dem Aktivierungsdiskurs bedeuten, sondern primär in einer restriktiven Migrationspolitik und der Kritik der Freizügigkeit besteht.

Auch in Italien ordnen sich die Gewerkschaftsstrategien teilweise dem neoliberalen Hegemonieprojekt unter. Auf den Aktivierungsdiskurs wurde diesbezüglich schon eingegangen. Allerdings zeigt sich hier auch ein deutliches Hin- und Herpendeln der Positionen zwischen zivilgesellschaftlichem Protest, Aufrufen zu Generalstreiks und Referendumskampagnen auf der einen und der Unterzeichnung von Sozialpakten auf der anderen Seite. Eine grundsätzlich positive Einstellung zu Aktivierung und Flexibilisierung lässt sich feststellen. Auch ein Sanktionsregime wird nicht abgelehnt. Besonders in den 1990er Jahren verfolgten die italienischen Gewerkschaften einen Kurs, der das Binnenmarktprojekt und die EWWU befürwortete. Die Auseinandersetzung um den Kündigungsschutz hat sich als Ventil des Protests erwiesen, zumindest für die CGIL. Bei den Gewerkschaftsstrategien in Italien müssen auch die unterschiedlichen Positionen zwischen den politischen Richtungsgewerkschaften beachtet werden, die im Hauptteil ausführlich dargelegt wurden. Insofern vertraten Teile der Gewerkschaftsbewegung eine Gegenposition zur Flexibilisierungsstrategie. Gleichzeitig wurde aber ein Abkommen unterzeichnet, das die Dezentralisierung des Tarifvertragssystems mit forcierte und die CGIL stützte das im Lokalen schon sehr flexible Arbeitsmarktregime mit vielfältigen Hierarchisierungen, während sie gleichzeitig die ausgebauten Regelungen für die Kernarbeitsgruppen verteidigte. Besonders die CISL erwies sich als regierungsnaher Verhandlungspartner verschiedenster Regierungen. Die Strategien der Basisgewerkschaften CUB/COBAS und von kritischen Aktionsnetzwerken wie San Precario sind eher als gegenhegemonial aufzufassen, waren hier aber nicht Gegenstand der Analyse, die sich mit den Mehrheitsgewerkschaften befasste.

Trotz Hin- und Herpendeln zwischen Protest und Kooperation, trotz offizieller Kritik am Neoliberalismus und dem offiziellen Internationalismus und universalistischen Anspruch stellen die Gewerkschaften bislang den Wettbewerbsstaat nicht grundsätzlich in Frage, sondern beteiligen sich über Produktivitätskoalitionen, Standortbündnisse und Pakte für Arbeit an dessen Aufrechterhaltung. Statt grundsätzlicher Opposition wird das flexible Arbeitsmarktregime mit reguliert.

Das Aktivierungsprojekt war kompatibel für alltagspraktische Verinnerlichungsprozesse der Selbstoptimierung, die in dieser Arbeit nur am Rande Erwähnung finden konnten (vgl. Bröckling 2007; Spilker 2010). Gerade diese Alltagspraxen des Neoliberalismus sind bislang nicht ernsthaft in Frage gestellt worden und sind tatsächlich hegemonial im Sinne eines *common sense* geworden. Der portersche Diamant, der im internationalen Standortwettbewerb geschliffen werden muss (vgl. Porter 1990), wird auf individueller Ebene zum arbeitsmarktpolitischen Selbstoptimierungswettbewerb und verdeckt damit die eigentliche Problemlage. Denn warum werden Migrant*innen und Frauen als Arbeitsmarktproblemgruppen definiert, wenn eine diskriminierende Einstellungspraxis (vgl. Reyneri 2017) das eigentliche Problem darstellt? Die Definition als Rand- oder Problemgruppe, in Italien auch schwache Personen *(soggetti deboli)* genannt, wurde genutzt, um Sozialstandards für diese Gruppen abzusenken. Hierin mischten sich auch paternalistische Argumentationsmuster (vgl. exemplarisch De Michelis 1986: 121-127; Esping-Andersen 2002: 9). Die Beschäftigungsfähigkeit der Arbeitskraft als Teil einer angebotsorientierten Agenda der Arbeitsmarktpolitik im Neoliberalismus wurde nicht ernsthaft in Frage gestellt. Wie soll sich Gegenhegemonie entwickeln, wenn Tag für Tag der wettbewerbsstaatliche Kompromiss im Kleinen gepflegt wird und wenn sich der in Wirklichkeit sehr alte Diskurs über die Verdientheit sozialer Leistungen und eine negative Haltung gegenüber dem Müßiggang in die DNA der Arbeiterbewegung eingeschrieben hat? Die vertieften Spaltungslinien zwischen Beschäftigtengruppen ebenso wie zwischen den Nationalstaaten der EU erschweren Solidarität und erfordern sie gleichzeitig umso mehr.

5. Krise des Kompromisses? Wettbewerbs- und Arbeitsmarktkorporatismus

Befindet sich der wettbewerbsstaatliche Kompromiss in einer Krise? Wie sind die Gewerkschaften auf dem Feld der Arbeitsmarktpolitik im Sinne eines erweiterten Staatsverständnisses zu verorten? In welche staatlichen Apparate werden sie inkorporiert, wie intervenieren sie in zivilgesellschaftliche Diskurse? Inwieweit wird der Konsens/Konflikt zwischen Kapital und Arbeit überlagert durch rassistische und sexistische Segmentierungen? Diese Fragen werden im Folgenden zusammenfassend behandelt.

Das postfordistische Akkumulationsregime baut auf flexiblen Arbeitsmärkten wie Arbeitskräften auf. Im Rahmen der neoliberalen Regulationsweise sollte die Arbeitsmarktpolitik an diese Erfordernisse angepasst werden, ohne dass dies nach einem Masterplan abgelaufen wäre. Auch bedeutet dies nicht immer eine antigewerkschaftliche Politik. In den hier untersuchten Ländern zeigte sich der neue Kompromiss zwischen Lohnarbeit und Kapital gerade darin, dass die Gewerkschaften in die Flexibilisierungsstrategien wie in den Aktivierungsdiskurs mit eingebunden wurden. Sie sind in unterschiedlichem Maße an der Formulierung von Reformen, an der Organisation der Arbeitsmarktverwaltung und an Weiterbildungsinstitutionen beteiligt. Ich habe in dieser Arbeit am Beispiel dreier Länder, die für unterschiedliche Positionen in den Zentrum-Peripherie-Strukturen der Europäischen Union stehen, den postfordistischen Transformationsprozess nachgezeichnet. Schon in der Krise des Fordismus wurde mit zunehmender Arbeitslosigkeit mit einem stärkeren sozialdisziplinierenden Ansatz experimentiert. Die in den 1970er Jahren einsetzenden passiven Ansätze wie Frühpensionierung etc. sind nicht Teil des fordistischen Arbeitsmarktregimes, sondern Krisenstrategien gewesen.

Die historische Entwicklung der arbeitsmarktpolitischen Institutionen zeigt, wie die Gewerkschaften nach anfänglich gewerkschaftlich organisierten Kassen und Arbeitsvermittlungsbüros in die staatliche Arbeitsmarktpolitik eingebunden wurden und dass dies umkämpft war. Die Arbeitsvermittlung und Arbeitslosenversicherung wurden in den Untersuchungsländern in unterschiedlichen Jahrzehnten gesetzlich verankert und als staatliche Aufgabe definiert. Hierbei ähnelte sich aber die Abfolge von Phasen organisatorischer Verantwortlichkeiten. Nachdem im 19. Jahrhundert zunächst private Firmen aus kommerziellen Gründen mit der Arbeitsvermittlung befasst waren, spielten gewerkschaftliche Arbeitsvermittlungsbüros eine wachsende Rolle, während die Arbeitsvermittlung erst später zu einer staatlichen Aufgabe wurde. Eine nationalstaatlich organisierte Arbeitsvermittlung wurde in Dänemark erst 1970 eingeführt.

Die im Methodologiekapitel aufgeworfene Pendelhypothese, die besagte, dass die Gewerkschaften zwischen einem Arbeitsmarktkorporatismus und zivilgesellschaftlichem Protest hin und herpendeln und ihre Positionen nicht immer eindeutig zuzuordnen sind, wurde im Laufe der Arbeit spezifiziert. Hierbei wurden vier verschiedene Felder gewerkschaftlicher Integration in den Staat verortet: erstens die zivilgesellschaftlichen Auseinandersetzungen, zweitens tarifliche Regelungen „an Staates statt", drittens Mitarbeit an Kommissionen, Konzertierter Aktion (Bündnis für Arbeit, Sozialpakte) und Gesetzgebungsverfahren und viertens Mitarbeit in staatlichen Apparaten, z.B. arbeitsmarktpolitische Institutionen wie die Selbstverwaltung der Bundesagentur für Arbeit.

Im Folgenden sollen die Ergebnisse in Bezug auf die Integration der Gewerkschaften in die Arbeitsmarktpolitik rekapituliert werden: Die Gewerkschaften waren auf unterschiedliche Weise in die staatlichen Apparate der Arbeitsmarktverwaltung integriert. In Italien waren sie z.B. daran beteiligt auf der lokalen Ebene die Rangfolge auf den Vermittlungslisten *(graduatoria)* nach bestimmten Kriterien festzulegen. Beim Verfahren der CIG, das zur wichtigsten passiven Leistung wurde, werden sie konsultiert. In Deutschland nahmen die Gewerkschaften und Arbeitgeberverbände seit dem Beginn der staatlichen Arbeitslosenversicherung und der Gründung der Reichsanstalt für Arbeitsvermittlung und Arbeitslosenversicherung gemeinsam an der Selbstverwaltung teil, die sich aus der Struktur der Arbeitslosenversicherung ergab. Mit der Zusammenlegung von Arbeitslosenhilfe und Sozialhilfe wurde der Handlungsspielraum stark eingeschränkt, weil ein Großteil der Arbeitslosen in den SGB II-Bereich wechselte und dort keine Selbstverwaltungsorgane bestehen. In Dänemark schließlich haben die Gewerkschaften eine noch größere Rolle in der Arbeitsmarktpolitik gespielt. Zum einen verwalten sie die Arbeitslosigkeitskassen und waren lange Zeit auch für die Arbeitsvermittlung zuständig. Die Arbeitslosigkeitskassen übernehmen hierbei auch staatliche Funktionen wie die Verhängung von Sanktionen und sind damit in das Sanktionsregime involviert. Zudem hat der nationale Beschäftigungsrat Mitspracherechte und von den 1990er Jahren bis 2007 konnten die Regionalen Arbeitsmarkträte, in denen Gewerkschaften und Arbeitgeber vertreten waren, die Maßnahmenplanung mitbestimmen. Wie in Deutschland wurden auch hier die Kompetenzen beschränkt. Aus der Analyse des Arbeitsmarktkorporatismus geht hervor, dass die Gewerkschaften nicht nur im Sinne des integralen Staates und der Hegemonieproduktion in der Zivilgesellschaft, sondern auch in die Staatsapparate im engeren Sinne integriert werden und als solche keine dem Staat gegenüberstehenden Organisationen sind. Doch betrachten wir noch einmal das Feld der Zivilgesellschaft. Hier wird deutlich, dass die Gewerkschaften unterschiedlich in die Diskurse intervenieren und sich in einem Suchprozess befinden. Starke Gegenpositionen haben sie verfolgt, wenn es um die Einschränkung des Kündigungsschutzes ging, z.B. durch die CGIL in Italien. Hier gilt es, zu differenzieren und sich die unterschiedliche Geschichte und die Strategien vor Augen zu führen, die beispielsweise die sozialpartnerschaftlich-kooperative CISL und die CGIL und besonders die FIOM gehabt haben. Die Protestformen in den Untersuchungsländern unterscheiden sich entlang der historischen Traditionen und Institutionen der Gewerkschaften, die sich aus den historischen Kämpfen ergeben haben. Während in Italien der politische Streik ein legales Mittel sozialer Auseinandersetzung ist, bewegt sich die deutsche Gewerkschaftsbewegung im Rahmen der arbeitsrechtsbezogenen Friedenspflicht und rief im Zuge der Hartz-Reformen zu Demonstrationen auf, während Gewerkschaftsvertreter*innen auch in Bündnissen und Kommissionen vertreten waren. Auch zwischen und innerhalb der DGB-Gewerkschaften gab es Differenzen. Die deutlichste Einbindung erfolgte in Dänemark, wo die Gewerkschaften stark in den Gesetzgebungsprozess eingebunden waren und das flexible Arbeitsmarktregime mit einem laxen Kündigungsschutz schon seit langer Zeit unterstützten. Auch in Italien wurden die Gewerkschaften über Sozialpakte in die Entwicklung des flexiblen Arbeitsmarktregimes eingebunden. Dies führt zu dem Schluss, dass sich klarer als zu Beginn angenommen die Positionen der Gewerkschaften sowohl in den Aktivierungsdiskurs als auch in die Flexibilisierungsstrategien einordnen lassen. Das Flexibilisierungsregime und das Konzept der Aktivierung werden bislang nicht grundsätzlich angezweifelt. Tarifpolitisch wurde das flexible Arbeitsmarktregime verfestigt, auch durch eine Unterlaufung der Standards der nationalen Ebene. Auch diese Tendenz ließ sich in allen drei Untersuchungsländern nachzeichnen, wobei Italien diesbezüglich bisher die wenigsten Erfahrungen hatte.

Allerdings haben sich die Strategien seit der Krise v.a. bezüglich der Austeritätspolitik kritischer ausgerichtet (vgl. Bieling 2013a+b). Hier zeigen sich aber auch Spaltungslinien zwischen den Einzelstaaten des europäischen Staatsapparate-Ensembles. Während die Gewerkschaften in Deutschland in der Krise krisenkorporatistisch eingebunden waren und sich der DGB 2018 erneut für eine Große Koalition aussprach, initiierte die CGIL in Italien ein Referendum gegen das arbeitsmarktpolitische Instrument der Voucher, das dazu führte, dass die Regierung den Forderungen entgegenkam. Gewerkschaftliche und gesellschaftliche Proteste häuften sich in Dänemark seit den 2000er Jahren besonders im öffentlichen Dienst, einem stark weiblich geprägten Teil des Arbeitsmarktes (vgl. Birke 2008). Auch in Deutschland hat sich der öffentliche Dienst zu einem Schwerpunkt sozialer Kämpfe entwickelt. In Italien protestierten die Gewerkschaften, insbesondere die CGIL, seit den 2000er Jahren gegen die Einschränkung des Kündigungsschutzes. Daneben bestanden aber ohnehin flexible Kündigungsschutzregelungen bzw. keine Regelungen für einen Großteil der Beschäftigten fort. Die von Esser (1982) in Bezug auf den beginnenden wettbewerbsstaatlichen Umbau in den 1970er Jahren in Deutschland verfolgten Ansatz der Gewerkschaften als *selektiver Korporatismus* analysierte Strategie trifft auch auf die italienischen und die dänischen Gewerkschaften zu – allerdings in modifizierter Form. Eine Krise des wettbewerbsstaatlichen Kompromisses ist bislang ausgeblieben.

VII. Fazit: Zur Kontinuität des selektiven Korporatismus Die Durchsetzung des flexiblen Arbeitsmarktregimes

Im Folgenden sollen abschließend die Hauptzüge des flexiblen Arbeitsmarktregimes, wie es sich in der EU durchgesetzt hat, anhand der in den Länderstudien beschriebenen Entwicklungen thesenhaft als Ausgangspunkt für weitere Forschungsarbeiten skizziert werden. Ausgehend von Schweden und Dänemark hat sich über die Kanäle der EBS in Europa ein postfordistisches, flexibles Arbeitsmarktregime etabliert, das sich in zentralen Punkten vom fordistischen Arbeitsmarktregime unterscheidet:

Der Zwang zur Arbeitsaufnahme im Allgemeinen und der Zwang, eine schlechtere Arbeit aufzunehmen im Besonderen wird verschärft. Die Zahl der lohnabhängig Beschäftigten steigt. Durch das Konzept der Beschäftigungsfähigkeit wird das postfordistische Produktionsregime mit flexibel umgeschulter Arbeitskraft gespeist, die gleichzeitig staatlich gezwungen wird, eine Arbeit zu ungünstigeren Konditionen anzunehmen. Dies ist eine doppelte Bewegung aus Höherqualifizierung und Verbilligung der Arbeitskraft, die das auf extensiver und intensiver Akkumulation aufbauende postfordistische Akkumulationsregime komplementiert. Berufsschutz wird über Mechanismen wie die Lockerung der Zumutbarkeitskriterien ausgehöhlt, aus dem lebenslangen Arbeitsplatz wird das lebenslange Lernen. Die Arbeitsmärkte werden dereguliert, Kündigungsschutzrechte abgebaut. Die Hierarchisierungen am Arbeitsmarkt vertiefen sich. Im Fordismus wie im Postfordismus sind es die so genannten „Randgruppen", die in Wirklichkeit die Mehrheit bilden: Frauen, Migrant*innen, Jugendliche und Ältere, die die schlechter qualifizierten und schlechter entlohnten Arbeiten ausführen müssen. Proteste von Seiten der Gewerkschaften gab es erst, als die arbeitsmarktpolitische Kerngruppe, die Industriearbeiterschaft in die Gruppe der Prekarisierten abzurutschen drohte. Das postfordistische Arbeitsmarktregime funktioniert anders als das fordistische: Statt flexibler Nutzung weiblicher und migrantischer Arbeitskraft je nach Konjunkturlage (also Anwerbung/Verdrängung der Arbeitskräfte) werden weibliche und migrantische Beschäftigte verstärkt in den Arbeitsmarkt integriert, um den steigenden Bedarf niedrigentlohnter Arbeit im Dienstleistungssektor zu decken.

Doch wie konnte sich dieses Arbeitsmarktregime durchsetzen? In der Europäischen Union haben die Arbeitsmarktreformen seit der Etablierung der wettbewerbsstaatlichen Integrationsweise (Ziltener 1999) den Arbeitsmarkt verstärkt gespalten.

Anhand der Analyse wurde herausgearbeitet, dass gerade diejenigen Arbeitsmarktgruppen, die bereits im keynesianischen nationalen Wohlfahrtsstaat zu den am stärksten ausgebeuteten Gruppen gehörten, durch die neoliberale Transformation des Arbeitsmarktregimes hindurch zu den am stärksten benachteiligten Gruppen in einem hierarchisierten Arbeitsmarkt gehören – nämlich Frauen und Migrant*innen.

Die Wurzeln des aufbrechenden Rechtspopulismus liegen nicht in Migrationsbewegungen oder erfolgreichen feministischen Kämpfen, die den tradierten nationalstaatlich verfassten maskulinistischen fordistischen Wohlfahrtsstaat herausfordern, sondern in dessen Strukturiertheit selbst, in der sich rassistische, sexistische und klassistische Herrschaftsverhältnisse überlagerten. Das Abgrenzen gegenüber und Ausgrenzen von Frauen, Migrant*innen, Alten und Jugendlichen in den gezogenen Arbeitsmarkthiearchien war und ist weiterhin tief verankert im nationalen Wohlfahrtsstaat. Genau diese Gruppen sind von seiner stärkeren Sozialdiszipliniertheit und den aufgefächerten Sozialleistungen im Neoliberalismus besonders betroffen. Der Rechtspopulismus speist sich aus rassistischen Positionen, die nicht klassenanalytisch reduziert werden können. Rassistische und sexistische Positionen waren trotz eines theoretischen Internationalismus realhistorisch auch in Praxen der Arbeiterbewegung verankert. Dies wurde in dieser Arbeit am Beispiel der gezogenen Arbeitsmarkthierarchien dargelegt. Sowohl Anfang des 20. Jahrhunderts als auch im Fordismus und dessen Krise wurden Frauen und Migrant*innen in niedrig qualifizierte und entlohnte Bereiche verwiesen. Sie waren die typischen Massenarbeiter*innen des Taylorismus. Durch die Kämpfe der Frauenbewegung konnte in Dänemark eine andere Arbeitsmarktstruktur erreicht werden, aber auch hier wurde z.B. den Frauen in der Fordismuskrise die Schuld an einer erhöhten Arbeitslosigkeit zugeschrieben. Die zentrale Arbeiterbewegung grenzte sich gegenüber Sozialhilfebezieher*innen, Frauen, Migrant*innen, Jugendlichen und älteren Beschäftigten ab, was im Hauptteil ausführlich dargelegt wurde. Diese Praxen erklären eher als das Narrativ des „abgehängten Arbeiters" den wachsenden Anteil von Arbeiterstimmen am Wählerklientel rechtspopulistischer Parteien und den Rechtsruck der dänischen Sozialdemokratie und Teile des Gewerkschaftslagers, die sich wohlfahrtschauvinistische bis offen rassistische Positionen zu eigen machen. Der national-soziale Wohlfahrtsstaat bietet durch seine Praxis des Ausschlusses und der Hierarchisierung Anknüpfungspunkte für das Narrativ der Rechten. Der *selektive Korporatismus* (Esser 1982) ist bislang nicht aufgehoben worden. In Dänemark, wo der weibliche gewerkschaftliche Organisationsgrad inzwischen höher liegt als der männliche, ist der Arbeitsmarkt weiterhin geschlechtsspezifisch hierarchisiert. Dies gilt im noch größeren Maße für Migrant*innen. Auch im Postfordismus zeigen sich altbekannte Arbeitsmarkthierarchichen. Gerade die männlich dominierten LO-Gewerkschaften, deren Mitglieder in der Wählerschaft der Dänischen Volkspartei stark zugenommen haben, sind unterdurchschnittlich von prekärer Beschäftigung betroffen. Frauen und Migrant*innen sind demgegenüber in atypischen Beschäftigungsverhältnissen überrepräsentiert. Auch in den typischen weiblichen Arbeitsmarktbereichen wie Care-Arbeit oder in der Schule häufen sich prekäre Arbeitsverhältnisse (vgl. Scheuer 2017: 44f.). Noch deutlicher wird die Verteilung zwischen den gewerkschaftlich organisierten und unorganisierten Beschäftigten. Letztere machen einen Anteil von 47% der atypisch Beschäftigten aus (vgl. ebd.). In Italien waren von 1997 bis 2000 82% der Neueinstellungen atypisch, z.B. Leiharbeit, Zeitarbeit, Befristungen, Arbeit auf Abruf und Heimarbeit (vgl. Salmieri 2006: 37). Davon nicht abgedeckt ist das weite Feld irregulärer Beschäftigung und Scheinselbsständigkeit (vgl. Reyneri 2017: 190ff.). Hinzu kommen eine unterschiedlich starke Absicherung beim Kündigungsschutz entlang von Unternehmensgrößen und die Fragmentierung der Sozialleistungen. Frauen und Jugendliche arbeiten deutlich häufiger in befristeten Arbeitsverhältnissen als Männer und insbesondere Migrant*innen werden auf dem Arbeitsmarkt benachteiligt (vgl. Reyneri 2017: 255-261). Ein ähnliches Bild ergibt sich auch in Deutschland: Auch hier hat sich der Arbeitsmarkt in Kernbelegschaften und prekär Beschäftigte ausdifferenziert und die Gewerkschaften stützen mit ihrem Regulierungsansatz diese Verfestigung ebenso wie sie durch dezentralisierte Tarifverhandlungen und Ausstiegsklauseln ein immer weiter flexibilisiertes Tarifvertragssystem mit ausgehandelt haben, das es zulässt, Standards nach unten abzusenken. Prekäre Beschäftigung in der BRD ist hauptsächlich weiblich und migrantisch. Frauen, Jugendliche und besonders Migrant*innen arbeiten überproportional häufig in befristeten Beschäftigungsverhältnissen (vgl. Deutscher Bundestag 2017). In der Wirtschafts- und Finanzkrise baute das flexible Arbeitsmarktregime an den Rändern ab.

Wenn man bedenkt, welche Risiken für Arbeitslosigkeit und Armut in atypischen Beschäftigungsverhältnissen stecken und welche Gruppen hiervon besonders betroffen sind, bekommt die aufgeteilte Struktur der Transferleistungen in den Untersuchungsländern noch eine eigene Dimension. Die Aufteilung in SGB II und SGB III (mit Selbstverwaltungsstruktur) in Deutschland, in von den gewerkschaftsnahen Arbeitslosigkeitskassen betreuten Arbeitslosengeldbezieher*innen und kommunal betreuten Sozialhilfebezieher*innen in Dänemark sowie den NASpI, CIG Bezieher*innen und denen, die gar keine Mindestsicherung haben, vertieft die Spaltungslinien, die das flexible Arbeitsmarktregime produziert. Doch warum konnte sich das Arbeitsmarktregime ohne größere soziale Proteste im Sinne einer verschärften Sozialdisziplinierung transformieren? In der vorliegenden Arbeit wurde mit der Hegemonieproduktion ein Mechanismus untersucht, der dazu beiträgt, dass sich der Kapitalismus wie ein *perpetuum mobile* durch seine Krisen hindurch reproduziert.

Als zentrales Ergebnis meiner Analyse kann festgehalten werden, dass die Klassenspaltungen und die Integration einzelner Klassenfraktionen in das neoliberale Hegemonieprojekt die Durchsetzung eines flexiblen Arbeitsmarktregimes ermöglicht und verfestigt haben, ohne dass dies als ein einseitig von der Kapitalseite geplanter

Prozess gedacht werden darf. Die Spaltungs- und Integrationsmechanismen wurden anhand des empirischen Beispiels der Arbeitsmarktpolitik in der wettbewerbsorientierten Integrationsweise der EU herausgearbeitet. Hierbei wurde rekonstruiert, wie zivilgesellschaftliche Kämpfe um Hegemonie im erweiterten Staat zwischen Gewerkschaften und Arbeitgeberverbänden, aber auch innerhalb der Gewerkschaften zur Flexibilisierung beigetragen haben, während die Integration in den staatlichen Apparat im engeren Sinne am Beispiel der Arbeitsmarktverwaltung und der Gesetzgebungsprozesse nachgezeichnet wurde.

Durch die Arbeitsmarktreformen wurden die klassistisch, sexistisch und rassistisch gezogenen Spaltungslinien vertieft, die gemeinsamen Interessen der Arbeiter*innenklasse immer weiter kleingearbeitet, so dass eine solidarische Klassenpolitik erschwert wurde. *Divide et impera* verstanden als spalte und herrsche bringt den Herrschaftsmodus auf den Punkt. Jedoch sind die Klassenfraktionierungen – und das ist ein entscheidender Punkt – nicht allein als Reaktion des Kapitals vermittelt durch das neoliberale Hegemonieprojekt und den Wettbewerbsstaat betrieben, sondern aktiv von der fordistischen Arbeiterbewegung mitproduziert worden, indem sie sich gegenüber vermeintlich „schwachen“ Beschäftigtengruppen nach unten abgrenzte und so einen *selektiven Korporatismus* herausbildete. Die Grenzziehungen und Hierarchisierungen zwischen Beschäftigten, Arbeitslosen und Sozialhilfebezieher*innen führten dazu, dass nicht nur in der Krise der 1970er Jahre, sondern sowohl im Fordismus als auch im Postfordismus von einem *selektiven Korporatismus* gesprochen werden muss.

Gegenhegemonie müsste insofern mit Gramsci der „Fabrik entspringen“ als dass die Hegemonie der Sozialpartnerschaft durch eine solidarische Klassenpolitik der Vielen ersetzt würde, damit Solidarität nicht durch die Mühle der Organisationshierachien zugunsten einer Kooperation bestimmter Klassenfraktionen mit dem Kapital kleingemahlen wird. Ein wichtiger Beginn, sich gegen die gezogenen Arbeitsmarkthierarchien zur Wehr zu setzen, wäre darüber hinaus die Besetzung neuer Begriffe. Aus „Problemgruppen“ würden diskriminierte Menschen und aus „Randgruppen“ Mehrheiten.

Abkürzungsverzeichnis

3F	Fagligt Fælles Forbund
AC	Akademikernes Centralorganisation (heute Akademikerne)
ABM	Arbeitsbeschaffungsmaßnahme
ADGB	Allgemeiner Deutscher Gewerkschaftsbund
AF	Arbejdsformidlingen
AFD	Alternative für Deutschland
AFG	Arbeitsförderungsgesetz
ALG	Arbeitslosengeld
AMS	Arbejdsmarkedsstyrelsen
AMU	Arbejdsmarkedsuddannelser
AN	Alleanza Nazionale
ANPAL	Agenzia Nazionale Politiche Attive Lavoro
ARGE	Arbeitsgemeinschaft
ASDI	Assegno Sociale di Disoccupazione
ASpI	Assicurazione Sociale per l'Impiego
ATB	Arbejdstilbudsordning (Arbeitsangebotsverordnung)
AVAVG	Gesetz über Arbeitsvermittlung und Arbeitslosenversicherung
AQTIV	Aktivieren, Qualifizieren, Trainieren, Investieren, Vermitteln
AÜG	Arbeitnehmerüberlassungsgesetz
BA	Bundesagentur für Arbeit
BAVC	Bundesarbeitgeberverband Chemie e.V.
BDA	Bundesvereinigung der Deutschen Arbeitgeberverbände
BER	Beskæftigelsesråd
BMAS	Bundesministerium für Arbeit und Soziales
BMWA	Bundesministerium für Wirtschaft und Arbeit
BSHG	Bundessozialhilfegesetz
BUPL	Børne- og Ungdomspædagogernes Landsforbund
BusinessEurope	Europäischer Arbeitgeberverband
CCNL	Contratto Collettivo Nazionale del Lavoro (Nationaler Branchentarifvertrag)
CDU	Christlich Demokratische Union
CEEP	European Centre of Employers and Enterprises providing Public Services and Services of general interest
CGdL	Confederazione Generale del Lavoro
CGIL	Confederazione Generale Italiana del Lavoro
CIG	Cassa Integrazione Guadagni (Lohnausgleichskasse)
CIGO	Cassa Integrazione Guadagni Ordinaria

CIGS	Cassa Integrazione Guadagni Straordinaria
CISAL	Confederazione Italiana dei Sindacati Autonomi i Lavoratori
CISL	Confederazione Italiana dei Sindacati Lavoratori
CNA	Confederazione Nazionale Artigianato (Handwerksverband)
CNEL	Consiglio Nazionale dell'Economia e del Lavoro
COBAS	Comitati di base
CONFAPI	Confederazione Italiana della Piccola e Media Industria
Confindustria	Confederazione Generale dell'Industria Italiana
CPI	Centro per l'Impiego (Jobcenter, wörtlich Beschäftigungszentrum)
CSU	Christlich Soziale Union
CUB	Comitato Unitario di Base (Basisgewerkschaften)
DA	Dansk Arbejdsgiverforening
DAG	Deutsche Angestellten-Gewerkschaft
DC	Democrazia Cristiana
DF	Dansk Folkeparti
DGB	Deutscher Gewerkschaftsbund
DKP	Danmarks Kommunistiske Parti
DKR	Dänische Kronen
DS	Democratici di Sinistra
EBS	Europäische Beschäftigungsstrategie
EFRE	Europäischer Regionalfonds
EMU	European Monetary Union
ERT	European Roundtable of Industrialists
ESF/FSE	Europäischer Sozialfonds/Fondo Sociale Europeo
ETUC/EGB	European Trade Union Confederation/ Europäischer Gewerkschaftsbund
EUR	Euro
EWWU	Europäische Wirtschafts- und Währungsunion
EZB	Europäische Zentralbank
FA	Finanssektorens Arbejdsgiverforening
FAPI	Fondo per la Formazione professionale delle PMI
FBE	Federation Banquaire Européenne
FDP	Freiheitliche Demokratische Partei
FES	Friedrich-Ebert-Stiftung
FI	Forza Italia
FIOM	Federazione Italiana Operai Metallurgici
FOA	Fag og Arbejde
FTF	Funktionærenes og Tjenestemændenes Fællesforbund
GVC	Global Value Chain

HK	Handels- og Kontorfunktionærernes Forbund
HRM	Human Resource Management
IAB	Institut für Arbeitsmarkt- und Berufsforschung
IG BAU	Industriegewerkschaft Bauen-Agrar-Umwelt
IG BCE	Industriegewerkschaft Bergbau, Chemie, Energie
IG Metall	Industriegewerkschaft Metall
INPS	Istituto Nazionale della Previdenza Sociale
ISTAT	Istituto Nazionale di Statistica
IWF	Internationaler Währungsfonds
KF	Konservativ Folkeparti
KL	Kommunernes Landsforening
KMU	Kleine und mittlere Unternehmen
KPD	Kommunistische Partei Deutschlands
LAR	Landsarbejdsmarkedsråd
LO	Landsorganisationen i Danmark
M5S	MoVimento 5 Stelle
NAP	Nationaler Aktionsplan
NASpI	Nuova Assicurazione Sociale per l'Impiego
NGG	Gewerkschaft Nahrung-Genuss-Gaststätten
NIdiL-CGIL	Nuove Identità di Lavoro
NSDAP	Nationalsozialistische Deutsche Arbeiterpartei
OECD	Organisation of Economic Co-operation and Development
OMK	Offene Methode der Koordinierung
PCI	Partito Comunista Italiano
PdCI	Partito dei Comunisti Italiani
PdRC	Partito della Rifondazione Comunista
PD	Partito Democratico
PDS (Italien)	Partito Democratico della Sinistra
PDS (BRD)	Partei des Demokratischen Sozialismus
PPI	Partito Populare Italiano
PSA	Personalserviceagenturen
PSI	Partito Socialista Italiano
RAR	Regional Arbejdsmarkedsråd
RSU	Rappresentanze Sindacali Unitarie
SALA	Sammenslutningen af Landbrugets Arbejdsgiverforening (Arbeitgeberverband der Landwirtschaft, 2012 aufgelöst)
SAM	Strukturanpassungsmaßnahmen
SF	Socialistisk Folkeparti
SGB	Sozialgesetzbuch

SD	Socialdemokratiet
SPD	Sozialdemokratische Partei Deutschlands
STAR	Styrelsen for Arbejdsmarkedet og Rekruttering
UDC	Unione dei Democratici Cristiani e di Centro
UEAPME	Union Européenne de l'Artisanat et des Petites et Moyennes Entreprises
UIL	Unione Italiana del Lavoro
VS	Venstresocialisterne
Ver.di	Vereinte Dienstleistungsgewerkschaft
WASG	Wahlalternative Arbeit und Soziale Gerechtigkeit
WFTU	World Federation of Trade Unions
WSI	Wirtschafts- und Sozialwissenschaftliches Institut

Tabellenverzeichnis

Expert*inneninterviews[1]

Dänemark

AMS 2007: Arbejdsmarkedsstyrelsen Danmark, Senior Consultant in der Leitung, Kopenhagen, 20.8.2007.

AMS Hovedstaden og Sjælland 2007: Leitung AMS Beschäftigungsregion Hovedstaden og Sjælland, Roskilde, 15.8.2007.

DA 2007: Dansk Arbejdsgiverforening, Abteilung Arbeitsmarkt und Qualifikation, Vertreter im nationalen Beschäftigungsrat, Kopenhagen, 23.8.2007.

FA (2007): Finanssektorens Arbejdsgiverforening Dänemark, Abteilung internationale Zusammenarbeit und EU, Kopenhagen, 17.8.2007.

FTF 2007: Gewerkschaft Funktionærenes og Tjenestemændenes Fællesforbund Dänemark, Referent*in der Leitung, Kopenhagen, 21.7.2007.

LO 2007: Gewerkschaft Landsorganisationen i Danmark, Abteilung Beschäftigung und Arbeitsmarkt, Vertreter im nationalen Beschäftigungsrat, Kopenhagen, 20.8.2007.

LO Storkøbenhavn (2007): LO Storkøbenhavn, Mitarbeiter*in und Vertreter*in im Lokalen Beschäftigungsrat, Kopenhagen, 22.8.2007.

Deutschland

BA 2008: Bundesagentur für Arbeit, Strategie/Neu- und Weiterentwicklung/Arbeitsmarkt, Nürnberg, 17.9.2008.

BAVC 2009: Bundesarbeitgeberverband Chemie, Abteilung Wirtschaft, Bildung, Arbeitsmarkt, Wiesbaden, 23.2.2009.

BDA 2008: Bundesvereinigung der Deutschen Arbeitgeberverbände, Abteilung Arbeitsmarktpolitik und Abteilung Europäische und internationale Sozialpolitik, Berlin, 19.3.2008.

BMAS 2008: Bundesministerium für Arbeit und Soziales, Abteilung Grundsatzfragen der Arbeitsmarktpolitik, Berlin, 23.9.2008.

DGB 2009: DGB-Bundesvorstand, Bereich Arbeitsmarktpolitik, Berlin, 28.7.2009.

Gesamtmetall 2008: Arbeitgeberverband Gesamtmetall, Abteilung Ökonomie, Arbeitsmarkt, Statistik, Berlin, 18.3.2008.

IG BCE 2008: IG BCE Hauptverwaltung, Abteilung Arbeitsmarktpolitik, Hannover, 1.10.2008.

IG Metall 2009: IG Metall-Vorstand, Fachbereich Sozialpolitik, Frankfurt am Main, 22.4.2009.

Rhein-Main-Jobcenter 2009: Operative Leitung/Geschäftsführung, Frankfurt am Main, 3.11.2008.

ver.di 2008: ver.di Bundesverwaltung, Ressort Arbeitsmarkt- und Teilhabepolitik, Berlin, 22.5.2008.

1 Die Expert*inneninterviews wurden von mir in der jeweiligen Landessprache geführt. Die Interviewpartner*innen wurden anonymisiert.

Italien

Ministero del Lavoro 2007: Arbeits- und Sozialministerium, Generaldirektion für Arbeitsmarktpolitik/Abteilung II, Abteilungsleitung, Rom, 8.11.2007.

CGIL 2007: Gewerkschaft CGIL, zentrale Verwaltung Italien, Abteilung für aktive Arbeitsmarktpolitik, Rom, 6.11.2007.

CISL 2007: Gewerkschaft CISL, zentrale Verwaltung Italien, Abteilung aktive Arbeitsmarktpolitik, Politik für den Mezzogiorno und die Entwicklung der lokalen Ebene, Rom, 6.11.2007.

CONFAPI 2007: Unternehmerverband der KMU CONFAPI, zentrale Verwaltung Italien, Bereich Industrielle Beziehungen, Rom, 7.11.2007.

Confartigianato 2007: Unternehmerverband der Handwerksunternehmen, zentrale Verwaltung Italien, Abteilung Industrielle Beziehungen, Rom, 7.11.2007.

Confindustria 2007: Unternehmerverband der Großindustrie, zentrale Verwaltung Italien, Abteilung Gesetzgebung und Arbeitsrecht, Rom, 6.11.2007.

UIL 2007: Gewerkschaft UIL, zentrale Verwaltung Italien, Abteilung Arbeitsmarkt und Berufsausbildung, Rom, 8.11.2007.

Region Lombardei

CGIL Lombardia 2008: Gewerkschaft CGIL Lombardei, Abteilung Arbeitsmarkt, Lokales und Handwerk, Sesto San Giovanni, 3.4.2008.

CGIL-NIdiL Milano 2008: Gewerkschaft CGIL Mailand, Unterorganisation für prekär Beschäftigte, Mailand, 31.3.2008.

CGIL Milano 2008: Gewerkschaft CGIL Mailand, Abteilung Arbeitsmarkt, Mailand, 31.3.2008.

CPI Milano 2008: Jobcenter Mailand, Geschäftsführung, Mailand, 4.4.2008.

Comune di Milano 2008: Kommune Mailand, Dezernat für Arbeitsmarktpolitik und Beschäftigung, Mailand, 1.4.2008.

Italia Lavoro 2008: Staatliche Agentur für die Koordination aktiver Arbeitsmarktpolitik, Leitung der lokalen Einheit Lombardei und Venetien, Mailand, 2.4.2008.

Provincia di Milano 2008: Provinz Mailand, Dezernat für Arbeit und Bekämpfung von industriellen und Beschäftigungskrisen, Mailand, 4.4.2008.

Regione Lombardia 2008: Regionale Agentur für Bildung, Ausbildung und Arbeit, Mailand, 1.4.2008.

Region Emilia-Romagna[2]

FIOM Bologna 2000: Metallgewerkschaft FIOM-CGIL Bologna, Bereich Organisation, Bologna, 2.5.2000.

Confartigianato 2000: Handwerksverband Confartigianato Emilia-Romagna, Abteilung Gewerkschaftliche Beziehungen, Bologna, 9.5.2000.

---

2 Die Interviews mit der FIOM-CGIL Bologna (2000) und Confartigianato Emilia-Romagna (2000) wurden im Frühjahr 2000 im Rahmen eines Empiriepraktikums des Fachbereichs Gesellschaftswissenschaften der Johann Wolfgang Goethe-Universität zusammen mit Paolo Lazzara geführt.

Literatur

Abelshauser, Werner (2004): Deutsche Wirtschaftsgeschichte seit 1945, München.

Abromeit, Heidrun; Blanke, Bernhard (Hg.) (1987): Arbeitsmarkt, Arbeitsbeziehungen und Politik in den 80er Jahren, (Leviathan Sonderheft 8), Wiesbaden.

Accornero, Aris (1992): La parabola del sindacato. Ascesa e declino di una cultura, Bologna.

Achten, Udo (1978): Scheinalternativen zum Recht auf Arbeit, in: Udo Achten (Hg.): Recht auf Arbeit – eine politische Herausforderung, Neuwied/Darmstadt, 45–74.

Achten, Udo; Kamin-Seggewies; Bernt (2008): Kraftproben. Die Kämpfe der Beschäftigten gegen die Liberalisierung der Hafenarbeit, Hamburg.

Acocella, Giuseppe (1993): Storia della CISL, Roma.

Aglietta, Michel (2000): Ein neues Akkumulationsregime. Die Regulationstheorie auf dem Prüfstand, Hamburg.

– (2012): The European Vortex, in: *New Left Review,* 75, (Mai-Juni), 15–36.

Ainis, Michele (2015): Quello strapotere chiamato legge delega, in: *L'Espresso*, 31.07.2015.

Akademikernes Centralorganisation (AC) (2009): Hvad nåede vi i 2007–2008, (Bericht), København.

– (2011): AC 2008–2010, (Bericht), København.

Alacevich, Franca (1996): Le relazioni industriali in Italia: culture e strategie, Roma.

Alber, Jens; Heisig Jan Paul (2011): Do New Labour Activation Policies Work? A descriptive analysis of the German Hartz reforms, (WZB Working Paper SPI 211), Berlin.

Alemann, Ulrich von (2010): Das Parteiensystem der Bundesrepublik Deutschland, 4. Aufl., Wiesbaden.

Ales, Edoardo (2012): The Italian Reform of the Labour Market in a Growth Perspective, in: *European Labour Law Journal* 3 (1), 70–85.

Alf, Sophie G. (1977): Leitfaden Italien, Berlin.

Almendinger, Jutta (2009): Der Sozialstaat des 21. Jahrhunderts braucht zwei Beine, in: *ApuZ* (45), 3–5.

Alpermann, Claus (2000): Die neue Beschäftigungspolitik der Europäischen Union. Aktuelle Entwicklungen und Initiativen, in: Rolf Prigge, Reiner Buchegger, Lars Magnusson (Hg.): Strategien regionaler Beschäftigungsförderung: Schweden, Österreich und Deutschland im Vergleich, Frankfurt am Main.

Althusser, Louis (1977): Ideologie und ideologische Staatsapparate. Aufsätze zur marxistischen Theorie, Hamburg (u.a.).

Altimari, Mirko (2015): Il decreto sul riordino degli ammortizzatori sociali in caso di disoccupazione involontaria e di ricollocazione dei lavoratori disoccupati (D. Lgs. 22/2015), in: Mario Fezzi und Franco Scarpelli (Hg.): Guida al Jobs Act, *I Quaderni di Wikilabour* 2, 87–94.

Amable, Bruno (2003): The Diversity of Modern Capitalism, Oxford/New York.

Amato, Giulio: Discorso programmatico 30 giugno 1992, in: Presidenza del Consiglio dei Ministri. Dipartimento per l'informazione e l'editoria (Hg.): Vita Italiana. Documenti e Informazioni. I discorsi in Parlamento del presidente del Consiglio dei ministri Giuliano Amato. Beilage zu den Ausgaben 1-2-3/1993, 1.

Ambrosini, Maurizio (1996): L'impresa della partecipazione. La ricerca della collaborazione dei lavoratori tra politiche aziendali e istituzioni sociali, Milano.

Amin, Ash (1994): Post-Fordism: Models, Fantasies and Phantoms of Transition, in: Ash Amin (Hg.): Post-Fordism: a reader, Oxford/Cambridge (Mass.), 1–39.

Andersen, Jørgen Goul (2007): Restricting access to social protection for immigrants in the Danish welfare state, in: *Benefits* 15 (3), 257–269.

Andresen, Andy (1998): Sinkende Arbeitslosigkeit als Erfolgsmodell: Voraussetzungen für den Erfolg, in: Peter Scherrer, Rolf Simons und Klaus Westermann (Hg.): Von den Nachbarn lernen. Wirtschafts- und Beschäftigungspolitik in Europa, Marburg, 153–160.

Antonsen, Charlotte (2004): Det danske arbejdsmarked som rollemodel i EU, in: Peter Nedergaard (Hg.): Den danske model i et integreret Europa, København.

Arbeitskreis AFG-Reform (1994): Memorandum für ein neues Arbeitsförderungsgesetz, Düsseldorf.

Arbeitskreis Arbeitsmarktpolitik (Hg.) (2000): Eckpunkte für die Reform der Arbeitsförderung, Frankfurt am Main.

Arbejderbevægelsens Erhvervsråd (Hg.) (2016): Danmark på fattigdomskurs. Tema: Fordeling og levevilkår 2016, København.

Arbejdsdirektoratet (2006): Status fra Arbejdsdirektoratets Tilsynsafdeling 2006, København.

– (Hg.) (2007): Arbejdsløshedsforsikringsloven 1907–2007. Udvikling og perspektiver, København.

Arbejdsmarkedsstyrelsen (o.J.): Visitationsværktøjskassen, version 3., København.

– (2007): AMS: The new employment and job centre system in Denmark, Präsentation von Leif Christian Hansen beim Treffen der öffentlichen Arbeitsmarktbehörden in Nürnberg.

Arlt, Hans-Jürgen; Nehls, Sabine (Hg.) (1999): Bündnis für Arbeit. Konstruktion, Kritik, Karriere, Opladen/Wiesbaden.

Arrighetti, Alessandro; Chiesi, Antonio M.; Regalia, Ida (1993): Lombardia, in: IRES Lombardia (Hg.): Economia e lavoro nelle regioni forti d'Europa, Bari, 49-118.

Arrighetti, Alessandro; Servavilli, Gilberto (1997): Istituzioni e dualismo dimensionale dell'industria italiana, in: Fabrizio Branca (Hg.): Storia del capitalismo italiano, Roma, 335–404.

Arts, Wil; Gelissen, John (2002): Three worlds of welfare capitalism or more? A state-of-the-art report, in: *Journal of European Social Policy* 12 (2), 137–158.

Associaçáo Industrial Portuguesa – AIP; Bundesvereinigung der Deutschen Arbeitgeberverbände – BDA; Dansk Arbejdsgiverforening – DA; Združenje Delodajalcev Slovenije – ZDS (2007): Europas Arbeitsmärkte modernisieren. Flexicurity – Mehr Sicherheit durch größere Beschäftigungschancen. Eine Initiative der Arbeitgeberverbände aus Dänemark, Deutschland, Portugal und Slowenien, Berlin.

Atzmüller, Roland (2013): Der Wohlfahrtsstaat aus regulationstheoretischer Perspektive, in: Roland Atzmüller u.a. (Hg.): Fit für die Krise? Perspektiven der Regulationstheorie, Münster, 150–169.

Atzmüller, Roland (2014): Aktivierung der Arbeit im Workfare-Staat. Arbeitsmarktpolitik und Ausbildung nach dem Fordismus, Münster.

Atzmüller, Roland; Becker, Joachim; Brand, Ulrich; Oberndorfer, Lukas; Redak, Vanessa; Sablowski, Thomas (Hg.) (2013): Fit für die Krise? Perspektiven der Regulationstheorie, Münster.

Aulenbacher, Brigitte; Riegraf, Birgit (2009): Markteffizienz und Ungleichheit – Zwei Seiten einer Medaille? Klasse/Schicht, Geschlecht und Ethnie im Übergang zur postfordistischen Arbeitsgesellschaft, in: Brigitte Aulenbacher und Angelika Wetterer (Hg.): Arbeit: Perspektiven und Diagnosen der Geschlechterforschung, Münster, 230–248.

Babić, Milan (2015): Italien: Ohnmächtig in die permanente Krise?, in: Hans-Jürgen Bieling und Daniel Buhr (Hg.): Europäische Welten in der Krise. Arbeitsbeziehungen und Wohlfahrtsstaaten im Vergleich, Frankfurt am Main (u.a.), 137–163.

Baccaro, Lucio; Locke, Richard (1999): The Resurgence of Italian Unions?, in: Andrew Martin und George Ross (Hg.): The Brave New World of European Labor: European Trade Unions at the Millennium, New York, 217–268.

Baglioni, Guido (2001): Lavoro e decisioni nell'impresa, Bologna.

Bagnasco, Arnaldo (1977): Tre Italie. La problematica territoriale dello sviluppo italiano, Bologna.

Balibar, Étienne (2014/1998): Vom Klassenkampf zum Kampf ohne Klassen?, in: Étienne Balibar und Immanuel Wallerstein (Hg.): Rasse Klasse Nation. Ambivalente Identitäten, 3. Aufl., Hamburg/Berlin, 190–224.

– (2010): Kommunismus und (Staats-)Bürgerschaft. Überlegungen zur emanzipatorischen Politik, in: Alex Demirović, Stephan Adolphs und Serhat Karakayali (Hg.): Das Staatsverständnis von Nicos Poulantzas, Baden-Baden, 19–33.

Balibar, Étienne; Wallerstein, Immanuel (2014/1998): Rasse Klasse Nation. Ambivalente Identitäten, 3. Aufl., Hamburg/Berlin.

Ballarino, Gabriele (2006): Between institutionalized concertation and experimentation. The regulation of new forms of employment in Lombardy, in: Ida Regalia (Hg.): Regulating new forms of employment. Local experiments and social innovation in Europe, London (et al.), 110–140.

Bandau, Frank; Düming, Kathrin (2015): Verwaltung des deutschen „Beschäftigungswunders". Die Arbeitsmarktpolitik der schwarz-gelben Koalition, in: Reimut Zohlnhöfer und Thomas Saalfeld (Hg.): Politik im Schatten der Krise, Wiesbaden, 373–396.

Barth, Boris (2016): Die IG Metall zwischen Wiedervereinigung und Finanzmarktkrise. Ausgewählte Ereignisse der jüngeren Gewerkschaftsgeschichte, Freiburg/Basel/Wien.

Basso, Pietro (2004): Politiche migratorie e precarizzazione del lavoro, in: Francesca Coin (Hg.): Gli immigrati, il lavoro, la casa. Tra segregazione e mobilitazione, Milano, 71–100.

Baumeister, Hella; Gransee, Ulrich; Zimmermann, Klaus-Dieter (Hg.) (2005): Die Hartz „Reformen". Die Folgen von Hartz I-IV für ArbeitnehmerInnen, Hamburg.

BDA (2006): Marktnähe und Wirtschaftlichkeit. Eckpunkte für die Neuausrichtung der Arbeitslosenversicherung und der Bundesagentur für Arbeit, Berlin.

BDA (2007): Geschäftsbericht 2007, Berlin.

BDA (2017a): Arbeitsmarktpolitik, online verfügbar unter: https://www.arbeitgeber.de/www/arbeitgeber.nsf/id/DE_Arbeitsmarktpolitik, zuletzt geprüft am 20.05.2019.

BDA (2017b): Arbeitslosenversicherung, online verfügbar unter: https://www.arbeitgeber.de/www/arbeitgeber.nsf/id/DE_Arbeitslosenversicherung, zuletzt geprüft am 20.05.2019.

Beerhorst, Joachim; Berger, Jens-Jean (Hg.) (2003): Die IG Metall auf dem Weg in die Mitte?, Hamburg.

Beerhorst, Joachim; Urban, Hans-Jürgen (Hg.) (2005): Handlungsfeld europäische Integration. Gewerkschaftspolitik in und für Europa, Hamburg.

Bennike, Christian; Sindberg, Mathias (2017): Landbrug & Fødevarer: Dansk landbrug kan ikke hænge sammen uden østeuropæere, in: *Information*, 07.10.2017.

Benzler, Susanne; Heinelt, Hubert (1991): Stadt und Arbeitslosigkeit. Örtliche Arbeitsmarktpolitik im Vergleich, Opladen.

Bergmann, Joachim; Jacobi, Otto; Müller-Jentsch, Walther (1975): Gewerkschaften in der Bundesrepublik. Gewerkschaftliche Lohnpolitik zwischen Mitgliederinteressen und ökonomischen Systemzwängen, Frankfurt/Köln.

Berlingske Business (13.11.2013): LO og DA går styrket ud af dagpengesag, 13.11.2013, online verfügbar unter: http://www.business.dk/diverse/lo-og-da-gaar-styrket-ud-af-dagpengesag, zuletzt geprüft am 20.05.2019.

Bernhard, Sarah (2008): Personal-Service-Agenturen stillgelegt, in: *IAB-Forum*, 2008 (1), 66–69.

Beskæftigelsesministeriet (Hg.) (2005): Flexicurity. Udfordringer for den danske model, København.

– (2006): Kulegravningen af kontanthjælpsområdet, København.

– (2011): Bekendtgørelse om matchvurdering, BEK nr. 1410 af 28.12.2011, 1–3.

Beskæftigelsesrådet (2006): Beskæftigelsesrådets arbejdsmarkedspolitiske redegørelse 2005, København.

Beskæftigelsesregionen Hovedstaden og Sjælland (2007): Kontrakt mellem det Regionale Beskæftigelsesråd/Beskæftigelsesregion Hovedstaden & Sjælland og Beskæftigelsesministeren, Roskilde.

Beyer, Herman (1909): Offentlige Kontorer for Arbejdsanvisning, in: *Nationaløkonomisk Tidsskrift* 17 (3), 252–259.

Bibliotekarforbundet. Forbundet for informationsspecialister og kulturformidlere (2004): Afskedigelse af offentligt ansatte, Frederiksberg.

Bieler, Andreas (2011): Labour, New Social Movements and the Resistance to Neoliberal Restructuring in Europe, in: *New Political Economy* 16 (2), 163–183.

Bieler, Andreas; Erne, Roland; Golden, Darragh; Helle, Idar; Kjeldstadli, Knut; Matos, Tiago; Stan, Sabina (Hg.) (2015): Labour and Transnational Action in Times of Crisis, London/New York.

Bieling; Hans-Jürgen (2003): European employment policy between neo-liberal rationalism and communitarism, in: Henk Overbeek (Hg.): The Political Economy of European Employment, London/New York, 51–73.

– (2011): Varieties of Capitalism, Regulationstheorie und neogramscianische IPÖ – komplementäre oder gegensätzliche Perspektiven des globalisierten Kapitalismus? Universität Hamburg – Zentrum für Ökonomische und Soziologische Studien, Hamburg.

– (2013): Die Krise der Europäischen Union aus der Perspektive einer neo-gramscianisch erweiterten Regulationstheorie, in: Roland Atzmüller, Joachim Becker, Ulrich Brand, Lukas Oberndorfer, Vanessa Redak und Thomas Sablowski (Hg.): Fit für die Krise?, Münster, 309–328.

– (2013): Gewerkschaftspolitische Strategien in der Eurokrise: zwischen Krisenkorporatismus und sozialem Widerstand, in: Stefan Rüb und Torsten Müller (Hg.): Arbeitsbeziehungen im Prozess der Globalisierung und Europäischen Integration. (Schriften zur europäischen Arbeits- und Sozialpolitik, 13), Baden-Baden, 427–445.

Bieling, Hans-Jürgen; Buhr, Daniel (Hg.) (2015): Europäische Welten in der Krise. Arbeitsbeziehungen und Wohlfahrtsstaaten im Vergleich, Frankfurt am Main.

Bieling, Hans-Jürgen; Deppe, Frank (1999): Europäische Integration und industrielle Beziehungen. Zur Kritik des Konzeptes des „Wettbewerbskorporatismus", in: Horst Schmitthenner und Hans-Jürgen Urban (Hg.): Sozialstaat als Reformprojekt. Optionen für eine andere Politik, Hamburg, 275–300.

Bieling, Hans-Jürgen; Schulten, Thorsten (2003): Competitive Restructuring and Industrial Relations within the European Union: Corporatist Involvement and Beyond?, in: Alan W. Cafruny und Magnus Ryner (Hg.): A Ruined Fortress? Neoliberal Hegemony and Transformation in Europe, Lanham (u.a.), 231–259.

Bieling, Hans-Jürgen; Steinhilber, Jochen (Hg.) (2000): Die Konfiguration Europas. Dimensionen einer kritischen Integrationstheorie, Münster.

Birke, Peter (2003): „Wir sind die Sozialdemokratie des 21. Jahrhunderts". Rechtsparteien in Dänemark, in: *UTOPIE kreativ* (156), 885-898.

– (2007): Wilde Streiks im Wirtschaftswunder. Arbeitskämpfe, Gewerkschaften und soziale Bewegungen in der Bundesrepublik und Dänemark, Frankfurt am Main/New York.

– (2008): Die „soziale Gewerkschaftsbewegung" – Dänemark als Beispiel, in: *WSI-Mitteilungen* (1), 31–37.

Bispinck, Reinhard; Schulten, Thorsten (1999): Europas Gewerkschaften zwischen Konkurrenz und Solidarität, in: *Blätter für deutsche und internationale Politik* (2), 179–187.

BMAS; Bundesagentur für Arbeit (2008): Zielvereinbarung zur Erreichung der Ziele der Grundsicherung für Arbeitsuchende im Jahr 2008, Berlin/Nürnberg, online verfügbar unter: http://www.sgb2.info/DE/Service/Zielvereinbarungen/Archiv/archiv.html, zuletzt geprüft am 20.05.2019.

BMWA (2003): Die Hartz-Reformen ein Beitrag zur Lösung des Beschäftigungsproblems?, (Dokumentation 518), Berlin.

– (2004): Gesetz zu Reformen am Arbeitsmarkt seit 1. Januar 2004 in Kraft, 1.1.2004, online verfügbar unter: http://www.bmas.de/DE/Themen/Arbeitsrecht/nachrichten-gesetz-reformen-am-arbeitsmarkt.html, zuletzt geprüft am 20.05.2019.

Bogedan, Claudia (2009): Mehr als Flexicurity. Lehren aus der dänischen Arbeitsmarktpolitik, in: Hartmut Seifert und Olaf Struck (Hg.): Arbeitsmarkt und Sozialpolitik. Kontroversen um Effizienz und soziale Sicherheit, Wiesbaden, 267–285.

Bogedan, Claudia; Brehmer, Wolfram; Herzog-Stein, Alexander (2009): Betriebliche Beschäftigungssicherung in der Krise. Eine Kurzauswertung der Betriebsrätebefragung 2009, WSI-Report 2009, Düsseldorf.

Bohle, Dorothee (2012): Neogramscianismus, in: Hans-Jürgen Bieling und Marika Lerch (Hg.): Theorien der europäischen Integration, 3. Aufl., Wiesbaden, 165–185.

Bojadžijev, Manuela (2008): Die windige Internationale. Rassismus und Kämpfe der Migration, Münster.

Bolt, Mikkel (2017): Så længe venstrefløjen sværger til nationalstaten, er den politisk impotent, in: *Information*, 06.09.2017.

Borchert, Jens (1998): Ausgetretene Pfade? Zur Statik und Dynamik wohlfahrtsstaatlicher Regime, in: Stephan Lessenich und Ilona Ostner (Hg.): Welten des Wohlfahrtskapitalismus, Frankfurt am Main/New York, 137–176.

Borchert, Jens; Lessenich, Stephan (Hg.) (2012): Der Vergleich in den Sozialwissenschaften. Staat – Kapitalismus – Demokratie, Frankfurt am Main.

Borrás, Susanna; Greve, Bent (2004): Concluding remarks: New method or just cheap talk?, in: *Journal of European Public Policy* 11 (2).

Borrás, Susanna; Jacobsson, Kerstin (2004): The open method of co-ordination and new governance patterns in the EU, in: *Journal of European Public Policy* 11 (2), 185–209.

Børsting, Harald (2007): Lønmodtagersynspunkter på arbejdsløshedsforsikringens udvikling og fremtid, in: Arbejdsdirektoratet (Hg.): Arbejdsløshedsforsikringsloven 1907–2007. Udvikling og perspektiver, København, 311–329.

Bothfeld, Silke; Sesselmeier, Werner; Bogedan, Claudia (2009): Arbeitsmarktpolitik – ein emanzipatorisches Projekt in der Sozialen Marktwirtschaft, in: Dies. (Hg.): Arbeitsmarktpolitik in der sozialen Marktwirtschaft. Vom Arbeitsförderungsgesetz zum Sozialgesetzbuch II und III, Wiesbaden, 269–281.

– (Hg.) (2012): Arbeitsmarktpolitik in der sozialen Marktwirtschaft. Vom Arbeitsförderungsgesetz zum Sozialgesetzbuch II und III, 2. Aufl., Wiesbaden.

Boyer, Robert (1991): The Eighties: The Search for Alternatives to Fordism, in: Bob Jessop, Hans Kastendiek, Klaus Nielsen und Ove K. Pedersen (Hg.): The Politics of Flexibility. Restructuring State and Industry in Britain, Germany and Scandinavia, Aldershot, 106–132.

– (1992): Neue Richtungen von Managementpraktiken und Arbeitsorganisation. Allgemeine Prinzipien und nationale Entwicklungspfade, in: Alex Demirović (Hg.): Hegemonie und Staat, Münster, 55–103.

– (2005): How and Why Capitalisms Differ, (MPIfG Discussion Paper), Köln.

– (2006): La Flexicurité danoise. Quels enseignements pour la France? (Collection du CEPREMAP), Paris.

– (2010): The collapse of finance but labour remains weak, in: *Socio-Economic Review* (2), 348–353.

Branca, Fabrizio (Hg.) (1997): Storia del capitalismo italiano, Roma.

Brand, Ulrich (2008): Multiskalare Hegemonie. Zum Verhältnis von Führung, Herrschaft und Staat, in: Markus Wissen, Bernd Röttger und Susanne Heeg (Hg.): Politics of Scale. Räume der Globalisierung und Perpektiven emanzipatorischer Politik, Münster.

– (2009): Die multiple Krise. Dynamik und Zusammenhang der Krisendimensionen, Anforderungen an politische Institutionen und Chancen progressiver Politik, Heinrich-Böll-Stiftung, Berlin.

– (2013): Schöne grüne Welt. Über die Mythen der Green Economy, 3. Aufl., (luxemburg argumente 3), Berlin.

Brand, Ulrich; Görg, Christoph; Wissen, Markus (2007): Verdichtung zweiter Ordnung. Die Internationalisierung des Staates aus einer neo-poulantzianischen Perspektive, in: *Prokla* 37 (147), 217–234.

Brand, Ulrich; Wissen; Markus (2017): Imperiale Lebensweise. Zur Ausbeutung von Mensch und Natur im globalen Kapitalismus, 3. Aufl., München.

Braun, Katja; Diekmann, Florian (2017): So arbeitet Deutschland. Auf dem Weg in die Teilzeitrepublik, in: *Spiegel Online*, 03.09.2017, online verfügbar unter: http://www.spiegel.de/wirtschaft/soziales/a-1158784.html, zuletzt geprüft am 20.05.2019.

Braun, Thorsten (2003): Ein neues Modell für Flexicurity. Der dänische Arbeitsmarkt, in: *WSI-Mitteilungen* (2), 92-99.

– (2006): Erfolgreiche arbeitsmarktpolitische Konzertierung. Dänemarks Reformweg „vom Rande des Abgrunds" zum Flexicurity-Modell, in: *Sozialer Fortschritt* 55 (6), 133–139.

Bredgaard, Thomas (2017): Dansk flexicurity i krise?, in: Försäkringskassan (Hg.): Arbetslivet och socialförsäkringen: Rapport från forskarseminarium i Umeå 13-14 januari 2016, Stockholm, 117–126.

Bredgaard, Thomas; Dalsgaard, Lene; Larsen, Flemming (2003): An alternative approach for studying public policy. The case of municipal implementation of active labour market policy in Denmark, CARMA, Aalborg.

Bredgaard, Thomas; Jørgensen, Henning; Kongshøj Madsen, Per; Rasmussen, Stine (2011): Dansk arbejdsmarkedspolitik, København.

Bredgaard, Thomas; Larsen, Flemming (Hg.) (2005): Employment policy from different angles, Copenhagen.

– (2005): Introduction, in: Dies. (Hg.): Employment policy from different angles, Copenhagen, 9–21.

Bredgaard, Thomas; Larsen, Flemming; Kongshøj Madsen, Per (2006): Opportunities and challenges for flexicurity. The Danish example, in: *Transfer* 12 (1), 61–82.

– (2005): Det fleksible danske arbejdsmarked. En forskningsoversigt, København, 15–59.

Brenner, Neil (2004): New State Spaces. Urban Governance and the Rescaling of Statehood. Oxford/New York.

Bröckling, Ulrich (2007): Das unternehmerische Selbst. Soziologie einer Subjektivierungsform, Frankfurt am Main.

Bruff, Ian et al. (Hg.) (2013): Vergleichende Kapitalismusforschung. Stand, Perspektiven, Kritik, Münster.

Brunetta, Renato (Hg.) (1988): Lavoro e politiche dell'occupazione in Italia, Ministero del Lavoro e della Previdenza Sociale, Roma.

Brusco, Sebastiano; Solinas, Giovanni (1997): Competitività e partecipazione. Una proposta di politica del lavoro, Bologna.

Brütt, Christian (2011): Workfare als Mindestsicherung: von der Sozialhilfe zu Hartz IV. Deutsche Sozialpolitik 1962–2005, Bielefeld.

Bsirske, Frank (2005): Hartz-Kommission: Arbeitslosigkeit bis 2005 halbieren. Hartz-Gesetze I-IV: 5 Millionen Arbeitslose. Eine Bewertung, in: Hella Baumeister, Ulrich Gransee und Klaus-Dieter Zimmermann (Hg.): Die Hartz „Reformen". Die Folgen von Hartz I-IV für ArbeitnehmerInnen, Hamburg, 113–128.

Büchs, Milena; Friedrich, Dawid (2005): Surface Integration. The National Action Plans for Employment and Social Inclusion in Germany, in: Jonathan Zeitlin und Philippe Pochet (Hg.): The open method of co-ordination in action. The European employment and social inclusion strategies, Brussels (u.a.), 249–285.

Buci-Glucksmann, Christine (1981): Gramsci und der Staat. Für eine materialistische Theorie der Philosophie, Köln.

Buci-Glucksmann, Christine; Therborn, Göran (1982): Der sozialdemokratische Staat. Die „Keynesianisierung“ der Gesellschaft, Hamburg.

Buckel, Sonja (2007): Subjektivierung und Kohäsion. Zur Rekonstruktion einer materialistischen Theorie des Rechts, Weilerswist.

– (2011): Staatsprojekt Europa, in: *Politische Vierteljahreszeitschrift* 52 (4), 636–662.

– (2012): „Managing Migration“ – Eine intersektionale Kapitalismusanalyse am Beispiel der Europäischen Migrationspolitik, in: *Berliner Journal für Soziologie* 22, 79–100.

– (2013): „Welcome to Europe“: die Grenzen des europäischen Migrationsrechts. Juridische Auseinandersetzungen um das „Staatsprojekt Europa“, Bielefeld.

Buckel, Sonja; Fischer-Lescano, Andreas (Hg.) (2007): Hegemonie gepanzert mit Zwang. Zivilgesellschaft und Politik im Staatsverständnis Antonio Gramscis, Baden-Baden.

– (2007): Hegemonie im globalen Recht – Zur Aktualität der Gramscianischen Rechtstheorie, in: Sonja Buckel und Andreas Fischer-Lescano (Hg.): Hegemonie gepanzert mit Zwang, Baden-Baden, 85–104.

Buckel, Sonja; Georgi, Fabian; Kannankulam, John; Wissel, Jens (2012): „... wenn das Alte nicht stirbt und das Neue nicht zur Welt kommen kann.“ Kräfteverhältnisse in der europäischen Krise, in: Forschungsgruppe „Staatsprojekt Europa“ (Hg.): Die EU in der Krise. Zwischen autoritärem Etatismus und europäischem Frühling, Münster, 11–48.

– (2014): Theorie, Methoden und Analysen kritischer Europaforschung, in: Forschungsgruppe „Staatsprojekt Europa“ (Hg.): Kämpfe um Migrationspolitik. Theorie, Methode und Analysen kritischer Europaforschung, Bielefeld, 15–84.

Bundesagentur für Arbeit (2006): Verwaltungsrat der BA: Aussteuerungsbetrag muss verfassungsrechtlich überprüft werden, 21.12.2006, online verfügbar unter: https://www.presseportal.de/pm/6776/909020, zuletzt geprüft am 20.05.2019.

– (2008): Amtliche Nachrichten der Bundesagentur für Arbeit, Nürnberg.

– (2016): Geschäftsbericht 2015, Nürnberg.

– (2017): Statistik der Bundesagentur für Arbeit. Tabellen, Sanktionen (Zeitreihe Monats- und Jahreszahlen ab 2007), Nürnberg, online verfügbar unter: https://statistik.arbeitsagentur.de/Navigation/Statistik/Statistik-nach-Themen/Grundsicherung-fuer-Arbeitsuchende-SGBII/Sanktionen-Widersprueche-Klagen/Sanktionen-Widersprueche-Klagen-Nav.html, zuletzt überprüft am 23. Juni 2018.

– (2018): Arbeitslosigkeit im Zeitverlauf, Nürnberg.

BusinessEurope; CEEP; ETUC; UEAPME (2007): Key Challenges Facing European Labour Markets: A Joint Analysis of European Social Partners, o.O.

Butterwegge, Christoph (2006): Krise und Zukunft des Sozialstaates, 3. Aufl., Wiesbaden.

– (2015): Hartz IV und die Folgen. Auf dem Weg in eine andere Republik?, 2. Aufl., Weinheim/Basel.

Campact (2017): Jamaika. AfD: Darüber wird nicht geredet, 18.10.2017, online verfügbar unter: https://blog.campact.de/2017/10/soziale-spaltung/, zuletzt geprüft am 20.05.2019.

Campbell, John L.; Hall, John A.; Pedersen, Ove K. (Hg.) (2006): National Identity and a Variety of Capitalism: The Case of Denmark, Montreal.

Candeias, Mario (2004): Erziehung der Arbeitskräfte. Rekommodifizierung der Arbeit im neoliberalen Workfare-Staat, in: *UTOPIE kreativ* (165/166) Juli, 589–601.

Capecchi, Vittorio (1990): A history of flexible specialisation and industrial districts in Emilia-Romagna, in: Frank Pyke, Werner Sengenberger und Giacomo Beccatini (Hg.): Industrial districts and inter-firm co-operation in Italy, Geneva, 20–35.

Carinci, Maria Teresa (2012): The Italian Labour Market Reform under the 'Monti' Government (Law No. 92/2012), in: *European Labour Law Journal* 3 (4), 305–316.

Carls, Kristin (2012): Krise und Bewegung in Italien. Die Stille vor dem Sturm?, in: *Sozial. Geschichte Online* 8, 94–129.

Carrieri, Mimmo (1996): Italy: half-way to direct participation, in: Ida Regalia, und Colin Gill (Hg.): The position of the social partners in Europe on direct participation. Country studies: Volume II, Eurofound, (WP/96/03/EN), 179-210.

Casabona, Nino (2003): Breve storia delle politiche del lavoro: dal collocamento all'attivazione, in: *L'Assistenza Sociale: Rivista trimestrale sulle prospettive del welfare* (1-2), 169-176.

Caterina, Daniela (2017): The Quest for Hegemony in the Shadow of the Crisis: A Cultural Political Economy Perspective on Italy and the Political Conflict over the 2012 Labour Market Reform, Dissertation, Hamburg.

Cattero, Bruno (1989): Industrial Relations in Small and Medium-sized Enterprises in Italy, in: Helga Fehr-Duda und Peter Auer (Hg.): Industrial Relations in Small and Medium-sized Enterprises, Final Report, Luxembourg, 175–209.

Cella, Gian Primo; Treu, Tiziano (1998): La contrattazione collettiva, in: Gian Primo Cella und Tiziano Treu (Hg.): Le nuove relazioni industriali. L'esperienza italiana nella prospettiva europea, Bologna.

Cerny, Philip G. (1990): The Changing Architecture of Politics, London u.a.

– (2000): Restructuring the Political Arena: Globalization and the Paradoxes of the Competition State, in: Germain, Randall G. (Hg.): Globalization and its Critics. Perspectives from Political Economy, Houndsmills u.a., 117–138.

Cevea (2009): Regeringens arbejdsmarkedsreformer sælger ud af det danske arvesølv, København, 31.7.2009, online verfügbar unter: https://cevea.dk/filer/old/310709rapport_regeringens_arbejdsmarkedsreformer_saelger_ud_af_det_danske_arvesoelv.pdf, zuletzt geprüft am 20.05.2019.

Cevea; Danske Sundhedsorganisationers A-kasse (2016): 20% ringere på 20 år. Udhulingen af dagpenenes kompensationsgrad har ført til en påbegyndende privatisering af systemet for arbejdsløshedsforsikring, 9.9.2016, online verfügbar unter: https://cevea.dk/analyse/10-arbejdsmarked/1890-20-ringere-pa-20-ar-an-analyse-af-det-danske-dagpengesystem, zuletzt geprüft am 20.05.2019.

CGIL (2012): Lavoro: CGIL, 46 forme contrattuale esistenti, portarle a 5, 3.1.2012, online verfügbar unter: http://www.cgil.it/news/Default.aspx?ID=18076, zuletzt geprüft am 20.05.2019.

CGIL; Epifani, Guglielmo (2009): Erklärung der CGIL, 15.4.2009, Roma.

CGIL Puglia (2016): Nuovo Statuto, parte la mobilitazione. Forte: Puglia terra di lavoro povero, 25.1.2016, online verfügbar unter: http://cgilpuglia.it/news/sta16-nuovo-statuto-parte-la-mobilitazione-forte-puglia-terra-di-lavoro-povero, zuletzt geprüft am 20.05.2019.

Cherubini, Arnaldo (1977): Storia della previdenza sociale, Roma.

Chiellino, Carmine; Marchio, Fernando; Rongoni, Giocondo (1995): Italien, München.

Chorus, Silke (2007): Who Cares? Kapitalismus, Geschlechterverhältnisse und Frauenarbeiten. Regulationstheoretische Sehkorrekturen, in: *Feministische Studien* (2), 202–216.

Christensen, Henny (2017): Danskernes besked til kontanthjælpsmodtagere: I kan gøre mere selv for at finde et job, in: Ugebrevet A4, 24.04.2017.

Christiansen, Niels Finn (2007): Velfærdstaten og det nationale, in: Jørn Henrik Petersen, Klaus Petersen und Lis Holm (Hg.): 13 værdier bag den danske velfærdsstat, Odense, 25–37.

Ciafardini L.; del Giudice, F.; Izzo, F. (Hg.) (2008): Codice del Lavoro, Napoli.

CISL; UIL; Confindustria (2009): Accordo interconfederale 15 aprile 2009 per l'attuazione dell'accordo-quadro sulla riforma degli assetti contrattuali del 22 gennaio 2009, Roma.

CISL; UIL; UGL; CISAL; CONFSAL u.a. (2009): Accordo Quadro. Riforma degli assetti contrattuali, Roma.

Coin, Francesca (Hg.) (2004): Gli immigrati, il lavoro, la casa. Tra segregazione e mobilitazione, Milano.

Colombo, Alessandro (2008): The 'Lombardy Model': Subsidiarity-informed Regional Governance, in: Social Policy & Administration 42 (2), 177–196.

CONFAPI (2007a): Lavoro. Europa. Italia, 26.2.2007, Roma.

– (2007b): Tutela dell'occupazione e creazione di un futuro sociale per l'Europa, Roma [unveröffentlichtes Positionspapier].

– (2007c): Convengo „Dare valore al lavoro". Il ruolo delle Parti sociali: dal conflitto alla collaborazione. Comitato nazionale per la difesa e l'attuazione della Legge Biagi, 20.10.2007, Roma.

– (2007d): Memoria scritta contenente in sintesi il punto di vista della CONFAPI nell'ambito dell'indagine conoscitiva sul disegno di legge C. 3178 recante „Norme di attuazione del protocollo del 23 luglio 2007". Audizione dei rappresentanti CONFAPI, XI Commissione (Lavoro Pubblico e Privato), Camera dei Deputati, 7.11.2007, Roma.

Confindustria (2014): Proposte per il mercato del lavoro e per la contrattazione, Roma.

Cooke, Phillip; Morgan, Kevin (1998): The Associational Economy: Firms, Regions and Innovation, Oxford.

Cooke, Phillip; Patries Boekholdt; Nicole Schall; Gerd Schienstock (1996): Regional Innovation Systems: Concepts, analysis and typology, Konferenzpapier.

Copeland, Paul; ter Haar, Beryl (2013): A toothless bite? The effectiveness of the European Employment Strategy as a governance tool, in: Journal of European Social Policy 23 (1), 21–36.

Coriat, Benjamin (1995): Taylor, Ford und Ohno. Neue Entwicklungen in der Analyse des Ohnismus, in: Bruno Cattero u.a. (Hg.): Zwischen Schweden und Japan. Lean Production aus europäischer Sicht, Münster.

Corriere della Sera (7.7.2002): „Patto Italia": raggiunto l'accordo sul lavoro, online verfügbar unter: http://www.corriere.it/Primo_Piano/Politica/2002/07_Luglio/04/articolo18.shtml, zuletzt geprüft am 20.05.2019.

DA Opinion (2006): A-kasser bør ikke have to kasketter, online verfügbar unter: http://www.da.dk/supershow-doc.asp?pid=20060505110752SB, zuletzt geprüft am 14.07.2017.

Daguerre, Anne (2007): Active labour market policies and welfare reform: Europe and the US in comparative perspective, Basingstoke (et al.).
Damgaard, Bodil (2003): Social- og arbejdsmarkedssystemerne. En flerstrenget historie, København.
Danmarks Lærerforening (2015): Kraftig vækst i antallet af løse vikarer i folkeskolen (Analysenotat), online verfügbar unter: https://www.dlf.org/media/7087316/analysenotat-udviklingen-i-antallet-af-vikarer.pdf, zuletzt geprüft am 20.05.2019.
Danmarks Statistik (2007): Danmark i tal 2007, København.
– (2008): 60 år i tal. Danmark siden 2. Verdenskrig, København.
– (Hg.) (2016): Statistisk tiårsoversigt 2016. Tema: Danmark – et lille land med stigende forskelle, København.
– (2017): Mange indvandrere beskæftiget med rengøring mv. (Nyt fra Danmarks Statistik, 36).
Dansk Arbejdsgiverforening (1998): Arbejdsmarkedsrapport 1998, København.
Dansk Arbejdsgiverforening; Kommunernes Landsforening; Landsorganisationen i Danmark (2006): Projekt virksomhedsrettet integration. Gode ideer. Nr. 4. Vejen til mindre sygefravær, København.
Dansk Arbejdsgiverforening; Landsorganisationen i Danmark (1993): Hovedaftale mellem LO og DA. Aftale af den 31. oktober 1973 med ændringer per 1. januar 1993, København.
De la Porte, Caroline; Pochet, Philippe (2005): Participation in the OMC – the cases of employment and social inclusion, in: Jonathan Zeitlin und Philippe Pochet (Hg.): The open method of co-ordination in action. The European employment and social inclusion strategies, Brussels (et al.), 353-390.
– (2012): Why and how (still) study the Open Method of Co-ordination (OMC)? In: *Journal of European Social Policy* 22 (3), 336–349.
De Michelis, Gianni (1986): Il piano del lavoro, Roma/Bari.
Della Rocca, Giuseppe (1998): Il sindacato, in: Gian Primo Cella und Tiziano Treu (Hg.): Le nuove relazioni industriali. L'esperienza italiana nella prospettiva europea, Bologna, 95–146.
Demirović, Alex; Hirsch, Joachim; Jessop, Bob (2002): Einleitung der Herausgeber, in: Poulantzas, Nicos: Staatstheorie. Politischer Überbau, Ideologie, Autoritärer Etatismus, Hamburg, 7-34.
Demirović, Alex (2007): Politische Gesellschaft – zivile Gesellschaft. Zur Theorie des integralen Staates bei Antonio Gramsci, in: Sonja Buckel und Andreas Fischer-Lescano (Hg.): Hegemonie gepanzert mit Zwang. Zivilgesellschaft und Politik im Staatsverständnis Antonio Gramscis, Baden-Baden, 21–41.
Demirović, Alex; Dück, Julia; Becker, Florian; Bader, Pauline (Hg.) (2011): VielfachKrise: Im finanzdominierten Kapitalismus, Hamburg.
Demirović, Alex; Sablowski, Thomas (2011): Finanzdominierte Akkumulation und die Krise in Europa, in: *Prokla* 42 (1), 77–106.
– (2013): Finanzdominierte Akkumulation und die Krise in Europa, in: Roland Atzmüller u.a. (Hg.): Fit für die Krise? Perspektiven der Regulationstheorie, Münster, 187–238.
Deppe, Frank (1977): Der Deutsche Gewerkschaftsbund (DGB) 1949–1965, in: Frank Deppe, Georg Fülberth und Jürgen Harrer (Hg.): Geschichte der deutschen Gewerkschaftsbewegung, Köln, 320–409.

– (2001): Vom Keynesianischen Wohlfahrtsstaat zum neoliberalen Wettbewerbsregime. Zur Entwicklung der europäischen Sozialpolitik in der Europäischen Union, in: Erna Appelt und Alexandra Weiss (Hg.): Globalisierung und der Angriff auf die europäischen Wohlfahrtsstaaten, (Argument Sonderband 279), Hamburg/Berlin, 21–46.

– (2003): Die Gewerkschaften und der „Euro-Kapitalismus", in: Martin Beckmann, Hans-Jürgen Bieling und Frank Deppe (Hg.): „Euro-Kapitalismus" und globale politische Ökonomie, Hamburg, 169–195.

– (2012): Gewerkschaften in der Großen Transformation, Köln.

Deppe, Frank; Felder, Michael (1993): Zur Post-Maastricht-Krise der Europäischen Gemeinschaft (EG), Forschungsgruppe Europäische Integration (FEG), (Arbeitspapier Nr. 10), Marburg.

Deppe, Frank; Fülberth, Georg; Harrer, Jürgen (Hg.) (1977): Geschichte der deutschen Gewerkschaftsbewegung, Köln.

Deppe, Frank; Tidow, Stefan (2000): Europäische Beschäftigungspolitik, Marburg.

Der Spiegel (15.11.1993): Die endlose Korruption, (46), 168–169.

Destatis (2018): Arbeitsmarkt. Erwerbstätige im Inland nach Wirtschaftssektoren. Deutschland, online verfügbar unter: https://www.destatis.de/DE/ZahlenFakten/Indikatoren/LangeReihen/Arbeitsmarkt/Irerw13a.html, zuletzt aktualisiert am 02.01.2018, zuletzt geprüft am 20.05.2019.

Deutscher Bundestag (2006): Bericht 2005 der Bundesregierung zur Wirksamkeit moderner Dienstleistungen am Arbeitsmarkt, Drucksache 16/505.

–, 17. Wahlperiode (2010): Antwort der Bundesregierung auf die Kleine Anfrage der Abgeordneten Katja Kipping, Klaus Ernst, Matthias W. Birkwald, weiterer Abgeordneter und der Fraktion DIE LINKE. Sanktionen im Bereich des Zweiten Buches Sozialgesetzbuch und für Sperrzeiten im Bereich des Dritten Buches Sozialgesetzbuch, Drucksache 17/1642.

–, Wahlperiode (2017): Antwort der Bundesregierung auf die Kleine Anfrage der Abgeordneten Jutta Krellmann, Klaus Ernst, Susanna Karawanskij, weiterer Abgeordneter und der Fraktion DIE LINKE., Aktuelle Daten zu befristeter Beschäftigung, Drucksache 18/11981.

DGB (1996): Die Zukunft gestalten. Grundsatzprogramm des Deutschen Gewerkschaftsbundes. Beschlossen auf dem 5. Außerordentlichen Bundeskongreß am 13.-16. November 1996 in Dresden, Berlin.

DGB/Adamy, Wilhelm (2007): „Hartz IV ist und bleibt die Achillesferse der deutschen Arbeitsmarktpolitik", 15.8.2007, Berlin.

DGB-Bundesvorstand (2002): Stellungnahme des DGB-Bundesvorstandes zu den Ergebnissen der Kommission „Moderne Dienstleistungen am Arbeitsmarkt" (Hartz-Kommission), Berlin.

– (2003b): Stellungnahme des Deutschen Gewerkschaftsbundes (DGB) zum Entwurf der Bundesregierung sowie der Koalitionsfraktionen eines „Vierten Gesetzes für moderne Dienstleistungen am Arbeitsmarkt", 30.9.2003, Berlin.

– (2004): Öffentlich geförderte Beschäftigung mit oder ohne Arbeitnehmerrechte. Anforderungen des DGB, (DGB Informationen zur Sozial- und Arbeitsmarktpolitik, 3/2004), Berlin.

– (2006): Stellungnahme zum Umsetzungs- und Fortschrittsbericht 2006 zum Nationalen Reformprogramm 2005–2008, Berlin.

– (2014): Für eine sozialstaatliche Arbeitsmarktpolitik. DGB Vorschläge zur Neuausrichtung der Arbeitsförderung, Berlin.

DGB Geschäftsführender Bundesvorstand (2003a): Mut zum Umsteuern. Für Wachstum, Beschäftigung und soziale Gerechtigkeit. Hintergrundpapier für die wirtschafts- und sozialpolitische Reformagenda des DGB, 8.5.2003, Berlin.

Di Tomasi Lampedusa, Giuseppe (1959/1991): Der Leopard, 25. Aufl., München.

Diamanti, Ilvo; Mannheimer, Renato (Hg.) (1994): Milano a Roma. Guida all'Italia elettorale del 1994, Roma.

Digiesi, Isabella (2015): Il lavoro accessorio, in: Mario Fezzi und Franco Scarpelli (Hg.): Guida al Jobs Act, *I Quaderni di Wikilabour*, 125.

Dingeldey, Irene (2011): Der aktivierende Wohlfahrtsstaat. Governance der Arbeitsmarktpolitik in Dänemark, Großbritannien und Deutschland, Frankfurt am Main/New York.

Dörre, Klaus (2003): Das flexibel-zentrierte Produktionsmodell – Gravitationszentrum eines „neuen Kapitalismus"?, in: Ders. und Bernd Röttger (Hg.): Das neue Marktregime. Konturen eines nachfordistischen Produktionsmodells, Hamburg, 7–34.

– (2009): Prekarität im Finanzmarkt-Kapitalismus, in: Robert Castel und Klaus Dörre (Hg.): Prekarität, Abstieg, Ausgrenzung. Die soziale Frage am Beginn des 21. Jahrhunderts. Frankfurt am Main, 35–64.

– (2013): Schluss: Strukturierende Effekte selektiver Arbeitsmarktpolitik, in: Klaus Dörre, Karin Scherschel, Melanie Booth, Tine Haubner, Kai Marquardsen und Karen Schierhorn: Bewährungsproben für die Unterschicht?, Frankfurt am Main/New York, 345–398.

– (2014): Das deutsche Jobwunder. Vorbild für Europa?, Rosa-Luxemberg-Stiftung, Brüssel.

Dörre, Klaus; Lehmann, Diana; Scherschel, Karin (2009): Prekarität und Migration. Ausgewählte Daten und Trends, (Working Papers: Economic Sociology Jena 7), Jena.

Dörre, Klaus; Scherschel, Karin; Booth, Melanie; Haubner, Tine; Marquardsen, Kai; Schierhorn, Karen (2013): Bewährungsproben für die Unterschicht? Soziale Folgen aktivierender Arbeitsmarktpolitik, Frankfurt am Main/New York.

Dowling, Emma; van Dyk, Silke; Graefe, Stefanie (2017): Rückkehr des Hauptwiderspruchs? Anmerkungen zur aktuellen Debatte um den Erfolg der Neuen Rechten und das Versagen der „Identitätspolitik", in: *Prokla* 47 (3), 411–420.

Dräger, Klaus (2005): Jedem eine zweite Chance? Lieber nicht. Die Lissabon-Strategie der Europäischen Union und ihr „Neubeginn", in: Miren Etxezarreta, John Grahl und Jörg Huffschmid 2005 (Hg.): EuroMemo 2004, Hamburg, 41–58.

Dribbusch, Heiner; Birke, Peter (2012): Die Gewerkschaften in der Bundesrepublik Deutschland. Organisation, Rahmenbedingungen, Herausforderungen, Friedrich-Ebert-Stiftung, Bonn

Drüke, Helmut (2000): Italien. Wirtschaft, Gesellschaft, Politik, Opladen.

Due, Jesper (2000): Septemberforliget 1899–1999. Jubilæumstale, in: *Tidskrift for Arbejdsliv* 2 (1), 83–95.

– (2007): Notat vedr. grønbogen om modernisering af arbejdsmarkedsreguleringen i EU, indlæg ved Folketinget høring onsdag den 14. marts 2007, o.O.

Due, Jesper; Madsen, Jørgen Steen (2007): Det danske Gent-systems storhed og fald? Arbejdsløshedsforsikringen og den faglige organisering – den historiske baggrund og fremtidens udfordringer, in: Arbejdsdirektoratet (Hg.): Arbejdsløshedsforsikringsloven 1907–2007. Udvikling og perspektiver. København, 201–247.

Düming, Kathrin (2010): Die Ruhe nach und vor dem Sturm. Die Arbeitsmarkt- und Beschäftigungspolitik der Großen Koalition, in: Christoph Egle und Reimut Zohlnhöfer (Hg.): Die zweite Große Koalition. Eine Bilanz der Regierung Merkel 2005–2009, Wiesbaden, 279–301.

Dusse, Birgita (2002): Industrielle Beziehungen und Arbeitsorganisation im Postfordismus. Das Beispiel Italien, unveröffentlichte Magisterarbeit, Johann Wolfgang Goethe-Universität Fachbereich Gesellschaftswissenschaften, Frankfurt am Main.

Dusse, Birgita; Meyer, Malte (2011): Soziales Europa!? Materialien zur europapolitischen Bildung von Gewerkschafter*innen, Europäische Akademie der Arbeit, Frankfurt am Main.

Elg, Emil (2016): Mette Frederiksens forkærlighed for svage hvide er racistisk, in: *Information*, 23.09.2016.

Engelen-Kefer, Ursula (1977): Internationale Arbeitsteilung und Beschäftigungspolitik, in: Hartmut Seifert und Diethard B. Simmert (Hg.): Arbeitsmarktpolitik in der Krise, Köln, 248–265.

Ente Bilaterale Nazionale Artigianato (1997): Accordi interconfederali nazionali artigianato, Bologna.

Eribon, Didier (2016): Rückkehr nach Reims, 9. Aufl., Berlin.

– (2017): Ein neuer Geist von '68, in: *Frankfurter Allgemeine Sonntagszeitung*, 18.4. 2017, online verfügbar unter: http://www.faz.net/aktuell/feuilleton/debatten/didier-eribon-zur-krise-der-linken-in-frankreich-14973605.html, zuletzt geprüft am 20.05.2019.

Esping-Andersen, Gøsta (1990): The Three Worlds of Welfare Capitalism, Princeton/New Jersey.

– (1998): Die drei Welten des Wohlfahrtskapitalismus. Zur Politischen Ökonomie des Wohlfahrtsstaates, in: Stephan Lessenich und Ilona Ostner (Hg.): Welten des Wohlfahrtskapitalismus. Der Sozialstaat in vergleichender Perspektive, Frankfurt am Main/New York, 19–56.

– (2002): Towards the good society, once again?, in: Gøsta Esping-Andersen, Duncan Gallie, Anton Hemerijck und John Myles (Hg.): Why We Need a New Welfare State, Oxford, 1–25.

Esser, Josef (1982): Gewerkschaften in der Krise. Die Anpassung der deutschen Gewerkschaften an neue Weltmarktbedingungen, Frankfurt am Main.

– (1985): Staat und Markt, in: Iring Fetscher und Herfried Münkler (Hg.): Politikwissenschaft. Ein Grundkurs, Reinbek bei Hamburg, 201–244.

Esser, Josef; Görg, Christoph; Hirsch, Joachim (Hg.) (1994): Politik, Institutionen und Staat. Zur Kritik der Regulationstheorie, Hamburg.

Etherington, David; Jones, Martin (2004): Welfare-through-work and the re-regulation of labour markets in Denmark, in: *Capital & Class* (83), 19–45.

Etwil, Preben; Lungholt, Thomas (2007): Danmark – en åben økonomi, in: Danmarks Statistik (Hg.): Statistisk Tiårsoversigt 2007, 6–19, København.

Europäische Kommission (1993): Wachstum, Wettbewerbsfähigkeit, Beschäftigung. Herausforderungen der Gegenwart und Wege ins 21. Jahrhundert. Weißbuch, (Bulletin der Europäischen Gemeinschaften. Beilage 6/93), Luxemburg.

– (2002): Mitteilung der Kommission an den Rat, das Europäische Parlament, den Wirtschafts- und Sozialausschuss und den Ausschuss der Regionen. Fünf Jahre Europäische Beschäftigungsstrategie – Eine Bestandsaufnahme, KOM (2002) 416 endgültig, Brüssel.

– (2005): Mitteilung für die Frühjahrstagung des Europäischen Rates. Zusammenarbeit für Wachstum und Arbeitsplätze. Ein Neubeginn für die Strategie von Lissabon. Mitteilung von Präsident Barroso in Einvernehmen mit Vizepräsident Verheugen, KOM (2005) 24, Brüssel.

– (2006): Employment in Europe 2006, Luxemburg.

– (2007): Mitteilung der Kommission an das Europäische Parlament, den Rat, den Europäischen Wirtschafts- und Sozialausschuss und den Ausschuss der Regionen. Gemeinsame Grundsätze für den Flexicurity-Ansatz herausarbeiten: Mehr und bessere Arbeitsplätze durch Flexibilität und Sicherheit, KOM (2007) 359 endgültig, Brüssel.

– (2010): Mitteilung der Europäischen Kommission. Europa 2020. Eine Strategie für intelligentes, nachhaltiges und integratives Wachstum, KOM (2010) 2020, Brüssel.

– (2012): Towards a Job-Rich Recovery. Communication from the Commission to the European Parliament, the Council, the European economic and social committee and the committee of the regions, COM (2012) 173 final, Strasbourg.

ETUC (2005): Contribution of Trade Union Organisations to the Evaluation of the Actions Conducted and their Impact in Terms of the European Employment Strategy. Final Report by Oriol Homs, Wilfried Kruse, Céline Lafoucriere, Pierre Tilly, 23.5.2005, Brussels.

– (2007): The Flexicurity Debate and the Challenges for the Trade Union Movement, 11.7.2007, online verfügbar unter: https://www.etuc.org/sites/default/files/Depliant_Flexicurity_EN_1.pdf, zuletzt geprüft am 20.05.2019.

ETUI (2016): Deutschland Länderfakten auf workers-participation.eu, online verfügbar unter: http://de.worker-participation.eu/Nationale-Arbeitsbeziehungen/Laender/Deutschland, zuletzt geprüft am 20.05.2019.

Eversberg, Dennis (2014): Dividuell aktiviert. Wie Arbeitsmarktpolitik Subjektivitäten produziert, Frankfurt am Main.

Fabig, Gerhard (2006): Gefährdung der Beschäftigungsfähigkeit im Lebenslauf und die Grenzen der Arbeitsförderung, in: Hans-Dieter Braun und Bernd-Joachim Ertelt (Hg.): Paradigmenwechsel in der Arbeitsmarkt- und Sozialpolitik, Brühl, 38–52.

Fargion, Valeria (1997): Social Assistence and the North South Cleavage in Italy, in: Martin Rhodes (Hg.): Southern European Welfare States. Between Crisis and Reform, London/Portland (Oregon), 135–154.

Faust, Anselm (1986): Arbeitsmarktpolitik im deutschen Kaiserreich, Stuttgart.

Ferrara, Laura (2017): Il #ProgrammaImmigrazione del MoVimento 5 Stelle: obiettivo sbarchi zero, in: MoVimento 5 Stelle Blog, Juli 2017, online verfügbar unter: https://www.ilblogdellestelle.it/m/2017/07/il_programmaimmigrazione_del_movimento_5_stelle_obiettivo_sbarchi_zero.html, zuletzt geprüft am 20.05.2019.

Ferraris, Luigi Vittorio (1994): Ist Italien eine neue Republik?, in: *ApuZ* (B34/94), 3–9.

Ferraris, Luigi Vittorio; Trautmann, Günther; Ullrich, Hartmut (Hg.) (1995): Italien auf dem Weg zur „Zweiten Republik?“, Frankfurt am Main/Bern.
Ferrera, Maurizio (1984): Il welfare state in Italia. Sviluppo e crisi in prospettiva comparata, Bologna.
– (1996): The Southern Model of Welfare in Social Europe, in: *Journal of European Social Policy* (1), 17–37.
Ferrera, Maurizio; Gualmini, Elisabetta (2004): Rescued by Europe? Social Labour Market Reforms in Italy from Maastricht to Berlusconi, Amsterdam.
Ferrera, Maurizio (2005a): The Boundaries of Welfare. European Integration and the New Spatial Politics of Social Protection, Oxford/New York.
– (Hg.) (2005b): Welfare State Reform in Southern Europe. Fighting Poverty and Social Exclusion in Italy, Spain, Portugal and Greece, Abingdon/New York.
Ferrera, Maurizio; Sacchi, Stefano (2005): The Open Method of Co-ordination and National Institutional Capabilities. The Italian Experience, in: Jonathan Zeitlin und Philippe Pochet (Hg.): The open method of co-ordination in action. The European employment and social inclusion strategies, Brussels (et al.), 137–172.
Fezzi, Mario; Scarpelli, Franco (Hg.) (2015): Guida al Jobs Act, *I Quaderni di Wikilabour* 2.
Fickinger, Nico (2005): Der verschenkte Konsens. Das Bündnis für Arbeit, Ausbildung und Wettbewerbsfähigkeit 1998–2002, Wiesbaden.
Fo, Dario; Casaleggio, Gianroberto; Grillo, Beppe (2013): Il Grillo canta sempre al tramonto. Dialogo sull'Italia e il MoVimento 5 Stelle, Milano.
Folkebevægelsen mod EUs delegation i GUE/NGL (2005): Velfærden og EU. Om EUs indflydelse på det sociale system, arbejdsmarkedet, uddannelse og sundhedsvæsenet, Bruxelles.
Fornero, Elsa (2013): Reforming labor markets: reflections of an economist who (unexpectedly) became the Italian Minister of Labor, in: *IZA Journal of European Labor Studies* 2 (1), 1–18.
Forschungsgruppe „Staatsprojekt Europa“ (2014): Krise und kein Ende, in: Forschungsgruppe „Staatsprojekt Europa“ (Hg.): Kämpfe um Migrationspolitik. Theorie, Methode und Analysen kritischer Europaforschung, Bielefeld, 247–257.
– (Hg.) (2012): Die EU in der Krise. Zwischen autoritärem Etatismus und europäischem Frühling, Münster.
– (Hg.) (2014): Kämpfe um Migrationspolitik, Bielefeld.
Förster, Christian; Schmid, Josef; Trick, Nicolas (2014): Die nordischen Länder. Politik in Dänemark, Finnland, Norwegen und Schweden, Wiesbaden.
Frederiksen, Claus Hjort (2005): Forord, in: Beskæftigelsesministeriet (Hg.): Flexicurity. Udfordringer for den danske model, København, 3.
Friberg, Jon H.; Arnholtz, Jens; Eldring, Line; Hansen, Nana W.; Thorarins, Frida (2014): Nordic labour market institutions and new migrant workers: Polish migrants in Oslo, Copenhagen and Reykjavik, in: *Europen Journal of Industrial Relations* 20 (1), 37–53.
Friedel, Klaus (1990): Vom Massenintegrations-Apparat zur Gewerkschaft „neuen Typs“. Der DGB im Übergang vom Fordismus zum Postfordismus, Konstanz.
Fröbel, Folker; Heinrichs, Jürgen; Kreye, Otto (1977): Die neue internationale Arbeitsteilung. Strukturelle Arbeitslosigkeit in den Industrieländern und die Industrialisierung der Entwicklungsländer, Reinbek bei Hamburg.

Frugoni, Claudio (2004): La segmentazione del mercato del lavoro: il Patto per il Lavoro di Milano, in: Francesca Coin (Hg.): Gli immigrati, il lavoro, la casa. Tra segregazione e mobilitazione, Milano, 101-118.

FSE Regione Lombardia: POR FSE 2014–2020: Dote Unica Lavoro, online verfügbar unter: http://www.fse.regione.lombardia.it/wps/portal/PROUE/FSE/Bandi/DettaglioBando/Agevolazioni/dote-unica-lavoro-2016, zuletzt geprüft am 20.05.2019.

FTF (2007): Introduktion til arbejdet i de nye lokale beskæftigelsesråd, København.

Gallas, Alexander; Nowak, Jörg; Wilde, Florian (Hg.) (2012): Politische Streiks im Europa der Krise, Hamburg.

Galli, Giorgio (1975): I partiti politici in Italia: 1861–1973, Torino.

Gambino, Antonio (1975): Storia del dopoguerra dalla Liberazione al potere DC, Bari.

Ganßmann, Heiner (2004): Rheinische vs. Atlantische Wohlfahrtsstaaten: stabile Gegensätze oder verschwindende Unterschiede?, in: *Prokla 136* 34 (3), 375–400.

Generaldirektion Beschäftigung, Soziale Angelegenheiten und Chancengleichheit (2006): Dänemark: ein 'goldenes Dreieck', in: *Sozial Agenda*, März 2006, 18.

George, Roman (2015): Die geschlechtsspezifische Strukturierung des Niedriglohnsektors, Münster.

Giddens, Anthony (1999): Der dritte Weg. Die Erneuerung der sozialen Demokratie, Frankfurt am Main.

Gielfeldt, Jonas (2014): LO og FTF – et anstrengt fornuftægteskæb forude eller en ny klassealliance, in: *Kritisk Debat*, April 2014, 58–62.

Ginsborg, Paul (1998): L'Italia del tempo presente. Famiglia, società civile, Stato 1980–1996, Torino.

– (2011): Italien retten, Berlin.

Gläser, Jochen; Laudel, Grit (2010): Experteninterviews und qualitative Inhaltsanalyse als Instrumente rekonstruierender Untersuchungen, 4. Aufl., Wiesbaden.

Gobin, Corinne (1997): L'Europe syndicale: entre désir et réalité, Bruxelles.

Golden, Darragh (2015): Trade Union Internationalism and European Integration, in: Andreas Bieler u.a. (Hg.): Labour and Transnational Action in Times of Crisis, London/New York, 69–81.

Görtemaker, Manfred (2004): Geschichte der Bundesrepublik Deutschland. Von der Gründung bis zur Gegenwart, Frankfurt am Main.

Governo e parti sociali (1998): Patto sociale per lo sviluppo e l'occupazione (Patto „di Natale"), Roma.

– (2002): Patto per l'Italia. Contratto per il lavoro. Intesa per la competitività e l'inclusione sociale, Roma.

– (2007): Protocollo su previdenza, lavoro e competitività. Per l'equità e la crescita sostenibile, Roma.

Grabow, Karsten (2005): Die westeuropäische Sozialdemokratie in der Regierung. Sozialdemokratische Beschäftigungspolitik im Vergleich, Wiesbaden.

Gramsci, Antonio (1967): Philosophie der Praxis. Eine Auswahl, Frankfurt am Main.

– (1971): Scritti politici, hrsg. von Paolo Spirano, Roma.

– (1991ff.): Gefängnishefte. Kritische Gesamtausgabe, hrsg. von Klaus Bochmann und Wolfgang Fritz Haug, Hamburg/Berlin.

Graziano, Paolo (2004): Europeizzazione e politiche pubbliche italiane. Coesione e lavoro a confronto, Bologna.

Grell, Britta; Sambale, Jens; Eick, Volker (2002): Workfare zwischen Arbeitsmarkt- und Lebensstilregulierung. Beschäftigungsorientierte Sozialpolitik im deutsch-amerikanischen Vergleich, in: *Prokla* 32 (4), 557–576.

Greve, Bent (2004): Denmark: Universal or Not So Universal Welfare State, in: *Social Policy & Administration* 38 (2), 156–169.

Gruppe Blauer Montag; Holloway, John; Thompson, Edward P. (2007): Über Zeit und Arbeitsdisziplin, Hamburg.

Gualmini, Elisabetta; Rizza, Roberto (2013): Le politiche del lavoro, Bologna.

– (2014): Activation, employability, and recent trends in labour policies: a comparison of the Italian and German cases, in: *Sozialer Fortschritt* 63 (6), 131–139.

Gualtieri, Andrea (2018): Agricoltura, il made in Italy trainato dagli immigrati. Senza di loro il Nord rischia la paralisi, in: *La Repubblica*, 08.05.2018, online verfügbar unter: https://www.repubblica.it/economia/2018/05/08/news/agricoltura_il_made_in_italy_trainato_dagli_immigrati_senza_di_loro_il_nord_rischierebbe_la_paralisi-195772027/, zuletzt geprüft am 20.05.2019.

Gulotta, Carlo; Nigro, Luciano (2002): Biagi, un giurista europeo e liberale, in: *La Repubblica*, 20.03.2002, online verfügbar unter: http://www.repubblica.it/online/politica/marcobiagi/chiera/chiera.html, zuletzt geprüft am 20.05.2019.

Hachtmann, Rüdiger (2008): Fordismus und Sklavenarbeit. Thesen zur betrieblichen Rationalisierungsbewegung 1941 bis 1944, in: *Potsdamer Bulletin für Zeithistorische Studien* (43-44), 21–33.

Hachtmann, Rüdiger; Saldern, Adelheid von (2009): „Gesellschaft am Fließband". Fordistische Produktion und Herrschaftspraxis in Deutschland, in: *Zeithistorische Forschungen/Studies in Contemporary History* 6, 186–208.

Hacker, Björn; van Treeck Till (2010): Wie einflussreich wird die europäische Governance? Reformierter Stabilitäts- und Wachstumspakt, Europa 2020-Strategie und „Europäisches Semester", hrsg. von der Friedrich-Ebert-Stiftung Abteilung Internationale Politikanalyse, Bonn.

Hall, Peter; Soskice, David (2001): Introduction, in: Peter Hall und David Soskice (Hg.): Varieties of Capitalism: The Institutional Foundations of Comparative Advantage, Oxford, 1–68.

– (Hg.) (2001): Varieties of Capitalism: The Institutional Foundations of Comparative Advantage, Oxford.

Hall, Peter A.; Gingerich, Daniel W. (2004): „Spielarten des Kapitalismus" und institutionelle Komplementaritäten in der Makroökonomie – Eine empirische Analyse, in: *Berliner Journal für Soziologie* (14), 5–32.

Handelsblatt (12.11.2001): Arbeitgeberpräsident kritisiert „Job-Aqtiv-Gesetz", online verfügbar unter: http://www.handelsblatt.com/arbeitgeberpraesident-kritisiert-job-aqtiv-gesetz/2115888.html, zuletzt geprüft am 20.05.2019.

Hans-Böckler-Stiftung (2006): Die „Hartz-Reform“ und ihre Folgen. Forschungsimpulse für eine innovative und sozial gerechte Arbeitsmarktpolitik, Düsseldorf.

Hansen, Svend Aage; Henriksen, Ingrid (1984): Dansk Socialhistorie 1940–1983. Velfærdsstaten, København.

Hartvig Petersen, Jesper (2007): Et rids af udviklingen i det danske arbejdsløshedsforsikringssystem fra 1907 til 2007, in: Arbejdsdirektoratet (Hg.): Arbejdsløshedsforsikringsloven 1907–2007. Udvikling og perspektiver, København, 67–103.

Hartz, Peter u.a. (2002): Moderne Dienstleistungen am Arbeitsmarkt. Bericht der Kommission zum Abbau der Arbeitslosigkeit und zur Umstrukturierung der Bundesanstalt für Arbeit, Berlin.

Hassel, Anke; Hoffmann, Reiner (1999): Nationale Bündnisse und Perspektiven eines europäischen Beschäftigungspakts, in: Hans-Jürgen Arlt und Sabine Nehls (Hg.): Bündnis für Arbeit. Konstruktion, Kritik, Karriere, Opladen/Wiesbaden, 213–230.

Hassel, Anke; Schiller, Christoph (2010): Der Fall Hartz IV. Wie es zur Agenda 2010 kam und wie es weitergeht, Frankfurt am Main.

Hauer, Dirk (2004): Normale Arbeit anno 2004. Der Trend zu Prekarisierung und Niedriglohn, in: *Blätter für deutsche und internationale Politik* (12), 1475–1483.

– (2007): Umkämpfte Normalität. Prekarisierung und die Neudefinition proletarischer Reproduktionsbedingungen, in: Roland Klautke und Brigitte Oehrlein (Hg.): Prekarität. Neoliberalismus. Deregulierung, Hamburg, 30–42.

Haug, Frigga (2003): „Schaffen wir einen neuen Menschentyp“. Von Henry Ford zu Peter Hartz, in: *Das Argument* (252), 606–617.

Hausmann, Friederike (1997): Kleine Geschichte Italiens von 1943 bis heute, 2. Aufl., Berlin.

Helms, Ludger (1994): Strukturwandel im italienischen Parteiensystem, in: *ApuZ* (B34/94), 28–37.

Hendeliowitz, Jan (2003): Decentralisering og regionalisering. Arbejdsmarkedspolitikkens effekt og virkning på arbejdsmarkedet, in: Per Kongshøj Madsen und Lisbeth Pedersen (Hg.): Drivkræfter bag arbejdsmarkedspolitikken, København, 28–53.

Herzog-Stein, Alexander; Lübker, Malte; Pusch, Toralf; Schulten, Thorsten; Watt, Andrew (2018): Der Mindestlohn: Bisherige Auswirkungen und zukünftige Anpassung, (WSI Policy Brief 24), Düsseldorf.

Hirsch, Joachim (1980): Der Sicherheitsstaat. Das „Modell Deutschland“, seine Krise und die neuen sozialen Bewegungen, Frankfurt am Main.

– (1994): Politische Form, politische Institutionen und Staat, in: Josef Esser, Christoph Görg und Joachim Hirsch (Hg.): Politik, Institutionen und Staat. Zur Kritik der Regulationstheorie, Hamburg, 157–211.

– (1995): Der nationale Wettbewerbsstaat. Staat, Demokratie und Politik im globalen Kapitalismus, Berlin/Amsterdam.

– (2005): Materialistische Staatstheorie. Transformationsprozesse des kapitalistischen Staatensystems, Hamburg.

– (2013): Was wird aus der Regulationstheorie?, in: Roland Atzmüller, Joachim Becker, Ulrich Brand, Lukas Oberndorfer, Vanessa Redak und Thomas Sablowski (Hg.): Fit für die Krise? Perspektiven der Regulationstheorie, Münster, 380–396.

Hirsch, Joachim; Roth, Roland (1986): Das neue Gesicht des Kapitalismus. Vom Fordismus zum Postfordismus, Hamburg.

Hoffmann, Jürgen (2006): Arbeitsbeziehungen im Rheinischen Kapitalismus. Zwischen Modernisierung und Globalisierung, Münster.

Hoffmann, Reiner (2011): Offensiv die Europäisierung der Arbeitsbeziehungen und der Gewerkschaften voranbringen!, in: Wolfgang Kowalsky und Peter Scherrer (Hg.): Gewerkschaften für einen europäischen Kurswechsel. Das Ende der europäischen Gemütlichkeit, Münster, 131–155.

Hohendanner, Christian (2012): Befristete Arbeitsverhältnisse. Auch Mann trägt kurz, in: *IAB-Forum* (1), 62–67.

Hohendanner, Christian; Bellmann, Lutz (2007): Atypische Beschäftigungsverhältnisse und betrieblicher Flexibilisierungsbedarf. Ergebnisse des IAB-Betriebspanels, in: Berndt Keller und Hartmut Seifert (Hg.): Atypische Beschäftigung. Flexibilisierung und soziale Risiken, Berlin, 27–43.

Hombach, Bodo (1998): Der Befreiungsschlag, in: *Der Spiegel*, 1998 (41), 40–43.

Honsberg, Sylvia (2001): Frauenlos. Geschlechterverhältnisse in den Gewerkschaften, Hamburg.

Hooghe, Liesbet; Marks, Gary (2008): Die Entstehung eines politischen Gemeinwesens: Der Kampf um die europäische Integration, in: Martin Höpner und Armin Schäfer (Hg.): Die Politische Ökonomie der europäischen Integration, Frankfurt am Main, 159–196.

Höpner, Martin; Schäfer, Armin (Hg.) (2008): Die Politische Ökonomie der europäischen Integration, Frankfurt am Main.

Horn, Laura (2012): After Shareholder Value? Corporate Governance Regulation, the Crisis, and Organized Labour at the European Level, in: Henk Overbeek und Bastian van Apeldoorn (Hg.): Neoliberalism in Crisis, Basingstoke (et al.), 45–67.

Hornemann Møller, Iver; Lind, Jens; Hansen, Henning (2008): Aktivering. Disciplinering til arbejde, København.

Hornung-Draus, Renate (2009): Europäische Beschäftigungsstrategie – was gibt der Flexicurity-Ansatz her?, in: Stamatia Devetzi und Hans-Wolfgang Platzer (Hg.): Die offene Methode der Koordinierung und Europäisches Sozialmodell, Stuttgart, 183–189.

Hürtgen, Stefanie (2014): Labour as a transnational actor, and labour's national diversity as a systematic frame of contemporary competitive transnationality, in: *Capital & Class* 38 (1), 211–233.

– (2017): Verwerfungen in der „moralischen Ökonomie des Wohlfahrtsstaates": Ausgrenzungen prekär Beschäftigter und die Problematik sozialer und politischer Bürgerschaft, in: *Arbeits- und Industriesoziologische Studien* 10 (1), 23–28.

Huulgaard, Aage (2007): Det gamle træ, o, lad det stå, in: Arbejdsdirektoratet (Hg.): Arbejdsløshedsforsikringsloven 1907–2007. Udvikling og perspektiver, København, 105–130.

Hyman, Richard (2001): Understanding European Trade Unionism. Between Market, Class & Society, London/Thousand Oaks/New Delhi.

– (2005): Trade Unions and the Politics of the European Social Model, in: *Economic and Industrial Democracy* 26 (1), 9–40.

IG BCE; Transnet; NGG (2003): Zukunft des Sozialstaates heißt: Ja zu Reformen. Gemeinsame Erklärung von IG BCE, TRANSNET und NGG, 16.5.2003, online verfügbar unter: https://igbce.de/-/asG, zuletzt geprüft am 20.05.2019.

IG Metall Baden-Württemberg (2003): Huber mahnt mehr Reformbereitschaft an, 30.05.2003, online verfügbar unter: http://www.bw.igm.de/news/meldung.html?id=502, zuletzt geprüft am 20.05.2019.

Indenrigs- og Sundhedsministeriet (2005): Kommunalreformen kort fortalt, København.

INPS (2010): Rapporto annuale 2009, Roma.

– (2016): XI Rapporto Annuale, Roma.

– (2017): Osservatorio sul Precariato. Dati sui nuovi rapporti di lavoro, Roma.

IAB (2003): IAB Kurzbericht 14/2003, Nürnberg.

IAB (2001): Job-AQTIV-Gesetz – Gesetz zur Reform der arbeitsmarktpolitischen Instrumente. Chronik der Arbeitsmarktpolitik, 10.12.2001, online verfügbar unter: http://doku.iab.de/chronik/32/2001_12_10_32_jobaqtivgesetz.pdf, zuletzt geprüft am 20.05.2019.

IPRES Istituto Pugliese di Ricerche Economiche e Sociali (2016): Nota tecnica n.27 – 2016, Bari.

ISFOL (2006): Rapporto 2006, Roma.

ISTAT (2001): 8° Censimento generale dell'industria e dei servizi, Roma.

– (2010): Dossier: L'economia sommersa: stime nazionali e regionali, Roma.

– (2014): Rapporto annuale 2014. La situazione del Paese, Roma.

– (2016): Annuario statistico italiano 2016, Roma.

– u.a. (2016): Annuario statistico regionale Lombardia 2015, Milano.

Istituto per la Ricerca Sociale di Milano (2007): Servizi al lavoro e rete degli operatori pubblici e privati: la Lombardia nel contesto italiano e europeo, Milano.

Italia Lavoro (o.J.): L'offerta di servizi di Italia Lavoro, o.O.

– (2008): Progetto QUES. Italia Lavoro, o.O.

Iversen, Sarah Kudsk; Andersen, Søren K. (2006): I krydsfeltet mellem fleksibilitet og sikkerhed. Om overenskomstreguleringen af bureauvikarers løn- og ansættelsesvilkår, (FAOS Forskningsnotat 071).

Jacobsson, Kerstin (2005): Trying to reform the „best pupils in the class"?, in: Jonathan Zeitlin und Philippe Pochet (Hg.): The open method of co-ordination in action. The European employment and social inclusion strategies, Brussels (et al.), 107-136.

Jaehrling, Karen (2010): Alte Routinen, neue Stützen – Zur Stabilisierung der Geschlechterasymmetrien im SGB II, in: Karen Jaehrling und Clarissa Rudolph (Hg.): Grundsicherung und Geschlecht. Gleichstellungspolitische Befunde zu den Wirkungen von „Hartz IV", Münster, 39–56.

Jaehrling, Karen; Rudolph, Clarissa (Hg.) (2010): Grundsicherung und Geschlecht. Gleichstellungspolitische Befunde zu den Wirkungen von „Hartz IV", Münster.

Jann, Werner; Schmid, Günther (Hg.) (2004): Eins zu eins? Eine Zwischenbilanz der Hartz-Reformen am Arbeitsmarkt, Berlin.

Jeanrond, Hanna (2016): Gewerkschaften als sozialpolitische Akteure, Dissertation, Universität Kassel, Kassel.

Jensen, Per H. (2007): Grundlæggelse af det danske arbejdsløshedsforsikringssystem i komparativ belysning, in: Arbejdsdirektoratet (Hg.): Arbejdsløshedsforsikringsloven 1907–2007. Udvikling og perspektiver, København.

Jessop, Bob (1990): State Theory. Putting Capitalist States in their Place, Cambridge.

– (1991): Thatcherism and Flexibility.The White Heat of a Post-Fordist Revolution, in: Bob Jessop, Hans Kastendiek, Klaus Nielsen und Ove K. Pedersen (Hg.): The Politics of Flexibility. Restructuring State and Industry in Britain, Germany and Scandinavia, Aldershot, 106-132.

– (1994): Post-Fordism and the State, in: Ash Amin (Hg.): Post-Fordism: a reader. Oxford/Cambridge (Mass.), 251–279.

– (1997): Die Zukunft des Nationalstaats – Erosion oder Reorganisation? Grundsätzliche Überlegungen zu Westeuropa, in: Steffen Becker, Thomas Sablowski und Wilhelm Schumm (Hg.): Jenseits der Nationalökonomie? Weltwirtschaft und Nationalstaat zwischen Globalisierung und Regionalisierung, (Argument Sonderband 249), Hamburg, 50–95.

– (2002): The Future of the Capitalist State, Oxford.

– (2003): Changes in welfare regimes and the search for flexibility and employability, in: Henk Overbeek (Hg.): The Political Economy of European Employment, London/New York, 29–50.

– (2006): State- and Regulation-theoretical Perspectives on the European Union and the Failure of the Lisbon Agenda, in: *Competition and Change* 10 (2), 141–161.

– (2007): Althusser, Poulantzas, Buci-Glucksmann – Weiterentwicklungen von Gramscis Konzept des integralen Staats, in: Sonja Buckel und Andreas Fischer-Lescano (Hg.): Hegemonie gepanzert mit Zwang. Zivilgesellschaft und Politik im Staatsverständnis Antonio Gramscis, Baden-Baden, 43–65.

– (2008): State Power. A Strategic-Relational Approach, Cambridge/Malden.

– (2014): Capitalist diversity and variety: Variegation, the world market, compossibility and ecological dominance, in: *Capital & Class* 38 (1), 45–58.

Jessop, Bob; Kastendiek, Hans; Nielsen, Klaus; Pedersen, Ove K. (Hg.) (1991): The Politics of Flexibility. Restructuring State and Industry in Britain, Germany and Scandinavia, Aldershot.

Jessop, Bob; Sum, Ngai-Ling (2006): Beyond the Regulation Approach. Putting Capitalist Economies in their Place, Cheltenham/Northampton.

Jonasen, Viggo (2004): Den kommunale danske velfærdsstat gennem fire socialreformer og fire mellemtider, in: Niels Ploug, Ingrid Henriksen und Niels Kærgård (Hg.): Den danske velfærdsstats historie. Antologi, København, 202–220.

Jonassen, Anders Bruun (2014): Konsekvenser af dagpengeperiodens halvering. En kvantitativ undersøgelse af effekten for de ledige, (SFI rapport), København.

Jørgensen, Anker (1976): Nytårstale 1976, online verfügbar unter: https://dansketaler.dk/anker-joergensens-nytaarstale-1976/, zuletzt geprüft am 20.05.2019.

Jørgensen, Hans-Carl (2007): 100 års ledighed – eller hvordan man lærte at elske arbejdsløshedsforsikringen, in: Arbejdsdirektoratet (Hg.): Arbejdsløshedsforsikringsloven 1907–2007. Udvikling og perspektiver, København, 147–179.

Jørgensen, Henning (2000): Danish Labour Market Policy since 1994. The New 'Columbus Egg' of Labour Market Regulation, in: Paul Klemmer und Rüdiger Wink (Hg.): Preventing Unemployment in Europe, Cheltenham, 108–137.

– (Hg.) (2002): Consensus, cooperation and conflict. The policy-making process in Denmark, Cheltenham.

– (2006): Arbejdsmarkedspolitikkens fornyelse – innovation eller trussel mod dansk „Flexicurity", København.

Jørgensen, Henning; Jørgensen, Hans Henrik Borup (2016): Kronik: Arbejdsmarkedspolitikkens endeligt, in: *Altinget.dk*, 05.10.2016, online verfügbar unter: https://www.altinget.dk/arbejdsmarked/artikel/debattoerer-hvad-betyder-regeringens-farve-for-arbejdsmarkedspolitik, zuletzt geprüft am 20.05.2019.

Jørgensen, Henning; Larsen, Flemming (2003): Aktivgørelse af aktiveringen kommer ikke af sig selv. Betydningen af institutionelt design for udvikling af ledighedsinsatser, in: Per Kongshøj Madsen und Lisbeth Pedersen (Hg.): Drivkræfter bag arbejdsmarkedspolitikken, København, 164–202.

Kalbe, Uwe (2018): Empörung darf Argumente nicht ersetzen. Sahra Wagenknecht wirbt für einen linken Aufbruch und solidarische Auseinandersetzungen in der LINKEN, in: *Neues Deutschland*, 21.03.2018, 2, online verfügbar unter: https://www.neues-deutschland.de/artikel/1083015.sahra-wagenknecht-empoerung-darf-argumente-nicht-ersetzen.html, zuletzt geprüft am 20.05.2019.

Kannankulam, John (2008): Autoritärer Etatismus im Neoliberalismus. Zur Staatstheorie von Nicos Poulantzas, Hamburg.

Kannankulam, John; Georgi, Fabian (2012): Die europäische Integration als materielle Verdichtung von Kräfteverhältnissen. Hegemonieprojekte im Kampf um das 'Staatsprojekt' Europa, Arbeitspapier Nr. 30 der Forschungsgruppe Europäische Integration der Phillips-Universität Marburg.

– (2014): Varieties of capitalism or varieties of relationships of forces? Outlines of a historical materialist policy analysis, in: *Capital & Class* 38 (1), 59–71.

Kantel, H.-Dieter (2008): Grundsicherungsarbeit. Armuts- und Arbeitsmarktpolitik nach Hartz IV, Wiesbaden.

Kaps, Petra (2012): Die Rolle der Kommunen in der Arbeitsmarkt- und Beschäftigungspolitik, in: Silke Bothfeld, Werner Sesselmeier und Claudia Bogedan (Hg.): Arbeitsmarktpolitik in der sozialen Marktwirtschaft. Vom Arbeitsförderungsgesetz zum Sozialgesetzbuch II und III, 2. Aufl., Wiesbaden, 260–275.

Kaspersen, Lars Bo (2006): The Formation and Development of the Welfare State, in: John L. Campbell, John A. Hall und Ove K. Pedersen (Hg.): National Identity and a Variety of Capitalism: The Case of Denmark, Montreal, 99–132.

Kaufmann, Franz Xaver (2003): Varianten des Wohlfahrtsstaats. Der deutsche Sozialstaat im internationalen Vergleich, Frankfurt am Main.

Kebir, Sabine (1991): Antonio Gramscis Zivilgesellschaft: Alltag, Ökonomie, Kultur, Politik, Hamburg.

Keller, Berndt; Seifert, Hartmut (2007): Atypische Beschäftigungsverhältnisse. Flexibilität, soziale Sicherheit und Prekarität, in: Dies. (Hg.): Atypische Beschäftigung. Flexibilisierung und soziale Risiken, Berlin, 11–25.

– (2011): Atypische Beschäftigung und soziale Risiken. Entwicklung, Strukturen, Regulierung, Expertise für die Friedrich-Ebert-Stiftung, Bonn.

Keune, Maarten (2008): Die Grenzen der europäischen Arbeitsmarktintegration: Koalitionen, Interessenvielfalt und institutionelle Hindernisse, in: Martin Höpner und Armin Schäfer (Hg.): Die Politische Ökonomie der europäischen Integration, Frankfurt am Main, 279–309.

Keune, Martin; Serrano Pascual, Amparo (2014): The Power to Name and Struggles over Meaning. The Concept of Flexicurity, in: Dies. (Hg.): Deconstructing Flexicurity and Developing Alternative Approaches. Towards New Concepts and Approaches for Employment and Social Policy, New York, 1–26.

Kittner, Michael (2014): Arbeits- und Sozialordnung. Gesetze/Verordnungen, Einleitungen, Checklisten/Übersichten, Rechtssprechung, unter Mitarbeit von Olaf Deinert, 39. Aufl., Frankfurt am Main.

Klammer, Ute; Leiber, Simone (2004): Aktivierung und Eigenverantwortung in europäisch vergleichender Perspektive, in: *WSI-Mitteilungen* (9), 514–521.

Klenk, Tanja: Vom Arbeitsförderungsgesetz zum Sozialgesetzbuch II und III: Wandel der korporatistischen Arbeitsverwaltung?, in: Silke Bothfeld, Werner Sesselmeier und Claudia Bogedan (Hg.): Arbeitsmarktpolitik in der sozialen Marktwirtschaft. Vom Arbeitsförderungsgesetz zum Sozialgesetzbuch II und III., 2. Aufl., Wiesbaden, 276–290.

Klos, Michel (2014): Rådighed og sanktioner, AK-Samvirke notat, version 3., København.

Knudsen, Dino (2007): Venstre, velfærden og forslaget om et nyt klassekompromis, in: *modkraft, Online Magazin*, 25.06.2007, online verfügbar unter: http://modkraft.dk/node/5541, zuletzt geprüft am 20.05.2019.

Knuth, Matthias (2014): Rosige Zeiten am Arbeitsmarkt. Strukturreformen und „Beschäftigungswunder", Friedrich-Ebert-Stiftung (Reihe WISO Diskurs), Bonn.

– (2018): Vermarktlichung von Arbeitsmarktdienstleistungen als Legitimationsbeschaffung, in: Rolf Dobischat, Arne Elias und Anna Rosendahl (Hg.): Das Personal in der Weiterbildung, Wiesbaden, 345–375.

Københavns Kommune (2016): Lighedsudredning for Københavns Kommune, København.

Koch, Max (2003): Arbeitsmärkte und Sozialstrukturen in Europa. Wege zum Postfordismus in den Niederlanden, Schweden, Spanien, Großbritannien und Deutschland, Wiesbaden.

Koch, Thomas; Schroeder, Wolfgang (2001): Einführung: Zweite kopernikanische Wende oder Kontinuität? Neue sozialdemokratische Wege und Gefahren, in: Wolfgang Schroeder (Hg.): Neue Balance zwischen Markt und Staat? Sozialdemokratische Reformstrategien in Deutschland, Frankreich und Großbritannien, Schwalbach/Ts., 9–39.

Kocyba, Hermann (2004): Aktivierung, in: Ulrich Bröckling, Susanne Krasmann und Thomas Lemke (Hg.): Glossar der Gegenwart, Frankfurt am Main, 17–22.

Kocyba, Hermann; Vormbusch, Uwe (2000): Partizipation als Managementstrategie. Gruppenarbeit und flexible Steuerung in Automobilindustrie und Maschinenbau, Frankfurt am Main (u.a.).

Kohlmorgen, Lars (2004): Regulation, Klasse, Geschlecht. Die Konstituierung der Sozialstruktur im Fordismus und Postfordismus, Münster.

Kommunernes Landsforening (2007): Stor interesse for dansk arbejdsmarkedspolitik, Notat, online verfügbar unter: http://www.kl.dk/_bin/d9e748ab-4005-4317-a366-83aee13017b6.pdf, zuletzt geprüft am 15.06.2018.

Kongshøj Madsen, Per (1998): Elemente erfolgreicher Arbeitsmarktpolitik in Dänemark, in: Peter Scherrer, Rolf Simons und Klaus Westermann (Hg.): Von den Nachbarn lernen. Wirtschafts- und Beschäftigungspolitik in Europa, Marburg, 148–152.

– (2004): The Danish model of „flexicurity". Experiences and lessons, in: *Transfer* 10 (2), 187–207.

– (2006a): How can it possibly fly? The paradox of a dynamic labour market in a Scandinavian welfare state, in: John L. Campbell, J. A. Hall und Ove K. Pedersen (Hg.): National Identity and a Variety of Capitalism: The Case of Denmark, Montreal, 321–355.

– (2006b): Flexicurity. A new perspective on labour markets and welfare states in Europe. Präsentation, Villach, 20. Januar 2006.

Kongshøj Madsen, Per; Pedersen, Lisbeth (Hg.) (2003): Drivkræfter bag arbejdsmarkedspolitikken, Socialforskningsinstituttet, København.

– (2003): Fyrtårn eller slæbejolle? Dansk arbejdsmarkeds- og beskæftigelsespolitik og den europæiske beskæftigelsesstrategi, in: Dies. (Hg.): Drivkræfter bag arbejdsmarkedspolitikken, København, 136–159.

– (2003): I miraklernes værksted, in: Per Kongshøj Madsen und Lisbeth Pedersen (Hg.): Drivkræfter bag arbejdsmarkedspolitikken, København, 12-25.

Korte, Jan (2018): Wir brauchen eine Generalüberholung linker Politik, in: *Die Zeit*, 26.03.2018, online verfügbar unter: https://www.zeit.de/politik/deutschland/2018-03/neoliberalismus-die-linke-jan-korte-kritik-opfer, zuletzt geprüft am 20.05.2019.

Kramer, Annegret (1975): Gramscis Interpretation des Marxismus, in: Backhaus, Hans-Georg u.a. (Hg.): Gesellschaft. Beiträge zur Marxschen Theorie, Frankfurt, 65-118.

Krätke, Michael R. (2013): Globale Wertschöpfungsketten in und nach der Großen Krise, in: *spw* (4), 13–18.

Kraus, Katrin (2006): Vom Beruf zur Employability? Zur Theorie einer Pädagogik des Erwerbs, Wiesbaden.

Kress, Ulrike (1998): Vom Normalarbeitsverhältnis zur Flexibilisierung des Arbeitsmarktes. Ein Literaturbericht, in: *Mitteilungen aus der Arbeitsmarkt- und Berufsforschung* 31 (3), 488–505.

Kühl, Jürgen (1994): Zur Veränderung der arbeitsmarktpolitischen Instrumente seit 1990, in: Hubert Heinelt (Hg.): Arbeitsmarktpolitik nach der Vereinigung, Berlin, 13–29.

La Repubblica (22.5.2000a): „Niente quorum, alle urne appena 32% degli elettori", 22.5.2000, online verfügbar unter: http://www.repubblica.it/online/referendum/fallito/fallito/fallito.html, zuletzt geprüft am 20.05.2019.

– (22.5.2000b): „Risultati", 22.5.2000, online verfügbar unter: www.repubblica.it/referendum2000/risultati.html, zuletzt geprüft am 20.05.2019.

La Stampa (19.09.2014): Articolo 18, scontro finale tra Renzi e la Cgil. Camusso: „Ha in mente il modello Thatcher". Replica del premier: „Difendono le ideologie", 19.9.2014, online verfügbar unter: http://www.lastampa.it/2014/09/19/italia/politica/camusso-renzi-vuole-il-modello-thatcher-E9lzfPOv1B2uWiv5w3O4PM/pagina.html, zuletzt geprüft am 20.05.2019.

Lafontaine, Oskar (1998): Rede des Parteivorsitzenden, in: SPD-Vorstand (Hg.): Protokoll. Parteitag Bonn 25. Oktober 1998. Innovation und Gerechtigkeit. Deutschland erneuern, Bonn, 17–35.

Lamping, Wolfram; Schridde, Henning; Plaß, Stefan; Blanke, Bernhard (2002): Der Aktivierende Staat. Positionen, Begriffe, Strategien, Studie für den Arbeitskreis Bürgergesellschaft und Aktivierender Staat der Friedrich-Ebert-Stiftung, Bonn.

Lang, Klaus (2003): Zur Entwicklung des Sozialstaats – ökonomische Grundlagen, Kritik der ideologischen Unvernunft, offene Fragen, in: Joachim Beerhorst und Jens-Jean Berger (Hg.): Die IG Metall auf dem Weg in die Mitte?, Hamburg, 47–57.

Lassen, Morten; Sørensen, John Houman; Jørgensen, Anja Lindkvist (2005): Training in Networks and Trade Union Influence. A Danish Case Study, in: Thomas Bredgaard und Flemming Larsen (Hg.): Employment Policy from Different Angles, Copenhagen, 479–504.

Lazzarato, Maurizio (1998): Immaterielle Arbeit. Gesellschaftliche Tätigkeit unter den Bedigungen des Postfordismus, in: Thomas Atzert (Hg.): Toni Negri, Maurizio Lazzarato und Paolo Virno: Umherschweifende Produzenten. Immaterielle Arbeit und Subversion, Berlin, 39–65.

Leborgne, Danièle; Lipietz, Alain (1992): Conceptual fallacies and open questions on postfordism, in: Michael Storper und Scott Allan (Hg.): Pathways to industrialization and regional development, London, 332–348.

Lederne (2016): Dagpengereformen. Hvad betyder det for dig, der er ledig?, 06.12.2016, online verfügbar unter: https://www.lederne.dk/presse-og-nyheder/nyheder/dagpengereform-hvad-betyder-det-for-dig-der-er-ledig-q-/, zuletzt geprüft am 20.05.2019.

Lehndorff, Steffen (Hg.) (2012): A triumph of failed ideas. European models of capitalism in the crisis, ETUI, Brussels.

– (Hg.) (2014): Spaltende Integration. Der Triumph gescheiterter Ideen in Europa – revisited. Zehn Länderstudien, Hamburg.

Leibfried, Stephan (1993): Towards a European Welfare State, in: Catherine Jones (Hg.): New Perspectives on the Welfare State in Europe, London/New York.

Lessenich, Stephan (1994): „Three Worlds of Welfare Capitalism" – oder vier? Strukturwandel arbeits- und sozialpolitischer Regulierungsmuster in Spanien, in: *Politische Vierteljahresschrift* 35 (2), 224–244.

– (2004): Ökonomismus zum Wohlfühlen: Gøsta Esping-Andersen und die neue Architektur des Sozialstaats, in: *Prokla* 34 (3), 469–476.

– (2008): Die Neuerfindung des Sozialen. Der Sozialstaat im flexiblen Kapitalismus, Bielefeld.

– (2012): „Aktivierender Sozialstaat": eine politisch-soziologische Zwischenbilanz, in: Reinhard Bispinck, Gerhard Bosch, Klaus Hofmann und Gerhard Naegele (Hg.): Sozialpolitik und Sozialstaat. Festschrift für Gerhard Bäcker, Wiesbaden, 41–53.

Lessenich, Stephan; Ostner, Ilona (Hg.) (1998): Welten des Wohlfahrtskapitalismus. Der Sozialstaat in vergleichender Perspektive, Frankfurt am Main/New York.

Lind, Jens (2004): Das dänische Tarifvertragssystem zwischen Kohärenz und Fragmentierung, in: *WSI-Mitteilungen* (7), 367–373.

Linke, Marion (2009): Aktivierung statt passive Leistung. Der Wandel der dänischen Arbeitsmarktpolitik seit 1990, Frankfurt am Main/New York.

Lipietz, Alain (1985): Akkumulation, Krisen und Auswege aus der Krise. Einige methodologische Anmerkungen zum Begriff der „Regulation", in: *Prokla* (58), 109–136.

LO; FTF (2013): LO og FTF's udspil til en ny arbejdsmarkedspolitik, København.

Lødemel, Ivar; Trickey, Heather (Hg.) (2000): An offer you can't refuse. Workfare in international perspective, Bristol.

Ludwig-Mayerhofer, Wolfgang; Behrend, Olaf; Sondermann, Ariadne (2009): Auf der Suche nach der verlorenen Arbeit, Konstanz.

Lumley, Robert (1990): States of Emergency: Cultures of Revolt in Italy from 1968 to 1978, London/New York.

Lund, Sine Riis (2015): Tænketanke dybt uenige om dagpengeaftale, in: *Altinget.dk*, 30.05.2015, online verfügbar unter: https//www.altinget.dk/artikel/taenketanke-dybt-uenige-om-konsekvenser-af-dagpengeaftale, zuletzt geprüft am 20.05.2019.

Lüthje, Boy (2004): Kehrt der Fordismus zurück?, in: *Berliner Debatte Initial* 15 (1), 62–73.

Lutz, Burkhard; Sengenberger, Werner (1974): Arbeitsmarktstrukturen und öffentliche Arbeitsmarktpolitik, Göttingen.

Mailand, Mikkel (2005): The Involvement of Social Partners in Active Labour Market Policy – do the Patterns fit Expectations from Regime Theories?, in: Thomas Bredgaard und Flemming Larsen (Hg.): Employment Policy from Different Angles, Copenhagen, 135–151.

– (2008): The uneven impact of the European Employment Strategy on member states' employment policies: a comparative analysis, in: *Journal of European Social Policy* 18 (4), 353–365.

– (2014): Austerity measures and municipalities: the case of Denmark, in: *Transfer* 20 (3), 417–430.

Mailand, Mikkel; Arnholtz, Jens (2015): Formulating European work and employment regulation during the pre-crisis years: Coalition building and institutional inertia, in: *Journal of European Social Policy* 25 (2), 194–209.

Mailand, Mikkel; Due, Jesper (2003): Partsstyring i arbejdsmarkedspolitikken. Perspektiver og alternativer, in: Per Kongshøj Madsen und Lisbeth Pedersen (Hg.): Drivkræfter bag arbejdsmarkedspolitikken, København, 202–233.

Maino, Franca; Neri, Stefano (2011): Explaining Welfare Reforms in Italy between Economy and Politics: External Constraints and Endogenous Dynamics, in: *Social Policy & Administration* 45 (4), 445–464.

Mammarella, Giuseppe (2012): L'Italia di oggi. Storia e cronaca di un ventennio. 1992–2012, Bologna.

Mangelmann, Martha; Margraf, Jürgen; Schnapka-Janus, Ingeborg; Scholze, Jörg (1982): Die Arbeitsverwaltung in Italien, in: IAB (Hg.): Struktur und Arbeitsweise von Arbeitsverwaltungen in EG-Ländern. Frankreich, Belgien, Italien. Studien von BA-Mitarbeitern im Rahmen von Personalaustauschprogrammen, Nürnberg (Beiträge zur Arbeitsmarkt- und Berufsforschung, 69), 167–206.

Mantelli, Brunello (1998): Kurze Geschichte des italienischen Faschismus, Berlin.

Maraffi, Marco (1997): Il modello lombardo tra incrementalismo e volontarismo, in: Ida Regalia (Hg.): Regioni e relazioni industriali in Europa. Potenzialità e limiti di livello intermedio di regolazione sociale, Milano, 25–54.

Mariucci, Luigi (Hg.) (2006): Dopo la flessibilità, cosa? Le nuove politiche del lavoro, Bologna.

Marlier, Eric; Natali, David (Hg.) (2010): Europe 2020. Towards a More Social EU?, (Work & Society 69), Brussels.

Martinelli, Alberto; Lanzalaco, Luca (1992): La rappresentanza imprenditoriale, in: Giuliano Urbani (Hg.): Il conflitto e le relazioni di lavoro negli anni '90. Gli attori. I sindacati, le associazioni imprenditoriali, lo stato, Torino, 321–350.

Marx, Karl (1965): Das Kapital. Kritik der politischen Ökonomie, Band 1, MEW 23, Berlin.

Mascini, Massimo; Ricci, Maurizio (1998): Il lungo autunno freddo. Radiografia delle nuove relazioni industriali, Milano.

Mattioli, Alberto (2018): „La razza bianca è a rischio". Fontana choc, poi le scuse, in: *La Stampa*, 16.01.2018, online verfügbar unter: https://www.lastampa.it/2018/01/16/italia/la-razza-bianca-a-rischio-fontana-choc-poi-le-scuse-zB3WTgSOSCOMsM39suDPLP/pagina.html, zuletzt geprüft am 20.05.2019.

Mayring, Philipp (2002): Einführung in die qualitative Sozialforschung. Eine Anleitung zum qualitativen Denken, Weinheim/Basel.

Medici per i diritti umani (2015): Terra ingiusta. Rapporto sulle condizioni di vita e di lavoro dei braccianti stranieri in agricoltura, Roma.

Mehl, Rainer (1997): Cassa Integrazione Guadagni/CIG, in: Richard Brütting (Hg.): Italien Lexikon: Schlüsselbegriffe zu Geschichte, Gesellschaft, Wirtschaft, Politik, Justiz, Gesundheitswesen, Verkehr, Presse, Rundfunk, Kultur und Bildungseinrichtungen, Berlin, 160–161.

Menden, Björn (2003): Die Zukunft der Arbeit, in: Deutscher Managerverband (Hg.): Die Zukunft des Managements: Perspektiven für die Unternehmensführung, Zürich, 57–61.

Meuser, Michael; Nagel, Ulrike (2005): ExpertInneninterviews – vielfach erprobt, wenig bedacht. Ein Beitrag zur qualitativen Methodendiskussion, in: Alexander Bogner, Beate Littig und Wolfgang Menz (Hg.): Das Experteninterview. Theorie, Methode, Anwendung, Wiesbaden, 71–93.

Meyer, Dorit (2013): Gewerkschaften und Leiharbeit. Über den aktiven Umgang mit Leiharbeit bei der IG Metall, Bielefeld.

Meyer, Hendrik (2013): Was kann der Staat? Eine Analyse der rot-grünen Reformen in der Sozialpolitik, Bielefeld.

Meyer, Kurt B. (2005): Der Wandel der Arbeitsbeziehungen in Dänemark und Norwegen, Frankfurt am Main.

Ministero del Lavoro e delle Politiche Sociali (2001): Piano di azione nazionale per l'occupazione, Roma.

– (2001): Libro bianco sul mercato del lavoro in Italia. Proposte per una società attiva e per un lavoro di qualità, Roma.

Ministero del Lavoro e delle Politiche Sociali/ClicLavoro Internetportal (2018): Agenzie per il Lavoro, online verfügbar unter: https://www.cliclavoro.gov.it/Operatori/Agenzie-per-il-lavoro/Pagine/default.aspx, zuletzt geprüft am 20.05.2019.

Mohr, Katrin (2007): Soziale Exklusion im Wohlfahrtsstaat. Arbeitslosensicherung und Sozialhilfe in Großbritannien und Deutschland, Wiesbaden.

– (2012): Von „Welfare to Workfare"? Der radikale Wandel der deutschen Arbeitsmarktpolitik, in: Silke Bothfeld, Werner Sesselmeier und Claudia Bogedan (Hg.): Arbeitsmarktpolitik in der sozialen Marktwirtschaft. Vom Arbeitsförderungsgesetz zum Sozialgesetzbuch II und III., 2. Aufl, Wiesbaden, 57–69.

Mortensen, Laust Hvas; Andersen, Anne Kaag (2016): Danmark – et lille land med stigende forskelle, in: Danmarks Statistik (Hg.): Statistisk tiårsoversigt 2016, København, 7–17.

Müller, Hans-Peter; Wilke, Manfred (2003): Gewerkschaftsfusionen: Der Weg zu modernen Multibranchengewerkschaften, in: Wolfgang Schroeder und Bernhard Weßels (Hg.): Gewerkschaften in Politik und Gesellschaft der Bundesrepublik Deutschland, Wiesbaden, 122–143.

Müller-Jentsch, Walther (2007): Strukturwandel der industriellen Beziehungen. 'Industrial Citizenship' zwischen Markt und Regulierung, Wiesbaden.

Natali, David (2006): 'From Italy to Europe'. A review of recent Italian literature on social policy, in: *Journal of European Social Policy* 16 (3), 287–292.

– (2010): The Lisbon Strategy, Europe 2020 and the Crisis in Between, in: Eric Marlier und David Natali (Hg.): Europe 2020. Towards a More Social EU?, (Work & Society, 69), Brussels, 93–113.

Nedergaard, Peter (Hg.) (2004): Den danske model i et integreret Europa, København.

Negri, Antonio (1998): Autonomie und Separatismus. Netzwerke der Produktion und die Bedeutung des Territoriums im italienischen Nordosten, in: Thomas Atzert (Hg.): Toni Negri, Maurizio Lazzarato und Paolo Virno: Umherschweifende Produzenten. Immaterielle Arbeit und Subversion, Berlin, 23-37.

Nickel, Hildegard Maria (2009): Arbeit und Genderregime in der Transformation, in: Brigitte Aulenbacher und Angelika Wetterer (Hg.): Arbeit: Perspektiven und Diagnosen der Geschlechterforschung, Münster, 249–267.

NIdiL-CGIL (2006): Primo rapporto osservatorio permanente sul lavoro atipico in Italia, Roma.

Nielsen, Klaus (1991): Learning to Manage the Supply-Side: Flexibility and Stability in Denmark, in: Bob Jessop, Hans Kastendiek, Klaus Nielsen und Ove K. Pedersen (Hg.): The Politics of Flexibility. Restructuring State and Industry in Britain, Germany, and Scandinavia, Aldershot, 282–313.

Nielsen, Peter (2006): Nyliberalismen i det danske velfærdssamfund, (RUC Institut for Samfundsvidenskab og Erhversøkonomi WP 3), Roskilde.

Nölke, Andreas; Perry, James (2007): The Power of Transnational Private Governance: Financialization and the IASB, in: *Business and Politics* 9 (3), 1–25.

Nordmetall Verband der Metall- und Elektroindustrie e. V.; IG Metall Bezirksleitung Küste (2017): Verhandlungsergebnis zum Tarifvertrag zur Leih-/Zeitarbeit (TV LeiZ), Hamburg.

Nyrup Rasmussen, Poul (2004): Europas Erneuerung aktiv gestalten – Die Lissabon-Strategie, in: SPD Bezirk Hessen-Süd (Hg.): Neue Zeiten denken 2. Europa – die Alternative. Kongressdokumentation, 17. April 2004 (Anstöße. Argumentreihe des SPD-Bezirks Hessen-Süd), 15–30.

Oberndorfer, Lukas (2012): Hegemoniekrise in Europa – Auf dem Weg zu einem autoritären Wettbewerbsetatismus?, in: Forschungsgruppe Staatsprojekt Europa (Hg.): Die EU in der Krise. Zwischen autoritärem Etatismus und europäischem Frühling, Münster, 49–71.

Offe, Claus (2005): Soziale Sicherheit im supranationalen Kontext. Europäische Integration und die Zukunft des „Europäischen Sozialmodells“, in: Max Miller (Hg.): Welten des Kapitalismus. Institutionelle Alternativen in der globalisierten Ökonomie, Frankfurt/New York, 189–225.

Olesen, Aase (2004): Omkring socialkommissionen 1991–1993, in: Niels Ploug, Ingrid Henriksen und Niels Kærgård (Hg.): Den danske velfærdsstats historie. Antologi, København, 184–200.

Olsen, Lars; Ploug, Niels; Andersen, Lars; Juul, Jonas Schytz (2012): Det danske klassesamfund. Et socialt Danmarksportræt, København.

Opielka, Michael (2004): Sozialpolitik. Grundlagen und vergleichende Perspektiven, Reinbek bei Hamburg.

Opitz, Sven (2004): Gouvernementalität im Postfordismus. Macht, Wissen und Techniken des Selbst im Feld unternehmerischer Rationalität, (Argument Sonderband Neue Folge AS 297), Hamburg.

Orloff, Ann Shola (2012): The Comparative Analysis of Gender Relations and Welfare States, in: Jens Borchert, Stephan Lessenich (Hg.): Der Vergleich in den Sozialwissenschaften. Staat – Kapitalismus – Demokratie, Frankfurt/New York, 373-404. [Nachdruck von: Ann Shola Orloff (1993): „Gender and the Social Rights of Citizenship: The Comparative Analysis of Gender Relations and Welfare States“, in: American Sociological Review, Jg. 58, Heft 3, 303-328].

Oschmiansky, Frank; Ebach, Mareike (2009): Vom AFG 1969 zur Instrumentenreform 2009: Der Wandel des arbeitsmarktpolitischen Instrumentariums, in: Silke Bothfeld, Werner Sesselmeier und Claudia Bogedan (Hg.): Arbeitsmarktpolitik in der sozialen Marktwirtschaft. Vom Arbeitsförderungsgesetz zum Sozialgesetzbuch II und III., 2. Aufl., Wiesbaden, 91–105.

Osservatorio Placido Rizzotto – FLAI CGIL (Hg.) (2016): Agromafia e caporalato. Terzo rapporto, Roma.

Ostheim, Tobias; Zohlnhöfer, Reimut (2002): Europäisierung der Arbeitsmarkt- und Beschäftigungspolitik? Der Einfluss des Luxemburg-Prozesses auf die deutsche Arbeitsmarktpolitik, (ZeS Working Paper), Bremen.

Ostner, Ilona; Saraceno, Chiara (1998): Keine Arbeit, keine Kinder, keine Lösung? Italien und Deutschland in vergleichender Perspektive, in: Bruno Cattero (Hg.): Modell Deutschland – Modell Europa. Probleme, Perspektiven, Opladen, 183–206.

Overbeek, Henk (Hg.) (2003): The Political Economy of European Employment, London/New York.

Overbeek, Henk; van Apeldoorn, Bastian (Hg.) (2012): Neoliberalism in Crisis, Basingstoke (et al.).

Palmisano, Leonardo (2016): La condizione femminile nell'agricoltura pugliese, in: Osservatorio Placido Rizzotto – FLAI CGIL (Hg.): Agromafia e caporalato. Terzo rapporto, Roma, 107–108.

Palombi, Marco (2014): Jobs Act. La legge di Renzi l'ha scritta Confindustria, in: *Il Fatto Quotidiano,* 27.11.2014, online verfügbar unter: https://www.ilfattoquotidiano.it/prima-pagina/jobs-act-legge-renzi-lha-scritta-confindustria/, zuletzt geprüft am 20.05.2019.

Pankoke, Eckart (1990): Die Arbeitsfrage, Frankfurt am Main.

Partito Democratico della Sinistra (1992): L'Italia verso il 2000, Roma.

Pascual, Amparo Serrano; Magnusson, Lars (Hg.) (2007): Reshaping Welfare States and Activation Regimes in Europe, (Work & society No. 54), Brussels.

Pasquino, Gianfranco (1993): Introduction: A Case of Regime Crisis, in: Gianfranco Pasquino und Patrick McCarthy (Hg.): The End of post-war Politics in Italy: The Landmark 1992 Elections, Boulder (et al.), 1–11.

Peck, Jamie (2001): Workfare States, New York.

– (2003): The rise of the workfare state, in: *Kurswechsel* (3), 75–87.

Pedersen, Ove K. (2006): Corporatism and Beyond: The Negotiated Economy, in: John L. Campbell, John A. Hall und Ove K. Pedersen (Hg.): National Identity and a Variety of Capitalism: The Case of Denmark, Montreal, 245–270.

– (2011): Konkurrencestaten, København.

Pedersini, Roberto; Regini, Marino (2013): Coping with the crisis in Italy: Employment relations and social dialogue amidst the recession, ILO – Governance and Tripartism Department, Geneva.

Perulli, Paolo (1990): Introduzione. Piccole imprese metropolitane: Milano, Torino, Genova, in: Ders. (Hg.): Piccole imprese metropolitane. Regolazione sociale e relazioni di lavoro nell'impresa minore a Milano – Torino – Genova, Milano.

Petersen, Klaus (1998): Legitimität und Krise. Die politische Geschichte des dänischen Wohlfahrtsstaates 1945–1973, Berlin.

Petersen, Michael Bang; Slothuus, Rune; Stubager, Rune; Togeby, Line (2007): Hvem fortjener velfærd? Danskernes syn på kontanthjælp til unge, ældre og invandrere, in: *politica* 39 (1), 31–48.

Piazza, Gabriele; Myant, Martin (2015): Italy's labour market reforms of 2012: did they reduce unemployment?, (ETUI Working Paper, 2015/11), Brussels.

Pierenkemper, Toni (2009): The Rise and Fall of the „Normalarbeitsverhältnis" in Germany. Forschungsinstitut zur Zukunft der Arbeit (IZA), Bonn.

Piétron, Dominik (2014): Arbeitsmarktpolitik Zeitleiste. ver.di, Juli 2014, online verfügbar unter: https://arbeitsmarkt-und-sozialpolitik.verdi.de/++file++53da3cd86f68444980000368/download/Der%20Arbeitsmarkt%20im%20Wandel%20-%20verdi-Zeitleiste.pdf, zuletzt geprüft am 20.05.2019.

Pini, Paolo (2015): Il Jobs Act tra surrealismo e mistificazione: una lettura critica, in: *Economia & Lavoro* 49 (2), 177–216.

Piore, Michael J.; Sabel, Charles F. (1989): Das Ende der Massenproduktion, Frankfurt am Main.

Pirastu, Antonella (Hg.) (2003): UIL. „Zerotrenta". I fondi di interprofessionalità per la formazione continua: il modello dell'Artigianato e delle PMI, (Kongressdokumentation), Roma.

Ploug, Niels; Henriksen, Ingrid; Kærgård, Niels (2004): Den danske velfærdsstat – udvikling og indhold, in: Niels Ploug, Ingrid Henriksen und Niels Kærgård (Hg.): Den danske velfærdsstats historie. Antologi, København, 10–21.

– (Hg.) (2004): Den danske velfærdsstats historie. Antologi. Socialforskningsinstituttet, København.

Plougmann, Peter (2003): Hvad kan vi lære af 90'ernes arbejdsmarkedspolitik?, in: Per Kongshøj Madsen und Lisbeth Pedersen (Hg.): Drivkræfter bag arbejdsmarkedspolitikken, København, 54–99.

Plougmann, Peter; Kongshøj Madsen, Per (2005): Labor Market Policy, Flexibility and Employment Performance: Denmark and Sweden in the 1990s, in: David Howell (Hg.): Fighting Unemployment: The Limits of Free Market Orthodoxy, Oxford, 294–309.

Pogliotti, Giorgio; Rota Porta, Allesandro (2012): La riforma Fornero è legge. Il ministro: il lavoro non è un diritto, in: *Il Sole 24 ore*, 27.06.2012, online verfügbar unter: http://www.ilsole24ore.com/art/notizie/2012-06-27/fornero-riforma-lavoro-buona-104438_PRN.shtml, zuletzt geprüft am 20.05.2019.

Polanyi, Karl (1978): The Great Transformation. Politische und ökonomische Ursprünge von Gesellschaften und Wirtschaftssystemen, Frankfurt am Main.

Porter, Michel E. (1990): The competitive advantage of nations, London (et al.).

Poulantzas, Nicos (2002/1978): Staatstheorie. Politischer Überbau, Ideologie, Autoritärer Etatismus, Hamburg.

Presidenza del Consiglio dei Ministri (1996): Accordo per il lavoro, Roma.

Provincia di Milano; INPS (2007a): La cassa integrazione guadagni, Milano.

– (2007b): La cassa integrazione guadagni straordinaria, Milano.

– (2007c): La mobilità, Milano.

– (2007d): Contratti di solidarietà, Milano.

Pugliese, Enrico (1994): Economia informale, in: Paul Ginsborg (Hg.): Stato dell'Italia, Milano, 403-405.

Pugliese, Enrico; Rebeggiani, Enrico (2004): Occupazione e disoccupazione in Italia. Dal dopoguerra ai giorni nostri, Roma.

Pusch, Toralf (2018): Bilanz des Mindestlohns: Deutliche Lohnerhöhungen, verringerte Armut, aber auch Umgehungen, (WSI Policy Brief 19), Düsseldorf.

Pusch, Toralf; Seifert, Hartmut (2017): Mindestlohngesetz. Für viele Minijobber weiterhin nur Mindestlöhne, (WSI Policy Brief 9), Düsseldorf.

Rangone, Marco; Solari, Stefano (2012): From the Southern-European model to nowhere: the evolution of Italian capitalism, 1976–2011, in: *Journal of European Public Policy* 19 (8), 1188–1206.

Rappresentanze Sindacali di Base Pubblico Impiego, Confederazione Unitaria di Base (2007): Cosa c'è davvero nel Protocollo del 23 luglio 2007 e nella Finanziaria 2008, Rom, online verfügbar unter: http://confederazione.usb.it/index.php?id=20%tx_ttnews[tt_news]=6684&cHash=9755f8985a&MP=63-552, zuletzt geprüft am 26.05.2018.

Rasmussen, Søren Hein (2009): Efter den kolde krig 1989–2008. Danmark og EU, in: Aarhus Universitet: Danmarkshistorien.dk, (Online-Lexikon), online verfügbar unter: http://danmarkshistorien.dk/perioder/efter-den-kolde-krig-1989-2008/danmark-og-eu, zuletzt geprüft am 20.05.2019.

– (2011): Tamilsagen 1986–1995, in: Aarhus Universitet, Danmarkshistorien.dk, (Online-Lexikon), letzte Änderung 18.8.2011, online verfügbar unter: http://danmarkshistorien.dk/leksikon-og-kilder/vis/materiale/tamilsagen-1986-1995/, zuletzt geprüft am 20.05.2019.

Rasmussen, Stine (2012): Arbejdsløshedskasserne under udvikling eller afvikling? Et studie af forandringsprocesser i den danske arbejdsmarkedsmodel, Dissertation, Aalborg.

Rassegna Sindacale (2014a): La Toscana contro il Jobs Act: scioperi, cortei, presìdi, 08.10.2014, online verfügbar unter: http://www.rassegna.it/articoli/2014/10/8/115165/la-toscana-contro-il-jobs-act-scioperi-cortei-presidi, zuletzt geprüft am 20.05.2019.

– (2014b): Sciopero generale, adesione superiore al 60%, 12.12.2014, online verfügbar unter: http://www.rassegna.it/articoli/sciopero-generale-adesione-superiore-al-60, zuletzt aktualisiert am 26.05.2018.

– (2017): Voucher e appalti, il decreto del governo è legge, 19.04.2017, online verfügbar unter: http://www.rassegna.it/articoli/voucher-il-decreto-del-governo-e-legge, zuletzt geprüft am 20.05.2019.

Rat der Europäischen Union (Beschäftigung, Sozialpolitik, Gesundheit und Verbraucherschutz) (2007): Ausarbeitung gemeinsamer Grundsätze für den Flexicurity-Ansatz. Schlussfolgerungen des Rates, Brüssel.

Ravasio, Bruno (2007): Se cento anni. Appunti die Bruno Ravasio per una storia della CGIL, (Collana Richerche e Innovazione), Valmadrera.

Redler, Lucy (2012): Vergessene Geschichte, in: Alexander Gallas, Jörg Nowak und Florian Wilde (Hg.): Politische Streiks im Europa der Krise, Hamburg, 194-210.

Regalia, Ida (1989): L'area di Sesto San Giovanni, in: Marino Regini und Charles Sabel (Hg.): Strategie di riaggiustamento industriale, Bologna, 207-248.

– (Hg.) (2006): Regulating new forms of employment. Local experiments and social innovation in Europe, London (et al.).

Regalia, Ida; Regini, Marino (1998 [1992]): Italy: The Dual Character of Industrial Relations, in: Anthony Ferner und Richard Hyman (Hg.): Changing Industrial Relations in Europe, Oxford, 459–600.

Regeringen (2005): En ny chance til alle. Regeringens integrationsplan, København.

Regeringen (Socialdemokraterne, Radikale Venstre og Socialistisk Folkeparti) og Venstre, Dansk Folkeparti, Det Konservative Folkeparti og Liberal Alliance (2013): Aftale om en reform af kontanthjælpssystemet – flere i uddannelse og job, København, online verfügbar unter: https://bm.dk/media/6496/aftaletekst_kontanthjaelpsreform-pdf.pdf, zuletzt geprüft am 20.05.2019.

Regini, Marino (1995): Uncertain boundaries. The social and political construction of European economies, New York.

– (1997): Still engaging in corporatism? Einige Lehren aus jüngsten italienischen Erfahrungen mit der Konzertierung, in: *Politische Vierteljahreszeitschrift* 38, 298–317.

– (2014): Models of Capitalism and the Crisis, in: *Stato e Mercato* (100), 21–44.

Regini, Marino; Sabel, Charles (Hg.) (1989): Strategie di riaggiustamento industriale, Bologna.

Regione Emilia-Romagna; Agenzia Emilia-Romagna Lavoro (2004): Economia e lavoro in Emilia-Romagna. Rapporto 2004, Bologna.

Regione Lombardia (2001): Annuario Statistico Regionale della Lombardia, Milano.

Reichstein, Ruth (2012): Generalstreik in Europa. Schwierige Solidarität, 14.11.2012, online verfügbar unter: http://www.taz.de/!5079454/, zuletzt geprüft am 20.05.2019.

Reintoft, Hanne (1999): Træd varsomt. Dansk socialpolitik ved en skillevej, 2. Aufl., København.

Renzi, Matteo (2014): Renzi replica a Camusso: "Difendete ideologie, non lavoratori". Videobotschaft, in: *La Repubblica*, 19.09.2014, online verfügbar unter: https://video.repubblica.it/politica/renzi-replica-a-camusso--difendete-ideologie-non-lavoratori/177745/176481, zuletzt geprüft am 20.05.2019.

Reyneri, Emilio (2017): Introduzione alla sociologia del mercato del lavoro, Bologna.

Rhodes, Martin (1997): Southern European Welfare States. Between Crisis and Reform, London/Portland (Oregon).

Rinolfi, Vilma; Paparella, Domenico (2008): Accordo tripartito su Welfare, mercato del lavoro e pensioni, EurWork, European Observatory of Working Life der European Foundation for the Improvement of Living and Working Conditions, 3.3.2018, online verfügbar unter: https://www.eurofound.europa.eu/it/observatories/eurwork/articles/parliament-approves-tripartite-agreement-on-welfare-labour-market-and-pensions, zuletzt geprüft am 20.05.2019.

Ritzau Meldung (2014): Thorning fremrykker dagpengekommissionen, in: *Information*, 20.09.2014, online verfügbar unter: https://www.information.dk/telegram/2014/09/thorning-fremrykker-dagpengekommissionen, zuletzt geprüft am 20.05.2019.

Rodrígez Garzón, Fabiola (2017): Didier Eribon. Die Widersprüche der Arbeiterklasse, 02.02.2017, online verfügbar unter: http://www.fr.de/kultur/literatur/didier-eribon-die-widersprueche-der-arbeiterklasse-a-744349, zuletzt geprüft am 20.05.2019.

Rosdahl, Anders (2003): Lediges understøttelsesperiode, in: Per Kongshøj Madsen und Lisbeth Pedersen (Hg.): Drivkræfter bag arbejdsmarkedspolitikken, København, 100–135.

Rosdahl, Anders; Weise, Hanne (2000): When all must be active – workfare in Denmark, in: Ivar Lødemel und Heather Trickey (Hg.): An offer you can't refuse. Workfare in international perspective, Bristol, 159–180.

Rose, Lawrence E. (2004): Local Government and Politics, in: Knut Heidar (Hg.): Nordic Politics. Comparative Perspectives, Oslo, 164–182.

Rosenthal, Peer (2012): Der Wandel der Arbeitslosenversicherung: Selektivität, Einkommenssicherung und Reziprozitätsnormen von 1969 bis heute, in: Silke Bothfeld, Werner Sesselmeier und Claudia Bogedan (Hg.): Arbeitsmarktpolitik in der sozialen Marktwirtschaft. Vom Arbeitsförderungsgesetz zum Sozialgesetzbuch II und III., 2. Aufl., Wiesbaden, 143–159.

Rossi, Lucia (2015): Il Jobs Act: La Riforma del Mercato del Lavoro, in: *Rivista Tramontana*, online verfügbar unter: http://www.itccopertino.com/documenti_professionale/Rossi_Jobs-Act.pdf, zuletzt geprüft am 20.05.2019.

Roth, Karl Heinz (1974): Die „andere" Arbeiterbewegung und die Entwicklung der kapitalistischen Repression von 1880 bis zur Gegenwart. Ein Beitrag zum Neuverständnis der Klassengeschichte in Deutschland, München.

Röttger, Bernd (2008): Gramscis organische Konzeption des Klassenkampfs und die Gewerkschaftsfrage, oder: was haben die gegenwärtige Krise der Gewerkschaftspolitik und gewerkschaftliche Revitalisierungsstrategien mit Politics of Scale zu tun? In: Markus Wissen, Bernd Röttger und Susanne Heeg (Hg.): Politics of Scale. Räume der Globalisierung und Perpektiven emanzipatorischer Politik, Münster, 290–313.

– (2013): Die eigentümliche Kontinuität des „Modell Deutschland". Über historische Schranken, „große Krisen" und blockierte Transformationen der kapitalistischen Produktionsweise, in: Roland Atzmüller, Joachim Becker, Ulrich Brand, Lukas Oberndorfer, Vanessa Redak und Thomas Sablowski (Hg.): Fit für die Krise? Perspektiven der Regulationstheorie, Münster, 286–308.

Rouette, Susanne (1993): Sozialpolitik als Geschlechterpolitik. Die Regulierung der Frauenarbeit nach dem Ersten Weltkrieg, Frankfurt/New York.

Rüb, Stefan; Müller, Torsten (Hg.) (2013): Arbeitsbeziehungen im Prozess der Globalisierung und Europäischen Integration. Ökonomische und soziale Herausforderungen im Zeichen der Euro-Krise, (Schriften zur europäischen Arbeits- und Sozialpolitik, 13), Baden-Baden.

Rudolph, Clarissa (2007): Gleichstellungspolitik als Luxus. Wandel und Persistenz von Geschlechterverhältnissen bei der Hartz IV-Umsetzung, in: Clarissa Rudolph und Renate Niekant (Hg.): Hartz IV – Zwischenbilanz und Perspektiven, (Arbeit – Demokratie – Geschlecht, Band 5), Münster, 110–134.

Rudolph, Clarissa; Niekant, Renate (Hg.) (2007): Hartz IV – Zwischenbilanz und Perspektiven, (Arbeit – Demokratie – Geschlecht Band 5), Münster,

Ruggeri, Giovanni; Guarino, Mario (1994): Berlusconi. Showmaster der Macht. Die Biographie, Berlin.

Rydgren, Jens (2004): Explaining the Emergence of Radical Right-Wing Populist Parties: The Case of Denmark, in: *West European Politics* 27 (3), 474–502.

Sablowski, Thomas (1998): Italien nach dem Fordismus. Regulation und organische Krise einer kapitalistischen Gesellschaftsformation, Münster.

– (2003): Krisentendenzen der Kapitalakkumulation, in: *Das Argument* (251), 438–452.

Sablowski, Thomas; Schneider, Etienne; Syrovatka, Felix (2018): Zehn Jahre Krise. Regulation des Lohnverhältnisses und ungleiche Entwicklung in der Europäischen Union, in: Prokla, H. 192, Jg. 2018, Nr. 3, 357-379.

Sacchi, Stefano; Bastagli, Francesca (2005b): Italy – striving uphill but stopping halfway. The troubled journey of the experimental minimum insertion income, in: Maurizio Ferrera (Hg.): Welfare State Reform in Southern Europe. Fighting Poverty and Social Exclusion in Italy, Spain, Portugal and Greece, Abingdon/New York, 84–140.

Sacchi, Stefano; Pancaldi, Federico; Arisi, Claudia (2011): The Economic Crisis as a Trigger of Convergence? Short-time Work in Italy, Germany and Austria, in: *Social Policy & Administration* 45 (4), 465–487.

Sacconi, Maurizio; Reboani, Paolo; Tiraboschi, Michele (2004): La società attiva. Manifesto per le nuove sicurezze, Venezia.

Sacconi, Maurizio; Tiraboschi, Michele (2006): Uno futuro da precari? Il lavoro dei giovani tra rassegnazione e opportunità, Milano.

Salmieri, Luca (2006): Coppie flessibili, Bologna.

Samek Lodovici, Manuela; Semenza, Renata (2008): The Italian Case: From Employment Regulation to Welfare Reforms?, in: *Social Policy & Administration* 42 (2), 160–176.

Schäfer, Armin; Streeck, Wolfgang (2008): Korporatismus in der Europäischen Union, in: Martin Höpner und Armin Schäfer (Hg.): Die Politische Ökonomie der europäischen Integration, Frankfurt am Main, 203–240.

Scharpf, Fritz (1999): Regieren in Europa. Effektiv und demokratisch?, Frankfurt am Main/New York.

Scheiffele, Peter (2011): Hegemonie und Organisation. Zum Organisationsverständnis von Antonio Gramsci. Eine kritische Annäherung, in: Michael Bruch, Wolfram Schaffar und Peter Scheiffele (Hg.): Organisation und Kritik, Münster, 41–73.

Scheuer, Steen (2017): Atypisk beskæftigelse i Danmark. Om deltidsansattes, midlertidigt ansattes og soloselvstændiges vilkår, (LO-dokumentation, 1/2017), København.

Schlemmer, Thomas (2010): Berlusconis Jobwunder? Arbeitsmarktpolitik zwischen pfadabhängiger Kontinuität und neoliberaler Reform, in: Gian Enrico Rusconi, Thomas Schlemmer und Hans Woller (Hg.): Berlusconi an der Macht: die Politik der italienischen Mitte-Rechts-Regierungen in vergleichender Perspektive, München, 63–82.

Schlitz, Christoph (2004): „Die Agenda 2010 birgt erhebliche Chancen" Interview mit Hubertus Schmoldt, in: *Die Welt*, 04.10.2004.

Schmid, Günther (2002): Wege in eine neue Vollbeschäftigung. Übergangsarbeitsmärkte und aktivierende Arbeitsmarktpolitik, Frankfurt am Main.

Schmid, Günther; Kull, Silke (2004): Die Europäische Beschäftigungsstrategie. Anmerkungen zur „Methode der offenen Koordinierung", (WZB Working Paper), Berlin.

Schmid, Josef (1996): Wohlfahrtsstaaten im Vergleich. Soziale Sicherungungssysteme in Europa: Organisation, Finanzierung, Leistungen und Probleme, Opladen.

– (2002): Wohlfahrtsstaaten im Vergleich. Soziale Sicherung in Europa: Organsation, Finanzierung, Leistungen und Probleme, 2. Aufl., Opladen.

Schmid, Josef; Kohler, Harald (2012): Jenseits einer schnellen Wiedereingliederung: arbeitsmarktpolitische Strategien in Richtung Öffentlicher Beschäftigungssektor, in: Silke Bothfeld, Werner Sesselmeier und Claudia Bogedan (Hg.): Arbeitsmarktpolitik in der sozialen Marktwirtschaft. Vom Arbeitsförderungsgesetz zum Sozialgesetzbuch II und III., 2. Aufl., Wiesbaden, 191–212.

Schminck-Gustavus, Christoph U. (1978): Recht auf Arbeit. Zur Geschichte einer konkreten Utopie, in: Udo Achten (Hg.): Recht auf Arbeit – eine politische Herausforderung, Neuwied/Darmstadt, 15–43.

Schneider, Peter (Hg.) (1972): Kursbuch 26: Die Klassenkämpfe in Italien, Berlin.

Schreiber, Ulrich (1982): Die politische Theorie Antonio Gramscis, (Argument-Sonderband 55), Berlin.

Schreiner, Ottmar; Karras, Anne (2009): Soziales Europa, in: Dieter Scholz, Frank Schmidt-Hullmann, Anne Karras, Helmut Martens, Pia Paust-Lassen, Wolfgang Pieper und Frieder Otto Wolf (Hg.): „Europa sind wir". Gewerkschaftspolitik für ein anderes Europa, Münster, 193–203.

Schroeder, Klaus (1984): Der Weg in die Stagnation, Opladen.

Schroeder, Wolfgang (Hg.) (2001): Neue Balance zwischen Markt und Staat? Sozialdemokratische Reformstrategien in Deutschland, Frankreich und Großbritannien, Schwalbach (Taunus).

Schroeder, Wolfgang; Schulz, Andreas D. (2012): Arbeitsmarktpolitik und Sozialpartner, in: Silke Bothfeld, Werner Sesselmeier und Claudia Bogedan (Hg.): Arbeitsmarktpolitik in der sozialen Marktwirtschaft. Vom Arbeitsförderungsgesetz zum Sozialgesetzbuch II und III., 2. Aufl., Wiesbaden, 291–308.

Schroeder, Wolfgang; Weßels, Bernhard (Hg.) (2003): Gewerkschaften in Politik und Gesellschaft der Bundesrepublik Deutschland, Wiesbaden.

Schudlich, Edwin (1987): Die Abkehr vom Normalarbeitstag: Entwicklung der Arbeitszeiten in der Industrie der Bundesrepublik Deutschland seit 1945, Frankfurt am Main (u.a.).

Schulten, Thorsten (2000): Zwischen nationalem Wettbewerbskorporatismus und symbolischem Euro-Korporatismus. Zur Einbindung der Gewerkschaften in die neoliberale Restrukturierung Europas, in: Hans-Jürgen Bieling und Jochen Steinhilber (Hg.): Die Konfiguration Europas. Dimensionen einer kritischen Integrationstheorie, Münster, 222–242.

– (2005): Gewerkschaften und europäische Integration, in: Joachim Beerhorst und Hans-Jürgen Urban (Hg.): Handlungsfeld europäische Integration. Gewerkschaftspolitik in und für Europa, Hamburg, 14–36.

Schulten, Thorsten; Müller, Torsten (2014): Ein neuer europäischer Interventionismus? Die Auswirkungen des neuen Systems der europäischen Economic Governance auf Löhne und Tarifpolitik, in: Steffen Lehndorff (Hg.): Spaltende Integration. Der Triumph gescheiterter Ideen in Europa – revisited. Zehn Länderstudien, Hamburg, 273–301.

Schulze, Michaela (2012): Gewerkschaften im Umbau des Sozialstaats. Der Einfluss der Dachverbände im Welfare-to-Work-Reformprozess in Dänemark, Deutschland und den USA, Wiesbaden.

Schütz, Holger (2008): Reform der Arbeitsvermittlung. Uniformierungsdruck in der Bundesagentur für Arbeit, Opladen (u.a.).

– (2012): Neue und alte Regelsteuerung in der deutschen Arbeitsverwaltung, in: Silke Bothfeld, Werner Sesselmeier und Claudia Bogedan (Hg.): Arbeitsmarktpolitik in der sozialen Marktwirtschaft. Vom Arbeitsförderungsgesetz zum Sozialgesetzbuch II und III., 2. Aufl., Wiesbaden, 233–247.

Scruggs, Lyle; Allan, James (2006): Welfare-state decommodification in 18 OECD countries: a replication and revision, in: *Journal of European Social Policy* 16 (1), 55–72.

Seidelin Jacobsen, Helge (1988): An Outline History of Denmark, Copenhagen.

Seifert, Hartmut (1977): Frauenarbeit – eine disponible Arbeitskräftereserve?, in: Hartmut Seifert und Diethard B. Simmert (Hg.): Arbeitsmarktpolitik in der Krise, Köln, 39–56.

Seifert, Hartmut; Simmert, Diethard B. (Hg.) (1977): Arbeitsmarktpolitik in der Krise, Köln.

Seifert, Hartmut; Struck, Olaf (Hg.) (2009): Arbeitsmarkt und Sozialpolitik. Kontroversen um Effizienz und soziale Sicherheit, Wiesbaden.

Serrano Pascual, Amparo (2007): Reshaping Welfare States: Activation Regimes in Europe, in: Amparo Serrano Pascual und Lars Magnusson (Hg.): Reshaping Welfare States and Activation Regimes in Europe, (Work & society No. 54), Brussels, 11–34.

Serri, Niccolò (2016): La cassa integrazione guadagni e l'illusione del welfare nell'Italia del dopoguerra (1941–1968), in: *Storia e problemi contemporanei* (72), 119–138.

Sestito, Paolo (2005): Pubblico e privato nei servizi per l'impiego: quale ruolo per l'operatore pubblico? In: Carlotta Serra (Hg.): La riforma del mercato del lavoro: deregolazione o riregolazione? La „Legge Biagi" nel confronto comparato. Atti del II convegno annuale in ricordo di Marco Biagi, Roma 18 e 19 marzo 2004, Milano, 3–32.

Settis, Bruno (2016): Fordismi. Storia politica della produzione di massa, Bologna.

Silver, Beverly J. (2005): Forces of Labour. Arbeiterbewegungen und Globalisierung seit 1870, Berlin/Hamburg.

Simonazzi, Annamaria (2014): Chronik einer angekündigten Krise. Italien und Europa, in: Steffen Lehndorff (Hg.): Spaltende Integration. Der Triumph gescheiterter Ideen in Europa – revisited. Zehn Länderstudien, Hamburg, 64–80.

Simonsen, Palle (2004): Den danske model – praktiske erfaringer, in: Niels Ploug, Ingrid Henriksen und Niels Kærgård (Hg.): Den danske velfærdsstats historie. Antologi, København, 101–111.

Sinram, Jana (2015): Dänemark und „die Fremden". Die Folketing-Wahl 2015 vor dem Hintergrund der dänischen Einwanderungsdebatte und des Karikaturenstreits, in: *Leviathan* 43 (4), 501–522.

Skadhede, Jørgen (2013): Her er reformen af kontanthjælpen, in: *Altinget.dk*, 18.04.2013, online verfügbar unter: https://www.altinget.dk/artikel/her-er-kontanthjaelpsreformen, zuletzt geprüft am 20.05.2019.

Skovmand, Roar; Dybdahl, Vagn; Rasmussen, Erik (1973): Geschichte Dänemarks: 1830 – 1939. Die Auseinandersetzungen um nationale Einheit, demokratische Freiheit und soziale Gleichheit, Neumünster.

Song, Gi-Chul (2003): Die staatliche Arbeitsmarktpolitik in Deutschland zwischen der Revolution 1918/19 und der Währungsreform 1923/24. Möglichkeiten und Grenzen des arbeitsmarktpolitischen Staatsinterventionismus in der Weimarer Republik, Hamburg.

Sonne Nørregaard, Asbjørn (2000): Party Politics and the Organization of the Danish Welfare State, 1890–1920. The Bourgeois Roots of the Modern Welfare State, in: *Scandinavian Political Studies* 23 (3), 183–215.

– (2005): Reformpolitik som fodboldkamp. Spillet om Arbejdsmarkedsreformens 3. fase i 1998, in: Jørn Henrik Petersen und Klaus Petersen (Hg.): 13 reformer af den danske velfærdsstat, Odense, 217–231.

SPD-Vorstand (1998a): Arbeit, Innovation und Gerechtigkeit. SPD-Programm für die Bundestagswahl 1998, Beschluß des außerordentlichen Parteitages der SPD am 17. April 1998 in Leipzig, Bonn.

– (Hg.) (1998b): Protokoll. Parteitag Bonn 25. Oktober 1998. Innovation und Gerechtigkeit. Deutschland erneuern, Bonn.

– (2007): Hamburger Programm. Grundsatzprogramm der Sozialdemokratischen Partei Deutschlands, beschlossen auf dem Hamburger Bundesparteitag der SPD am 28. Oktober 2007, Berlin.

Speck, Peter (2008): Employability. Herausforderungen für die strategische Personalentwicklung. Konzepte für eine flexible, innovationsorientierte Arbeitswelt von morgen, Wiesbaden.

Spilker, Niels (2010): Die Regierung der Prekarität. Zur neoliberalen Konzeption unsicherer Arbeitsverhältnisse, Münster.

Sproll, Martina (2013): Arbeit im Übergang zum „Postfordismus" – Wie nützlich sind regulationstheoretische und arbeitspolitische Ansätze?, in: Roland Atzmüller, Joachim Becker, Ulrich Brand, Lukas Oberndorfer, Vanessa Redak und Thomas Sablowski (Hg.): Fit für die Krise? Perspektiven der Regulationstheorie, Münster, 170–186.

STAR (2016): Dagpengereformen, online verfügbar unter: http://www.star.dk/Reformer/Dagpengereformen.aspx, zuletzt geprüft am 20.05.2019.

Statistisches Bundesamt (2014): Auf dem Weg zur Gleichstellung? Bildung, Arbeit und Soziales – Unterschiede zwischen Frauen und Männern, Wiesbaden.

Steinert, Heinz (2010): Das Prekariat: Begriffspolitik und Klassenpolitik, in: Hans-Günther Thien (Hg.): Klassen im Postfordismus, Münster, 174–201.

Steinert, Heinz; Treiber, Hubert (2005): Die Fabrikation des zuverlässigen Menschen: über die „Wahlverwandtschaft“ von Kloster- und Fabriksdisziplin, 2. Aufl., Münster.

Stephan, Antje (2008): Die Beschäftigungspolitik der EU. Genese, Etablierung und Grenzen der EBS, (Schriften zur europäischen Arbeits- und Sozialpolitik, 2), Baden-Baden.

Stöss, Richard (2000): Mehr Kontinuität als Wandel, in: Roland Czada und Hellmut Wollmann (Hg.): Von der Bonner zur Berliner Republik. 10 Jahre Deutsche Einheit, (Leviathan Sonderheft 19/1999), Wiesbaden, 308–327.

Streeck, Wolfgang (2013/2015): Gekaufte Zeit. Die vertagte Krise des demokratischen Kapitalismus, Berlin.

Streeck, Wolfgang; Heinze, Rolf G. (1999): An Arbeit fehlt es nicht, in: *Der Spiegel* 1999 (19), 38–45.

Strohschneider, Tom (2017): Der Eribon-Effekt, Identitätspolitik und die Linken. Falsche Selbstbezichtigung, soziale Frage: Anmerkungen zur Rezeption von „Rückkehr nach Reims“ eine Woche vor der Frankreich-Wahl, in: *Neues Deutschland*, 16.04.2017, online verfügbar unter: https://www.neues-deutschland.de/artikel/1048195.der-eribon-effekt-identitaetspolitik-und-die-linken.html, zuletzt geprüft am 20.05.2019.

Stützle, Ingo (2013): Austerität als politisches Projekt: von der monetären Integration Europas zur Eurokrise, Münster.

SVIMEZ, Associazione per lo sviluppo dell'industria nel Mezzogiorno (2017): Rapporto SVIMEZ 2017 sull'economia del Mezzogiorno, Camera dei Deputati, Roma.

Swyngedouw, Erik (1997): Neither Global nor Local: „Glocalization“ and the Politics of Scale, in: Kevin Cox (Hg.): Spaces of Globalization. Reasserting the Power of the Local, New York, 137–166.

Sørensen, Astrid Elkjær (2012): Kvindeligt Arbejderforbund i Danmark, 1901–2005, in: Aarhus Universitet: Danmarkshistorien.dk, (Online-Lexikon), online verfügbar unter: http://danmarkshistorien.dk/leksikon-og-kilder/vis/materiale/kvindeligt-arbejderforbund-i-danmark-1901-2005/, zuletzt geprüft am 20.05.2019.

Talani, Leila S.; Cerviño, Emma (2003): Mediterranean labour and the impact of Economic and Monetary Union. Mass unemployment or labour-market flexibility?, in: Henk Overbeek (Hg.): The Political Economy of European Employment, London/New York, 199–224.

Taskforce Beschäftigung (2003): Jobs, Jobs, Jobs – Mehr Beschäftigung in Europa schaffen. Bericht der Taskforce Beschäftigung; Vorsitz: Wim Kok, Brüssel.

Taylor, Frederick W. (1919): Die Grundsätze wissenschaftlicher Betriebsführung, (Nachdruck), München/Berlin.

Telljohann, Volker (1997): Globaler Wettbewerb – lokale Entwicklung Gewerkschaftliche Konzepte innovativer Industriepolitik zur Nutzung endogener regionaler Entwicklungspotentiale am Beispiel der Erfahrungen im Bereich der Maschinenbauindustrie Bolognas, Frankfurt am Main.

– (1999): Italien: Neue Sozialpakte im Vorfeld der EWU. Tarifpolitik in der italienischen Metallindustrie, in: Reinhard Bispinck und Thorsten Schulten (Hg.): Tarifpolitik unter dem Euro. Perspektiven einer europäischen Koordinierung: das Beispiel der Metallindustrie, Hamburg, 140–167.

Thien, Hans-Günter (Hg.) (2010): Klassen im Postfordismus, Münster.

Thomas, Sven (1999): Handbuch europäischer Beschäftigungspolitik. Programm. Organisation. Handlungsschwerpunkte, Frankfurt am Main.

Tidow, Stefan (2000): Europäische Beschäftigungspolitik im Wandel der Integrationsprojekte, in: Frank Deppe und Stefan Tidow: Europäische Beschäftigungspolitik, Marburg, 9–30.

– (2003): The emergence of European employment policy as a transnational political arena, in: Henk Overbeek (Hg.): The Political Economy of European Employment, London/New York, 77–98.

Tießler-Marenda, Elke (2007): Nach der Reform – Aktuelle Erfahrungen mit der Umsetzung von Hartz IV mit Blick auf Menschen mit Migrationshintergrund, in: Clarissa Rudolph und Renate Niekant (Hg.): Hartz IV – Zwischenbilanz und Perspektiven, (Arbeit – Demokratie – Geschlecht Band, 5), Münster, 219–235.

Titscher, Stefan; Wodak, Ruth; Meyer, Michael; Vetter, Eva (1998): Methoden der Textanalyse. Leitfaden und Überblick, Wiesbaden.

Togliatti, Palmiro (1976): Mittelstand und Emilia Rossa, in: Pietro Valenza (Hg.): Berlinguer, Gramsci, Longo, Togliatti: Der historische Kompromiß, Westberlin, 73–78.

Torfing, Jacob (1997): Die Zukunft des skandinavischen Wohlfahrtskapitalismus: Der Fall Dänemark, in: Steffen Becker, Thomas Sablowski und Wilhelm Schumm (Hg.): Jenseits der Nationalökonomie? Weltwirtschaft und Nationalstaat zwischen Globalisierung und Regionalisierung, (Argument Sonderband 249), 214–231, Hamburg.

– (1999): Workfare with Welfare: Recent Reforms of the Danish Welfare State, in: *Journal of European Social Policy* 9 (1), 5–28.

– (2003): Den stille revolution i velfærdsstaten. Fra forsørgelse og hierarki til aktivering og netværkstyring, in: Per Kongshøj Madsen und Lisbeth Pedersen (Hg.): Drivkræfter bag arbejdsmarkedspolitikken, København, 234–267.

– (2004): Det stille sporskifte i velfærdsstaten. En diskursteoretisk beslutningsprocesanalyse, Aarhus.

Trentin, Bruno (1999): Befreiung der Arbeit. Die Gewerkschaften, die Linke und die Krise des Fordismus, Hamburg.

Trigilia, Carlo (1986): Small-firm development and political subcultures in Italy, in: *European Sociological Review* 2 (3), 161-175.

Trube, Achim; Wohlfahrt, Norbert (2003): Prämissen und Folgen des Hartz-Konzepts, in: *WSI-Mitteilungen* (2), 118-123.

Tullini, Patrizia (2006): Tra stato e regioni: organizzazione e governo del mercato del lavoro, in: Luigi Mariucci (Hg.): Dopo la flessibilità, cosa? Le nuove politiche del lavoro, Bologna, 35-43.

Türkmen, Ceren (2010): Rethinking Class-Making. Zur historischen Dynamik von Klassenzusammensetzung, Gastarbeitsmigration und Politik, in: Hans-Günter Thien (Hg.): Klassen im Postfordismus, Münster, 202–234.

Turone, Sergio (1992): Storia del sindacato in Italia. Dal 1943 al crollo del comunismo, Bari.

Ugebrevet A4 (2007): Jobcentre kører stadig i første gear, 24.09.2007 (32).

UIL (2014): La UIL e il JOBS ACT. Superare il dualismo del mercato del lavoro, realmente, September 2014, online verfügbar unter: http://www.uil-ravenna.it/documenti/2014/NEW2_UIL_DDL_LAVORO_17102014.pdf, zuletzt geprüft am 20.05.2019.

Ullrich, Hartmut (1995): Politischer Wandel und geschichtliche Kontinuität, in: Luigi Vittorio Ferraris, Günther Trautmann und Hartmut Ullrich (Hg.): Italien auf dem Weg zur „Zweiten Republik?", Frankfurt am Main/Bern, 19–32.

Universitat Pompeu Fabra Barcelona (o.J.): CV Gøsta Esping-Andersen, online verfügbar unter: https://www.upf.edu/web/esping-andersen/cv, zuletzt geprüft am 20.05.2019.

Urban, Hans-Jürgen (2003a): Aktivierender oder solidarischer Sozialsstaat?, Perspektiven einer reformorientierten Sozialpolitik, in: Joachim Beerhorst und Jens-Jean Berger (Hg.): Die IG Metall auf dem Weg in die Mitte?, Hamburg, 33–46.

– (2003b): „Mit der 'Hartz-Kommission' in den formierten Kapitalismus?", in: *Forum Wissenschaft* (1), 40–42.

– (2012): Crisis Corporatism and trade union revitalization in Europe, in: Steffen Lehndorff (Hg.): A triumph of failed ideas. European models of capitalism in the crisis, Brussels, 219–242.

van Apeldoorn, Bastian (2000): Transnationale Klassen und europäisches Regieren: Der European Round Table of Industrialists, in: Hans-Jürgen Bieling und Jochen Steinhilber (Hg.): Die Konfiguration Europas. Dimensionen einer kritischen Integrationstheorie, Münster, 189–221.

Vaut, Simon (2004): Umbau der BA, in: Werner Jann und Günther Schmid (Hg.): Eins zu eins? Eine Zwischenbilanz der Hartz-Reformen am Arbeitsmarkt, Berlin, 63–75.

Venstre; Det Konservative Folkeparti; Dansk Folkeparti; Liberal Alliance (2008): Aftale om et enstrenget kommunalt beskæftigelsessystem, 10.11.2008, online verfügbar unter: https://bm.dk/media/6538/aftale_enstrenget_beskaeftigelsesindsats.pdf, zuletzt geprüft am 20.05.2019.

Vogel, Joachim (2002): Towards a Typology of European Welfare Production, in: Wolfgang Glatzer, Roland Habich und Karl-Ulrich Mayer (Hg.): Sozialer Wandel und gesellschaftliche Dauerbeobachtung, Opladen, 229–253.

Voß, Günter G.; Pongratz, Hans J. (1998): Der Arbeitskraftunternehmer. Eine neue Grundform der Ware Arbeitskraft?, in: *Kölner Zeitschrift für Soziologie und Sozialpsychologie* (1), 131–158.

Wagner, Michael Frederik (2009): Domesticeringen af Ford i Danmark. Den kulturelle tilegnelse af Ford og fordismen, 1920–1940, Aalborg.

Warneck, Wiebke (2008): Streikregeln in der EU 27 und darüber hinaus. Ein vergleichender Überblick, (ETUI-REHS), Brüssel.

Watt, Andrew (2004): Reform of the European Employment Strategy after Five Years. A Change of Course or Merely of Presentation?, in: *European Journal of Industrial Relations* 10 (2), 117–137.

Webber, Douglas (1987): Eine Wende in der deutschen Arbeitsmarktpolitik? Sozialliberale und christlich-liberale Antworten auf die Beschäftigungskrise, in: Heidrun Abromeit und Bernhard Blanke (Hg.): Arbeitsmarkt, Arbeitsbeziehungen und Politik in den 80er Jahren, (Leviathan Sonderheft, 8), Wiesbaden, 74–85.

Wedenborg, Freya (2016): „Fagforbund er klar til at lukke DF ind i varmen", in: *Ugebrevet A4*, 23.09.2016.

Weinert, Rainer (2009): Die Rolle der Gewerkschaften in der europäischen Sozialpolitik: was die Offene Methode der Koordinierung bedeutet, Berlin.

Weishaupt, J. Timo (2011): From the Manpower Revolution to the Activation Paradigm. Explaining Institutional Continuity and Change in an Integrating Europe, Amsterdam.

Winter, Søren (2003): Kanalrundfart eller zapning? Om kanaler og arenaer i den aktive arbejdsmarkedspolitik, in: Per Kongshøj Madsen und Lisbeth Pedersen (Hg.): Drivkræfter bag arbejdsmarkedspolitikken, København, 268–317.

Wissel, Jens (2015): Staatsprojekt EUropa: Grundzüge einer materialistischen Theorie der Europäischen Union, Münster.

Wölfle, Tobias (2008): Gewerkschaftliche Strategien in der Leiharbeit, in: *WSI-Mitteilungen* (1), 38–44.

Wölfle, Tobias; Schöller, Oliver (2004): Soziale Disziplinierung im flexiblen Kapitalismus. Die kommunale „Hilfe zur Arbeit", in: *Prokla* 136 (3), 339–356.

Wolfswinkler, Günther (2006): Die Europäisierung der Arbeitsmarktpolitik. Grenzen und Effekte transnationaler Politikgestaltung am Beispiel Deutschlands, Baden-Baden.

Wompel, Mag (2006): Gewerkschaftsbewegung im Hartz-Dilemma, in: Agenturschluss (Hg.): Schwarzbuch Hartz IV. Sozialer Angriff und Widerstand. Eine Zwischenbilanz, Hamburg/Berlin, 135–139.

Worthmann, Georg (2010): Erwerbsintegration von Frauen im SGB II – Kurzfristige Strategien statt Gleichstellung, in: Karen Jaehrling und Clarissa Rudolph (Hg.): Grundsicherung und Geschlecht. Gleichstellungspolitische Befunde zu den Wirkungen von 'Hartz IV', Münster, 102–116.

Zeitlin, Jonathan; Pochet, Philippe (Hg.) (2005): The open method of co-ordination in action. The European employment and social inclusion strategies, Brussels (et al.).

Zeitlin, Jonathan; Trubek, David M. (Hg.) (2003): Governing Work and Welfare in a New Economy. European and American Experiments, Oxford/New York.

Ziltener, Patrick (1999): Strukturwandel der europäischen Integration, Münster.

– (2000): Die Veränderung von Staatlichkeit in Europa. Regulations- und staatstheoretische Überlegungen, in: Hans-Jürgen Bieling und Jochen Steinhilber (Hg.): Die Konfiguration Europas. Dimensionen einer kritischen Integrationstheorie, Münster, 73–101.

Zirra, Sascha (2010): Die Europäisierung nationaler Beschäftigungspolitik. Europäische Koordinierung und institutionelle Reformen, Wiesbaden.

Zirra, Sascha; Preunkert, Jenny (2009): Die Europäisierung nationaler Arbeitsmarktreformen. Die Auswirkungen der Europäischen Beschäftigungsstrategie in Deutschland, Frankreich und Italien, in: Hartmut Seifert und Olaf Struck (Hg.): Arbeitsmarkt und Sozialpolitik. Kontroversen um Effizienz und soziale Sicherheit, Wiesbaden, 287–317.

Rechtsquellen[1]

EU

Beschluss des Rates vom 22. Juli 2003 über die Leitlinien für beschäftigungspolitische Maßnahmen der Mitgliedsstaaten (2003/578/EG), ABlEU v. 5.8.2003, L197/13.

Empfehlung des Rates vom 22. Juli 2003 zur Durchführung der Beschäftigungspolitik der Mitgliedstaaten (2003/579/EG), ABlEU v. 5.8.2003, L197/22.

Entscheidung des Rates vom 12. Juli 2005 über Leitlinien für beschäftigungspolitische Maßnahmen der Mitgliedsstaaten (2005/600/EG), ABlEU v. 6.8.2005, L205/21.

Beschluss des Rates vom 5. Oktober 2015 zu Leitlinien für beschäftigungspolitische Maßnahmen der Mitgliedsstaaten für 2015 (2015/1848/EU), ABlEU v. 15.10.2015, L268/28.

Dänemark

Danmarks Riges Grundlov (Grl.), Lov nr. 169 af 5.6.1953.

Bekendtgørelse nr. 414 vom 24.8.1978 om arbejdstilbud til langtidsledige (ATB-bekendtgørelsen), idF. vom 22. juni 1984.

Lov om en aktiv arbejdsmarkedspolitik, LBK nr. 1199 af 27.12.1993, (Lov nr. 434 af 30.6.1993).

Deutschland

Bundessozialhilfegesetz (BSHG), vom 30. Juni 1961, (BGBl. I S. 815, ber. S. 1875), idF. vom 23. März 1994 (BGBl I S.646, 2975).

Arbeitsförderungsgesetz (AFG), vom 25. Juni 1969, (BGBl. I S. 582).

Drittes Buch Sozialgesetzbuch – Arbeitsförderung (SGB III), Artikel 1 des Gesetzes vom 24. März 1997, (BGBl. I S. 594).

Erstes Gesetz für moderne Dienstleistungen am Arbeitsmarkt, vom 30. Dezember 2002, (BGBl. I Nr. 87 S. 4607).

Zweites Buch Sozialgesetzbuch – Grundsicherung für Arbeitsuchende (SGB II) (Artikel 1 des Gesetzes vom 24. Dezember 2003, BGBl. I S. 2954), zuletzt geändert am 28. Juli 2008 (BGBl. I S. 1506).

Gesetz zu Reformen am Arbeitsmarkt, vom 30.12.2003, (BGBl I Nr. 67 S. 3002).

Mindestlohngesetz (MiLoG), vom 11. August 2014, (BGBl. I S. 1348), zuletzt geändert durch Artikel 2 Absatz 4 des Gesetzes vom 18. Juli 2017, (BGBl I S. 2739).

---

1 In diesem Verzeichnis sind die im Text zitierten und mit Literaturhinweis versehenen Rechtsquellen verzeichnet. Die Rechtsquellen, die der Sekundärliteratur folgend im Text lediglich genannt werden, sind nicht aufgeführt. Die Rechtsquellen sind in chronologischer Reihenfolge aufgeführt.

Italien

Costituzione della Repubblica Italiana (Cost./1947), idF. von 2012, (geändert durch G.U. n.95 del 23 aprile 2012).

Statuto dei Lavoratori (l. 300/1970), Legge 20 maggio 1970, n. 300, (Gazzetta Ufficiale 27 maggio 1970, n. 131).

Legge 20 maggio 1975, n. 164 (l.164/1975), Provvedimenti per la garanzia del salario, (Gazzetta Ufficiale 7 giugno 1975, n. 148).

Disposizioni per agevolare l'incontro fra domanda ed offerta di lavoro, in attuazione dell'articolo 45, comma 1, lettera a), della legge 17 maggio 1999, n.144 (d.l. 181/2000), Decreto Legislativo n. 181., (Gazzetta Ufficiale 21 aprile 2000).

Legge Biagi (d.l. 276/2003), Attuazione delle deleghe in materia di occupazione e mercato del lavoro, die cui alla legge 14 febbraio 2003, n. 30., Decreto Legislativo n. 276. (Gazzetta Ufficiale 9 ottobre 2003).

Norme di attuazione del Protocollo del 23 luglio 2007 su previdenza, lavoro e competitività per favorire l'equità e la crescita sostenibili, nonché ulteriori norme in materia di lavoro e previdenza sociale, (l. 247/2007), Legge n. 247, (Gazzetta Ufficiale 24 dicembre 2007).

Italien Regionen

Legge Regionale Puglia n. 19/1999 (l.r. 19/1999), Norme in materia di politica regionale del lavoro e dei servizi all'impiego. (Bollettino Ufficiale della Regione Puglia n. 48 del 11 maggio 1999, suppl. ord.).

Legge Regionale n. 17/2005 (l.r. 17/2005), Norme per la promozione dell'occupazione, della qualità, sicurezza e regolarità del lavoro, (Bollettino Ufficiale Regionale Emilia Romagna 1° agosto 2005).

Legge Regionale n. 22/2006 (l.r. 22/2006), Il mercato del lavoro in Lombardia, (Bollettino Ufficiale Regionale Lombardia, BURL, 3 ottobre 2006 n. 40, 1° suppl. ord.).

Historische Rechtsquellen

Allgemeines Landrecht für die preußischen Staaten (PrALR) von 1794, (Textausgabe mit einer Einführung von Hans Hattenhauer, Frankfurt a.M. (u.a.), 1970).